서울대 경쟁법센터 경제법총서 01

배타조건부거래

배상원

박영사

발간사

서울대학교 경쟁법센터는 2010년 5월에 우리나라 경제법학의 발전에 지대한 공헌을 하신 권오승 선생님의 회갑을 기념하여 연구총서의 첫 번째 작업으로 「공정거래법의 쟁점과 과제」를 발간한 바 있다. 그 후에도 경쟁법센터는 법정책세미나와 전문가간담회 등 다양한 형태로 연구활동을 수행하였으나 후속 총서를 발간하지 못하였다. 최근 몇 년 동안 경쟁법센터는 대기업집단, 플랫폼 등 주요 분야에서 차별화된 주제로 연구성과를 내고 있으나, 정작 그 결과물을 단행본으로 엮어내지 못한 점이 센터장으로서 내내 아쉬움으로 남아 있었다.

그런데 우리나라에서 연구자들이 논문 중심의 결과물에 치중할 수밖에 없는 제도적 여건을 감안할 때, 특정 주제를 깊이 있게 다룬 단행본의 지속적인 출간과 그 축적은 경쟁법학의 발전에 필수적인 작업이다. 우리나라의 경쟁법학과 실무가 세계적으로 높은 수준임에도 불구하고 기대만큼 인지도가 높지 않은 이유 중 하나도 바로 다양한 단행본의 부재에서 찾을 수 있을 것이다. 이러한 배경하에 코로나 펜데믹이 사실상 마무리된 2023년에 「경제법총서」를 새로이 발간하기로 하고, 첫 번째 작업으로 배상원 판사(서울고등법원 고법판사)의 「배타조건부거래」를 정식 출판하게 되어 센터장으로서 매우 기쁘고 뿌듯한 마음을 감출 수 없다.

공정거래법상 배타조건부거래는 여전히 개념상의 혼선도 남아 있는데다가, 외형상 시장지배적 지위남용이나 불공정거래행위에 모두 포섭될 수 있어서 일련의 대법원 판결에도 불구하고 부당성 판단을 둘러싸고 여전히 논쟁이 진행 중이다. 유럽이나 미국에서도 배타적 거래(exclusive dealing)를 경쟁법상 어떻게 취급할 것인지가 각기 상이하여 비교법적 검토 또한 만만치 않은 작업이다. 게다가 경쟁법의 특성상 부득이 규범적 접근과 경제적 접근이 혼재하여 올바른 해석론을 도출하기란 더욱 어렵다. 이러한 상황에서 배 판사는 클래식한 주제이면서 많은 산업분야에서 널리 발견되는 배타조건부거래의 개념과 부당성 판단기준에 천착하여 기존의 학설과 판례를 철저히 분석한 토대 위에 새로운 개념 이해와 부당성 법리를 제시하고 있다. 이 책이 향후 배타조건부거래를 둘러싼 해석론의 발전에 크게 기여할 것으로 기대하며, 배 판사의 연구 및 실무활동에도 중대한 이정표가 되길 바란다.

서울대학교 경쟁법센터는 올해부터 지속적으로 경제법총서를 발간해 나갈 예정이며, 그 과정에서 경제법분야의 전반적인 연구 분위기가 한층 고양되기를 기원한다. 앞으로 경제법총서로 탄생할 일련의 단행본들이 우리나라 경쟁법커뮤니티의 연구와 실무작업에 풍부한 토대가 되기를 진심으로 바라며, 어려운 출판환경 속에서도 경제법총서의 발간 계획을 흔쾌히 수락해 주신 안상준 대표님, 임재무 전무님과 편집을 맡아 준 윤혜경 대리님에게도 진심으로 감사의 마음을 전한다.

2023년 5월

서울대학교 경쟁법센터장 이 봉 의

머리말

일반적으로 배타조건부거래(exclusive dealing)란 사업자가 자신과 거래하는 상대방에 대하여 자신의 경쟁사업자와 거래하지 못하도록 하는 것을 말한다. 이는 경쟁법을 운용하는 법제에서 거의 예외 없이 규제하는 행위이다. 그런데 배타조건부거래는 일반 민사법상 널리 행하여지고 또한 적법한 것으로 인식되는 전속거래를 경쟁법의 관점에서 달리 부르는 것에 불과한바, 과연 배타조건부거래란 무엇이고('해당성'), 왜 위법한지('부당성') 근본적인 의문이 제기된다.

종래의 이론과 실무는 이를 주로 미국과 EU 등 전통적인 경쟁법의 시각과 논리에 따라 해석하고자 하였는데, 즉 배타조건부거래는 상류시장의 사업자와 하류시장의 사업자가 서로 합의를 통하여 경쟁사업자를 배제함으로써 관련시장의 경쟁을 제한하는 것이므로 위법하다고 보고 있다. 그러나 우리 공정거래법은 미국이나 EU 등과 달리 배타조건부거래를 단독행위로 인식하고 있고, 구체적인 개념규정을 두고 있으며, 무엇보다도 시장지배적 지위남용으로서의 배타조건부거래와 불공정거래행위로서의 배타조건부거래를 준별하고 있는바, 위와 같은 우리 법의 독자성과 취지를 반영한 해석이 필요하다.

배타조건부거래는 민사법과 경쟁법, 경쟁법과 경제학, 공동행위와 단독행위, 수평적 관계와 수직적 관계, 경쟁자의 배제와 경쟁의 제한, 경쟁제한성과 불공정성, 시장지배적 지위남용과 불공정거래행위 등 경쟁법 내지 공정거래법상 거의 모든 쟁점을 관통하는 문제이다. 배타조건부거래에 대한 입장은 공정거래법을 바라보는 시각을 결정하고, 또한 공정거래법을 바라보는 시각이 그대로 배타조건부거래에 대한 입장으로 반영된다. 한편 배타조건부거래는 배제적 행위의 전형으로서 경쟁법상 다른 행위유형과 상당 부분 중첩되거나 교차될 수 있고, 따라서 배타조건부거래에 대한 규제논리와 규율체계를 공정거래법상 다른 행위유형들에 대하여도 확장 내지 응용할 수 있는 가능성이 있다. 요컨대 배타조건부거래는 공정거래법적 규제의 시작이자 끝이라 할 것이다.

이 책은 저자의 박사학위 논문을 일부 추가 · 보완한 것인데, 위와 같은 문제의식하에 배타조건부거래의 개념과 본질에 입각하여 그 해당성과 부당성 문제를 검토하고, 이를 통하여 공정거래법상 배타조건부거래에 대한 새로운 접근방법과 규율체계를 제시함으로써 공정거래법 전반의 정당한 해석과 향후의 발전적 전개를 도모하고자 하였다. 즉 본 연구는 기본적으로 배타조건부거래에 관한 것이되, 다른 한편 배타조건부거래를 소재로 하여 경쟁법의 진정한 의미와 우리 공정거래법 특유의 관점을 거시적으로 조망한 것으로서, 각 장은 그 자체로 독립성과 완결성을 가지지만, 나아가 각 장의 내용은 서로 유기적으로 연결되어 전체로서 하나의 체계를 구성하고 있다.

아무도 모르는 주제에 관하여 논하는 것도 어려운 일이지만, 모두가 아는 주제에 관하여 논하는 것은 더욱 어려운 일이다. 한편 실정법의 해석에 있어 누적된 선행 규제, 학설 및 판례와 전혀 동떨어진 독자적 이론은 별다른 의미를 가질 수 없을 것이다. 경쟁법을 접해본 사람이라면 누구나 익히 잘 알고 있는 배타조건부거래에 관하여 새로운 문제의식과 관점을 제시하고, 공정거래법 전반에 걸쳐있는 일반적 판례와 실무의 틀을 허물지 않으면서 그 토대 위에 새로운 체계를 구축하는 것은 상당한 부담이었다. 그러나 저자로서는 경쟁법, 나아가 우리 공정거래법에서 배타조건부거래 규제가 가지는 중차대한 의미와 기능을 지나칠 수 없었고, 이에 가장 근본적인 문제에 대한 고민으로부터 시작하여 현실적으로 수용 가능한 범위 내에서 기존의 법리를 재검토함으로써 경쟁법과 공정거래법의 진정한 취지와 가치를 되새겨 보고자 하였다.

하늘 아래 새로운 것은 없고, 본 연구 역시 선학의 업적과 성취에 기대어 작은 벽돌 한 장을 더 쌓은 것에 불과하다. 다만 저자는 거인의 어깨 위에서 더 멀리, 더 많이 보려고 노력하였고, 이로써 부족하나마 마지막 용의 눈동자를 그려 넣고자 최선을 다하였다. 아무쪼록 본 연구에서 제시한 해석론이 배타조건부거래는 물론 경쟁법의 역할과 한계에 관한 진지한 고민의 결과로서, 공정거래법 전반을 아우르는 통합적 이론체계를 위한 하나의 가능성으로 받아들여질 수 있기를 기대한다.

이 책이 출간되기까지 많은 분들의 도움이 있었다. 우선 은사이신 이봉의 교수님께서는 저자의 연구를 이끌어주시면서 설익은 아이디어와 부족한 공부를 채워주시고 귀한 깨달음과 영감을 주셨다. 이호영, 이황, 손동환, 임용 교수님께서는 논문의 심사과정에서 다소 낯선 시각과 논리에도 불구하고 저자의 새로운 시도를 지원해주시고 유익한 조언을 아끼지 않으셨다. 교수님들의 학은에 깊이 감사드린다. 그리고 저자를 공정거래법의 세계로 안내해 주신 신현윤 교수님, 저자의 학업을 격려해주시고 큰 가르침을 베풀어주신 권오승 교수님께도 깊은 존경과 감사의 말씀을 올린다.

끝으로 법관으로 근무하면서 학위논문과 이 책을 완성하느라 항상 부족한 남편이자 아빠였던 저자를 믿고 기다려주면서 한없는 지지와 응원을 보내준 아내 염환아와 딸 배수연, 아들 배수혁에게 온 마음을 다하여 사랑과 고마움을 전한다.

2023년 5월

배 상 원

목차

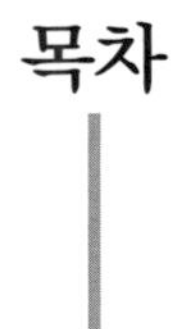

제1장 서론

제2장 배타조건부거래 일반론

제3장 배타조건부거래의 해당성

제4장 시장지배적 지위남용으로서 배타조건부거래의 부당성

제5장 불공정거래행위로서 배타조건부거래의 부당성

제6장 배타조건부거래의 새로운 규율체계

제7장 결론

제1장

서 론

제1절 연구의 배경과 목적

일반적으로 배타조건부거래(exclusive dealing)란 사업자가 자신과 거래하는 상대방에 대하여 자신의 경쟁사업자와 거래하지 못하도록 하는 것을 말한다. 이는 경쟁법을 운용하는 법제에서 거의 예외 없이 규제하는 행위이다. 그런데 배타조건부거래는 일반 민사법상 널리 행하여지고 또한 적법한 것으로 인식되는 전속거래를 경쟁법의 관점에서 달리 부르는 것에 불과한바, 과연 배타조건부거래란 무엇이고('해당성'), 왜 위법한지('부당성') 근본적인 의문이 제기된다.

이에 대하여 미국과 EU 등 전통적인 경쟁법제에서는 배타조건부거래를 '상류시장의 사업자와 하류시장의 사업자가 서로 합의를 통하여 경쟁사업자를 배제함으로써 관련시장의 경쟁을 제한하는 것'이라고 보아 규제하고 있다. 이는 해당 사업자가 독점자이거나 시장지배적 사업자에 해당하여 독점화 내지 시장지배적 지위남용이 성립하는 경우에도 기본적으로 마찬가지이다. 그러나 우리나라의 독점규제 및 공정거래에 관한 법률(이하 '공정거래법' 또는 '법'이라 한다)은 배타조건부거래를 '부당하게 거래상대방이 경쟁사업자와 거래하지 않는 조건으로 거래하는 행위'라고 규정함으로써 직접 그 개념을 정의하고 있고, 이를 '시장지배적 지위남용'과 '불공정거래행위' 양 측면에서 규정하고 있다. 즉 공정거래법상 배타조건부거래는 합의가 아닌 단독행위이고, 같은 단독행위이면서 시장지배적 지위남용이자 불공정거래행위인바, 결국 우리나라의 배타조건부거래는 미국이나 EU의 배타조건부거래와 같으면서도 또한 다르다.

그런데 우리나라의 종래 이론과 실무는 공정거래법상 배타조건부거래를 주로 미국과 EU 경쟁법의 시각과 논리에 기초하여 해석하고자 하였다. 즉 조건부 리베이트 등 일부 특수한 경우를 제외하면 배타조건부거래의 해당성에 관하여는 특별한 관심을 기울이지 않았고, 기본적으로 합의에 의한 배타조건부거래를 중심으로 그것이 경쟁사업자를 봉쇄하는지 여부에만 주목하여 부당성을 판단하고자 하였으며, 또한 배타조건부거래를 하는 사업자가 시장지배적 사업자인지 일반 사업자인지에 따라 다소 기계적으로 시장지배적 지위남용과 불공정거래행위로 구분·의율함으로써 불공정거래행위로서 배타조건부거래의 독자성이 충분히 반영되지 못하였다.

그러나 모든 거래는 그 자체로 배제적인 속성을 가지는바, 과연 무엇은 단순한 '거래'이고 무엇은 '배타조건부거래'인지 보다 엄밀한 고민과 분석이 요구된다. 또한 우리 법은 미국이나 EU 등과 달리 배타조건부거래를 합의가 아닌 단독행위로 인식하고 있으므로, 그에 따른 행위자와 상대방의 구분 및 배타조건부거래의 성립과 관련한 강제성의 문제를 살펴볼 필요가 있다. 그리고 배타조건부거래는 성과에 '의한' 경쟁이 아니라 성과를 '위한' 경쟁으로서 본래적 의미의 성과경쟁이 아니라 할 것인바, 이러한 인식 하에서 경쟁제한성과 부당성을 판단하여야 한다. 나아가 배타조건부거래의 폐해는 '경쟁사업자'를 봉쇄하는 측면 외에 '거래상대방'을 봉쇄하는 측면에서도 포착될 수 있으므로, 이러한 사정 역시 그 부당성 판단에 있어 고려되어야 할 것이다. 한편 시장지배적 지위남용으로서의 배타조건부거래와 불공정거래행위로서의 배타조건부거래는 이를 단순히 그 행위자의 시장지위에 따라 선제적·형식적으로 구분할 것이 아니라, 위와 같은 부당성의 발현형태에 따라 사후적·실질적으로 구분함으로써 우리 법이 시장지배적 지위남용과 불공정거래행위를 준별하는 취지를 반영하여야 한다.

이와 같이 배타조건부거래는 민사법과 경쟁법, 경쟁법과 경제학, 공동행위와 단독행위, 수평적 관계와 수직적 관계, 경쟁자의 배제와 경쟁의 제한, 경쟁제한성과 불공정성, 시장지배적 지위남용과 불공정거래행위 등 경쟁법 내지 공정거래법상 거의 모든 쟁점을 관통하는 문제이다. 배타조건부거래에 대한 입장은 공정거래법을 바라보는 시각을 결정하고, 또한 공정거래법을 바라보는 시각이 그대로 배타조건부거래에 대한 입장으로 반영된다. 한편 배타조건부거래는 배제적 행위의 전형으로서 경쟁법상 다른 행위유형과 상당 부분 중첩되거나 교차될 수 있고, 따라서 배타조건부거래에 대한 규제논리와 규율체계를 공정거래법상 다른 행위유형들에 대하여도 확장 내지 응용할 수 있는 가능성이 있다. 요컨대 배타조건부거래는 공정거래법적 규제의 시작이자 끝이라고 할 수 있다.

본 연구는 이러한 문제의식 하에 배타조건부거래의 개념과 본질에 입각하여 그 해당성과 부당성 문제를 검토하고, 이를 토대로 공정거래법상 배타조건부거래에 대한 새로운 접근방법과 규율체계를 제시하는 것을 목적으로 한다.

제2절 연구의 범위와 방법

본 연구는 미국과 EU 등 전통적인 경쟁법상 배타조건부거래의 법리 및 우리 법상 배타조건부거래에 대한 종래의 이론과 실무를 개관한 후, 이에 기초하여 공정거래법상 배타조건부거래의 개념요소와 포섭범위, 즉 '해당성' 문제를 검토하고, 시장지배적 지위남용으로서 배타조건부거래와 불공정거래행위로서 배타조건부거래의 위법성 판단기준과 판단방법 및 정당화 사유, 즉 '부당성' 문제를 재검토함으로써, 공정거래법상 배타조건부거래의 정당한 규율체계를 새로이 정립하고자 한다.

위와 같이 본 연구의 목적은 외국의 선행 규제 또는 발전된 법리를 소개하거나 수입하고자 하는 데 있는 것이 아니라 어디까지나 우리 공정거래법의 독자성과 특수성을 반영한 새로운 인식과 규율체계를 수립하는 데 있으므로, 외국의 법리는 이에 필요한 범위 내에서만 살펴보고 주로 우리나라의 이론과 실무를 비판적으로 검토하는 데 집중하였다.

그리고 본 연구는 배타조건부거래를 거시적으로 조망하고 이에 관하여 포괄적인 체계와 법리를 수립하고자 하는 것이므로, 개별적·구체적 거래양상 특유의 문제는 원칙적으로 다루지 않는다. 예컨대 '조건부 리베이트'의 경우, 본 연구는 이를 배타조건부거래로 포섭할 수 있는지, 포섭할 수 있다면 그 위법성 판단은 일반 배타조건부거래의 경우와 어떤 점이 같고 어떤 점이 다른지 등을 논할 뿐, 조건부 리베이트에 관한 특유의 경제적 분석방법 등에 관하여는 별도로 살펴보지 않는다.

또한 본 연구는 기본적으로 '배타적 공급거래'를 중심으로 논의한다. 그러나 특별한 사정이 없는 한 배타적 공급거래에 관한 법리는 배타적 인수거래, 상호 배타적 거래의 경우에도 마찬가지로 적용될 수 있을 것인바, 배타적 인수거래와 상호배타적 거래에 관하여는 배타적 공급거래와 특별히 다른 점이 있거나 특히 주목할 부분이 있는 경우에만 별도로 언급하였다.

한편 우리나라에서 배타조건부거래는 공정거래법만이 아니라 일부 공정거래 특별법에서도 규율하고 있다(대규모유통업에서의 거래 공정화에 관한 법률 등). 그러나 위와 같은 공정거래 특별법상 배타조건부거래는 대체로 공정거래법상 불공정거래행위로서 배타조건부거래의 특칙에 해당하고, 따라서 어디까지나 공정거래법의 일반법리를 토대로 한다. 현재 공정거래법상 배타조건부거래에 관하여도 이론과 실무가 통일되어 있지 못한 상황인바, 이에 관하여 살펴보는 것이 급선무라 할 것이므로, 본 연구는 공정거래법상 배타조건부거래만을 대상으로 하고, 공정거래 특별법상 배타조건부거래의 문제는 특별히 다루지 않기로 한다.

무엇보다도 본 연구는 기본적으로 입법론이 아닌 '해석론'이다. 실정법의 해석에 관하여 자기만의 성(城)을 쌓을 수는 없다. 누적된 선행 규제, 학설 및 판례와 전혀 동떨어진 독자적 이론체계는 지적 유희에 불과할 뿐 현실의 법집행에 아무런 변화를 가져올 수 없을 것이다. 이러한 맥락에서 로널드 드워킨은 법의 해석을 연작소설의 집필에 비유하기도 하였다('법의 연작성').[1] 이에 본 연구에서는 기존의 확립된 개념, 법리 등은 이를 분석의 전제로서 일응 받아들이고자 한다. 예컨대 공정거래법의 명확한 법문(공정거래법의 경쟁제한성 정의규정 등), 공정거래위원회(이하 '공정위'라 한다)의 확고한 입장(불공정거래행위의 부당성에 관한 경쟁제한성, 경쟁수단의 불공정성, 거래내용의 불공정성 3원설 등), 대법원의 확립된 판례(포스코 전합판결의 경쟁제한성 판시 등), 학설상 통설적인 견해(포스코 전합판결을 배제남용과

---

1) "판사는 평론가임과 동시에 작가이다. ... 판사는 자신이 해석하는 전통에다 자신의 해석을 추가하는 것이다. 장래의 판사는 그 판사가 추가해 놓은 것을 포함하는 새로운 전통을 맞이하게 된다. ... 이 연작소설을 쓰는 작업에서 일련의 소설가들은 소설을 순차적으로 집필해 나간다. 순서가 된 각 소설가는 새 장을 쓰기 위하여 앞서 씌어진 장들을 해석하고, 이것은 앞의 것에 덧붙여져서 다음 소설가에게 주어진다. 이런 식으로 계속 이어져 나간다. 각 소설가는 자기가 맡은 대목을 그 소설이 가능한 한 최선의 것이 되도록 집필하며, 이 일이 갖는 복잡성은 통합성으로서의 법관념 아래에서 판결하기 어려운 사건을 판결하는 복잡성의 본이 된다." 로널드 드워킨 저, 장영민 역, 법의 제국, 아카넷(2004), 326쪽.

효과주의에 관한 대법원의 근본적인 결단으로 이해하는 시각[2] 등) 등이 그것이다. 즉 위와 같은 선행 개념과 규율, 법리를 전제로 논의를 전개하되, 이에 대한 분석과 음미를 통하여 개선책을 찾아보기로 하며, 이 경우에도 현실적으로 수용 가능한 범위에서 새로운 해석론을 제시하고자 한다.

위와 같은 취지와 방법으로 수행한 본 연구의 구체적 구성과 체계 및 핵심적 검토사항은 아래와 같다.

본 연구는 크게 보아 연구의 기초로서 배타조건부거래 일반론(제2장)과 본격적인 연구로서 공정거래법상 배타조건부거래의 해당성(제3장), 시장지배적 지위남용으로서 배타조건부거래의 부당성(제4장), 불공정거래행위로서 배타조건부거래의 부당성(제5장) 및 연구의 결과를 종합한 공정거래법상 배타조건부거래의 새로운 규율체계(제6장)로 구성된다.

제2장에서는 우선 배타조건부거래 일반론을 개관하였다. 이 부분의 논의는 이하 본격적인 연구에서 미처 일일이 다루기 어려운 기본적인 사항들을 정리하고, 이를 토대로 문제의식을 명확히 하기 위한 것이다.

제3장에서는 배타조건부거래의 해당성에 관하여 공정거래법상 배타조건부거래의 개념을 그 행위주체의 측면과 행위 측면으로 나누어 분석하였다. 우선 행위주체의 측면에 관하여는 우리 법상 배타조건부거래에 있어 '행위자'와 '상대방'의 구별을 살펴보고, 이와 관련하여 배타조건부거래의 성립에 관한 '강제성(구속성, 의사억압성)' 문제를 검토하였다. 한편 행위 측면에 관하여는 우리 법상 배타조건부거래의 3가지 개념요소인 '배타성', '조건성', '거래성' 요건에 대하여 보다 엄밀한 분석을 시도하였다.

제4장에서는 시장지배적 지위남용으로서 배타조건부거래의 부당성 문제를 검토하였다. 배타조건부거래는 배제남용의 전형으로서 배제남용 그 자체라 할 것인바, 시장지배적 지위남용으로서 배타조건부거래의 부당성은 배제남용 일반의 부

2) 권오승 · 서정, 독점규제법(제5판), 법문사(2022), 163－164쪽; 이황, "포스코 판결 이후 시장지배적 지위 남용행위 판례에서 '부당성' 판단의 경향과 전망", 행정판례연구 제17권 제2호(2012. 12.), 336쪽.

당성 법리를 토대로 판단할 필요가 있다. 이에 이 부분에서는 먼저 배제남용 규제의 의의와 요건을 살펴봄으로써 배제남용 일반의 위법성 판단체계를 수립한 후(거래적 경쟁행위, 비성과경쟁, 경쟁제한성, 부당성), 이에 기초하여 시장지배적 지위남용으로서 배타조건부거래의 부당성에 관한 새로운 판단방법을 도출하였다.

제5장에서는 불공정거래행위로서 배타조건부거래의 부당성에 관하여 고찰하였다. 종래 이 문제는 불공정거래행위로서 배타조건부거래의 부당성이 시장지배적 지위남용으로서 배타조건부거래의 부당성과 차별화되는지의 관점에서 논의되었는바, 이 부분 검토에서는 위와 같은 기존의 논의상황을 감안하여 동일한 구조를 취하였다. 즉 먼저 '경쟁제한성'을 부당성 판단기준에서 제외할 수 있는지, '강제성'을 부당성 판단기준으로 고려할 수 있는지의 문제를 검토하고, 이를 토대로 우리 법상 불공정거래행위 규제의 독자성을 살펴보았다. 그리고 이에 기초하여 '봉쇄효과 일원론'의 관점(경쟁사업자 봉쇄, 거래상대방 봉쇄)에서 시장지배적 지위남용으로서 배타조건부거래와 구별되는 불공정거래행위로서 배타조건부거래 특유의 부당성 판단표지('배타조건에 따른 봉쇄로 인한 거래상대방의 경쟁상 불이익')를 구성하고자 하였다. 나아가 위와 같은 새로운 판단기준을 통하여 시장지배적 지위남용으로서 배타조건부거래와 불공정거래행위로서 배타조건부거래의 진정한 준별 및 실질적 중첩적용이 가능함을 논증하였다.

제6장에서는 위 연구결과를 종합하여 공정거래법상 배타조건부거래에 대한 새로운 접근방법(경쟁사업자를 봉쇄하는가, 피해자가 누구인가, 거래상대방이 원하는 것인가)과 이를 토대로 한 새로운 규율체계(합의에 의한 배타조건부거래, 강요에 의한 배타조건부거래, 유인에 의한 배타조건부거래)를 제안하였다. 그리고 위와 같은 새로운 접근방법과 규율체계에 입각하여 기존의 배타조건부거래 사안들을 재검토하고, 종래 배타조건부거래로 인식되지 않았던 사례들을 배타조건부거래의 관점으로 의율·분석할 수 있는지 살펴보았다.

제7장은 결론으로서 이상의 논의를 요약·정리하고, 그 의미를 짚어 보는 것으로 마무리하였다.

제2장

배타조건부거래 일반론

제1절 배타조건부거래의 의의

Ⅰ. 배타조건부거래의 개념

경쟁법 일반에서 배타조건부거래란 사업자가 거래상대방에 대하여 자신의 경쟁사업자와 거래하지 못하도록 하는 행위를 말한다.

이는 우리 법에서도 그리 다르지 않은바, 다만 공정거래법상 배타조건부거래의 개념에 관하여는 해당 법령의 규정을 그대로 인용하여 '부당하게 거래상대방이 경쟁사업자와 거래하지 아니할 것을 조건으로 그 거래상대방과 거래하는 경우(시장지배적 지위남용으로서의 배타조건부거래)' 내지 '사업자가 부당하게 거래상대방이 자기 또는 계열회사의 경쟁사업자와 거래하지 아니하는 조건으로 그 거래상대방과 거래하는 행위(불공정거래행위로서의 배타조건부거래)'라고 설명하는 것이 보통이다.[3][4]

즉 사업자가 경쟁사업자와 거래하지 않는 조건으로 거래상대방과 거래하는 행위, 다시 말하면 해당 거래로 인하여 그 사업자의 경쟁사업자가 봉쇄 내지 배제된다면 그러한 거래는 모두 배타조건부거래라고 할 수 있다. 이에 미국에서는 배타조건부거래(exclusive dealing)[5]의 개념을 '경쟁사업자가 배제되도록 하는 거래'

---

3) 권오승 · 서정, 앞의 책(각주 2), 175쪽, 444쪽.

4) 우리 법은 법과 시행령 및 고시를 통하여 규제대상인 행위를 구체적으로 정의하는 것에서 출발하는바, 이는 '거래의 제한(restraints of trade)' 내지 '독점화(monopolization)'라는 매우 포괄적인 규제대상을 기초로 하여 이에 해당할 수 있는 행위유형들이 개별적으로 인식 · 파생되는 미국법의 접근방식과 극명하게 대비된다. 말하자면, 우리나라의 경우에는 규제대상이 선재적으로 주어지는 반면, 미국의 경우 규제대상은 후발적으로 발견된다고 할 수 있다. 이에 관한 보다 상세한 사항은 배상원, "공정거래법상 수직적 거래제한의 통합적 해석", 연세대학교 법무대학원 법학석사 학위논문(2015), 17－39쪽 참조.

5) 엄밀히 말하자면 공정거래법상 '배타조건부거래'와 미국이나 EU 등 전통적인 경쟁법상 'exclusive dealing'이 정확히 일치하는 개념은 아니다. 'exclusive dealing'이란 말 그대로 '배타적 거래'라고 할 수 있는데, 우리 법은 단순히 '배타적 거래'라고 하지 않고 그것이 조건부 거래일 것을 요구하는 의미에서 '배타조건부거래'라고 하고 있기 때문이다. 다만 위와 같은 우리 법상 '배타조건부거래'가 전통적인 경쟁법상 'exclusive dealing'을 모델로 한 것이라는 점에 관하여는 아무런 이견이 없는바, 이하 특별한 사정이 없는 한 미국이나 EU 경쟁법상 'exclusive dealing' 역시 '배타조건부거래'라고 칭하기로 한다. 우리 법상 배타조

그 자체를 통칭하는 의미로 설명하면서, 그러한 예로서 전형적인 배타적 거래계약과 함께 그와 유사한 효과를 가지는 수요전량구매계약(requirements contract)이나 공급전량구매계약(output contract) 등을 들기도 한다.[6][7]

II. 배타조건부거래의 유형

이러한 배타조건부거래에는 ① 상류시장 사업자(제조업자, 도매업자)가 거래상대방인 하류시장 사업자(유통업자, 소매업자)로 하여금 자기의 경쟁자로부터 상품이나 용역을 공급받지 않을 것을 조건으로 하여 거래하는 배타적 공급거래(예컨대 '독점공급계약', '특약점 계약' 등), ② 하류시장 사업자가 거래상대방인 상류시장 사업자로 하여금 자기의 경쟁자에게는 상품이나 용역을 공급하지 않을 것을 조건으로 하여 거래하는 배타적 인수거래(예컨대 '독점판매계약' 등), ③ 위 두 가지가 결합된 것으로서 상호 배타적 거래(상호배타조건부거래)가 있다.[8]

위와 같은 유형 분류는 미국이나 EU 등의 경우에도 기본적으로 마찬가지인데,[9]

건부거래에 관하여 요구되는 '조건성'의 의미와 기능, '배타조건부거래'와 '배타적 거래'의 이동(異動)에 관한 상세한 사항은 아래 제3장 제3절 II. 참조.

6) ABA Section of Antitrust Law, Antitrust Law Developments(8th ed.), American Bar Association (2017), p.207.

7) 한편 EU에서는 배타조건부거래를 지칭하는 의미로 위와 같은 'exclusive dealing' 외에 'non-compete obligation'이라는 용어를 사용하기도 한다. Richard Whish & David Bailey, Competition Law(10th ed.), Oxford (2021), p.673, p.717.

8) 권오승·서정, 앞의 책(각주 2), 444쪽; 신현윤, 경제법(제8판), 법문사(2020), 310쪽; 정호열, 경제법(전정 제7판), 박영사(2022), 424-425쪽. 한편 우리 법상 이른바 '독점판매계약(exclusive distributorship 또는 exclusive dealership)'의 구체적 의미와 이에 대한 정당한 의율의 문제에 관하여는 배상원, 앞의 논문(각주 4), 47-52쪽 참조.

9) 이와 관련하여 미국에서 말하는 exclusive dealing은 '배타적 공급거래'만을 의미함을 전제로, 우리 법상 배타조건부거래는 미국의 exclusive dealing보다 그 범위가 넓다는 설명이 있으나(홍대식, "배타조건부거래행위, 경쟁제한성 기준인가 강제성 기준인가?", 법조 제661호(2011. 10.), 144쪽), 다소 의문이다. 미국에서도 exclusive dealing을 반드시 배타적 공급거래의 형태만으로 한정하고 있지는 않기 때문이다(예컨대 E. Thomas Sullivan & Jeffrey L. Harrison, Understanding Antitrust and Its Economic Implications(7th ed.), Carolina Academic Press (2019), p.229은 각주 139에서 exclusive dealing을 하류시장 사업자로 하여금 하나의 상류시장 사업자로부터만 구입하도록 하거나 상류시장 사업자로 하여금 하나의 하류시장 사업자에게만 판매하도록 하는 경우를 포괄하는 것으로 설명하고

다만 그 용어 내지 표현이 우리나라와는 정반대인 경우가 있으므로 주의를 요한다. 즉 대체로 영어권에서는 배타적 공급거래를 'exclusive purchasing agreement'라고 하고(즉 'exclusive supply agreement'가 아니다),[10] 배타적 인수거래를 'exclusive supply agreement'라고 한다(즉 'exclusive purchasing agreement'가 아니다).[11][12] 한편 영어권에서 'exclusive distribution'이란 통상 우리 법상 '거래지역 또는 거래상대방의 제한'을 의미하는바(즉 '배타조건부거래'를 의미하는 것이 아니다),[13] 이 부분 역시 주의가 필요하다.

제2절 배타조건부거래에 대한 경쟁법적 인식[14]

Ⅰ. 전속성과 배타성

사업자들은 서로 거래함에 있어 '전속적' 거래를 약정하는 경우가 많다. 위와 같은 전속성은 상호적일 수도 있고, 일방적일 수도 있다. 상호적 전속계약이 체결

있다). 한편 미국에서 위와 같은 배타적 공급거래와 배타적 인수거래는 모두 경쟁자를 봉쇄하는 것으로서 양자의 분석방법이 다르지는 않다는 설명으로 Einer Elhauge, United States Antitrust Law and Economics(3rd ed.), Foundation Press (2018), p.369.

10) 그 밖에 'single branding', 'exclusive purchasing obligation' 등의 용어가 사용되기도 한다. ICN, Unilateral Conduct Workbook Chapter 5: Exclusive Dealing (2013), 34항 후단.

11) 그 밖에 'exclusive selling' 등의 용어가 사용되기도 한다. Lawrence A. Sullivan, Warren S. Grimes & Christopher L. Sagers, The Law of Antitrust(3rd ed.), West Academic Publishing (2016), p.427.

12) 참고로, 국내에서도 위와 같은 영어권의 표현을 그대로 차용 내지 번역하여 배타적 공급거래를 '배타적 구매', 'exclusive buying'이라고 하고, 배타적 인수거래를 '배타적 판매', 'exclusive selling'이라고 설명하는 견해가 있다. 김형배, 공정거래법의 이론과 실제(전면개정판), 삼일(2022), 427쪽.

13) Barry J. Roger & Angus MacCulloch, Competition Law and Policy in the EU and UK(6th ed.), Routledge (2022), p.176.

14) 엄밀히 말하자면 '전속적 거래계약에 대한 경쟁법적 인식'이라고 하는 것이 보다 정확할 것이다. 배타조건부거래란 전속적 거래계약을 경쟁법적 관점에서 달리 부르는 것이기 때문이다.

되면 거래당사자 쌍방은 모두 반드시 상대방과만 거래하여야 하는 의무를 부담하게 되고, 일방적 전속계약이 체결된 경우에는 거래당사자 중 일방만이 위와 같은 전속의무를 부담하게 된다.

그런데 위와 같은 '전속성'이란 결국 '배타성'을 의미한다. 전자는 거래당사자 사이의 관계라는 측면을 강조한 것이고, 후자는 해당 거래에 관하여 경쟁사업자가 끼어들 여지가 없다는 측면을 강조한 것일 뿐이다. 대법원 역시 퀄컴 판결(대법원 2019. 1. 31. 선고 2013두14726 판결)에서 "당연히 배타조건부 거래행위의 형식적 요건에 해당된다고 널리 인정되는 이른바 '전속적 거래계약'처럼 경쟁사업자와 거래하지 않기로 하는 구속적 약정이 체결된 경우"라고 표현함으로써 전속성은 곧 배타성을 의미함을 분명히 하고 있다.

그러나 위와 같이 본다면 다소 혼란스러운 상황이 발생한다. 일반 상거래에서 매우 흔하게 발견되는 이른바 '전속거래'가 경우에 따라 '배타조건부거래'로서 경쟁법에 의하여 규제될 수도 있다는 것이 되기 때문이다.[15] 여기서 어떤 것은 (적법한) 전속거래이고, 어떤 것은 (위법한) 배타조건부거래인가? 동일한 거래가 적법하면서 동시에 위법하기도 하다는 것인가? 이러한 의문을 해소하기 위하여는 '전속성'이라는 개념과 '배타성'이라는 개념이 사용되는 맥락을 살펴볼 필요가 있다.

II. 민사법의 관점과 경쟁법의 관점

원칙적으로 계약은 자유이다. 흔히 거래거절과 관련하여 계약자유의 원칙을 논하지만, 배타조건부거래의 경우에도 다를 것이 없다. 계약자유의 원칙이란 계약의 체결 여부뿐만 아니라 그 계약의 내용 역시 당사자가 자유롭게 정할 수 있다는 것을 의미하기 때문이다. 따라서 계약자유의 원칙상 전속적 거래계약을 체결하는 것 역시 자유이다. 그러나 그것이 시장의 경쟁을 제한하는 경우가 있고, 경쟁법은 바로 이 부분에 주목한다. 전속적 거래계약을 바라보는 관점이 민사법에서와 경

15) Alan J. Meese, "Exclusive Dealing, the Theory of the Firm, and Raising Rivals' Costs: Toward a New Synthesis", 50 Antitrust Bull. 371, 371－372 (2005) 참조.

쟁법에서 서로 다른 것이다.

즉 민사법상 '전속계약'은 기본적으로 거래당사자 사이의 내부적 문제로서, 이른바 '노예계약' 등 착취적 계약이 아닌 한 대체로 긍정적으로 인식된다. 전속계약을 체결한 당사자는 그 전속성을 유지하여야 하고, 이를 위반하면 손해배상 등 법적 책임을 부담할 수 있다.[16)]

그러나 경쟁법상 '배타조건부거래'는 원칙적으로 거래당사자 사이의 내부적 문제가 아닌 경쟁사업자에 대한 영향을 중심으로 한 외부적 문제이고, 따라서 그것이 일정 정도 이상 경쟁사업자를 봉쇄하는 경우 부정적으로 인식된다. 배타조건부거래의 관점에서는 그 당사자가 당해 배타조건을 위반하더라도 그에 따른 법적 책임을 부담하지는 않으며, 해당 거래가 부당한 배타조건부거래라고 인정된다면 그 위반은 오히려 정당한 것이다.[17)]

요컨대, 전속계약이라고 하든 배타조건부거래라고 하든 그 사회적 실질은 완전히 동일하다. 다만 그에 대한 규범적 관점이 다를 뿐이다. 민사법에서 '전속계약'이라고 하는 것은 거래당사자 사이의 이해관계를 조절하는 문제와 관련한 개념(용어)이고, 경쟁법에서 '배타조건부거래'라고 하는 것은 시장 전체의 경쟁을 보호하는 문제와 관련한 개념(용어)인 것이다.[18)] 결국 '민사법상' 적법한 전속계약이라

---

16) 이러한 관점에서 일반 민사법 내지 형사법상 전속계약 위반을 위법하다고 판단한 예는 매우 많다. 예컨대 대법원 2012. 6. 28. 선고 2010다54535, 54542 판결, 대법원 2020. 3. 26.자 2019마6525 결정, 대법원 2019. 9. 10. 선고 2017다258237 판결, 대법원 2015. 4. 9. 선고 2014도7631 판결, 대법원 2015. 6. 11. 선고 2012다55518 판결 등 참조.

17) Tampa Elec. Co. v. Nashville Coal Co., 365 U.S. 320 (1961) 참조. 이 사건은 Nashville Coal(행위자)이 Tampa Electric(상대방)에게 Tampa Electric이 필요로 하는 석탄 전부를 공급하기로 한 계약(수요전량구매계약)의 적법성이 문제된 사안이다. Nashville Coal이 계약의 구속력에서 벗어나고자 위 계약은 위법한 배타조건부거래로서 무효라고 주장하였고, 이에 대하여 Tampa Electric은 계약의 유효를 주장하였다. 미국의 경우에는 배타조건부거래를 당사자 쌍방의 합의(수직적 공동행위)로 취급하므로 행위자와 상대방이라는 개념을 상정할 수 없고 상정할 필요도 없으나, 어떻든 이 사건은 우리 공정거래법의 관점에서 볼 때 배타조건부거래의 '상대방'에 해당하는 사업자가 불만을 제기한 사안이 아니라, 배타조건부거래의 '행위자'에 해당하는 사업자가 불만을 제기한 사안이라는 점에서 매우 특이하다. Richard M. Steuer, "Customer–Instigated Exclusive Dealing", 68 Antitrust L.J. 239, 243 (2001) 참조.

18) Alan J. Meese, 앞의 논문(각주 15), p.372–374; 최정표, 공정거래정책 허와실 : 공정거

하더라도 '경쟁법상' 위법한 배타조건부거래가 될 수 있다. 이것이 경쟁법적 관점이며, 경쟁법의 독자적인 존재이유라 할 것이다.[19)]

이에 관하여 앞서 본 계약자유의 관점에서 '계약자유의 제한'으로서 배타조건부거래를 설명하는 견해가 있다.[20)] 물론 위 설명이 잘못된 것은 아니지만, 계약의 자유에도 불구하고 배타조건부거래를 규제하는 이유 자체가 경쟁 보호의 관점이므로, 이를 일반 민사법의 관점에서 '계약자유와 그 제한'이라고 설명하기보다는 '민사법과 경쟁법의 관계'라는 구도를 사용하여 설명하는 것이 더 적절하다고 생각된다.

제3절 배타조건부거래의 경제적 동기와 효과[21)]

Ⅰ. 배타조건부거래의 경쟁중립성[22)]

일반적으로 배타조건부거래 그 자체만으로는 경쟁질서에 미치는 영향을 가늠하기 어렵다. 즉 배타조건부거래가 이루어지고 있다는 사실 그 자체만으로 경쟁법

래 30년의 반추, 해남(2011), 5-7쪽 참조.

19) 임영철 · 조성국, 공정거래법(개정판), 박영사(2021), 5쪽("지금 공정거래법상 문제되는 많은 행위들이 불과 몇 십 년 전만 하더라도 문제가 되지 않았다. 예컨대 배타조건부 거래는 공정거래법이 있기 이전에는 문제가 되지 않는 것이었다."); 한철수, 공정거래법(증보판), 한국공정경쟁연합회(2017), 35쪽("경쟁법은 근대시민사회에서 확립된 민법과 상법 등 시민법 원리만으로는 자본주의의 사회 · 경제적 모순을 해결할 수 없다는 시대적 배경에서 출현하였다.").

20) 김성훈, "배타조건부거래의 위법성 요건", 경북대학교 법학논고 제32집(2010. 2.), 243쪽 이하 참조.

21) 특정한 '동기'를 가지고 있다고 하여 반드시 그에 부합하는 '효과'가 발생하는 것은 아니다. 그러나 배타조건부거래에 대한 경제적 분석은 대체로 배타조건부거래를 하는 '동기'를 설명하고, 그로 인한 실제 '효과'를 검증하는 것인바, 이하 이러한 맥락에서 배타조건부거래의 경제적 동기 내지 그 효과를 살펴본다.

22) 일반적으로 '가치중립성'이라는 표현이 많이 사용되나, 여기서 가치란 '경쟁법적 가치'를 의미한다 할 것이고, 경쟁법적 가치란 결국 '경쟁제한성' 여부를 의미하는 것이므로, 이하 본 연구에서는 '경쟁중립성'이라고 표현하기로 한다.

적 위법성을 판단할 수 있는 것은 아닌바, 문제된 배타조건부거래가 어떠한 시장 상황에서 어느 사업자에 의하여 어떤 방식으로 어떻게 사용되고 있는지에 따라 그 경제적 효과 내지 그에 대한 경쟁법적 평가가 달라질 수 있다.[23)]

예컨대, 배타조건부거래는 통상 유통계열화의 수단으로 활용되고 있는데, 이는 특정 브랜드의 유통과정에서의 효율성을 높여 경쟁을 촉진하는 효과가 있을 수 있는 반면, 다른 경쟁사업자의 유통망에 대한 접근을 봉쇄·차단함으로써 경쟁을 제한하는 효과도 있을 수 있다. 따라서 배타조건부거래는 상황에 따라 친경쟁적 효과와 반경쟁적 효과가 공존하기 때문에 당해 행위의 '부당성'이 인정되어야 비로소 위법하다고 판단할 수 있는 것이다.[24)]

한편 배타조건부거래 중 가장 전형적이고 흔한 모습은 배타적 공급거래로서, 특히 상류시장의 제조업자가 최종완제품을 생산한 후 이를 하류시장의 소매유통업자를 통하여 소비자들에게 판매하는 과정에서 발생한다. 이에 배타조건부거래에 관한 전통적인 경제적 분석 역시 대체로 '제조업자와 소매유통업자 사이의 최종완제품에 관한 배타적 공급거래'를 전제로 하는 경우가 많다.[25)]

이하 위와 같은 소매유통에 관한 배타적 공급거래를 전제로 하여 전통적으로 주장되는 다양한 경제적 동기 내지 효과를 개관하되, 논의의 편의상 먼저 배타조건부거래의 반경쟁적 측면을 살펴보고(경쟁법이 배타조건부거래를 규제하고자 하는 이유), 이어서 배타조건부거래의 친경쟁적 측면을 살펴본다(배타조건부거래가 정당화될 수 있는 이유).[26)]

---

23) 서정, "배타조건부거래의 위법성 판단에 관한 검토 : 최근의 판례를 중심으로", 경쟁법연구 제30권(2014. 11.), 4쪽.

24) 강우찬, "불공정거래행위로서의 배타조건부 거래행위의 위법성 판단 기준", 사법 제22호(2012. 12.), 143쪽.

25) 다만 최근 들어서는 시장지배적 수요자의 '배타적 인수거래'에 대한 관심이 증대되고 있고 (Ryoko Oki & Noriyuki Yanagawa, "Exclusive Dealing and the Market Power of Buyers", 2 Asian J. L. & Econ. [i] (2011), p.1－5), '중간재' 산업에서의 배타조건부거래에 관한 규제 역시 점차 문제가 되고 있다(EU 수직적 거래제한 가이드라인 138문단 참조).

26) 배타조건부거래에 대한 보다 상세한 경제적 분석은 제4장 제3절 VI. 2. 및 3. 참조.

II. 배타조건부거래의 반경쟁적 측면

배타조건부거래의 주요한 반경쟁적 효과는 아래와 같다.

우선 배타조건부거래는 경쟁사업자의 유통망 내지 원재료에 대한 시장접근을 봉쇄한다(전통적인 시각, '봉쇄효과(foreclosure effect)'). 이러한 시장봉쇄는 경쟁사업자의 사업확장 기회와 잠재적 경쟁사업자의 신규진입 가능성을 훼손하며,[27] 시장봉쇄를 행하는 사업자의 시장력 내지 시장지배력을 증대시키는 효과가 있다. 예컨대 제조업자 甲, 乙, 丙과 유통업자 A, B, C가 존재하는 시장에서 제조업자 甲이 유통업자들과 배타조건부거래를 한다고 가정할 경우, 乙과 丙은 자신의 상품을 판매할 기회가 봉쇄된다. 이러한 봉쇄효과는 甲의 시장점유율이 클수록, 甲의 거래 중 배타조건부거래의 비중이 클수록, 甲이 체결한 배타조건부거래의 기간이 길수록 커지게 된다. 이러한 봉쇄효과는 봉쇄율 산정을 통하여 판단되는 경우가 많은바, 예컨대 甲의 시장점유율이 60%이고, 甲의 거래 중 50%가 배타조건부거래라면 전체 시장의 봉쇄율은 30%이 된다(60% × 50%).[28]

또한 배타조건부거래는 경쟁사업자에 대하여 규모의 경제(economies of scale)와 범위의 경제(economies of scope) 실현을 어렵게 하여 경쟁자의 비용을 상승시키는 효과가 있다(포스트시카고학파의 시각, '경쟁자의 비용 올리기(raising rival's cost, RRC'). 만일 위 예에서 甲이 보다 효율적인 유통업자에 대하여만 배타조건부거래를 실시할 경우 전체 봉쇄율은 낮을 수 있으나, 乙과 丙은 상대적으로 비효율적인 유통업자들과만 거래하여야 하므로 결과적으로 유통비용이 상승할 수 있다. 이 경우 乙과 丙은 높은 비용 때문에 甲보다 가격을 인상할 수밖에 없게 될 것인바,

---

27) 시장봉쇄효과와 진입장벽효과를 구분하여 설명하기도 하나, 전자는 현실적 경쟁자에 대한 것이고 후자는 잠재적 경쟁자에 대한 것이라는 점에서 차이가 있을 뿐 그 본질적인 의미는 사실상 동일하다고 볼 수 있다.

28) Herbert Hovenkamp, Federal Antitrust Policy: The Law of Competition and Its Practice(6th ed.), West (2020), p.572. 조금 더 복잡한 상황에서의 봉쇄율 산정에 관하여는 EU 수직적 거래제한 가이드라인(Guidelines on Vertical Restraints (OJ 2010/C 130/01)) 150문단 참조.

이는 甲의 경쟁자로서의 지위를 강화하는 것이다.

한편 배타조건부거래는 카르텔을 촉진시키는 효과가 있다. 배타조건부거래는 구매자와 판매자의 관계를 고정시켜 카르텔 배신 가능성을 줄이게 되므로, 카르텔 가담자들은 자신들의 거래처와 배타적 거래계약을 맺으려는 유인이 생긴다.[29)] 이는 특히 과점시장에서 그러하다.

Ⅲ. 배타조건부거래의 친경쟁적 측면

배타조건부거래의 대표적인 친경쟁적 효과로는 다음과 같은 것들이 있다.

우선 배타조건부거래는 유통업자에게 특정 제조업자의 상품만을 배타적으로 취급하도록 함으로써 그 유통업자로 하여금 해당 상품의 판매를 위하여 최선의 노력을 다하도록 한다. 다수의 브랜드를 취급하는 유통업자보다 단일 브랜드를 취급하는 유통업자는 해당 브랜드의 판매에만 노력하게 되고, 결과적으로 해당 브랜드의 판매를 증가시켜 제조업자의 이익을 증진시킬 수 있다.

그리고 제조업자가 유통업자에게 배타조건을 부과하는 것은 제조업자 스스로의 광고 등 판촉활동에 대한 정당한 대가를 보장받기 위한 측면이 있다. 개별 유통업자에 의한 특별서비스 제공 등 유통단계에서의 판매노력이 제품수요증대에 효율적 수단이 되는 경우가 있듯이, 전국적 광고캠페인 등 제조업자가 가장 잘 수행할 수 있는 판촉활동이 효율적 고객창출방법이 되는 경우도 많다. 이러한 경우 제조

---

29) 동일제품을 생산하는 일단의 제조업자들이 카르텔을 형성하였다고 가정할 경우, 카르텔 구성원들은 각기 산출량을 제한하여 이윤극대화 가격이 유지되도록 하여야 할 것이지만, 각 구성원은 은밀히 가격을 낮춰 자기의 판매량과 이윤을 늘리려는 유인을 갖게 된다. 따라서 카르텔의 유지를 위하여는 이러한 기만행위(cheating)를 방지할 수 있는 어떤 메커니즘이 필요해진다. 이를 위하여 제조업자들의 카르텔은 그 구성원들의 기만행위를 보다 쉽게 감시·단속할 목적으로 재판매가격유지를 할 수 있으나, 만일 유통업자들이 여러 카르텔 구성원들의 제품을 취급하고 있다면 최종소매가격을 낮추지 않고도 상대적으로 특정 카르텔 구성원의 제품에 대한 판매노력을 증대함으로써 공급가격을 인하해 주는 제조업자의 판매량을 증가시킬 수 있다. 여기서 이러한 가능성은 각 유통업자가 단일 제조업자의 제품만을 취급·판매하도록 한다면 제거될 수 있는바, 위와 같은 배타조건부거래 하에서는 유통업자가 단일 브랜드만을 취급하게 되므로 해당유통업자의 다른 경쟁사업자로의 이탈이 원천적으로 봉쇄되어 있기 때문이다.

업자는 배타조건부거래를 실시함으로써 유통업자나 다른 경쟁 제조업자가 자신의 노력과 비용에 무임승차하는 문제를 방지할 수 있다.30) 이는 제조업자가 유통업자들에게 판매서비스 강화, 판매전략과 기법, 판매기획, 교육훈련, 판매점 위치선정과 디자인, 제품진열, 판매후 서비스 등에 대한 정보를 제공하거나 유통업자의 광고를 지원하는 등 자신의 비용으로 유통업자의 판촉활동을 지원하는 경우에도 마찬가지이다.

한편 배타조건부거래는 사업자가 원재료 혹은 판로를 안정적으로 확보함으로써 불확실성을 감소시키고, 장기적인 사업계획 수립을 가능하게 하는 장점이 있다. 거래 당사자들은 계약에 따라 정해진 가격 조건대로 물량을 안정적으로 공급하고 구매할 수 있어, 가격변동 또는 거래중단의 위험으로부터 자신을 보호하고 안정적인 거래처를 확보하게 된다. 이는 위험관리비용과 재고비용을 줄여주는 효과가 있고, 확보된 공급물량을 전제로 규모의 경제를 달성하기 위한 투자를 할 수 있게 한다. 이로써 생산비용이 절감되어 상품의 가격이 내려갈 수 있고, 결과적으로 최종소비자에게도 이익이 될 수 있다.31)

또한 배타조건부 거래는 '관계특화적(relationship-specific)' 투자를 촉진할 수 있다. 일단 특정 거래목적에만 유용한 투자가 이루어지고 나면 거래당사자들은 기회주의적 행동을 통하여 해당 특화자산의 가치를 전용하려는 유인을 갖게 되는데, 배타조건부거래는 위와 같은 기회주의적 행동을 차단하는 유용한 수단이 된다.

---

30) 이러한 무임승차 문제는 대체로 유통업자가 해당 제조업자의 상품이 아닌 다른 제조업자의 상품을 '대체판매'할 수 있을 때 발생한다.

31) 이러한 관점의 가장 극단적인 견해로서 배타조건부거래는 '당연합법'이라는 취지의 주장으로 Robert H. Bork 저, 신광식 역, 반트러스트의 모순, 교보문고(1991), 365쪽("배타적 거래는 수직결합의 한 형태로서 효율을 창출하고 산출량 제한을 가져오지 않는다. 그러므로 이는 일반적으로 합법이어야 한다."), 373-374쪽("배타적 거래와 소요량구매계약은 효율창출이라는 목적과 효과만을 갖는다고 믿어야 할 충분한 이유가 있다."). 우리나라에도 위와 같은 취지의 주장이 있는바, 예컨대 전용덕, 공정거래법의 모순, 자유기업센터(1997), 127-134쪽, 182쪽.

제4절 전통적인 경쟁법상 배타조건부거래 규제 : 미국과 EU

Ⅰ. 미국

미국 반독점법상 배타조건부거래에 관하여는 기본적으로 셔먼법 제1조 또는 클레이튼법 제3조가 적용되고, 보충적으로 연방거래위원회법 제5조가 적용될 수 있으며, 행위자의 독점력 여부에 따라 셔먼법 제2조가 적용될 수도 있다.

전통적으로 미국에서 배타조건부거래는 유통효율성의 제고, 무임승차의 방지, 브랜드 가치의 보호 등 상당한 경쟁촉진적 효과가 있다는 이유로 끼워팔기나 재판매가격유지행위, 거래지역·거래상대방 제한행위 등 다른 유형의 수직적 거래제한에 비하여 상대적으로 관대하게 취급되어 왔다. 그러나 배타조건부거래가 경쟁사업자를 봉쇄하는 경쟁제한적 효과를 야기할 경우에는 이를 규제하고 있는바, 여기서 과연 어느 정도의 봉쇄효과가 있어야 위법성이 인정되는지, 즉 봉쇄효과의 '상당성'이 문제된다.

이에 대하여 연방대법원은 Standard Oil 판결(Standard Stations 판결)에서 이른바 '양적 상당성(quantitative substantiality)' 기준을 제시하였는데, 이 기준에 의하면 봉쇄효과의 상당성 여부는 배타조건부거래에 의하여 봉쇄되는 부분이 관련시장에서 차지하는 비율, 즉 봉쇄율을 기준으로 판단된다. 이 사건에서는 Standard Oil이 주유소들과 배타적 공급계약을 체결한 것이 문제되었는바, 연방대법원은 6.7%의 시장봉쇄가 위 양적 상당성 기준을 충족한다고 판단하였다. 다만 법원은 이 시장에서 다른 사업자들도 유사한 배타조건부거래를 하고 있었고, 이를 합산하면 누적 봉쇄율이 65%에 이른다는 점을 강조하였음을 유의할 필요가 있다.[32)]

32) 미국에서 이 판결은 명시적으로 당연위법이 적용된 것은 아니지만 사실상 당연위법에 가까운 판단으로 받아들여지고 있다. E. Thomas Sullivan, Herbert Hovenkamp, Howard A. Shelanski & Christopher R. Leslie, Antitrust Law, Policy and Procedure: Cases, Materials, Problems(7th ed.), Lexisnexis (2014), p.232; Alan J. Meese, 앞의 논문(각주 15), p.377.

그 후 연방대법원은 Tampa Electric 판결[33]에서 새로이 이른바 '질적 상당성(qualitative substantiality)' 기준을 제시하였는바, 배타조건부거래의 위법성은 관련시장의 봉쇄율만이 아니라 당해 행위가 유효경쟁에 미치는 영향을 고려하여 그 상당성 여부를 판단하여야 한다고 하면서, 이를 위하여 당사자들의 상대적인 힘, 관련시장에서 전체 거래에 대한 문제된 거래의 비율, 해당 거래가 유효경쟁에 미치게 될 현재 혹은 미래의 효과 등을 고려하여야 한다고 판시하였다.[34] 이 사건에서는 Nashville Coal과 Tampa Electric의 20년간 장기의 배타조건부거래계약이 문제되었는데, 연방대법원은 Tampa Electric이 필요로 하는 석탄이 Nashville Coal이 위치한 탄광지역 생산량의 1%에도 미치지 않고, 위 Standard Oil 사건과 달리 누적적 봉쇄효과도 인정되지 않는다는 등의 이유로 그 위법성을 부정하였다. 사실 이 사건은 봉쇄율이 너무 미미하여 그 자체만으로도 위법성이 인정되기 어려운 사안이었으나, 그럼에도 불구하고 연방대법원이 단순히 봉쇄율만이 아니라 그 밖에 관련시장의 다른 사정들을 종합적으로 검토하여 위법성을 부정하였다는 점에서 의의가 있다.[35]

이후 Jefferson Parish 판결[36]에서, 5인의 다수의견은 이를 끼워팔기로 의율하였으나, 4인의 별개의견은 이를 배타조건부거래로 보아 위 질적 상당성 기준을 더욱 발전시켰다. 즉 위 별개의견은 배타조건부거래의 위법성 여부를 판단하기 위하여는 문제된 관련시장의 구조, 관련시장 매도인들과 매수인들의 수 및 그 사업규모, 그리고 그들의 거래처 전환의 용이성 등을 고려하여야 하는바, 자세한 시장분석을 실시하지는 않았으나 30% 정도의 봉쇄는 경쟁제한성이 없다고 판시하

---

33) Tampa Elec. Co. v. Nashville Coal Co., 365 U.S. 320 (1961).

34) 다만 적어도 봉쇄율은 보다 상세한 경쟁제한성 분석을 위한 '문지기(gatekeeper)' 내지 '출발점(starting point)' 역할을 한다. ABA Section of Antitrust Law, 앞의 책(각주 6), p.213; Richard M. Steuer, "Exclusive Dealing in Distribution", 69 Cornell L. Rev. 101, 117 (1983－84).

35) Herbert Hovenkamp, 앞의 책(각주 28), p.571은 위와 같은 점에서 연방대법원의 법리설시는 '방론'이라고 한다. 같은 취지로 Eleanor M. Fox, U.S. Antitrust In Global Context(3rd ed.), West (2012), p.689.

36) Jefferson Parish Hosp. Dist. No. 2 v. Hyde, 466 U.S. 2 (1984).

였다.

한편 과거에는 셔먼법 제1조, 클레이튼법 제3조, 연방거래위원회법 제5조 중 어느 것이 적용되는지에 따라 그 위법성 판단에 일정한 차이가 있는 것으로 보았으나,[37] 현재로서는 특별한 사정이 없는 한 어느 조문을 적용하더라도 일응 동일한 판단기준이 적용된다는 것이 대체적인 견해이다.[38]

결론적으로 현재 미국 법원의 전반적인 추세는 봉쇄효과가 20% 이하이면 안전항(safe harbor)에 있는 것으로 취급하고, Jefferson Parish 판결 별개의견의 영향으로 적어도 봉쇄율이 30%는 넘어야 다른 요건과 종합하여 위법성이 인정될 가능성이 있는 것으로 보고 있으며,[39] 대체로 40% 이상의 봉쇄율이 증명되어야 위법성이 인정된다는 것이 대체적인 분석이다.[40]

또한 과거 셔먼법 제2조가 적용될 경우 셔먼법 제1조가 적용될 때보다 봉쇄효과의 상당성 인정기준이 낮아질 수 있는지에 관하여 견해의 대립이 있었고, 아직 이에 관한 연방대법원 판결은 없으나, 현재 연방항소법원의 판결들은 조금 더 낮은 봉쇄율로도 봉쇄효과에 의한 경쟁제한성을 인정할 수 있다는 경향을 보인다. 대표적으로 MS 판결에서 '독점사업자의 배타조건부거래는 셔먼법 제1조 위반이 되기 위하여 통상적으로 요구되는 약 40~50% 정도의 봉쇄보다 낮은 비율의 봉쇄만으로도 셔먼법 제2조 위반이 될 수 있다'고 판단한 바 있고,[41] 이후 LePage

37) 클레이튼법 제3조가 적용되는 경우 셔먼법의 집행을 보다 강화하기 위한 입법취지 등이 감안되어 셔먼법 제1조가 적용되는 경우에 비하여 보다 쉽게 위법성이 인정되었고(Phillip Areeda, Louis Kaplow, Aaron Edlin & C. Scott Hemphill, Antitrust Analysis: Problems, Text, and Cases(6th ed.), Wolters Kluwer (2022), p.588-589), 나아가 연방거래위원회법 제5조가 적용되는 경우에는 이른바 '맹아이론(incipiency theory)'의 관점에서 셔먼법 제1조는 물론 클레이튼법 제3조가 적용되는 경우보다 더 쉽게 위법성이 인정되었다(E. Thomas Sullivan & Jeffrey L. Harrison, 앞의 책(각주 9), p.235).

38) ABA Section of Antitrust Law, 앞의 책(각주 6), p.211; Herbert Hovenkamp, 앞의 책(각주 28), p.575.

39) ABA Section of Antitrust Law, 앞의 책(각주 6), p.213-214; 김성훈, 앞의 논문(각주 20), 251쪽; 홍대식, 앞의 논문(각주 9), 160쪽.

40) Alan J. Meese, 앞의 논문(각주 15), p.415-417; Christopher L. Sagers, Antitrust(3rd ed.), Wolters Kluwer (2021), p.173.

41) U.S. v. Microsoft Corp., 253 F.3d 34 (D.C. Cir. 2001).

판결,[42] Dentsply 판결[43] 등 역시 유사한 입장을 취하고 있다.[44]

한편 조건부 리베이트의 경우, 미국에서는 이를 약탈적 가격책정으로 분석할 것인지 사실상의 배타조건부거래로 분석할 것인지에 관하여 여전히 견해의 대립이 있고, 하급심 판결의 입장 역시 극명하게 갈리고 있으며, 아직 이에 관한 연방대법원의 판결은 없는 상황인바,[45][46] 원칙적으로 약탈적 가격책정으로 보되 구체적인 사정에 따라서는 사실상의 배타조건부거래로 볼 수도 있다는 견해가 대체적인 것으로 보인다.[47]

마지막으로 병행적 배타조건부거래의 규제에 관하여 보면, 미국에서는 앞서 본 바와 같이 배타조건부거래에 관한 초기 사례인 Standard Oil 판결에서부터 이미 누적적 봉쇄효과를 고려하고 있다. 나아가 연방대법원은 Motion Picture Advertising Service 판결[48]에서 둘 이상의 사업자가 병행적으로 배타조건부거래를 실시하는 경우 신규 시장참가사업자나 기존의 경쟁사업자가 대체적인 유통경로를 용

---

42) LePage's Inc. v. 3M, 324 F.3d 141 (3d Cir. 2003) (en banc).

43) U.S. v. Dentsply International, Inc., 399 F.3d 181 (3d Cir. 2005).

44) Tyler A. Baker, "Thoughts on Exclusive Dealing & Related Practices", 7 Sedona Conf. J. 43, 48－50 (2006); ABA Section of Antitrust Law, 앞의 책(각주 6), p.250－251; 강우찬, 앞의 논문(각주 24), 176－177쪽. 이러한 경향에 대하여 의문을 제기하는 견해로는 J. Thomas Rosch, "Evolution of Exclusive Dealing Law", 7 Sedona Conf. J. 51, 55－56 (2006).

45) 다만 앞서 본 Tampa Electric 판결은 사실상의 배타조건부거래 개념을 인정하고 있는바(Tampa Elec. Co. v. Nashville Coal Co., 365 U.S. 320, 326 (1961)), 연방대법원 역시 조건부 리베이트가 배타조건부거래에 해당할 수 있음을 인정하고 있다는 분석으로 Jonathan M. Lave, "The Law and Economics of De Facto Exclusive Dealing", 50 Antitrust Bull. 143, 167 (2005); Jonathan M. Jacobson, "Exclusive Dealing, Foreclosure, and Consumer Harm", 70 Antitrust L.J. 311, 338 (2002).

46) 조혜신, "시장지배적 사업자의 리베이트 제공행위에 관한 미국의 판례에 대한 분석", 경쟁법연구 제25권(2012. 5.), 223쪽 이하에 의하면, 조건부 리베이트에 대한 미국의 법리는 크게 '약탈적 가격의 법리'와 '경쟁자 봉쇄의 법리'로 요약될 수 있다고 한다.

47) 이민호, "시장지배적지위 남용행위로서의 조건부 리베이트", 공정거래법의 쟁점과 과제(서울대학교 경쟁법센터), 법문사(2010), 121쪽 참조. 다만 약탈적 가격책정의 관점보다 배타조건부거래의 관점이 더 타당하다는 견해로 Derek W. Moore & Joshua D. Wright, "Conditional Discounts and the Law of Exclusive Dealing", 22 Geo. Mason L. Rev. 1205, 1208－1210, 1233－1246 (2015).

48) FTC v. Motion Picture Advertising Service Co., 344 U.S. 392 (1953).

이하게 확보할 수 없게 되고 이를 단독으로 실시하는 경우보다도 배타적 효과가 큰 점, 과점시장에서 배타조건부거래가 병행적으로 실시되는 경우 제조업자 간의 협조행동이 야기되기 쉬운 조건이 형성된다는 점 등을 들어 반드시 의사결정의 공동성을 전제로 하지 않고도 누적적 봉쇄효과에 근거하여 병행적 배타조건부거래를 규제할 수 있다고 보았다. 다만 그 이후 연방항소법원 판례 중에는 일정한 거래태양이 단독으로 경쟁을 실질적으로 제한하는 것이 아니라면, 당해 행위의 실시에 관하여 경쟁자 간의 담합이 인정되지 않는 한 다른 사업자의 행위가 시장경쟁에 미치는 영향을 누적적으로 평가할 수는 없다고 판시한 사례도 있는 상황이다.[49]

II. EU

EU에서 배타조건부거래는 유럽연합기능조약(Treaty on the Functioning of the European Union, 이하 'TFEU') 제101조, 제102조에 의하여 규율되는데, 제101조는 미국의 셔먼법 제1조에 상응하는 규정으로서 일반 사업자의 배타조건부거래에 대하여 적용되고, 제102조는 미국의 셔먼법 제2조에 상응하는 규정으로서 시장지배적 사업자의 배타조건부거래에 대하여 적용된다.

EU의 경우에는 미국과 달리 배타조건부거래에 관한 법리가 법원보다 집행위원회에 의하여 발전되어 왔는바,[50] EU 집행위원회의 기본적 입장은 TFEU 제101조에 관한 '수직적 거래제한 가이드라인'[51]과 TFEU 제102조에 관한 '배제남용 집행

49) Paddock Publication Inc. v. Chicago Tribune Co., 103 F.3d 42 (7th Cir. 1996); Dickson v. Microsoft Co., 309 F.3d. 193(4th Cir. 2002). 신현윤, 병행적 배타조건부거래의 위법성 판단, 경쟁법연구 제21권(2010. 9.), 45쪽 참조.

50) 홍대식, 앞의 논문(각주 9), 162쪽; 주진열, "조건부(충성)할인과 시장지배력 남용 문제에 대한 고찰 : 대법원 2019. 1. 31. 선고 2013두14726 판결을 중심으로", 경쟁법연구 제43권(2021. 3.), 166쪽. 다만 집행위원회의 가이드라인이나 집행지침 자체가 EU 법원의 판결을 반영한 것임은 물론이다. Alison Jones, Brenda Sufrin & Niamh Dunne, EU Competition Law(7th ed.), Oxford (2019), p.772.

51) Guidelines on Vertical Restraints (OJ 2010/C 130/01). 특히 VI. 2. 1. "Single branding" 항목(129－150문단), VI. 2. 6. "Exclusive supply" 항목(192－202문단).

지침'[52]을 통하여 알 수 있다.

위 양자의 규정내용 내지 그 취지는 사실상 대동소이한데,[53] 배타조건부거래의 위법성 판단표지는 경쟁제한성이고, 그 경쟁제한성의 핵심은 봉쇄효과에 있으며,[54] 위와 같은 경쟁제한성은 관련시장의 조건, 해당 사업자의 시장지위, 경쟁사업자들의 지위, 고객 혹은 원료 공급자의 지위, 협의가 있는 행위의 범위, 실제 봉쇄의 가능한 증거, 배제적 전략에 관한 직접적 증거 등을 종합적으로 고려하여 판단된다.

그런데 수직적 거래제한 가이드라인 23문단은 배타조건부거래와 같은 수직적 거래제한의 경우 그 거래행위의 성격 자체로 경성 거래제한에 해당하지 않는 한 공급업자의 시장점유율과 판매업자의 시장점유율이 모두 30% 미만인 경우에는 TFEU 제101조 제1항의 적용으로부터 일괄면제('block exemption')된다고 규정하고 있는바,[55] 해당 사업자가 자신의 모든 거래에 관하여 배타조건부거래를 하고 있다고 가정할 경우 결국 EU의 경우에도 미국과 유사하게 사실상 30% 이상의 봉쇄율이 인정되는 경우에만 해당 배타조건부거래의 위법성이 인정될 가능성이 있다고 볼 수 있다.

EU 법원의 배타조건부거래에 관한 대표적인 사례는 Van den Bergh 판결이

---

52) Guidance on the Commission's enforcement priorities in applying Article 82 of the EC Treaty to abusive exclusionary conduct by dominant undertakings (OJ 2009/C 45/02). 특히 IV. A. "Exclusive Dealing" 항목(31－45문단).

53) 실제로 수직적 거래제한 가이드라인 127문단은 '제101조와 제102조는 모두 시장에서의 유효경쟁 유지를 목적으로 하므로, 양자의 적용결과가 모순되지 않아야 한다.'고 규정하고 있기도 하다.

54) 배제남용 집행지침은 배제남용에 관한 일반적인 위법성 판단기준으로 '반경쟁적 봉쇄(anti－competitive foreclosure)'라는 개념을 제시하고, 이를 배타조건부거래에 관하여 그대로 적용하고 있다. 반경쟁적 봉쇄의 구체적 의미에 관하여는 강우찬, "EC조약 102조(시장지배적 지위남용)에 관한 집행지침(Guidance Paper)에 대한 분석적 연구", 사법논집 제52집(2011), 17쪽 이하; 이문지, "시장지배적 지위의 남용 금지에 관한 유럽연합의 최근 동향 : 유럽위원회의 지침서(Guidance Paper)를 중심으로", 상사판례연구 제23집 제4권(2010. 12.), 274쪽 이하 참조.

55) 다만 수직적 거래제한 가이드라인 66문단에 의하면, 위와 같은 경우라 하더라도 그 배타조건부거래의 기간이 무기한이거나 5년을 넘는 경우에는 일괄면제되지 않는다.

다.[56] 이 사건은 아일랜드의 아이스크림 시장에서 시장지배적 사업자인 Van den Bergh Foods(구 'HB Ice Cream')가 소매 판매업자들에게 무상으로 냉동고를 제공하면서 여기에 경쟁상품을 저장하지 않을 것을 조건으로 부과한 행위가 문제된 것인데, 법원은 시장지배적 사업자가 사실상(de facto)의 배타적 조건(일반적으로 소매 판매점에는 2개 이상의 냉동고를 설치할 유인이 없기 때문에, 위 조건으로 인하여 결과적으로 경쟁상품을 취급하지 않게 되는 사실상의 배제효과가 발생한다)을 통하여 관련시장에서 40%에 달하는 소매 판매점을 구속한 행위는 배제남용에 해당한다고 판단하였다. 이 판결에서는 봉쇄율만이 아니라 배타조건의 범위와 기간, 구매자의 공급자에 대한 종속성의 정도, 당해 상품이 소매상들이 반드시 구비하여야 할 물건('must-carry')인지 여부, 다른 공급업자가 해당 시장지배적 사업자와 동등한 조건으로 상품을 공급할 수 있는지 여부 등이 종합적으로 고려되었는바, 종래 사실상 당연위법으로 처리되어 왔던 배타조건부거래에 대하여 합리의 원칙을 적용함으로써 EU 경쟁법의 새로운 국면을 연 것으로 평가된다.[57]

한편 EU의 경우에는 일반 배타조건부거래보다 조건부 리베이트와 관련한 사안이 문제된 경우가 많고, 법원의 판례 역시 이에 집중되어 있다. 과거에는 조건부 리베이트를 차별취급이라는 관점으로 접근하기도 하였으나,[58] 현재로서는 배타조건부거래로 의율하는 것에 관하여 이론과 실무가 대체로 수렴된 것으로 보인다.[59][60] 이에 관한 대표적인 선례가 Hoffmann-La Roche 판결[61]인데, EU 최

56) Case T-65/98 Van den Bergh Foods Ltd v. Commission [2003] ECR II-4653. 이 판결은 EU 최고법원(ECJ)의 판결이 아니라 제1심법원(구 Court of First Instance, 현 General Court)의 판결이지만, 배타조건부거래 일반에 관한 가장 대표적인 판결 중 하나로 인식되고 있다. Ariel Ezrachi, EU Competition Law(7th ed.), Hart Publishing (2021), p.215; Barry J. Roger & Angus MacCulloch, 앞의 책(각주 13), p.137 참조.

57) 조혜신, "독점규제법상 방해남용의 부당성 판단기준", 경쟁법연구 제24권(2011. 11.), 93쪽; Alison Jones, Brenda Sufrin & Niamh Dunne, 앞의 책(각주 50), p.772 참조.

58) TFEU 제101조 제1항 (d) "apply dissimilar conditions to equivalent transactions with other trading parties, thereby placing them at a competitive disadvantage"

59) 강상욱, "공정거래법상 리베이트 제공행위", 법관연수 어스밴스 과정 연구논문집 : 전문분야 소송의 주요쟁점(조세/상사소송), 사법연수원(2018), 313쪽.

60) 이는 집행위원회의 입장에도 명확히 반영되어 있다. ① EU 수직적 거래제한 가이드라인 129문단은 배타적 공급거래(single branding)의 개념에 관하여 '구매기업으로 하여금 단

고법원은 비타민 시장에서 시장지배적 지위에 있는 Hoffmann–La Roche사가 구매회사들에게 구매량에 따른 리베이트를 제공한 사안에 관하여 그와 같은 조건부 리베이트는 단순한 물량할인이 아니라 유인에 의한 사실상의 배타조건부거래에 해당한다고 판시하였다. 같은 취지의 후속판결로서 Michelin I 판결,[62] Michelin II 판결,[63] British Airways 판결,[64] Tomra 판결,[65] Post Denmark II 판결[66] 등이 있고, 최근의 사건으로 Intel 사가 PC 제조사들에 대하여 자신의 CPU를 70~90% 이상 구매하는 경우 리베이트를 제공한 사안을 배타조건부거래로 의율한 Intel 판결[67]이 있다.

마지막으로 병행적 배타조건부거래의 규제에 관하여 보면, EU집행위원회는 수

일기업으로부터만 구매하도록 의무화하거나 그렇게 하도록 유인하는 것을 주요한 요소로 하는 합의를 말한다'고 규정함으로써 배타조건이 '의무'인 경우뿐만 아니라 '유인'되는 경우를 포함하고 있다(이에 EU에서는 구매자에게 자기보다 더 유리한 경쟁사의 제안이 있는 경우 이를 자기에게 보고하도록 하고 자기가 이와 같은 수준으로 제안할 수 없는 경우에만 경쟁사와의 거래를 허용하는 이른바 '영국조항(English clause)' 역시 배타조건부거래로 취급하고 있다. 위 129문단 및 아래에서 보는 Hoffmann–La Roche 판결 참조). 한편 이는 192문단 배타적 인수거래(exclusive supply)의 경우에도 마찬가지이다. ② EU 배제남용 집행지침 32문단은 '시장지배적 사업자는 조건부 리베이트 등 배타조건부거래를 통하여 경쟁사업자를 봉쇄할 수 있다'고 규정하고 있다. 한편 위 집행지침은 32–46문단에서 배타조건부거래에 관하여 규정하고 있는바, 그 대부분인 37–45문단이 조건부 리베이트에 관한 것이기도 하다.

61) Case 85/76 Hoffmann–La Roche v. Commission [1979] ECR 461.
62) Case 322/81 Michelin v. Commission [1983] ECR 3461.
63) Case T–203/01 Michelin v. Commission [2003] ECR II–4071.
64) Case C–95/04 P British Airways v. Commission [2007] ECR I–2331.
65) Case C–549/10 P Tomra Systems v. Commission [2012] 4 CMLR 27.
66) Case C–23/14 Post Denmark A/S v. Konkurrencerådet [2015] 5 CMLR 25.
67) Case C–413/14 P Intel Corporation v. European Commission [2017] 5 CMLR 18. 이 판결에서 EU 최고법원은 'Intel이 집행위원회의 가격·비용 분석에 오류가 있다고 주장하였음에도, 원심은 배타조건부거래는 본질적으로(by the very nature) 경쟁제한적이므로 그 경쟁제한성을 판단하기 위하여 제반 사정(all the circumstances)을 모두 검토할 필요는 없다고 보아 Intel의 불복청구를 기각하였는바, 이러한 원심의 판단은 위법하다'는 이유로 원심판결을 파기하였다. 이는 일응 위 Hoffmann–La Roche 판결 등 종래의 법리와 달리 조건부 리베이트의 위법성 판단을 위하여는 엄밀한 가격·비용 분석이 필요하다는 취지로 보이기도 하는바, 향후 이에 관한 EU 법리의 전개방향이 주목된다. Alison Jones, Brenda Sufrin & Niamh Dunne, 앞의 책(각주 50), p.441–443 참조.

직적 거래제한 가이드라인에서 이 문제를 명확하게 정리하고 있는데, 가이드라인 76문단은 '반경쟁적인 누적적 효과에 대한 책임은 그 효과 발생에 상당한 기여를 한 사업자에게만 귀속될 수 있으며, 누적적 효과에 대한 기여가 미미한 사업자가 체결한 합의는 TFEU 제101조 제1항에 위반되지 않는다'고 규정하고, 134문단은 '봉쇄된 시장점유율이 5% 미만인 때에는 일반적으로 누적적 봉쇄효과에 현저히 기여하는 것으로 보지 않는다'고 규정함으로써, 일응 5%를 기준으로 그 미만의 봉쇄율을 야기한 개별적 배타조건부거래는 설령 누적적 봉쇄효과가 있는 경우에도 원칙적으로 규제대상이 아님을 명시하고 있다.[68)]

제5절 우리나라의 배타조건부거래 규제

Ⅰ. 법령의 규정

현행 공정거래법은 배타조건부거래를 시장지배적 지위남용과 불공정거래행위로 구분하여 규정하고 있고, 시장지배적 지위남용으로서의 배타조건부거래에 관하여는 이를 다시 신규진입방해와 경쟁사업자배제로 구별하고 있다.[69)][70)]

68) 위와 같은 가이드라인의 단초가 된 것은 EU법원의 Delimitis 판결(Stergious Delimitis v. Henninger Brau, Case C−234/89 [1991] ECR I−935)과 Neste 판결(Neste Markkinointi Oy v. Yotuuli Ky and Others, Case C−214/99 [2000] ECR I−11121)인데, 위 두 판결에서 EU 법원은 병행적 배타조건부거래에 있어 개별 사업자의 배타조건부거래를 규제하기 위하여는 그것이 관련시장의 누적적 봉쇄효과에 상당히 기여하는 것이어야 한다는 점을 강조하였다. Frank Wijckmans & Filip Tuytschaever, Vertical Agreements in EU Competition Law(2nd ed.), Oxford (2011), p.181−182; 신현윤, 앞의 논문(각주 49), 49쪽 참조.

69) 공정거래법령은 불공정거래행위와 달리 시장지배적 지위남용에 관하여는 '배타조건부거래'라는 표현을 명시적으로 사용하고 있지 않다. 그러나 아래에서 보는 시장지배적 지위남용 규정이 배타조건부거래를 의미한다는 점에 관하여는 아무런 이견이 없다.

70) 이러한 현행 규정체계에 이르기까지는 일정한 변화가 있었는바, 배타조건부거래에 관한 입법연혁 중 중요한 것만을 간략히 정리하면 아래와 같다. 요컨대, 불공정거래행위로서 배타조건부거래는 1980년 제정법에서부터, 시장지배적 지위남용으로서 배타조건부거래 중 신규진입방해는 1997년 개정에서, 경쟁사업자배제는 1999년 개정에서 각각 규정되었

공정거래법령의 규정을 정리하면 아래 표와 같은바, 시장지배적 지위남용으로서 배타조건부거래와 불공정거래행위로서 배타조건부거래 양자의 개념 사이에 본질적인 차이가 있다고는 보이지 않는 점, 경쟁사업자배제는 신규진입방해를 당연

고, 전체적으로 현행법령과 같은 체계가 갖추어진 것은 1999년부터이며, 각 규정내용은 그 신설 당시부터 현행법령에 이르기까지 사실상 동일하다.

① 공정거래법은 1980년 제정 당시부터 배타조건부거래를 규정하였는바, 다만 위 당시에는 시장지배적 지위남용으로서는 규정하지 않은 채 불공정거래행위로서만 규정하였다. 즉 1980. 12. 31. 제정법(법률 제3320호) 제15조는 "사업자는 다음 각호의 1에 해당하는 행위로서 경제기획원장관이 공정한 거래를 저해할 우려가 있다고 인정하여 불공정한 거래행위로 지정·고시한 행위(이하 "不公正去來行爲"라 한다)를 하여서는 아니된다."라고 규정하고, 제5호에서 "거래상대방의 사업활동을 부당하게 구속하는 조건으로 거래하는 행위"를 규정하였으며, 이에 따라 1981. 5. 13.자 경제기획원고시 제40호는 제10항에서 '부당배타조건부거래'라는 표제로 "정당한 이유 없이 자기의 경쟁자에게 상품 또는 용역을 공급하지 아니하거나 자기의 경쟁자로부터 상품 또는 용역의 공급을 받지 아니하는 것을 조건으로 해서 당해 상대방과 거래하는 행위"라고 규정하였다.

② 불공정거래행위로서 배타조건부거래에 관한 하위규정이 시행령으로 격상되어 현행법령과 같은 체계를 갖추게 된 것은 1997년 시행령부터이다. 즉 1996. 12. 30.자 개정법(법률 제5235호) 제23조 제1항 제5호 전단은 "거래의 상대방의 사업활동을 부당하게 구속하는 조건으로 거래하[는] 행위"를 규정하고, 제2항에서 "불공정거래행위의 유형 또는 기준은 대통령령으로 정한다."고 규정하였으며, 이에 따라 1997. 3. 31.자 시행령(대통령령 제15328호) 제36조에 의한 [별표1]은 "7. 구속조건부거래"에서 "가. 배타조건부거래"에 관하여 "부당하게 거래상대방이 자기 또는 계열회사의 경쟁사업자와 거래하지 아니하는 조건으로 그 거래상대방과 거래하는 행위"를 규정하였다.

③ 시장지배적 지위남용으로서 배타조건부거래에 관한 규정은 1997년 공정위 고시에서 처음 규정되었다. 즉 1996. 12. 30.자 개정법(법률 제5235호) 제3조의2 제1항 제4호는 "새로운 경쟁사업자의 참가를 부당하게 방해하는 행위"를 규정하고, 제2항에서 "남용행위의 유형 및 기준은 공정거래위원회가 정하여 이를 고시할 수 있다."고 규정하였으며, 이에 따라 1997. 4. 7.자 공정거래위원회 고시 제1997－12호는 III. 4. 나. (4)에서 "기존의 유통상인과 배타적 대리점계약 등을 체결함으로써 경쟁사업자의 신규진입을 방해하는 행위", 즉 신규진입방해로서의 배타조건부거래를 규정하였다.

④ 시장지배적 지위남용으로서 배타조건부거래에 관하여 일반 배타조건부거래, 즉 경쟁사업자배제가 규정되고, 현행법령과 같은 체계가 갖추어진 것은 1999년 시행령부터이다. 즉 1999. 2. 5. 개정법(법률 제5813호) 제3조의2 제1항 제5호 전단은 "부당하게 경쟁사업자를 배제하기 위하여 거래하[는] 행위"를 규정하고, 제2항에서 "남용행위의 유형 또는 기준은 대통령령으로 정할 수 있다."고 규정하였으며, 이에 따라 1999. 3. 31.자 시행령(대통령령 제16221호)은 제5조 제4항 제1호에서 "정당한 이유 없이 거래하는 유통사업자와 배타적 거래계약을 체결하는 행위"를 규정하고(신규진입방해), 제5조 제5항 제2호에서 "부당하게 거래상대방이 경쟁사업자와 거래하지 아니할 것을 조건으로 그 거래상대방과 거래하는 경우"를 규정하였다(경쟁사업자배제).

히 포함하는 것으로 볼 수 있는 점,[71] 부당성과 해당성은 구별되는 개념인 점 등을 감안하면, 결국 우리 법상 배타조건부거래란 '경쟁사업자와 거래하지 않는 조건으로 거래상대방과 거래하는 행위'를 말한다 할 것이다.[72]

시장지배적 지위남용		불공정거래행위
"새로운 경쟁사업자의 참가를 부당하게 방해하는 행위" (법 제5조 제1항 제4호)	"부당하게 경쟁사업자를 배제하기 위하여 거래하[는] 행위" (법 제5조 제1항 제5호)	"거래의 상대방의 사업활동을 부당하게 구속하는 조건으로 거래하는 행위" (법 제45조 제1항 제7호)
"정당한 이유 없이 거래하는 유통사업자와 배타적 거래계약을 체결하는 행위" (령 제9조 제4항 제1호)[73]	"부당하게 거래상대방이 경쟁사업자와 거래하지 않을 것을 조건으로 그 거래상대방과 거래하는 행위" (령 제9조 제5항 제2호)	"부당하게 거래상대방이 자기 또는 계열회사의 경쟁사업자와 거래하지 않는 조건으로 그 거래상대방과 거래하는 행위" (령 [별표 2] 7.의 가.항)

[보론] 공정거래법 전면개정과 배타조건부거래

종래 공정거래법은 배타조건부거래를 '부당하게 거래상대방이 경쟁사업자와 거래하지 않는 조건으로 거래하는 행위'라고 정의하고, 이를 시장지배적 지위남용과 불공정거래행위 양 측

71) 이기종, "시장지배적지위 남용행위로서의 배제적 행위", 상사판례연구 제20집 제3권 (하)(2007. 9.), 761쪽. 참고로 현재까지 '신규진입방해' 규정이 적용된 사례는 없다.

72) 본 연구의 목적상 공정거래법상 배타조건부거래의 개념규정과 관련한 문제점에 관하여는 논의를 생략한다. 이에 관한 상세한 사항은 배상원, 앞의 논문(각주 4), 30－33쪽 참조.

73) 시행령은 '배타적 거래계약'이라고 규정하고 있는바, 이는 '배타조건부거래'를 의미하는 것으로 이해된다(공정위의 시장지배적 지위남용 심사기준은 시행령 제9조 제4항 제1호가 규정하는 '배타적 거래계약'에 관하여 "「배타적 거래계약」이라 함은 유통사업자로 하여금 자기 또는 자기가 지정하는 사업자의 상품이나 용역만을 취급하고 다른 사업자의 상품이나 용역은 취급하지 않을 것을 전제로 상품이나 용역을 공급하는 것을 말한다."고 규정하고 있다). 양자의 이동(異同)에 관하여는 아래 제3장 제3절 II. 3. 참조.

면에서 규정하였다. 즉 공정거래법상 배타조건부거래는 공동행위가 아닌 단독행위이고, 같은 단독행위이면서 시장지배적 지위남용이자 불공정거래행위이다.

위와 같은 사정은 최근의 공정거래법 전면개정(2020. 12. 29. 법률 제17799호로 전부 개정, 2021. 12. 30. 시행)에도 불구하고 아무런 변함이 없다. 이는 경쟁제한성에 관한 규정, 시장지배적 사업자에 관한 규정, 부당한 공동행위에 관한 규정 등 배타조건부거래와 관련한 다른 규정들을 함께 살펴보더라도 마찬가지이다. 결국 배타조건부거래에 관한 한 현행 공정거래법의 규정내용은 사실상 종전과 완전히 동일하다고 할 수 있다.

한편 위와 같은 공정거래법 전면개정 과정에서 시장지배적 지위남용과 불공정거래행위 등 단독행위 개편방안에 관하여 심도 있는 논의가 이루어졌고, 실제로 3가지 개정안이 제시된 바 있다[① 1안(3인 지지) : 법률은 현행대로 유지하고, 하위법령을 정비하자는 방안으로서, 경쟁제한행위는 시장지배적 지위남용 조항만으로 규제하고, 현행 공정거래법 제23조 제1항 각호의 행위는 모두 불공정성을 위주로 판단하도록 심사지침의 요건을 정비하자는 의견, ② 2안(2인 지지) : 유형별로 별도 조항으로 분리하되, 경쟁제한성 위주로 심사하는 유형 중 시장지배력을 요구하는 행위(단독행위 : 거래거절, 차별취급, 부당염매)는 시장지배적 지위남용으로 흡수하고, 그 외 경쟁제한 유형(수직적 거래제한행위 : 끼워팔기, 배타조건부거래, 거래지역 또는 거래상대방 제한)은 현 공정거래법 제23조에서 분리하여 별도조항으로 신설하며, 불공정성 위주로 판단하는 조항만 현 공정거래법 제23조 불공정거래행위로 존치하되, 거래거절, 끼워팔기, 배타조건부거래, 거래지역 또는 거래상대방 제한행위는 상대방의 이익 침해 측면에서도 규제할 필요성이 있는 만큼 규제공백이 발생하지 않도록 거래상 지위남용의 세부 유형으로 포섭하자는 의견, ③ 3안(2인 지지) : 공정거래법 제23조 내에서 유형들을 항 단위로 분리하되, 경쟁제한성을 위주로 판단하는 유형과 불공정성을 위주로 판단하는 유형을 제23조 내에서 항 단위로 구분하자는 의견. 공정위 홈페이지의 '공정위 뉴스-공정위 소식-보도' 중 2018. 7. 27.자 '공정거래법 전면개편 특별위원회 논의결과 발표' 참조]. 그러나 결국 종전의 규정과 체계를 그대로 유지하는 것으로 정리되었고, 이로써 배타조건부거래에 관한 종래의 해석론이 사실상 그대로 통용될 수 있게 되었다.

요컨대, 공정거래법의 전면개정에도 불구하고 배타조건부거래에 관한 종래의 규정과 이론, 실무는 여전히 그대로 유효하다 할 것이다.

II. 학설의 개관

이러한 배타조건부거래에 관하여 학설은 대체로 미국이나 EU의 전통적인 경쟁법 논리에 따라 해석하고 있는 것으로 보이는바, 즉 해당 거래의 '배타성'을 중심으로 배타조건부거래의 성립을 인정하고, '경쟁제한성', 특히 봉쇄효과를 중심으로 그 위법성을 판단하고 있다.

먼저 배타조건부거래의 해당성에 관하여는 특별한 논의가 없는 것으로 보이는바, 일응 시장지배적 지위남용으로서 배타조건부거래의 성립과 불공정거래행위로서 배타조건부거래의 성립 사이에 별다른 차이는 없음을 전제로, 공정거래법상 해당 개념규정의 문언해석만으로도 그 해당성을 충분히 판단할 수 있다고 보는 듯하다.[74] 다만 조건부 리베이트에 관하여는 이를 배타조건부거래로 의율할 수 있다고 보는 입장,[75] 의율할 수 없다고 보는 입장,[76] 제한적으로 의율이 가능하다고 보는 입장[77]의 대립이 있는데, 이 문제를 명시적으로 논하는 견해는 대체로 위와 같은 의율에 부정적인 입장인 것으로 보이나, 대부분의 교과서들은 이 문제에 관하여 명시적인 입장을 밝히지 않은 채 조건부 리베이트를 배타조건부거래로 의율한 대법원 판례(퀄컴 판결)를 소개하고 있는바, 오히려 다수의 견해는 위와 같은 의율에 긍정적인 것으로 보인다.

한편 배타조건부거래의 부당성에 관하여는 공정거래법이 시장지배적 지위남용으로서 배타조건부거래와 불공정거래행위로서 배타조건부거래를 구분하고 있다는 점을 중심으로 일응 명확한 견해의 대립구도가 형성되어 있다. 우선 시장지배적 지위남용으로서 배타조건부거래의 경우에는 경쟁제한성이 그 위법성 판단기준이 된다는 점에 관하여 사실상 아무런 이견이 없는 것으로 보인다. 그러나 불공정거래행위로서 배타조건부거래의 위법성 판단기준에 관하여는 전통적인 경쟁법의

74) 대표적인 공정거래법 교과서들은 대부분 배타조건부거래의 해당성에 관하여는 법령상 개념규정을 언급하면서 공정위의 심사지침, 법원의 판례 등을 소개하고 있을 뿐 특별히 그 개념을 분석적으로 설명하고 있지는 않다. 예컨대 권오승·서정, 앞의 책(각주 2), 175쪽(시장지배적 지위남용으로서 배타조건부거래), 444쪽(불공정거래행위로서 배타조건부거래); 신현윤, 앞의 책(각주 8), 162쪽, 310쪽; 이봉의, 공정거래법, 법문사(2022), 299쪽, 921쪽; 이호영, 독점규제법(제7판), 홍문사(2022), 85쪽, 403쪽; 정호열, 앞의 책(각주 8), 197쪽; 424쪽 등.

75) 대표적으로, 권오승·서정, 앞의 책(각주 2), 177쪽.

76) 대표적으로, 이민호, 앞의 논문(각주 47), 132쪽.

77) 대표적으로, 이봉의, 앞의 책(각주 74), 300쪽.

논리를 강조하면서 시장지배적 지위남용으로서 배타조건부거래와 불공정거래행위로서 배타조건부거래를 구별할 필요가 없다고 보는 '경쟁제한성설',[78] 우리 법의 특수성을 강조하면서 시장지배적 지위남용으로서 배타조건부거래와 불공정거래행위로서 배타조건부거래의 명확한 구별이 필요하다고 보는 '강제성설',[79] 양자를 절충한 견해로서 불공정거래행위로서 배타조건부거래의 부당성에 관하여 시장지배적 지위남용으로서 배타조건부거래에 관하여 요구되는 경쟁제한성에 더하여 강제성이라는 특유의 판단표지를 추가하고자 하는 '경쟁제한성 및 강제성 이원설'[80] 등이 주장되고 있는바, 일응 경쟁제한성설이 가장 전통적인 견해로서 현재로서도 다수의 입장인 것으로 보인다.

Ⅲ. 공정위의 입장

공정위는 시장지배적 지위남용으로서 배타조건부거래와 관련하여 '시장지배적 지위 남용행위 심사기준'[81]을, 불공정거래행위로서 배타조건부거래와 관련하여 '불공정거래행위 심사지침'[82]을 마련하여 운용하고 있는데, 전자는 일부 법규성이 인정되는 반면,[83] 후자는 아무런 법규성이 없다는 점에서 구별된다.[84]

---

78) 대표적으로, 권오승 · 서정, 앞의 책(각주 2), 447－449쪽.

79) 대표적으로, 황태희, "배타조건부 거래의 위법성 판단", 경제법판례연구 제7권(2011), 89쪽.

80) 대표적으로, 백승엽, "배타조건부거래에 있어서의 위법성 판단기준 － 대상판결 : 대법원 2013. 4. 25. 선고 2010두25909 판결", 경쟁과 법 창간호(2013. 10.), 120쪽.

81) '시장지배적지위 남용행위 심사기준'은 2000. 8. 30. 공정위 고시 제2000－6호로 제정되었고(위 고시의 제정과 함께 과거의 공정위 고시 제1997－12호 '시장지배적지위남용행위의유형및기준'은 폐지되었다), 가장 최근의 개정은 공정거래법 전면개정에 따라 2021. 12. 30. 공정위 고시 제2021－18호로 이루어졌다.

82) '불공정거래행위 심사지침'은 2005. 1. 1. 공정위 예규 제25호로 제정되었고, 가장 최근의 개정은 공정거래법 전면개정에 따라 2021. 12. 22. 공정위 예규 제387호로 이루어졌다.

83) 대법원 2001. 12. 24. 선고 99두11141 판결(남양유업 판결) 참조(다만 위 판례는 과거 법에서 '시장지배적지위 남용행위의 유형 및 기준'을 공정위의 고시로써 정하도록 위임하고 있었던 때 그에 따른 고시의 법규성을 인정한 것이다). 다만 '시장지배적지위 남용행위 심사기준'의 구체적 규정 중 과연 어느 부분에 법규성이 인정되는지는 다소 애매하고, 이에 관한 학설상 논의도 충분하지 않은데, 법령의 문언과 위 심사지침의 구성에 비추어 보면, 일응 'IV. 시장지배적지위 남용행위의 세부 유형 및 기준' 부분에서 규정한 내용에 '한하여' 법규성이 인정된다 할 것이다(그 중 특히 공정위가 법령의 규정에 더하여 추가

그러나 그 엄밀한 법규성 유무에도 불구하고 위와 같은 공정위의 심사기준 내지 심사지침은 모두 최소한의 현실적 규범력을 가진다 할 것인바,85) 지면관계상 위 심사기준과 심사지침의 내용을 모두 상세히 살펴볼 수는 없지만, 요컨대 공정위는 배타조건부거래의 '해당성'에 관하여 직접적으로 경쟁사업자를 봉쇄하는 경우 외에 간접적으로 경쟁사업자를 봉쇄하는 경우도 포함되고, 당해 배타조건에 계약상 구속력이 있는 경우뿐만 아니라 사실상 구속력이 있는 경우도 포함된다고 보고 있으며,86) 이러한 배타조건부거래의 '부당성'은 시장지배적 지위남용과 불공정거래행위 모두에서 경쟁제한성, 특히 봉쇄효과를 중심으로 판단하여야 한다고 보고 있다.87)88)89)

적으로 고시한 행위유형 부분. 정재훈, 공정거래법 소송실무(제3판), 육법사(2020), 552쪽 참조). 한편 나아가 위 부분에서 규정한 '모든' 내용에 관하여 법규성이 인정된다고 볼 것인지는 또 다른 문제인데, 예컨대 공정위는 위 IV.에서 6.항으로 '경쟁제한 효과의 판단기준'을 규정하고 있는바, 이에 관하여 법규성을 인정할 수 있는지 문제될 수 있다. 공정위가 마련한 어떤 기준을 타당하다고 보는 것과 그것에 법규성이 인정된다는 것은 그 차원이 전혀 다른 문제이다. 일반 행정소송의 경우 행정청이 처분의 근거로 삼은 각종 규정의 법규성 여부는 가장 기본적인 쟁점이자 경우에 따라서는 그 자체로 처분의 적법 여부를 좌우하는 결정적 문제가 되는 반면, 공정위 처분에 관한 행정소송에서는 상대적으로 이에 관한 논의가 다소 부족한 것으로 보인다. 향후 개선이 필요하다고 생각되나, 이 문제는 본 연구의 목적범위를 넘는 것으로 보이므로 더 이상 상론하지는 않기로 한다.

84) 이호영, "공정거래법상 단독행위 규제체계의 현황 및 개선방향", 경쟁저널 제169호(2013. 7.), 10-11쪽. 한편 신동권, 독점규제법(제3판), 박영사(2020), 687쪽은 공정거래법 제45조 제4항의 규정을 들어 불공정거래행위 심사지침에도 법규성이 인정된다고 하나, 이는 착오로 보인다.

85) 홍대식, "공정거래법 집행자로서의 공정거래위원회의 역할과 과제 : 행정입법에 대한 검토를 소재로", 서울대학교 법학 제52권 제2호(2011. 6.), 184쪽, 194쪽 참조.

86) 불공정거래행위 심사지침 V. 7. 가. (1). (가).

87) 시장지배적지위 남용행위 심사기준 IV. 5. 나. 및 6. 마.

88) 불공정거래행위 심사지침 V. 7. 가. (2).

89) 참고로, 적어도 심사기준과 심사지침상 공정위의 배타조건부거래에 관한 입장은 그 제정 시인 20여년 전부터 현재까지 사실상 달라진 것이 전혀 없다. '시장지배적지위 남용행위 심사기준'은 2000년에 제정된 이래 2012년에 '경쟁제한 효과의 판단기준'을 신설하면서 '봉쇄효과'에 관한 규정을 추가한 것 외에는 아무런 변화가 없고, '불공정거래행위 심사지침' 역시 2005년에 제정된 이래 2012년에 에스오일 사건을 법위반의 예시로 추가하고, 2020년에 안전지대의 연간매출액 기준을 20억원에서 50억원으로 상향한 것 외에는 아무런 변화가 없기 때문이다. 한편 공정위는 2005년 불공정거래행위 심사지침 제정 이래 배타조건부거래를 포함한 구속조건부거래에 관하여 '불공정성'에 대한 고려 없이 '경쟁제한

다만 공정위가 실제로 배타조건부거래의 부당성을 오로지 '경쟁제한성'의 관점으로 판단하고 있는지는 명확하지 않은데, 실제 규제사례를 보면 특히 불공정거래행위로서 배타조건부거래의 부당성에 관하여 경쟁제한성 외에 '강제성' 요소를 자주 고려하여 왔고,[90] 이러한 사정은 아래에서 보는 에스오일 사건에서도 마찬가지이다.[91] 또한 2015년 개정 불공정거래행위 심사지침에 추가된 별첨 '경쟁제한성 판단기준'을 보면, 불공정거래행위 중 경쟁제한요건 행위로서 단독의 거래거절, 차별취급, 부당염매를 특정하여 그에 대한 경쟁제한성 판단방법을 규정하면서도 배타조건부거래에 관하여는 아무런 언급이 없고, 이러한 사정은 최근 2021. 12. 31.자 심사지침에서도 달라지지 않았다. 그러나 불공정거래행위로서 배타조건부거래의 부당성 판단에 있어 강제성 요소를 고려하는 것의 타당성 여하는 차치하더라도, 위와 같은 공정위의 애매한 입장, 즉 판단기준은 '경쟁제한성'이라고 공표하고 실제 규제에서는 '강제성'을 고려하는 것은 그 자체로 다소 문제가 있다.

이러한 공정위의 태도를 이해해 보자면, 아마도 공정위는 심사지침의 구속조건부거래에 관한 총론 부분에서 배타조건부거래에 관하여 "사업자가 거래상대방에 대해 자기 또는 계열회사의 경쟁사업자와 거래하지 못하도록 함으로써 거래처선택의 자유를 제한함과 동시에"라고 규정한 부분에 근거하고 있는 것으로 보인다.[92] 그러나 아래 거래내용의 불공정성을 이유로 한 규제의 가능성(제5장 제3절 V.) 부분에서 자세히 보겠지만, 위 부분은 배타조건부거래의 '메커니즘'에 관한 것

성' 위주로만 위법성을 심사하도록 하고 있다.

90) 예컨대, 공정위 2001. 9. 10. 의결 제2001－127호(에스케이텔레콤 의결), 공정위 2008. 7. 28. 의결 제2008－223호(석수와퓨리스 의결), 공정위 2008. 9. 28. 의결 제2008－406호(대한공인중개사정보통신 의결) 등.

91) 공정위는 에스오일 의결에서 위 불공정거래행위 심사지침 V. 7. 가. (2)의 규정을 전제하고서도, 구체적인 위법성 판단의 첫 번째 근거로서 "2001년 9월 1일부터 주유소의 복수상표표시가 허용되었으므로 피심인들과 거래하는 자영주유소들은 독립된 사업자로서 거래처를 하나 또는 그 이상으로 자유롭게 선택할 수 있음에도 불구하고, 피심인들이 주유소에게 자신의 상표만을 사용하고 소요제품 전량을 자신으로부터만 공급받도록 함으로써 주유소의 자유로운 거래처 선택의 자유를 침해하였다."는 점을 들었다.

92) 김준하 · 김형석, 공정거래 · 하도급법 집행, 박영사(2022), 476쪽 참조.

일 뿐 배타조건부거래의 부당성에 관하여 '강제성(의사억압성)'이 필요하다는 의미가 아니다. 즉 배타조건부거래를 통하여 경쟁사업자를 봉쇄하기 위하여는 거래상대방의 거래처선택의 자유를 제한하는 것이 필연적으로 요구되는바, 위 부분은 이를 규정한 것일 뿐이다. 더욱이 위와 같은 거래처선택의 자유 제한은 강제적인 배타조건부거래의 경우에만 발생하는 것이다. '강제'에 의한 배타조건부거래의 경우에는 행위자에 의하여 거래상대방에게 그러한 제한이 부과됨으로써, '합의'에 의한 배타조건부거래의 경우에는 거래상대방이 스스로 행위자에 대하여 그러한 제한을 약속함으로써 양자 모두에서 거래처선택의 자유가 제한되는 것이다. 공정위가 스스로 마련한 심사지침에 관하여 그 규정 자체의 당부가 아닌 그에 대한 공정위 자신의 해석을 비판하기는 다소 어색한 측면이 있지만,[93] 만일 공정위가 불공정거래행위로서 배타조건부거래를 강제성 관점에서 규율하고 있는 것이 위 심사지침 총론 부분에 근거한 것이 사실이라면, 그 기초가 되는 공정위의 해석은 분명히 문제가 있다고 생각된다.

Ⅳ. 법원의 판례[94]

대법원은 2022년 6월 현재까지 배타조건부거래에 관하여 총 6건의 판결을 선고하였는데, 그 중 5건은 시장지배적 지위남용으로서 배타조건부거래에 관한 것이고(농협중앙회 판결, 지마켓 I 판결, 지마켓 II 판결, 현대모비스 판결,[95] 퀄컴 판결), 1건은 불공정거래행위로서 배타조건부거래에 관한 것이다(에스오일 판결).[96]

93) 물론 공정위가 해석상 자유재량을 가지는 것은 아니므로, 필요하다면 공정위의 심사지침 자체가 아니라 그에 대한 공정위의 해석을 비판하는 것도 얼마든지 가능하다.

94) 이하 대법원 판결이 있는 사건만을 개관한다. 한편 이하의 소개는 모두 해당 사건 중 배타조건부거래에 관한 부분에 한정된 것이고, 그 중에서도 관련시장의 획정 등 다른 쟁점은 제외하고 배타조건부거래의 해당성과 부당성 부분에만 집중한 것이다.

95) 다만 현대모비스 판결에서는 시장지배적 지위남용과 함께 불공정거래행위도 인정되었다(이른바 '중첩적용').

96) 일부 견해에서는 대법원 2010. 10. 6. 선고 99다308917, 30824 판결(한국도로공사 판결 또는 우림석유 판결)을 배타조건부거래에 관한 판결로 소개하는 경우가 있다(예컨대 권오승·서정, 앞의 책(각주 2), 447쪽). 그러나 위 사안은 한국도로공사가 우림석유와 체결한 고속도로상의 주유소에 관한 운영계약에서 그 유류 공급 정유사를 한국도로공사가 지정한

1. 판례의 전개

우선 위 판결들이 선고된 순서대로 그 기본적 의미를 살펴보면 다음과 같다.

농협중앙회 판결(대법원 2009. 7. 9. 선고 2007두22078 판결)은 배타조건부거래에 관한 최초의 대법원 판결로서 시장지배적 지위남용으로서의 배타조건부거래, 나아가 배타조건부거래 일반의 부당성에 관하여 기본적인 시각과 법리를 선언하였다.[97]

지마켓 I(엠플온라인) 판결(대법원 2011. 6. 10. 선고 2008두16322)과 지마켓 II(11번가) 판결(대법원 2012. 2. 23.자 2011두28677 판결)은 이른바 '표적봉쇄'에 관한 사건으로서 그것이 배타조건부거래에 해당함을 전제로 시장지배적 지위남용으로서 배타조건부거래의 경쟁제한성에 관한 구체적 판단방법의 일부를 제시하였다.[98][99]

에스오일 판결(대법원 2013. 4. 25. 선고 2010두25909 판결)은 불공정거래행위로

것이 문제된 것으로서, 구속조건부거래 중 배타조건부 거래행위가 아닌 거래지역·거래상대방 제한행위에 해당하는 사례이다.

97) 이 사건에서는 시장지배적 지위남용으로서 배타조건부거래의 해당성과 부당성이 모두 인정되었다. 관련 소송내역은 다음과 같다. ① 공정위 2007. 1. 25. 의결 제2007－013호, ② 서울고등법원 2007. 9. 10. 선고 2007누7149 판결(부당성 인정), ③ 대법원 2009. 7. 9. 선고 2007두22078 판결(상고기각).

98) 지마켓 I(엠플온라인) 판결에서는 시장지배적 지위남용으로서 배타조건부거래의 해당성은 인정되었으나, 부당성이 부정되었다. 관련 소송내역은 다음과 같다(이 사건 행위자는 공정위 의결 및 서울고등법원 판결 당시에는 '인터파크지마켓'이었다가 대법원 판결 당시에는 '이베이지마켓'으로 그 상호가 변경되었다. 이하 편의상 '지마켓'이라 한다). ① 공정위 2007. 12. 18. 의결 제2007－555호, ② 서울고등법원 2008. 8. 20. 선고 2008누2851 판결(부당성 인정), ③ 대법원 2011. 6. 10. 선고 2008두16322(파기환송), ④ 서울고등법원 2012. 1. 19. 선고 2011누19200 판결(부당성 부정).

99) 지마켓 II(11번가) 사건은 배제의 표적이 된 경쟁사업자가 시장에서 퇴출되지 않았다는 점을 제외하면 사실상 지마켓 I(엠플온라인) 사건과 거의 유사한 사안인바, 실제로 지마켓 I(엠플온라인) 사건과 마찬가지로 시장지배적 지위남용으로서 배타조건부거래의 해당성은 인정되었으나, 부당성이 부정되었다(서울고등법원에서 이미 지마켓 I 사건에 관한 대법원 판례가 인용되었다). 관련 소송내역은 다음과 같다(행위자의 정확한 회사명은 '이베이지마켓'이나, 이하 위와 같이 편의상 '지마켓'이라 한다). ① 공정위 2010. 10. 22. 의결 제2010－120호, ② 서울고등법원 2011. 10. 12. 선고 2010누40634 판결(부당성 부정), ③ 대법원 2012. 2. 23.자 2011두28677 판결(심리불속행).

서 배타조건부거래의 부당성을 시장지배적 지위남용으로서 배타조건부거래의 부당성과 차별화하였다(한편 이 판결에서는 이른바 '병행적 배타조건부거래'에 관한 법리도 설시되었다).[100][101]

현대모비스 판결(대법원 2014. 4. 10. 선고 2012두6308 판결)은 비록 원심 수긍형 판결이기는 하지만 이를 통하여 배타조건부거래의 해당성과 부당성에 관한 대법원의 기본적인 입장을 분명히 확인할 수 있다.[102]

퀄컴 판결(대법원 2019. 1. 31. 선고 2013두14726 판결)은 종래 논란이 되었던 '조건부 리베이트'에 관한 사건으로서 조건부 리베이트의 배타조건부거래 해당성을 인정하고, 배타조건부거래의 부당성에 관하여 기존 판결들에서 제시된 법리를 종합적으로 정리하였다(물론 이 판결에서는 배타조건부거래로서 조건부 리베이트에 관한 특유의 판단방법 역시 판시되었다).[103][104]

---

100) 이 사건에서는 불공정거래행위로서 배타조건부거래의 해당성과 부당성이 모두 인정되었다. 관련 소송내역은 다음과 같다(정확한 회사명은 '에쓰대시오일'이나, 이하 편의상 '에스오일'이라 한다). ① 공정위 2009. 2. 3. 의결 제2009－050호, ② 서울고등법원 2010. 10. 21. 선고 2009누6959 판결(부당성 인정), ③ 대법원 2013. 4. 25. 선고 2010두25909 판결(상고기각).

101) 참고로, 위 공정위 처분의 당사자 중 에스오일 외에도 현대오일뱅크 역시 공정위 처분에 불복하여 서울고등법원에 취소소송을 제기하였다가 에스오일 판결과 마찬가지로 모두 배척되었는바(서울고등법원 2010. 10. 21. 선고 2009누6720 판결), 위 판결은 현대오일뱅크의 상고가 없어 그대로 확정되었다.

102) 이 사건에서는 시장지배적 지위남용 및 불공정거래행위로서 배타조건부거래의 해당성이 일부 인정, 일부 부정되었고, 해당성이 인정된 부분에 관하여 부당성은 모두 인정되었다. 관련 소송내역은 다음과 같다. ① 공정위 2009. 6. 5. 의결 제2009－133호, ② 서울고등법원 2012. 2. 1. 선고 2009누19269 판결(해당성 일부 인정, 부당성 인정), ③ 대법원 2014. 4. 10. 선고 2012두6308 판결(상고기각, 미간행).

103) 이 사건에서는 시장지배적 지위남용으로서 배타조건부거래의 해당성이 인정되었고, 부당성은 일부 인정되었다. 관련 소송내역은 다음과 같다. ① 공정위 2009. 12. 30. 의결 제2009－281호, ② 서울고등법원 2013. 6. 19. 선고 2010누3932 판결(해당성 인정, 부당성 인정), ③ 대법원 2019. 1. 31. 선고 2013두14726 판결(부당성 일부 파기환송), ④ 서울고등법원 2019누42(2019. 5. 20. 소취하).

104) 이른바 '퀄컴 사건'은 조건부 리베이트가 문제된 이 사건 '퀄컴 I 사건' 외에도 표준필수특허(SEP: Standard Essential Patents) 라이센스가 문제된 '퀄컴 II 사건(공정위 2017. 1. 20. 의결 제2017－025호, 서울고등법원 2019. 12. 4. 선고 2017누48 판결, 대법원 2020두31897 계속 중)'이 있다. 다만 본 연구에서는 퀄컴 I 사건만을 다루므로, 이하 굳이 '퀄컴 I 사건'이라고 하지 않고 단순히 '퀄컴 사건'이라고만 한다.

2. 판례 법리의 정리

위 판결들에서 제시된 법리를 쟁점별로 정리하면 다음과 같다.

우선 판례에 의하면 배타조건부거래의 부당성은 경쟁사업자의 봉쇄, 즉 봉쇄효과를 중심으로 한 '경쟁제한성' 여부에 따라 판단하여야 한다. 이는 농협중앙회 판결에서 선언된 기본적 원칙으로서, 그 후 같은 시장지배적 지위남용이 문제된 지마켓 I, II 판결, 현대모비스 판결, 퀄컴 판결에서 계속 연장·발전되고 있고, 한편 불공정거래행위가 문제된 에스오일 판결에서도 그 취지는 그대로 유지되고 있다.

그런데 판례는 시장지배적 지위남용으로서 배타조건부거래의 부당성과 불공정거래행위로서 배타조건부거래의 부당성을 차별화하고 있다. 즉 에스오일 판결은 불공정거래행위로서 배타조건부거래의 부당성에 관하여 '경쟁제한성'을 중심으로 판단하되 거래상대방의 '거래처 선택의 자유(강제성)'가 제한되는지 여부를 아울러 고려할 수 있다고 판시하였다.

다만 위와 같은 에스오일 판결에도 불구하고 시장지배적 지위남용과 불공정거래행위가 함께 문제된 현대모비스 판결에서 판례는 거래상대방의 거래처 선택의 자유가 제한되었는지 여부를 구속성의 관점에서 해당성 문제로 보았고, 불공정거래행위로서 배타조건부거래의 부당성을 시장지배적 지위남용으로서 배타조건부거래의 부당성과 마찬가지로 경쟁제한성의 관점에서 인정하였으며, 나아가 그러한 경쟁제한적인 배타조건부거래에 관하여 시장지배적 지위남용으로서 배타조건부거래와 불공정거래행위로서 배타조건부거래 양자의 성립을 모두 인정하였다.

한편 판례는 농협중앙회 판결에서 시장지배적 지위남용으로서 배타조건부거래의 경우에는 통상 그러한 행위 자체에 경쟁을 제한하려는 의도나 목적이 포함되어 있다고 볼 수 있다고 판시함으로써 경쟁제한성의 주관적 요건을 사실상 추정하였다. 이후 지마켓 I, II 판결, 현대모비스 판결에서는 이에 관한 설시가 없었으나(불공정거래행위로서 배타조건부거래가 문제된 에스오일 판결에서도 이러한 설시는 없다), 최근 퀄컴 판결에서 다시 같은 법리를 판시하였다.

마지막으로 배타조건부거래의 해당성과 관련한 판시는 현대모비스 판결, 퀄컴 판결에서 찾아볼 수 있는데, 판례는 해당 배타조건의 '구속성' 여부를 중시하고 있는 것으로 보이고, 그러한 구속성은 사실상의 구속력만으로도 충분하다는 관점에서 조건부 리베이트를 '사실상' 배타조건부거래로 인정하였다.

제3장

배타조건부거래의 해당성

제1절 서설

공정거래법상 부당한 배타조건부거래로서 규제하기 위하여는 우선 문제된 행위가 배타조건부거래에 해당하여야 한다. 부당성은 그 다음 문제이다.

그런데 일응 매우 간단하고 당연해 보이지만, 사실 배타조건부거래의 개념은 그 자체로 다소 난해하다. 기본적으로 모든 거래는 그 자체로 배제적인 속성을 가지기 때문이다. 즉 거래는 적어도 당해 거래에 관한 한 다른 경쟁사업자들을 모두 배제하게 되는바, 과연 무엇은 단순한 '거래'이고 무엇은 '배타조건부거래'인가? 이는 종래 많이 논의되지 않았던 문제이나, 이 부분을 명확히 하는 것이 배타조건부거래의 개념적 본질을 이해하고 그 해당성을 규명하기 위한 출발점이 된다고 본다.

또한 배타조건부거래는 경쟁법상 다른 행위유형과 달리 그 부당성에 관한 판단 이전에 해당성부터 문제되는 경우가 많다. 대표적으로 조건부 리베이트가 그러한데, 문제된 행위와 관련한 사실관계의 확정만으로는 부족하고 그것이 과연 배타조건부거래에 해당하는지 별도의 규범적 가치판단이 필요하다.

한편 위와 같은 문제들은 대체로 경쟁법을 운용하는 모든 법제에서 공통적인 것인 반면, 우리나라의 경우에는 이에 더하여 추가적인 문제들이 있다. 공정거래법은 미국이나 EU와 달리 배타조건부거래를 '단독행위'로 규정하고 있고, 그 성립에 관하여 '조건부 거래'일 것을 요구하고 있기 때문이다. 나아가 우리 법상 배타조건부거래의 포섭범위와 관련하여서는 배타조건부거래와 '강제성'의 문제를 검토할 필요가 있고, 배타조건부거래의 성립을 위하여 과연 '물리적 의미의 거래'가 필요한지에 관하여도 생각해 볼 점이 있다.

이하 위와 같은 문제의식 하에 공정거래법상 배타조건부거래의 해당성 문제를 살펴보되, ① 우선 행위주체의 측면에서 배타조건부거래의 '행위자'와 '상대방' 개념을 명확히 하고, 이와 관련하여 배타조건부거래의 성립에 관한 강제성 문제를 '구속성'과 '의사억압성'으로 구분하여 검토하며, ② 다음으로 배타조건부거래를 구성하는 행위 측면의 3가지 요소, 즉 '배타성', '조건성', '거래성'에 관하여 살펴보면서, 배타조건부거래 개념의 핵심이라고 할 수 있는 배타성의 다양한 측면을 분석적으로 음미하고, 우리 법상 특유의 요건으로서 조건성이 가지는 의미와 한계를 고찰하며, 일응 당연한 전제로 보이는 거래성 요건에 관하여 그 확장해석의 가능성을 검토하기로 한다.

제2절 배타조건부거래의 행위주체 : 행위자와 상대방

미국, EU의 경우 배타조건부거래는 기본적으로 거래당사자 쌍방의 공동행위(합의)이나, 우리나라의 경우 배타조건부거래는 원칙적으로 거래당사자 일방의 단독행위이다. 공정거래법은 배타조건부거래를 시장지배적 지위남용 내지 불공정거래행위로서 규정하고 있기 때문이다.[105]

공동행위의 경우에는 행위의 주체와 상대방이라는 것을 관념할 수 없고 관념할 필요도 없지만, 단독행위는 그 주체와 상대방의 개념을 전제로 한다. 형법적 시각을 빌리자면, 공동행위의 참여자들은 모두 범죄자로서 공동정범인 데 반하여, 단독행위의 경우에는 행위자만이 범죄자이고 그 상대방은 일응 피해자와 같은 지위에 있다고 할 수 있다.

그렇다면 우리 법상 배타조건부거래에서 행위자는 누구이고 또한 그 상대방은 누구인가? 이는 '누가 당해 배타조건을 설정(부과)하고, 누가 그 배타조건을 준수할 의무를 부담(수용)하는가'의 관점에서 파악될 수 있는바,[106] 이하 공정거래법상 배타조건부거래의 행위자와 상대방에 관하여 본다.

---

105) 권오승·서정, 앞의 책(각주 2), 406쪽("시장지배적 지위남용행위와 불공정거래행위는 모두 법에 의하여 금지되는 단독행위이다.").

106) 여기서 배타조건의 '설정' 내지 '부담'이라는 용어는 경쟁제한성의 측면에서 의미를 가지고, 배타조건의 '부과' 내지 '수용'이라는 용어는 강제성(의사억압성)의 측면과 관련하여 의미를 가지는바, 이에 관하여는 아래 '배타조건부거래와 강제성' 부분에서 상세히 살펴본다.

Ⅰ. 행위자 : 배타조건을 설정하는 자

배타조건부거래는 양 당사자 사이에서 이루어지지만, 이를 배타조건부거래를 행하는 주체와 상대방의 관점에서 보면 어디까지나 행위주체는 당해 배타조건을 설정하는 자이다. 즉 배타적 공급거래의 경우에는 공급자(상류시장 사업자)가 행위주체이고, 배타적 인수거래의 경우에는 인수자(하류시장 사업자)가 행위주체이다.

이는 당해 배타조건부거래를 통하여 봉쇄되는 사업자와 경쟁관계에 있는 사업자가 누구인지의 관점에서도 설명될 수 있다. 예컨대 배타적 공급거래의 경우 봉쇄되는 사업자는 같은(또는 유사한) 상품을 공급하는 사업자이므로, 그 사업자와 경쟁관계에 있는 공급자가 행위자이다. 즉 위에서 말한 배타조건의 '설정'이란 그 배타조건으로 인하여 '봉쇄'되는 사업자가 누구인지와 분리될 수 없는 것인바, 이는 배타조건부거래의 개념 그 자체로부터 도출되는 것이다.

이러한 관찰은 일응 당연한 것으로 보이지만, 문제된 배타조건부거래에서 해당 배타조건을 진정으로 원한 것이 누구인지와 관련하여 볼 때 그리 당연한 것만은 아니다. 예컨대 배타적 공급거래에서 공급자가 먼저 인수자에게 배타조건을 요구한 것이 아니라, 인수자가 먼저 배타조건을 제안하고 공급자가 이를 수락한 경우, 누구를 행위자로 볼 것인가? 이를 '누가 해당 배타조건을 원하였는가'의 관점에서 보면 인수자를 행위자로 볼 여지가 있고, 이러한 입장이 보다 직관적이고 상식적일 수도 있다. 그러나 배타조건부거래에서 말하는 '배타조건'이란 경쟁사업자와 거래하지 않는 조건을 말하고, 여기서 '경쟁사업자'란 행위자의 경쟁사업자를 의미한다 할 것인바, 설령 위와 같은 경위로 체결된 배타적 공급거래라 하더라도 당해 배타조건부거래로 인하여 배제되는 경쟁사업자는 공급자의 경쟁사업자이지 인수자의 경쟁사업자가 아니므로, 결국 당해 배타조건을 설정한 자는 어디까지나 공급자라고 보아야 한다.

요컨대, 배타조건부거래의 행위자를 확정하는 것은 당해 배타조건을 설정한 자가 누구인지를 확정하는 문제인바, 이는 그 배타조건을 누가 원하였는지 또는 누가 제안하였는지의 관점이 아니라, 그 배타조건을 통하여 배제되는 경쟁사업자와 경쟁관계에 있는 사업자가 누구인지에 따라 결정되어야 한다.

한편 배타조건부거래를 하는 행위자에게 시장지배력 내지 시장력(절대적 지위)이 요구되는가? 아니면 적어도 거래상 지위(상대적 지위)는 인정되어야 하는가?[107)]

물론 시장지배적 지위남용이 성립하기 위하여는 시장지배력이 요구될 것이고, 일정한 시장력이 없는 사업자의 경우에는 애당초 배타조건부거래를 할 수 없거나 배타조건부거래를 하더라도 시장경쟁에 미치는 영향이 미미할 수 있다. 그러나 위와 같은 사정은 당해 행위가 배타조건부거래에 '해당'하는지의 문제와는 다른 차원의 것이다.

또한 거래상 지위가 없는 사업자라면 거래상대방에게 배타조건을 관철시키기 어렵고, 어쩌면 처음부터 요구조차 하기 어려울 수도 있다. 그러나 앞서 본 바와 같이 배타조건의 설정이 반드시 행위자의 주도로 이루어지는 것은 아닌바, 배타조건부거래의 행위자에게 거래상 지위를 요구할 것도 아니다.

이러한 사정은 신규사업자의 배타조건부거래를 생각해 보면 더욱 명확하다. 통상 신규사업자의 배타조건부거래는 그 봉쇄율 내지 봉쇄효과가 미미하거나 적어도 경쟁촉진적인 정당화 사유가 있다는 이유로 부당하지 않다고 보는데, 이러한 논리는 해당성은 당연히 인정됨을 전제로 그 부당성을 부정하는 것이기 때문이다. 즉 신규사업자에게 시장지배력이나 시장력이 있을 수 없고, 특별한 사정이 없는 한 거래상 지위 역시 인정될 수 없을 것인바, 만일 배타조건부거래의 성립에 관하여 그 행위자에게 위와 같은 일정한 지위를 요구한다면 '신규사업자는 애당초 배타조건부거래를 할 수 없다'는 부당한 결론이 도출된다.

요컨대, 배타조건부거래의 해당성, 즉 배타조건부거래의 성립에 관한 한 행위자에게 그 어떤 지위도 요구되지 않는다 할 것이다. 행위자의 시장지배력이나 시장력 또는 거래상 지위는 배타조건부거래의 성립을 보다 용이하게 하는 요소일

---

107) 물론 한 사업자가 시장지배적 지위와 거래상 지위를 동시에 보유할 수도 있다. 이러한 의미에서 절대적 지위와 상대적 지위 또는 절대적 지배력과 상대적 지배력의 개념에 관하여는 이봉의, 앞의 책(각주 74), 159쪽, 209－211, 214쪽 참조.

뿐이다.[108] 달리 말하자면, 배타조건부거래의 해당성과 관련하여 행위자의 지위는 그 판단을 위한 간접적인 자료가 될 뿐인바, 오히려 일단 배타조건부거래가 성립하는 이상 행위자의 지위 문제는 모두 해소된다고 볼 수 있다.

Ⅱ. 상대방 : 배타조건의 준수의무를 부담하는 자

공정거래법상 배타조건부거래의 상대방은 가장 간단히 말하자면 배타조건부거래를 행하는 행위주체의 거래상대방이다. 배타조건부거래는 어떻든 양 당사자의 거래를 통하여 이루어지는 것이므로, 그 둘 중 하나가 행위자라면 나머지 하나는 당연히 상대방인 것이다.

그러나 조금 더 분석적인 관점으로 보자면, 배타조건부거래에서 상대방은 해당 배타조건의 준수의무를 부담하는 자를 의미한다. 즉 행위자의 경쟁사업자와 거래하지 않을 의무를 부담하는 자가 배타조건부거래의 상대방이다. 그리고 이는 앞서 배타조건부거래의 행위자 부분에서 본 바와 같은 차원에서, 설령 그가 당해 배타조건부거래를 먼저 원하였거나 먼저 제안하였다 하더라도 마찬가지이다.

한편 통상 배타조건부거래의 상대방은 자신이 속한 관련시장에서 시장지배력이나 시장력을 가지지 않고, 또한 행위자에 비하여 거래상 열위에 있는 경우가 많을 것이나, 그렇다고 반드시 그러해야만 하는 것은 아니다. 이 점 역시 앞서 배타조건부거래의 행위자 부분에서 본 바와 같은 차원의 것인데, 시장지배력 내지 시장력을 보유한 사업자라 하더라도 필요에 따라 얼마든지 스스로 배타적 거래의무를 부담하고자 할 수 있고, 이는 그 사업자가 상대적으로 거래상 우월적 지위를 가지고 있는 경우에도 마찬가지이기 때문이다.

요컨대, 공정거래법상 배타조건부거래의 상대방은 당해 배타조건의무를 부담하는 자로서, 설령 그 자가 먼저 배타조건부거래를 원하였거나, 자신의 관련시장에서 시장지배력 내지 시장력 또는 행위자와의 관계에서 거래상 지위를 가지고 있

108) 황태희, 앞의 논문(각주 79), 82쪽은 "배타조건부 계약을 체결하는 사업자는 거래상대방과의 관계에 있어서 시장지배력 내지 우월한 지위를 갖고 있어야 한다."고 하나, 위와 같은 설명은 제한적으로 이해할 필요가 있다.

다 하더라도 그와 같은 사정은 그 자를 상대방으로 보는 것에 아무런 장애가 되지 않는다 할 것이다.[109]

Ⅲ. 배타조건부거래와 강제성 : 구속성과 의사억압성

이상의 논의를 기초로 하여 배타조건부거래와 강제성의 문제를 살펴볼 필요가 있다. 우리 법은 배타조건부거래를 단독행위로 규정하고 있는바, 배타조건부거래의 성립과 관련하여 강제성이 어떤 의미를 가지는지, 특히 합의에 의한 배타조건부거래의 성립이 가능한지 등이 문제되기 때문이다. 또한 판례에 의하면 불공정거래행위로서 배타조건부거래의 부당성은 경쟁제한성과 강제성에 있는바, 여기서 말하는 강제성이 과연 무엇을 의미하는지, 판례에 입장이 과연 타당한지를 검토하기 위하여도 강제성의 의미와 기능을 명확히 할 필요가 있다.

이하 먼저 강제성의 두 가지 측면, 즉 '구속성'과 '의사억압성'의 구분을 살펴보고, 배타조건부거래의 성립에 관하여 위와 같은 구속성 내지 의사억압성이 필요한지 검토한 후,[110] 이에 기초하여 공정거래법상 '합의에 의한 배타조건부거래'의

109) 또한 참고로, 배타조건부거래는 대체로 유통효율을 달성하기 위하여 실시되는 경우가 많으므로 통상 그 상대방은 도매업자나 소매업자 등 '유통업자(distributor)'일 것이나, 그 상대방이 '최종사용자(end-user)'인 경우에도 배타조건부거래가 성립하는 데에는 아무런 지장이 없다(예컨대 앞서 본 Tampa Electric 판결 참조). 더욱이 배타조건부거래의 상대방이 '유통업자'인 경우에는 경쟁사업자들이 다른 유통업자를 통한 판매가 가능하지만, 그 상대방이 '최종사용자'인 경우에는 해당 거래 부분에 관한 한 경쟁사업자들은 그 자체로 완전히 봉쇄되는바, 전자보다 후자의 경우가 경쟁제한적일 가능성이 오히려 더 크다고 볼 수 있다. Richard M. Steuer, "Discounts and Exclusive Dealing", 7 Antitrust 28 (1993); Jonathan M. Jacobson & Scott A. Sher, ""No Economic Sense" Makes No Sense for Exclusive Dealing", 73 Antitrust L.J. 779, 787 (2006); 오승한, "배타조건부 거래를 포함하는 시장선점·봉쇄전략에 대한 단계별 위법성 판단절차", 비교사법 제17권 제4호(2010. 12.), 457쪽.

110) 사실 이러한 강제성의 문제는 반드시 배타조건부거래에서만 발생하는 것은 아니고, 수직적 거래제한에 해당하는 모든 행위유형, 즉 재판매가격유지행위, 거래지역·거래상대방 제한행위, 끼워팔기 등에서도 그대로 발생한다. 여기에 공정거래법상 시장지배적 지위남용과 불공정거래행위의 구별, 거래상 지위남용의 규제 등까지 추가로 고려하면, 강제성의 문제는 실로 공정거래법 전반에 걸쳐 있는 문제로서, 우리 법의 근본적 취지 내지 체계와 관련한 문제라 할 것이다. 다만 본 연구의 목적상 이하에서는 배타조건부거래를 중

개념을 분석해 보기로 한다.

1. 강제성의 두 가지 측면 : 계약의 성립을 전후한 구분

강제성의 문제를 검토함에 있어서는 이를 다음과 같은 두 가지 측면으로 나누어 볼 필요가 있다. 먼저 계약이란 그것이 성립되어 효력을 발생한다면 본질적으로 계약당사자를 구속하는 효과가 발생하는바, 위와 같은 계약의 '구속성(또는 실효성)'의 측면을 강제성으로 볼 수 있다. 한편 계약의 체결에 이르는 당사자의 의사와 관련하여 강제성을 생각해 볼 수도 있는데, 이는 당사자가 진정한 자발적 의사에 의하여 계약에 이른 것인지 아니면 상대방의 강요에 의하여 어쩔 수 없이 계약에 이른 것인지의 문제로서 '의사억압성(또는 강요성)'의 측면을 의미한다.[111)]

이는 '계약'이라는 용어를 사용하지 않고 '합의'라는 용어를 사용하더라도 마찬가지인바, 즉 공정거래법상 배타조건부거래에서 강제성의 문제는 계약 내지 합의의 성립을 기준으로 하여, 그와 같은 계약 내지 합의에 이르는 측면에서의 강제성, 즉 '의사억압성'과 계약 내지 합의가 성립한 이후 그 효력이 발휘되는 측면에서의 강제성, 즉 '구속성'의 두 가지 측면을 가진다 할 것이다.

한편 위와 같은 강제성은 해당성, 즉 '행위요건'의 차원에서 문제될 수도 있고, 부당성, 즉 '폐해요건'의 차원에서 문제될 수도 있다. 전자의 경우는 배타조건부거래가 성립하기 위하여 강제성이 필요한지의 문제이고, 후자의 경우는 일단 성립한 배타조건부거래의 위법성을 판단함에 있어 강제성을 고려하여야 하는지의 문제이다. 물론 여기서도 앞서 본 바와 같이 강제성의 두 가지 측면, 즉 구속성과 의사억압성을 나누어 검토할 필요가 있다.

심으로 살펴보도록 하는바, 수직적 거래제한 전반에 걸친 강제성의 문제에 관하여는 배상원, 앞의 논문(각주 4), 109－150쪽 참조.

111) 이와 유사한 시각으로 홍대식, 앞의 논문(각주 9), 171쪽; 이창훈, "로열티 리베이트의 행위유형 포섭에 관한 소고 : 배타조건부 거래의 행위요건을 중심으로", 경쟁저널 제176호(2014. 9.), 40쪽 참조. 다만 위 견해들은 본 연구와 유사한 문제의식을 가지고 있는 것으로 보이기는 하나, 본 연구와 같이 '강제성'을 '구속성'과 '의사억압성'의 두 가지 측면으로 명확히 구분하고 있지는 않다.

일반적으로 '강제성'이라고 하면 후자의 경우, 즉 '의사억압성'을 의미하는 것으로 이해되는 경우가 많을 것이다. 통상 '강제적인 배타조건부거래'라 함은 행위자가 거래상대방에게 배타조건부거래를 강요하는 경우를 지칭하는 경우가 대부분이다. 그러나 후술하는 바와 같이 배타조건부거래에 있어 강제성의 의미가 반드시 위와 같은 측면으로 이해되는 것은 아니고, 실제로 많은 문헌에서 강제성이라는 용어를 '구속성'의 의미로 사용하고 있으며, 이는 판례의 경우에도 마찬가지이다.[112] 강제성을 구속성과 의사억압성으로 명확히 구분하는 것은 배타조건부거래의 강제성 문제를 이해하는 데 매우 중요한 기초가 될 것인바, 위와 같은 구분을 명확히 하지 않음으로써 불필요한 혼란이 발생하고 있다고 생각된다.[113]

이하 위와 같은 관점과 문제의식 하에 배타조건부거래의 강제성 문제를 검토하되, 폐해요건으로서의 구속성 내지 의사억압성의 문제는 아래 제5장 불공정거래행위로서 배타조건부거래의 부당성 부분에서 살펴보고, 이 부분에서는 행위요건으로서의 구속성과 의사억압성 문제를 중심으로 본다.

2. 구속성

우선 배타조건부거래에 해당하기 위하여는 구속성, 즉 당해 배타조건을 따라야만 하는 구속력이 있어야 한다. 당해 배타조건을 따르지 않을 수 있다면, 즉 따르지 않아도 전혀 무방하다면 이는 배타조건부거래가 아니다.[114]

---

112) 예컨대, 퀄컴 판결(대법원 2019. 1. 31. 선고 2013두14726 판결)은 "'경쟁사업자와 거래하지 아니할 것을 조건으로 거래하는 행위'는 그 조건의 이행 자체가 법적으로 강제되는 경우만으로 한정되지는 않고, 그 조건 준수에 사실상의 강제력 내지 구속력이 부여되어 있는 경우도 포함된다."고 하여 '강제력 내지 구속력'이라고 표현하고 있는바, 여기서 '강제력'은 '의사억압성'이 아닌 '구속성'을 의미함이 명백하다.

113) 이러한 사정은 수직적 거래제한 전반에 관하여 마찬가지이다. 예컨대 주진열, "EU 위원회의 수직적 제한 가이드라인 해설", 경쟁저널(2013. 11.), 47쪽은 "제조업자와 유통업자 간의 자발적인 합의에 따른 최저재판매가격유지행위의 경우, 법 제2조 제6호에 규정된 재판매가격유지행위의 개념 요소인 '강제성'이 없기 때문에 법 제29조 제1항의 적용대상이 될 수 없다."고 하는바, 이러한 견해는 강제성이 구속성과 의사억압성으로 구분되고, 재판매가격유지행위의 성립에 관하여 요구되는 강제성은 그 중 구속성을 의미한다는 것을 다소 간과한 것이 아닌가 한다.

114) 양명조, 경제법(제3판), 신조사(2016), 419쪽.

이러한 구속성은 '계약적'인 구속력일 수도 있고, '사실상'의 구속력일 수도 있다. 즉 배타조건부거래를 원하는 행위자는 계약의 체결을 통하여 배타조건을 부과할 수도 있지만, 반드시 배타조건에 관한 계약을 체결하지 않더라도 사실상 배타적 거래를 유도(유인 또는 강제)함으로써 배타조건부거래를 실시할 수도 있는 것이다(예컨대 앞서 본 Van den Bergh 판결 참조). 다만 앞서 강제성 중 구속성의 측면은 기본적으로 계약이 성립한 이후의 문제임을 보았는바, 이러한 측면에서 볼 때 배타조건부거래는 어디까지나 계약에 의한 것이 원칙적인 모습이고, 계약이 없음에도 사실상 배타적으로 거래하게 되는 경우는 예외적인 형태라고 할 수 있다.[115]

위와 같은 사실상의 구속력은 배타적 거래를 '유인'하거나 '강제'함으로써 달성될 수 있는데, 전자는 배타적으로 거래하는 거래상대방에게 일정한 '이익'을 주는 경우이고, 후자는 배타적으로 거래하지 않는 거래상대방에게 일정한 '불이익'을 가하는 경우이다.[116] 전자의 대표적인 경우가 바로 조건부 리베이트인데, 이는 우리 법상 '조건성' 측면에서 분석할 필요가 있으므로 아래 제3절 II. 부분에서 후술하기로 하고, 여기서는 후자, 즉 불이익에 의한 사실상의 구속력에 관하여 본다.

배타조건부거래라고 하기 위하여는 그 배타조건을 따라야 하는 구속력이 있어야 하는바, 이는 당해 배타조건의 준수에 관하여 반드시 계약상 의무가 있는 경우에만 인정될 수 있는 것이 아니라 사실상 배타조건을 따를 수밖에 없는 경우를 포함하고, 위와 같은 사실상의 구속력은 거래상대방이 배타적으로 거래하지 않을 경우 일정한 불이익을 가하는 경우에 인정될 수 있다. 공정위의 불공정거래행위 심사지침은 "배타조건의 형식에는 경쟁사업자와 거래하지 않을 것이 계약서에 명시된 경우 뿐만 아니라 계약서에 명시되지 않더라도 경쟁사업자와 거래시에는 불이익이 수반됨으로써 사실상 구속성이 인정되는 경우가 포함된다. 위반시 거래중단이나 공급량 감소, 채권회수, 판매장려금 지급중지 등 불이익이 가해지는 경우

115) 물론 위 '계약'은 '자발적 합의'에 의한 것일 수도 있고, '강요된 합의'에 의한 것일 수도 있는바, 이에 관하여는 아래 3. 부분에서 보다 상세히 살펴본다.

116) 사실상의 구속력으로서 '유인(economic incentive)'에 의한 경우와 '강제(coercion)'에 의한 경우는 결국 같은 메커니즘을 가진다. Jonathan M. Lave, 앞의 논문(각주 45), p.166.

에는 당해 배타조건이 사실상 구속적이라고 인정될 수 있다."고 하고 있고,[117] 판례 역시 현대모비스 판결에서 당해 배타조건을 위반하는 경우 불이익이 발생하는지 여부를 중심으로 구속성의 존부를 판단하고 있다.[118]

다만 여기서 강조할 것은, 배타조건부거래에 있어 구속성의 문제는 위와 같이 기본적으로 행위요건의 문제라는 점이다.[119] 구속성이 인정되지 않는다면, 이는 애당초 배타조건부거래가 아닌 것이지 이를 배타조건부거래에는 해당하지만 부당하지 않다고 평가할 것은 아니다. 이는 위 현대모비스 판결이 판시와 같은 사정을 들어 당해 행위가 배타조건부 거래행위에 '해당한다' 또는 '해당하지 아니한다'고 판단하고 있는 점에서도 확인할 수 있다.[120]

한편 앞서 우리 법은 배타조건부거래를 '단독행위'로 규정하고 있음을 강조하였는바, 이러한 시각을 일관할 경우 '사실상'의 배타조건부거래 외에 '계약상' 배타조건부거래가 인정될 수 있는지 의문이 있을 수 있다. 그러나 공정거래법이 배타조건부거래를 단독행위로 규정하고 있다는 것과 사실상의 배타조건부거래에 외에 계약상 배타조건부거래도 배타조건부거래로서 성립한다는 것은 전혀 모순되는 것이 아니다. 경쟁법이 어떤 행위를 '공동행위'로 규정하고 있는 경우 합의가 인정되지 않는 행위는 그에 포섭될 수 없지만, 어떤 행위를 '단독행위'로 규정하고 있는 경우에는 일방적 행위는 물론 합의에 의한 행위 역시 그에 포섭될 수 있다.[121]

---

117) 불공정거래행위 심사지침 V. 7. 가. (1). (가). ③.

118) 판례의 구체적 판시는 아래 제6장 제4절 I. 4. 참조.

119) 신현윤, 앞의 논문(각주 49), 40쪽.

120) 다만 판례가 '해당'이라는 표현을 반드시 위와 같이 의미로 한정하여 사용하고 있지는 않은데, 실제로 다른 사례에서는 부당성까지 포함하는 의미로, 즉 최종적인 규제대상이 된다는 의미로 '해당'이라는 용어를 사용하는 경우가 있는바, 이는 재고할 필요가 있다고 보인다. 한편 참고로, 배타조건부거래에 관한 가장 최근의 퀄컴 판결(대법원 2019. 1. 31. 선고 2013두14726 판결)에서는 이 부분을 "형식적 요건에 해당" 또는 "형식적으로 해당" 등과 같이 표현하고 있는바, '형식적'이라는 표현에 대하여는 다소 의문이 있으나 '해당'이라는 표현을 사용하고 있는 점은 긍정적이라고 생각된다. 이에 관하여 보다 상세한 사항은 아래 제3절 II. 2. 나. 참조.

121) 즉 공동행위 규정은 단독행위를 포섭할 수 없지만, 단독행위 규정은 공동행위를 당연히 포함한다. 이에 관한 보다 상세한 사항은 배상원, "공정거래법상 수직적 공동행위의 성립 여부", 사법논집 제65집(2017), 112－113쪽, 119－120쪽 참조.

예컨대 미국의 경우 독점사업자의 배타조건부거래에 대하여 셔먼법 제2조를 적용하는 것은 일반 사업자의 배타조건부거래는 '공동행위'이고 시장지배적 사업자의 배타조건부거래는 '단독행위'이기 때문이 아니다. 모두 공동행위이지만 셔먼법 제2조는 단독행위 외에 공동행위 역시 당연히 포함하는 것이기 때문이다.[122)][123)][124)]

즉 만일 공정거래법이 배타조건부거래를 공동행위로 규정하고 있다면 쌍방의 합의에 의한 배타조건부거래만이 성립하고 일방적 강제에 의한 배타조건부거래는

---

122) Jonathan M. Lave, 앞의 논문(각주 45), p.165; A. Douglas Melamed, "Exclusive Dealing Agreements and Other Exclusionary Conduct - Are There Unifying Principles", 73 Antitrust L.J. 375, 377 (2006) 참조. 한편 배타조건부거래에 대하여 셔먼법 제2조를 적용하는 경우와 셔먼법 제1조 내지 클레이튼법 제3조를 적용하는 경우의 차이점은 '합의' 요건의 존부이고, 이 점에서 셔먼법 제2조를 적용하는 것에 중요한 장점이 있다는 설명으로 Herbert Hovenkamp, 앞의 책(각주 28), p.397, p.564.

123) 이에 대하여 설령 '강제(coercion)'에 의한 행위라 하더라도 합의가 있는 것으로 보아 공동행위로 의율이 가능한바(예컨대 끼워팔기), 공동행위 규정이 반드시 문자 그대로의 '합의'를 요구하는 것은 아니라는 시각이 있을 수 있다(Christopher L. Sagers, 앞의 책(각주 40), p.165 참조). 그러나 공동행위와 단독행위는 어디까지나 '합의'의 존부에 따라 구분되는 것인바, 물론 경쟁법에서 말하는 합의란 일반 계약법에서 말하는 합의와는 다소 다른 것으로서 해석을 통하여 그 합의의 범위를 확장하는 것이 가능하지만(예컨대 동조적 행위의 합의 포섭), 그러한 노력에도 불구하고 최소한의 합의를 인정할 수 없다면 공동행위 의율은 불가능하다 할 것이다(오승한, "SK 이동통신의 휴대폰 폐쇄 DRM 장착행위의 경쟁제한성 판단 – 판례평석 : 서울고등법원 2007. 12. 27. 선고 2007누8623 판결(대법원 2011. 10. 13. 선고 2008두1832 판결 확정)", 경쟁법연구 제28권(2013. 11.), 19쪽; 이호영, "공정거래법상 경쟁자 간 정보교환행위의 평가에 관한 연구", 상사법연구 제33권 제1호(2014. 5.), 338쪽, 342쪽 참조). 한편 이와 관련하여 적어도 끼워팔기나 배타조건부거래와 같은 브랜드간 경쟁제한행위의 경우, 일부 강제성이 인정되더라도 일단 '거래'가 성립한 이상 합의 요건을 당연히 충족한다는 견해가 있다(Einer Elhauge, 앞의 책(각주 9), p.619). 그러나 위와 같이 볼 수는 없다 할 것인바, 실제로 '합의'가 존재하지 않는다는 이유로 배타조건부거래의 성립이 부정된 사례가 있다(Roland Machinery Co. v. Dresser Industries, Inc. 749 F.2d 380, 381, 392 (7th Cir. 1984, Posner 판사).

124) 이러한 관점에서 보면, 사실 경쟁법에서 수직적 합의를 수평적 합의와 마찬가지로 '합의'라고 하는 것 자체가 부적절하거나 적어도 불필요하다고 생각된다. 경쟁법상 수직적 거래제한은 애당초 공동행위가 아니라 단독행위로 관념하는 것이 타당하다(즉, 경쟁법적 분석에 있어서는 공동행위와 단독행위의 구분보다 수평적 관계와 수직적 관계의 구분이 더욱 본질적이고 중요하다 할 것이다). 배상원, 앞의 논문(각주 121), 108쪽 이하(특히 '강제성' 문제와 관련하여 125쪽). 유사한 시각으로 임영철·조성국, 앞의 책(각주 19), 26–30쪽도 참조.

성립할 수 없을 것이나, 공정거래법은 배타조건부거래를 단독행위로 규정하고 있으므로 일방적 강제에 의한 배타조건부거래가 성립함은 물론 쌍방의 합의에 의한 배타조건부거래도 성립할 수 있다. 요컨대 우리 법상 배타조건부거래의 성립에 관하여 '합의의 유무'는 전혀 문제되지 않는다.[125)126)127)]

3. 의사억압성

그런데 배타조건부거래에 해당하기 위하여 행위자가 거래상대방의 의사를 억압하는 것, 즉 거래상대방의 의사에도 불구하고 강제로 배타조건을 '부과'하고 이를 '수용'하게 하는 것 역시 반드시 필요한가?

결론부터 말하자면 이는 그렇지 않다. 배타조건부거래의 합의는 거래상대방의 자발적 의사에 기한 것이든(자발적 합의) 행위자의 강요에 의한 것이든(강요된 합의) 상관없이 성립한다. 즉 공정거래법상 배타조건부거래의 성립을 인정하기 위하

---

125) "배타조건에 관한 합의의 유무는 중요하지 않다. 배타조건을 약정하였더라도 거래상대방이 이를 위반하였을 때에도 아무런 제재나 불이익이 없다면 시장에 별다른 영향을 미치지 않을 것이고, 그러한 약정이 없더라도 시장지배적 사업자가 일방적으로 배타조건을 강제할 수 있는 경우에는 경쟁제한효과가 발생할 우려가 있을 것이기 때문이다." 이봉의, 앞의 책(각주 74), 300쪽.

126) 참고로 이러한 사정은 반드시 배타조건부거래가 아니라 다른 불공정거래행위의 경우에도 같은바, 심지어 거래상 지위남용, 그 중에서도 '강제'라는 표현을 명시적으로 사용하고 있는 '판매목표강제' 등의 경우에도 마찬가지이다. 실제로 대법원 2011. 5. 13. 선고 2009두24108 판결(씨제이헬로비전 판결)은 "'판매목표강제'에서 '목표를 제시하고 이를 달성하도록 강제하는 행위'에는 상대방이 목표를 달성하지 않을 수 없는 객관적인 상황을 만들어 내는 것을 포함하고, 사업자가 일방적으로 상대방에게 목표를 제시하고 이를 달성하도록 강제하는 경우뿐만 아니라 사업자와 상대방의 의사가 합치된 계약 형식으로 목표가 설정되는 경우도 포함한다."고 판시한 바 있다.

127) 한편 정재훈, 앞의 책(각주 83), 605－606쪽은 "대상판결[퀄컴 판결]은 배타조건부거래의 범위에 합의에 의한 경우도 사실상 강제력 내지 구속력이 있다고 보아 이를 포섭하였다. 배타조건부거래 등의 행위를 단독행위로 규정하고 있어서, 합의에 의한 경우를 단독행위에 포섭하기 위하여 사실상 강제력이라는 개념을 사용한 것으로 볼 수 있다. 이는 배타조건부거래 등을 합의가 아니라 단독행위 형식으로 규제하는 우리 법제의 취약점에서 비롯된 것으로 볼 수 있다."고 한다. 그러나 위 판례에서 말하는 '사실상 강제력 내지 구속력'은 배타조건부거래의 성립에 관하여 필수적으로 요구되는 구속적인 배타성에 관한 것일 뿐 공동행위를 단독행위로 포섭하기 위한 장치가 아니라 할 것인바, 위와 같은 시각은 타당하지 않다고 생각된다. 이에 관하여 보다 상세한 사항은 아래 제3절 II. 참조.

여 반드시 그 행위자가 거래상대방의 의사를 억압하였을 것이 요구되는 것은 아닌바, 거래상대방이 자발적으로 배타조건에 합의한 경우 역시 배타조건부거래에 해당하며, 이는 심지어 그 거래상대방이 먼저 배타조건부거래를 제안한 경우에도 마찬가지이다.

이에 관하여는 학계에서도 그것이 의사억압에 의한 것이든 자발적 합의에 의한 것이든 모두 공정거래법상 배타조건부거래에 해당한다는 결론에 관한 한 별다른 이견은 없는 것으로 보인다. 그런데 이 부분에서 특이한 것은, 이를 명시적으로 언급하는 문헌은 대부분 '자발적 합의에 의한 배타조건부거래가 원칙적 모습'임을 전제로 '의사억압에 의한 배타조건부거래 역시 규제대상이 된다'는 취지로 설명하고 있다는 점이다.[128] 그러나 우리 법은 배타조건부거래를 단독행위로 규정하고 있는바, 위와 같은 실정법의 입장을 전제로 할 때 우리 법상 배타조건부거래는 어디까지나 의사억압에 의한 것이 원칙적인 모습이고, 자발적 합의에 의한 경우는 오히려 예외적인 모습이라 할 것이다.[129]

대법원 역시 에스오일 판결에서 불공정거래행위로서 배타조건부거래의 부당성에 관하여 '경쟁제한성을 중심으로 판단하되 강제성을 아울러 고려할 수 있다'고 판시하였는바, 강제적인 배타조건부거래, 즉 의사억압에 의한 배타조건부거래도 공정거래법상 배타조건부거래에 해당함을 당연한 전제로 하고 있다. 나아가 대법원은 퀄컴 판결에서 "(배타조건부거래에서) '경쟁사업자와 거래하지 아니할 조건'은, 시장지배적 사업자에 의하여 일방적·강제적으로 부과된 경우에 한하지 않고 거래상대방과의 합의에 의하여 설정된 경우도 포함된다"고 판시함으로써, 위와 같은 입장을 명확히 하였다. 여기서 주목할 것은, 퀄컴 판결에 의하면 공정거래법상 배타조건부거래는 어디까지나 '의사억압에 의한 배타조건부거래가 기본'이고,

128) 예컨대, 강우찬, 앞의 논문(각주 24), 144쪽; 김성훈, 앞의 논문(각주 20), 255쪽; 홍대식, 앞의 논문(각주 9), 170쪽 등.

129) 홍명수, "불공정거래행위 규제의 의의와 개선 논의의 기초", 안암법학 제45권(2014. 9.), 486쪽은 배타조건부거래 등 우리 법상 수직적 거래제한은 모두 단독행위임을 전제로 "수직적 거래제한의 규제는 행위 형식을 합의까지도 포괄할 수 있는 방향으로 정할 필요가 있[다.]"고 하는바, 같은 시각으로 보인다.

'자발적 합의에 의한 배타조건부거래도 성립할 수 있다'는 것인바, 이러한 판례의 시각은 그 결론은 물론 위에서 본 학설의 설명과 그 방향이 다른 것으로서 타당한 인식이라고 생각된다.

다만 공정위의 불공정거래행위 심사지침은 거래지역·거래상대방 제한행위에 관하여는 "상기의 구속조건은 사업자가 거래상대방이나 거래지역을 일방적으로 강요할 것을 요하지 않으며, 거래상대방의 요구나 당사자의 자발적인 합의에 의한 것을 포함한다."고 명시(V. 7. 나. (1). (다))하고 있는 것과 달리 배타조건부거래에 관하여는 별다른 입장을 밝히지 않고 있는바(즉 배타조건부거래에 관한 심사지침에는 위와 같은 '강요' 내지 '합의' 등과 관련한 아무런 언급이 없다), 이는 불필요한 혼란을 야기할 수 있으므로 적절하지 않다고 생각된다. 거래지역·거래상대방 제한행위와 마찬가지로 배타조건부거래에 관하여도 '일방의 강요에 의한 경우는 물론, 자발적 합의에 의한 경우도 포함된다'는 점을 명시하는 것이 타당할 것이다. 한편 위와 같이 다소 불분명한 심사지침에도 불구하고 공정위의 실제 규제에 있어서는 자발적 합의에 의한 경우 역시 당연히 배타조건부거래에 해당한다고 보아 의율하고 있음은 물론이다.

4. 공정거래법상 '합의에 의한 배타조건부거래'의 두 가지 의미

이상의 논의를 기초로 공정거래법상 '합의에 의한 배타조건부거래'의 개념에 관하여 보면, 여기에는 두 가지 측면이 있다. 하나는 배타조건부거래에 관하여 합의가 있는지 아니면 강제에 의한 배타조건부거래인지의 측면이고, 다른 하나는 그 합의가 자발적 합의인지 강요된 합의인지에 관한 측면이다. 전자는 구속성과 관련한 것이고, 후자는 의사억압성과 관련한 것인바, 양자를 구분하여 살펴보면 아래와 같다.

우선 첫 번째 측면, 즉 '구속성'의 관점에서 '합의에 의한 배타조건부거래'란 사실상의 배타조건부거래가 아니라 계약상 배타조건부거래라는 의미이다. 여기서 계약상 배타조건부거래란 당해 배타조건을 합의하였다는 것, 즉 당해 배타조건의 준수가 계약상 의무로서 그 이행을 법적으로 강제할 수 있고, 이를 이행하지 않으면 계약위반이 된다는 것을 의미한다. 이러한 시각으로 보면 '계약상 구속력'이란 결국 '법적 구속력'과 같은 것인바,[130] 이는 미국이나 EU 등에서 말하는 '법적(de jure) 배타조건부거래'와 '사실상의(de facto) 배타조건부거래'의 구분에 상응한다.[131]

다만 미국이나 EU에서 말하는 위와 같은 사실상의 배타조건부거래는 주로 '유인'의 측면을 말하는 것인 반면, 우리 법상 사실상의 배타조건부거래는 '유인'의 측면은 물론 '강제'의 측면까지 포괄한다는 점에서 차이가 있다. 즉 미국이나 EU에서 배타조건부거래는 어디까지나 '합의'에 의한 것으로서, 조건부 리베이트와 같은 경제적 유인에 의한 배타조건부거래는 리베이트 수수에 관한 합의를 배타적 거래에 관한 합의로 보는 논리적 과정을 통하여 인정되는 것이고, 순수한 일방적 강제에 의한 경우, 즉 행위자가 일방적으로 배타조건을 설정하고 이에 따르지 않는 거래상대방과는 거래를 하지 않음으로써 사실상 배타조건부거래를 하는 것과 같은 상황은 '거래'에 관한 합의가 있을 뿐 '배타적 거래'에 관한 합의는 없고 배타적 거래에 관한 합의를 간주하기도 어려우므로 배타조건부거래에 포섭될 수 없다.[132] 그러나 우리 법상으로는 반드시 경제적 유인에 의한 경우뿐만 아니라 행위자가 일방적으로 배타조건을 강제하는 경우 역시 배타조건부거래의 개념에 포섭될 수 있는 것이다.[133]

---

130) 퀄컴 판결(대법원 2019. 1. 31. 선고 2013두14726 판결) 역시 "'경쟁사업자와 거래하지 아니할 것을 조건으로 거래하는 행위'는 그 조건의 이행 자체가 법적으로 강제되는 경우만으로 한정되지는 않고", "법령 문언이 조건 준수에 법적·계약적 구속력이 부여되는 경우만을 전제한다고 보기는 어렵다.", "조건의 준수에 계약에 의한 법적 강제력 내지 구속력이 부과되는지에 따라 배타조건부 거래행위의 성립요건을 달리 보는 것은 타당하지 않다."고 하는바, 같은 취지라 할 것이다.

131) ICN, 앞의 자료, 34–35항에서 '법적 배타성'과 '사실상의 배타성'을 설명하고 있는바, 이에 의하면 '법적 배타성(de jure exclusivity)'이란 배타적 거래가 계약상 의무인 것을 말하고, '사실상의 배타성(de facto exclusivity)'이란 계약상 의무가 없음에도 배타적 거래로 강하게 유인되는 것을 말한다.

132) U.S. v. Colgate & Co., 250 U.S. 300 (1919); 박세환, "EU 차원의 불공정거래행위 규제 방안에 대한 연구", 경쟁법연구 제38권(2018. 11.), 166쪽 참조.

133) 참고로 김형배, 앞의 책(각주 12), 257–258쪽은 위 Colgate 판결을 언급하면서 "판매자가 자신의 물건만을 취급하는 유통사업자와만 거래하겠다고 사전에 공표한 후 자신의 영

다음으로 두 번째 측면, 즉 '의사억압성'의 관점에서 '합의에 의한 배타조건부거래'란 계약상 배타조건부거래를 전제로 당해 배타조건에 관한 합의가 강요에 의한 것이 아니라 자발적 의사에 따른 것임을 의미한다. 여기서 중요한 것은 그것이 강요에 의한 것이든 자발적 의사에 따른 것이든 당해 배타조건을 준수하기로 한 이상 그것은 당사자 쌍방의 의사의 합치, 즉 '합의'라는 점에 있다. 강요에 의한 합의와 자발적 의사에 따른 합의는 위와 같은 합의의 양 극단을 의미할 뿐이다.[134)]

이러한 측면은 미국이나 EU 등에서도 마찬가지이다. 미국이나 EU에서도 일단 당사자 쌍방의 '의사의 합치'가 인정되는 한 그 합의가 순수한 자발적 합의인지 부득이한 강요된 합의인지는 중요한 것이 아니기 때문이다. 이를 앞서 본 바와 연계하면, 미국이나 EU에서는 합의가 인정될 수 없는 일방적 강제의 경우는 배타조건부거래가 될 수 없고, 최소한의 합의가 인정되는 경우라면 그것이 자발적인 합의이든 강요된 합의이든 모두 배타조건부거래가 된다. 그러나 우리 법에서는 자발적인 합의 내지 강요된 합의가 인정되는 경우는 물론, 최소한의 합의조차 인정되지 않는 일방적 강제의 경우에도 배타조건부거래가 성립할 수 있다. 즉 우리 법상 배타조건부거래의 개념 내지 포섭범위는 미국이나 EU에 비하여 보다 넓은 것이다.

요컨대, 공정거래법상 '합의에 의한 배타조건부거래'란 ① '구속성'의 관점에서 그것이 사실상의 배타조건부거래가 아니라 계약상 배타조건부거래임을 의미하기도 하고(광의의 합의에 의한 배타조건부거래), ② '의사억압성'의 관점에서 계약상 배타조건부거래 중 강요된 합의에 의한 것이 아니라 자발적 합의에 의한 것을 의미하기도 한다(협의의 합의에 의한 배타조건부거래). 즉 '광의의 합의에 의한 배타조건

업방침을 따르겠다고 한 유통사업자와만 거래하는 경우 ... 헌법상 권리인 영업의 자유가 우선 적용된다고 보는 것이 타당하다고 본다."고 하는바, 일응 배타조건부거래에 '해당'하되 '부당'하지는 않다는 취지로 보인다.

134) 이는 예컨대 행위자가 어떤 상품을 1만 원에 판매하는데 거래상대방이 이를 실제로 1만 원에 구매한 경우, 어떤 거래상대방은 공짜나 다름없다고 생각하면서 구매한 것이고(자발적 합의), 어떤 거래상대방은 너무 비싸다고 생각하면서도 꼭 필요하여 어쩔 수 없이 구매한 것이라 하더라도(강요된 합의), 양자는 모두 엄연히 매매에 관한 '합의'인 것과 같다.

부거래'란 일단 당해 배타조건에 관하여 계약이 체결된 경우를 의미하고, '협의의 합의에 의한 배타조건부거래'란 그 중에서도 자발적 합의에 따라 계약이 체결된 경우를 의미한다 할 것이다. 많은 경우 위 양자 중 어느 것을 의미하는지 명확히 하지 않은 채 '합의에 의한 배타조건부거래'라는 개념 내지 용어가 사용되고 있는 것으로 보이는바, 위 양자는 분명히 구분할 필요가 있다고 생각된다.[135)]

제3절 배타조건부거래의 행위요소 : 배타성, 조건성, 거래성

배타조건부거래란 경쟁사업자와 거래하지 않는 것을 조건으로 거래상대방과 거래하는 행위를 말한다. 이러한 배타조건부거래의 개념은 말 그대로 '배타', '조건부', '거래'의 3요소, 즉 경쟁사업자와 거래하지 않는다는 배타성, 그것이 거래의 조건이 된다는 조건성, 그리고 위와 같은 배타조건 하에서 거래한다는 거래성 3가지 요소로 구성된다. 이하 위 3가지 구성요소에 관하여 그 기본적 의미를 살펴보고, 각각의 개념요소를 분석함으로써 그 경쟁법적 기능과 함의를 검토한다.

Ⅰ. 배타성

1. 기본적 의미 : 경쟁사업자의 봉쇄, 차단, 배제

배타조건부거래의 배타성이란 이를 통하여 행위자의 경쟁사업자가 봉쇄, 차단, 배제되는 것을 의미한다. 여기서 '행위자의 경쟁사업자' 부분에는 별다른 의문이 없으므로 문제는 '봉쇄, 차단, 배제' 부분인데, 이는 해당 거래로 인하여 행위자의 경쟁사업자가 거래기회를 상실하게 된다는 의미이다. 전통적으로 경쟁법에서는 '봉쇄(foreclosure)'라는 용어를 주로 사용해 왔으나, 이와 함께 맥락에 따라 '차단' 내지 '배제'라는 용어도 사용되고 있는바, 이들은 사실상 모두 같은 의미라고 볼

135) 이러한 구분이 가지는 구체적인 의미와 기능에 관하여는 아래 제6장 제2절 이하에서 후술한다.

수 있다. 즉 예컨대 행위자 甲이 A를 상대로 배타조건으로 거래하는 경우, 甲의 경쟁사업자 乙은 A와 거래할 수 있는 기회를 상실하게 되는바, 이것이 바로 배타조건부거래의 배타성이다.

그런데 위와 같은 의미의 배타성이란 일응 매우 간단해 보이지만, 아래에서 보듯이 실제 개별적·구체적 사안에서 과연 배타성이 있는지 판단하는 것은 그리 쉬운 일이 아니다. 그러나 배타성은 배타조건부거래 개념의 핵심이라 할 것인바, 과연 여기서 말하는 배타성이란 무엇을 의미하고 어느 경우까지 그러한 배타성을 인정할 수 있는지 검토가 필요하다. 설령 구체적인 포섭범위는 시대와 장소, 해당 법제 또는 시장의 문화와 특수성, 다양한 새로운 거래형태의 출현 등에 따라 달리 볼 여지가 있을 것이나, 배타성의 본질적 의미 자체를 모호하게 남겨둘 수는 없다. 더욱이 아래에서 보는 바와 같이 조건성, 거래성의 경우에는 경우에 따라 이를 완화하는 해석이 가능할 수 있지만(즉 경우에 따라서는 배타조건부거래의 성립을 위하여 조건성이나 거래성은 필요하지 않다고 볼 여지도 있지만), 배타성만큼은 그와 같이 보기 어렵다. 아무리 양보하더라도 '배타성'이 없는 거래를 '배타조건부거래'라고 할 수는 없기 때문이다. 이하 배타조건부거래의 성립에 관하여 요구되는 배타성을 여러 각도에서 분석함으로써 그 본질적 의미를 찾아보기로 한다.

[보론] 거래의 배타성과 배타조건부거래

배타조건부거래는 양면적이다. 경쟁을 제한할 수도 있고, 경쟁을 촉진할 수도 있다. 그런데 위와 같은 양면성은 모두 그 단일한 '배타성'으로부터 비롯되는 것인바, 배타적이기 때문에 경쟁자를 배제하여 경쟁이 제한될 수 있는 것이고, 또한 바로 그렇기 때문에 효율성이 창출되어 경쟁이 촉진될 수도 있는 것이다. 즉 배타성은 배타조건부거래 개념의 본질이자 핵심이다.

그러나 거래의 배타성이란 일응 매우 간단해 보이지만 실제로 개별적 · 구체적 사안에서 과연 배타성이 있는지 판단하는 것은 그리 쉬운 일이 아니다. 예컨대 甲, 乙이 경쟁관계에 있고, A는 1년에 1주일마다 1개씩 총 50개의 상품을 필요로 하며(편의상 1년을 50주로 본다), 상품 1개의 가격은 1만원이라고 가정해 보자.

① 만일 甲이 A에게 아무런 조건 없이 상품을 1만원에 계속 판매하는 경우, 이는 배타조건부거래가 아니다. A가 1년 동안 계속하여 甲의 상품만 구입하고 乙의 상품은 전혀 구입하지 않는다 하더라도 마찬가지이다. A가 매번 상품을 구입할 때마다 자신의 선택에 따라 스스로 甲의 상품을 구입하는 것을 부당한 거래로 의심할 여지는 없다.

② 이때 만일 甲이 A에게 앞으로 乙의 상품을 구입하지 않는 조건 하에 가격을 9,000원으로 할인해 주겠다고 제안하고, A가 이를 수락하여 甲의 상품만을 9,000원에 계속 구입하는 경우, 이는 배타조건부거래이다. 乙의 상품을 구입하지 않는 조건으로 거래하고 있기 때문이다. 여기까지는 일응 판단에 별다른 어려움이 없어 보인다.

③ 그런데 만일 위와 같은 거래가 배타조건부거래로서 금지된다는 것을 알게 된 甲이 A에게 1년 동안의 수요량을 모두 甲으로부터 구입할 것을 조건으로 상품을 9,000원에 판매한다면, 이는 배타조건부거래인가? 특별한 사정이 없는 한 배타조건부거래라고 볼 수 있을 것이다. '甲으로부터 모두 구입한다'는 것은 결국 '乙로부터 전혀 구입하지 않는다'는 것을 의미하기 때문이다.

④ 한편 위와 같은 거래도 배타조건부거래가 된다는 것을 알게 된 甲이 그동안의 경험을 통하여 A의 1년 수요량이 50개임을 예측하고 A에게 앞으로 1년 동안 甲으로부터 50개의 상품을 구입하는 조건으로 상품을 9,000원에 판매한다면 어떠한가? 이 경우 A의 연간 수요량이 절대불변이라고 보지 않는 이상 '甲으로부터 50개를 구입한다'는 것이 반드시 '乙로부터 전혀 구입하지 않는다'는 것을 의미할 수는 없는바, 그렇다면 이는 배타조건부거래가 아닌가? 만일 이때 甲이 A의 수요량 증가 가능성에 대비하여 1년 동안 60개의 상품을 甲으로부터 구입하는 것을 기본으로 하되, 다만 예년과 같이 최소한 50개 이상을 구입할 경우에는 60개를 채우지 못하더라도 아무런 불이익이 없는 조건으로 상품을 9,000원에 판매한다면 어떠한가? 위와 같은 상황에서 '甲으로부터 60개를 구입하되, 최소한 50개는 구입한다'는 것은 '乙로부터 전혀 구입하지 않는다'는 것과 사실상 같은 것 아닌가? 만일 같다고 볼 수 있다면 위와 같은 경우 역시 배타조건부거래라고 하여야 하지 않는가? 또한 이를 같다고 볼 수 없다 하더라도, 배타조건부거래가 성립하기 위하여 반드시 경쟁사업자의 거래기회 전부를 봉쇄하여야만 하는 것인가? 위 예에서 A가 60개, 50개가 아닌 40개만 甲으로부터 구입하기로 약정하였다 하더라도 그와 같이 약정된 40개의 상품에 관한 한 乙은 봉쇄되는 것 아닌가?

⑤ 나아가 甲이 위와 같은 거래조차 배타조건부거래가 될 수 있음을 알게 된 후 연초에 A에게 1년치 수요량 50개를 개당 9,000원으로 한 번에 대량구입할 것을 제안하고, A가 이를 수락하여 45만원을 일시불로 지급함으로써 상품 50개를 구입하였다면 어떠한가? 이러한 경우도 사실상 배타조건부거래라고 볼 수 있지 않은가? 만일 위와 같은 거래는 대량거래일

뿐 배타조건부거래로 볼 수 없다면, 위 예에서 45만원을 일시불이 아닌 할부로 지급하기로 하였다면, 그것도 만일 구입하는 상품에 대하여 매 월 단위로 개당 9,000원씩 계산한 금액을 지급하기로 하였다면 어떠한가? 이러한 거래가 1년간 50개의 상품을 甲으로부터만 구입할 것을 약정하고 매번 9,000원에 상품을 구입하는 것과 사실상 무엇이 다른가?

⑥ 관점을 다소 달리하여, 만일 위 예들에서 甲이 그와 같은 거래를 제안한 것이 아니라 오히려 A가 제안한 것이라면 어떠한가? 甲으로서는 자신의 경쟁자를 배제하기 위하여 위와 같이 거래한 것이 아니라 단지 거래상대방인 A의 요구를 수용한 것에 불과하므로 배타조건부거래가 아닌 것인가? 또한 위와 같은 거래들이 명시적인 계약을 통하여 이루어지지 않고 묵시적인 합의에 따라 이루어졌다면 어떠한가? 묵시적 합의도 어디까지나 합의라고 본다면, 그러한 묵시적 합의조차 없는 경우, 즉 甲이 A와 단지 사실상 배타적으로 거래하면서 A가 乙과 거래할 경우 기존 거래를 중단한다면 어떠한가? 이러한 경우는 배타조건부거래라고 할 수 없는 것인가?

⑦ 보다 근본적으로, 처음의 예로 돌아가 A가 매번 상품을 구매할 때마다 甲으로부터 구매하는 것은 왜 배타조건부거래가 아닌가? 매 거래시마다 乙이 봉쇄되고 있는 것은 동일하지 않은가? 물론 이러한 경우 A는 금회 구입이 아닌 차회 구입에서는 또는 5주 후, 10주 후에는 언제든지 乙의 상품을 구입할 수 있다. 그러나 적어도 바로 그 금회 구입에 관한 한 乙이 봉쇄되고 있는 것은 분명한 사실이지 않은가? 이는 왜 배타조건부거래라고 할 수 없는 것인가?

일견 간단해 보이는 것과 달리 그 어느 것도 답하기가 그리 쉽지 않다. 그러나 배타성은 배타조건부거래 개념의 기초이자 한계라 할 것인바, 거칠게 말하자면 배타성이 인정된다면 일응 배타조건부거래로 보아야 하고, 반면 배타성이 인정되지 않는다면 도저히 배타조건부거래라고 볼 수 없을 것이다. 과연 배타조건부거래에서 말하는 '배타성'이란 무엇을 의미하는지 보다 깊은 고민이 필요하다 할 것이다.

2. 거래의 배타성과 배타조건부거래 : 당해 거래와 추가적 거래

배타조건부거래가 있으면 경쟁자가 봉쇄된다. 즉 배타조건부거래는 그 자체로 경쟁자를 봉쇄하기 위한 것이거나 또는 적어도 배타조건부거래가 있으면 그 필연적 결과로서 반드시 경쟁자가 봉쇄되고, 이러한 배타성이 배타조건부거래의 본질이다.

그런데 원래 거래가 있으면 경쟁자는 배제된다. 예컨대 甲이 A에게 자신의 상품을 판매하는 경우 그 거래에 관하여 乙은 당연히 배제된다(A가 甲, 乙의 상품을 동시에 구매할 수 있는 경우, 예컨대 플랫폼 산업에서의 멀티호밍 등은 예외적인 것이다). 즉 거래 자체가 원래 배타적이다.[136][137] 그렇다면 위와 같은 일반적인 거래와 배타조건부거래는 무엇이 다른가?

이는 거래를 통한 경쟁자 배제가 '당해 거래'에 관한 것인지, 당해 거래가 아닌 '추가적 거래'에 관한 것인지에 따라 구분될 수 있다. 일반적인 거래는 전자에 해당하고, 배타조건부거래는 후자에 해당한다. 즉 배타조건부거래는 당해 거래를 배타조건에 기초하여 하는 것으로서, 당해 거래에 관하여 경쟁자를 배제할 뿐만 아

---

136) '경쟁'이 그 자체로 배제적인 본질을 가진다는 점은 널리 인식되고 있으나, '거래' 역시 그 자체로 배제적인 속성이 있다는 점은 그다지 주목받지 못하고 있는 것으로 보인다. 그러나 위에서 본 바와 같이 거래 자체가 원래 배타적이라는 것은 명백하다 할 것인바, 다음과 같은 견해들 역시 같은 입장이다. ① "All contractual agreements result in some degree of foreclosure because a certain amount of demand necessity disappears from the market when any contract is formed." Wanda Jane Rogers, "Beyond Economic Theory: A Model for Analyzing the Antitrust Implications of Exclusive Dealing Arrangements", 45 Duke L.J. 1009, 1020 (1996). ② "[E]very supply contract excludes competitors in the sense that competitors cannot carry out the transaction which the supply contract specifies." Paul G. Scott, "Raising Rivals' Costs and Exclusive Dealing", 6 Canterbury L. Rev. 291, 303 (1996). ③ "Every contract of sale is "exclusionary" it the sense that, once the sale is made, other sellers have been "excluded" from the transaction." Jonathan M. Jacobson, 앞의 논문(각주 45), p.349. ④ "모든 계약은 거래를 제한하는 속성을 갖고 있기 때문에, 문제는 계약 기반의 거래제한의 법리가 적용되는 상황을 식별하는 것이다." 홍대식, "민·상법과 독점규제법", 독점규제법 30년(권오승 편), 법문사(2011), 41쪽. ⑤ "무릇, 모든 계약은 다른 사업자를 배제하는 속성이 있기 때문에 단순히 특정 사업자로부터만 구매한다는 것만으로 위법이라고 할 수는 없다." 한철수, 앞의 책(각주 19), 353쪽.

137) 한편 셔먼법 제1조가 규정하는 '거래의 제한(restraint of trade)'에 대한 다음과 같은 판례 역시 유사한 인식에 기초하고 있다고 생각된다. "While § 1 could be interpreted to proscribe all contracts, the Court has never "taken a literal approach to [its] language," Rather, the Court has repeated time and again that § 1 "outlaw[s] only unreasonable restraints."" Leegin Creative Leather Products, Inc. v. PSKS, Inc., 551 U.S. 877, 885 (2007). 위 판시의 의미에 관하여 Douglas Broder, US Antitrust law and Enforcement, Oxford (2016), p.34－35; David J. Gerber 저, 이동률 역, 국제경쟁법, 박영사(2014), 178쪽 참조.

니라 추가적 거래에 관하여도 경쟁자를 배제한다. 경쟁법이 배타조건부거래에 관하여 관심을 가지는 이유는 바로 위 추가적 거래에 대하여까지 경쟁자를 배제하는 것이 과연 정당한 것인지에 관한 문제의식에 있다. 요컨대, 배타조건부거래에서 말하는 배타성이란 '이번 거래에서 장래의 거래까지 미리 약정하는 것'을 의미한다 할 것이다.

여기서 당해 거래의 기준 자체를 문제삼을 수 있다. 즉 거래의 단위를 1개의 상품을 개별적으로 매매하는 것에 한정하지 않고, 예컨대 벌크구매, 대량구매 등을 포함하여 집합적인 1개의 거래를 상정할 경우, 유사한 차원에서 배타조건부거래 역시 '전체로서 1개의 거래'로 볼 여지가 있고, 결국 추가적인 다른 거래를 제한하지 않으므로 배타성이 없다는 결론에 이를 가능성이 있다.

물론 거래의 단위가 반드시 개개의 상품 단위별로 결정되는 것은 아니다. 같은 상품을 대량으로 거래하는 것은 분명히 1개의 거래이고, 주상품과 부상품을 세트로 결합하여 거래하는 것도 일응 1개의 거래이며, 심지어 예컨대 항공, 숙박, 관광, 쇼핑 등 여러 상품과 서비스를 한데 묶은 여행상품을 거래하는 것도 1개의 거래일 것이다. 거칠게 말하자면, 그 어떤 상품이나 서비스의 집합이라 하더라도 '1장의 계약서'로 계약이 체결된다면 그것은 일응 1개의 거래이다.

그러나 여기서 말하는 '추가적 거래'란 위와 같은 측면의 거래 단위와는 다소 다른 차원의 개념이다. 배타조건부거래의 배타성과 관련한 추가적 거래란 계속적인 거래, 즉 금회 거래 이후 '차회 거래'가 있음을 전제로, 그 차회 거래에 관하여 경쟁사업자의 개입을 차단하였는지 여부를 기준으로 한다. 그리고 여기서 '거래'의 개수 내지 단위는 해당 상품의 인도, 대금의 지급, 추가협의 가능성 등을 포함하여 사회통념에 따라 결정되어야 한다. 따라서 만일 甲이 A에게 50개의 상품을 일괄하여 판매하였다면, 그 상품의 인도와 대금의 지급 또는 추가협의 가능성 등에 관하여 특별한 다른 사정이 없는 한(즉 실제 상품의 인도나 대금의 지급 등이 분할되거나 추가적인 협의를 전제함으로써, 사회통념상 단순히 1개의 대량매매가 아니라 사실상 복수의 개별적 매매라고 볼 수 있는 사정이 없는 한), 이로써 해당 거래는 일응 완결된 것이고, 여기에 차회 거래의 예정 내지 경쟁사업자의 개입 여지는 애당초 없으므로, 이러한 경우에는 배타성이 인정될 수 없다. 그러나 만일 甲이 A에게 1년 동안 독점적으로 상품을 공급하기로 하였다면, 비록 물리적 의미의 계약 자체는 1개이지만, 앞으로 1년 동안 甲과 A 사이에는 차회 거래, 차차회 거래 등이 예정된 것이고, 그 예정된 거래에 관하여 경쟁사업자가 개입할 여지가 있는데 이를 차단한 것이므로, 이러한 계약은 배타성이 인정된다. 즉 통상의 대량매매는 1회적 거래로서, 차회 거래를 예정하지 않고, 그 거래물량에 관한 한 그것이 아무리 크더라도 경쟁사업자가 개입할 여지는 없으므로, 이는 배타조건부거래가 아니다. 그러나 일정한 기간을 전제로 한 매매로서, 차회 거래가 예정되어 있고, 그 예정된 거래에 관하여 경쟁사업자의 개입을 차단하고 있다면, 그 예정된 거래가 아무리 적더라도 이는 배타조건부거래이다. 이러한 논리는 해당 거래가 '비율'이 아닌 '수량'을 정하여 이루어졌더라도 마찬가지인바, 甲이 A와 사이에 A의 1년간 수요량 전부를 甲으로부터 구입하기로 하지 않더라도, 예컨대 1년간 40개의 상품을 甲으로부터 차차 구입하기로 하였다면, 이는 배타조건부거래라고 보아야 한다. 차회 거래가 예정되어 있고, 그 예정된 차회 거래에 관한 한 경쟁사업자의 개입이 차단된 것은 동일하기 때문이다. 여기서 배타조건부거래의 배타성은 본질적으로 '계약의 지속성'에서 비롯됨을 알 수 있다. 즉 배타조건부거래는 기본적으로 '장기계약'인 것이다.[138)]

[보론] 배타조건부거래와 끼워팔기

통상 배타조건부거래와 끼워팔기는 본질적으로 유사하나 '별개상품성'의 관점에서 구분된다고 한다. 배타조건부거래는 1개의 상품을 대상으로 하는 반면, 끼워팔기는 주상품과 부상

138) "계약이 배타적 효과를 갖는지의 여부는 계약의 지속성에 달려 있다." Richard A. Posner 저, 정영진·주진열 역, 미국 독점규제법, 다산출판사(2003), 290쪽. 같은 취지에서 배타조건부거래의 개념 자체를 '기간'의 측면을 포함하여 이해하는 견해로 Paul G. Scott, 앞의 논문(각주 136), p.298.

품 2개의 상품을 대상으로 한다는 것이다.

그런데 양자는 위와 같은 '당해 거래'와 '추가적 거래'의 관점, 즉 말하자면 '별개거래성'의 관점에서도 설명될 수 있다고 본다. 끼워팔기는 그 용어 자체로 그러하듯이 끼워서 파는 1개의 거래인 데 반하여, 배타조건부거래는 위에서 본 바와 같이 적어도 2개의 거래를 예정하는 것이기 때문이다. 예컨대 프랜차이즈 거래의 경우 이를 브랜드와 상품의 끼워팔기로 보는 시각이 가능하나, 최초의 프랜차이즈 거래와 후속적인 상품의 추가적 거래라는 관점에서 배타조건부거래로 볼 수도 있다. 또한 소모품을 연계하여 판매하는 경우에도, 예컨대 프린터를 판매하면서 앞으로 토너 역시 자신으로부터만 구입하도록 하는 경우, 프린터에 토너를 끼워 팔았다고 할 수도 있지만, 프린터 구입 이후 토너의 구입은 어디까지나 추가적 거래라고 볼 수 있으므로 배타조건부거래라고 할 수도 있는 것이다.

이와 관련하여, 미국의 경우 배타조건부거래와 끼워팔기의 구분이 문제되는 사안에서 경쟁당국 내지 사소(私訴)의 원고로서는 '별개상품성'을 주장함으로써 해당 행위를 끼워팔기로 포섭하려는 경향이 있는데, 이는 미국의 경우 배타조건부거래와 달리 끼워팔기의 위법성은 당연위법에 준하여 판단되는 사정이 있기 때문이다. 그러나 우리나라의 경우에는 농협중앙회 판결, 에스오일 판결 등의 취지를 감안할 때 어떤 행위를 끼워팔기가 아닌 배타조건부거래로 의율함으로써 그 부당성 인정이 보다 용이해질 수 있는바(대법원 판례에도 불구하고 최근 공정위가 끼워팔기의 부당성을 '경쟁제한성'으로 한정하고 있는 상황을 전제로 한다. 위와 같은 심사지침의 개정 취지에 비추어 보면, 적어도 가까운 시일 내에 공정위가 끼워팔기를 '강제성(의사억압성)'의 관점에서 의율할 가능성은 거의 없어 보인다), 향후 우리나라에서 배타조건부거래와 끼워팔기의 구분이 문제되는 사안이 발생할 경우 '별개거래성'에 근거하여 배타조건부거래로 의율하는 것을 시도해 볼 가능성이 있다고 생각된다.지 않다. 과연 배타조건부거래에서 말하는 '배타성'이란 무엇을 의미하는지 보다 깊은 고민이 필요하다 할 것이다.

3. 직접적 배타성과 간접적 배타성

배타조건부거래의 배타성은 그것을 직접 목적으로 할 수도 있고, 간접적으로 그러한 결과가 될 수도 있다. 전자는 경쟁사업자를 봉쇄하는 것 그 자체가 목적인 경우이고, 후자는 행위자의 원래 목적은 다른 것에, 예컨대 자신의 상품을 판매하는 것에 있지만 그에 따라 필연적으로 경쟁사업자가 봉쇄되는 결과가 되는 상황을 말한다.[139]

물론 경쟁사업자를 봉쇄하는 이유는 대체로 그만큼 자신의 상품을 더 판매하고자 하는 목적일 것이므로, 양자는 결국 같은 것이라고 볼 수도 있다. 그러나 양자는 적어도 개념상 분명히 구분된다 할 것이다. 반드시 그에 해당하는 만큼 자신의 상품을 더 판매하지 않더라도 경쟁사업자를 봉쇄하는 것만을 목적으로 하는 배타조건부거래가 있을 수 있기 때문이다. 이는 끼워팔기에 관하여 이른바 'tie-in'과 'tie-out'의 개념 구분이 있는 것과 유사하다.[140] 아래에서 보는 이른바 '표적봉쇄'의 경우 역시 이러한 개념을 통하여 포섭될 수 있다.

여기서 수요전량구매계약(requirements contract)의 문제를 생각해 볼 필요가 있다. 수요전량구매계약이란 구매자가 공급자로부터 자신의 수요량 전부를 구매하기로 하는 계약을 말하는바, 이러한 수요전량구매계약을 체결하는 공급자는 구매자에게 경쟁사업자와 거래하지 않을 것을 요구하지 않았다. 단지 구매자에게 수요전량을 자신으로부터 구매할 것을 요구하였을 뿐이다.[141] 그러나 그 결과는 경쟁사업자와 거래하지 않을 것을 요구한 것과 다를 바 없으므로, 이는 배타조건부거래에 해당한다고 보아야 할 것이다. 즉 자신으로부터 전부 구매하도록 하는 것과 경쟁사업자로부터 구매하지 않도록 하는 것은 배타조건부거래의 관점에서는 결국 같은 것이다.[142] 공정위의 불공정거래행위 심사지침 역시 '판매업자의 소요

---

139) 위와 같은 관점에서 보면 '직접적 배타성'을 '목적으로서의 배타성', '간접적 배타성'을 '결과로서의 배타성'이라고 할 수도 있을 것이다.

140) 미국에서 끼워팔기는 구매자에게 주된 상품과 연계하여 종된 상품도 함께 구입하도록 하거나, 주된 상품의 구매자에게 판매자의 경쟁사업자로부터 종된 상품을 구입하지 않기로 하는 조건을 부과하는 것으로 설명되는바, 전자가 'tie-in'이고, 후자가 'tie-out'이다. "[A] tying arrangement may be defined as an agreement by a party to sell one product, but only on the condition that the buyer also purchases a different (or tied) product, or at least agrees that he will not purchase that product from any other supplier." Northern Pacific R. Co. v. United States, 356 U.S. 1, 5-6 (1958).

141) Richard W. McLaren, "Exclusive Dealing Arrangements", Conference on the Anti-trust Laws and the Attorney General's Committee Report: A Symposium (1955), p.157.

142) 배타조건부거래는 원래 직접적으로 경쟁사업자와의 거래를 금지하는 것인바, 수요전량구매계약은 필요한 모든 물량을 당해 행위자로부터 구입하도록 함으로써 결과적으로 경쟁사업자와의 거래가 금지되는 것이다. 요컨대, 수요전량구매계약이 배타조건부거래로 파악되는 것은 그 '실질적 효과(practical effect)'의 측면에 있다. 앞서 본 Tampa Electric

물량 전부를 자기로부터 구입하도록 하는 독점공급계약도 배타조건부거래의 내용에 포함된다'고 하는바(V. 7. 가. (1). (가). ②), 같은 취지이다. 실제로 세계 경쟁법에서 수요전량구매계약을 배타조건부거래가 아니라고 보는 입장은 없는 것으로 보인다.[143][144]

한편 공급자의 공급물량 전부를 구매하기로 하는 거래, 즉 공급전량구매계약(output contract) 또한 해당 거래에 의하여 경쟁사업자가 봉쇄되므로 배타조건부거래라고 보아야 할 것이다. 공정위 역시 불공정거래행위 심사지침에서 '제조업자의 판매물량을 전부 자기에게만 판매하도록 하는 독점판매계약도 배타조건부거래의 내용에 포함된다'고 규정하여 같은 취지를 밝히고 있고(V. 7. 가. (1). (가). ②), 외국의 경우에도 대체로 같은 것으로 보인다.[145] 다만 주의할 것은, 여기서 봉쇄되는 경쟁사업자는 공급자의 경쟁사업자가 아니라(공급전량구매계약을 체결한 수요자라도 얼마든지 해당 공급자가 아닌 다른 공급자로부터 상품을 구매할 수 있다), 수요자의 경쟁사업자이므로(공급전량구매계약을 체결하지 않은 다른 수요자는 해당 공급자로부터 상품을 구매할 수 없다), 이는 '배타적 공급거래'가 아니라 '배타적 인수거래'라는 점이다.

판결 참조(Tampa Elec. Co. v. Nashville Coal Co., 365 U.S. 320, 326 (1961)). 한편 위와 같은 논리는 끼워팔기의 경우에도 같다. Einer Elhauge, 앞의 책(각주 9), p.369.

143) 미국에서는 위 양자를 '사실상 동일한 것'으로 보기도 하고(Lawrence A. Sullivan, Warren S. Grimes & Christopher L. Sagers, 앞의 책(각주 11), p.427), '거의 같은 것'이라고 설명하기도 한다(Robert H. Bork 저, 신광식 역, 앞의 책(각주 31), 361쪽). 그러나 위에서 본 바와 같이 양자는 사실상 동일한 '효과'를 가지는 것일 뿐 '개념'적으로 완전히 일치하는 것은 아니다. 참고로 우리나라의 경우 이호영, 앞의 책(각주 74), 404－405쪽(각주 158 부분)은 수요전량구매계약은 배타조건부거래의 '특수한 유형'이라고 설명하고 있다.

144) 한편 Eleanor M. Fox, 앞의 책(각주 35), p.687은 위 양자를 그 의무의 부담주체에 따라 구분하고 있는바(위 책은 exclusive contracts의 의미를 "You, the buyer, buy exclusively from me and not from my competitors"라고 표현하고, requirements contracts의 의미를 "You, the seller, promise to fulfill my requirements"라고 표현한다), 이러한 시각은 다소 의문이다. 그 취지는 이해할 수 있으나, 배타조건부거래의 관점에서 보는 한 수요전량구매계약은 어디까지나 공급자의 경쟁사업자를 봉쇄하는 측면에 중점이 있기 때문이다.

145) Andrew I. Gavil, William E. Kovacic, Jonathan B. Baker & Joshua D. Wright, Antitrust Law In Perspective(3rd ed.), West (2017), p.965 참조.

4. 적극적 배타성과 소극적 배타성

일반적으로 배타조건부거래는 경쟁사업자를 봉쇄하고자 하는 행위자의 주도에 의하여 실시된다. 그러나 구체적·개별적 사정에 따라서는 거래상대방이 먼저 가격할인 등을 요구하면서 배타적 거래를 제안하고, 이에 행위자가 응함으로써 배타조건부거래가 실시될 수도 있다.[146] 즉 배타조건부거래의 배타성은 행위자가 이를 적극적으로 원한 경우와 거래상대방의 요청에 따라 소극적으로 이를 받아들인 경우로 나누어 볼 수 있는바, 전자를 적극적 배타성, 후자를 소극적 배타성으로 관념할 수 있을 것이다(적극적인지 소극적인지의 구분은 행위자의 입장에서 관찰하는 것이다).[147]

물론 경우에 따라서는 행위자나 거래상대방 중 일방의 주도가 없더라도 거래의 협상과정에서 자연스럽게 배타조건부거래가 합의될 수 있다. 예컨대 가격의 인하를 원하는 거래상대방에게 행위자가 배타적 거래를 할인의 조건으로 제시함으로써 결과적으로 배타조건부거래가 성립할 수도 있는 것이다. 따라서 소극적 배타성은 명백히 거래상대방의 주도에 따른 배타적 거래로서 행위자는 단지 거래상대방의 요청 내지 요구를 받아들였을 뿐임이 분명한 경우로 한정함이 상당하다. 만일 문제된 배타조건부거래의 배타성이 적극적인 것인지 소극적인 것인지 애매한 경우라면 일응 적극적인 것으로 보아야 할 것이다.

한편 여기서 주의할 것은, 적극적 배타성과 소극적 배타성의 개념은 당해 배타조건부거래가 강요(의사억압)에 의한 것인지 자발적 합의에 의한 것인지와는 전혀 다른 차원의 개념이라는 점이다. 즉 강요에 의한 배타조건부거래, 즉 행위자가 거

146) Richard M. Steuer, 앞의 논문(각주 17), p.240.

147) 다만 심재한, "구속조건부거래 : 독일법상의 해석을 중심으로", 경영법률 제13집 제2호(2003. 2.), 395쪽은 독일의 논의를 소개하면서 "배타조건부거래의 한 당사자가 일정한 종류의 물건을 오로지 타방 당사자로부터 구입한다던가 혹은 그에게만 공급한다는 합의를 했다면 이는 적극적인 형태"이고, 반대로 "배타조건부거래의 한 당사자가 제3자와의 영업거래를 맺는 것이 금지되어 있다면 이는 소극적인 형태"라고 하는바, 위와 같은 맥락에서 '적극적', '소극적'이라는 용어를 사용하는 것이 과연 어떤 의미를 가지는지는 다소 의문이다.

래상대방에게 배타조건부거래를 강요한 경우라면 특별한 사정이 없는 적극적 배타조건부거래에 해당할 것이나, 자발적 합의에 의한 배타조건부거래의 경우에는 일응 당해 배타조건을 먼저 원한 것이 행위자인지 거래상대방인지에 따라 전자라면 적극적 배타조건부거래, 후자라면 소극적 배타조건부거래에 해당할 것이다.[148)]

5. 계약상 배타성과 사실상 배타성

배타조건부거래의 배타성은 그것이 배타조건에 관한 합의에 의한 것일 수도 있고, 배타적 거래를 하는 것에 대한 이익이나 배타적 거래를 하지 않는 것에 대한 불이익에 의한 사실상의 것일 수도 있다. 즉 배타조건부거래를 하기로 하는 합의에 의한 배타성이 계약상 배타성이고, 배타조건부거래를 하기로 하는 합의는 없지만 배타적으로 거래하는 것에 대하여 일정한 이익이 주어지거나 배타적으로 거래하지 않는 것에 대하여 일정한 불이익이 가해짐으로써 사실상 배타조건부거래의 합의가 있는 것과 같은 상황이 되는 경우의 배타성이 사실상 배타성이다.

---

148) 사실 이러한 적극적 배타성과 소극적 배타성의 구분은 배타조건부거래의 성립, 즉 해당성 차원에서는 특별한 의미가 없다. 양자 모두 배타조건부거래일 뿐이다. 그러나 위 구분은 부당성의 차원에서는 상당한 의미를 가질 수 있다. ① 우선 그 '경쟁제한성' 측면을 보면, 거래상대방이 먼저 배타조건부거래를 요청한 경우, 즉 소극적 배타조건부거래의 경우는 대부분 그 거래상대방이 공급원의 안정적 확보, 품질 보장, 상품의 통일성 확보, 더 낮은 가격의 구매, 물류상 이점 등을 위하여 배타조건부거래를 원하는 것일 뿐 공급단계의 경쟁을 제한하고자 하는 의도가 아닐 것이므로, 행위자가 먼저 배타조건부거래를 원한 경우에 비하여 상대적으로 경쟁제한성이 인정될 여지가 매우 낮다고 볼 수 있다. Richard M. Steuer, 앞의 논문(각주 17), p.242－247, p.251. (다만 위와 같은 사정을 어느 정도 인정하면서도, 그럼에도 불구하고 거래상대방이 배타조건부거래를 원하였다는 사정만으로 경쟁제한성이 인정될 여지가 낮다고 볼 수는 없다는 입장으로 ICN, 앞의 자료, 60항.) ② 다음으로 '거래내용의 불공정성' 측면을 보면, 소극적 배타조건부거래의 경우에는 당해 배타조건부거래로 인한 '거래상대방의 경쟁상 불이익'을 상정하기가 쉽지 않을 것이고, 따라서 이러한 경우 당해 배타조건부거래의 부당성은 사실상 '경쟁제한성'의 측면으로 한정될 것이다. (배타조건부거래의 '거래내용의 불공정성' 측면의 부당성에 관하여는 아래 제5장 및 제6장에서 후술하는바, 다만 여기서 적극적 배타성과 소극적 배타성의 구분을 통하여 배타조건부거래의 해당성과 부당성, 즉 그 성립과 위법성의 연계성 내지 관련성을 파악할 수 있다는 점을 짚어 두고자 한다.)

이에 관한 내용은 앞서 공정거래법상 배타조건부거래와 강제성 문제, 즉 구속성과 의사억압성 관련하여 '합의에 의한 배타조건부거래'의 개념을 분석함으로써 이미 살펴보았는바, '배타적으로 거래하지 않는 것에 대하여 일정한 불이익을 가하는 방법'에 의한 사실상의 배타조건부거래에 관하여는 재론하지 않기로 하고, 한편 앞서 명시한 바와 같이 '배타적으로 거래하는 것에 대하여 일정한 이익을 주는 방법'에 의한 사실상의 배타조건부거래, 대표적으로 조건부 리베이트의 배타성에 관하여는 아래 II. 부분에서 일괄하여 살펴보기로 한다.

6. 전면적 배타성과 부분적 배타성

가장 원칙적인 배타조건부거래는, 예컨대 배타적 공급거래의 경우 행위자가 자신이 공급하는 모든 상품에 관하여(행위자 측면) 거래하는 모든 거래상대방과 사이에(상대방 측면) 자신의 모든 경쟁사업자와의 거래를 금지(경쟁자 측면)하는 것을 의미할 것이다.

그러나 거래계의 현실에서 배타조건부거래가 반드시 위와 같은 '완전한' 형태로만 존재하는 것은 아닌바, 이하 배타적 공급거래를 전제로 행위자, 경쟁자, 상대방 3가지 측면에서 전면적인 배타성과 부분적인 배타성을 살펴보되, 이 부분의 논의 취지상 특별한 사정이 없는 한 위와 같은 측면이 배타조건부거래의 '부당성' 판단에 미치는 영향에 관하여는 가급적 언급을 줄이고, 배타조건부거래의 '해당성'과 관련한 측면을 중심으로 검토하기로 한다.

가. 행위자 측면 : 봉쇄율

먼저 행위자 측면에서, 행위자는 자신의 공급상품 전부에 관하여 배타조건부거래를 실시할 수도 있고(전면적), 그 중 일부에 관하여만 배타조건부거래를 실시할 수도 있다(부분적). 이는 '봉쇄율'과 관련되는데, 봉쇄율은 '행위자의 시장점유율 × 배타조건부거래의 비율'로 계산되므로, 만일 행위자가 자신의 공급상품 전부에 관하여 전면적으로 배타조건부거래를 실시하는 경우에는 그 행위자의 시장점유율이 그대로 봉쇄율이 된다. 반면 행위자가 자신의 공급상품 중 일부에 관하여만 부분적으로 배타조건부거래를 실시한다면 봉쇄율은 그 행위자의 시장점유율 중 일부가 될 것이다.

물론 봉쇄율의 정도에 따라 해당 행위의 배타조건부거래 '해당성'이 달라지는 것은 아니다. 봉쇄율이 아무리 작더라도 그것이 경쟁사업자를 봉쇄하는 한 배타조건부거래라는 점에는 변함이 없다. 봉쇄율은 봉쇄효과를 검토하기 위한 가장 기본적인 전제 내지 기초가 된다는 점에서 주로 '부당성' 판단과 관련하여 의미를 가지는 것이다. 한편 여기서 중요한 것은 행위자 스스로 자신의 배타조건부거래로 인한 봉쇄율을 알 수 있다는 점이다. 즉 배타조건부거래를 하는 행위자는 자신의 행위로 인한 경쟁제한적 효과 내지 우려를 스스로 평가할 수 있다. 이는 봉쇄율에 근거하여 배타조건부거래를 규제하는 것이 경젱제한성의 관점에서는 물론 규범적으로도 정당함을 뒷받침하는 요소가 된다.

나. 경쟁자 측면 : 이른바 '표적봉쇄'

다음으로 경쟁자 측면에서, 배타조건부거래는 모든 경쟁사업자와의 거래를 금지하는 것이 일반적이지만(전면적), 경우에 따라서는 일부 경쟁사업자와의 거래만을 금지할 수도 있다(부분적). 그런데 배타조건부거래가 행위자에게 '경쟁자를 배제하는 효과'를 가지기 위하여는 원칙적으로 모든 경쟁자를 배제하여야 할 것이므로, 경쟁사업자 '전부'와 거래하지 않는 것을 조건으로 하는 배타조건부거래가 통상적인 모습이고, 경쟁사업자 중 '일부'와의 거래만을 금지하는 경우라 하더라도 적어도 전체 경쟁사업자들 중 대부분 내지 상당수와의 거래를 금지하는 것이 보통일 것이다.

그러나 거래계의 현실에서는 경쟁사업자 전부가 아닌 일부, 그 중에서도 소수의 '특정' 경쟁사업자와의 거래만을 금지하는 경우가 있는데, 이러한 경우를 일응 '표적봉쇄'라고 할 수 있을 것이다.[149] 실제로 지마켓 사건이 바로 위와 같은 사

149) 정확히 같은 취지는 아니지만 '표적'이라는 표현을 사용하고 있는 문헌으로 양명조, 앞의 책(각주 114), 189쪽.

안인바, 과연 이러한 표적봉쇄를 배타조건부거래라고 할 수 있는지 문제된다.

순수한 경쟁사업자 봉쇄의 관점에서만 본다면 표적봉쇄만으로는 그 표적이 된 경쟁사업자 외에 다른 경쟁사업자와의 거래가 가능하므로 이는 배타조건부거래가 아니라고 볼 수 있을 것이고, 실제로 지마켓 사건에 관하여 해당 사안을 배타조건부거래로 의율하는 것에 의문을 제기하는 견해도 있다.[150)]

그러나 다음과 같은 이유에서 표적봉쇄 역시 배타조건부거래에 해당한다고 보아야 할 것이다. ① 우선 법령의 문언상 배타조건부거래로 포섭하지 못할 이유가 없다. 공정거래법은 단지 '경쟁사업자와 거래하지 않는 조건'이라고 규정하고 있을 뿐 '모든 경쟁사업자와 거래하지 않는 조건'이라고 규정하고 있지 않기 때문이다. 배타조건부거래는 반드시 '전면적'인 경우에만 성립하는 것이 아닌바, 이는 당해 행위로 인하여 봉쇄되는 경쟁사업자의 수 측면에서도 마찬가지라 할 것이다. ② 한편 표적봉쇄를 배타조건부거래로 보지 않는다면, 배타조건부거래를 하는 행위자가 이를 악용할 우려가 있다. 예컨대 10인의 경쟁사업자가 있는 경우, 배타조건부거래 규제를 잠탈하기 위하여 그 중 9인과의 거래만을 금지할 수 있는 것이다. 물론 앞서 본 바와 같이 이렇게 '대부분'의 경쟁사업자를 봉쇄하는 경우라면 배타조건부거래라고 판단하는 데 큰 무리는 없을 것이다. 그러나 만일 7인과의 거래만을 금지한다면, 6인 또는 5인과의 거래만을 금지한다면 어떠한가? 일률적으로 말하기 어려울 것인바, 결국 이러한 사정을 악용하여 경쟁사업자들 중 일부와의 거래만을 금지하는 탈법적 배타조건부거래가 빈발할 수 있다. 이러한 악용가능성을 방지하기 위하여는 설령 거래를 금지하는 경쟁사업자가 단 1인에 불과하다 하더라도 이는 배타조건부거래에 해당한다고 보아야 한다.

한편 위와 같은 논거만으로 표적봉쇄를 배타조건부거래에 해당한다고 보는 것은 다소 제한적인 측면이 없지 않다. 마치 배타조건부거래의 본질적 측면이 아니라 오로지 형식적인 법문의 규정 내지 실제 판단의 어려움에서만 그 이유를 찾는

---

150) 주진열, "이베이지마켓(온라인 거래중개서비스 사업자)의 배타조건부거래 사건에 대한 비판적 고찰 : 대법원 2011. 6. 10. 선고 2008두16322 판결", 법경제학연구 제13권 제3호(2016. 12.), 502쪽(각주 37 부분).

것처럼 보이기 때문이다. 그러나 경쟁법에서 배타조건부거래를 규제하는 실질적 이유, 즉 경쟁제한성의 관점에서 보더라도 표적봉쇄를 배타조건부거래로 보아야 하는 근거는 충분하다고 생각되는바, 상세한 논의는 아래 제4장 제3절 VII. 부분으로 미루고, 여기서는 그 요지만 간략히 본다. ① 특정 사업자만을 봉쇄하더라도 사실상 행위자가 경쟁사업자를 봉쇄하고자 하는 목적을 충분히 달성할 수 있는 경우가 있다. 예컨대 표적으로 삼은 그 특정 사업자가 행위자의 입장에서 볼 때 경쟁사업자들 중 실질적 위협이 되는 사업자인 경우이다. 즉 행위자는 경쟁사업자들 중 실제로 위협적이라고 판단되는 사업자만을 표적으로 배타조건부거래를 실시할 수 있다. ② 반드시 위와 같은 경우가 아니라 하더라도, 행위자는 자신이 원하지 않는 방식으로 경쟁하는 특정 사업자를 표적으로 배타조건부거래를 실시함으로써 다른 경쟁사업자들에게 일정한 '경고' 메시지를 보낼 수 있다. 이른바 '냉각효과(chilling effect)'가 있을 수 있는 것이다. 이로써 관련시장 전체의 경쟁이 위축될 수 있다.

다. 상대방 측면 : 상대방의 수와 배타적 거래량

마지막으로 상대방 측면에서, 행위자는 거래하는 모든 상대방과 배타조건부거래를 할 수도 있고(전면적), 그 중 일부와만 배타조건부거래를 할 수도 있다(부분적). 한편 행위자는 배타조건부거래를 하는 상대방의 모든 거래량에 대하여 배타조건부거래를 할 수도 있고(전면적), 그 중 일부 거래량에 대하여만 배타조건부거래를 할 수도 있다(부분적). 즉 배타조건부거래의 배타성 관련하여 앞서 본 행위자 측면, 경쟁자 측면과 달리 상대방 측면에서는 '상대방의 수'와 '배타적 거래량' 2가지 요소를 고려하여야 한다.

우선 배타조건부거래를 하는 상대방의 수 내지 비율과 관련한 측면을 보면, 이 부분은 배타조건부거래의 해당성과 관련하여 별다른 의미가 없다. 상대방이 전부이든, 일부이든, 심지어 1인이든 그것이 배타조건부거래라는 점에는 변함이 없고, 이에 관하여는 아무런 이견도 없기 때문이다.[151]

그러나 배타적 거래량의 측면은 해당성과 관련하여 일정한 의미가 있는바, 결론적으로 상대방의 거래량 전부에 관하여 배타조건부거래를 하지 않고 그 중 일부에 관하여만 배타조건부거래를 하더라도 이는 엄연히 배타조건부거래에 해당한다 할 것이다. 상대방의 구매량 전부를 대상으로 하지 않더라도, 즉 예컨대 반드시 수요'전량'구매계약이 아니라 수요'일부'구매계약이라 하더라도, 앞서 본 바와 같이 그것이 추가적 거래를 예정한 것으로서 그 예정된 추가적 거래에 관하여 행위자의 경쟁사업자를 차단한다면, 그러한 거래는 배타조건부거래로 보아야 할 것이기 때문이다.[152] 이에 관하여 EU에서는 그 상대방의 거래량 중 '상당 부분'에 관하여 배타적으로 거래할 것을 요구하고 있으나,[153] 그렇게 보아야 할 이유가 무엇인지 의문이다. 배타조건부거래의 비율은 부당성 차원에서는 차별성이 있겠지만(거래량 100%에 관하여 배타조건부거래를 한다면 거래량 70%에 관하여 배타조건부거래를 하는 경우보다 당연히 더 경쟁제한적일 가능성이 높을 것이다), 해당성의 차원에서는 달리 볼 여지가 없다. 비유하자면 부당성은 수준과 정도의 문제를 포함하는 '불법성'의 문제이고, 해당성은 일도양단의 판단을 요구하는 '위법성'의 문제인 것이다. 배타적 거래량의 비율에 따라 해당성 여부를 달리 판단하는 것은 논리적으로는 물론, 그 기준이 분명하지 않다는 점에서 정책적으로도 적절하지 않다고 생각된다.

---

151) 다만 이 부분은 배타조건부거래의 부당성과 관련하여서는 상당한 의미가 있는바, 불공정거래행위 심사지침은 이에 관하여 "배타조건부거래 대상이 되는 상대방의 수 및 시장점유율. 배타조건부거래 상대사업자의 숫자가 많고 그 시장점유율이 높을 경우에는 경쟁사업자의 물품구입처 및 유통경로 차단효과가 커질 수 있다."고 규정하고 있다(V. 7. 가. (2). (나). ④). 대체로 동의할 수 있으나, 어찌 보면 위와 같은 내용은 일응 당연한 것이기에 특별한 의미를 부여하기는 다소 어렵다고 생각된다. 본 연구의 취지상 이 문제를 상론하기는 어렵지만, 위와 같이 '상대사업자의 숫자가 많고 그 시장점유율이 높은 경우'가 아니라, 오히려 '상대사업자의 숫자가 많지만 그 시장점유율은 낮은 경우' 또는 '상대사업자의 숫자가 적지만 그 시장점유율은 높은 경우' 등에 관하여 생각해 볼 부분이 있다는 점만 짚어 두기로 한다.

152) Richard M. Steuer, 앞의 논문(각주 109), p.30 참조.

153) EU 배제남용 집행지침 33문단은 배타적 공급거래에 관하여, 고객으로 하여금 오로지 해당 사업자로부터 배타적으로 구매하거나 또는 상당한 정도로("exclusively or to a large extent") 구매할 것을 요구하는 것이라고 규정하고 있다.

Ⅱ. 조건성

1. 기본적 의미 : 조건부 거래

배타조건부거래는 경쟁사업자와 거래하지 않는 것을 조건으로 한다. 즉 배타적 거래가 해당 거래의 '조건'이어야 한다. 이러한 조건 없이, 예컨대 상대방이 단지 행위자의 상품이 가격이 저렴하거나 품질이 우수하여 스스로 계속 행위자의 상품만 구매하고 경쟁사업자의 상품을 구매하지 않는다면 그것은 배타조건부거래가 될 수 없다.[154)]

한편 배타조건부거래는 그 배타조건을 수용하지 않으면 상품을 판매하지 않는다는 의미이다. 배타조건부거래란 경쟁사업자와 거래하지 않는 것을 '조건'으로 거래하는 것이기 때문이다. 배타조건을 수용하지 않은 사업자 역시 그 행위자의 상품을 구매하는 데 아무런 지장이 없다면 그것은 배타조건부거래가 아니니다.[155)]

요컨대, 공정거래법상 배타조건부거래는 '조건부 판매'로서, 그 조건이 '배타적 거래'인 것인바, 배타적 거래를 조건으로 하여서만 상품을 판매하고 이러한 조건이 충족되지 않으면 상품을 판매하지 않는 것을 의미한다. 즉 배타조건을 수용하는 사업자만이 행위자의 상품을 구매할 수 있고, 배타조건을 수용하지 않는 사업자는 상품을 구매할 수 없다.

그런데 위와 같은 '조건부 거래'의 관점에서 보면, 세계적으로 배타조건부거래 의율 가능성이 문제되어 온 조건부 리베이트의 경우, 적어도 우리 법상으로는 배타조건부거래로 포섭될 수 없다고 볼 가능성이 있는바, 이하 항을 바꾸어 조건부

---

154) 수직적 거래제한 일반의 '조건' 문제에 관하여는 배상원, 앞의 논문(각주 121), 110쪽 참조.
155) 이에 대하여 전면적인 배타조건부거래라면 위와 같이 볼 수 있겠지만 부분적인 배타조건부거래라면 사정이 다르다는 지적이 있을 수 있다. 예컨대 수요'전량'구매계약이라면 그로써 거래상대방은 경쟁사업자와의 거래를 완전히 차단당하지만, 수요'일부'구매계약이라면 거래상대방은 그에 해당하지 않는 나머지 부분에 관한 한 여전히 경쟁사업자와 거래할 수 있고 그럼에도 불구하고 행위자와의 거래가 가능하기 때문이다. 그러나 위와 같은 경우에도 만일 거래상대방이 행위자와 약정한 구매량 내지 구매비율을 달성하지 않은 채 그 부분에 관하여 경쟁사업자와 거래한다면 이후 행위자와 거래하는 것은 불가능하게 될 것인바, 결국 그 약정 범위에 관한 한 엄연히 '조건부 거래'임은 변함이 없다.

리베이트의 의율 문제에 관하여 본다.

2. 조건부 리베이트의 문제

가. 쟁점의 정리

조건부 리베이트(conditional rebate)란 사업자가 일정 기준 이상의 특정 제품 또는 용역을 구매하는 조건으로 구매자에게 제품 등의 구매대가를 감액하는 일체의 행위를 말한다.[156] 즉 구매자가 일정기간 동안 구매량 또는 구매비율 등 일정한 구매조건을 달성하면 그 구매금액의 일부를 리베이트의 형태로 환급하는 행위 또는 그 리베이트 자체를 조건부 리베이트라고 한다.[157]

그런데 위와 같은 조건부 리베이트를 제공하는 행위자는 경쟁자와 거래하지 않을 것을 요구한 바 없다. 단지 자신과 더 거래하면 이익을 줄 뿐이다. 즉 거래상대방은 경쟁사업자와 거래하면서도 행위자의 상품을 구매할 수 있다. 이를 '경쟁사업자와 거래하지 않을 것을 조건으로 한 거래'라고 볼 수 있는가?

미국이나 EU의 경우 조건부 리베이트의 문제는 오로지 그 배타성, 즉 사실상의 구속력 문제이다.[158] 비록 '경쟁사업자와 거래하지 않는 것'에 관한 합의는 없지만 그 리베이트의 지급조건, 즉 '행위자와 일정량 또는 일정비율을 거래하는 경우 리베이트를 지급'한다는 점에 관하여 합의한 경우 이를 사실상 배타적인 것으로 볼 수 있는지가 문제인 것이다.[159] 이에 관하여 EU의 경우 과거에는 이를 차

---

156) 권오승·서정, 앞의 책(각주 2), 176쪽.

157) EU에서는 과거 충성 리베이트(loyalty rebates) 또는 충실 리베이트(fidelity rebates)라고 표현하였으나, 집행위원회가 2008. 12. 3. 공표한 배제남용 집행지침에서부터 '조건부 리베이트(conditional rebates)'라는 개념이 사용되고 있다. 이민호, 앞의 논문(각주 47), 118-119쪽.

158) 앞서 본 바와 같이 '구속성'과 '배타성'은 그 논의의 국면을 달리하는 것으로서 반드시 같은 개념은 아니지만, 당해 배타조건에 구속력이 없는 한 이는 배타적이라 할 수 없고, 배타성이 없는 구속은 배타조건부거래의 성립과 관련하여 아무런 의미를 가지지 않는바, 이러한 차원에서 배타조건부거래의 성립 문제에 관한 한 배타성 문제는 결국 당해 배타조건의 구속성 여부와 직결된다. 참고로 퀄컴 사건의 원심판결인 서울고등법원 2013. 6. 19. 선고 2010누3932 판결 역시 "구속력이 있는 배타조건"이라는 표현을 사용하고 있다.

159) 한편 리베이트의 지급조건이 '경쟁사업자와 거래하지 않는 것'이라면 이러한 조건부 리베

별취급이라는 관점으로 접근하기도 하였으나, 현재로서는 배타조건부거래로 의율하는 것에 이론과 실무가 대체로 수렴된 것으로 보이고, 미국의 경우에는 아직 이론과 실무가 정립되어 있지는 않지만, 일응 원칙적으로 약탈적 가격책정으로 보되 구체적인 사정에 따라서는 사실상의 배타조건부거래로 볼 수도 있다는 견해가 대체적인 것으로 보인다.160)

그런데 앞서 지적하였듯이 위와 같은 상황은 오로지 '배타성' 관점에서의 논의인바, 우리 법은 배타조건부거래의 해당성에 관하여 미국이나 EU와 달리 '조건성'을 요구하고 있으므로 상황이 다르다. 물론 미국의 경우에도 클레이튼법 제3조에는 '조건(condition)'이라는 표현이 등장하고,161) EU의 경우 역시 TFEU 제101조에서 '조건'이 언급되고 있기는 하나,162) 미국에서 배타조건부거래는 원칙적으로 셔먼법 제1조의 문제이고, EU의 TFEU 제101조는 기본적으로 예시적 규정인바, 미국이나 EU의 경우 배타조건부거래의 성립 여부는 기본적으로 배타성의 문제일 뿐 조건성은 특별히 문제되지 않는다. 미국이나 EU에서 배타조건부거래에 해당하는 용어는 단순히 'exclusive dealing(배타적 거래)'일 뿐인 것이다. 요컨대 위와 같은 조건성의 문제는 우리 법상 특유의 쟁점인바, 어떤 조건부 리베이트가 사실상 배타적인 것으로 평가되더라도, 즉 배타성 요건을 충족하더라도, 그것이 경쟁

이트는 배타조건부거래 그 자체이다. 통상 배타조건부거래에서는 배타조건의 수용에 대한 보상으로 가격할인 등이 제공되는바(제조업자가 유통업자에게 배타조건부거래를 제안하면서 그 대가로 단순할인을 제공하겠다고 하여 양자 사이에 계약이 성립된 경우, 위 할인은 배타조건부거래 계약의 내용이지 조건부할인이나 조건부 리베이트가 아니다), 위와 같은 경우는 리베이트가 그러한 보상에 해당하는 것이다. 이러한 경우의 조건부 리베이트를 배타조건부거래로 의율하는 것에는 아무런 의문이 없다. 이민호, 앞의 논문(각주 47), 118쪽, 125쪽, 134쪽 참조.

160) 위와 같은 미국과 EU의 상황에 관하여는 제2장 제4절 참조.

161) 클레이튼법 제3조를 가장 전형적인 배타조건부거래를 전제로 축약하면 다음과 같다. "It shall be unlawful ... to ... make a sale ... of goods ... on the condition ... that the ... purchaser ... shall not use or deal in the goods ... of a competitor ... where the effect ... may be to substantially lessen competition or tend to create a monopoly ..."

162) TFEU 제101조 제1항 (a)는 "directly or indirectly fix purchase or selling prices or any other trading conditions"라고 규정하고 있다. 한편 (d)에도 'conditions'라는 표현이 있으나, 이는 차별적 취급에 관한 것으로서 다소 맥락이 다르다.

사업자와 거래하지 않는 것을 조건으로 거래하는 것이 아닌 한, 즉 조건성이 충족되지 않으면 그러한 조건부 리베이트는 우리 법상 배타조건부거래에 해당할 수 없다.[163)]

더욱이 배타조건부거래에서 '조건'이란 배타적으로 거래하기로 하는 조건인 반면, 조건부 리베이트에서 '조건'이란 리베이트를 지급하기로 하는 조건인바, 외견상 같은 조건이라는 용어를 사용하고 있다 하더라도 양자에서 그 조건의 의미는 전혀 다르다. 또한 배타조건부거래에서는 그러한 배타적 거래를 하여야 하는 의무를 부담하는 자가 거래상대방인 데 반하여, 조건부 리베이트에서는 리베이트를 지급하여야 하는 의무를 부담하는 자는 행위자인바, 양자는 해당 조건에 따른 의무의 부담주체 역시 완전히 상반된다. 무엇보다도 조건부 리베이트는 기본적으로 '조건부 할인'에 불과하므로 해당 약정에도 불구하고 거래상대방은 여전히 경쟁사업자와 거래할 수 있는 자유 내지 선택권이 있는바, 미국이나 EU에서는 그것이 어떤 경우에 사실상 배타성을 가지게 되는지를 논하면 족하나, 우리 법에서는 위와 같은 거래상대방의 선택의 자유에도 불구하고 과연 어떻게 그것이 '조건부 거래'가 될 수 있는지를 추가적으로 규명하여야 한다.

이러한 사정에도 불구하고 종래 우리나라에서 조건부 리베이트를 배타조건부거래로 의율할 수 있는지에 관한 논의는 대체로 미국이나 EU의 논의에 따라 그것이 사실상의 배타성을 가지는지 여부에 집중되어 온 것으로 보이는바, 우리 법의 특수성이 다소 간과된 측면이 있다고 생각된다. 이하 공정거래법상 조건부 리베이트의 배타조건부거래 해당성에 관하여 살펴보되, 위와 같은 종래의 논의 상황을 감안하여 먼저 배타성의 관점을 중심으로 검토하고, 마지막 부분에서 조건성의 측면을 검토하기로 한다.[164)]

---

163) '조건'이란 법률행위 효력의 발생 또는 소멸을 장래의 불확실한 사실의 성부에 의존케 하는 법률행위의 부관이라는 측면에서 조건부 리베이트는 우리 법의 문언상 배타조건부거래에 그대로 포섭되기는 어렵다는 견해로 손동환, "조건부 리베이트 : 대법원 2019. 1. 31. 선고 2013두14726 판결", 비교사법 제28권 제4호(2021. 11.), 184쪽.

164) 한편, 우리나라에서 조건부 리베이트의 문제에 관하여는 미국이나 EU의 경우와 달리 또 다른 특유한 논점이 있다. 조건부 리베이트를 부당한 고객유인으로 의율할 가능성이 있

나. 학설과 판례 : 퀄컴 판결

공정위는 과거 인텔 사건(공정위 2008. 11. 5. 의결 제2008-295호),[165] 퀄컴 사건(공정위 2009. 12. 30. 의결 제2009-281호),[166] 대한항공 사건(공정위 2010. 8. 31. 의결 제2010-110호)[167] 등에서 조건부 리베이트를 배타조건부거래로 의율한 바 있다. 공정위가 위 심결례들에서 그와 같은 의율의 근거로 제시한 것들 중 중요한 것은, ① 조건부 리베이트는 단순한 수량할인과 다른 점, ② 해당 조건부 리베이트가 구속력이 없다고 볼 수 없는 점, ③ 해당 사건에서 경쟁사업자들의 매출이 감소한 것은 문제된 조건부 리베이트 때문인 점, ④ 배타조건부거래에는 경쟁사업자와의 거래를 전부 금지하는 것뿐만 아니라 일부만 금지하는 것도 포함되는 점 등이다.

이에 대하여 학설은 찬반의 입장이 있는데, 주로 조건부 리베이트를 미국과 같이 '부당염매'로 의율하여야 하는지 아니면 EU와 같이 '배타조건부거래'로 의율하여야 하는지를 두고 견해가 대립된다.[168] 공정위의 의율에 찬성하는 입장에서는

는 것이다. 그러나 위 부당한 고객유인에서 말하는 리베이트는 주로 음성적 리베이트, 즉 그 자체로 불법적인 리베이트를 의미하는 측면이 크고(홍명수, "독점규제법상 리베이트 규제의 검토", 법과 사회 제34호(2008 상반기), 379쪽, 390쪽), 조건부 리베이트를 부당한 고객유인으로 의율하게 되면 배타조건부거래로 의율하는 경우보다 리베이트의 제공 그 자체로 위법성이 인정될 가능성이 더 크므로(부당한 고객유인의 위법성 판단에 있어서는 배타조건부거래의 위법성 판단과 달리 별다른 경쟁제한성의 평가가 요구되지 않는다고 보는 것이 일반적인바, 조건부 리베이트를 배타조건부거래로 보는 것에 비판적인 견해 역시 이를 부당염매로 의율하여야 한다는 것이지 부당한 고객유인으로 의율하여야 한다고 주장하지는 않는다), 조건부 리베이트의 경제적 본질 등을 충분히 반영하기 위하여는 이를 부당한 고객유인으로 의율하기 보다는 배타조건부거래로 의율하는 것이 적절할 것으로 생각된다. 이하 이 부분에 관한 추가적인 검토는 생략하기로 한다.

165) 이 사건은 인텔이 AMD를 배제하기 위하여 삼성전자와 삼보컴퓨터에 자신의 CPU 구매실적에 따라 리베이트를 지급한 사안이다.

166) 이 사건은 퀄컴이 국내 휴대폰 제조사들인 엘지전자, 삼성전자, 팬택앤큐리텔에게 퀄컴의 모뎀칩과 RF칩을 구매하는 정도에 따라 리베이트를 제공한 사안이다.

167) 이 사건은 대한항공이 여행사들에게 자사 항공권의 구매 성과가 높을수록 더 많은 인센티브를 제공하는 형식으로 리베이트를 제공한 사안이다.

168) 이에 관하여 포스코 전합판결 이후 모든 배제남용에 대하여 동일한 위법성 판단기준이 적용되고 있으므로 조건부 리베이트를 어떤 행위로 의율할 것인지는 중요하지 않게 되었

조건부 리베이트를 부당염매로 의율할 경우 과소규제의 위험이 있는 점, 조건부 리베이트의 경쟁사업자에 대한 봉쇄효과 등을 근거로 제시하고 있다.[169] 반면 공정위의 의율에 반대하는 입장에서는 조건부 리베이트는 가격할인의 일종이라는 점, 조건부 리베이트는 거래상대방을 구속하는 것이 아니라 유인하는 것으로서 거래상대방은 여전히 선택의 자유를 가지고 있다는 점 등을 근거로 한다.[170][171]

법원의 판례를 보면, 과거 서울고등법원의 인텔 판결, 퀄컴 판결에서 공정위의 의율을 인정한 바 있는데,[172] 인텔 사건은 상고 없이 그대로 확정되었고, 퀄컴 사건이 상고되어 최근 대법원에서 판결이 선고되었는바, 퀄컴 판결은 다음과 같은 판시를 통하여 조건부 리베이트가 배타조건부거래에 해당할 수 있다고 판단하였다(다만 ①, ②, ③ 표시는 이해의 편의를 위하여 임의로 붙인 것이다).

다는 견해가 있다(정주미, “공정거래법상 배타조건부거래 행위의 위법성 판단기준”, 인하대학교 법학연구 제23집 제1호(2020. 3.), 464쪽). 그러나 조건부 리베이트를 배타조건부거래로 의율하는 경우와 부당염매로 의율하는 경우 사이에는 그 부당성 평가에 있어 상당한 차이가 발생하는바, 위와 같은 입장에는 다소 의문이 있다.

169) 권오승·서정, 앞의 책(각주 2), 177쪽(과소집행의 우려 강조); 김두진, “충성할인(Loyalty Rabate)에 대한 경쟁법상 규제 연구”, 경제법연구 제15권 제3호(2016. 12.), 172쪽, 182쪽, 202쪽(배제남용의 성격 강조); 손동환, 앞의 논문(각주 163), 182쪽(봉쇄효과 강조); 황태희, “배타조건부 거래의 위법성 판단기준 : 오픈마켓을 중심으로”, IT와 법연구 제5집(2011. 2.), 242－243쪽(사실상의 배타조건 강조). 한편 명시적 입장이나 특별한 논거를 제시하고 있지는 않지만, 그 전반적 취지상 다음과 같은 견해들도 일응 조건부 리베이트를 배타조건부거래로 의율하는 것에 찬성하는 입장으로 보인다. 신현윤, 앞의 책(각주 8), 162쪽, 311쪽; 홍대식, 앞의 논문(각주 9), 145쪽; 장품, “조건부 리베이트의 경쟁제한성 판단기준 : EU사법재판소 인텔판결을 중심으로”, 저스티스 제165호(2018. 4.), 266쪽.

170) 이민호, 앞의 논문(각주 47), 132쪽, 134쪽(가격경쟁, 거래상대방의 선택권 강조); 이봉의, “시장지배적 사업자의 지위남용에 관한 심사기준의 개선방안”, 영남법학 제40호(2015. 6.), 77－78쪽(배타조건에 관한 합의가 없는 점, 거래상대방의 선택권이 남아있는 점 강조); 이창훈, 앞의 논문(각주 111), 42쪽, 43쪽(거래상대방 유인 강조); 조성국, “시장지배적 사업자의 Loyalty Rebate(충성리베이트)의 법리에 관한 연구”, 중앙대학교 법학논문집 제35집 제1호(2011), 296쪽(문리해석의 한계 지적); 주진열, 앞의 논문(각주 50), 143쪽(가격행위의 성격 강조).

171) 한편 다소 유보적인 입장으로 홍명수, 앞의 논문(각주 164), 387－388쪽.

172) 참고로 위 두 사건은 같은 날 같은 재판부에서 선고되었다. ① 인텔 판결 : 서울고등법원 2013. 6. 19. 선고 2008누35462 판결, ② 퀄컴 판결 : 서울고등법원 2013. 6. 19. 선고 2010누3932 판결.

"'경쟁사업자와 거래하지 아니할 것을 조건으로 거래하는 행위'는 그 조건의 이행 자체가 법적으로 강제되는 경우만으로 한정되지는 않고, 그 조건 준수에 사실상의 강제력 내지 구속력이 부여되어 있는 경우도 포함된다. 따라서 실질적으로 거래상대방이 조건을 따르지 않고 다른 선택을 하기 어려운 경우 역시 여기에서 당연히 배제된다고 볼 수는 없다. 그 이유는 다음과 같다.

① 먼저 법령 문언이 조건 준수에 법적·계약적 구속력이 부여되는 경우만을 전제한다고 보기는 어렵다. ② 나아가 당연히 배타조건부 거래행위의 형식적 요건에 해당된다고 널리 인정되는 이른바 '전속적 거래계약'처럼 경쟁사업자와 거래하지 않기로 하는 구속적 약정이 체결된 경우와, 단순히 경쟁사업자와 거래하지 아니하면 일정한 이익이 제공되고 반대로 거래하면 일정한 불이익이 주어지는 경우 사이에는 경쟁사업자와 거래하지 않도록 강제되는 이익의 제공이 어느 시점에, 어느 정도로 이루어지는지에 따른 차이가 있을 뿐이고, 그와 같은 강제력이 실현되도록 하는 데에 이미 제공되었거나 제공될 이익이나 불이익이 결정적으로 기여하게 된다는 점에서는 실질적인 차이가 없다.

③ 그러므로 여기에 더하여 경쟁제한적 효과를 중심으로 시장지배적 지위 남용행위를 규제하려는 법의 입법 목적까지 아울러 고려하면, 결국 조건의 준수에 계약에 의한 법적 강제력 내지 구속력이 부과되는지에 따라 배타조건부 거래행위의 성립요건을 달리 보는 것은 타당하지 않다. 따라서 경쟁사업자와 거래하지 않을 것을 내용으로 하는 조건의 준수에 이익이 제공됨으로써 사실상의 강제력 내지 구속력이 있게 되는 경우라고 하여 '경쟁사업자와 거래하지 아니할 것을 조건으로 거래하는 행위'에 형식적으로 해당되지 않는다고 볼 수는 없다."[173)]

---

173) 한편 이하의 논의에 앞서 용어 내지 표현의 문제를 살펴볼 필요가 있는바, 퀄컴 판결에서 '해당한다'는 표현을 사용한 것은 긍정적이라고 생각되나 이에 '형식적으로'라는 표현을 덧붙인 것은 다소 적절하지 않은 것으로 보인다. '형식적으로'라는 말은 즉각적인 반대개념으로서 '실질적으로'를 연상시키는데 위 표현은 위와 같은 형식과 실질의 대비 차원에서 사용된 것이 아니기 때문이다(같은 맥락에서 위 표현은 문제된 조건부 리베이트가 '형식적으로는' 배타조건부거래에 해당하지만 '실질적으로는' 배타조건부거래에 해당하지 않는다는 오해를 불러일으킬 소지도 있어 보인다). 아마도 문제된 조건부 리베이트의 해당성에 관한 판단일 뿐 부당성에 관한 판단이 아니라는 취지를 담고 있는 것으로 보이기는 하나, 이는 근본적으로 공정거래법에서 '해당성'과 '부당성'을 엄밀히 구분함으로써 해결하는 것이 적절하다고 생각된다(즉, 형법의 경우 구성요건에 '해당'한다고 하여 당연히 '위법'하다고 하지는 않는바, 이러한 논리구조를 도입할 필요가 있다). 한편 반드

다. 검토 : 경제적 유인에 의한 배타조건부거래

결론적으로 아래와 같은 이유에서 조건부 리베이트는 구체적 사정에 따라 배타조건부거래로 포섭할 수 있다고 생각된다. 즉 조건부 리베이트는 '경제적 유인에 의한 배타조건부거래'일 수 있다. 다만 판례가 제시한 논거 내지 논증방식에는 다소 의문이 있으므로 이하 먼저 판례의 구체적 판시를 비판적으로 살펴보고, 이어서 경쟁법 일반의 관점에서 조건부 리베이트의 배타성 문제를 검토한 후, 마지막으로 우리 법상 특유의 쟁점으로서 조건성 문제를 검토하기로 한다.

1) 판례의 비판적 검토

판례는 3가지 논거, 즉 법령의 문언, 전속적 거래계약과 조건부 리베이트의 비교, 시장지배적 지위남용 규제의 목적을 제시하고 있다. 그런데 이에 대한 판시가 매우 압축적이어서 그 진정한 의미를 이해하기가 쉽지 않고, 해석하기에 따라서는 일부 오해의 여지도 있어 보인다. 구체적인 판시를 보다 분석적으로 살펴보면 다음과 같다.

첫째, 판례는 "법령 문언이 조건 준수에 법적·계약적 구속력이 부여되는 경우만을 전제한다고 보기는 어렵다."고 한다.

이는 경쟁사업자와 거래하지 않기로 하는 조건에 관한 구속력이 반드시 계약상 구속력일 필요는 없고 사실상의 구속력만으로도 충분하다는 취지로서, 그 자체로는 타당하다고 생각된다. 그러나 위 부분에 관하여는 다음과 같은 점들을 생각해 볼 필요가 있다.

우선 판례는 조건부 리베이트를 '경쟁사업자와 거래하지 아니할 조건으로 거래하는 행위'라고 전제한 상태에서 논의를 전개하고 있다. 즉 조건부 리베이트는 배타조건부거래인데, 배타조건부거래의 구속력은 반드시 법적·계약적 구속력이 아니라 사실상의 구속력이어도 무방하다는 것이다. 그런데 조건부 리베이트는 '행위

시 같은 취지는 아니지만 위 판결의 '형식적으로 해당한다'는 표현보다는 '객관적 성립요건을 충족한다'는 표현이 더 정확하다는 견해로 손동환, 앞의 논문(각주 163), 179쪽(각주 10 부분) 참조.

자와 거래하면 리베이트를 지급하는 조건으로 거래하는 행위'인바, 이를 곧바로 '경쟁사업자와 거래하지 아니할 조건으로 거래하는 행위', 즉 배타조건부거래라고 볼 수 있는가? 오히려 문제는 위와 같은 조건부 리베이트가 왜 배타조건부거래가 되는지에 있는 것 아닌가? 즉 판례는 답하여야 할 문제를 오히려 논의의 전제로 삼고 있는바, 이러한 논증방식은 타당하지 않다고 생각된다. 조건부 리베이트는 그것이 배타조건부거래인데 사실상의 구속력을 가지는 것이 아니라, 사실상의 구속력을 가지고 있기 때문에 배타조건부거래로 볼 수 있는 것이다.

그렇다면 어떤 경우에 '행위자와 거래하면 리베이트를 지급하는 조건으로 거래하는 행위'인 조건부 리베이트를 '경쟁사업자와 거래하지 아니할 조건으로 거래하는 행위'인 배타조건부거래로 볼 수 있는가? 이를 판단하기 위하여는 우선 조건부 리베이트에 내포되어 있는 조건의 이중성을 고려해 볼 필요가 있다. 조건부 리베이트는 우선 '리베이트를 지급하기로 하는 조건'으로 거래하는 것이고, 여기서 그 리베이트의 지급이 '행위자와 거래하는 조건'으로 이루어지는 것이다. 조건부 리베이트를 배타조건부거래의 관점으로 의율하고자 하는 입장은 그 중 후자에 주목하는 것인바, 결국 '행위자와 거래하는 조건'을 '경쟁사업자와 거래하지 않는 조건'으로 볼 수 있어야 한다. 여기서 앞서 직접적 배타성과 간접적 배타성 부분에서 본 수요전량구매계약 등과 마찬가지로 '행위자와 거래하도록 하는 것'은 결국 '경쟁사업자와 거래하지 않도록 하는 것'과 같다고 할 수도 있을 것이다. 그러나 조건부 리베이트는 수요전량구매계약(또는 일부 수량에 대하여도 리베이트를 지급한다면 수요일부구매계약)과는 양상이 다르다. 수요전량구매계약은 그것이 체결되면 거래상대방은 경쟁사업자와 거래하지 않을 의무를 부담하지만, 조건부 리베이트 계약의 경우 거래상대방은 그러한 의무를 부담하지 않기 때문이다(이 부분이 앞서 본 조건부 리베이트의 이중적 조건 중 전자와 관련된다). 따라서 조건부 리베이트에서 '행위자와 거래하도록 하는 것'을 '경쟁사업자와 거래하지 않도록 하는 것'과 동일시하려면 그 리베이트의 다과, 즉 거래상대방 입장에서 도저히 포기할 수 없는 수준의 리베이트인지를 반드시 고려하여야 한다(이른바 '황금수갑(golden handcuffs)'

의 논리).[174] 이는 고액의 거래대금을 요구하는 것이 사실상의 거래거절로 평가되기 위하여는 그 요구된 대금수준이 상당한 정도에 이르러야 하는 것과 마찬가지이다. 판례는 이 부분에서는 물론 아래 ②, ③ 부분에서도 문제된 리베이트의 수준 내지 정도를 전혀 언급하지 않고 있는데, 이는 문제라고 생각된다. 조건부 리베이트 사안에서 그 리베이트의 다과는 부당성과 관련한 문제이기 이전에 해당성 차원의 문제인 것이다.[175]

둘째, 판례는 "이른바 '전속적 거래계약'처럼 경쟁사업자와 거래하지 않기로 하는 구속적 약정이 체결된 경우와, 단순히 경쟁사업자와 거래하지 아니하면 일정한 이익이 제공되고 반대로 거래하면 일정한 불이익이 주어지는 경우 사이에는 경쟁사업자와 거래하지 않도록 강제되는 이익의 제공이 어느 시점에, 어느 정도로 이루어지는지에 따른 차이가 있을 뿐이고, 그와 같은 강제력이 실현되도록 하는 데에 이미 제공되었거나 제공될 이익이나 불이익이 결정적으로 기여하게 된다는 점에서는 실질적인 차이가 없다."고 한다.

그런데 이 부분 설명은 다소 이해하기 어렵다. 판례의 논리를 분설하면 '전속적 거래계약에서는 경쟁사업자와 거래하지 않도록 강제하는 이익이 제공된다', '조건부 리베이트 역시 경쟁사업자와 거래하지 않도록 강제하는 이익 내지 불이익이 제공된다', '양자 사이에는 이익의 제공 시점 내지 정도에 차이가 있을 뿐, 경쟁사업자와 거래하지 않도록 하는 데 그 이익 내지 불이익이 결정적이라는 점에서 실질적 차이가 없다'는 것이다.

우선 여기서 말하는 '강제력'이란 '구속력'을 의미한다 할 것인바, 이는 타당하다고 생각된다. 그러나 과연 전속적 거래계약의 경우 반드시 거래상대방에게 일정한 '이익'이 제공되는가? 물론 그러한 일응의 보상이 주어지는 경우가 많은 것은 사실이지만, 원활한 상품의 수급 등 거래상대방이 먼저 원하여 체결되는 전속

174) 달리 표현하면, 해당 조건부 리베이트가 사실상 '배타적 거래를 강제하는지'를 검토하여야 한다. Richard M. Steuer, 앞의 논문(각주 109), p.31. 같은 취지의 견해로 Christopher L. Sagers, 앞의 책(각주 40), p.226.

175) 이봉의, 앞의 논문(각주 170), 92쪽.

적 거래계약의 경우에는 그러한 이익이 제공되지 않을 수도 있고, 행위자가 시장지배적 지위 내지 거래상 지위에 기초하여 별다른 보상 없이 전속적 거래계약을 사실상 강요하는 경우도 있다. 반면 조건부 리베이트에서는 '반드시' 일정한 이익, 즉 '리베이트'가 제공되고, 이러한 점이 바로 조건부 리베이트의 본질이다.[176] 이러한 사정을 감안하면 판례와 같은 전제에서 전속적 거래계약과 조건부 리베이트를 비교하는 것은 다소 한계가 있다고 생각된다.

또한 과연 조건부 리베이트가 경쟁사업자와 거래하지 않도록 이익 내지 불이익을 제공하는 것인가? 경쟁사업자와 거래하지 않을 경우 이익을 제공한다고 볼 수는 있지만, 경쟁사업자와 거래할 경우 불이익을 제공한다고 보기 위하여는 추가적인 설명이 필요할 것이고, 오히려 판례의 논리상 여기서 굳이 '불이익'을 언급할 필요는 없는 것으로 보인다.

한편 판례의 위와 같은 두 가지 전제를 모두 수용한다 하더라도, 과연 전속적 거래계약과 조건부 리베이트 사이에 실질적 차이가 없는가? 판례는 비록 양자 사이에 이익이 제공되는 시점 내지 정도에 차이가 있기는 하지만 이는 중요한 것이 아니고, 양자는 모두 경쟁사업자와 거래하지 않도록 구속하는 데 그 이익 내지 불이익이 결정적으로 기여한다는 점에서 공통적이고 이것이 중요하다고 한다. 그러나 앞서 전제한 대로 판례의 위 두 가지 전제를 수용하는 이상 후자의 입장은 일응 이를 받아들일 수 있지만, 전자와 같이 단언할 수 있는지는 의문이다. 먼저 일정한 보상(이익)이 제공된 것을 전제로 경쟁사업자와 거래하지 않기로 약정한 전속적 거래계약의 경우 거래상대방은 설령 그 보상이 아무리 작더라도 경쟁사업자와 거래하지 않기로 한 약정을 준수하여야만 하는 반면, 경쟁사업자와 거래하지 않을 경우 향후 일정한 보상을 제공하기로 하는 조건부 리베이트에서 거래상대방으로서는 그 보상의 다과 내지 향후의 시장상황 등에 따라 여전히 경쟁사업자와 거래하는 것을 선택할 수 있는 자유가 있기 때문이다. 결국 위와 같은 판례의 설명은 조건부 리베이트의 특성상 배타조건부거래로 의율할 수 없다는 주장에 대하

---

176) 물론 아래에서 보는 바와 같이 해당 리베이트를 온전히 '이익'이라고만 보기는 어렵고 사실상 '제재'로 볼 수 있는 측면이 있으나, 이는 논의의 차원을 달리하는 것이다.

여 사실상 '주장 자체로 이유 없다'고 판단하는 것과 다름이 없는데, 과연 그렇게 볼 수 있는지 의문인 것이다.

셋째, 판례는 "경쟁제한적 효과를 중심으로 시장지배적 지위 남용행위를 규제하려는 법의 입법 목적까지 아울러 고려"하여야 한다고 한다.

위 논거는 일응 조건부 리베이트는 경쟁자 봉쇄효과가 있으므로 배타조건부거래로 의율할 수 있다는 취지로 보이고, 이러한 차원에서는 일응 수긍이 간다. 그러나 이 부분에 대하여도 다음과 같은 점들을 지적할 수 있다.

우선 위 논거는 그 자체로 배제남용만을 전제로 하고 있는바, 그렇다면 조건부 리베이트는 불공정거래행위로서 배타조건부거래는 될 수 없다는 것인지 의문이다. 물론 조건부 리베이트의 경쟁제한성 측면을 고려하면 과연 시장지배적 사업자가 아닌 일반 사업자가 경쟁제한적인 조건부 리베이트를 제공할 수 있을 것인지 의문이 있을 수 있지만, 그러한 상황을 전혀 배제할 수는 없을 뿐만 아니라 굳이 배제할 필요도 없다고 본다.[177] 이는 특히 상당한 시장력을 가진 사업자가 조건부 리베이트를 통하여 시장지배력을 취득하게 되는 경우 등을 고려하면 더욱 그러할 것이다.

한편 보다 근본적으로, 경쟁제한성을 중심으로 시장지배적 지위남용을 규제하려는 법의 목적을 고려한다는 것이 반드시 조건부 리베이트를 배타조건부거래로 의율하여야 한다거나 또는 의율할 수 있다는 결론으로 이어지는지도 의문이다. 우리 법은 경쟁제한적 배제남용을 넓게 규제하고 있고, 그것도 같은 경쟁사업자 배제로서 부당염매를 규정하고 있기 때문이다. 더욱이 조건부 리베이트를 배타조건부거래로 의율하는 것을 반대하는 견해에서도 이를 부당염매로 의율하여야 한다는 것이지, 애당초 아무런 배제남용이 될 수 없다는 취지에서 이른바 '당연적법'을 주장하는 것은 아니다. 이러한 사정을 감안하면 적어도 '봉쇄효과'를 언급하지 않는 한 위 논거는 그리 적절하지 않았다고 생각된다.

---

177) Derek W. Moore & Joshua D. Wright, 앞의 논문(각주 47), p.1229 참조.

2) 판례 논지의 보충

이상 살펴본 바에 의하면, 퀄컴 판결은 그 결론은 지지할 수 있으나, 그 이유 제시는 다소 부족하다고 생각된다. 판례는 조건부 리베이트의 문제를 오로지 '사실상의 구속력' 차원에서만 바라보고 있고, 더욱이 위 논거와 관련하여서도 필수적인 논증을 생략하고 있다.[178] 한편 판례는 '배타성'의 측면만을 고려하고 있을 뿐 우리 법 특유의 '조건성' 문제를 인식하지 못하고 있는 것으로 보인다(물론 이러한 사정은 상고이유에서 이 부분을 명확히 지적하지 않은 것에 기인하는 측면도 있을 것이다). 다만 큰 틀에서 볼 때 판례의 진정한 취지는 '경쟁사업자가 봉쇄된다는 점에 관한 한 조건부 리베이트는 배타조건부거래와 다를 바 없다'는 점에 있고, 이는 타당하다 할 것인바, 이하 먼저 그 배타성 내지 사실상 구속력의 차원에서 조건부 리베이트는 경제적 유인에 의한 배타조건부거래일 수 있다는 점에 관하여 판례의 논지를 보충하고자 한다.[179]

첫째, 배타조건부거래의 개념과 관련한 측면이다. 앞서 본 바와 같이 공정거래법상 배타조건부거래는 일방적 강제에 의한 경우뿐만 아니라 자발적 합의에 의한 경우에도 성립하고, 배타조건부거래의 배타성은 경쟁사업자와의 거래를 직접적으로 금지하는 경우뿐만 아니라 행위자와의 추가적인 거래를 약정함으로써 간접적으로 경쟁사업자와의 거래를 금지하는 결과를 야기하는 경우에도 인정되며, 반드시 경쟁사업자와의 거래를 전면적으로 금지하지 않더라도 일정량 또는 일정비율 이하로만 거래하도록 부분적으로 금지하는 경우도 포함한다. 한편 배타조건부거래의 성립과 관련하여 요구되는 구속성이란 반드시 계약상 구속력일 필요는 없으며 사실상의 구속력만으로도 충분하다. 이러한 사정에 비추어 보면, 조건부 리베이트가 언제나 배타조건부거래에 해당하는 것은 아니고 또한 그렇게 보아야 하는 것도 아니지만, 그 리베이트의 수준과 정도 등을 감안할 때 그것이 구매자를 사실상 구속한다고 판단된다면, 즉 경쟁사업자를 봉쇄한다고 인정되는 경우라면, 그러한 사실상 배타성의 관점에서 이를 배타조건부거래에 해당한다고 보는 것에 별다

178) 같은 취지의 지적으로 손동환, 앞의 논문(각주 163), 185쪽, 188쪽 참조.
179) 이하는 배상원, 앞의 논문(각주 4), 100－107쪽을 보완·발전시킨 것이다.

른 개념상 무리는 없다 할 것이다. 즉 행위자로부터 일정량 내지 일정비율의 구매를 조건으로 한 리베이트가 제공되고, 위와 같은 조건부 리베이트 약정이 거래상대방을 행위자와의 거래에 고착시키는 사실상 구속력이 있다고 인정된다면, 이는 결국 해당 구매량 내지 구매비율에 상응하는 범위에서 다른 경쟁사업자와의 거래를 차단하는 것이다.[180] 이러한 조건부 리베이트를 배타조건부거래로 포섭할 수 있는 것은, 마치 수요전량구매계약이 직접적으로 경쟁사업자와의 거래를 금지하는 것은 아니지만 이로써 결과적으로 경쟁사업자가 배제된다는 점에서는 동일한 효과를 가지고, 따라서 배타조건부거래로 취급되는 것과 유사하다고 볼 수 있다. 요컨대, 조건부 리베이트는 경제적 유인에 의한 배타조건부 거래로서,[181] 일반적인 배타조건부거래에 비하여 보다 은밀한 형태를 가지고 있을 뿐이다.[182]

둘째, 조건부 리베이트, 즉 로열티 리베이트는 일견 조건의 충족을 전제로 한 가격할인(loyalty discount)이지만, 반대의 측면에서 보면 조건을 충족하지 못하는 것에 대한 제재(disloyalty penalty)이다.[183] 즉 '원래의 가격'이라는 것은 존재할 수 없는바, 그러한 가격을 전제로 하여 '행위자와 거래할 경우 리베이트를 지급한다'는 측면에서 보면 이를 할인이라고 할 수 있겠지만, 반대로 '경쟁사업자와 거래할 경우 리베이트를 지급하지 않는다'는 측면에서 보면 이는 엄연히 제재인 것이다.[184] 이러한 사정은 조건부 리베이트는 '어느 정도 자유로이' 가격을 책정할 수

180) 설민수, "시장지배적 사업자의 할인행위에 대한 공정거래법 적용과 그 시사점", 사법 제11호(2010), 19쪽 참조.

181) 강우찬, 앞의 논문(각주 24), 144쪽.

182) 조혜신, "시장지배적 사업자의 리베이트 제공행위에 관한 EU의 판례에 대한 분석", 경쟁법연구 제27권(2013. 5.), 130쪽에 의하면, 리베이트에 관한 EU 판례의 기본적 인식은 구매자로 하여금 경쟁자와 거래하지 못하도록 '고안된(designed)' 것으로서, 말하자면 '배타적 거래로 유도하기 위한 수단'이라는 것이다. 한편 위 논문 13쪽은 EU에서 원래 조건부 리베이트의 개념은 애당초 배타조건부거래로부터 기원하는 것이라고 한다.

183) Einer Elhauge & Damien Geradin, Global Competition Law and Economics(2nd ed.), Hart Publishing (2011), p.630.

184) 예컨대, 1개에 100원인 과자를 12개 묶음으로 1,000원에 판매한다고 하면 이는 일응 구매자에게 유리한 것으로 보이지만, 반대로 12개 묶음으로 1,000원인 과자를 1개에 100원에 판매한다고 하면 이는 구매자에게 불리한 것으로 보인다. 그러나 위 양자에 있어 객관적 사실은 동일하다. 위 과자는 1개에 100원이고, 12개 묶음은 1,000원일 뿐이다.

있는 시장지배적 사업자에 의하여 실시되는 경우가 대부분이라는 점을 고려하면 더욱 그러하다. 예컨대 시장지배적 사업자는 7,000원에 판매하고자 하는 상품을 일단 8,000원으로 책정하여 판매하고 약정 조건(행위자와 추가적으로 거래하는 조건, 즉 해당 부분에 관하여 경쟁사업자와 거래하지 않는 조건)을 충족한 거래상대방에 대하여는 소급적으로 1,000원을 할인해 줄 수 있는바, 이로써 경쟁사업자와 거래하는 거래상대방은 7,000원에 구매할 수 있는 상품을 8,000원에 구매하는 불이익을 받게 된다. 요컨대, 조건부 리베이트에 의한 판매는 해당 리베이트를 감안한 가격에 판매하는 것과 사실상 마찬가지인바, 비유하자면 위와 같은 상황은 결국 '조삼모사(朝三暮四)'와 그리 다를 것이 없다.[185][186] 결국 조건부 리베이트는 단순히 가격할인의 기회를 제공함으로써 구매자를 유인하는 것이 아니라 오히려 조건을 충족하지 못하는 경우의 제재를 경고함으로써 구매자를 압박하는 측면이 있다.

셋째, 조건부 리베이트가 위와 같이 사실상 구매자를 고착시키는 효과가 있는 경우라면 오히려 이를 배타조건부거래가 아니라고 볼 이유가 없다. 양자의 경쟁제한적 효과, 즉 경쟁사업자에 대한 봉쇄효과는 완전히 동일하기 때문이다.[187][188][189]

'원래의 가격'이라는 것은 없다. 이상의 관찰은 묶음할인의 경우를 기초로 한 것이나, 조건부 리베이트의 경우에도 그리 다르지 않다. 조건부 리베이트는 결국 '시차를 둔 묶음할인'으로 볼 수 있기 때문이다.

185) 퀄컴 사건의 서울고등법원 판결은 퀄컴 측의 '이 사안은 거래가격을 정상가격보다 높게 설정한 다음 리베이트를 제공하는 경우와는 달리, 퀄컴의 거래가격은 정상가격보다 높지 않았기 때문에, 설령 리베이트를 제공받지 않더라도 정상가격 수준으로 구매하는 셈이어서, 이 사건 리베이트에 강제성이나 구속성이 인정되지 않는다'는 주장에 대하여 별다른 설명 없이 '그와 같은 사정만으로는 이 사건 리베이트에 구속성이 없다고 볼 수 없다'고만 하고 있는바, 위와 같은 퀄컴 측의 주장에 대하여는 '원래의 가격'이란 없다는 점, 시장지배적 사업자가 조건부 리베이트를 전제로 부과하는 가격은 사실상 '조삼모사'와 다를 바 없다는 점에 근거하여 배척하는 것이 타당하다고 생각된다.

186) 공정위의 대한항공 의결(공정위 2010. 8. 31. 의결 제2010－110호) 57쪽은 각주 47에서 이를 '가짜할인'이라고 표현하고 있는바, 같은 취지로 보인다. 한편 유사한 취지의 언급으로 한현옥, "의결서를 통해 본 로열티 리베이트에 관한 소논제들 : Intel 사례를 중심으로", 경쟁법연구 제24권(2011. 11.), 266쪽; 최난설헌, "배제적 리베이트 사건에서 경제적 분석방법 적용 문제 : EU 법원 Intel 판결을 중심으로", 경쟁법연구 제32권(2015. 11.), 245쪽.

187) Einer Elhauge, 앞의 책(각주 9), p.383－384은 조건부 리베이트는 배타조건부거래의 완화된 형태이고, 묶음할인은 끼워팔기의 완화된 형태라고 설명한다.

어떤 측면에서 조건부 리베이트는 보다 '세련된' 배타조건의 부과라고도 볼 수 있을 것인바, 조건부 리베이트를 배타조건부거래로 포섭하지 않는 것은 배타조건부거래 규제를 잠탈할 수 있는 가능성을 열어주는 것이다. 즉 행위자는 배타조건부거래 규제를 회피하기 위하여 거래상대방에게 배타조건(예컨대 수요전량을 행위자로부터 구매하기로 하는 조건)의 준수를 요구하면서도 그에 대한 보상은 계약체결 당시 미리 주지 않고 조건이행 이후에 주기로 약정할 수 있는바, 이와 같이 사실상 대부분의 배타조건부거래는 이를 모두 조건부 리베이트 형태로 '변환'할 수 있다. 이러한 외관에 경도되어 이를 적법한 조건부 리베이트일 뿐 위법한 배타조건부거래가 아니라고 하는 것은 탈법적 행위를 용인하는 결과가 될 뿐이다. 이는 우리 법상 금지행위의 유형이 예시적으로 규정되어 있지 않고 열거적으로 규정되어 있다는 점을 고려하면 더욱 심각한 문제가 될 수 있다.[190]

넷째, 행위유형과 행위수단은 구별할 필요가 있다.[191] 행위유형은 행위수단의 실행을 통하여 드러나는 성질을 정형적으로 파악한 것이다. 조건부 리베이트를 제공하는 행위는 행위유형이 아니라 행위수단이다. 리베이트 제공행위 그 자체는

---

188) 즉 조건부 리베이트의 경우 역시 그로 인하여 '경쟁사업자가 봉쇄된다'는 점에서는 배타조건부거래와 전혀 다를 바 없으므로, 배타조건부거래로 의율할 수 있는 것이다. 바로 이 점이 조건부 리베이트를 배타조건부거래로 의율하는 이유의 핵심이라 할 것인바, 사실 조건부 리베이트를 배타조건부거래로 의율하는 것은 논리필연적인 결과라기보다는 다분히 그 필요성에 따른 정책적인 결단의 측면이 있다. 나머지 논거들은 모두 위와 같은 결단이 법리적으로 '불가능하지 않다'는 점을 보충하는 것이라고 생각된다. 유사한 취지로 손동환, 앞의 논문(각주 163), 182쪽 참조.

189) 한편 주진열, 앞의 논문(각주 50), 142쪽은 '경쟁자를 배제한다는 이유로 조건부 리베이트가 배타조건부거래라는 논리를 그대로 적용하면 경쟁자배제 효과가 있는 단순할인도 배타조건부거래가 되는 납득하기 어려운 결과가 된다'고 비판하나, 앞서 본 바와 같이 배타조건부거래의 배타성은 당해 거래가 아닌 추가적 거래에 관한 것인바, 위 견해는 이러한 측면을 고려하지 않은 것으로 보인다.

190) 김형배, 앞의 책(각주 12), 209쪽은 공정거래법 제5조 제1항의 시장지배적 지위남용 규정에 관하여 '형식은 열거조항으로 되어 있으나, 실질에 있어서는 예시조항으로 보는 것이 타당하다'고 주장하는바, 그 취지에는 동감할 수 있으나 적어도 현행법의 해석론으로서 예시규정설을 취하기는 어렵다고 생각된다.

191) 행위유형과 행위수단의 구별에 관하여 보다 상세한 사항은 조혜신, 앞의 논문(각주 57), 85쪽 이하 참조.

경쟁법적으로 의미 있는 어떤 성질을 함의하고 있지 않다. 그러나 리베이트는 경우에 따라 여러 거래상대방 사이에 차별취급의 성질을 가질 수도 있고, 거래상대방에 대한 배타조건부거래의 성질을 가질 수도 있으며, 끼워팔기의 성질을 가질 수도 있다. 리베이트의 규모가 너무 커서 실질적으로 통상거래가격보다 낮은 가격이 설정된 것으로 볼 수 있는 경우라면 부당염매가 문제될 수도 있을 것이다.[192] 요컨대, 리베이트 그 자체가 경쟁법적 규제대상이 되는 것은 아니지만, 리베이트를 통하여 경쟁법적 문제가 야기되는 경우에는 이를 적절히 규제할 수 있어야 한다. 조건부 리베이트를 통하여 사실상 배타조건부거래와 같은 효과가 발생한다면 그러한 거래방법은 당연히 배타조건부거래로 의율할 수 있고, 또한 그렇게 의율되어야 할 것이다.

3) 우리 법상 '조건성'의 문제

마지막으로 앞서 여러 차례 지적한 우리 법상 '조건성' 요건과 관련한 쟁점을 살펴본다. 공정거래법은 배타조건부거래를 경쟁사업자와 거래하지 않는 '조건'으로 거래하는 행위라고 규정하고 있는바, 조건부 리베이트는 일견 행위자와 거래하도록 하고 있을 뿐 경쟁사업자와 거래하지 않도록 하는 것이 아니고, 더욱이 조건부 리베이트에도 불구하고 거래상대방은 여전히 경쟁사업자와의 거래를 선택할 수 있는 자유가 있으며,[193] 그러한 경우에도 거래상대방이 행위자와 거래할 수 없는 것은 아니다. 이러한 사정을 고려하면 미국이나 EU와 달리 적어도 우리 법상으로는 조건부 리베이트를 배타조건부거래로 포섭하기 어려울 수 있다. 어떻게 보더라도 조건부 리베이트를 지급하는 행위 그 자체를 행위자가 거래상대방과 사이에 경쟁사업자와 거래하지 않는 것을 '조건'으로 하여 거래하고 있다고, 즉 경

192) 한편 리베이트가 재판매가격유지행위의 실행 방법 내지 실효성 확보의 수단이 될 수도 있다는 설명으로 이동신, "재판매가격유지행위 규제와 가격표시제의 문제점", 재판자료 : 경제법의 제문제 제87집(2000), 552쪽.

193) 여기서 '자유'란, 거래상대방은 리베이트 지급조건에 해당하는 약정 거래 부분(예컨대 70% 구매약정시 그 부분)이 아닌 나머지 부분(나머지 30% 부분)뿐만 아니라, 바로 그 해당 거래(위 70% 약정 부분) 부분에 관하여도 경쟁사업자와 거래하는 것을 선택할 수 있다는 의미이다.

쟁사업자와 거래하지 않는 거래상대방에 대하여만 상품을 판매하고 경쟁사업자와 거래하는 거래상대방에 대하여는 상품을 판매하지 않고 있다고 보기는 어렵기 때문이다.

그러나 여기서 앞서 본 '사실상 구속력'의 진정한 의미를 음미해 볼 필요가 있다. 조건부 리베이트의 사실상 구속력이란 거래상대방의 입장에서 볼 때 '해당 리베이트로 인하여 경쟁사업자와의 거래를 포기할 수밖에 없는 상황'을 의미한다 할 것인바, 이는 결국 '조건부 리베이트에도 불구하고 경쟁사업자와의 거래를 선택할 수 있다'는 명제가 그 실질적 의미를 상실하여 형해화된 상황을 뜻하는 것이다.[194)][195)] 즉 조건부 리베이트가 사실상 구속력이 있다는 것은 결국 거래상대방으로 하여금 경쟁사업자와 거래하지 못하게 한다는 것과 실질적으로 같은 의미인바, 그렇다면 조건부 리베이트의 사실상 배타성이 인정되는 한 조건성은 별다른 의미를 가지지 않는다고 볼 수 있다. 다시 말하면, 우리 법상 조건성은 외견상 별도의 요건인 것처럼 보이지만, 사실상 배타성이 인정되는 한 그 자체로 충족되는 것으로서 독자적 의미를 가지는 요건이 아니다. 앞서 본 당해 거래와 추가적 거래의 관점에서 볼 때, '배타성'이란 당해 거래에서 추가적 거래를 바라보는 방향이라면(추가적 거래에 관하여 경쟁사업자를 봉쇄하는 것이 배타성이다), '조건성'은 추가적 거래에서 당해 거래를 바라보는 방향일 뿐이다(경쟁사업자와 거래하지 않기로 하고 당해 거래를 하는 것이 조건성이다). 즉 양자는 해당 거래를 바라보는 시각의 방향을 달리한 것일 뿐 결국 같은 내용을 말하는 것으로서 동전의 양면과 같은 것이다.

---

194) 손동환, 앞의 논문(각주 163), 185쪽은 조건부 리베이트도 그를 통하여 얻을 수 있는 이익이 쉽게 포기할 수 없는 정도라면 그 선택이 강제된다고 평가할 수 있다고 한다.

195) 비록 끼워팔기에 관한 설명이기는 하지만, '허용되는 설득(acceptable persuasion)'과 '강제(coercion)'의 구분에 관하여, 미국의 법원들은 단순한 판촉압력은 강제에 해당하지 않는다고 하고, 패키지 상품에 대한 가격할인에 내재하는 경제적 압력 역시 가격차가 커서 종된 상품을 구매하는 것이 사실상 유일한 경제적인 선택인 경우가 아니라면 강제를 인정할 수 없다고 하는바, 참고가 된다. 이호영, "시장지배적 사업자의 배타적 DRM 탑재행위의 경쟁법적 평가(대상판결 : 서울고법 2007. 12. 27. 선고 2007누8623 판결 및 대법원 2011. 10. 13. 선고 2008두1832 판결)", 행정판례연구 제17권 제1호(2012. 6.), 392쪽 참조.

결국 공정거래법이 배타조건부거래에 관하여 배타성 외에 조건성을 요구하고 있기는 하나, 양자는 결국 같은 것으로서 조건성에 특별한 독자적 의미를 부여할 것은 아니다. 퀄컴 판결이 조건성을 특별히 언급하지 않은 것은 이러한 차원에서 이해할 수 있다. 다만 조건성의 의미를 완화 내지 축소하기 위하여는 위와 같은 일정한 논증이 필요하다 할 것인바, 판례와 같이 마치 공정거래법이 조건성을 전혀 규정하지 않고 있는 것처럼 취급하여서는 안 된다.

요컨대, 공정거래법은 배타조건부거래의 성립에 관하여 배타성 외에 조건성을 요구하고 있으나, 구속적인 배타성(또는 배타적인 구속력)이 인정되는 한 조건성은 그 자체로 자연스럽게 충족된다. 결국 이러한 의미에서 조건성은 배타조건부거래의 성립을 위한 독자적 요건이 아니다. 조건부 리베이트의 경우, 그 '리베이트의 수준 내지 정도'가 상당하여 사실상의 구속력이 있다고 인정된다면, 이는 경쟁사업자와 거래하지 않는 조건으로 거래하는 경우와 마찬가지이므로, 결국 사실상의 배타조건부거래가 된다 할 것이다.[196)]

3. 배타조건부거래와 배타적 거래

공정거래법령은 '배타조건부거래'라는 용어 외에 '배타적 거래'는 표현도 사용하고 있는바,[197)] 위 양자는 같은 것인가 아니면 다른 것인가?

엄밀히 말하자면 양자는 다르다고 할 수 있다. 우선 법령 내지 심사지침의 문

196) 이와 관련하여, 조건부 리베이트의 의율에 관한 해석상 난점을 해소하기 위하여 공정위 심사지침의 개정을 주장하는 견해가 있다. 즉 공정위 심사지침에서 '경쟁사업자와 거래하지 아니할 것을 조건'이란 '거래상대방과 명시적·묵시적으로 배타조건을 합의하는 경우'는 물론 '거래상대방의 배타적 거래를 조건으로 과다한 경제상 이익을 제공하거나 제공을 약속하는 경우'를 포함한다고 규정할 필요가 있다는 것이다(이봉의, 앞의 논문(각주 170), 92쪽). 현재와 같은 논란을 방지하는 차원에서 적극적으로 고려할 만한 제안이라고 생각되나, 다만 공정위의 심사지침을 통하여 규제대상 내지 규제범위를 확대하는 것은 설령 그 심사지침의 법규성을 인정할 수 있는 경우에도 신중할 필요가 있다 할 것인바, 앞서 본 바와 같이 현행 법령상으로도 조건부 리베이트를 배타조건부거래로 의율할 수 있음을 전제로 심사지침의 개정을 고려하는 것이 적절할 것이다. 한편 조건부 리베이트를 불공정거래행위의 하나로서 명시적 유형으로 추가입법하여야 한다는 견해로 성승제, "충성할인에 대한 경쟁법적 검토", 경제법연구 제11권 제1호(2012), 29쪽 참조.

197) 구체적인 법령의 규정은 제2장 제5절 I. 참조.

언상 배타조건부거래란 경쟁사업자와 거래하지 않는 '조건'으로 거래하는 행위이고, 배타적 거래란 경쟁사업자의 상품을 취급하지 않는 것을 '전제'로 거래하는 행위이다. 한편 위 법문에서 '조건'과 '전제'를 사실상 같은 의미라고 보더라도,[198] 이론적으로 배타조건부거래란 배타적 거래를 조건으로 하는 거래, 즉 배타조건에 관한 합의가 있는 거래를 말하고, 배타적 거래란 그러한 합의 유무와 무관하게 사실상 배타적으로 거래가 이루어지는 상황을 모두 포괄하는 의미라고 볼 수 있기 때문이다.[199]

그러나 법령이 배타조건부거래와 배타적 거래를 다른 의미로 사용하고 있다고 보이지는 않고(즉 법령상 신규진입방해로서 '유통사업자와 사이에 배타적 거래계약을 체결하는 행위'가 '그 유통사업자와 사이에 배타조건부거래를 하는 행위' 외에 다른 행위를 의미한다거나 다른 행위를 포함한다고 보이지는 않는다),[200] 위에서 본 바와 같이 배타조건부거래에서 '조건'은 사실상 독자적인 의미가 없다 할 것이므로, 적어도 현행법상 배타조건부거래와 배타적 거래는 같은 의미라고 보아야 할 것이다. 결국 후자는 전자에 대한 일종의 약칭이라고 볼 수 있다.

정리하면, 공정거래법상 배타조건부거래는 결국 '배타적 거래'를 의미하는 것으로서, 미국이나 EU에서 말하는 'exclusive dealing'과 사실상 같은 것이라고 볼 수 있다. 즉 법령의 문언에도 불구하고 우리 법상 배타조건부거래에서 '조건'이란 결과적으로 특별한 의미를 가지지 않는다고 생각된다.

---

198) 양자를 달리 보아 심사기준의 적용범위가 시행령의 적용범위보다 넓을 수 있다는 견해로 이민호, "끼워팔기 및 배타조건부거래에 관한 소고", 경쟁저널 제169호(2013. 7.), 40쪽.

199) 이봉의, 앞의 논문(각주 170), 77-78쪽("사실상의 배타조건부거래란 아무런 합의가 없더라도 당사자의 필요 등에 의하여 결과적으로 거래상대방이 오로지 시장지배적 사업자와 거래하는 경우로서, 엄밀하게 말하자면 배타적 거래(exclusive dealing) 그 자체를 의미한다.").

200) 같은 취지로 이기종, 경제법(제3판), 삼영사(2019), 87쪽.

Ⅲ. 거래성

1. 기본적 의미 : 독립적 경제주체 사이의 거래

배타조건부거래는 배타조건으로 거래하는 것, 즉 경쟁사업자와 거래하지 않는 것을 조건으로 '거래'하는 것을 가리킨다. 배타조건부거래가 성립하기 위하여는 그 전제로서 일단 어떤 거래가 존재하여야 할 것인바, 아무런 '거래' 자체가 없다면 그것을 '배타조건부'거래라고 할 수는 없을 것이다. 이러한 관점에서 보면 배타조건부거래의 '거래성' 요건은 당연한 것으로서 별다른 해설이나 논평은 전혀 필요하지 않을 것이다.

그런데 일반적으로 '거래'란 복수의 독립적 경제주체를 전제로 하고, 나아가 그 경제주체들 사이에 대립적 이해관계가 있음을 전제로 하는 개념인바(예컨대 '매매'의 경우 판매자와 구매자를 전제로 하고, 판매자는 비싸게 팔고자 하면 구매자는 싸게 사고자 한다), 만일 해당 상품의 이동이 동일한 사업자의 내부에서 이루어진다면(예컨대 단일한 법인격을 가지는 사업체를 전제로 그 제조사업부에서 유통사업부로 상품의 이동이 있는 경우 등을 말한다) 이는 '거래'라고 볼 수 없을 것이고, 따라서 위와 같은 상황에서는 애당초 배타조건부거래의 문제가 발생하지 않는다고 할 수 있다. 이러한 해석 역시 일응 너무도 당연한 것으로서 이에 관하여 다른 해석의 여지는 없어 보이기도 한다.

그러나 반드시 위와 같이 보아야 하는가? 앞서 우리 법은 엄연히 '조건성'을 규정하고 있지만 '배타성'이 인정되는 한 조건성은 별다른 의미를 가지지 않는다는 점을 보았는바, '거래성' 역시 이와 같은 차원으로 볼 수는 없는가? 배타조건부거래란 그것을 통하여 경쟁사업자가 봉쇄되는 상황을 규제하기 위한 것인바, 만일 그러한 경쟁사업자 봉쇄가 야기된다면 설령 동일한 사업자 내부의 상품 이동에 관하여도 배타조건부거래의 관점을 적용할 필요가 있을 수 있기 때문이다. 이하 위와 같은 관점에서 배타조건부거래의 성립에 관하여 요구되는 '거래성'에 관하여 살펴본다.

2. 공정거래법상 거래 개념의 유연성

앞서 본 바와 같이 배타조건부거래는 일정한 거래가 존재함을 당연한 전제로 하므로, 원칙적으로 동일한 사업자 내부에서 상품이 이동하는 것을 배타조건부'거래'라고 할 수는 없을 것이다.

그러나 '거래'에 관한 당사자 쌍방의 이해관계 조정을 목적으로 하는 민사법과 달리 해당 '거래'와 관련한 경쟁자 등 제3자 또는 소비자 등 사회 일반의 이해관계 조정을 목적으로 하는 경쟁법 내지 공정거래법의 관점에서는 그 '거래'의 의미를 반드시 일반 민사법과 같이 보아야 하는 것은 아니라고 생각된다. 즉 이중유통 등 특수한 상황에서는 설령 민사법적 관점에서의 거래가 없다 하더라도 공정거래법적 관점에서의 거래는 있다고 볼 수 있다 할 것이고, 이를 배타조건부거래에 대하여 적용하면 설령 동일한 사업자 내부의 상품 이동이라 하더라도 그로써 경쟁사업자가 봉쇄되는 결과가 야기되는 한 배타조건부거래로 포섭·의율할 가능성이 있다고 본다. 구체적인 근거는 다음과 같다.

첫째, 공정거래법은 여러 곳에서 물리적 의미의 거래 내지 통상적 의미의 거래를 전제로 하지 않는 규정들을 두고 있다. 예컨대 '거래거절'은 거래가 없지만, 아니 오히려 거래가 없기 때문에 '불공정거래행위'이고,[201] '이익제공강요', '경영간섭', '기술의 부당이용', '거래처 이전 방해' 등의 경우 역시 그 행위 자체가 거래가 아님은 물론 그 행위의 성립에 관하여 반드시 어떤 전제되는 거래가 요구되는 것도 아니다. 이러한 사정은 시장지배적 지위남용에 관한 규정을 보더라도 마찬가지인바, 예컨대 사업활동방해로서 "정당한 이유 없이 다른 사업자의 생산활동에 필요한 원재료 구매를 방해하는 행위" 등의 경우 해당 행위에 관하여 통상적 의미의 거래는 전혀 필요하지 않다.

---

201) 물론 공정거래법상 거래거절이 규제대상에 포함되는 것은 '이론상' 거래가 없더라도 규제가 가능하기 때문이 아니라, '실정법상' 거래거절을 금지되는 행위로서 명시하고 있기 때문이라고 할 수도 있을 것이다. 그러나 후자와 같이 보더라도 그것이 왜 불공정'거래'행위인지는 설명되지 않는다. 한편 거래거절은 우리나라뿐만 아니라 경쟁법을 운용하는 거의 모든 나라에서 문제되는 행위이다.

물론 위와 같은 행위들은 배타조건부'거래'와 달리 행위유형의 개념 내지 정의상 애당초 '거래'의 존재가 필요하지 않은 것들이지만, 공정거래법이 규제대상 행위를 규정하면서 반드시 어떤 '거래'의 존재를 전제로 하고 있지 않다는 점에서 의미가 있다.

둘째, 판례는 해당 행위유형의 개념상 '거래'의 존재가 일응 전제되어 있는 경우에도 당해 규제의 목적과 취지에 비추어 거래의 존재를 인정 내지 간주하고 있다. 예컨대 법령의 규정상 '거래'의 존재가 당연히 전제되는 거래상 지위남용 중 불이익제공에 관하여 삼성화재 판결(대법원 2010. 1. 14. 선고 2008두14739 판결)은 '아무런 거래가 존재하지 않는 보험회사와 피해차주 사이에도 피보험자를 매개로 한 거래관계가 존재한다고 봄이 상당하다'는 이유로 거래상 지위남용이 성립한다고 판단하였고,[202] 비록 법령상 직접적으로 규정되어 있지는 않지만 간접적으로 또는 개념필수적으로 당연히 일정한 '거래'가 전제되어 있다고 볼 수 있는 계열회사를 위한 차별에 관하여도 현대자동차 판결(대법원 2007. 2. 23. 선고 2004두14052 판결)은 '원고들과 비계열 할부금융사 사이에 오토할부약정이 체결되지 아니함으로써 원고들과 비계열 할부금융사 사이에 직접적인 거래관계는 존재하지 않는다 하더라도, 원고들의 할부금리 인하행위는 일응 계열회사인 현대캐피탈을 유리하게 하는 차별적 취급행위에 해당한다'고 판시함으로써 실제 거래관계가 존재하지 않는 사업자에 대하여도 그 사업자를 차별하는 행위가 성립할 수 있다고 보았다.[203]

위와 같은 판례의 법리에 비추어 보면, 일정한 거래의 존재를 당연한 요건 내지 전제로 하는 행위의 경우에도 해당 행위를 규제하는 목적과 취지에 비추어 해당 규제를 통하여 보호하고자 하는 법익의 침해가 발생하였다고 볼 수 있는 경우에

---

202) 위 판결에 대한 평석으로 김은미, "불공정'거래'행위의 의미", 공정거래법 판례선집, 사법발전재단(2011), 481-491쪽. 다만 위 판결에 대하여는 부정적인 평가도 있는바, 홍명수, "불공정거래행위에 관한 대법원 판결 분석(2010) : 거래상 지위남용 사건을 중심으로", 경쟁법연구 제23권(2011. 5.), 99-105쪽 참조.

203) 위 판결의 구체적 쟁점과 그에 대한 평석으로 이승택, "계열회사를 위한 차별행위의 성립 여부", 공정거래법 판례선집, 사법발전재단(2011), 523-531쪽.

실제 물리적 거래의 존부와 무관하게 그 포섭·의율이 가능하다 할 것이다.[204][205]

셋째, 전통적으로 경쟁법에서는 별개의 법인격을 가진 회사들을 별개의 독립적 사업자가 아닌 하나의 사업자로 취급하고자 하는 시도가 있다. 이른바 '경제적 동일체 이론' 내지 '사실상 하나의 사업자 이론'이 그것인데,[206] 그 취지는 법률적·형식적 측면에도 불구하고 그 경제적·실질적 측면을 고려하여 규제 여부를 결정하고자 하는 것이다.[207] 이는 우리 법상으로도 이미 어느 정도 수용되어 있는바, 예컨대 공정거래법 시행령은 "법 제2조 제3호에 따라 시장지배적사업자를 판단하는 경우에는 해당 사업자와 그 계열회사를 하나의 사업자로 본다.", "법 제6조에 따라 시장지배적사업자를 추정하는 경우에는 해당 사업자와 그 계열회사를 하나의 사업자로 본다."고 규정하고 있으며(제2조 제2항, 제11조 제3항), 공정위의 공동행위 심사기준은 "다수의 사업자를 실질적·경제적 관점에서 '사실상 하나의 사업

204) 이러한 시각은 사실 에스오일 사건의 원심판결에서도 그 일단을 찾아볼 수 있다. 서울고등법원 2010. 10. 21. 선고 2009누6959 판결은 '국내 경질유제품의 대부분이 주유소를 통하여 유통되고 있고, 그 중 정유사 또는 대리점이 직접 소유·운영하는 직영주유소가 전체 주유소의 18.4%를 차지하고 있다'고 하면서, "직영주유소의 경우에는 당연히 해당 정유사의 제품만을 취급하므로 다른 경쟁사업자 등에 대하여 동일하게 봉쇄효과가 발생한다고 볼 것이므로, 이러한 직영주유소까지 감안하는 경우 원고 등의 배타조건부거래로 인한 시장봉쇄효과는 더 크게 나타날 수밖에 없다고 보인다"고 판시하였는바, 직영주유소를 포함한 것은 결국 봉쇄효과를 검토함에 있어 제조업자와 유통업자가 반드시 별개의 사업자여야 하는 것은 아님을 전제로 하는 것이다.

205) 한편 간접적이나마 농협중앙회 판결에서도 유사한 관점이 발견된다. 농협중앙회 판결은 "원고[농협중앙회]의 행위는 경쟁사업자인 비료 제조회사의 영업소나 판매대리점 등을 통한 식량작물용 화학비료의 시중 판매를 원천적으로 봉쇄함으로써 식량작물용 화학비료 유통시장에서 이들을 배제하는 결과를 초래할 우려가 있다"고 하였는바, 비료 제조회사와 판매대리점 사이에는 '거래'가 있을 수 있지만(즉 '경쟁사업자와 거래하지 않는 조건' 성립 가능), 비료 제조회사와 그 영업소 사이에는 '거래'가 있을 수 없는바(즉 '경쟁사업자와 거래하지 않는 조건' 성립 불가능), 판례는 양자 모두를 배타조건부거래로 보고 있기 때문이다. 이와 관련한 언급으로 주진열, "수요자의 배타조건부거래(구매)와 시장지배력 남용 문제 : 대법원 2009. 7. 9. 선고 2007두22078 판결", 경쟁법연구 제34권(2016. 11.), 208쪽 참조.

206) 서정, "복수의 법인격 주체에 대한 경제적 단일체 이론의 적용", 시장경제와 사회조화(남천 권오승 교수 정년기념 논문집), 법문사(2015), 74쪽 이하 참조.

207) 사실 이러한 시각은 반드시 경쟁법의 영역에서만이 아니라 다른 법 영역에서도 존재한다. 예컨대 민사법상 법인격 부인론 역시 위와 같은 시각에 기초한 것이다.

자'로 볼 수 있는 경우에는 그들 간에 이루어진 법 제40조 제1항 각호의 사항(입찰담합은 제외)에 관한 합의에는 법 제40조 제1항을 적용하지 아니한다."고 규정하고 있다(II. 1. 나. (1) 본문).[208][209]

배타조건부거래의 성립요건 중 '거래성'을 완화하고자 하는 시도는 위와 같은 시각에 착안하여 이를 역으로 적용하고자 하는 것이다. 즉 법률상 별개의 법인격을 가진 회사들을 그 실질을 고려하여 사실상 하나의 사업자로 보는 것이 가능하다면, 법률상 단일한 법인격을 가진 회사를 그 실질을 고려하여 사실상 복수의 사업자로 보는 것 역시 가능할 수 있을 것이다. 한편 경제적 단일체 이론은 원래 미국이나 EU에서 규제의 범위를 '축소'하기 위하여 고안된 것인 측면이 있지만, 적어도 우리 법상으로는 시장지배적 사업자의 인정 여부와 관련하여 그 규제의 범위를 '확대'하는 기능도 수행하고 있으므로, 단지 사업자에게 불리하다는 이유만으로 위와 같은 역적용을 부정할 것은 아니라 할 것이다. 이러한 사정을 고려하면, 동일한 회사 내의 사업부문 간 상품의 이동이라 하더라도 그로 인하여 경쟁사업자가 배제되는 결과가 야기된다면 이를 배타조건부거래로 볼 수 있는 가능성이 있다.

예컨대 A가 甲의 상품을 전속적으로 인수함으로써 A의 경쟁사업자 B가 봉쇄되는 경우, ① A와 甲이 전혀 무관한 별개의 사업자일 때는 당연히 배타조건부거래가 성립하고, ② 이는 A와 甲이 모자관계에 있다 하더라도 다르지 않다 할 것인바,[210] ③ 이러한 시각을 연장하여 설령 A와 甲이 동일한 법인격을 가지고 있

208) 미국이나 EU의 경우 100% 모자회사 간 공동행위는 인정되지 않는다. 미국의 경우 Copperweld Corporation v. Independence Tube Corporation, 467 U.S. 752 (1984). EU의 경우 Viho Europe BV v. Commission, C-73/95 [1996] ECR I-5457. 한편 우리나라의 경우 공동행위 심사기준 II. 1. 나. (2)는 설령 100% 모자관계가 아니어도 사실상 하나의 사업자로 인정될 수 있는 가능성을 열어두고 있다.

209) 참고로, 경제적 동일체 이론을 부당지원행위에 관하여도 적용하는 것을 적극 검토할 필요가 있다는 견해로 이황, "완전자회사 부당지원행위와 경제적 동일체 : 대법원 SPP조선 판결을 참고하여", 서울대학교 법학 제62권 제3호(2021. 9.), 293쪽 이하.

210) 이러한 경우 미국이나 EU에서는 만일 A와 甲이 100% 모자관계에 있다면 배타조건부거래가 성립되지 않을 수 있다. A와 甲 사이에 셔먼법 제1조의 합의 내지 TFEU 제101조의 합의가 인정되지 않을 것이기 때문이다. 그러나 우리 법은 배타조건부거래를 단독행

다 하더라도(예컨대 'X'라는 1개의 회사라 하더라도) 위와 같은 상황 역시 배타조건부거래에 해당한다고 볼 가능성이 있다고 생각된다. 위 ①, ②, ③은 그 경제적 실질에 있어서는 그리 다를 바 없기 때문이다.[211]

넷째, 이 문제는 수직결합의 규제 문제와도 관련된다. 경쟁법에서는 수직결합의 경쟁제한성 판단을 위하여 봉쇄효과의 발생 가능성을 검토하는바, 즉 경쟁사업자가 봉쇄되는 결과를 방지하기 위하여 수직결합을 제한하고 있다.[212][213] 그런데 이미 수직결합이 되어 있으면 경쟁사업자를 봉쇄하여도 되는가? 그렇지 않다고 본다. 이는 가격인상을 막기 위하여 카르텔, 기업결합을 제한하는 이상, 시장지배적 사업자의 착취적 가격남용 역시 규제할 필요가 있다고 보는 것과 유사한 맥락이다. 따라서 기업의 내부적 사업부문 간 상품 이동에 관하여도 그것이 경쟁사업자를 봉쇄하는 효과를 야기하는 한 배타조건부거래로 의율할 필요성이 있고,[214] 이를 위하여 배타조건부거래의 '거래성' 요건을 완화할 필요가 있다. 즉 경쟁사업자의 봉쇄가 발생한다면, 그리고 그러한 봉쇄를 방지할 필요성이 있다면, 통상적 의미의 거래가 존재하지 않는다 하더라도 배타조건부거래로 포섭할 필요가 있다 할 것이다.

한편 이러한 해석은 단순히 막연한 가능성 차원이 아니라 실무적으로 충분히

위로 규정하고 있는바, 우리 법상으로는 설령 A와 甲이 100% 모자관계에 있다 하더라도 배타조건부거래가 성립할 수 있다고 생각된다. 한편 이와 같은 점에서도 배타조건부거래 등 수직적 거래제한은 이를 공동행위가 아니라 단독행위로 규정하는 것이 보다 적절한 입법임을 알 수 있다.

211) 경제적 동일체 이론에 관하여 '경제적 실질'을 강조하는 설명으로 권오승·서정, 앞의 책(각주 2), 271－272쪽.

212) 공정위 기업결합 심사기준 VI. 3. 참조.

213) 일반적으로 기업은 3가지 방법으로 수직적 통합을 달성할 수 있는바, 해당 기업 스스로 시장에 진입하는 것, 이미 활동하고 있는 다른 기업을 인수하는 것, 이미 활동하고 있는 다른 기업과 장기계약을 맺는 것이 그것이다. Herbert Hovenkamp, 앞의 책(각주 28), p.489. 유사한 취지의 설명으로 한철수, 앞의 책(각주 19), 306쪽; 홍명수, "수직적 구조에서 지배력 남용 판단", 경쟁법연구 제35권(2017. 5.), 195쪽 참조.

214) 봉쇄효과의 관점에서 수직결합이나 배제남용은 서로 다른 것 같지만 사실상 큰 차이가 없다는 견해로 김성훈, "유럽연합 경쟁법상 봉쇄효과에 관한 연구", 경쟁법연구 제22권(2010. 11.), 152－153쪽.

적용 가능하고 상당한 효용도 있을 것으로 보인다. 즉 착취적 가격의 경우에는 과연 어느 정도의 가격이어야 부당한지 판단하기 어려운 사정상 실제 규제에는 난점이 있으나, 봉쇄효과의 판단에 있어서는 그러한 문제도 발생하지 않을 수 있다. 또한 판례(농협중앙회 판결, 퀄컴 판결)는 적어도 시장지배적 지위남용으로서 배타조건부거래에 관한 한 그 경쟁제한성 판단에 있어 주관적 요건을 사실상 추정하고 있는바, 거래성 요건을 완화하여 배타조건부거래의 포섭범위를 확장하는 것은 현실적으로 경쟁법적 규제 목적의 달성에 일정한 기여를 할 수 있다. 나아가 아래 제4장 제3절 VI. 4. 다.에서 보는 바와 같이 시장지배적 사업자의 배타조건부거래의 경우에는 일정한 요건이 충족되는 한 그 객관적 경쟁제한성 역시 사실상 추정될 수 있다 할 것인바, 이 점에서도 경쟁법적 문제를 야기하는 행위를 배타조건부거래로 의율하는 것은 상당한 규제 실익이 있다. 다른 법에서도 그러할 수 있지만, 특히 경쟁법의 경우 진화·발전하는 거래형태와 이를 악용한 탈법적 행위에 대처하기 위하여는 '해당성은 가급적 넓게, 부당성은 보다 신중하게' 판단하는 것이 올바른 방향이라고 생각한다.

3. 배타조건부거래와 거래거절

배타조건부거래와 거래거절이 교차하는 경우가 있다. 즉 행위자의 실질적 의도는 배타조건부거래임에도 불구하고 실제 외형상 행위는 거래거절로 발현되는 경우이다.[215] 그런데 경쟁법상 거래거절은 크게 두 가지로 구분할 수 있는바, 하나는 거래거절 그 자체가 '목적'인 경우이고, 다른 하나는 거래거절이 다른 행위의 '수단'인 경우이다. 전자의 경쟁제한성은 거래거절을 당한 상대방의 경쟁사업자와 관련되고(통상 상대방은 손해를 입고, 상대방의 경쟁사업자는 이익을 얻는다),[216] 후자의 경쟁제한성은 거래거절을 한 행위자의 경쟁사업자와 관련된다(통상 행위자는

---

215) Paul Clifford Armitage, "Refusals to Deal as Exclusive Dealing", 11 Mercer L. Rev 368, 369 (1960).

216) 이는 설령 행위자가 그 상대방과 같은 관련시장에 속해 있는 경우에도 마찬가지이다. 즉 위와 같은 경우는 그 상대방의 경쟁사업자가 행위자인 것일 뿐이다. Aspen Skiing Co. v. Aspen Highlands Skiing Corp., 472 U.S. 585 (1985) 참조.

이익을 얻고, 행위자의 경쟁사업자는 손해를 입는다). 이하 위와 같은 상황을 기초로 하여 배타조건부거래와 거래거절의 교차 문제를 살펴본다.

우선 배타조건부거래를 원하는 행위자가 당해 배타조건을 수용하지 않는 거래 상대방에 대하여 거래를 거절하는 경우가 있다.[217] 즉 거래거절을 배타조건부거래를 위한 '수단'으로 사용하는 경우이다.

이러한 거래거절에 대하여 이는 결국 배타조건부거래라고 하면서, 미국의 Lorain Journal 사건[218]을 들어 거래거절과 배타조건부거래는 사실상 구별할 필요가 없다는 견해가 있다.[219] 물론 위 사건에서 제기된 경쟁법적 문제는 광고시장에서 Lorain Journal의 경쟁사업자인 WEOL이 봉쇄되었다는 점이고, 따라서 위 사건의 본질은 Lorain Journal이 배타조건부거래를 하였다는 점에 있으며,[220] 실제로 미국 연방대법원 역시 위 사건에서 위법성을 인정하면서 WEOL이 광고시장에서 봉쇄되었음을 그 이유로 들었다. 이를 지적하는 부분에 관한 한 위 분석은 타당하다.

그러나 여기서 더 나아가 거래거절과 배타조건부거래를 구별할 필요가 없다는 주장에는 다소 동의하기 어렵다. 원래 거래거절이란 그 거래거절을 당한 상대방이 속한 관련시장의 경쟁에 영향을 미치는 행위로서 그러한 거래거절이 있으면 행위자의 경쟁사업자는 봉쇄되는 것이 아니라 오히려 거래의 기회를 얻게 된다. 행위자로부터 거래를 거절당한 상대방은 특별한 사정이 없는 한 행위자의 경쟁사업자와 거래하고자 할 것이기 때문이다. 즉 원칙적으로 거래거절이 있으면 배타조건부거래가 실시된 경우와 정반대의 효과가 발생한다. 물론 여러 상대방을 전제로 하여 행위자가 배타조건을 수용하는 상대방과만 거래하고 수용하지 않는 상대방과는 거래하는 않는 상황을 상정할 때, 일응 전자는 배타조건부거래이고 후자는 거래거절이다.[221] 그러나 위와 같은 상황에서는 후자에 주목하여 거래거절

217) C. Paul Rogers III, Stephen Calkins, Mark R. Patterson & William R. Anderson, Antitrust Law: Policy and Practice(4th ed.), LexisNexis (2008), p.807.

218) Lorain Journal Co. v. United States, 342 U.S. 143 (1951).

219) 서정, 앞의 논문(각주 23), 17－18쪽.

220) Herbert Hovenkamp, 앞의 책(각주 28), p.398.

로 의율할 것이 아니라 전자에 주목하여 배타조건부거래로 의율하여야 한다.[222] 물론 후자를 거래거절로 의율하더라도 그 거래거절은 배타조건부거래의 '수단'이었다는 점에서 경쟁법적 분석은 배타조건부거래의 법리에 따라 수행할 수 있겠지만, 이는 불필요한 혼란을 야기하는 것일 뿐이다. '위법한 목적 달성을 위한 수단으로서의 거래거절' 개념은 불공정성의 관점에서 거래를 거절당한 상대방에 대한 불공정거래행위로 의율할 때 보다 적합한 것이고, 경쟁제한성의 관점에서 행위자의 경쟁사업자를 배제하는 측면을 규제하고자 할 때에는 그리 적절한 것이 아니라고 생각된다.

요컨대, 배타조건부거래와 거래거절은 분명히 구별할 필요가 있다. 양자는 경쟁제한성이 문제되는 측면이 전혀 다르기 때문이다. 이는 거래거절이 배타조건부거래를 위한 수단으로 사용된 경우에도 마찬가지이다. 그러한 사안에서는 행위자가 거래거절을 통하여 달성하고자 한 배타조건부거래를 포착하여 의율하는 것이 타당하다.[223] 이를 '배타조건부거래와 거래거절을 구별할 필요가 없다'고 보아 일견 즉각적으로 포착되는 거래거절로 의율하는 것은 설령 그러한 의율 이후 배타조건부거래의 관점으로 경쟁법적 분석을 수행한다 하더라도 그리 적절하지 않다 할 것이다.

한편 위와 같이 배타조건부거래를 거래거절로 의율할 것이 아니라, 오히려 거래거절을 배타조건부거래로 의율할 가능성이 있는 것이 있다. 바로 거래거절 그 자체가 '목적'인 경우로서 경쟁사업자를 배제하기 위한 거래거절이 그것이다.

사실 거래거절을 하는 이유 내지 동기는 통상 그 행위자의 이해관계와 직결되기 때문이고, 위 이해관계는 대체로 직접적·간접적 또는 현실적·잠재적 경쟁관계에 기반한다. 즉 경쟁사업자인 거래상대방을 봉쇄하기 위하여 거래거절을 하는

221) Paul Clifford Armitage, 앞의 논문(각주 215), p.377 참조.

222) Kurt A. Strasser, Antitrust Policy in Agreements for Distributor Exclusivity, 16 Conn. L. Rew. 969, 971 (1984).

223) 즉 경쟁법상 문제가 되는 행위의 본질을 가장 잘 반영하는 규제 법리를 적용하는 것이 타당하다. 홍명수, "시장지배적 지위 남용으로서 거래거절의 의의와 위법성 판단", 부산대학교 법학연구 제51권 제1호(2010. 2.), 746-747쪽 참조.

것이다.[224] 이는 미국의 Aspen 판결(수평적 거래거절)이나 우리나라의 포스코 전합판결(수직적 거래거절) 등을 생각해 보더라도 알 수 있다.[225] 오히려 경쟁사업자 배제의 의미가 전혀 없는 그야말로 단순한 거래거절(예컨대 다른 사업자와 거래하기 위하여 기존의 거래상대방과 거래를 중단하거나, 계약 갱신을 하지 않거나 하는 경우 등)은 사실상 경쟁법적 문제가 아니라 순수한 민사법적 문제에 가까운 것이다.

배타조건부거래에서 거래성의 의미를 완화·축소한다는 것은 통상의 거래가 없더라도 배타조건부거래가 될 수 있다는 의미이다. 그런데 여기서 거래가 없다는 것은, 경쟁사업자가 거래를 원하고 있는 상황을 전제하면, 그 경쟁사업자에게 거래를 거절하는 형태로 나타난다. 앞서 배타조건부거래를 거래거절로 의율하는 것은 적절하지 않고, 그 이유는 거래거절이 있으면 경쟁사업자 봉쇄라는 결과는 오히려 발생하지 않기 때문이라는 점을 보았다. 그렇다면 거래거절로 인하여 경쟁사업자가 봉쇄되는 결과가 발생한다면 그러한 거래거절은 배타조건부거래로 의율할 수 있는 가능성이 있다. 대표적으로 이중유통의 경우 행위자와 상대방 사이에 통상적 의미에서의 '거래'는 없으나, 배타조건부거래의 규제 목적과 취지상 사업자 내부적인 상품의 이동 역시 배타조건부거래에서 말하는 '거래'로 파악할 여지가 있다.

실례로 포스코 전합판결의 사안을 살펴보면 다음과 같다. 만일 포스코, 포스코의 자회사, 자회사의 경쟁사업자(현대하이스코) 3자 구도에서 포스코와 포스코의 자회사가 전속거래를 하였다면 그것은 배타조건부거래가 될 수 있다. 현대하이스코의 경쟁사업자인 자회사를 행위자로 볼 수 있기 때문이다(물론 현대하이스코가 아닌 다른 경쟁사업자에게는 열연코일이 공급되었으므로, 위 사안은 이른바 '표적봉쇄' 사안이 될 것이다). 여기서 '포스코와 포스코의 자회사 사이의 거래'가 아니라 '포스

---

224) Commercial Solvents Corporation v. Commissison [1974] ECR 223. 홍명수, 앞의 논문(각주 223), 744－745쪽 참조.

225) European Commission, DG Competition Discussion Paper on the Application of Article 82 of the Treaty to Exclusionary Abuses (Brussels, December 2005), 209문단은 우리나라의 포스코 전합판결과 같은 상황을 일컬어 '수직적 봉쇄(vertical foreclo－sure)'라고 표현한다.

코 내부의 사업부문 사이의 상품 이동'이라고 하여 배타조건부거래가 성립될 수 없다고 하여야 하는가? 전자와 후자의 차이는 물리적 의미의 '거래'가 없다는 것일 뿐 당해 거래거절을 통하여 경쟁사업자(현대하이스코)가 봉쇄된다는 점은 완전히 동일하다. 실제로 포스코의 의도 자체가 위와 같은 경쟁사업자 봉쇄에 있었음도 명백하다.[226] 배타조건부거래의 거래성 요건을 완화하면 위와 같은 경우 역시 배타조건부거래로 의율할 수 있는 가능성이 열린다. 더욱이 이른바 계약의 자유, 상대방 선택의 자유 등 차원에서 현실적으로 거래거절의 위법성 인정이 매우 어려움을 감안하면,[227] 위와 같은 사안을 배타조건부거래로 의율하는 것은 매우 유용한 방법이 될 수 있다고 생각된다.

경쟁법에서 '과연 어떤 행위로 의율할 것인가'의 문제는 매우 중요하다.[228] 일단 경쟁당국이 특정 행위유형으로 의율을 하게 되면 이후의 상황은 모두 그 프레임에 따라 진행되는바, 경우에 따라서는 의율 그 자체가 사실상 해당 행위의 위법성 여부를 좌우하기도 한다. 예컨대 조건부 리베이트를 약탈적 가격책정으로 의율하면 거의 위법하지 않게 되고, 배타조건부거래로 의율하면 거의 위법하게 되는데, 이것이 같은 British Airways 사건에 관하여 미국과 EU에서 서로 다른 판단이 내려진 결정적인 이유이다.[229] 또한 미국에서는 배타조건부거래와 끼워팔기

---

226) 포스코 전합판결 사건에서 포스코는 처음부터 신규진입자인 현대하이스코를 냉연강판시장에서 배제할 의도를 명백히 밝혀 왔다. 이 부분을 명확히 지적하는 견해로 이봉의, "포스코판결과 방해남용의 향방", 경쟁저널 140호(2008. 9.), 12쪽; 윤성운·신상훈, "포스코 시지남용 건 관련 대법원 판결을 통해 본 경쟁제한성 입증의 문제", 경쟁저널 제137호(2008. 3.), 9쪽.

227) 이는 미국뿐만 아니라(현재까지 미국에서 원칙적 의미의 거래거절, 즉 거래를 거절당한 상대방이 속한 시장의 경쟁을 제한하는 거래거절로서 위법성이 인정된 사례는 Aspen 사건 외에는 전혀 없는 것으로 보인다), 우리나라 역시 마찬가지이다.

228) Andrew I. Gavil, "Exclusionary Distribution Strategies by Dominant Firms: Striking A Better Balance", 72 Antitrust L.J. 3, 28-29 (2004).

229) 김수련, "조건부 리베이트에 대한 미국 및 유럽판결의 비교 : British Airways 사건을 중심으로", 경제법판례연구 제6권(2010), 53쪽 이하. British Airways 사건에 관한 EU 법원의 판결은 Case C-95/04 P, British Airways v. Commission [2007] 4 CMLR 22, 미국 법원의 판결은 Virgin Atlantic Airways Ltd. v. British Airways PLC, 257 F.3d 256 (2d Cir. 2001).

의 위법성 판단기준이 다르다는 점에서 애매한 사안의 경우 경쟁당국 내지 사소의 원고는 끼워팔기로 의율하고자 시도하고, 행위자 내지 사소의 피고는 배타조건부거래로 보아야 한다고 주장하기도 한다.[230] 이와 같이 조건부 리베이트에 관한 약탈적 가격책정과 배타조건부거래의 의율 가능성, 배타조건부거래와 끼워팔기의 관계 등이 중요한 쟁점이 되는 것과 마찬가지 차원에서 우리 법상 배타조건부거래와 거래거절에 관하여도 양자 사이의 의율 문제를 보다 깊이 고민할 필요가 있다 할 것이다.

제4절 소결

공정거래법상 배타조건부거래는 '사업자가 거래상대방과 경쟁사업자와 거래하지 않는 조건으로 거래하는 행위'인바, 이러한 배타조건부거래의 개념 내지 해당성은 이를 행위주체의 측면과 행위요소의 측면으로 나누어 분석할 수 있다.

우선 행위주체의 측면을 보면, 우리 법은 배타조건부거래를 시장지배적 지위남용과 불공정거래행위로 규정함으로써 미국이나 EU와 달리 이를 '단독행위'로 인식하고 있는바, 당사자 사이의 합의는 개념요소가 아니고, 오히려 그 행위자와 상대방을 구분하여야 한다. 배타조건부거래의 '행위자'는 배타조건을 설정하는 자로서 당해 배타조건부거래로 인하여 봉쇄되는 사업자와 경쟁관계에 있는 자이고, 배타조건부거래의 '상대방'은 위와 같이 설정된 배타조건에 의한 배타적 거래의무를 부담하는 자이다. 한편 배타조건부거래의 성립과 관련한 강제성의 문제는 이를 의사억압성과 구속성으로 구분할 필요가 있는바, 당해 배타조건, 즉 경쟁사업자와 거래하지 않는다는 점에 관한 '구속성'은 필요하지만, 거래상대방의 의사에 반한다는 것을 의미하는 '의사억압성'은 필요하지 않다.

---

230) 위와 같은 미국의 상황에 관하여는 다음의 문헌들을 참조. Herbert Hovenkamp, The Antitrust Enterprise: Principle and Execution, Harvard University Press (2008), p.200; 홍대식, 앞의 논문(각주 9), 181쪽.

다음으로 배타조건부거래는 배타성, 조건성, 거래성을 그 행위요소로 한다. 먼저 경쟁법을 운용하는 모든 법제에서 공통적으로 요구하는 '배타성'이란 경쟁사업자를 배제하는 것을 의미하는 것으로서, 이것이 배타조건부거래 개념의 핵심이다. 그런데 모든 거래는 그 자체로 배제적 속성을 가지는바, 여기서 말하는 배타성이란 당해 거래가 아닌 '추가적 거래'에 관하여 경쟁사업자를 봉쇄하는 것을 의미한다 할 것이다. 이러한 배타성은 직접적이든 간접적이든, 적극적이든 소극적이든, 계약상의 것이든 사실상의 것이든, 전면적이든 부분적이든 모든 경우에 인정될 수 있다. 한편 우리 법상 특유의 요건으로서 '조건성'이란 배타조건부거래가 성립하기 위하여는 '조건부 거래'일 것이 요구된다는 의미인바, 경쟁사업자와 거래하지 않는 것을 전제로 하여서만 거래하고, 경쟁사업자와 거래하는 거래상대방과는 거래하지 않는 경우에 비로소 위 요건이 충족될 수 있다. 이와 관련하여 조건부 리베이트를 배타조건부거래로 의율할 수 있는지 문제되는데, 해당 리베이트의 수준과 정도가 상당하여 거래상대방의 선택권이 사실상 형해화된다고 볼 수 있다면 그러한 조건부 리베이트는 배타적 구속력이 있는 것으로서 위 조건성 역시 자연스럽게 충족한다고 볼 수 있다. 마지막으로 일응 당연한 요건이라고 할 수 있는 '거래성'은 배타조건부거래가 성립하기 위한 전제로서 독립적 경제주체 사이의 거래일 것을 요구한다. 그러나 공정거래법상 거래 개념은 유동적인 것인바, 규제의 목적과 취지상 실제 물리적 거래가 없더라도 규범적 의미에서 거래가 있는 것으로 간주할 수 있고, 따라서 설령 단일 기업의 내부적인 상품이동이라 하더라도 그것이 수직통합 사업자의 경쟁사업자에 대한 거래거절의 형태 등으로 발현된다면 배타조건부거래로 인식될 수 있다 할 것이다.

제4장

시장지배적 지위남용으로서 배타조건부거래의 부당성

제1절 서설

시장지배적 지위남용에는 착취남용과 배제남용이 있는바, 시장지배적 사업자에 의한 배타조건부거래는 배제남용의 전형으로서 배제남용 그 자체라고 할 수 있고, 이에 그 부당성의 핵심은 경쟁제한성에 있다는 점에 관하여 종래 이론과 실무가 통일되어 있다.

그러나 문제는 여기서 끝나지 않고, 오히려 시작된다. 모두가 경쟁제한성을 중심으로 부당성을 판단하여야 한다고 하나, 그 경쟁제한성을 바라보는 관점이 각기 다르고, 이에 실제 경쟁제한성 판단에 있어서도 서로 다른 결론과 이유를 제시하고 있기 때문이다.

그런데 이 문제는 단순히 배타조건부거래에 한정되는 것이 아니라 할 것인바, 보다 근본적인 차원에서 공정거래법상 배제남용 일반의 부당성 문제를 먼저 살펴볼 필요가 있다. 시장지배적 지위남용으로서 배타조건부거래의 부당성 판단은 위 논의를 통하여 자연스럽게 그 결론이 도출될 수 있을 것이다.

이러한 관점에서 이하 우리 법상 배제남용 일반의 통일적 판단체계를 수립하고(거래적 경쟁행위, 비성과경쟁, 경쟁제한성, 부당성), 이에 기초하여 시장지배적 지위남용으로서 배타조건부거거래의 부당성 문제를 검토하되, 구체적인 논리의 전개 방법과 순서는 다음과 같다.

먼저 우리 법상 경쟁제한성의 의미와 구체적 판단방법을 확립한 포스코 전합판결의 법리 및 시장지배적 지위남용으로서 배타조건부거래의 경쟁제한성에 관한 농협중앙회 판결 이래 퀄컴 판결에 이르기까지 판례의 변천과 추이를 살펴본다.

그리고 ① 경쟁법상 경쟁과 경쟁제한의 일반적 의미에 기초하여 배제남용 규제의 취지와 메커니즘을 분석·음미함으로써 그 요건을 추출하고, ② 이에 따라 배제남용 규제의 전제와 한계(거래적 경쟁행위), ③ 경쟁법이 추구하는 바람직한 경쟁(자유로운 경쟁과 공정한 경쟁, 성과경쟁과 비성과경쟁), ④ 공정거래법상 경쟁제한성의 의미와 판단방법(경쟁의 실질적 제한, 유력한 경쟁사업자 수의 감소, 배제남용의 경쟁제한성), ⑤ 경쟁제한성과 부당성의 관계(효율성 증대효과의 체계적 지위) 문제를 검토하며, ⑥ 이를 통하여 최종적으로 시장지배적 지위남용으로서 배타조건부거래의 부당성에 관한 새로운 판단방법을 제시하고자 한다.

제2절 확립된 판단기준 : 경쟁제한성

Ⅰ. 배제남용 일반에 관한 포스코 전합판결의 경쟁제한성 판시

포스코 전합판결(대법원 2007. 11. 22. 선고 2002두8626 전원합의체 판결)은 시장지배적 지위남용으로서 거래거절의 부당성은 경쟁제한성에 있음을 선언한 판결인바, 아래와 같은 판시함으로써 배제남용 일반의 부당성 판단기준을 확립하였다.

> "시장지배적 사업자의 지위남용행위로서의 거래거절의 부당성은 '독과점적 시장에서의 경쟁촉진'이라는 입법목적에 맞추어 해석하여야 할 것이므로, 시장지배적 사업자가 개별 거래의 상대방인 특정 사업자에 대한 부당한 의도나 목적을 가지고 거래거절을 한 모든 경우 또는 그 거래거절로 인하여 특정 사업자가 사업활동에 곤란을 겪게 되었다거나 곤란을 겪게 될 우려가 발생하였다는 것과 같이 특정 사업자가 불이익을 입게 되었다는 사정만으로는 그 부당성을 인정하기에 부족하고, 그 중에서도 특히 시장에서의 독점을 유지·강화할 의도나 목적, 즉 시장에서의 자유로운 경쟁을 제한함으로써 인위적으로 시장질서에 영향을 가하려는 의도나 목적을 갖고, 객관적으로도 그러한 경쟁제한의 효과가 생길 만한 우려가 있는 행위로 평가될 수 있는 행위로서의 성질을 갖는 거래거절행위를 하였을 때에 그 부당성이 인정될 수 있다 할 것이다.
>
> 그러므로 시장지배적 사업자의 거래거절행위가 그 지위남용행위에 해당한다고 주장하는 피고로서는 그 거래거절이 상품의 가격상승, 산출량 감소, 혁신 저해, 유력한 경쟁사업자의 수의 감소, 다양성 감소 등과 같은 경쟁제한의 효과가 생길 만한 우려가 있는 행위로서 그에 대한 의도와 목적이 있었다는 점을 입증하여야

> 할 것이고, 거래거절행위로 인하여 현실적으로 위와 같은 효과가 나타났음이 입증된 경우에는 그 행위 당시에 경쟁제한을 초래할 우려가 있었고 또한 그에 대한 의도나 목적이 있었음을 사실상 추정할 수 있다 할 것이지만, 그렇지 않은 경우에는 거래거절의 경위 및 동기, 거래거절행위의 태양, 관련시장의 특성, 거래거절로 인하여 그 거래상대방이 입은 불이익의 정도, 관련시장에서의 가격 및 산출량의 변화 여부, 혁신 저해 및 다양성 감소 여부 등 여러 사정을 종합적으로 고려하여 거래거절행위가 위에서 본 경쟁제한의 효과가 생길 만한 우려가 있는 행위로서 그에 대한 의도나 목적이 있었는지를 판단하여야 할 것이다."

즉 위 판결에 의하면, 시장지배적 지위남용에서 경쟁제한성이란 ① "시장에서의 독점을 유지·강화할 의도나 목적, 즉 시장에서의 자유로운 경쟁을 제한함으로써 인위적으로 시장질서에 영향을 가하려는 의도나 목적"이라는 주관적 요건과 ② "상품의 가격상승, 산출량 감소, 혁신 저해, 유력한 경쟁사업자의 수의 감소, 다양성 감소 등과 같은 효과가 생길 만한 우려가 있는 행위"라는 객관적 요건으로 구성된다.

또한 위 판결에 의하면, 시장지배적 지위남용의 경쟁제한성 판단은 ① '현실적으로 경쟁제한효과가 나타났음이 증명된 경우'에는 그 행위 당시에 경쟁제한을 초래할 우려가 있었고 또한 그에 대한 의도나 목적이 있었음이 사실상 추정되지만(즉 객관적 요건과 주관적 요건이 모두 사실상 추정된다),[231] ② '현실적으로 경쟁제한효과가 나타났음이 증명되지 않은 경우'에는 여러 사정을 종합적으로 고려하여 경쟁제한의 효과가 생길 만한 우려가 있는 행위로서 그에 대한 의도나 목적이 있었는지 판단하여야 한다(즉 객관적 요건과 주관적 요건을 모두 직접 증명하여야 한다).

231) 이는 결국 문제된 행위와 경쟁제한효과 사이에 '인과관계'를 추정한다는 의미로 이해할 수 있다.

II. 시장지배적 지위남용으로서 배타조건부거래에 관한 판례의 변천과 추이

1. 농협중앙회 판결

농협중앙회 판결은 시장지배적 지위남용으로서 배타조건부거래의 부당성에 관한 최초의 판결로서, 포스코 전합판결의 법리에 기초하여 아래와 같이 판시함으로써 배타조건부거래의 부당성 역시 경쟁제한성에 있음을 명확히 하였다.[232)]

> "배타조건부 거래행위가 ... 시장지배적 사업자의 지위남용행위에 해당하려면 그 배타조건부 거래행위가 부당하게 거래상대방이 경쟁사업자와 거래하지 아니할 것을 조건으로 그 거래상대방과 거래하는 행위로 평가될 수 있어야 하는바, 여기서 말하는 '부당성'은 '독과점적 시장에서의 경쟁촉진'이라는 입법 목적에 맞추어 해석하여야 할 것이므로, 시장에서의 독점을 유지·강화할 목적, 즉 시장에서의 자유로운 경쟁을 제한함으로써 인위적으로 시장질서에 영향을 가하려는 목적을 가지고, 객관적으로도 그러한 경쟁제한의 효과가 생길 만한 우려가 있는 행위로 평가될 수 있는 배타조건부 거래행위를 하였을 때에 그 부당성이 인정될 수 있다.
>
> 그러므로 시장지배적 지위남용행위로서의 배타조건부 거래의 부당성은 그 거래행위의 목적 및 태양, 시장지배적 사업자의 시장점유율, 경쟁사업자의 시장 진입 내지 확대 기회의 봉쇄 정도 및 비용 증가 여부, 거래의 기간, 관련시장에서의 가격 및 산출량 변화 여부, 유사품 및 인접시장의 존재 여부, 혁신 저해 및 다양성 감소 여부 등 여러 사정을 종합적으로 고려하여 판단하여야 한다. 다만, 시장지배적 지위남용행위로서의 배타조건부 거래행위는 거래상대방이 경쟁사업자와 거래하지 아니할 것을 조건으로 그 거래상대방과 거래하는 경우이므로, 통상 그러한 행위 자체에 경쟁을 제한하려는 목적이 포함되어 있다고 볼 수 있는 경우가 많을 것이다."

위 판결은 포스코 전합판결에서 제시한 경쟁제한성 판단방법을 배타조건부거래

---

232) 황태희, "시장지배적 사업자의 배타조건부 거래행위 : 대법원 2009. 7. 9. 선고 2007두22078 판결", 공정거래법 판례선집, 사법발전재단(2011), 65쪽 참조.

의 특성에 맞게 다소 변형하였는데,[233] ① 객관적 요건의 판단을 위하여 고려하여야 할 요소로서 "경쟁사업자의 시장 진입 내지 확대 기회의 봉쇄 정도 및 비용 증가 여부", 즉 '봉쇄효과' 내지 '경쟁자의 비용 상승'을 제시하였고, ② 주관적 요건 관련하여 '시장지배적 지위남용으로서의 배타조건부거래는 통상 그러한 행위 자체에 경쟁을 제한하려는 목적이 포함되어 있다고 볼 수 있는 경우가 많을 것이다'라고 판시함으로써, 시장지배적 사업자의 배타조건부거래는 그 특성상 주관적 요건이 사실상 추정된다고 하였다.

2. 지마켓 I(엠플온라인) 판결

지마켓 I(엠플온라인) 판결은 농협중앙회 판결을 인용하여 해당 사안의 부당성을 부정한 사례이다.

위 판결은 농협중앙회 판결의 법리를 그대로 반복하고 있는바, 다만 농협중앙회 판결 중 주관적 요건 추정 부분은 언급하지 않았다. 즉 위 판결은 ① 농협중앙회 판결의 객관적 요건 관련 판시는 그대로 받아들이고, ② 주관적 요건 관련 판시는 제외하고 있는 점이 특색이다.

3. 지마켓 II(11번가) 판결

지마켓 II(11번가) 판결은 심리불속행 판결이어서 아무런 법리 설시가 없는바, 이는 위 지마켓 I(엠플온라인) 판결과 사실상 같은 사안이었던 점에 기인하는 것으로 보인다.

한편 참고로, 이 사건의 원심판결(서울고등법원 2011. 10. 12. 선고 2010누40634 판결)은 위 지마켓 I(엠플온라인) 판결의 법리와 판단구조를 그대로 차용하여 '봉쇄효과'가 인정되지 않는다고 판단하면서도, 이에 더하여 '시장에서의 가격 및 산출량'에도 변화가 없다는 점을 덧붙이고 있다.[234]

---

233) 양명조, 앞의 책(각주 114), 189쪽은 농협중앙회 판결에 관하여 '포스코 전합판결에 버금가는 의미 있는 판결'이라고 평가하고 있다.

234) 해당 판시는 다음과 같다. "이 사건 행위가 이루어졌다는 2009. 10.경부터 2009. 12.경까

4. 에스오일 판결

에스오일 판결은 시장지배적 지위남용으로서 배타조건부거래가 아닌 불공정거래행위로서 배타조건부거래에 관한 판결이고, 포스코 전합판결이나 농협중앙회 판결을 직접 인용하고 있지도 않지만, 사실상 위 선례들에 기초하여 배타조건부거래 일반의 경쟁제한성에 관한 법리를 발전시켰다.

우선 위 판결은 '시장지배적 지위남용으로서 배타조건부거래'의 경쟁제한성과 '불공정거래행위로서 배타조건부거래'의 경쟁제한성 사이에 아무런 차별화를 시도하지 않고 있는바, 결국 판례는 양자의 경쟁제한성을 사실상 같은 것으로 보고 있음을 알 수 있다.

한편 위 판결은 농협중앙회 판결에서 제시된 경쟁제한성 판단방법을 다소 변형하고 있는데, ① 객관적 요건 관련하여 "배타조건부 거래행위로 인하여 대체적 물품구입처 또는 유통경로가 차단되는 정도"라는 고려요소를 가장 먼저 제시함으로써 배타조건부거래의 봉쇄효과를 강조하는 한편, 농협중앙회 판결 및 지마켓 I(엠플온라인) 판결에서 계속 언급되었던 "관련시장에서의 가격 및 산출량 변화 여부"를 고려요소에서 제외하고 있고, ② 주관적 요건 관련하여 단순히 "배타조건부 거래행위의 의도 및 목적"을 고려하여야 한다고만 하고 있을 뿐 그것이 사실상 추정된다는 점을 언급하지 않고 있는 점이 주목된다.

5. 현대모비스 판결

현대모비스 판결은 대법원 자체의 특별한 법리 설시 없이 단순히 원심의 판단을 수긍한 사례이다.

그러나 비록 다소 제한적이기는 하지만, 대법원이 원심의 판단(결론)을 수긍하

지 사이에 실제 11번가의 매출액이 감소하거나 영업활동을 위한 비용이 증가하였다는 등의 시장봉쇄효과가 있었음을 인정할만한 아무런 자료가 없고, 나아가 그로 인하여 시장에서의 가격 및 산출량 변화나 혁신 저해 및 다양성 감소 등과 같은 경제제한 효과가 발생하였다 볼 증거도 없다."

면서 그 수긍하는 판단내용(이유)을 취사선택하여 정리하는 것 역시 일응 대법원의 입장을 반영하는 것이라 할 것인바, 즉 위 판결이 원심 판결을 수긍하는 방식으로 ① 주관적 요건 관련하여 문제된 배타조건부거래가 "원고의 시장지배적 지위를 계속 유지"하기 위한 행위였다는 점을 강조하고 있는 점, ② 객관적 요건 관련하여 문제된 배타조건부거래로 인하여 "다양성과 가격경쟁이 감소하여 순정품 가격이 더 비싸지고 소비자는 정비용 부품을 더 싸게 살 기회를 갖지 못하게 되어 소비자 후생이 감소할 수밖에 없[다]"고 한 점을 주목할 필요가 있다.

6. 퀄컴 판결

퀄컴 판결은 시장지배적 지위남용으로서 배타조건부거래에 관하여 가장 최근에 선고된 판결로서, 아래와 같이 판시하여 종래 일부 논란이 있었던 부분(특히 주관적 요건의 추정 여부)까지 그 법리를 다시 정리하였는바, 현재로서 이 문제에 관한 대법원의 최종적 입장이라고 할 수 있다.

> "법 제3조의2 제1항 제5호 전단의 '경쟁사업자를 배제하기 위하여 거래한 행위'의 부당성은 독과점적 시장에서의 경쟁촉진이라는 입법 목적에 맞추어 해석하여야 하므로, 시장지배적 사업자가 시장에서의 독점을 유지·강화할 의도나 목적, 즉 시장에서의 자유로운 경쟁을 제한함으로써 인위적으로 시장질서에 영향을 가하려는 의도나 목적을 갖고, 객관적으로도 그러한 경쟁제한의 효과가 생길 만한 우려가 있는 행위로 평가할 수 있는 행위를 하였을 때에 부당성을 인정할 수 있다. 이를 위해서는 그 행위가 상품의 가격상승, 산출량 감소, 혁신 저해, 유력한 경쟁사업자의 수의 감소, 다양성 감소 등과 같은 경쟁제한의 효과가 생길 만한 우려가 있는 행위로서 그에 대한 의도와 목적이 있었다는 점이 증명되어야 한다. 그 행위로 인하여 현실적으로 위와 같은 효과가 나타났음이 증명된 경우에는 그 행위 당시에 경쟁제한을 초래할 우려가 있었고 또한 그에 대한 의도나 목적이 있었음을 사실상 추정할 수 있지만, 그렇지 않은 경우에는 행위의 경위 및 동기, 행위의 태양, 관련시장의 특성 또는 유사품 및 인접시장의 존재 여부, 관련시장에서의 가격 및 산출량의 변화 여부, 혁신 저해 및 다양성 감소 여부 등 여러 사정을

종합적으로 고려하여 그 행위가 경쟁제한의 효과가 생길 만한 우려가 있는 행위로서 그에 대한 의도나 목적이 있었는지를 판단하여야 한다. 다만 시장지배적 지위 남용행위로서의 배타조건부 거래행위는 거래상대방이 경쟁사업자와 거래하지 아니할 것을 조건으로 그 거래상대방과 거래하는 경우이므로, 통상 그러한 행위 자체에 경쟁을 제한하려는 목적이 포함되어 있다고 볼 수 있는 경우가 많을 것이다(위 2002두8626 전원합의체 판결, 대법원 2009. 7. 9. 선고 2007두22078 판결 등 참조).

여기에서 배타조건부 거래행위가 부당한지 여부를 앞서 든 부당성 판단 기준에 비추어 구체적으로 판단할 때에는, 배타조건부 거래행위로 인하여 대체적 물품구입처 또는 유통경로가 봉쇄 · 제한되거나 경쟁사업자 상품으로의 구매전환이 봉쇄 · 제한되는 정도를 중심으로, 그 행위에 사용된 수단의 내용과 조건, 배타조건을 준수하지 않고 구매를 전환할 경우에 구매자가 입게 될 불이익이나 그가 잃게 될 기회비용의 내용과 정도, 행위자의 시장에서의 지위, 배타조건부 거래행위의 대상이 되는 상대방의 수와 시장점유율, 배타조건부 거래행위의 실시 기간 및 대상이 되는 상품 또는 용역의 특성, 배타조건부 거래행위의 의도 및 목적과 아울러 소비자 선택권이 제한되는 정도, 관련 거래의 내용, 거래 당시의 상황 등 제반 사정을 종합적으로 고려하여야 한다."

이 판결에서는 ① 주관적 요건 관련하여 배타조건부거래의 특성상 주관적 요건이 사실상 추정된다는 점을 다시 설시하고 있는 점, ② 객관적 요건 관련하여 여러 가지 고려요소들을 다시 체계화하여 정리하면서 "배타조건부 거래행위로 인하여 대체적 물품구입처 또는 유통경로가 봉쇄 · 제한되거나 경쟁사업자 상품으로의 구매전환이 봉쇄 · 제한되는 정도를 중심으로" 판단하여야 한다고 함으로써 봉쇄효과를 강조하고 있는 점 및 여전히 "관련시장에서의 가격 및 산출량 변화 여부"는 고려요소에서 제외하고 있는 점이 주목된다.

즉 위 판결은 주관적 요건의 사실상 추정을 포함한 종래의 ① 법리를 확인하면서(포스코 전합판결과 농협중앙회 판결을 인용하였다), ② 부분의 설시를 통하여 객관적 요건 판단시 고려하여야 할 요소를 새롭게 정리하여 제시한 것이라고 볼 수

있다(아무런 선례 인용이 없다).[235)]

제3절 새로운 부당성 판단방법

Ⅰ. 배제남용의 체계적 이해

1. 경쟁과 경쟁의 제한

'경쟁' 또는 '경쟁제한'의 개념은 경쟁법의 핵심이라고 할 수 있다. 경쟁법은 경쟁제한적 행위를 규제하여 자유롭고 공정한 경쟁을 유지·확보함으로써 자원배분의 효율성과 소비자후생을 제고하는 것을 목적으로 하므로, 경쟁법과 경쟁정책의 운용을 위한 선결조건으로서 경쟁 및 경쟁제한의 개념을 정립할 필요가 있다.

그러나 '경쟁'의 개념에 대하여는 그동안 수많은 학자들이 이를 정의하기 위하여 끊임없이 노력해 왔음에도 불구하고 아직 만족할 만한 합의에 이르지 못하고 있고,[236)] '경쟁제한'의 개념 역시 일의적으로 제시하기 어려운 문제이다. 이에 예외가 전혀 없는 것은 아니지만,[237)] 미국, EU를 비롯한 세계 각국의 경쟁법은 대부분 경쟁 또는 경쟁제한의 개념을 선험적으로 규정하지 않고 구체적인 법집행과정을 통하여 점차 정립되어 가도록 하고 있다.

다만 배제남용, 나아가 시장지배적 지위남용으로서 배타조건부거래의 경쟁제한성을 검토하기 위하여는 경쟁과 경쟁제한의 의미에 관한 최소한의 합의가 필요할 것인바, 이하 이에 관하여 본다.

---

235) 권오승·이민호, 독점규제법 기본판례, 법문사(2020), 10쪽 참조.
236) 권오승·서정, 앞의 책(각주 2), 16쪽.
237) 일본은 '경쟁'의 개념을 규정하고 있고(사적독점금지법 제2조 제4항), 우리나라는 '경쟁제한'의 개념을 규정하고 있다(공정거래법 제2조 제5호). 그러나 이는 매우 이례적인 것으로서, 위와 같은 입법이 실제 판단에 도움이 되는지에 관하여는 다소 회의적인 견해가 다수이다. 양명조, 앞의 책(각주 114), 139쪽; 이호영, 앞의 책(각주 74), 8쪽.

가. 경쟁 : 복수의 사업자들의 경합

우선 '경쟁'이란, 그것을 어떻게 정의하고 바라본다 하더라도 일반적으로 '한정된 것을 차지하지 위한 각 개체들의 경합상태'를 경쟁이라고 칭하는 것에 이의를 제기하기는 어려울 것인바,[238] 이를 경쟁법의 관점으로 표현하자면 '소비자의 선택을 받기 위한 사업자들 사이의 경합상태'가 일응 경쟁이라고 할 수 있다.[239] 즉 경쟁법상 경쟁 그 자체를 엄밀히 정의하는 것은 어려운 문제이나, 적어도 그것이 '복수의 사업자들 사이의 경합'을 필연적 전제 내지 본질적 특성으로 한다는 점에 관한 한 이견이 있을 수 없다. 아무런 경합이 없는 상태는 그 어떤 관점에서 보더라도 경쟁이 있다고 할 수 없는 것이다.[240]

한편 경쟁법상 경쟁을 이해함에 있어서는 '개별적 경쟁행위'와 '전체로서의 시장경쟁'을 구분할 필요가 있다. 경쟁법은 사업자들의 개별적인 경쟁행위를 보호하는 것이 아니라 전체로서의 시장경쟁, 즉 시장 메커니즘을 보호하고자 하는 것이기 때문이다.

결국 경쟁법상 경쟁이란 적어도 '복수의 사업자들의 경합'을 본질로 하는 것으로서, '전체로서의 시장경쟁'을 의미한다고 할 수 있다.

나. 경쟁의 제한 : 전체로서의 시장경쟁에 대한 침해

다음으로 '경쟁의 제한'이라고 할 때, 앞서 경쟁의 의미를 살펴보았으므로 문제

---

238) "[C]ompetition is the action of endeavouring to gain what another endeavours to gain at the same time" F. A. Hayek, "The meaning of competition", Individualism and Economic Order, The University of Chicago Press(published 1948, paperback edition 1980), p.96.

239) 권오승·홍명수, 경제법(제14판), 법문사(2021), 124쪽; 이봉의, 앞의 책(각주 74), 512쪽; 한철수, 앞의 책(각주 19), 30쪽; 김두진, 경제법, 동방문화사(2020), 3쪽; 김형배, 앞의 책(각주 12), 36쪽 등 참조.

240) 위와 같이 '독점'과 대비되는 개념으로서 '경쟁'을 설명하는 견해로 홍대식, "경쟁시장의 창출과 경쟁법 : 유비쿼터스도시서비스 시장의 경우", 경쟁법연구 제19권(2009. 5.), 46쪽; 최정표, 산업조직경제학(제5판), 형설출판사(2016), 25쪽. 한편 EU 배제남용 집행지침 30문단에서도 경쟁법에서 '경합(rivalry)'이 가지는 의미를 강조하고 있다.

는 '제한'이라는 부분에 있다 할 것이다.

그런데 여기서 '제한'이란 다양한 용어로 표현될 수 있는바, 실제로 미국에서는 경쟁의 '제한(restraint)'이라는 표현을 사용하고 있고(셔먼법 제1조), EU에서는 경쟁의 '금지(prevention), 제한(restriction), 왜곡(distortion)'이라고 표현하고 있으며(TFEU 제101조 제1항), 우리나라에서는 경쟁의 '제한'이라는 표현 외에 경쟁의 '저해'라는 표현도 사용되고 있다(대법원 2003. 2. 20. 선고 2001두5347 전원합의체 판결(대한의사협회 판결)).

물론 위 용어들 사이에 미묘한 의미의 차이를 구분해 내는 것이 불가능한 것은 아니고 경우에 따라서는 그러한 구분이 필요할 수도 있으나,[241] 적어도 큰 틀에서 경쟁의 제한, 금지, 왜곡, 저해 등은 결국 모두 경쟁상태를 '침해'하는 것으로 이해할 수 있고,[242] 경쟁제한의 일반적 의미를 이해하기 위하여는 이것으로 부족함이 없다고 생각된다.

즉 경쟁제한의 의미를 이해하는 데 있어 '제한'이라는 표현 그 자체에 특별한 의미를 둘 것은 아닌바, 결국 경쟁의 제한이란 경쟁상태에 대한 '침해'를 의미한다고 이해하면 충분하다 할 것이다.[243]

다. 경쟁법 : 바람직한 시장경쟁을 침해하는 경쟁제한행위의 규제

이상 살펴본 바에 따라 이하의 논의를 시작하기 위한 출발점으로서 개괄적으로 말하자면, 경쟁법에서 말하는 '경쟁'이란 '복수의 사업자들 사이의 경합'을 의미하고, '경쟁의 제한'이란 '전체로서의 시장경쟁에 대한 침해'를 의미한다고 할 수 있다.

그리고 경쟁법이 보호대상으로 하는 경쟁은 경쟁법이 추구하는 경쟁, 즉 이상

---

241) 배제남용이 아닌 방해남용을 강조하는 취지에서 경쟁제한성과 경쟁저해성을 구분하고자 하는 견해로 조혜신, 앞의 논문(각주 57), 73쪽 이하.

242) Phillip Areeda, Louis Kaplow, Aaron Edlin & C. Scott Hemphill, 앞의 책(각주 37), p.645; 오승한, 앞의 논문(각주 109), 451쪽; 강상덕, "미국의 셔먼법 제2조와 EU 조약 제102조의 구성요건에 관한 비교 연구", 저스티스 제133호(2012. 12.), 196쪽 참조.

243) 경쟁법은 '시장실패(market failure)'가 있을 때 개입하게 된다는 설명으로 Barry J. Roger & Angus MacCulloch, 앞의 책(각주 13), p.35.

적이고 건전한 '바람직한 경쟁'을 의미한다는 점에 관하여는 별다른 이론이 있을 수 없으므로, 결국 경쟁법은 '바람직한 시장경쟁을 침해하는 경쟁제한행위'를 규제한다고 이해할 수 있을 것이다.

2. 배제남용의 메커니즘 : 경쟁자 보호를 통한 경쟁 보호

흔히 경쟁법은 '경쟁'을 보호하는 것이지 '경쟁자'를 보호하는 것이 아니라고 한다. 이는 아마도 경쟁법에서 가장 유명한 명제 중 하나일 것이다.[244]

물론 경쟁법은 '경쟁'을 보호하는 것이지 '경쟁자'를 보호하는 것이 아니다. 애당초 경쟁이란 본질적으로 경쟁자를 배제하는 활동이므로,[245] 경쟁자가 배제된다고 하여 그 자체로 경쟁이 제한된다고 할 수는 없다.

그러나 '경쟁자 없는 경쟁'이란 있을 수 없다.[246] 경쟁 보호와 경쟁자 보호는 상호 분리된 것이 아니라 긴밀히 연결되어 있다. 위 명제를 형식적으로 이해하여서는 안 된다.[247] 경쟁을 보호하면 경쟁자가 보호될 수 있고, 경쟁자를 보호함으

---

244) 이는 단순히 추상적 선언에 불과한 것이 아니라 이미 구체적·실천적 의미를 획득하고 있다. 예컨대 ① 미국의 판례는 "It is competition, not competitors, which the Act protects."라고 판시하였고(Brown Shoe Co., Inc. v. United States, 370 U.S. 294, 344 (1962)), ② EU의 배제남용 집행지침 6문단은 "[W]hat really matters is protecting an effective competitive process and not simply protecting competitors."라고 규정하고 있으며, ③ 우리나라의 포스코 전합판결(대법원 2007. 11. 22. 선고 2002두8626 전원합의체 판결)에서도 "경쟁제한적인 의도나 목적이 전혀 없거나 불분명한 전략적 사업활동에 관하여도 다른 사업자를 다소 불리하게 한다는 이유만으로 경쟁 제한을 규제 대상으로 삼는 법률에 위반된 것으로 처분한다면 이는 그 규제를 경쟁의 보호가 아닌 경쟁자의 보호를 위한 규제로 만들 우려가 있[다.]"고 판시한 바 있다.

245) "경쟁이란 경쟁사업자를 배제하는 과정 혹은 이를 위한 행태 그 자체이다." 정호열, "불공정거래행위에 관한 몇가지 논의와 법집행의 실제", 공정거래법과 규제산업(권오승·이원우 공편), 법문사(2007), 324쪽.

246) "[T]he mantra that "the antitrust laws are designed to protect competition, not competitors" is an empty slogan. There can be no competition without competitors." Andrew I. Gavil, 앞의 논문(각주 228), p.81.

247) 같은 취지로 강상덕, "미국 셔먼법상 배제적 행위의 위법성 판단 기준 : 우리나라 및 일본과의 비교연구", 법조 제687호(2013. 12.), 253쪽; 이봉의, "한국형 시장경제의 심화와 경제법의 역할", 서울대학교 법학 제58권 제1호(2017. 3.), 119쪽; 정찬모, "오픈마켓의 불공정행위 분쟁사례를 통해 본 공정거래법과 전자상거래소비자보호법 적용상의 쟁점",

로써 경쟁이 보호될 수도 있다. 경쟁자의 보호가 언제나 경쟁의 보호로 연결되는 것은 아니지만, 경우에 따라서는 경쟁자를 보호하는 것이 경쟁을 보호하는 것이 될 수 있다. 나아가 특별한 경우에는 경쟁자를 보호하는 것이 그 자체로 경쟁을 보호하는 것일 수 있다. 이는 특히 시장지배적 사업자가 존재하는 독과점시장에서 더욱 그러한바, 경쟁법상 '배제남용'이라는 개념 자체가 위와 같은 메커니즘을 전제로 하는 것이다.[248)][249)]

문제는 경쟁 보호로 연결되지 않는 경쟁자 보호에 있다.[250)] 즉 경쟁 보호와 무관한 경쟁자 보호, 극단적으로 표현하자면 '경쟁자만 보호하고 오히려 경쟁은 저해되는' 규제가 문제인 것이고, 이러한 규제는 경쟁법의 본질에 반하는 것으로서 허용될 수 없다. 그렇다면 '경쟁 보호로 연결되는 경쟁자 보호'와 '경쟁 보호로 연결되지 않는 경쟁자 보호'를 구분해 내는 것이 관건이 될 것인바, 이에 대하여는 배제남용의 요건이 가지는 의미와 그러한 요건들을 요구하는 이유가 무엇인지 생각해 봄으로써 실마리를 찾을 수 있을 것이다.

3. 배제남용의 요건

배제남용이란 ① 시장지배적 사업자가(행위자 요건) ② 경쟁사업자를 배제하는

외법논집 제41권 제3호(2017. 8.), 257쪽. 한편 소송법적 쟁점과 관련하여 이 부분을 논하는 견해로 천준범, "기업결합 승인에 대한 경쟁사업자의 사법상 쟁송 가능성에 관하여 : 행정소송법 개정 및 공정거래법상 금지청구권 도입에 즈음하여", 경쟁법연구 제29권(2014. 5.), 74쪽; 강우찬, "배제남용이 문제 되는 행정소송에서 경쟁사업자의 공정거래위원회를 위한 보조참가가 허용되는지 여부(2015. 10. 5.자 2015무513 결정 : 미간행)", 대법원판례해설 제105호(2015년 하반기), 543쪽; 최재원, "일본 JASRAC 판결의 소개와 시사점 : 제3자의 원고적격을 중심으로", 경쟁법연구 제37권(2018. 5.), 309－310쪽.

248) 이와 관련한 EU의 논의가 이른바 '특별책임(special responsibility)' 법리이다. EU에서는 "시장지배적 사업자는 공동시장에서 순수하고 왜곡되지 않은 경쟁을 해치는 행위를 하지 말아야 할 특별한 책임을 진다"고 보는바, 이러한 법리는 Michelin I 판결에서 최초로 확립되었다(Case 322/81 Michelin v. Commission [1983] ECR 3461, para. 57).

249) 경쟁 보호와 경쟁자 보호에 관한 보다 상세한 사항은 Daniel A. Crane, Antitrust, Wolters Kluwer Law & Business (2014), p.97－98; 홍대식, 앞의 논문(각주 240), 46쪽; 신동권, "시장지배적지위남용행위의 쟁점 : 공정거래위원회 심결 및 법원 판결을 중심으로", 공정거래법의 쟁점과 과제(서울대학교 경쟁법센터), 법문사(2010), 6쪽 이하.

250) 신동권, 앞의 책(각주 84), 12쪽.

행위를 통하여(행위요건) ③ 시장경쟁을 제한하는 것(폐해요건)을 말한다.

그런데 실제 구체적 사안에서 문제된 행위가 과연 배제남용에 해당하는지 여부를 판단하는 것은 쉽지 않은 문제인바, ① 요건은 특별한 문제가 없으나,[251] ② 요건과 ③ 요건의 판단에는 많은 어려움이 따른다. 반드시 경쟁사업자를 배제하기 위하여 행한 행위가 아니라 하더라도 그로 인하여 결과적으로 경쟁사업자가 배제되는 상황이 있을 수 있고, 경쟁사업자를 배제한다고 하여 반드시 시장경쟁이 제한되는 것도 아니기 때문이다. 한편 배제남용 규제는 원칙적으로 그것이 경쟁법의 적용대상임을 당연한 전제로 하고, 우리 법상 위법성의 최종적 판단기준은 경쟁제한성이 아닌 부당성인바, 이 점 역시 고려하여야 할 것이다. 이하 위와 같은 관점에서 배제남용 일반의 요건을 체계적으로 정리해 보고자 한다.[252]

가. 행위요건 : 비성과경쟁

우선 배제남용의 행위요건은 경쟁사업자를 배제하는 행위 또는 배제할 우려가 있는 행위를 의미한다. 그러나 경쟁은 본질적으로 경쟁자를 배제하는 행위로서, 오히려 경쟁자를 배제하려는 노력 그 자체를 경쟁이라고 할 수 있다. 따라서 배제남용의 행위요건을 위와 같이 형식적으로 이해하여서는 안 된다. 무언가 더 실질적인 개념표지를 찾아낼 필요가 있다. 여러 가지 가능성을 생각해 볼 수 있으나, 가장 직관적이고 간명한 표지는 문제된 행위가 '성과경쟁'인지 여부라고 생각된다. 즉 문제된 행위가 해당 사업자의 성과에 기반한 것이 아닌 경우, 그러한 행위가 바로 배제남용의 행위요건을 충족한다 할 것이다.[253] 이는 반대의 측면에서

251) 이하 특별한 사정이 없는 한 행위자 요건에 관하여는 별도로 검토하지 않는다.

252) 이하의 논의는 반드시 시장지배적 사업자의 '배제남용'이 아니라 일반 사업자의 '배제적 행위'에 관하여도 원칙적으로 그대로 적용될 수 있다.

253) 다음과 같은 판시 내지 견해도 같은 취지라 할 것이다. ① "Thus, 'exclusionary' comprehends at the most behavior that not only (1) tends to impair the opportunities of rivals, but also (2) either does not further competition on the merits or does so in an unnecessarily restrictive way." Aspen Skiing Co. v. Aspen Highlands Skiing Corp., 472 U.S. 585, 605(각주 32 부분, 3 P. Areeda & D. Turner, Antitrust Law 78 (1978) 인용) (1985). ② "[E]xclusion of rivals (or increasing their costs) is harmful only if the exclusion is not based on efficiencies of competition

보자면, 문제되는 행위가 성과경쟁인 한 이는 애당초 배제남용이 될 수 없음을 의미한다.[254)]

여기서 성과경쟁의 개념이 굳이 왜 필요한지, 필요하다 하더라도 이는 경쟁제한성 판단, 즉 폐해요건과 관련한 것이 아닌지 의문이 있을 수 있다. ① 그러나 경쟁사업자를 배제하는 행위에는 매우 다양한 형태가 있는바, 그러한 행위들을 모두 포섭할 수 있는 상위 개념으로서 일반적 행위요건을 설정할 필요가 있다. 오히려 이를 통하여 다양한 형태의 배제적 행위들을 비로소 배제남용이라는 하나의 범주로 묶는 것이 정당화될 수 있을 것이다. ② 그리고 다음 항목에서 보는 바와 같이 비성과경쟁이 있다고 하여 그 자체로 경쟁이 제한되는 것은 아닌바, 성과경쟁 여부와 경쟁제한성 여부는 분명히 구별되는 개념이다. 문제된 '행위'가 성과경쟁인지 여부는 그것이 '남용'인지 여부를 가리기 위한 경쟁제한성 판단의 전제로서, 양자는 논의의 단계 내지 차원을 달리하는 것이다.

나. 폐해요건 : 경쟁제한성

다음으로 배제남용은 그 폐해요건으로서 경쟁제한성을 필요로 한다. 성과경쟁이 아닌 경쟁, 즉 불공정한 경쟁방법에 의한 비성과경쟁이라고 하여 그 자체로 무조건 경쟁제한성이 인정되는 것은 아니다.[255)] 불공정한 경쟁방법이란 '행위(행태)'의 측면을 관찰하는 것이고, 경쟁제한성이란 '결과(효과)'의 측면에 주목하는 것이

---

on the merits and if it creates or protects market power." Jonathan M. Jacobson, 앞의 논문(각주 45), p.346-347. ③ "공정거래법상 금지되는 배제행위는 '시장이 상정하지 않은 부당한 방법'을 통해 경쟁자를 배제시킴으로써 시장의 독점을 달성 내지 유지하는 행위인 것이다." 서정, "배제남용행위의 위법성 판단기준", 공정거래법의 쟁점과 과제(서울대학교 경쟁법센터), 법문사(2010), 97쪽. ④ "배제는, 경쟁의 산물이고, 효율성이 열등한 기업이 시장으로부터 퇴출하는 것은 당연한 일이며, 그 결과로 시장지배력이 생겼다고 하더라도, 별수가 없는 것이다. 그러나, 효율에 의하지 아니하고 시장에서 배제되고, 그것에 의하여 시장지배력이 발생·유지·확대하는 것을 기피해야 한다는 것이 사적독점을 규제하는 취지이다." 고토 아키라·스즈무라 고타로 편저, 정병휴 역주, 일본의 경쟁정책, FKI미디어(2000), 276-277쪽.

254) 이에 관하여는 아래 III.에서 상세히 살펴본다.

255) Harry S. Gerla, "Competition on the Merits – A Sound Industrial Policy for Antitrust Law", 36 U. Fla. L. Rev. 553, 585-586 (1984).

기 때문이다.[256] 즉 설령 비성과경쟁이라고 하더라도 그 행위의 불공정성에 더하여 가격상승이나 산출량감소 등 시장경쟁 전반에 대한 악영향이 인정되어야 비로소 경쟁제한성이 인정된다. 요컨대 불공정한 경쟁방법 모두가 경쟁제한적인 것은 아니라 할 것인바, '플러스 알파'가 필요하다(질적인 관점).[257]

이는 이른바 '사소성(de minimis)'의 법리 관점에서도 이해할 수 있다. 성과경쟁이 아닌 방법으로 경쟁자를 배제하더라도, 예컨대 100명의 경쟁자가 있는 시장에서 1명의 경쟁자를 비성과경쟁을 통하여 배제한 경우 그러한 행위가 전체로서의 시장경쟁에 미치는 영향은 극히 미미할 것이기 때문이다(양적인 관점).[258]

그렇다면 경쟁자 배제는 어떤 경우에 경쟁을 침해하는 것이 되는가? 이 문제가 바로 경쟁제한성의 의미에 관한 문제이다. 이에 관하여는 아래에서 상세히 살펴보기로 하는바, 일단 여기서는 성과경쟁이 아닌 방법으로 경쟁자를 배제하는 행위 중 단순히 개별적인 경쟁자를 배제하는 것에 그치지 않고 시장전체의 경쟁을 침해하는 것을 경쟁제한적이라고 할 수 있다는 점만 다시 한번 언급해 두고자 한다.

다. 전제요건 : 거래적 경쟁행위

한편 일반적으로 언급되는 것은 아니지만 어떤 행위가 배제남용이 되기 위하여 필요한 전제요건이 있다. 그것은 바로 그 행위가 '경쟁행위'이고, 나아가 '거래적 경쟁행위'여야 한다는 것이다. 이는 경쟁법의 적용 내지 배제남용 규제의 전제이자 한계가 된다 할 것인바, 이러한 개념을 통하여 배제남용의 규제대상이 아닌 행위를 식별할 수 있다.

---

256) 이승택, "우리 공정거래법상의 부당성의 의미 및 그 법률상 지위 : 대법원 판례를 중심으로", 사법논집 제49집(2009), 109쪽; 홍대식, "공정거래법상 불공정거래행위의 위법성 판단기준에 대한 재검토 : 경쟁질서와의 관련성을 중심으로", 경쟁법연구 제37권(2018. 5.), 195쪽("경쟁제한성은 경쟁사업자 배제 효과와 같이 시장에 미치는 효과까지 고려하는 반면에, 경쟁수단의 불공정성은 효과와 관계없이 행위를 그 성질과 같은 행태적인 측면에서 평가한다는 점에서 구별될 수 있다.").

257) 임영철 · 조성국, 앞의 책(각주 19), 114쪽.

258) 다만 EU의 경우 시장지배적 사업자의 '배제남용'에 관하여도 위와 같은 사소성의 법리가 적용되는지에 관하여는 논란이 있다. Johan W. van de Gronden & Catalin S. Rusu, Competition Law in the EU, Edward Elgar (2021), p.154－154.

라. 최종요건 : 부당성

마지막으로 우리 법상 위법성 인정을 위한 최종적 개념은 경쟁제한성이 아니라 '부당성'이다. 즉 경쟁제한성이 인정되더라도 부당성이 인정되지 않으면 그 위법성이 부정된다. 이러한 차원에서 부당성은 배제남용의 위법성 판단을 위한 최종요건이라고 할 수 있다.

4. 정리 : 배제남용의 위법성 판단체계

이상 살펴본 바를 종합하면, 배제남용이 문제되는 경우 그에 대한 위법성 판단의 순서와 논리는 다음과 같이 정리할 수 있다.

먼저 문제된 행위가 '거래적 경쟁행위'인지 살펴보아야 한다. 만일 거래적 경쟁행위가 아니라면 원칙적으로 경쟁법이 개입할 문제가 아니거나, 적어도 배제남용으로 규제할 문제는 아니다.

다음으로 그것이 '성과경쟁'인지 판단하여야 한다. 만일 문제된 행위가 성과경쟁에 해당한다면 더 나아가 경쟁제한성 여부를 논할 이유가 없다. 그러한 행위는 설령 가격상승, 산출량감소 등을 초래한다 하더라도 당연히 적법한 것이다.

위 두 단계를 통과한 경우, 즉 문제된 행위가 거래적 경쟁행위로서 성과경쟁이 아닌 경우, 비로소 그것이 단순히 경쟁사업자에게 타격을 가하는 것을 넘어 관련시장 전체의 경쟁을 침해하는 것인지, 즉 '경쟁제한성' 여부를 검토하여야 한다.

마지막으로 해당 행위가 경쟁제한성이 있다고 판단되더라도, 이를 정당화하는 사유가 없는지, 특히 그 행위에 따른 효율성 증대효과가 그 행위로 인한 경쟁제한효과를 상회하지 않는지 검토하여 최종적인 '부당성'을 판단하여야 한다.

이하 위와 같은 관점에서 배제남용의 요건들을 보다 상세히 살펴보고(II. 거래적 경쟁행위, III. 비성과경쟁, IV. 경쟁제한성, V. 부당성), 이를 토대로 시장지배적 지위남용으로서 배타조건부거래의 부당성 문제를 검토하기로 한다.

II. 배제남용의 전제 : 거래적 경쟁행위

1. 경쟁행위

먼저 배제남용이란 시장지배적 사업자가 경쟁사업자를 배제함으로써 자신의 시장지배력을 유지·강화하는 행위이므로, 배제남용이 되기 위하여는 해당 행위가 '경쟁행위'여야 한다.[259] 그 부당성 여부를 떠나 애당초 '경쟁이 아닌 방법'으로 경쟁사업자를 배제하여 시장지배력을 유지·강화할 수는 없기 때문이다.[260] 즉 예컨대 시장지배적 사업자가 거래상대방을 착취하는 행위로서 시장지배력을 강화할 수는 없다. 오히려 그러한 착취남용이 있는 경우 다른 경쟁사업자의 확장이나 진입을 유도함으로써 기존의 시장지배력이 저하될 가능성이 발생할 뿐인바, 이를 시장의 자정적 기능이라고 표현하는 것이다.

이러한 관점에서 보면 종래 대법원이 배제남용으로 보고 있는 사안들 중 상당수는 애당초 배제남용의 관점에서 볼 사안이 아님을 알 수 있다. ① 대표적으로 티브로드 강서방송 I 판결(대법원 2008. 12. 11. 선고 2007두25183 판결) 사건의 경우 티브로드 강서방송은 우리홈쇼핑과 경쟁관계에 있지 않으므로 이를 전제로 한 배제남용을 논할 문제가 아니다. ② 또한 현대차 판결(대법원 2010. 3. 25. 선고 2008두7465 판결), 기아차 판결(대법원 2010. 4. 8. 선고 2008두17707 판결)의 경우에도 현대차·기아차가 자신의 판매대리점을 배제하려고 한다는 것을 상정할 수 없으므로 역시 애당초 배제남용이 될 수 없는 것이다.[261] 위 판결들에 대하여는 여

---

259) 김남우, "시장지배력 남용행위의 분석적 접근방법 : '관련시장'에서의 '경쟁관계'의 필요성", 경제법연구 제9권 제2호(2010. 12.), 145-146쪽, 152-154쪽(이 견해는 위와 같은 취지를 '경쟁관계'의 개념으로 설명한다).

260) '경쟁방법'과 '거래방법'은 다른 것이다. "Unfair trade methods are not per se unfair methods of competition." Federal Trade Commission v. Raladam Co., 283 U.S. 643, 649 (1931). 양명조, "독점규제법의 전면 개편을 위한 제안", 경쟁법연구 제32권(2015. 11.), 157쪽.

261) 권오승·이민호, 앞의 책(각주 235), 6-7쪽은 현대차 사건에서 '거점 이전을 제한한 행위', '영업직원 채용을 제한한 행위'는 배제적 행위이고, '판매목표를 강제한 행위'는 배제적 행위가 아니라는 취지로 설명하고 있으나, 전자의 행위들도 배제적 행위라고 보기는 어렵다고 생각된다. 한편 양명조, "시장지배적사업자의 사업활동방해행위 : 현대자동차

러 가지 관점에서 비판이 가능할 것이나,[262][263] 문제된 행위가 '경쟁행위'가 아닌 이상 처음부터 배제남용을 논할 수 있는 문제가 아니라고 보는 것이 가장 직관적이고 간명한 설명방식이라고 생각된다.[264]

이에 대하여 배제남용의 성립에 관하여 경쟁행위를 요구하는 것은 거래거절, 가격차별, 브랜드내 경쟁 등의 경쟁제한성 문제를 제대로 설명할 수 없다는 반론이 있을 수 있다. 그러나 배제남용의 전제로서 경쟁행위를 상정하는 것은 아래와 같은 이유로 위와 같은 행위들에 대한 경쟁법적 판단과도 무리 없이 조화될 수 있는바, 오히려 경쟁행위를 상정할 때 비로소 위 행위들이 배제남용에 해당하는 상황을 정확히 파악할 수 있다고 본다.

우선 거래거절의 경우, 포스코 전합판결에서 명시한 바와 같이 문제된 배제남용으로 인하여 경쟁제한효과가 발생하는 시장은 시장지배력을 행사한 시장과 다

(주) 사건판결의 두 가지 논점", 경쟁법연구 제24권(2011. 11.), 170쪽은 "직영판매점과 판매대리점이 판매경쟁"을 하고 있다고 하나, 이러한 시각은 다소 제한적으로 이해할 필요가 있는바, 위와 같은 판매경쟁은 배제남용 규제의 전제가 되는 경쟁, 즉 배제를 지향하는 경쟁관계가 아니라 할 것이다.

262) 티브로드 강서방송 I 사건에 관한 비판적 견해로 권오승·서정, 앞의 책(각주 2), 153쪽; 조성국, "시장지배적지위 남용행위에 대한 위법성 판단기준에 관한 연구 : 최근 대법원 판결을 중심으로", 경쟁법연구 제19권(2009. 5.), 394－395쪽; 신영수, "시장지배적 사업자에 의한 사업활동방해행위의 성립요건 : 유료방송시장을 중심으로", 경제법판례연구 제6권(2010), 38－39쪽; 이황, 앞의 논문(각주 2), 340쪽(각주 22 부분); 강상욱, "시장지배적 지위남용행위로서의 불이익 강제행위에 관한 소고", 경쟁법연구 제33권(2016. 5.), 96－97쪽.

263) 현대차 사건, 기아차 사건에 대한 비판적 견해로 이봉의, "공정거래법상 부당한 사업활동방해의 경쟁제한성 판단 : 현대·기아차 판결을 중심으로", 중앙대학교 법학논문집 제41집 제2호(2017. 8.), 165－166쪽; 이호영, "공정거래법상 시장지배적사업자 규제의 쟁점과 과제", 저스티스 제104호(2008. 6.), 87쪽(각주 33 부분); 주진열, "시장지배적 지위남용으로서 사업활동방해의 '부당성' 요건에 대한 대법원 판례분석", 경희법학 제51권 제4호(2016. 12.), 80쪽; 정재훈, 앞의 책(각주 83), 571－572쪽.

264) 정도의 차이는 있지만, 같은 사업활동방해 중 불이익강제가 문제된 SKT 멜론 판결(대법원 2011. 10. 13. 선고 2008두1832 판결), 네이버 판결(대법원 2014. 11. 13. 선고 2009두20366 판결)에서도 유사한 문제가 발생하는바, 문제된 행위가 '경쟁행위'인지부터 검토를 시작하였어야 한다고 본다. 여기서 상세한 검토를 하기는 어려우나, 일응 전자의 경우에는 경쟁행위로 볼 수 있지만(나아가 이 사안은 '배타조건부거래'에 해당한다고 볼 여지가 있다. 오승한, 앞의 논문(각주 123), 9쪽), 후자의 경우에는 경쟁행위로 보기 어려울 것으로 생각된다.

른 시장일 수 있다. 그러나 위 사안의 경우 포스코는 상류시장에서 열연코일을 생산·판매하지만 또한 하류시장에서도 냉연강판을 생산·판매한다는 점을 주목하여야 한다. 즉 위 사안의 거래거절은 실질적으로 하류시장에서 현대하이스코를 배제하고자 한 행위인바, 여기서 경쟁법적 문제의 핵심은 '상류시장에서 거래상대방에게 거래거절'을 한 측면에 있는 것이 아니라 '하류시장에서 경쟁사업자를 배제'한 측면에 있는 것이다. 사실 경쟁법상 거래거절의 문제는 본질적으로 그 거래거절의 상대방과 경쟁관계에 있는 경우에 관한 문제라 할 것인바, 그 행위자 스스로가 아니라 경제적 이해관계를 공유하는 자회사 내지 계열회사, 관계회사와 경쟁관계에 있는 경우 역시 큰 틀에서 보면 '경쟁관계에 기초한 거래거절'이라고 할 수 있다. 오히려 아무런 경쟁관계가 없는 사업자에 대한 거래거절은 원칙적으로 경쟁법의 문제가 아니라고 보아야 할 것이다. 그러한 거래상대방에 대한 거래거절은 불공정거래행위의 문제라 할 것이고, 포스코 판결이 시장지배적 지위남용으로서의 거래거절과 불공정거래행위로서의 거래거절을 구분하는 진정한 의도 역시 바로 여기에 있다고 본다.

다음으로 가격차별의 경우, 1선 차별의 경우라면 그 가격차별은 경쟁행위임이 명백하므로, 문제는 2선 차별이다. 일견 2선 가격차별의 문제는 행위자와 그 거래상대방 사이에 경쟁관계가 없으므로 위와 같은 시각을 그대로 적용할 수 없다고 볼 여지가 있다. 그러나 시장지배적 사업자가 2선 가격차별을 하고 있는 경우, 높은 가격이 책정된 거래상대방 측면에서는 해당 거래상대방과의 수직적 관계에서 그 거래상대방에 대한 착취남용이 문제될 수 있을 뿐인바, 배제남용은 낮은 가격이 책정된 거래상대방 측면에서 그 거래상대방에 대한 접근이 봉쇄되는 경쟁사업자와의 수평적 관계를 전제로 문제되는 것이다. 즉 2선 가격차별의 경우에도 그것이 배제남용으로서 문제되는 상황은 엄연히 경쟁사업자와의 수평적 경쟁관계를 전제로 한다.

마지막으로 브랜드내 경쟁제한의 경우, 즉 재판매가격유지행위나 거래지역 또는 거래상대방 제한의 경우에는 그 개념 자체로 행위자와 거래상대방들 사이에 경쟁관계는 있을 수 없다. 그러나 미국의 Leegin 판결[265]은 물론 우리나라의 한미약품 판결[266]에서도 알 수 있듯이, 예컨대 재판매가격유지행위는 '브랜드내 경쟁을 제한하는 경우에도 그 행위를 통하여 브랜드간 경쟁이 촉진되는 경우'에는 예외적으로 허용될 수 있는바, 여기서 브랜드간 경쟁, 즉 행위자 자신의 경쟁관계는 부당성의 요소가 아니라 정당화의 요소이다. 브랜드내 경쟁제한행위의 경쟁제한성은 말 그대로 브랜드내 경쟁을 제한하는 측면, 즉 거래상대방들 사이의 경쟁을 제한하는 측면에 있을 뿐, 브랜드간 경쟁을 제한하는 측면, 즉 행위자 자신의 경쟁사업자와의 경쟁관계는 논점이 아닌 것이다. 일반적으로 브랜드내 경쟁제한행위를 '배제남용'의 관점에서 접근하지 않는 이유가 바로 여기에 있는바, 실제로 공정거래법은 재판매가격유지행위와 거래지역·거래상대방 제한행위를 불공정거래행위의 관점에서 규정하고 있을 뿐 시장지배적 지위남용의 차원에서 규정하고 있지 않다.

2. 거래적 경쟁행위

한편 위 경쟁행위는 '거래적 경쟁행위'여야 한다. 사실 경쟁수단은 너무나 다양하다. 예컨대 경쟁사업자의 임직원을 폭행하거나, 경쟁사업자의 상품을 훼손하거나, 경쟁사업자의 공장을 방화하거나, 경쟁사업자의 비밀문서를 절취하거나 하는 등의 행위도 그것이 단순한 악감정의 발로이거나 충동적인 행동이 아니라 경쟁자를 배제하기 위한 목적으로 행하여진 것이라면 엄연히 일종의 경쟁행위라고 볼 수 있다. 그러나 위와 같은 상황은 그에 대하여 일반 민·형사상 책임(불법행위, 범죄) 또는 부정경쟁방지법상의 책임(부정경쟁행위 또는 영업비밀침해행위)을 묻는 것은 별론으로 하고 특별한 사정이 없는 한 경쟁법이 개입할 문제가 아니다.[267] 원

---

265) Leegin Creative Leather Products, Inc. v. PSKS, Inc., 551 U.S. 877 (2007).

266) 대법원 2010. 11. 25. 선고 2009두9543 판결(한미약품 판결).

267) 주진열, "공정거래법상 경쟁제한성 요건의 증명방법에 관한 연구", 사법 제22호(2012. 12.), 8쪽은 오로지 '경쟁제한성' 여부에 따라 경쟁법의 적용 여부가 결정된다는 취지로 설명하나, 위에서 예시한 행위들로 인하여 시장지배력이 형성·유지·강화될 경우에도 경쟁법을 적용하여야 하는지, 적용한다 하더라도 어떤 행위로 의율할 수 있는지 의문이다.

칙적으로 경쟁법이란 개인적 법익을 보호하고자 하는 다른 법을 통하여는 제대로 제어될 수 없는 행위를 시장경쟁의 보호라는 사회적 법익의 관점에서 비로소 규제하는 것이기 때문이다.[268]

즉 경쟁법의 적용대상이 되기 위하여는 '원칙적으로' 해당 행위가 일반 민·형사상 관점에서는 별다른 문제가 없는 행위일 것이 전제되어야 할 것인바, 결국 거래적 경쟁행위일 것이 요구된다고 보아야 한다(물론 여기서 '거래'란 작위뿐만 아니라 거래거절과 같은 부작위를 포함한다).[269]

이에 대하여 설령 위와 같은 관점을 수용하더라도 그 경쟁행위를 '거래'에 한정할 이유는 없다는 지적이 있을 수 있다. 그러나 경쟁법에서 문제되는 행위는 거래 그 자체이거나(예컨대 배타조건부거래) 적어도 거래와 관련한 것인바(예컨대 부당한 이익에 의한 고객유인), 이들을 통칭하여 '거래적'이라고 표현하는 데 별다른 무리는 없다고 생각된다. 즉 여기서 '거래'를 요구하는 것은 적극적으로 거래에 한정하고자 하는 취지가 아니라 소극적으로 거래와 전혀 무관한 행위를 배제하고자 하는 취지일 뿐이다.

---

268) 임영철·조성국, 앞의 책(각주 19), 4쪽("입찰담합과 같은 극히 소수의 행위를 제외한다면 공정거래법 위반행위의 대부분은 자연법적으로도 금지되는 반사회적 행위가 아니다. 살인이나 강도와 같은 범죄와는 그 성격이 다르다.") 참조.

269) 여기서 '원칙적으로'라고 표현한 것은 일정한 예외가 있을 수 있기 때문이다. 예컨대 정부에 대한 청원을 통한 경쟁, 부당한 소송 제기를 통한 경쟁 등이 그러하다. 그러나 위와 같은 예외가 있을 수 있다고 하여 원칙적인 모습까지 부정하여서는 안 될 것으로 본다. 한편 미국, EU 등과 달리 우리 공정거래법은 원칙적으로 '열거주의'를 취하고 있는바, 설령 위와 같은 예외적 상황에 대하여 공정거래법적 규제를 시도하더라도 이는 어디까지나 법령이 규정한 금지행위에 포섭되는 것을 전제로 하여야 할 것이다. 즉 미국 등의 경우에는 경쟁자의 공장을 방화·폭파하는 등의 행위에 대하여도 필요하다면 경쟁법을 적용할 가능성이 전혀 없지는 않지만(Daniel A. Crane, 앞의 책(각주 249), 12쪽; Thomas G. Krattenmaker & Steven C. Salop, "Appendix A – Analyzing Anticompetitive Exclusion", 56 Antitrust L.J. 71, 72 (1987) 참조), 적어도 우리나라에서 위와 같은 법 적용은 불가능하다고 보아야 한다. 이에 대하여 만일 위와 같이 볼 경우 '규제의 공백'이 발생한다는 우려가 있을 수 있으나, 먼저 우려하는 상황이 진정한 규제의 공백으로서 부당한지 생각해 보아야 할 것이고, 설령 그렇다 하더라도 이는 입법을 통하여 해결하는 것이 타당할 것이다.

3. 정리 : 배제남용 규제의 전제 또는 한계

요컨대, 배제남용 규제를 위하여는 문제된 행위가 경쟁행위, 나아가 거래적 경쟁행위일 것이 요구된다. 문제된 행위가 '경쟁행위'가 아니라면 처음부터 배제남용은 문제되지 않고, 경쟁행위라 하더라도 '거래적' 경쟁행위가 아니라면 공정거래법에서 특별히 그러한 행위를 배제남용의 규제대상으로 명시하고 있지 않는 한 이를 배제남용으로 의율할 수는 없다 할 것이다.

즉 '거래적 경쟁행위'의 개념은 배제남용 규제의 전제이자 한계이다. 이러한 인식을 통하여 경쟁법의 과도한 확장을 방지하고, 오히려 경쟁법적 규제수단의 정점에 위치한다[270]고 할 수 있는 배제남용 규제의 진정한 가치와 의미를 살릴 수 있을 것이다.

Ⅲ. 경쟁법이 추구하는 경쟁 : 성과경쟁

1. 바람직한 시장경쟁 : 완전경쟁과 유효경쟁

앞에서 경쟁법은 바람직한 시장경쟁을 보호하고자 한다는 점을 보았다. 그런데 '바람직한 시장경쟁'이란 과연 무엇인가?

이에 관하여는 우선 전통적으로 완전경쟁과 유효경쟁의 개념이 있다. 그런데 완전경쟁이란 하나의 이론적인 모델에 불과하여 현실적으로 불가능할 뿐만 아니라 반드시 이상적인 경쟁의 모습도 아니라는 인식이 확산되었고,[271] 이에 현재로서는 현실적으로 가능하고 또한 일응 이상적인 경쟁으로서 유효경쟁의 개념이 널리 받아들여지고 있다.[272] 유효경쟁이란 '완전경쟁의 충분한 조건을 갖추고 있지 않더라도 기업 간에 실질적인 경쟁이 일어나 시장가격이 비용으로부터 크게 괴리되지 않는 상태'를 말하는바,[273][274] 즉 유효경쟁은 그 자체가 곧 시장지배력의 형

---

270) 이호영, 앞의 책(각주 74), 45-46쪽.
271) 권오승·서정, 앞의 책(각주 2), 17쪽.
272) 정호열, 앞의 책(각주 8), 57쪽.
273) 이러한 유효경쟁의 개념은 일부 판례에도 반영되어 있다. 예컨대 대법원 1995. 5. 12.

성과 행사를 억제하는 요소라고 할 수 있다.[275)]

그런데 이러한 완전경쟁과 유효경쟁의 개념은 시장 전체의 상황에 관한 것으로서, 이를 통하여 정당한 경쟁행위와 부당한 경쟁제한행위를 구별하기는 어렵고, 적어도 시장경쟁에 참여하고 있는 행위자들에게 적절한 행위지침을 제공하기는 어렵다. 그렇다면 문제는 유효경쟁이 과연 어떤 상황에서 가능한가를 살피는 일일 것이다.

2. 유효경쟁 : 자유로운 경쟁과 공정한 경쟁

가. 경쟁의 3대 원칙

이러한 유효경쟁에 관하여, 즉 바람직한 시장경쟁이 이루어지기 위한 조건으로서 통설은 개방된 시장, 자유로운 경쟁, 공정한 경쟁 3가지를 언급하고 있는바, 이에 관하여 아래와 같은 권위적인 설명이 있다.[276)]

> "우선, 시장에 참여하려는 의사와 능력을 가진 사람은 누구나 시장에 참여할 수 있도록 시장이 모든 사업자들에게 개방되어야 한다(open market). 그런데 실제로는 시장의 진입을 제한하는 요소들이 많이 있다. 일반적으로 시장진입을 제한하는 요소에는 인가나 허가 등과 같은 법적인 제한과 대규모의 시설투자와 같은 사실적인 제한이 있다. 따라서 시장개방의 원칙을 실현하기 위해서는 이러한 진입제한을 폐지 또는 완화할 필요가 있다.
>
> 그리고 시장에 참여해서 사업활동을 하고 있는 사업자들이 아무런 제한을 받지 않고 자유롭게 경쟁을 할 수 있어야 한다(free competition). 그런데 실제의 시장에는 사업자들 간에 자유로운 경쟁을 제한하는 요인들이 많이 있다. 일반적으

선고 94누13794 판결(대한약사회 판결), 대법원 2014. 4. 10. 선고 2012두6308 판결(현대모비스 판결) 등.

274) 유효경쟁 개념은 경쟁을 동태적인 과정으로 보고 그러한 경쟁과정을 유지하는 것을 중요하게 본다는 점에서 경쟁에 관한 다른 이론들에 비하여 '규범적'인 성격을 가진다는 설명으로 이봉의, 앞의 책(각주 74), 55－56쪽.

275) 신광식, 공정거래정책 혁신론, 나남출판(2006), 84－85쪽.

276) 권오승·서정, 앞의 책(각주 2), 12－13쪽.

로 자유로운 경쟁을 제한하는 요인으로서 독과점, 기업결합, 공동행위 등이 있다. 따라서 자유로운 경쟁을 실현하기 위해서는 이러한 경쟁제한적인 시장의 구조나 행태를 규제할 필요가 있다.[277]

끝으로, 경쟁은 공정하게 이루어져야 한다(fair competition). 다시 말하자면 사업자들 간의 경쟁은 그들의 사업상의 장점들(merits)을 통하여 이루어져야 한다. 이를 급부경쟁 혹은 성과경쟁이라고 부르기도 한다. 시장에서 사업자들 간의 경쟁은 가격, 품질, 다양성, 혁신 등의 정당한 수단을 통해서 보다 많은 고객의 선택을 받으려는 노력으로 나타나야지, 불공정한 수단이나 기만적인 방법으로 표현되어서는 안 된다."

여기서 시장의 개방성은 사실상 국가에 의한 독점(state monopoly) 내지 규제와 경쟁의 관계에 관한 문제로서(국가독점이나 국가에 의한 법령상 진입제한이 아닌 대규모 시설투자의 필요성 등에 따른 사실상의 진입제한은, 견해에 따라 그것을 '진입장벽'이라고 할 수는 있겠지만, 적어도 이를 '시장의 개방성' 문제로 다루는 것은 적절하지 않다고 본다. 달리 말하자면, 이는 경쟁법으로 해결할 수 있는 문제가 아니다), 이는 바람직한 시장경쟁의 전제일 뿐 경쟁법이 보호하고자 하는 경쟁 또는 경쟁법이 규제하고자 하는 경쟁의 의미를 밝히는 문제와는 다소 거리가 있다.[278]

결국 바람직한 경쟁을 이해하기 위하여 필요한 개념은 자유로운 경쟁과 공정한 경쟁이라고 할 수 있다.[279] 실제로 통설은 경쟁법의 목적은 '자유롭고 공정한 경쟁'을 보호하는 데 있다고 설명하고,[280] 우리 공정거래법 역시 "공정하고 자유로운 경쟁"을 보호하는 것을 목적으로 한다고 규정하고 있다.

---

277) 참고로 권오승 · 홍명수, 앞의 책(각주 239), 72쪽에도 같은 취지의 설명이 있는데, 위 책에서는 이 부분에서 자유로운 경쟁을 제한하는 요인으로 '정부규제'를 추가로 언급하면서, 인가나 허가와 같은 경쟁제한적인 정부의 행위들은 정부규제의 완화를 통하여 배제할 수밖에 없다고 설명하고 있다.

278) 신현윤, 앞의 책(각주 8), 133쪽은 시장의 개방성과 자유로운 경쟁을 묶어서 하나로 설명하기도 한다. 같은 취지로 이남기 · 이승우, 경제법(제3개정판), 박영사(2001), 84쪽.

279) 즉 완전경쟁 내지 유효경쟁이 궁극적으로 실현되어야 할 시장의 상태를 나타내는 개념이라면, 자유경쟁과 공정경쟁은 그러한 시장상태에 이르기 위하여 사용되는 수단적 · 행태적 개념이라고 할 수 있다. 임영철 · 조성국, 앞의 책(각주 19), 16쪽.

280) 양명조, 앞의 책(각주 114), 73쪽.

나. 자유로운 경쟁과 공정한 경쟁의 관계

그런데 경쟁 보호의 관점에서 볼 때 자유로운 경쟁과 공정한 경쟁 중 어느 것이 더 중요한가? 물론 양자 모두 중요하다.[281] 그러나 위와 같은 개념이 단순히 이론적·추상적 차원에 머무르지 않고 실천적·구체적 의미를 가지기 위하여는[282] 위 개념들의 선후 내지 관계를 생각해 볼 필요가 있다.

이 문제에 관하여는 흔히 경쟁법과 부정경쟁방지법의 관계를 들어 경쟁법은 자유로운 경쟁을 보호하는 것이고, 부정경쟁방지법은 공정한 경쟁을 보호하는 것이라고 설명하는 것이 일반적이다.[283] 즉 경쟁법에서는 자유로운 경쟁이 공정한 경쟁보다 더 중요하다는 것이다.[284][285] 그러나 다음과 같은 이유에서 진정으로 경쟁 보호의 목적을 달성하기 위하여는 '자유로운 경쟁'보다 '공정한 경쟁'이 더 중요한 개념이라고 생각된다.

첫째, '자유로운 경쟁'이라는 말은 사실 그 정확한 의미가 무엇인지 알기 어렵다. 과연 자유로운 경쟁이라는 것이 무엇인가? '아무런 제한을 받지 않는 경쟁'이 자유로운 경쟁인가? 그렇다면 가격·품질로 경쟁사업자를 압박하는 경우에도 그

281) 양자는 명확히 구분하기 어려운 측면도 있다. 홍명수, 앞의 논문(각주 164), 389쪽.

282) '공정하고 자유로운 경쟁'의 개념은 이념적 지향 내지 모형일 뿐 실제 공정거래법적 판단에 있어 아무런 기능을 수행하지 않는다는 견해로 이문지, "공정하고 자유로운 경쟁은 목적인가 아니면 수단인가? : 공정거래법의 목적에 관한 통설적 견해의 문제점", 상사법연구 제16권 제2호(1997), 627쪽, 633쪽.

283) Fritz Rittner 저, 권오승 역, 독일경쟁법, 법문사(1997), 135쪽('경쟁제한방지법은 경쟁의 자유를 문제삼는 데 반하여, 부정경쟁방지법은 경쟁의 공정성을 문제삼는다.'); 신현윤, 앞의 책(각주 8), 113쪽; 정호열, 앞의 책(각주 8), 4쪽, 7쪽, 23쪽; 홍명수, "독일 부정경쟁방지법에 의한 불공정거래행위 규제의 의의와 시사점", 명지법학 제15권 제1호(2016), 66쪽; 심재한, "경제법과 공정거래법 및 私法의 관계", 경제법연구 제8권 제1호(2009), 21쪽.

284) 대표적으로 권오승·서정, 앞의 책(각주 2), 23쪽(각주 48 부분)은, "법문에는 "공정하고 자유로운 경쟁"이라고 규정하고 있지만, 시장경제에 있어서 자유로운 경쟁은 공정한 경쟁의 토대로서 기능하기 때문에, 이 책에서는 자유롭고 공정한 경쟁이라고 서술하기로 한다."고 한다(참고로 위 책의 구판에서는 "시장경제에 있어서 차지하는 비중은 자유로운 경쟁이 공정한 경쟁보다 훨씬 더 크기 때문에"라고 표현하고 있었으나, 최신판에서 위와 같이 표현을 다소 바꾸었다).

285) 가장 극단적으로는 경쟁법에서 '공정한 경쟁'의 개념을 사용하는 것 자체가 잘못이라고 보는 견해도 있다. 전용덕, 앞의 책(각주 31), 34–36쪽.

경쟁사업자는 일정한 제한을 받게 되는데 이는 자유로운 경쟁을 침해하는 것인가? 아니라면 왜 아닌가? 그 압박수단이 가격과 품질, 즉 공정한 경쟁방법이기 때문 아닌가? 이에 대하여 통설적 견해에서는 '독과점, 기업결합, 공동행위 등이 없는 경쟁'이 바로 자유로운 경쟁이라고 설명할 수도 있을 것이다(앞서 본 권위적인 설명이 바로 이와 같다). 그러나 위와 같은 설명은 결국 독과점, 기업결합, 공동행위 등이 자유로운 경쟁을 제한하는 행위임을 전제로 하는 것인데, 그것들은 왜 자유로운 경쟁을 제한하는 행위인가? 역시 공정한 경쟁방법이 아니기 때문 아닌가? 결국 공정하지 않은 경쟁방법이 자유로운 경쟁을 제한하는 것이라면, 무엇으로 무엇을 판단하는 것인가? 공정성을 기준으로 자유의 보장을 추구하는 것이 아닌가? 그렇다면 무엇이 중요한가? 답은 명확하다고 생각된다. 자유로운 경쟁을 주장하더라도 결국은 공정한 경쟁이 중요한 것이다.

둘째, 자유로운 경쟁과 공정한 경쟁의 양립 가능성을 생각해 필요가 있다. '자유롭지만 공정하지 않은 경쟁'은 있다. 경쟁법이 금지하는 행위가 바로 이것이다.[286] 그러나 '공정하지만 자유롭지 않은 경쟁'은 없다. 설령 그러한 행위가 있다 하더라도 경쟁법이 이를 금지할 수는 없다. 결국 경쟁법에서 자유로운 경쟁이란 사실상 공정한 경쟁을 전제로 할 때에만 그 의미와 보호가치를 가지는 것이다.[287] 판례(대법원 2007. 5. 11. 선고 2004다11162 판결) 역시 "거래에 있어서의 자유경쟁의 원칙은 법질서가 허용하는 범위 내에서의 공정하고 건전한 경쟁을 전제

286) 이는 자유로운 경쟁을 강조하는 입장에서도 동의하는 것이다. 예컨대 Fritz Rittner 저, 권오승 역, 앞의 책(각주 283), 6쪽, 33쪽("GWB가 보호하고자 하는 경쟁의 자유는 당사자들이 불공정하지 않은 방법으로 행위하는 범위에서만 전개될 수 있고, 또 전개되어야 한다.", '공정한 범위 내에서만 경쟁의 자유가 보장된다'). 한편 다음과 같은 설명도 같은 취지이다. 양명조, 앞의 책(각주 114), 372쪽("경쟁의 자유가 불공정한 경쟁까지 방임하는 것을 의미하지는 않는다."); 권오승·홍명수, "경제법학", 대한민국학술원(2018), 753쪽("경쟁제한적 행위의 규제를 통하여 보호하는 경쟁은 공정한 경쟁에 한정된다."); 이재구, 공정거래법(제6판), 지식과감성(2022), 15쪽("자유로운 경쟁은 자유방임적으로 어떻게든 할 수 있다는 의미가 아니며 공정한 경쟁(fair competition)을 통해서 이루어져야 한다.").

287) 신현윤, 앞의 책(각주 8), 63쪽, 278쪽; 신동권, 앞의 책(각주 84), 18쪽; 조혜신, "독점규제법상 시장지배적 지위 남용행위 규제의 목적", 시장경제와 사회조화(남천 권오승 교수 정년기념논문집), 법문사(2015), 105쪽 참조.

로 하는 것"이라고 판시한 바 있다.[288]

셋째, 연혁적으로 부정경쟁방지법은 '경쟁자'를 보호하고자 하는 법이고, 경쟁법은 '경쟁'을 보호하고자 하는 법이라는 점은 부정할 수 없다.[289][290] 그러나 현대적 의미에서 양자를 위와 같이 도식적으로 구분할 필요는 없고, 사실 양자는 엄밀히 구분되지도 않는다. 예컨대 경쟁법상으로도 경쟁사업자의 금지청구 내지 손해배상청구 등이 이미 세계적으로 널리 인정되고 있고,[291] 우리나라의 부정경쟁방지법 제2조 제1호 카목은 '부정경쟁행위'에 관한 일반조항으로 "그 밖에 타인의 상당한 투자나 노력으로 만들어진 성과 등을 공정한 상거래 관행이나 경쟁질서에 반하는 방법으로 자신의 영업을 위하여 무단으로 사용함으로써 타인의 경제적 이

288) 이에 대하여 "자유경쟁이 존재하지 않는 곳에서는 불공정한 경쟁도 이루어질 수 없으며, 결국 공정한 경쟁이란 자유로운 경쟁을 전제로 하는 것이 된다."는 설명이 있다(이봉의, 앞의 책(각주 74), 50쪽). 이러한 시각이 종래 일반적인 것으로 보이고, 또한 애당초 '경쟁' 자체가 가능하지 않은 상황에서는 당연히 '불공정한 경쟁'도 있을 수 없는 것이므로, 이러한 의미에서 보면 위 설명은 당연히 타당하다. 그러나 위와 같은 시각은 사실 구체적인 '경쟁법'의 문제로 들어가면 별다른 의미를 가지지 않는다고 생각된다. 위 설명에서 말하는 '자유경쟁'이란 국가로부터의 간섭, 즉 규제가 없는 경쟁을 의미한다 할 것인바, 경쟁법은 그와 같은 국가의 규제가 없는 영역, 즉 경쟁이 이루어지고 있는 영역을 전제로 하는 것이기 때문이다. 즉 위와 같은 설명은 '규제와 경쟁'의 문제를 논할 때 보다 적합하다 할 것인바, 일단 규제가 없는 것을 전제로 하는 '경쟁법'의 영역으로 들어오는 한 특별한 의미를 가질 수 없다. 경쟁법의 관심사는 '어떤 경쟁을 금지하고, 어떤 경쟁을 촉진할 것인가'에 있고, 이러한 관점에서 보면 자유로운 경쟁은 결국 공정한 경쟁을 전제로 하는 것이다. 한편 위 견해 역시 "공정경정과 자유경쟁은 자칫 충돌할 수도 있으나, 공정거래법이 보호하고자 하는 자유경쟁이란 공정경쟁을 전제로 한다는 점에서 양자는 상호보완적인 관계로 이해할 수 있다."고 하는바(이봉의, 앞의 책(각주 74), 73－74쪽), 결국 본 연구와 같은 입장이라고 생각된다. 즉 '공정한 경쟁은 자유로운 경쟁을 전제로 한다'는 명제와 '자유로운 경쟁은 공정한 경쟁을 전제로 한다'는 명제는 그 논의의 국면을 달리하는 것으로서, 서로 모순되거나 반대되는 것이 아니라 둘 다 타당하다. 다만 본 연구에서는 실제 경쟁법적 판단을 위하여, 즉 경쟁법이 보호하고자 하는 경쟁과 경쟁법이 금지하고자 하는 경쟁의 구별이라는 관점에서 볼 때 후자가 더 큰 의미를 가진다는 점을 강조하고자 하는 것이다.

289) 정상조 외, 부정경쟁방지법 주해, 박영사(2020), 15쪽[정상조 집필부분].

290) 경쟁법과 불공정경쟁법의 기원 및 이념, 관계에 관하여는 이호영, "경쟁법과 불공정경쟁행위의 관계에 관한 비교법적 연구", 한양대학교 법학논총 제33집 제1호(2016. 3.), 343－347쪽, 368－369쪽 참조.

291) 우리 공정거래법의 경우 제108조(금지청구 등), 제109조(손해배상책임).

익을 침해하는 행위"를 규정함으로써 '경쟁질서'를 언급하고 있는 것이다.[292][293] 즉 '경쟁법은 자유로운 경쟁을 보호하는 것이고, 부정경쟁방지법은 공정한 경쟁을 보호하는 것'이라는 명제를 굳이 고집할 필요가 없다. 양자는 모두 불공정한 경쟁을 규제하는 것이되, '직접적'인 피해자인 경쟁사업자의 불이익에 보다 주목하는 것이 부정경쟁방지법이고, 경쟁사업자의 피해를 통하여 '간접적'으로 시장 전체의 경쟁이 제한되는 것에 보다 주목하는 것이 경쟁법이라고 이해하면 충분하다 할 것이다.[294][295]

넷째, 자유로운 경쟁은 통상 '경쟁의 자유(freedom to compete)'라는 관점으로도 언급된다. 그러나 자유권은 원래 국가와 국민의 관계에서 의미를 가지는 것으로서, 개인이 국가에 대하여 주장하는 것이다. 즉 시장경제 체제를 가지는 국가는 사업자들이 경쟁의 자유를 누리고 자유로운 경쟁을 할 수 있도록 경쟁을 억압하거나 국가독점을 하거나 불필요한 규제를 하여서는 안 된다는 것이 경쟁의 자유가 가지는 기본적·본질적 의미이다.[296] 물론 이에 대하여 '기본권의 대사인적 효력' 문제를 제기할 수 있을 것이다.[297] 그러나 사업자가 다른 경쟁사업자의 경쟁

---

292) 위 규정은 2013. 7. 30. 개정을 통하여 신설되었고(신설 당시에는 차목), 2014. 1. 31. 시행되었다.

293) 이러한 사정은 독일의 경우에도 같다. 이봉의, 앞의 책(각주 74), 817쪽, 830쪽; 이호영, 앞의 논문(각주 290), 362쪽; 홍명수, 앞의 논문(각주 283), 68쪽.

294) Fritz Rittner 저, 권오승 역, 앞의 책(각주 283), 20쪽("불공정한 경쟁행위에 의해서 가장 먼저 피해를 보는 것은 불공정하게 행동하지 않는 경쟁자이지만, 불공정하게 획득된 우위에 의하여 경쟁의 기능 그 자체도 침해되며, 나아가 소비자의 이익도 침해된다."); 박윤석·안효질, "독일 부정경쟁방지법 최근 개정 동향", 저스티스 제157호(2016. 12.), 280－281쪽 참조.

295) 이러한 관점에서 우리 법상 공정거래법과 부정경쟁방지법의 입법과정상 오류를 지적하면서, 양자를 통합하여 가칭 '경쟁법'으로 명명하고 이를 경제법의 핵심요소로 하는 것이 바람직한 입법이 될 것이라는 견해로 하헌주, "독일 경쟁법(Wettbewerbsrecht)의 위상과 체계", 비교법학 제16집(2005. 2.), 91－92쪽.

296) 헌법재판소 1996. 12. 26. 선고 96헌가18 결정("경쟁의 자유는 ... 다른 기업과의 경쟁에서 국가의 간섭이나 방해를 받지 않고 기업활동을 할 수 있는 자유를 의미한다."); 정호열, 앞의 책(각주 8), 3쪽; 이봉의, 앞의 책(각주 74), 49쪽, 158쪽; 최정표, 앞의 책(각주 18), 18－19쪽; 유시조, "독점규제정책의 구조와 실제", 경쟁법연구 제2권(1990), 38쪽.

297) 이러한 관점으로 다음의 문헌들 참조. 김성훈, 앞의 논문(각주 20), 246쪽; 이봉의, "시장지배적 사업자의 방해남용과 판례상 나타난 경제적 접근방법의 한계", 특별법연구 10권

의 자유를 제한한다는 것이 과연 어떤 경우를 말하는가? 이는 결국 가격·품질이 아닌 부당한 경쟁방법으로 경쟁사업자의 가격·품질에 의한 경쟁을 방해하는 경우를 말하는 것이다. 즉 경쟁법에서 사업자에 의한 다른 경쟁사업자의 경쟁의 자유 침해란 공정한 경쟁의 개념 없이는 설명될 수 없다.298) 한편 생존권, 사회권이 아닌 자유권은 원칙적으로 이를 '보장'하기 위한 법률이 따로 필요하지 않다. 자유권에 관한 법은 그 본질적 성격상 모두 자유를 '제한'하는 것이다. 즉 국가는 개인의 자유를 그것이 다른 이의 권리를 침해하는 등 공공의 이익을 침해하는 경우 법에 근거하여 이를 규제한다. 경쟁법적 규제 역시 마찬가지이다. 사업자의 경쟁의 자유를 다른 사업자의 경쟁의 자유, 즉 공정성의 관점에서 규제하는 것이 바로 경쟁법이다.299)

다섯째, 경쟁의 자유는 '경쟁을 할 자유'는 물론 '경쟁을 하지 않을 자유' 역시 포함하는 개념이다. 계약의 자유가 '계약을 할 자유'와 함께 '계약을 하지 않을 자유'를 포함하는 것과 같다.300) 그렇다면 사업자들이 카르텔을 할 자유를 보호해 주어야 하는가? 아니라면 왜 아닌가? 카르텔 참여자들은 자신들의 자유로운 의사에 따라 서로 경쟁을 하지 않기로 한 것인데, 오히려 그것이 그들의 '자유'를 제한하는 것이라고 할 수 있는가? 이는 '경쟁을 하여야 할 의무', 나아가 '공정한 경쟁을 하여야 할 의무'로밖에는 설명하기 어렵다.

여섯째, 자유로운 경쟁의 개념을 강조하게 되면 사실상 경쟁법이 보호하고자 하는 경쟁의 모습이 공허해진다. 앞서 통설적 견해에서 '독과점, 기업결합, 공동행위 등이 없는 경쟁'을 자유로운 경쟁이라고 함을 보았다. 즉 경쟁법이 금지하는 행위가 없는 상태가 자유로운 경쟁이라는 것이다. 그런데 경쟁법은 자유로운 경

(전수안 대법관 퇴임기념), 대법원 특별소송실무연구회(2012), 428쪽; 신현윤, 앞의 책(각주 8), 4쪽; 정상조 외, 앞의 책(각주 289), 14쪽[정상조 집필부분]; 이남기·이승우, 앞의 책(각주 278), 17쪽.

298) 이러한 측면은 결국 경쟁의 자유를 '남용'한다는 관점으로도 이해할 수 있을 것인바, '배제남용'이라는 개념이 바로 이에 관한 것이다.

299) 미국에서 '경쟁의 보호'와 '사업자의 자유'를 대비하여 설명하는 견해로 Wanda Jane Rogers, 앞의 논문(각주 136), p.1010 참조.

300) 헌법재판소 1991. 6. 3. 선고 89헌마204 결정 참조.

쟁을 보호하기 위한 것이고, 이를 위하여 경쟁법이 자유로운 경쟁을 제한하는 행위를 금지하고 있는데, 여기서 자유로운 경쟁을 제한하는 행위란 '경쟁법이 금지하는 행위'를 의미한다고 본다면, 결국 자유로운 경쟁이란 '경쟁법이 금지하지 않는 행위'를 의미하는 것이 되어 버린다. 이러한 설명은 사실상 아무런 의미가 없는 동어반복(tautology)에 불과하다. 즉 공정한 경쟁의 개념을 전제로 하지 않는 자유로운 경쟁의 개념은, 경쟁법 위반이 문제되는 행위의 부당성에 관하여 아무런 실질적 판단기준을 제시해 주지 못할 뿐만 아니라, 보다 근본적으로 경쟁법이 왜 그러한 행위를 금지하는 것인지, 어떤 행위를 금지하여야 하는 것인지에 관하여 아무런 지침을 주지 못한다.[301)]

일곱째, 공정거래법은 그 수범자인 사업자들에게 적절한 행위준칙을 제공하고, 이를 준수하는 한 자유로운 경제활동을 보장하여야 한다.[302)] 자유로운 경쟁의 개념은 공정거래법의 수범자인 사업자들에게 적절한 행위지침을 제공해 주지 못한

---

301) 형법이론상 범죄에 관한 '형식적 범죄 개념'과 '실질적 범죄 개념'이 있다(김두식, "무엇이 범죄인가 : 범죄 개념에 대한 비판적 검토", 법조 제618호(2008. 3.), 145쪽 이하 참조). 형식적 범죄 개념이란 '구성요건에 해당하고, 위법하며, 책임이 있는 행위'를 범죄라고 보는 것을 말한다(이와 달리 실질적 범죄 개념은 '사회에 유해하거나 법익을 침해하는 반사회적 행위'를 범죄로 보는 것이다). 물론 위와 같은 설명은 당연히 타당하고, 이에 반박조차 불가능하다. 그러나 위와 같은 개념이 범죄에 관하여 과연 무엇을 말해 주는가? 오히려 문제는 무엇을 구성요건으로 규정할 것이고, 어떤 경우에 위법하다고(또는 위법성이 조각된다고) 할 것이며, 어떤 경우에 책임이 있다고(또는 책임이 조각된다고) 볼 것인가에 있는 것 아닌가? 형식적 범죄 개념은 '범죄란 무엇인가'라는 문제에 답이 아니라, 그 문제를 달리 표현하거나 다른 문제로 치환한 것에 불과한 것으로서 사실상 무의미한 동어반복에 불과하다. 실질적 범죄 개념에 관하여 완전한 합의에 이르기 어렵다 하더라도 이에 관한 논의를 포기할 수 없는 이유가 바로 여기에 있다. 이러한 사정은 경쟁법 내지 공정거래법에서도 마찬가지라 할 것이다. 자유로운 경쟁은 분명히 경쟁법이 추구하는 최고의 가치이다. 그러나 그 자유로운 경쟁을 결국 '경쟁법이 금지하지 않는 행위'라고 하는 것은 문제에 대한 적절한 답이 될 수 없다.

302) 이러한 측면에서 경쟁법 내지 공정거래법을 '자유기업의 대헌장(Magna Carta)'이라고 한다. 이봉의, 앞의 책(각주 74), 35쪽 참조. "The Sherman Act was designed to be a comprehensive charter of economic liberty aimed at preserving free and unfettered competition as the rule of trade." Northern Pac. Ry. Co. v. U.S., 356 U.S. 1, 4 (1958); "Antitrust laws in general, and the Sherman Act in particular, are the Magna Carta of free enterprise." U.S. v. Topco Associates, Inc., 405 U.S. 596, 610 (1972).

다. 앞서 본 바와 같이 공정거래법은 결국 시장경쟁의 보호·촉진을 위하여 사업자들의 자유로운 경쟁행위를 규제하는 것인바, '자유롭게 경쟁하라'는 것은 행위지침이 될 수 없고, '다른 사업자의 자유로운 경쟁을 침해하지 말라'는 것은 무엇이 다른 사업자의 자유로운 경쟁을 침해하는 것인지 그 의미가 불명확하며, 그렇다고 '시장지배적 지위남용을 하지 말라, 경쟁제한적 기업결합을 하지 말라, 부당한 공동행위를 하지 말라'는 것은 앞서 본 바와 같이 사실상 공허한 것이다. 그러나 공정한 경쟁의 개념은 적절한 행위지침을 제공할 수 있다. '공정하게 경쟁하라'는 주문은 충분히 수용될 수 있는 명제로서, 이는 '가격과 품질에 의하여 경쟁하라'는 의미로 이해할 수 있고, 특별한 사정이 없는 한 해당 경쟁행위가 가격과 품질에 의한 것인지 그렇지 않은 것인지를 구별하는 것이 매우 어렵다고 볼 수는 없기 때문이다. 결국 공정거래법이 사업자들에게 주문하는 일반적 행위지침은 '가격과 품질에 의하여 경쟁함으로써 다른 사업자의 가격과 품질에 의한 자유로운 경쟁을 침해하지 말라'는 것이라고 할 수 있고,[303] 시장지배적 지위남용, 경쟁제한적 기업결합, 부당한 공동행위 등은 위와 같은 공정한 경쟁이 아닌 경쟁행위를 유형화한 것으로 봄이 타당하다. 즉 공정거래법의 행위규범성은 자유로운 경쟁이 아니라 공정한 경쟁의 개념을 통하여 비로소 확보될 수 있는 것이다.

다. 공정한 경쟁의 가치

공정거래법은 공정하고 자유로운 경쟁을 보호한다. 즉 자유경쟁과 공정경쟁은 보호법익으로서 경쟁이 갖추어야 할 양대 지주라고 할 수 있다.[304] 그러나 그 중 하나를 선택하여야 한다면 자유로운 경쟁보다 공정한 경쟁이 더 중요하다. 자유로운 경쟁은 공정한 경쟁을 전제로 하는 것이기 때문이다. 즉 '공정한 경쟁을 자유롭게 하는 것'이 핵심이다. '자유로운 경쟁 중 공정하지 않은 경쟁을 규제하는

303) 임영철·조성국, 앞의 책(각주 19)에 첨부된 초판 서문("공정거래법은 바로 기업들이 가격과 품질을 기준으로 공정한 경쟁을 하기 위한 규칙을 정한 것이다.").

304) 이봉의, "공정거래법상 방해남용의 해석과 경제적 접근방법", 시장경제와 사회조화(남천 권오승 교수 정년기념논문집), 법문사(2015), 140쪽.

것'이 경쟁법의 목적이자 존재이유라 할 것이다.[305)]

우리는 경쟁이 무엇인지 정의할 수 없지만, 경쟁제한의 개념을 사용하여 경쟁을 보호하고 있다. 이러한 의미에서 경쟁은 물론 중요하지만, 오히려 경쟁제한이 더 중요하다. 자유로운 경쟁과 공정한 경쟁의 관계가 바로 이와 같다. 경쟁법은 자유로운 경쟁을 추구하지만 이는 공정한 경쟁의 개념을 전제로 할 때 비로소 가능하다 할 것이다.

이러한 입장은 결코 자유로운 경쟁의 의미를 폄하하고자 하는 것이 아니다. 자유로운 경쟁은 분명 경쟁법이 추구하는 최고의 가치이다. 그러나 그러한 자유로운 경쟁은 '목적'일 뿐 수단이 될 수 없다. 진정 자유로운 경쟁을 추구하고자 한다면 이를 실현하기 위한 '수단'으로서 공정한 경쟁의 의미와 기능을 재조명할 필요가 있음을 강조하고자 한다.

이와 관련하여, 경쟁법에서 '공정'을 논하는 것 자체에 대하여 다소 비판적인 시각이 존재한다. 그러나 위와 같은 시각은 그 자체로 타당한 것도 아닐 뿐더러,[306)] 더욱이 여기서 말하고자 하는 '공정'이란 거래당사자 사이의 수직적 관계에 관한 것이 아니라, 경쟁사업자 사이의 수평적 관계에 관한 것이다. 즉 수직적 관계에서 일방당사자가 타방당사자를 착취하는 문제를 말하고자 하는 것이 아니라, 수평적 관계에서 사업자가 다른 경쟁사업자를 부당하게 배제하는 문제를 말하고자 하는 것이다. 경쟁법이 착취남용 문제를 규율하여서는 안 된다는 시각이 있고, 실제로 미국의 입장이 대체로 그러하다. 그러나 경쟁법이 배제남용을 규제하여서는 안 된다는 입장은 없고, 있을 수도 없다. 바로 그것이 경쟁법의 목적이

305) 이윤압착(margin squeeze)에 관하여 최근 선고된 대법원 2021. 6. 30. 선고 2018두37700 판결(엘지유플러스 판결)은 "공정거래법은 자유로운 경쟁과 아울러 공정한 경쟁을 보호하려는 목적으로 제정"되었다고 하면서, "수직 통합된 시장지배적 사업자가 하류시장에서 완제품의 소매가격을 낮게 설정하는 경우 정당한 경쟁 수단에 해당하는 것인지, 아니면 이윤압착을 통하여 경쟁사업자를 배제시키고자 하는 것인지 그 구별이 쉽지 않다."고 설시하고 있는바, '공정한 경쟁'의 의미와 가치를 분명히 인식하고 있다는 점에서 주목된다.

306) 공정의 문제를 경쟁정책적으로 다루는 것이 경쟁 보호의 규범 체계에서 본질에 벗어나는 것은 아니라는 설명으로 홍명수, "불공정거래행위의 유형에 따른 위법성 판단 : 불공정성을 중심으로", 경희법학 제50권 제3호(2015. 9.), 45쪽.

자 사명이기 때문이다. 공정한 경쟁을 강조하는 것은 경쟁법의 본질에 어긋나는 것이 아니라 오히려 그 본령에 그대로 부합하는 것이다.

[보론] 미국 연방거래위원회법 제5조

경쟁의 자유와 공정에 관하여 미국의 연방거래위원회법 제5조가 "unfair method of competition"이라고 규정하고 있는 점 역시 생각해 볼 부분이 있다. 위 조항은 연방거래위원회에 경쟁의 자유에 관한 셔먼법 위반 사안의 규제권한, 즉 "(unreasonable) restraint of trade" 내지 "monopolize"에 대한 규제권한을 부여하는 연결고리가 되는바, 이 점에서도 경쟁의 공정성 문제를 음미해 볼 수 있는 것이다.

한편 종래 연방거래위원회법 제5조의 적용범위는 사실상 셔먼법의 적용범위와 거의 차이가 없다고 보는 것이 대체적이었으나, 최근 바이든 정부에서 Lina Khan 위원장의 취임 이후 일정한 변화의 가능성이 감지되고 있는바(이재구, 공정거래법(제6판), 지식과감성(2022), 468쪽; 오규성, "FTC법 제5조 적용범위의 변천과 전망", 법률신문(2022. 2. 7.) 등 참조), 물론 이는 주로 연방거래위원회법 제5조 고유의(standalone) 적용범위에 관한 것이기는 하나, 경쟁의 자유와 공정이라는 관점에서도 향후 그 해석과 집행에 어떠한 변화가 있을지 귀추가 주목된다.

3. 공정한 경쟁 : 성과경쟁과 비성과경쟁

가. 성과경쟁의 기본적 의미

그렇다면 경쟁법이 추구하는 바람직한 경쟁으로서 공정한 경쟁이란 무엇인가? 다양한 견해가 있을 수 있으나, 공정한 경쟁이란 '가격과 품질을 중심으로 한 성과경쟁(competition on the merits)'을 의미한다는 데 별다른 이론은 없는 것으로 보인다.[307)308)309)]

307) 임영철 · 조성국, 앞의 책(각주 19), 113쪽("공정거래법이 지향하는 경쟁은 가격과 품질, 서비스에 의한 경쟁, 즉 실력에 의한 경쟁(competition on the merits)이다.").

308) 위와 같은 'competition on the merits'라는 용어는 우리 법에서 '장점경쟁', '능률경쟁', '급부경쟁', '기여경쟁' 등으로 다양하게 번역되고 있으나, 일응 '성과경쟁'이라는 표현이 그 본질을 가장 잘 드러낸다고 생각되므로 본 연구에서는 '성과경쟁'이라는 용어를 사용하기로 한다. 한편 이러한 성과경쟁을 'performance competition'이라고 하기도 한다(권

실제로 위와 같은 '성과경쟁'의 개념은 세계 경쟁법에서 널리 사용되고 있는바, ① 미국 연방대법원은 '배제적 행위는 성과경쟁을 촉진하지 않는 행위를 의미한다'고 판시한 바 있고,[310] ② EU 집행위원회는 '시장지배적 사업자라 하더라도 성과경쟁을 할 권리가 있다'고 하고 있으며,[311] ③ 우리 대법원 역시 "이윤압착행위는 공정한 경쟁을 통한 시장성과에 기초를 둔 이른바 '성과경쟁'이라는 정당한 경쟁방법에 해당한다고 보기 어렵다"고 판시한 바 있다.[312]

나. 성과경쟁 개념의 필요성

그런데 위와 같은 일반적인 인식에도 불구하고 사실 성과경쟁의 의미가 반드시 명확한 것만은 아니다. 이에 성과경쟁의 개념에 관한 비판적인 견해가 존재하고, 다소 극단적인 입장에서는 성과경쟁 개념 무용론이 주장되기도 한다.[313]

그러나 성과경쟁의 개념을 일의적으로 설명할 수 없다거나, 성과경쟁과 비성과경쟁의 경계선을 명확히 그을 수 없다는 것이 성과경쟁의 개념을 포기하여야 하는 근거나 이유가 될 수는 없다. 오히려 경쟁법의 역할이 바로 여기에 있다 할 것인바, 성과경쟁과 비성과경쟁의 구분이 애매한 경우 그에 대하여 학설과 판례가 그 여부를 판단하여야 한다. 앞서 본 바와 같이 경쟁법은 아직 경쟁의 의미를 명확히 정의하지 못하고 있고, 이에 경쟁의 제한에 관하여도 합의된 결론이 없지만, 경쟁법은 경쟁제한적인 행위를 규제하고, 이론과 실무는 문제된 행위가 그에 해당하는지 여부를 검토·판단하고 있다. 이러한 관점을 성과경쟁에 관한 논의에 적

오승·이민호, 앞의 책(각주 235), 4쪽(각주 3 부분)).

309) 이른바 '정상적인 경쟁(normal competition)'이라는 개념(Case 85/76, Hoffmann－La Roche v. Commission [1979] ECR 461, para. 91) 역시 사실상 같은 의미로 이해할 수 있는바, 실제로 EU에서는 정상적인 경쟁이란 곧 성과경쟁을 의미한다고 보고 있다. 홍명수, 앞의 논문(각주 213), 193쪽.

310) Aspen Skiing Co. v. Aspen Highlands Skiing Corp., 472 U.S. 585, 605 (1985).

311) EU 배제남용 집행지침 1문단.

312) 대법원 2021. 6. 30. 선고 2018두37700 판결(엘지유플러스 판결).

313) 예컨대 Fritz Rittner 저, 권오승 역, 앞의 책(각주 283), 43쪽은 성과경쟁의 개념은 전혀 명확하지 않다고 하면서, 이는 법적 또는 경제적 구분에 관한 것이라기보다는 오히려 하나의 구호에 더 적합하다고 한다.

용하지 못할 이유가 없다. 경쟁법적 탐구의 시작은 '무엇이 성과경쟁이고, 무엇이 비성과경쟁인지 그 경계선을 긋는 작업'이라고 이해할 수 있는바, 오히려 이것이 바로 경쟁법의 임무라 할 것이다. 즉 성과경쟁의 개념은 포기하여야 하는 것이 아니라, 계속 가다듬고 발전시켜 나가야 하는 것이다.

다. 성과경쟁의무의 부담 주체

한편 이러한 성과경쟁에 관하여 '시장지배적 사업자는 성과경쟁 의무를 부담하지만, 일반 사업자에게까지 성과경쟁 의무를 부담시키는 것은 부당하다'는 시각이 있다.[314]

그러나 모든 사업자는 당연히 성과경쟁 의무를 부담한다고 보아야 한다. 경쟁을 통한 소비자후생 증대가 경쟁법의 목적이라고 할 때, 그리고 위와 같은 소비자후생 증대의 대표적인 표지가 가격 하락 내지 산출량 증가라고 볼 때, 사업자의 선의 등 특별한 다른 사정 없이도 자연스럽게 그러한 가격 하락과 산출량 증가를 가져오는 경쟁상황은 오로지 그것이 성과경쟁일 때만 가능하다. 이러한 관점에서 보면 오히려 '성과경쟁 의무를 부담하지 않는 사업자가 있다'거나 '일반 사업자는 성과경쟁 의무를 부담하지 않는다'고 볼 아무런 이유가 없다고 생각된다.[315][316]

물론 신규진입 사업자의 수직적 거래제한이나 아직 경쟁력이 미약한 사업자의 공격적 경쟁방법 등을 경쟁법적으로 규제하는 것은 적절하지 않을 수 있다. 그러나 이는 그러한 사업자들이 성과경쟁 의무를 부담하지 않기 때문이 아니다. 그러

---

314) 이봉의, "질서정책적 과제로서의 경쟁 : 과거와 미래, 경쟁법연구 23권(2011. 5.), 206쪽; 손동환, "시장지배적 지위남용 금지에 관한 연구 : EU법과 우리 독점규제법을 중심으로", 서울대학교 대학원 법학석사 학위논문(2012), 29쪽 참조.

315) 앞서 본 EU 배제남용 집행지침 1문단은 "판례법에 따르면, 어떤 사업자가 지배적 지위를 차지하고 있다는 것 자체가 불법은 아니고 그러한 지배적 사업자는 장점을 바탕으로 경쟁할 수 있다."고 규정하는바, 이는 '시장지배적 사업자 역시 성과경쟁을 할 수 있다'는 의미이지 '시장지배적 사업자만이 성과경쟁 의무를 부담한다'는 의미가 아니라고 생각된다.

316) 신현윤, 앞의 책(각주 8), 276쪽은 자본주의 시장경제의 효율성이 발휘되기 위하여는 시장에서 "모든" 사업자들이 각자의 사업능력을 바탕으로 품질과 가격 중심의 능률경쟁을 하여야 한다고 설명하고 있다.

한 경쟁방법을 사용하더라도 '경쟁을 제한하는 정도'에까지 이르지 않기 때문이고, 또한 그러한 경쟁방법을 통한 성장이 기존의 시장지배적 사업자 등에게 경쟁의 압력으로 작용하여 효율성과 혁신을 제고하고 다양성을 실현할 수 있기 때문이다.

즉 바람직한 시장경제의 작동을 위하여는 모든 사업자에게 성과경쟁이 요구된다고 보아야 한다. 다만 경쟁법은 일반 사업자의 비성과경쟁에 대하여는 통상 그것이 시장의 경쟁을 제한하는 정도에까지는 이르지 않기 때문에 굳이 이를 문제삼지 않는 것이고, 시장지배적 사업자의 비성과경쟁은 시장의 경쟁을 제한할 우려가 있으므로 보다 강력하게 규제하는 것일 뿐이다. 이러한 관점이 이른바 시장지배적 사업자의 '특별책임'과 관련한 불필요한 논란과 오해를 불식시키고, 경쟁법 내지 공정거래법의 '규범적 정당성'을 보다 확고히 하는 것이라고 생각된다.317)

라. 성과경쟁론의 의미와 기능

이상의 논의는 사실 그리 낯선 것이 아니다. 경쟁은 본질적으로 경쟁자를 배제

---

317) 비록 미국에서의 논의이기는 하지만 시장지배적 사업자의 '특별책임'에 관하여 다음과 같은 유명한 비유가 있다. '영화 '스파이더맨'에서, Ben Parker는 조카 Peter Parker에게 다음과 같은 통찰력 있는 조언을 해 준다. 스파이더맨: "큰 힘에는 큰 책임이 뒤따르는 거야(With great power comes great responsibility)." 독점이윤의 향유라는 특혜의 대가로, 시장지배적 사업자에게 높은 수준의 책임을 요구하는 것은 지나친 것이 아니다.' Andrew I. Gavil, 앞의 논문(각주 228), p.81. 이 문제는 본 연구의 범위를 넘는 것이므로 상론하기는 어려우나, 결론만을 간략히 언급하자면 ① 특별책임론은 사실 그 실체가 뚜렷하지 않고(특별책임론을 인정하더라도 그것이 어떤 행위의 남용 여부 판단에 별다른 지침을 주지 못한다), ② 특별책임론을 인정하는 것은 시장지배적 사업자에 대한 차별 문제 등 불필요한 논쟁을 야기하며(위와 같이 이른바 '강자에게는 더 많은 책임이 따른다'는 명제는 명확한 실정법적 근거가 없는 한 도덕적·윤리적 차원의 문제일 뿐 법해석의 지침이 되기 어렵다), ③ 특별책임의 관점을 도입하지 않더라도 얼마든지 적절한 시장지배적 지위남용 규제가 가능하므로(시장지배적 사업자의 배제남용이 일반 사업자의 배제행위보다 더 부당성이 인정되기 쉬운 이유는 시장지배적 사업자에게 특별책임이 있어서가 아니라 시장지배적 사업자의 행위가 시장경쟁에 미치는 영향이 더 크기 때문일 뿐이다), 굳이 시장지배적 사업자에게 특별책임을 인정할 필요는 없다고 생각된다. 한편 참고로 현재로서는 EU 집행위원회에서도 위 개념에 대하여 종전처럼 적극적이지 않다고 한다(이기종, 앞의 책(각주 200), 61쪽).

하는 행위이므로, 설령 경쟁자가 배제되는 결과가 발생하더라도 그것이 '정상적 경쟁방법(정당한 경쟁행위)'에 의한 것인지 '위법한 배제남용(경쟁을 제한하는 행위)'에 의한 것인지를 구분할 필요가 있고,[318)][319)] 이에 양자를 구별할 수 있는 기준을 수립하고자 하는 시도는 이미 오래전부터 있어 왔다. 이익희생 심사(Profit Sacrifice Test), 경제적 합리성 심사(No Economic Sense Test, 'But－For Test'라고도 한다), 효과형량 심사(Effects Balancing Test), 불균형성 심사(Disproportionality Test), 동등효율경쟁자 심사(Equally Efficient Competitor Test(EEC test), As Efficient Competitor Test(AEC test)라고도 한다) 등이 바로 그것이다.[320)]

---

318) 이는 특히 해당 관련시장에서 '공격적 경쟁(aggressive competition)'이 이루어지고 있을 경우 더욱 그러하다. AMC, Report and Recommendations (2007), p.81.

319) 이에 관하여 미국의 Grinnell 판결은 "우수한 제품, 사업적 수완, 또는 역사적 우연(superior product, business acumen, or historic accident)"의 결과로 성장하거나 발전하는 것이 아닌 다른 방법을 통하여 의도적으로 독점을 획득하거나 유지하는 것은 위법한 배제행위(독점화)라고 판시한 바 있다. U.S. v. Grinnell Corp., 384 U.S. 563, 570－571 (1966).

320) 위 각 심사기준의 요지는 아래와 같은바, 보다 상세한 내용은 AMC, 앞의 자료(각주 318), p.91－94; DOJ, Competition and Monopoly: Single－Firm Conduct under Section 2 of Sherman act (2008), p.36－46(이 보고서는 2009년 오바마 행정부 때 철회되었으나, 적어도 이 부분에 관하여 위 보고서가 정리한 내용은 여전히 유효하다 할 것이다); 강상덕, 앞의 논문(각주 247), 224－238쪽; 권오승·서정, 앞의 책(각주 2), 192－196쪽; 김형배, 앞의 책(각주 12), 202－207쪽 등 참조.

① 이익희생 심사 : 가장 직관적이고 전통적인 방법으로서, 장기적으로 경쟁자를 배제함으로써 독점이익을 획득하거나 유지하기 위하여 단기적 이익을 희생하는 행위를 배제적 행위라고 본다.

② 경제적 비합리성 심사 : 이익희생 심사와 유사한 시각으로서, 문제된 행위로부터 발생한 이익과 다른 적법한 행위로 얻었을 이익을 비교하여 전자가 후자보다 작다면 경쟁자를 배제하는 것 외에 아무런 경제적 의미가 없는 행위로서 위법하다고 본다.

③ 효과형량 심사 : 문제된 행위가 소비자후생에 미치는 영향에 집중하는 방법으로서, 반경쟁적 효과와 친경쟁적 효과를 비교형량하여 반경쟁적 효과가 더 큰 경우 경쟁제한적 행위로 본다.

④ 불균형성 심사 : 효과형량 심사의 변형으로서, 반경쟁적 효과와 친경쟁적 효과를 모두 가지는 행위의 경우 과잉규제의 오류를 방지하기 위하여 반경쟁적 피해가 친경쟁적 편익를 상당한 정도로 압도할 경우에만 위법하다고 본다.

⑤ 동등효율경쟁자 심사 : 시카고학파의 대표적 인물인 Posner 판사가 2001년에 처음 제시한 것으로서, 독점기업이 문제된 행위를 통하여 '자신과 동등하거나 더 효율적인 경쟁자'를 배제하는 경우에만 반경쟁적이라고 본다.

그러나 위와 같은 다양한 제안에도 불구하고 어느 것도 '일반적' 기준이 되기에는 미흡하다는 것이 중론이고,[321] 각 행위유형마다 보다 적절한 '개별적' 기준이 필요하다고 보는 것이 대체적인 견해인바,[322] 바로 여기에 성과경쟁론을 강조하는 이유가 있다. 성과경쟁론은 위와 같은 종래의 논의가 가지고 있는 한계를 극복할 수 있는 대안이 될 수 있다고 생각되는바, 이하 본 연구에서 제시하고자 하는 성과경쟁론의 의미와 기능에 관하여 본다.

첫째, 기존의 논의들은 '무엇이 경쟁을 제한하는 행위인가'를 묻는 것인 데 반하여, 성과경쟁을 강조하는 입장은 반대의 관점에서 '무엇이 바람직한 경쟁인가'를 묻는다. 이는 종래 '경쟁'을 적극적으로 정의하기 위한 노력을 접어두고 보다 실천적으로 '경쟁제한'의 개념을 구체화하고자 하였던 것과 달리, 오히려 원칙적인 논리적 순서에 입각하여 '경쟁제한행위'를 적극적으로 정의하려고 노력하기보다 경쟁법이 보호하여야 하는 '바람직한 경쟁'이 무엇인지 그 의미와 범위를 탐구함으로써 바람직하지 않은 경쟁, 즉 규제하여야 하는 경쟁의 실체를 파악하고자 하는 것이다.[323]

둘째, 위 논의들은 '성과경쟁' 여부와 '경쟁제한성' 여부를 결합하여 하나의 문제로 파악하고 있다. 이에 위 기준들을 '성과경쟁인지 아닌지를 구분하는 기준'으로 인식하는 것이 일반적이다.[324] 그러나 앞서 본 바와 같이 어떤 행위가 성과경쟁인지 여부와 그것이 경쟁제한적인지 여부는 충분히 구분될 수 있고, 또한 구분하는 것이 타당하다. 전자는 행위요건에 관한 것이고, 후자는 폐해요건에 관한 것으로 볼 수 있는바, 양자를 하나로 묶는 것은 불필요한 개념상 혼란을 야기하고,

321) Eleanor M. Fox, 앞의 책(각주 35), p.356.
322) Andrew I. Gavil, 앞의 논문(각주 228), p.74.
323) 다음 항목에서 상세히 살펴보겠지만, 본 연구에서 제시하고자 하는 성과경쟁론은 과거의 성과경쟁론과는 그 관점 내지 방향성이 다소 다르다. 즉 전통적인 성과경쟁론은 성과경쟁의 개념을 직접 탐구하지 않고 그 반대로 비성과경쟁의 의미를 탐구하는 소극적 방향으로 진행되어 온 측면이 있는바(Fritz Rittner 저, 권오승 역, 앞의 책(각주 283), 44쪽), 본 연구는 성과경쟁의 개념 그 자체를 직접 적극적으로 탐구하고자 한다.
324) OECD, Competition on the Merits (2005), p.9－11, 24－33; A. Douglas Melamed, 앞의 논문(각주 122), p.412; 권오승·서정, 앞의 책(각주 2), 192쪽; 김두진, "시장지배적 지위의 남용", 비교사법 제14권 제1호(2007. 2.), 141쪽(각주 68 부분).

실제 적용에 있어서도 그다지 유용하지 않다고 생각된다. 한편 위와 같은 종래의 시각에 의하면 사실 경쟁법에서 성과경쟁이라는 개념은 굳이 필요하지도 않다. 종래의 성과경쟁 개념은 말하자면 '사후적'인 것으로서, 결과적으로 '경쟁제한적인 행위'이면 '비성과경쟁'이고, '경쟁제한적인 행위'가 아니면 '성과경쟁'일 것이기 때문이다.

셋째, 경쟁제한성의 개념, 특히 우리 법이 규정하고 있는 경쟁제한성의 개념은 그 자체로는 아무런 규범적 가치를 담고 있지 않다. 이에 모든 경쟁행위, 심지어 가격 · 품질에 의한 정당한 경쟁행위라 하더라도 그것이 결과적으로 시장지배력을 형성 · 유지 · 강화한다면 경쟁제한적인 행위로 인식될 가능성이 있다.[325] 그러나 위와 같은 인식은 명백히 부당하다 할 것인바, 이를 방지하기 위한 가장 직관적이고 간명한 기준이 바로 성과경쟁 여부를 통한 구별이다. 공정한 경쟁방법, 즉 성과경쟁으로 경쟁자를 배제하는 것은 경쟁을 제한하는 것이 아니라 오히려 경쟁을 촉진하는 것이므로,[326] 만일 문제된 행위가 성과경쟁에 해당한다면 즉시 규제대상에서 제외되어야 한다.[327][328] 불공정한 경쟁방법, 즉 비성과경쟁을 통하여 경쟁자를 배제하는 것만이 경쟁을 제한하는 것이고, 따라서 금지되어야 하는 것이다. 달리 표현하면, 어떤 행위로 인하여 행위자의 시장지배력이 형성 · 유지 · 강화된 경우, 그 행위가 성과경쟁이면 규제되지 않는 것이고, 성과경쟁이 아니면 규제된다고 할 수 있다. 즉 본 연구에서 제시하고자 하는 성과경쟁론은 '모든 비성과경쟁을 무조건 금지'하고자 하는 것이 아니다. 오히려 '모든 성과경쟁을 경쟁법적 규제로부터 면책'시키고자 하는 것이다.

---

325) 이호영, 앞의 논문(각주 263), 78쪽.

326) 권오승 · 서정, 앞의 책(각주 2), 113쪽, 192－196쪽; 이민호, 앞의 논문(각주 47), 120쪽.

327) Einer Elhauge, "Defining Better Monopolization Standards", 56 Stanford Law Review 253, 315－316, 320 (2003); EU 배제남용 집행지침 6문단; 이봉의, "공정거래법상 방해남용의 위법성 판단기준 : 거래거절을 중심으로", 법조 제565호(2003. 10.), 139쪽 참조.

328) 조혜신, "독점규제법 30년 회고 : 시장지배적지위 남용행위 규제에 관한 공정거래위원회 심결례의 분석", 경쟁법연구 제23권(2011. 5.), 253쪽은 "경쟁수단 그 자체에는 문제가 없지만 그로 인해 관련시장에 상당한 봉쇄효과를 발생시키는 경우에는 배제남용으로서 규제될 수 있을 것"이라고 하는바, 다소 의문이다.

넷째, 종래 성과경쟁은 주로 방해남용의 관점에서 언급되었는바,[329] 배제남용의 관점에서 성과경쟁 여부는 그리 중요한 문제가 아니고 적절하지도 않다는 시각이 있을 수 있다. 그러나 성과경쟁의 개념은 결코 배제남용과 무관한 것이 아니다. 앞서 본 바와 같이 배제남용 역시 '불공정한 경쟁방법에 의한 배제'를 의미하기 때문이다.[330] 포스코 전합판결 이후 우리 공정거래법상 시장지배적 지위남용이 배제남용으로 체계화되어 가면서 성과경쟁론이 부당하게 간과된 측면이 있다고 생각된다. 성과경쟁론은 잊혀진 과거의 유물이 아니다. 비록 최근 그 의미와 가치가 다소 과소평가되고 있는 것으로 보이지만, 그럼에도 불구하고 여전히 지속적으로 영향을 미치고 있는 살아 있는 개념이다.[331][332] 이를 더욱 다듬고 발전시켜 나갈 필요가 있다.[333]

다섯째, 성과경쟁 기준은 경쟁제한성 기준에 비하여 사업들에게 명확한 행위지침을 제공할 수 있다는 장점이 있다. 사업자가 자신의 행위가 경쟁법 위반에 해당하는지 스스로 판단하여 행동함에 있어 그것이 경쟁제한성이 있는 것인지를 판단하는 것은 매우 어렵고, 경우에 따라서는 그에 관한 판단을 그르쳤다고 하여 비난하기도 어려운 경우가 있다. 그러나 해당 경쟁방법이 가격과 품질에 기초한 성과경쟁인지 여부를 판단하는 것은 상대적으로 그 판단이 용이할 뿐만 아니라, 그에 반하는 행위에 대한 규범적 비난가능성도 확보될 수 있는 것이다.[334][335]

---

329) 이봉의, 앞의 논문(각주 226), 14쪽 참조.

330) 이러한 의미에서 경쟁법상 경쟁의 보호와 경쟁자의 보호를 구별할 수 있는 기준이 바로 성과경쟁의 개념이다. 한철수, 앞의 책(각주 19), 42쪽 참조.

331) 이봉의, "디지털플랫폼의 자사 서비스 우선에 대한 경쟁법의 쟁점 : Monopoly Leverage와 Equal Treatment를 중심으로", 연세대학교 법학연구 제30권 제3호(2020. 9.), 392-393쪽.

332) 최근 EU의 'Google Shopping' 사건(EU Commission, Case AT.39740 – Google Search (Shopping), 27. 06. 2017.) 참조.

333) 배제남용의 실질은 성과경쟁 대신 그 지배적 지위를 남용하는 경쟁이라는 설명으로 김두진, 앞의 논문(각주 324), 141쪽.

334) 이를 경쟁제한성의 주관적 요건과 관련하여 보면, 오승한, 앞의 논문(각주 123), 39쪽은 '경쟁자를 배제하여 시장을 독점화할 의도와 경쟁에서 승리하고자 하는 합법적 의도'는 사실상 구분할 수 없다고 하나, 양자의 의도는 성과경쟁의 개념을 통하여 충분히 구별될 수 있다고 생각된다. 즉 성과경쟁을 하는 사업자의 의도는 후자인 것이고, 비성과경쟁을 하는 사업자의 의도는 전자인 것이다. 이봉의, 앞의 논문(각주 263), 163쪽, 167쪽('인위적으로 경쟁을 제한 또는 왜곡') 참조.

여섯째, 기존의 시각은 사업자의 자유를 위하여 '포지티브 방식의 규제'가 아닌 '네거티브 방식의 규제'를 지향하고자 측면과도 관련이 있는 듯하다. 그러나 포지티브 방식과 네거티브 방식의 선택 문제와 관련하여 실제 문제되는 것은 '애매한 상황' 내지 '새로운 상황'을 규제할 것인지 규제하지 않을 것인지에 있다 할 것인바, 일반적인 경우에는 네거티브 방식이 국민의 자유를 보다 신장할 수 있는 방법이 될 수 있겠지만,[336] 경쟁법적 규제에 관한 한 이는 성과경쟁의 개념과 범위를 탐구함으로써 해결할 수 있다고 생각된다. 사업자의 자유는 중요하다. 그러나 소비자후생은 더 중요하다. 소비자가 원하는 것이 무엇인가? 바로 성과경쟁인 것이다.[337][338] 경쟁법의 목적은 사업자들의 자유롭고 공정한 경쟁을 보호·촉진함으로써 결국 소비자 전체의 후생을 증대하고자 하는 것임을 상기할 필요가 있다.[339]

요컨대, 본 연구에서 제시하는 성과경쟁론은 기존의 논의와 달리 시각을 전환하고자 하는 시도로서, 이를 통하여 경쟁법의 규범성을 확고히 할 수 있으며, 보

335) 위 2. 나. 참조. 한편 이러한 경쟁의 '공정성'은 기본적으로 가치판단의 문제이고, 이러한 가치판단의 문제는 기본적으로 사실인정의 문제인 '경쟁제한성' 여부보다 더욱 큰 규범적 의미를 가진다는 점에 관하여 이봉의, "시장지배적 사업자의 방해남용과 판례상 나타난 경제적 접근방법의 한계 : 남용규제에 대한 규범적 접근방법을 중심으로", 특별법연구 제10권, 전수안대법관 퇴임기념, 사법발전재단(2012), 431쪽.

336) 임영철, 공정거래법(제2판), 법문사(2008)에 첨부된 초판 서문('2 HOUR PARKING' 표지판 부분) 참조.

337) 일반적으로 소비자는 상품의 효율적 유통과정 등에 관하여는 아무런 관심이 없다. 소비자가 원하는 것은 '상품의 가격과 품질'일 뿐 '사업자의 유통효율 달성'이 아니다. Michael L. Katz, "Exclusive Dealing and Antitrust Exclusion : U.S. v. Dentsply (2005)", The Antitrust Revolution: Economics, Competition, and Policy(6th ed., John E. Kwoka, Jr. & Lawrence J. White ed.), Oxford University Press (2014), p.494 참조.

338) 성과경쟁은 '시장경제의 본질'이라는 견해로 이봉의, 앞의 논문(각주 247), 125쪽.

339) 한편 사업자들이 상품의 가격과 품질에 집중하여 경쟁할 경우 궁극적으로 해당 산업의 발전에도 도움이 될 것인바, 즉 성과경쟁을 강조하는 것은 반드시 '경쟁법'의 측면에서만이 아니라 '경쟁정책'의 측면에서도 의미가 있다. 이와 관련하여 미국의 자동차회사들이 상품의 품질 개선이나 혁신이 아닌 마케팅, 딜러네트워크 등 다른 방법으로 경쟁하다가 경쟁력을 상실하게 되었다는 지적으로 Harry S. Gerla, 앞의 논문(각주 255), p.557-558.

다 정치하고 효율적인 판단체계를 수립할 수 있다고 생각된다. 한편 성과경쟁 여부와 경쟁제한성 여부를 구분하는 것은 경쟁제한성 판단이 가지는 예측불가능성을 완화함으로써 오히려 사업자의 자유 신장에도 도움이 될 것이다.

4. 성과경쟁 : 무엇이 성과경쟁인가?

가. 성과에 '의한' 경쟁과 성과를 '위한' 경쟁

앞서 바람직한 경쟁은 공정한 경쟁을 의미하고, 공정한 경쟁은 성과경쟁을 의미함을 보았다. 그렇다면 과연 성과경쟁이란 무엇인가?

성과경쟁의 의미를 밝히기 위하여는 '성과'와 '경쟁'의 연결고리를 살펴볼 필요가 있다. 성과경쟁이란 성과를 달성함으로써 경쟁하라는 것이지, 경쟁을 통하여 성과를 달성하라는 의미가 아니다. 물론 치열한 경쟁을 통하여 사업능력이 증대되고 그것이 좋은 성과로 이어질 수도 있다. 그러나 이는 메커니즘으로서의 경쟁에 관한 것일 뿐, 개별 사업자의 경쟁행위에 관한 것이 아니다. 성과를 통한 시장경쟁이 경쟁법이 추구하는 목적이고, 경쟁을 통한 시장성과는 경쟁법이 적절하게 집행되었을 때 발생하는 효과이다. 즉 본래적 의미의 성과경쟁이란 '성과에 의한 경쟁'을 의미하는 것으로서, '성과를 위한 경쟁'은 원칙적으로 이에 포함되지 않는다.[340)][341)] 비유하자면 성과경쟁이란 그야말로 'competition on the merits'를 의미하는 것이지, 'competition for the merits'를 의미하는 것이 아니라 할 것이다.[342)]

이러한 의미에서 성과경쟁은 다음과 같은 3가지 측면으로 분석될 수 있다. ①

---

340) 어떤 행위가 오로지 배제적이거나 오로지 효율적인 경우는 드물고, 오히려 배제적이면서 동시에 효율적인 경우가 대부분이다(Richard A. Posner 저, 정영진·주진열 역, 앞의 책(각주 138), 318쪽). 사실 어떤 의미에서는 사업자의 행위 중 효율성을 추구하지 않는 행위는 없다고도 할 수 있다(홍명수, 앞의 논문(각주 223), 759쪽). 이러한 측면을 감안하면, '성과를 위한 경쟁'을 성과경쟁이라고 할 경우 사실상 모든 배제적 행위를 성과경쟁이라고 보게 될 위험성이 있다.

341) Harry S. Gerla, 앞의 논문(각주 255), p.557-558 참조.

342) 물론 경쟁법에서 'competition for the merits'라는 용어나 관념은 없다. 위 표현은 어디까지나 보다 직관적인 이해를 위한 비유이다.

우선 그 성과는 '해당 사업자 자신의 성과'여야 한다. 다른 사업자의 성과를 통하여 경쟁하는 것은 설령 그 사업자가 자신과 수직적 협력관계에 있다 하더라도 성과경쟁이라고 볼 수는 없다. ② 또한 그 성과는 '해당 상품 내지 용역에 관한 성과'여야 한다. 해당 상품 내지 용역에 관한 성과가 아닌 다른 측면에서의 성과는 설령 그것이 결과적으로 해당 상품 내지 용역의 생산·판매에 도움이 된다 하더라도 이는 경쟁법이 추구하는 성과라고 할 수 없다. ③ 한편 그 성과는 '이미 달성된 성과'여야 한다. 경쟁을 통하여 성과를 달성하는 것은 앞서 본 바와 같이 성과에 의한 경쟁이 아니고 성과를 위한 경쟁일 뿐이다.

그런데 위 3가지 측면은 일응 구분될 수 있으나, 사실 긴밀히 연결되어 있다. 이는 예컨대 재판매가격유지행위나 거래지역·거래상대방 제한행위 등 브랜드내 경쟁제한행위를 생각해 보면 쉽게 알 수 있다. 그러한 행위는 분명 자신의 상품판매의 증대를 위한 것이지만, 해당 제한을 통한 판매 증대는 자신의 성과가 아니고, 해당 상품에 관한 성과도 아니며, 이미 달성한 성과에 의한 것도 아닌 것이다. 즉 위와 같은 유통제한은 그 자체로 성과경쟁이 아니다.

이러한 시각에 대하여 왜 성과에 '의한' 경쟁만이 정당하고, 성과를 '위한' 경쟁은 정당하지 않은 것인지 반론이 제기될 수 있다. 성과경쟁에서 '성과'란 결국 '효율성'을 의미한다 할 것인바,[343] 성과를 위한 경쟁 역시 결과적으로 그것이 효율적이라면 정당하지 않다고 볼 이유가 없고, 오히려 정당하다고 보아야 한다는 주장이 있을 수 있는 것이다. 이는 주로 수직적 거래제한의 효율성에 관한 미국 법원의 입장 변화 등을 근거로 할 수 있을 것으로 보인다.[344] 그러나 본 연구에서 말하고자 하는 것은, 그러한 행위의 궁극적인 위법성 판단 문제는 별론으로 하고, 적어도 그것이 '본래적 의미'의 성과경쟁은 아니라는 점이다. 위와 같은 반론은 기존의 시각, 즉 성과경쟁 여부와 경쟁제한성 여부를 연결시키고, 이로써 즉시 부

343) Johan W. van de Gronden & Catalin S. Rusu, 앞의 책(각주 258), p.128; 고토 아키라·스즈무라 고타로 편저, 정병휴 역주, 앞의 책(각주 253), 288쪽 참조.

344) 미국 연방대법원 판례의 흐름에 보면, 끼워팔기를 제외한 모든 유형의 수직적 거래제한에 관하여 주로 거래의 형식에 기반하는 '당연위법'에서 주로 거래의 효과에 기반하는 '합리의 원칙'으로 그 방향이 전환되고 있다. 배상원, 앞의 논문(각주 4), 7-8쪽 참조.

당성을 판단하고자 하는 시각을 전제로 하는 것인바, 본 연구는 성과경쟁 여부와 경쟁제한성 여부를 구분하고 있기 때문이다. 즉 효율성의 '추구'는 성과경쟁과 무관하다. 그것은 경쟁제한성과 관련한 것이다.

한편 여기서 불필요한 개념상 혼란을 방지하기 위하여 조금 더 살펴볼 문제가 있다. 본 연구에서 말하는 '비성과경쟁'이란 '성과경쟁'이 아닌 경쟁방법을 말하는 것이지만, 이는 경쟁법적 관점에서 바람직한 경쟁, 즉 가격과 품질에 의한 경쟁이 아니라는 것을 의미할 뿐, 거기에 어떤 자연법적 위법성이나 도덕적·반사회적 비난가능성이 내포되어 있음을 의미하거나 암시하는 것이 아니다(도덕적 가치중립성). 즉 비성과경쟁은 2가지 유형으로 나누어 볼 수 있는바, 하나는 가격·품질에 의하지 않은 경쟁이고, 다른 하나는 자연법적·도덕적 결함이 있는 경쟁이다. 예컨대 재판매가격유지행위나 거래지역·거래상대방 제한행위 등은 전자에 속할 것이고, 위계에 의한 고객유인이나 사칭통용(passing－off)과 같은 행위는 후자에 속할 것이다.[345] 후자는 사실상 추가적인 경쟁제한성 판단 없이 그 자체로 위법하다고 볼 여지가 있는 반면, 전자는 추가적인 경쟁제한성 판단을 통하여 경쟁제한성이 인정될 경우에만 비로소 위법하게 된다는 차이가 있다. 본 연구에서 염두에 두고 있는 비성과경쟁은 전자의 경우를 의미하는 것이다.

나. 효율성에 기반한 가격경쟁

물론 위와 같은 정도의 논의만으로 성과경쟁의 의미를 모두 파악하였다고 하기는 어렵다. 또한 위와 같은 정도의 개념만으로 경쟁법에서 문제되는 모든 행위에 관하여 그 성과경쟁 여부를 연역해 내기는 어려울 수도 있다.

그런데 이 문제의 핵심은 결국 문제되는 행위가 성과경쟁인지 아닌지를 '판별'하는 데 있다 할 것인바, 그렇다면 다소 관점을 전환해 볼 필요가 있다. 즉 질문의 방향을 바꾸어 '성과경쟁이란 무엇인가'를 물을 것이 아니라 '무엇이 성과경쟁인가'를 묻는 것이다.

345) 홍대식, "유럽연합(EU)의 「불공정한 상관행지침」", 공정거래법의 쟁점과 과제(서울대학교 경쟁법센터), 법문사(2010), 303－307쪽의 '당연 불공정인 상관행의 목록' 참조.

이는 '정의란 무엇인가'를 묻는 것보다 '무엇이 정의인가'를 묻는 것이 보다 실천적일 수 있는 것과 같다. 전자는 정의(justice)의 정의(definition)를 묻는 것이고, 후자는 정의(justice)의 포섭범위(range)를 묻는 것인바, 전자는 영구불변의 절대적 언명을 요구하는 것이지만, 후자는 문제의 취지와 목적 및 시대적 상황과 장소적 맥락 등에 따라 탄력적인 답이 가능하다. 이를 통하여 우리는 정의를 명확히 정의하지 못하면서도 당면한 문제가 과연 정의에 부합하는 것인지 여부를 판단할 수 있게 된다.

경쟁법 역시 마찬가지의 관점으로 볼 수 있다. 실제로 성과경쟁이 무엇인지 선제적으로 정의하는 것은 매우 어려운 문제이다. 그러나 우리는 경쟁법으로 보호하고자 하는 경쟁이 어떠한 경쟁인지 이해하기 위하여 성과경쟁의 개념을 사용하는 것인바, 무엇이 성과경쟁인지를 물음으로써 일응 충분한 해답을 얻을 수 있다. 만일 성과경쟁인지 여부가 애매한 상황이 발생한다면, 앞서 본 바와 같이 그에 대한 해답을 제공하는 것이 바로 경쟁법의 임무이다.

위와 같은 차원에서 이 문제를 다시 살펴보면, 무엇보다도 흔히 말하는 '가격과 품질에 의한 경쟁'이 바로 성과경쟁에 해당한다. 즉 성과경쟁의 개념이 곧 가격·품질경쟁을 의미하는지에 관하여는 이견이 있을 수 있으나, 가격·품질경쟁은 모두 성과경쟁에 포함된다는 점에 관한 한 아무런 이론이 있을 수 없다. 그리고 이러한 가격·품질경쟁이 바로 경쟁법의 핵심인 것이다. 즉 경쟁법은 가격·품질경쟁을 보호하는 것이고, 가격·품질이 아닌 다른 요소에 기반한 경쟁을 규제하는 것인바,[346] 여기서 품질경쟁은 가격경쟁으로 치환될 수 있으므로(이는 산출량의 문제가 결국 가격의 문제로 치환될 수 있는 것과 마찬가지이다),[347] 결국 성과경쟁 여부의 판단을 위하여는 문제된 경쟁방법이 가격경쟁인지 여부가 핵심이 된다고 할 수 있다.

한편 일응 같은 '가격경쟁'이라 하더라도 '진정한 가격경쟁'과 '가격을 수단으로 한 경쟁'은 이를 구별하여야 한다. 흔히 가격을 통한 경쟁방법으로 염매(약탈적 가

346) 임영철·조성국, 앞의 책(각주 19), 3쪽, 33쪽 참조.
347) 정호열, 앞의 책(각주 8), 59-60쪽. 임영철·조성국, 앞의 책(각주 19), 34쪽.

격책정, 부당염매),[348] 조건부 리베이트, 이윤압착 등이 언급되고, 이어서 항상 '가격을 통한 경쟁을 규제함에 있어서는 신중하여야 한다'는 언급이 이어진다. 그러나 약탈적 가격책정은 가격을 수단으로 하지만 사실 효율성에 의한 가격경쟁이 아니라 장기간 손실을 버텨낼 수 있는 자금력에 기반한 경쟁일 뿐이다.[349] 조건부 리베이트 또한 가격을 수단으로 하는 것이지만 진정한 가격경쟁이 아니라 조건부 가격할인이라는 거래방법을 통한 경쟁이다.[350] 이윤압착 역시 가격과 관련한 것이지만 이는 실질적 가격경쟁이 아니라 수직통합사업자라는 이중적 지위에 기초한 편법적 경쟁이라고 보아야 한다.[351]

결론적으로, 경쟁법이 보호하고자 하는 성과경쟁은 결국 '효율성에 기반한 가격경쟁'으로 수렴된다고 볼 수 있다.[352] 이러한 관점에서 보면, 예컨대 비용 이상의

---

348) 일반적으로 '염매'는 정당하고, 오히려 그것이 경쟁법이 추구하는 가치이다. 그러나 비용 이하의 가격으로 판매하는 것은 경우에 따라 '약탈적'인 것이 될 수 있고, 따라서 '부당' 염매가 될 수 있다. 즉 엄밀히 볼 때 '배타조건부거래'와 비교하여야 할 문제는 '염매'이지 '부당염매'가 아니라 할 것인바(결국 '부당염매'와 대칭하는 것은 '부당배타조건부거래'라 할 것이다), 이하 위와 같은 맥락에서 서술하기로 한다.

349) 약탈적 가격책정을 장기간 지속할 수 있는 사업자는 그로 인한 손실을 감당할 수 있는 자금력을 가진 회사일 것이다(이른바 'deep pocket'). 그런데 이러한 자금력을 정당한 경쟁의 기초라고 볼 수는 없다. 따라서 약탈적 가격책정은 정당한 경쟁방법이 될 수 없는 것이다. 이봉의, 앞의 책(각주 74), 204쪽 참조.

350) 제3장 제3절 II. 2. 다. 참조.

351) 유영국, "수직적으로 통합된 시장에서의 방해남용규제에 관한 소고 : 방해남용으로서 이윤압착의 유형적 독자성(Eigenständigkeit)을 중심으로", 경쟁법연구 제39권(2019. 5.), 131－132쪽, 142－143쪽, 153쪽.

352) 배타조건부거래에 관한 본 연구의 목적상 일응 가격경쟁을 중심으로 살펴보았으나, 성과경쟁 여부가 반드시 위와 같은 효율성에 기반한 가격경쟁의 경우에만 인정될 수 있는 것은 아니다. 예컨대 좋은 서비스, 신제품 개발, 유익한 광고 등의 경우에도 얼마든지 성과경쟁으로 인정될 수 있고, 혁신경쟁 등의 경우 역시 마찬가지이다. 다만 여기서 모든 경쟁방법의 성과경쟁 여부를 논할 수는 없으므로 더 이상 상세한 검토는 생략하기로 하는바, 참고로 '광고'의 문제에 관하여만 간략히 살펴보면 다음과 같다. 성과경쟁론의 관점에서 보면 해당 상품 그 자체의 가격과 품질에 관한 경쟁이 아닌 그에 대한 광고·홍보 등 경쟁은 경쟁의 본령을 벗어난 것으로 평가될 소지가 있다(정호열, 앞의 책(각주 8), 60쪽; 권오승, "우리는 왜 경쟁을 해야 하는가?", 경쟁법연구 제9권(2004), 1－2쪽). 그러나 진정한 의미의 광고란 '자신의 상품과 그것의 장점을 알리는 것'이라 할 것인바(Fritz Rittner 저, 권오승 역, 앞의 책(각주 283), 58쪽 참조), 이러한 관점에서 보면 부당한 비방광고나 허위광고 등이 아닌 정당한 광고에 의한 경쟁이라면 이는 성과경쟁의

염매는 성과경쟁이고, 비용 이하의 염매는 비성과경쟁이라 할 것인바,[353] 전자는 그 자체로 당연히 적법하고, 후자의 경우에는 그에 대한 경쟁제한성 평가가 필요한 것이다.

5. 정리 : 성과경쟁론의 재조명

이상 검토한 바에 따라 본 연구에서 새로이 제시한 성과경쟁론을 정리하면 다음과 같다. ① 성과경쟁이란 가격과 품질을 중심으로 한 공정한 경쟁방법을 말하는바, 경쟁법상 성과경쟁의무는 시장지배적 사업자에게 한정되는 것이 아니라 모든 사업자가 부담하는 것이다. ② 종래 정당한 경쟁행위와 부당한 경쟁제한행위의 구별을 위한 기준으로 제시된 이론들은 '무엇이 부당한 경쟁제한행위인가'를 묻는 것으로서 성과경쟁 여부와 경쟁제한성 여부를 구분하지 않고 있으나, 새로운 성과경쟁론은 '무엇이 정당한 경쟁행위인가'를 묻는 것으로서 성과경쟁 여부와 경쟁제한성 여부를 구분하고자 한다. ③ 위와 같은 관점에서 볼 때, 본래적 의미의 성과경쟁이란 성과에 '의한' 경쟁을 의미하는 것으로서, 성과를 '위한' 경쟁은 원칙적으로 이에 해당하지 않는다. ④ 이러한 성과경쟁론에 경쟁법상 실천적 의미와 기능을 부여하기 위하여는 '성과경쟁이란 무엇인가'라는 질문에서 시각을 전환하여 '무엇이 성과경쟁인가'를 물을 필요가 있는바, 기본적으로 효율성에 기초한 가격경쟁으로 환원될 수 있는 경쟁방법이 성과경쟁이고, 설령 가격을 수단으로 하더라도 실질적으로는 자금력, 판매방법, 이중적 시장지위 등을 이용한 경쟁방법은 성과경쟁이 아니다. ⑤ 만일 문제된 행위가 성과경쟁이라면 더 나아가 경쟁제한성을 검토할 필요 없이 즉시 적법한 것으로 간주되어야 하고, 성과경쟁이 아닌 경우에 비로소 경쟁제한성을 검토하여야 한다.

요컨대 성과경쟁 여부는 경쟁제한성 판단에 선행하는 것으로서 그 기초가 된다 할 것인바, 이를 통하여 경쟁법의 규범적 정당성을 확고히 하고, 사업자에게 명확

개념에 포섭될 가능성이 있을 것이다.

353) Brooke Group Ltd. v. Brown & Williamson Tobacco Corp., 509 U.S. 209, 223 (1993); Andrew I. Gavil, 앞의 논문(각주 228), p.16.

한 행위지침을 제공하며, 경쟁제한성의 의미를 보다 명확히 이해할 수 있을 것이다.

Ⅳ. 공정거래법상 경쟁제한성 : 유력한 경쟁사업자 수의 감소354)

1. 공정거래법의 규정 : 경쟁의 실질적 제한

가. 경쟁의 형식적 제한과 실질적 제한

공정거래법 제2조 제5호는 '경쟁을 실질적으로 제한하는 행위'란 "일정한 거래분야의 경쟁이 감소하여 특정 사업자 또는 사업자단체의 의사에 따라 어느 정도 자유로이 가격, 수량, 품질, 그 밖의 거래조건 등의 결정에 영향을 미치거나 미칠 우려가 있는 상태를 초래하는 행위"라고 정의하는바,355) 이는 '경쟁제한성'의 의미를 규정한 것으로 이해된다.356)

---

354) 공정거래법상 경쟁제한성이 경쟁법 일반에서 말하는 경쟁제한성과 다르다고 말하기는 어렵다. 그러나 외국의 경쟁법에서 말하는 경쟁제한성과 완전히 같은 것이라고 말하기도 어렵다. 이는 특히 우리 공정거래법상 경쟁제한성을 미국 반독점법상 경쟁제한성, 보다 정확히는 시카고학파의 관점에서 보는 경쟁제한성, 즉 '가격상승(또는 산출량감소)'이라는 제한적 의미로 이해할 것인지와 관련이 있다. ① 그런데 우리 법은 경쟁제한성의 개념을 직접 정의하고 있는바, 이러한 정의규정의 필요성 내지 적절성의 문제는 별론으로 하고, 적어도 현행법에 명문규정이 있는 이상 이에 따라 경쟁제한성을 이해하는 것이 순서이고 또한 타당할 것이다(같은 취지로 정재훈, "의료공급자에 대한 사업자단체 규제와 경쟁제한성 판단 : 서울고판 2016. 3. 17, 2014누58824", 저스티스 제156호(2016. 10.), 335쪽). ② 그리고 판례는 포스코 전합판결에서 우리 법상 경쟁제한성의 의미와 판단방법을 구체적으로 판시한 이래 후속판결들을 통하여 이를 분명히 확립하였다 할 것인바, 그 의미를 면밀히 살펴볼 필요가 있다. ③ 한편 공정위는 위와 같은 법과 판례의 취지를 반영한 심사기준 내지 심사지침을 운영하고 있는바, 이를 살펴보는 것 역시 공정거래법상 경쟁제한성의 의미와 판단방법을 검토함에 있어 필수적이다. ④ 요컨대, 공정거래법상 경쟁제한성의 의미를 규명하기 위하여 가장 중요한 것은 법의 규정이고, 그 다음은 법원의 판례이며, 마지막으로 공정위의 입장을 살펴보아야 할 것인바, 이하 위와 같은 순서에 따라 검토하기로 한다.

355) 공정거래법은 1980년 제정 당시에는 경쟁제한성의 의미를 규정하지 않았는바, 1996. 12. 30. 개정법에서 비로소 현행법과 같은 정의규정을 신설하였다.

356) 권오승·서정, 앞의 책(각주 2), 111쪽; 김형배, 앞의 책(각주 12), 36－37쪽. 다만 '공정거래법에는 경쟁제한성에 관한 정의규정이 없다'는 견해로 주진열, 앞의 논문(각주 267), 11쪽.

그런데 법은 '경쟁의 실질적 제한'이라고 표현하고 있는바, 그렇다면 '경쟁의 형식적 제한'이라는 관념을 상정할 수 있을 것이고, 위 규정내용에 비추어 보면 경쟁의 형식적 제한이란 '일정한 거래분야의 경쟁이 감소하였지만 특정 사업자 또는 사업자단체의 의사에 따라 어느 정도 자유로이 가격·수량·품질 기타 거래조건 등의 결정에 영향을 미치거나 미칠 우려가 있는 상태가 초래되지 않은 상태'라고 할 수 있을 것이다. 결국 경쟁제한성이란 단순히 '경쟁이 감소'하는 것을 넘어 그러한 '경쟁의 감소로 인하여 가격이 상승하거나 상승할 우려가 초래'되는 것이라고 이해할 수 있다.

위와 같이 공정거래법이 단순히 '경쟁의 제한'이라는 표현을 사용하지 않고 '경쟁의 실질적 제한'이라는 표현을 사용하고 있는 것은 자못 의미심장하다.[357] 원래 '경쟁의 제한'이란 그저 '경쟁이 감소'한 상태를 의미하는 것인데, 이렇게 볼 경우 전체로서의 시장경쟁에 미치는 영향이 없음에도 단순히 개별적 경쟁행위가 감소하였다는 이유만으로 경쟁제한성을 인정할 수 있게 되는바, 이를 '실질적' 제한이라는 요건을 통하여 '시장성과에 미치는 영향'을 추가적으로 요구함으로써, 비로소 공정거래법은 개별적 경쟁행위의 감소를 방지하고자 하는 것이 아니라 전체로서의 시장경쟁 감소를 방지하고자 하는 것이라는 점이 명확해졌다고 볼 수 있기 때문이다.[358]

결국 경쟁제한성의 의미를 검토함에 있어서는, 달리 말하면 공정거래법상 경쟁제한성 정의규정의 해석에 있어서는 위 '실질적'이라는 문언의 의미를 밝히는 것이 결정적인 문제가 됨을 알 수 있다.

---

357) '경쟁을 실질적으로 제한'한다는 표현 자체는 제정법 당시부터 사용되어 왔다. 제정법 제3조(시장지배적 지위남용금지) 제1항 제5호, 제7조(기업결합의 제한) 제1항 본문, 제12조(부당한 공동행위의 제한) 본문, 제18조(사업자단체의 금지행위) 제1항 제1호, 제49조(일정한 조합의 행위) 제1항 후단 참조.

358) '일정한 거래분야에서의 경쟁의 감소'는 경쟁 과정에 영향을 미치는 요소이고, '어느 정도 자유로이 가격·수량·품질 기타 거래조건 등의 결정에 영향을 미치거나 미칠 우려가 있는 상태의 초래'는 경쟁의 성과에 영향을 미치는 요소라고 설명하는 견해로서 홍대식, "간격 좁히기: 국제 경쟁법으로의 수렴 또는 그로부터의 분산 －한국 경쟁법상 단독 행위 규제를 중심으로－", 경쟁법연구 제31권(2015. 5.), 92쪽.

나. 문언해석

이러한 관점에서 위 정의규정의 문언을 분설하면 다음과 같은바, 요컨대 공정거래법이 규정한 경쟁제한성이란 '문제된 행위로 인하여 개별적 경쟁행위가 감소하고, 이로써 특정 사업자에 의하여 시장가격이 결정되거나 결정될 우려가 있는 상태가 초래되는 것'을 의미한다 할 것이다.

'일정한 거래분야'라 함은 "거래의 객체별·단계별 또는 지역별로 경쟁관계에 있거나 경쟁관계가 성립될 수 있는 분야(공정거래법 제2조 제4호)", 즉 관련시장을 의미하는바, 이를 통하여 경쟁제한성을 논하기 위하여는 '경쟁관계'가 전제되어야 함을 알 수 있다. 경쟁의 제한을 논하기 위하여는 그 제한되어야 할 경쟁이 있어야 한다는 점에서 위와 같은 요건은 당연한 것이라고 볼 수 있다.

'경쟁이 감소'한다는 것은 위에서 본 바와 같이 개별적 경쟁행위의 감소, 즉 개별사업자들의 경쟁행위가 감소하는 것을 말하는 것으로서 경쟁의 '형식적' 제한을 의미한다.

'특정 사업자 또는 사업자단체의 의사에 따라'라는 부분은 그 사업자 내지 사업자단체가 가격을 주어진 조건으로 받아들이지 않고 스스로 가격을 결정하게 되는 것, 즉 경제학의 용어를 빌리자면 'price－taker'가 아니라 'price－maker'가 된다는 의미이다. 한편 여기서 사업자단체는 사업자에 포함될 수 있으므로, 결국 이 부분은 특정 사업자의 의사에 따라 시장가격이 결정되는 것을 의미한다고 할 수 있다.

'어느 정도 자유로이'란 특정 사업자의 의사가 시장가격의 결정에 '전적으로' 영향을 미칠 필요는 없음을 의미한다. 여기서 '정도'의 문제가 발생하는바, 이는 개별적·구체적 사안에 따라 판단할 수밖에 없을 것이다. 일반론으로서 말하자면, 양적 측면에서 그러한 특정 사업자가 반드시 1명, 즉 완전한 독점자일 필요는 없고, 질적 측면에서 시장가격의 결정이 반드시 특정 사업자의 의사에만 좌우되는 것이어야 할 필요는 없다는 의미로 이해할 수 있다.

‘가격, 수량, 품질, 그 밖의 거래조건 등의 결정’이란 시장성과를 의미한다. 문언상 모든 것을 포괄하는 용어는 ‘거래조건’이지만, 실제로 가장 중요한 것은 ‘가격’이라 할 것인바, 결국 특정 사업자가 시장가격을 결정할 수 있는 상태를 말하는 것이다.

‘영향을 미치거나 미칠 우려가 있는 상태’란 ‘영향을 미치는 상태’ 또는 ‘영향을 미칠 우려가 있는 상태’로 나누어 볼 수 있는데, 말 그대로 전자는 특정 사업자가 시장가격의 결정에 실제로 영향을 미치는 상태를 말하고, 후자는 실제로 영향을 미치지는 않지만 그렇게 될 우려가 있는 상태를 말한다. 여기서 ‘영향’이라는 문언은 특정 사업자가 시장가격을 완전히 ‘결정’할 것까지 요구하는 것은 아니고, 시장가격의 결정에 ‘영향’을 미치는 것으로 충분하는 의미를 내포하고 있다. 한편 ‘우려’라는 문언의 경우 과연 어떤 상태여야 이를 인정할 수 있는지 문제되는데, 이 부분 역시 개별적·구체적 사안에 따라 달리 판단하여야 할 것인바, 일반론으로서 말하자면 이 부분의 증명을 지나치게 요구할 경우 과소규제의 오류가 발생할 수 있고, 지나치게 완화한다면 과잉규제의 오류가 발생할 수 있을 것이다.

‘초래하는 행위’란 문제되는 행위로 인하여 특정 사업자에 의하여 시장가격이 결정되는 상태가 야기되는 것을 의미한다. 여기서 경쟁제한적 행위와 경쟁제한의 효과 사이에 인과관계가 필요함을 알 수 있다.

다. 논리적 · 체계적 해석

이상 공정거래법이 규정한 경쟁제한성의 기본적 의미를 살펴보았다. 그러나 위와 같은 문언해석만으로는 그 진정한 의미를 이해하기에 다소 부족한 것으로 보이는바, 보다 논리적·체계적인 해석이 필요하다.[359)]

---

359) 대법원 2018. 6. 21. 선고 2011다112391 전원합의체 판결의 법률해석 방법론 참조(“법은 원칙적으로 불특정 다수인에 대하여 동일한 구속력을 갖는 사회의 보편타당한 규범이므로 법의 표준적 의미를 밝혀 객관적 타당성이 있도록 해석하여야 하고, 가급적 모든 사람이 수긍할 수 있는 일관성을 유지함으로써 법적 안정성이 손상되지 않도록 하여야 한다. 한편 실정법은 보편적이고 전형적인 사안을 염두에 두고 규정되기 마련이므로 사회현실에서 일어나는 다양한 사안에서 구체적 사안에 맞는 가장 타당한 해결이 될 수 있

이를 위하여 공정거래법이 규정한 시장지배적 사업자의 정의규정을 참고할 수 있는데, 법 제2조 제3호는 시장지배적 사업자를 "일정한 거래분야의 공급자나 수요자로서 단독으로 또는 다른 사업자와 함께 상품이나 용역의 가격, 수량, 품질, 그 밖의 거래조건을 결정·유지 또는 변경할 수 있는 시장지위를 가진 사업자"라고 정의하고 있는바, 즉 시장지배력이란 '일정한 거래분야에서 단독으로 또는 다른 사업자와 함께 상품이나 용역의 가격, 수량, 품질, 그 밖의 거래조건을 결정·유지 또는 변경할 수 있는 힘'을 말한다고 할 수 있다.[360][361]

도록 해석·적용할 것도 요구된다. 요컨대 법해석의 목표는 어디까지나 법적 안정성을 저해하지 않는 범위 내에서 구체적 타당성을 찾는 데 두어야 한다. 나아가 그러기 위해서는 가능한 한 법률에 사용된 문언의 통상적인 의미에 충실하게 해석하는 것을 원칙으로 하면서, 법률의 입법 취지와 목적, 제·개정 연혁, 법질서 전체와의 조화, 다른 법령과의 관계 등을 고려하는 체계적·논리적 해석방법을 추가적으로 동원함으로써, 위와 같은 법해석의 요청에 부응하는 타당한 해석을 하여야 한다.").

360) 사실 우리 공정거래법은 '시장지배적지위', '시장지배적사업자'라는 용어 외에 '시장지배력'이라는 용어는 사용하고 있지 않다. 이와 관련하여 '시장지배력'이란 경제(학)적 의미에서 '가격을 좌우할 수 있는 힘', 즉 경쟁가격보다 높은 가격을 책정하여 초과이윤을 얻을 수 있는 힘을 의미하고, '시장지배적 지위'란 경쟁법적 의미에서 유효경쟁으로 인한 견제를 충분히 받지 않는 지위, 즉 다른 경쟁사업자를 의식하지 않고 시장행위를 비교적 자유롭게 정할 수 있는 지위로서 규범적 가치판단을 전제로 하는 것이라고 하면서, 양자는 다른 개념이라는 설명이 있다(이봉의, 앞의 책(각주 74), 194－196쪽). 상당히 경청할 만한 견해라고 생각되나, 비록 공정거래법이 명문으로 규정하고 있지는 않지만 우리 법의 해석에 있어서도 '시장지배력'이라는 개념과 표현은 이미 널리 사용되어 정착된 것으로 보이고, '시장지배적 사업자'란 '시장지배력을 가진 사업자'를 의미한다고 볼 수 있으므로(이기수·유진희, 경제법(제9판), 세창출판사(2012), 53쪽), 이하 '시장지배적 사업자가 가지는 힘'을 말하는 의미로 '시장지배력'이라는 용어를 사용하기로 한다.

361) 한편 경쟁법 일반이론상 '시장력(market power)'이라는 용어와 '시장지배력(market dominance power)' 내지 '독점력(monopoly power)'이라는 용어는 흔히 혼용되기도 하지만(시장지배력과 독점력은 거의 같은 개념이다), 일응 구분하는 것이 적절하다. "Monopoly power under § 2 requires, of course, something greater than market power under § 1." Eastman Kodak Co. v. Image Technical Services, Inc., 504 U.S. 451, 481 (1992). 우리나라의 경우 공정위의 불공정거래행위 심사지침 별첨 '경쟁제한성 판단기준'은 "시장력(market power)이란 사업자가 시장의 가격이나 거래조건 등 시장경쟁의 성과에 어느정도 영향을 미칠 수 있는 힘을 의미한다."라고 규정하는바, 결국 시장지배력이란 시장경쟁의 성과에 '어느 정도 자유로이' 영향을 미칠 수 있는 힘을 의미하고, 시장력이란 시장경쟁의 성과에 '어느 정도' 영향을 미칠 수 있는 힘을 의미한다고 볼 수 있다. 한편 김형배, 앞의 책(각주 12), 163－164쪽은 '시장지배력'을 '상당한 시장력'이라고 표현하고 있는데, 그 취지는 이해할 수 있으나 '상당한 시장력'이라는 표현은 '시장지

그런데 앞서 본 바와 같이 법 제2조 제5호는 경쟁제한성을 "일정한 거래분야의 경쟁이 감소하여 특정 사업자 또는 사업자단체의 의사에 따라 어느 정도 자유로이 가격, 수량, 품질, 그 밖의 거래조건 등의 결정에 영향을 미치거나 미칠 우려가 있는 상태를 초래하는 행위"라고 정의하고 있는바, 결국 '시장지배력이 형성되거나 그에 대한 우려가 있는 상태를 초래하는 것'이 곧 경쟁을 제한하는 것이라고 할 수 있다.[362][363]

이는 법상 경쟁제한성 정의규정이 대한약사회 판결[364]의 판시를 반영하여 입법된 것으로 보이는 사정과 무관하지 않다. 위 판결은 ""경쟁을 실질적으로 제한"한다는 것은 시장에서의 유효한 경쟁을 기대하기 어려운 상태를 초래하는 행위, 즉 일정한 거래 분야의 경쟁상태가 감소하여 특정 사업자 또는 사업자단체가 그 의사로 어느 정도 자유로이 가격·수량·품질 및 기타 조건을 좌우할 수 있는 시장지배력의 형성을 의미"한다고 판시하였는바,[365] 공정거래법은 위 판시에서 '좌우한다'는 표현을 '영향을 미친다'로 완화하고,[366] 거기에 '영향을 미칠 우려'를 추가한 외에는 사실상 완전히 동일한 내용으로 경쟁제한성을 정의한 것이다. 비록 공정거래법이 '시장지배력의 형성을 의미한다'는 설시 부분을 제외하였으나, 앞서 본 바와 같이 '시장가격에 영향을 미치는 힘'이 '시장지배력'을 의미하는 이상 위 삭제는 사실상 동어반복을 피하고자 한 취지로서 별다른 의미를 가지지 않는다

배력에는 미치지 못하지만, 그에 필적하는 시장력'이라는 의미로 사용하는 것이 적절하다고 생각된다. 이하 위와 같은 맥락에서 '시장지배력', '상당한 시장력', '시장력'이라는 표현을 사용하기로 한다(참고로 권오승·홍명수, 앞의 논문(각주 286), 744쪽은 위와 같은 상당한 시장력을 가진 사업자를 '시장우월적 사업자'라고 표현하고 있다).

362) 양명조, 앞의 책(각주 114), 114쪽, 142쪽, 160쪽; 정호열, 앞의 책(각주 8), 113쪽; 권오승·서정, 앞의 책(각주 2), 111쪽.

363) 한편 권오승·서정, 앞의 책(각주 2), 140쪽(각주 9 부분)에 의하면, 최근 2020년 공정거래법 전면개정 논의시 시장지배적 사업자의 가격 등 결정 능력의 정도와 관련하여 경쟁제한성 정의규정과의 균형상 '어느 정도 자유로이'라는 문구를 추가하는 방안이 검토되었으나, 결국 기존의 규정을 그대로 유지하는 것으로 결정되었다고 하는바, 비록 간접적이나마 이를 통하여도 공정거래법상 경쟁제한성과 시장지배력의 관계를 파악할 수 있다.

364) 대법원 1995. 5. 12. 선고 94누13794 판결(대한약사회 판결).

365) 이러한 판시는 일본의 판례를 참조한 것으로 보이는바, 보다 상세한 사항은 한도율, "경쟁과 경쟁의 실질적 제한의 의의", 경쟁법연구 제38권(2018. 11.), 120-129쪽.

366) 홍대식, 앞의 논문(각주 358), 91쪽.

할 것이다.

요컨대, 공정거래법상 경쟁제한성이란 결국 '시장지배력의 형성 또는 그 우려'를 의미한다고 보아야 한다.

2. 판례의 분석 : 유력한 경쟁사업자 수의 감소

가. 분석의 대상

포스코 전합판결은 경쟁제한성의 의미와 판단방법에 관한 법리를 확립하였는바, 앞서 밝힌 바와 같이 본 연구는 포스코 전합판결의 경쟁제한성 판시를 일응 수용하는 것을 전제로 하므로, 이하 다른 쟁점은 생략하고, 본 연구의 관점에서 판례의 설시 중 조금 더 상세한 분석이 필요하다고 생각되는 '유력한 경쟁사업자 수의 감소'에 관하여 본다.[367)]

우선 판례는 '가격의 현저한 상승, 산출량의 현저한 감소'라고 하지 않은 채 단순히 '가격상승, 산출량감소'라고만 하고, '혁신의 상당한 저해, 다양성의 상당한 감소'라고 하지 않고 그저 '혁신저해, 다양성감소'라고만 함으로써 일정한 제한을 부가하지 않은 반면, 이 부분에서는 '경쟁사업자 수의 감소'라고 하지 않고 '유력한 경쟁사업자 수의 감소'라고 하고 있는바, '유력한'의 의미를 밝힐 필요가 있고, 이와 관련하여 '경쟁사업자 수의 감소'를 이해할 필요가 있다.

한편 판례는 '유력한 경쟁사업자 수의 감소'를 경쟁제한의 효과라고 하고 있는데, 과연 그러한 것인지도 조금 더 생각해 볼 필요가 있다.

나. '유력한 경쟁사업자 수의 감소'의 기본적 의미

먼저 '유력한 경쟁사업자 수의 감소' 그 자체의 의미에 관하여 보면 다음과 같은바, 결국 이 부분은 '봉쇄효과'와 관련하여 이해하여야 할 것이다.

---

367) 포스코 전합판결의 경쟁제한성 판시는 그에 대한 찬반은 별론으로 하고 그 의미 자체를 이해하는 것은 그다지 어렵지 않다. 그러나 판례의 설시 중 '유력한 경쟁사업자 수의 감소'를 어떻게 이해할 것인지에 관하여는 다른 설시 부분과 달리 보다 엄밀한 분석과 음미가 필요한 것으로 보인다.

우선 주목할 것은 판례가 '경쟁'제한성을 논함에 있어 '경쟁자'감소를 언급하고 있다는 점이다. 앞서 경쟁을 보호하기 위한 경쟁법에서 경쟁자의 보호가 가지는 의미를 보았는바, 일정한 경우에는 경쟁자의 감소가 바로 경쟁의 감소를 의미하게 된다는 점을 분명히 하는 취지라고 볼 것이다.[368)]

그리고 이 부분에서 '감소'를 반드시 '퇴출'의 의미로 이해할 수는 없다. 이를 '퇴출'로 제한하게 되면, 극단적으로 해당 행위로 인하여 경쟁사업자가 경쟁력을 사실상 거의 상실한 경우에도 당해 사업에서 완전히 철수하지 않는 한 '유력한 경쟁사업자 수의 감소'는 없다고 보아야 할 것인바, 이러한 결론은 타당하지 않다. 즉 여기서 말하는 '감소'의 의미는 경쟁사업자들이 실질적으로 경쟁적 압력을 행사할 수 없게 되는 모든 경우를 포괄한다고 보아야 할 것인바,[369)] 그러한 경쟁적 압력은 그것이 바람직한 경쟁행위인 것을 전제로 하므로, 결국 위 '감소'의 의미는 '경쟁사업자들의 성과경쟁을 저해'하는 것, 즉 '경쟁사업자를 봉쇄'하는 것을 의미한다고 이해할 수 있다.

그렇다면 남는 문제는 '유력한'의 의미인바, 이는 앞서 본 경쟁의 '형식적' 제한과 '실질적' 제한을 염두에 두고 검토할 필요가 있다. ① 우선 이 부분은 문언 그대로 문제된 행위로 인하여 '유력한 경쟁사업자'가 감소하는 경우를 말한다고 볼 수 있다(질적 측면). 즉 문제된 행위로 인하여 감소된 경쟁사업자가 시장성과에 영향을 미치는 또는 해당 시장지배적 사업자에게 경쟁적 압력으로 작용하는 경쟁사업자라면 그러한 경쟁사업자가 감소한 것은 '유력한 경쟁사업자 수의 감소'로 인정할 수 있지만, 경쟁사업자가 감소하더라도 그 경쟁사업자가 시장성과에 별다른 영향을 미치지 못하는 또는 해당 시장지배적 사업자에게 전혀 경쟁적 압력이 되

368) 임영철 · 조성국, 앞의 책(각주 19), 82쪽 참조.

369) A. Douglas Melamed, 앞의 논문(각주 122), p.409－410; Steven C. Salop, "The Raising Rivals' Cost Foreclosure Paradigm, Conditional Pricing Practices, and the Flawed Incremental Price－Cost Test", 81 Antitrust L.J. 371, 377 (2017); European Commission, DG Competition Discussion Paper on the Application of Article 82 of the Treaty to Exclusionary Abuses (Brussels, December 2005), 58문단; 임용, "경쟁자의 비용 증대를 통한 배제 전략의 경쟁법적 고찰 : 담배진열 공간 사례를 중심으로", 서울시립대학교 서울법학 제26권 제4호(2019. 2.), 392쪽 참조.

지 못하는 영세사업자라면 그러한 경쟁사업자의 감소는 '유력한 경쟁사업자 수의 감소'로 인정될 수 없을 것이다. ② 한편 이 부분은 문제된 행위로 감소한 '경쟁사업자의 수'와 관련하여 이해할 수도 있다(양적 측면). 즉 문제된 행위로 인하여 다수의 경쟁사업자가 감소함으로써 시장성과에 영향을 미치거나 또는 해당 시장지배적 사업자에게 경쟁적 압력이 저하되는 경우는 이에 해당하지만, 소수의 경쟁사업자가 감소한 것에 불과하여 시장성과에 별다른 영향을 미치지 않거나 또는 해당 시장지배적 사업자에게 가해지는 경쟁적 압력에 아무런 실질적 변화가 없는 경우에는 이에 해당하지 않는다고 볼 수 있다. ③ 물론 위 양자의 측면을 함께 고려할 수도 있을 것인바, 그 경우에는 결국 문제된 행위로 인하여 시장성과에 미치는 영향과 해당 시장지배적 사업자에게 가해지는 경쟁적 압력을 종합적으로 고려하여 '유력한 경쟁사업자 수의 감소'에 해당하는지 여부를 판단하여야 할 것이다. ④ 결국 판례가 '유력한' 경쟁사업자 수의 감소라는 표현을 사용한 것은 문제된 행위로 인하여 경쟁이 '형식적'으로 제한되는 것을 넘어 '실질적'으로 제한되는 상황을 함축적으로 표현한 것이라고 이해할 수 있다. 즉 판례에서 말하는 '유력한 경쟁사업자 수의 감소'란 결국 '경쟁사업자들의 성과경쟁을 저해함으로써 시장성과에 악영향을 미치게 되는 것'을 의미한다 할 것인바,[370] 이러한 맥락에서 보면 '유력한'의 해석 문제는 결국 '경쟁제한성'의 해석 문제로 직결된다고 할 수 있다.

다. '유력한 경쟁사업자 수의 감소'가 경쟁제한의 효과인지 여부

다음으로 '유력한 경쟁사업자 수의 감소'가 과연 경쟁제한의 효과에 해당하는지에 관하여 보면, 다음과 같은 이유에서 이는 경쟁제한의 '효과'라고 하기 보다는 경쟁제한의 '원인'으로 이해하는 것이 더욱 적절하다고 생각된다(즉 '경쟁이 제한됨에 따른 결과'가 아니라 '경쟁이 제한되는 이유'라는 의미이다).

---

370) 본 연구와 반드시 같은 취지는 아니지만, 일응 '유력한 경쟁사업자 수의 감소'와 '경쟁사업자 수의 감소'를 구분하는 시각으로 주진열, 앞의 논문(각주 267), 52쪽; 백승엽, "포스코판결 법리의 발전적 전개방향에 관한 고찰", 법관연수 어드밴스 과정 연구논문집 : 전문 분야 소송의 주요쟁점(조세/상사소송), 사법연수원(2018), 378쪽 참조.

이에 관하여는 우선 용어의 사용에 관하여 살펴볼 문제가 있다. 통상 경쟁법에서 '경쟁제한효과'라는 용어는 두 가지 의미로 혼용되고 있는 것으로 보이는바, 하나는 말 그대로 '경쟁을 제한하는 효과'를 뜻하는 것으로서 문제된 행위가 경쟁제한적이라는 의미로 사용되고, 다른 하나는 '경쟁의 제한에 따른 효과'를 뜻하는 것으로서 경쟁제한적 행위로 인한 결과라는 의미로도 사용된다. 즉 '문제된 행위 → 경쟁을 제한하는 효과 → 경쟁제한성 → 경쟁의 제한에 따른 효과'의 관계가 성립한다. 그런데 이를 명확히 구별하지 않음으로써 불필요한 혼란이 야기되는 측면이 있는 것으로 보이는바, 예컨대 포스코 전합판결에서 "상품의 가격상승, 산출량 감소, 혁신 저해, 유력한 경쟁사업자의 수의 감소, 다양성 감소 등과 같은 경쟁제한의 효과가 생길 만한 우려가 있는 행위"라고 설시할 때의 '경쟁제한효과'는 후자의 의미로 사용된 것이고, 공정위의 불공정거래행위 심사지침 별첨 경쟁제한성 판단기준 1. 일반원칙에서 "경쟁제한효과를 수반하는 경쟁제한요건 행위가 효율성을 제고하는 경우도 있으므로 경쟁제한효과가 있다고 하더라도 그 자체만으로 위법성을 인정할 것이 아니라 당해 행위가 가질 수 있는 효율성 증대효과와 비교형량하여야 한다."라고 규정할 때의 '경쟁제한효과'는 전자의 의미로 사용된 것이다. 이하 일반적인 용례에 따라 '경쟁제한효과'라고 표현하되, 위 둘을 명확히 구분할 필요가 있는 경우에는 '경쟁을 제한하는 효과' 내지 '경쟁의 제한에 따른 효과'라는 취지를 부기하기로 한다.

위와 같은 맥락에서 보면 '유력한 경쟁사업자 수의 감소'는 경쟁제한의 메커니즘을 의미한다고 볼 수 있다. 경쟁이 제한되면 그 결과로 가격이 상승하는 것이지, 가격이 상승하면 그 결과로 경쟁이 제한되는 것이 아니다. 그런데 경쟁이 제한되면 그 결과로 유력한 경쟁사업자의 수가 감소하는 것이 아니라, 유력한 경쟁사업자의 수가 감소하면 그 결과로 경쟁이 제한되는 것이기 때문이다.[371] 이는

371) 이는 반대의 경우, 즉 경쟁촉진의 측면을 생각해 보더라도 마찬가지이다. 경쟁이 촉진되면 그 결과로 가격이 하락하는 것이지, 가격이 하락하면 그 결과로 경쟁이 촉진되는 것이 아니다. 반면 경쟁이 촉진되면 그 결과로 유력한 경쟁사업자의 수가 증가하는 것이 아니라, 유력한 경쟁사업자의 수가 증가하면 그 결과로 경쟁이 촉진되는 것이다.

공동행위의 경우를 상정하면 보다 쉽게 이해할 수 있다. 즉 여러 경쟁사업자들이 담합을 하게 되면 실질적으로 경쟁사업자의 수가 감소하게 되고 이로써 관련시장의 경쟁이 제한되는 것이지, 여러 경쟁사업자들의 담합으로 경쟁이 제한됨으로써 비로소 실질적인 경쟁사업자 수가 감소하는 것이 아니다. 결국 '유력한 경쟁사업자의 수의 감소'는 경쟁제한의 효과, 즉 경쟁이 제한된 결과가 아니라 경쟁제한의 원인, 즉 경쟁제한이 야기되는 이유라고 보아야 한다.[372)][373)]

한편 '유력한 경쟁사업자 수의 감소'를 경쟁제한의 효과로 보게 되면 경쟁제한성의 인정범위가 지나치게 넓어질 우려가 있다. 앞서 여기서 말하는 '감소'란 반드시 퇴출에 한정되는 것이 아님을 보았는바, 결국 문제된 행위를 통하여 질적 또는 양적으로 조금이라도 경쟁사업자의 수가 감소한 경우 그 즉시 경쟁제한성이 인정될 가능성이 있기 때문이다(포스코 전합판결에 의한 경쟁제한성 추정). 이는 '유력한'이라는 제한요건을 감안한다 하더라도 그리 다르지 않는데, 위 요건의 인정여부는 다분히 신축적일 수밖에 없음을 감안하면 그에 대한 엄격한 해석을 통하여 경쟁제한성의 인정범위를 축소하는 데에는 본질적인 한계가 있다 할 것이다. 즉 유력한 경쟁사업자 수의 감소를 경쟁제한의 효과로 이해하는 것은 효과주의를 천명한 포스코 전합판결의 취지에 오히려 반하는 것으로서, 자칫 포스코 전합판결을 그 자체로 '모순적'인 판결로 만들어 버리는 결과가 될 수 있다.

정리하면, 경쟁이 실질적으로 제한되면 가격이 상승하고, 산출량이 감소하며, 혁신이 저해되고, 다양성이 감소한다. 그런데 위와 같은 경쟁의 실질적 제한은 유력한 경쟁사업자의 수가 감소함으로써 발생하는 것이다. 요컨대 '유력한 경쟁사업자의 수의 감소 → 경쟁의 실질적 제한 → 가격상승, 산출량감소, 혁신저해, 다양

---

372) 유사한 취지의 분석으로 권오승 · 서정, 앞의 책(각주 2), 115쪽; 이황, "공정거래법상 단독의 위반행위 규제의 체계 : 시장지배적 지위 남용행위로서의 거래거절행위의 위법성, 그 본질과 판단기준", 사법 제5호(2008. 9.), 249쪽; 한철수, 앞의 책(각주 19), 78－79쪽; 홍대식, 앞의 논문(각주 358), 105쪽. 한편 오승한, 앞의 논문(각주 109), 461쪽은 '유력한 경쟁사업자 수의 감소' 외에 '다양성감소' 역시 경쟁제한의 원인이라고 하나, 다양성감소가 경쟁제한의 원인이라는 설명은 다소 의문이다.

373) 경쟁제한효과를 설명하면서 '유력한 경쟁사업자 수의 감소'를 제외하고 있는 견해로 김형배, 앞의 책(각주 12), 201쪽; 김준하 · 김형석, 앞의 책(각주 92), 236쪽.

성감소'의 관계가 성립한다고 할 수 있다.

3. 공정위의 심사기준 및 심사지침 분석 : 경쟁제한성 판단의 구조

가. 경쟁제한성의 의미

우선 공정위는 경쟁제한성의 의미에 관하여 기업결합 심사기준[공정위 고시 제2021-25호(2021. 12. 30. 일부개정, 2021. 12. 30. 시행)]과 '불공정거래행위 심사지침[공정위 예규 제387호(2021. 12. 22. 일부개정, 시행 2021. 12. 30.)]'에서 아래와 같이 규정함으로써, 법의 규정을 충실히 반영하고 있다.

> ""경쟁을 실질적으로 제한하는 기업결합" 또는 "경쟁제한적 기업결합"이라 함은 당해 기업결합에 의해 일정한 거래분야에서 경쟁이 감소하여 특정한 기업 또는 기업집단이 어느 정도 자유로이 상품의 가격수량품질 기타 거래조건이나 혁신, 소비자선택가능성 등의 결정에 영향을 미치거나 미칠 우려가 있는 상태를 초래하거나 그러한 상태를 상당히 강화하는 기업결합을 말하고, "경쟁제한성" 또는 "경쟁을 실질적으로 제한한다" 함은 그러한 상태를 초래하거나 그러한 상태를 상당히 강화함을 말한다." (기업결합 심사기준 II. 6.)
>
> "경쟁제한성이란 당해 행위로 인해 시장 경쟁의 정도 또는 경쟁사업자(잠재적 경쟁사업자 포함)의 수가 유의미한 수준으로 줄어들거나 줄어들 우려가 있음을 의미한다." [불공정거래행위 심사지침 III. 1. 가. (2) (다)][374][375]
>
> "이 지침에서 Ⅲ. 1. 가. (2) (다)에서 정의한 경쟁제한성은 구체적으로는 당해

374) 이호영, 앞의 논문(각주 290), 349쪽(각주 21 부분)은 위 심사지침에서 말하는 경쟁제한성은 법이 규정한 경쟁제한성("경쟁을 실질적으로 제한하는 행위")과는 다소 다른 의미로 이해된다고 하면서, 일응 전자가 후자보다 낮은 수준의 반경쟁적 효과를 상정하는 것, 즉 일본 사적독점금지법상 공정경쟁저해성의 내용 중 하나인 '자유경쟁감쇄'에 준하는 것으로 이해된다고 하나, 우리나라는 일본과 달리 '실질적 경쟁제한성'과 '경쟁의 감쇄'를 명시적으로 구분하고 있지 않으므로, 반드시 그와 같이 볼 이유는 없다고 생각된다.

375) 한편 홍대식, 앞의 논문(각주 358), 94-95쪽은 법상 정의가 경쟁의 감소와 그로 인한 가격 기타 거래조건 등의 결정에 대한 영향 또는 그 우려로 구성되는 데 반하여, 심사지침의 정의는 이 중에서 경쟁의 감소에 해당하는 시장 경쟁의 정도 또는 경쟁사업자의 수의 감소만을 내용으로 하고 있다는 점에서 차이가 있다고 하나, 이러한 분석은 심사지침의 규정 중 "유의미한"이라는 문언 부분을 다소 간과한 것으로 보인다.

행위로 인하여 시장 가격 상승 또는 시장 전체의 생산량 축소가 발생하거나 발생할 가능성을 의미한다." [불공정거래행위 심사지침 별첨 경쟁제한성 판단기준 1.]

나. 경쟁제한성의 판단요소와 상호관계

그리고 공정위는 경쟁제한성의 구체적 판단기준에 관하여 '시장지배적지위 남용행위 심사기준[공정위 고시 제2021－18호(2021. 12. 30. 일부개정, 2021. 12. 30. 시행)]'에서 '가격상승 또는 산출량감소', '상품 · 용역의 다양성제한', '혁신저해', '봉쇄효과', '경쟁사업자의 비용 상승 효과'를 예시하고, 각각의 요소에 관하여 아래와 같이 설명하고 있는바(IV. 6.), 판례의 법리를 충실히 반영하고 있는 것으로 보인다.376)

"가격상승 또는 산출량 감소효과는 ... 봉쇄효과, 경쟁자 비용 상승 등 다른 경쟁제한 효과의 궁극적 결과일 수 있다." (봉쇄효과, 경쟁자의 비용 상승 → 가격상승, 산출량감소)

"당해 행위로 인해 유력한 경쟁사업자의 수가 감소하는 경우에도 구매자가 선택할 수 있는 상품 · 용역의 다양성이 저해되는 결과를 초래할 수 있다.", "상품 · 용역의 다양성 제한은 혁신 저해 등 다른 경쟁제한 효과의 궁극적인 결과일 수 있다.", "소비자가 구매할 수 있는 상품 · 용역의 다양성 감소는 결국 일정한 거래분야에서 경쟁의 압력을 저하시켜 가격상승 또는 산출량 감소를 초래할 수 있다." (유력한 경쟁사업자 수의 감소, 혁신저해 → 다양성제한 → 경쟁의 압력 저하 → 가격상승, 산출량감소)

"혁신 저해는 경쟁자의 비용상승 등 다른 경쟁제한 효과의 궁극적인 결과일 수 있다." (경쟁자의 비용 상승 → 혁신저해)

"경쟁사업자에 대한 봉쇄효과는 유력한 경쟁사업자의 수를 감소시키고, 시장지배적 사업자에 대한 경쟁의 압력을 저하시켜 결과적으로 가격상승, 산출량 감소,

---

376) 위 IV. 6.은 2012. 8. 13. 심사기준 개정시 신설되었는바, 포스코 전합판결이 제시한 부당성 판단기준을 대부분 수용한 것으로 평가된다. 이황, 앞의 논문(각주 2), 373쪽.

상품 · 용역의 다양성 제한, 혁신 저해 등의 경쟁제한 효과를 초래할 수 있다." (봉쇄효과 → 유력한 경쟁사업자 수의 감소 → 경쟁의 압력 저하 → 가격상승, 산출량감소, 다양성제한, 혁신저해)

"경쟁사업자의 비용이 인위적으로 상승하면, 시장지배적 사업자에 대한 경쟁의 압력이 저하되므로, 결과적으로 일정한 거개분야 또는 인접시장의 가격상승, 산출량 감소, 상품 · 용역의 다양성 제한, 혁신 저해 등의 경쟁제한 효과를 초래할 수 있다." (경쟁사업자의 비용 상승 → 경쟁의 압력 저하 → 가격상승, 산출량감소, 다양성제한, 혁신저해)

다. 경쟁제한성의 판단구조

이러한 공정위의 입장을 정리하면 결국 '봉쇄효과 → 경쟁사업자의 비용 상승 → 유력한 경쟁사업자 수의 감소 → 경쟁의 압력 저하 → 가격상승, 산출량감소, 혁신저해, 다양성감소'라는 것인바, 위와 같은 경쟁제한성 판단구조가 실제 규제에서 제대로 구현되고 있는지는 별론으로 하고, 적어도 원칙적인 차원에서는 앞서 본 공정거래법의 규정과 대법원의 확립된 판례를 적절히 반영한 것으로서 타당하다고 생각된다.

4. 배제남용의 경쟁제한성 : 제한해석의 필요성

가. 공정거래법의 문리적 · 체계적 해석

이상 살펴본 바에 의하면, ① 공정거래법상 경쟁제한성이란 시장지배력의 형성 또는 그 우려를 말하는바, 이러한 맥락에서 볼 때 시장지배적 사업자가 존재한다는 것은 이미 경쟁이 제한되어 있다는 것을 의미하고, ② 판례에 따르면 유력한 경쟁사업자의 수가 감소한 경우 경쟁제한성이 인정될 수 있는데, 시장지배적 사업자가 성과경쟁이 아닌 방법으로 경쟁사업자를 배제하는 것은 최소한의 경쟁사업자 수 감소를 당연히 야기하며, ③ 이러한 경쟁제한성의 의미와 판단구조는 반드시 시장지배력을 새로이 형성하는 경우뿐만 아니라 이미 보유한 시장지배력을 유지 · 강화하는 경우에도 그대로 적용될 수 있다 할 것이므로, ④ 결국 시장지배적 사업자의 비성과경쟁은 적어도 '그 범위 내에서'[377] 시장지배력을 유지 · 강화하는 것으로서 특별한 사정이 없는 한 그 자체로 경쟁제한적일 가능성이 있다.

나. 포스코 전합판결의 취지

그러나 위와 같이 보면 시장지배적 사업자에 의한 비성과경쟁은 사실상 모두 경쟁제한성이 인정된다고 볼 수 있게 되는바, 이는 효과주의를 천명한 포스코 전합판결의 취지에 반하는 결과가 된다.[378][379]

즉 포스코 전합판결은 공정거래법의 문언과 체계에 의하여 도출되는 해석을 경쟁법의 목적과 취지에 비추어 제한하고 있다 할 것인바, 이를 감안하면 경쟁제한성의 객관적 요건으로서 '유력한 경쟁사업자 수의 감소'는 단순한 우려가 아닌 상당한 개연성의 관점으로 판단할 필요가 있고, 경쟁제한성의 주관적 요건으로서 '경쟁제한의 의도와 목적' 부분을 적절히 활용하여 최종적인 경쟁제한성 인정범위를 조절할 필요가 있다 할 것이다.

---

377) 위와 같은 '그 범위 내에서'라는 표현과 그 의미는 대법원 2009. 3. 26. 선고 2008두21058 판결(롯데카드 판결), 즉 "사업자들이 공동으로 가격을 결정하거나 변경하는 행위는 그 범위 내에서 가격경쟁을 감소시킴으로써 그들의 의사에 따라 어느 정도 자유로이 가격의 결정에 영향을 미치거나 미칠 우려가 있는 상태를 초래하게 되므로, 그와 같은 사업자들의 공동행위는 특별한 사정이 없는 한 부당하다고 볼 수밖에 없다."는 판시에서 차용한 것이다.

378) 이는 특히 포스코 전합판결의 제1반대의견(대법관 이홍훈, 안대희)과의 관계에서 그러하다. 위 제1반대의견은 "시장지배적 사업자가 다른 사업자에 대하여 거래를 거절함으로써 외형상 그 사업자의 사업활동을 어렵게 하는 행위를 한 경우에 그 행위는 시장지배적 사업자가 자신의 시장지배적 지위를 남용하여 시장에서의 공정하고 자유로운 경쟁을 저해할 우려가 있는 '부당한 행위'를 한 것으로 추정된다고 해석하는 것이 합리적이다."라고 한 바 있다.

379) 한편 공정위는 경쟁법 위반행위 중 일응 그 경쟁제한성이 가장 명백하다고 볼 수 있는 담합에 관하여도 "참여사업자들의 시장점유율의 합계가 20% 이하인 경우에는 당해 공동행위로 인해 경쟁제한 효과가 발생할 가능성이 없거나 경쟁제한 효과가 발생하더라도 그 효과가 미미한 것으로 보고 심사를 종료한다."고 규정하고 있는바[공동행위 심사기준(공정위 예규 제390호, 2021. 12. 28. 일부개정, 2021. 12. 30. 시행) V. 2. 가. (2)], 이에 비추어 보더라도 배제남용의 경쟁제한성 인정을 제한할 필요성이 있다 할 것이다.

결국 설령 시장지배적 사업자의 비성과경쟁이라 하더라도 그러한 사정만으로 경쟁제한성을 단정하여서는 안 될 것인바, 과연 어느 정도의 사정이 인정될 때 경쟁제한성을 인정할 수 있을 것인지 문제된다. 여기서 위 '정도'의 의미 내지 기준을 일의적으로 단언하거나 객관적으로 수치화하기는 어렵지만, 중요한 것은 일정한 제한해석이 필요하다는 점 그 자체에 있다. 향후 사례의 축적과 이에 대한 분석을 통하여 점차 가다듬어 나가야 할 것인바, 이 문제는 배제남용의 모든 행위유형을 포괄하는 것으로서 배타조건부거래에 관한 본 연구의 범위를 넘는다고 생각되므로, 더 이상 상론하지는 않기로 한다.

요컨대, 공정거래법의 문리적·체계적 해석상 시장지배적 사업자의 비성과경쟁은 그 자체로 경쟁제한성이 인정될 가능성이 있다. 그러나 포스코 전합판결의 취지를 감안하면 위와 같은 사정만으로 경쟁제한성을 단정하여서는 안 된다. 일정한 제한해석이 필요하다 할 것인바, 그 구체적인 판단기준과 인정범위는 사례의 축적과 이에 대한 분석을 통하여 점차 가다듬어 나가야 할 것이다.

5. 정리 : 공정거래법상 경쟁제한성과 배제남용의 경쟁제한성

공정거래법상 경쟁제한성이란 시장지배력의 형성·유지·강화 또는 그에 대한 우려를 의미하는바, 이러한 경쟁제한성은 유력한 경쟁사업자 수의 감소로 인하여 초래된다. 즉 '유력한 경쟁사업자 수의 감소(경쟁을 제한하는 효과) → 경쟁제한성 → 가격상승, 산출량감소, 혁신저해, 다양성감소(경쟁의 제한에 따른 효과)'의 관계가 성립한다고 할 수 있다.

시장지배적 사업자에 의한 비성과경쟁은 적어도 그 범위 내에서 시장지배력을 유지·강화하는 것으로서 그 자체로 경쟁제한적일 가능성이 있다. 그러나 포스코 전합판결이 천명한 효과주의의 취지를 감안할 때 시장지배적 사업자의 비성과경쟁이라는 이유만으로 경쟁제한성을 단정할 수는 없다 할 것인바, 먼저 경쟁제한성의 객관적 요건으로서 '유력한 경쟁사업자 수의 감소'를 단순한 우려가 아닌 개연성의 관점으로 판단하고, 다음으로 경쟁제한성의 주관적 요건으로서 '경쟁제한의 의도와 목적' 부분을 적절히 활용함으로써 최종적인 경쟁제한성 인정범위를 제한할 필요가 있다.

만일 위와 같은 검토를 통하여 경쟁제한성이 인정된다면, 이제 그 다음으로 최종적인 부당성 판단으로 나아가게 될 것이다.

Ⅴ. 경쟁제한성과 부당성 : 효율성 증대효과의 고려

1. 경쟁제한성과 부당성의 관계

공정거래법상 경쟁제한성과 부당성의 관계에 대하여 이를 나누어 분석하려는 시도와 하나의 요건으로 통합하여 접근하려는 시도가 있다.

그런데 공정거래법의 법문에 비추어 볼 때 양자의 개념은 이를 분리하여 판단하는 것이 타당할 것이다. 왜냐하면 '경쟁제한성'은 해당 행위에 의하여 관련시장에서 거래조건 등의 결정에 영향을 미치거나 미칠 우려가 있는지에 관한 사실인정의 문제인 반면, '부당성'은 그러한 행위를 금지할 것인지의 여부를 결정하는 규범적 판단의 문제이기 때문이다.[380)]

즉 경쟁제한성이 폐해요건인 행위의 경우 경쟁제한성은 부당성의 필수조건으로서 경쟁제한의 폐해가 인정되지 않으면 부당성은 성립할 여지가 없다. 그러나 경쟁제한성이 인정되는 경우라 하더라도 효율성 증대효과가 더 큰 경우라든지 다른 정당화 사유가 존재하는 경우에는 부당성이 인정되지 않는다.[381)] 따라서 공정거래법상 부당성의 규범적 의미는 경쟁제한적인 행위가 존재하고 이를 정당화할 위법성 조각사유가 존재하지 않는다는 의미로 이해할 수 있다.[382)]

이러한 부당성에 관한 증명책임은 기본적으로 공정위가 부담한다. 다만 일반적

---

380) 권오승 · 서정, 앞의 책(각주 2), 125쪽; 양명조, 앞의 책(각주 114), 286쪽.

381) 이봉의, 앞의 논문(각주 314), 208쪽.

382) 권오승 · 서정, 앞의 책(각주 2), 125－126쪽. 이는 미국의 경우에도 그리 다르지 않다 할 것인바, 미국에서 말하는 'unreasonable restraint of trade'에서 'restraint of trade' 부분은 경쟁제한성, 'unreasonable' 부분은 부당성과 대응하는 것으로 이해할 수 있다. 즉 미국법상 'unreasonable restraint of trade'란 결국 우리 법상 '부당한 경쟁제한'을 의미하는 것이다. 임영철 · 조성국, 앞의 책(각주 19), 227쪽 참조.

으로 경쟁제한성이 증명된 경우에는 부당성도 사실상 추정될 수 있기 때문에, 공정위는 경쟁제한성의 증명에 주력하고, 경쟁제한성이 증명된 경우 당해 사업자는 효율성 증대효과 등과 같은 정당화 사유에 대한 반증을 제시함으로써 위 추정을 복멸하기 위하여 노력하게 된다.[383]

판례 역시 같은 취지라 할 것인바, ① 가격담합의 원칙적 부당성 인정에 관하여 "사업자들이 공동으로 가격을 결정하거나 변경하는 행위는 그 범위 내에서 가격경쟁을 감소시킴으로써 그들의 의사에 따라 어느 정도 자유로이 가격의 결정에 영향을 미치거나 미칠 우려가 있는 상태를 초래하게 되므로, 그와 같은 사업자들의 공동행위는 특별한 사정이 없는 한 부당하다고 볼 수밖에 없다."라고 하였고,[384] ② 예외적 부당성 부정에 관하여 "사업자단체에 의한 가격결정행위가 일정한 거래분야의 경쟁이 감소하여 사업자단체의 의사에 따라 어느 정도 자유로이 가격의 결정에 영향을 미치거나 미칠 우려가 있는 상태를 초래하는 행위에 해당하는 이상, 이로 인하여 경쟁이 제한되는 정도에 비하여 법 제19조 제2항 각 호에 정해진 목적 등에 이바지하는 효과가 상당히 커서 소비자를 보호함과 아울러 국민경제의 균형 있는 발전을 도모한다는 법의 궁극적인 목적에 실질적으로 반하지 않는다고 인정되는 예외적인 경우에 해당하지 않는 한, 위와 같은 가격결정행위는 부당하다고 볼 수밖에 없다."라고 하였으며,[385] ③ 최근에도 "공동행위의 부당성은 소비자를 보호함과 아울러 국민경제의 균형 있는 발전을 도모한다는 공정거래법의 궁극적인 목적(제1조) 등에 비추어 당해 공동행위에 의하여 발생될 수 있는 경쟁제한적인 결과와 아울러 당해 공동행위가 경제 전반의 효율성에 미치는 영향 등을 비롯한 구체적 효과 등을 종합적으로 고려하여 그 인정 여부를 판단하여야 한다."고 판시함으로써 위와 같은 입장을 보다 명확히 하였다.[386]

---

383) 권오승 · 서정, 앞의 책(각주 2), 127쪽.
384) 대법원 2009. 3. 26. 선고 2008두21058 판결(롯데카드 판결).
385) 대법원 2005. 8. 19. 선고 2003두9251 판결(부산광역시치과의사회 판결).
386) 대법원 2021. 9. 9. 선고 2016두36345 판결(대한의사협회 판결).

2. 효율성 증대효과의 체계적 지위

문제는 경쟁제한성 내지 부당성 판단에서 효율성 증대효과 내지 경쟁촉진적 효과의 체계적 지위이다. 즉 효율성 증대효과 등이 경쟁제한성 판단 단계에서 '경쟁제한성'을 부정할 수 있게 하는 요소인지, 아니면 경쟁제한성이 인정되는 행위의 '부당성'을 부정할 수 있게 하는 요소인지가 문제인 것이다.

그런데 판례는 위에서 본 바와 같이 주류적인 판결에서 '가격담합의 경쟁제한성이 인정되면 효율성 증대효과 등이 인정되지 않는 한 부당성이 인정된다'고 설시함으로써 일응 효율성 증대효과 등은 부당성 판단 단계에서 고려되는 것으로 판시하였음에도, 소니뮤직 판결 등 일부 다른 판결에서 '공동행위가 경쟁제한적 효과 외에 경쟁촉진적 효과도 함께 가져오는 경우에는 양자를 비교·형량하여 경쟁제한성 여부를 판단하여야 한다'고 설시함으로써[387] 경쟁촉진적 효과를 경쟁제한성 판단 단계에서 고려하여야 하는 것처럼 판시한 것도 있어 다소 혼란스럽다.[388]

이에 학설상으로는 효율성 증대효과 등 경쟁제한성과 직접 관련한 것은 경쟁제한성 판단 단계에서 고려하고, 그 밖의 정당화 사유는 부당성 판단 단계에서 고려하는 것이 타당하다는 견해도 제시되고 있다.[389]

그러나 다음과 같은 이유에서 효율성 증대효과는 경쟁제한성 판단 단계가 아니라 부당성 판단 단계에서 고려하는 것이 타당하다고 생각된다.[390]

첫째, 이 문제를 판단하기 위하여는 우선 공정거래법상 경쟁제한성을 위법성

387) 대법원 2013. 11. 14. 선고 2012두19298 판결(소니뮤직 판결) 및 위 소니뮤직 판결의 설시를 인용한 후속판결.

388) 물론 이를 이른바 경성 공동행위와 연성 공동행위의 구분을 전제로 하여 위 주류적 판결은 경성 공동행위에 관한 것으로, 위 다른 판결은 연성 공동행위에 관한 것으로 볼 수도 있다. 그러나 그렇게 보더라도 최소한 연성 공동행위에 관한 판단체계는 여전히 문제라 할 것이다. 한편 그 타당성 여부는 별론으로 하고 적어도 판례는 위와 같은 경성 공동행위와 연성 공동행위 구분 자체를 받아들이고 있지 않다.

389) 이민호·주현영, "시장지배적 지위 남용행위의 '부당성'에 관한 연구 : 판례를 중심으로", 사법 제22호(2012. 12.), 125쪽.

390) 같은 취지로 권오승·서정, 앞의 책(각주 2), 125－131쪽.

판단표지로 하는 행위유형들의 판단구조를 행위유형마다 각기 달리 볼 것인지 아니면 모든 행위유형에 대하여 통일적으로 볼 것인지를 생각해 볼 필요가 있다. 만일 통일적으로 보아야 한다는 점에 동의할 수 있다면, 효율성 증대효과는 부당성 판단 단계에서 고려하는 것이 타당할 것이다. 공정거래법은 경쟁제한적 기업결합에 대하여 위와 같은 취지를 직접 명시적으로 규정하고 있기 때문이다.[391]

둘째, 공정위의 입장도 마찬가지이다. 불공정거래행위 심사지침 별첨 경쟁제한성 판단기준 1. 일반원칙은 "경쟁제한효과를 수반하는 경쟁제한요건 행위가 효율성을 제고하는 경우도 있으므로 경쟁제한효과가 있다고 하더라도 그 자체만으로 위법성을 인정할 것이 아니라 당해 행위가 가질 수 있는 효율성 증대효과와 비교형량하여야 한다. 법 제23조에 규정된 부당성 요건은 경쟁제한요건 행위의 경우 경쟁제한효과가 효율성 증대효과 보다 큰 경우에 충족된다."고 규정하는바, '부당성 요건은 경쟁제한효과가 효율성 증대효과보다 큰 경우에 충족된다'고 하는 점에 비추어 볼 때, 효율성 증대효과는 부당성 판단 단계의 문제로 보고 있다 할 것이다.[392]

셋째, 이와 같이 보는 것이 증명책임의 분배 차원에서도 합리적이다. 일반적으로 증명책임은 특별한 사정이 없는 한 요증사실의 부존재를 주장하는 당사자가

---

391) 공정거래법 제9조(기업결합의 제한)는 제1항에서 "누구든지 직접 또는 대통령령으로 정하는 특수한 관계에 있는 자를 통하여 다음 각 호의 어느 하나에 해당하는 행위로서 일정한 거래분야에서 경쟁을 실질적으로 제한하는 행위를 하여서는 아니 된다."라고 규정하고, 제2항에서 "다음 각 호의 어느 하나에 해당한다고 공정거래위원회가 인정하는 기업결합에 대해서는 제1항을 적용하지 아니한다. 이 경우 해당 요건을 충족하는지에 대한 입증은 해당 사업자가 하여야 한다."고 규정하면서 "해당 기업결합 외의 방법으로는 달성하기 어려운 효율성 증대효과가 경쟁제한으로 인한 폐해보다 큰 경우(제1호)"를 규정하고 있다. 즉 위 제9조는 경쟁제한적인 기업결합을 원칙적으로 금지하되, 효율성 증대효과 등이 있는 경우에는 예외적으로 허용하고 있는바, 기업결합의 경우에는 법문상 '부당하게' 등의 표현이 전혀 사용되고 있지 않음에도 효율성 증대효과를 경쟁제한성 판단과 분리하고 있는 것이다. 이에 강학상 이를 '경쟁제한성 부인'이라고 하지 않고 '효율성 항변'이라고 한다.

392) 한편 심사지침 본문 역시 예컨대 배타조건부거래에 관하여 "배타조건부거래의 경쟁제한성이 있다고 판단되는 경우에도 다음과 같이 합리성이 있다고 인정되는 경우에는 법위반으로 보지 않을 수 있다."고 규정하는바(V. 7. 가. (2).), 위 규정에서 '경쟁제한성', '합리성', '법위반'이라는 용어의 사용 맥락을 보면 결국 같은 취지라 할 것이다.

아니라 존재를 주장하는 당사자에게 부담시키는 것이 적절하고, 또한 증명에 필요한 정보와 자료를 보유하고 있을 가능성이 높은 당사자에게 부담시키는 것이 적절하다 할 것이다. 이러한 관점에서 볼 때 경쟁제한성의 존재에 관한 증명책임은 공정위가 부담하는 것이 타당하고, 반면 이를 상쇄하는 효율성 증대효과의 존재에 관한 증명책임은 해당 사업자로 하여금 부담하도록 하는 것이 타당하다.[393] 이러한 증명책임의 분배가 판례상 확립된 행정소송상 증명책임의 원리에도 부합한다 할 것이다.[394] 한편 이러한 사정, 즉 효율성 증대효과에 관하여 사업자에게 증명책임을 부담시키는 것은 미국이나 EU의 경우에도 마찬가지이다.[395][396]

넷째, 다만 이와 같이 볼 경우 위 소니뮤직 판결을 어떻게 이해할 것인지 문제된다. 그런데 소니뮤직 판결의 원문을 보면 "당해 공동행위가 공정거래법 제19조 제1항이 정하고 있는 경쟁제한성을 가지는지 여부는 당해 상품의 특성, 소비자의 제품선택 기준, 당해 행위가 시장 및 사업자들의 경쟁에 미치는 영향 등 여러 사정을 고려하여, 당해 공동행위로 인하여 가격·수량·품질 기타 거래조건 등의 결

393) 같은 취지의 설명으로 Andrew I. Gavil, 앞의 논문(각주 228), p.73.

394) 판례(대법원 1984. 7. 24. 선고 84누124 판결)는 "행정소송에 있어서 입증책임은 원칙적으로 민사소송의 일반원칙에 따라 당사자 간에 분배되고 항고소송의 경우에는 그 특성에 따라 당해 처분의 적법을 주장하는 피고에게 그 적법사유에 대한 입증책임이 있다 할 것인바 피고가 주장하는 당해 처분의 적법성이 합리적으로 수긍할 수 있는 일응의 입증이 있는 경우에는 그 처분은 정당하다 할 것이며 이와 상반되는 주장과 입증은 그 상대방인 원고에게 그 책임이 돌아간다고 할 것이다."라고 판시하고 있다. 배제남용의 위법성이 인정되기 위하여는 결국 '부당성'이 증명되어야 할 것인바, 그 부당성의 판단표지로서 '경쟁제한성'에 관한 일응의 증명이 있는 경우, 이를 상쇄할 수 있는 '효율성 증대효과'에 대한 증명책임은 사업자에게 돌아간다고 보는 것이 위 판례의 법리에 부합한다고 생각된다.

395) 미국의 경우 Andrew I. Gavil, William E. Kovacic, Jonathan B. Baker & Joshua D. Wright, 앞의 책(각주 145), p.247−248; U.S. v. Microsoft Corp., 253 F.3d 34, 58−59 (2001). EU의 경우 Richard Whish & David Bailey, 앞의 책(각주 7), p.156−157; Council Regulation 1/2003 on the implementation of the rules on competition laid down in Articles 81 and 82 of the Treaty (OJ L 1/1, 4.1.2003), Art. 2.

396) 이는 경쟁제한성 인정을 위하여는 가격상승 내지 산출량감소에 관한 명확한 증명이 필요함을 강조하는 견해에 의하더라도 다르지 않다. Jonathan M. Jacobson, "Market Power, Consumer Harm & Exclusive Dealing with Distributors", 3 Sedona Conf. J. 23, 39−41 (2002) 참조.

정에 영향을 미치거나 미칠 우려가 있는지를 살펴 개별적으로 판단하여야 한다(판결 인용 생략). 특히 당해 공동행위가 경쟁제한적 효과 외에 경쟁촉진적 효과도 함께 가져오는 경우에는 양자를 비교·형량하여 경쟁제한성 여부를 판단하여야 하는데, 경쟁제한적 효과는 공동행위에 가담한 사업자들의 시장점유율, 공동행위 가담 사업자들 사이의 경쟁제한의 정도 등을 고려하고, 경쟁촉진적 효과는 당해 공동행위로 인한 효율성 증대가 소비자 후생의 증가로 이어지는 경우를 포괄적으로 감안하되 당해 공동행위가 그러한 효과 발생에 합리적으로 필요한지 여부 등을 고려하여야 할 것이다."라는 것인바, 후문의 '경쟁제한성'은 전문의 '공정거래법 제19조 제1항이 정하고 있는 경쟁제한성', 즉 '부당한 경쟁제한성'을 지칭하는 것으로 볼 수 있다. 즉 소니뮤직 판결이 반드시 효율성 증대효과의 체계적 위치를 '부당성'이 아닌 '경쟁제한성' 부분에 위치시키고 있다고 보아야 하는 것은 아닌바, 이와 같이 이해할 경우 앞서 본 법령의 규정, 주류적 판례, 공정위 심사지침 등과 반드시 모순되지는 않는다고 볼 수 있다 할 것이다.

3. 정리 : 경쟁제한적 효과와 효율성 증대효과의 판단구조

어떤 행위가 경쟁제한성의 객관적 요건과 주관적 요건을 모두 충족하면 그것으로 '경쟁제한성'은 인정되고(이 부분은 공정위가 증명), 경쟁제한성이 인정될 경우 부당성은 사실상 추정될 수 있다.

그러나 해당 행위가 경쟁제한적 효과 외에 효율성 증대효과 내지 경쟁촉진적 효과 등을 함께 가지고 있고 그것이 경쟁제한적 효과를 상회하는 경우에는 정당화 사유가 인정될 수 있고(이 부분은 사업자가 증명), 결국 부당성이 부정된다.

위와 같은 판단구조가 공정거래법이 경쟁제한성과 부당성을 구분하는 취지에 부합하고, '정당화 사유', '효율성 항변' 등의 개념 내지 용어 사용과 관련한 불필요한 혼란을 방지할 수 있으며, 공정위와 사업자 간 증명책임의 분배와도 합치한다 할 것이다.

VI. 시장지배적 지위남용으로서 배타조건부거래의 새로운 부당성 판단방법

이제 이 부분 논의의 종착점으로서 시장지배적 지위남용으로서 배타조건부거래의 부당성에 관하여 살펴볼 때가 되었다. 이하 우선 본 연구의 관점에서 앞서 본 배제남용 일반의 위법성 판단체계에 따라 거래적 경쟁행위, 비성과경쟁, 경쟁제한성, 부당성 여부를 검토하고, 배타조건부거래의 경쟁제한성과 효율성 증대효과에 관한 경제적 측면을 살펴본 후, 이를 토대로 판례의 법리를 재검토함으로써, 시장지배적 지위남용으로서 배타조건부거래의 새로운 부당성 판단방법을 제시하고자 한다.

1. 배제남용으로서의 배타조건부거래

가. 거래적 경쟁행위

배타조건부거래는 기본적으로 판매촉진을 위한 것이므로 경쟁행위에 해당하고, 나아가 거래방법을 통한 경쟁이므로 거래적 경쟁행위에 해당한다. 따라서 배타조건부거래는 배제남용의 규제대상이 된다.

나. 비성과경쟁

배타조건부거래는 성과에 '의한' 경쟁이 아니라 성과를 '위한' 경쟁으로서, 효율성에 '기반'하여 비로소 배타조건을 설정하는 것이 아니라 바로 그 배타조건의 설정을 통하여 효율성을 '추구'하는 것이므로,[397] 특별한 사정이 없는 한 본래적 의미의 성과경쟁에 해당한다고 볼 수 없다 할 것인바, 이러한 의미에서 '비성과경쟁'에 해당한다.[398] 따라서 배타조건부거래라는 이유만으로 그 즉시 정당화될 수는

---

397) 배타조건부거래의 효율성은 경쟁자를 배제하는 메커니즘, 정확히 그것을 통하여("pre-cisely through the mechanism of exclusion-the elimination of rival's competition") 달성되는 것이다. Jonathan M. Jacobson & Scott A. Sher, 앞의 논문(각주 109), p.781.

398) 같은 취지로 정재훈, 의료·의약품 산업과 경쟁법, 경인문화사(2020), 273쪽("성과경쟁(competition on the merits)이 아니라 배타조건부거래에 기하여 우위를 유지하는 것은

없고, 그에 대한 경쟁제한성 평가가 필요하다.

이에 대하여 일반적으로 수직적 거래제한 중 가장 경쟁중립적이라고 인식되는 배타조건부거래를 과연 '비성과경쟁'이라고 할 수 있는 것인지 의문이 있을 수 있다. 그러나 앞서 강조한 바와 같이 본 연구에서 배타조건부거래를 비성과경쟁이라고 하는 것은 그것이 경쟁법이 추구하는 바람직한 경쟁, 즉 가격·품질에 의한 경쟁이 아니라는 의미일 뿐, 배타조건부거래 자체에 어떤 자연법적 위법성이나 도덕적·반사회적 비난가능성이 내포되어 있다는 의미가 아니다.[399)]

다. 경쟁제한성

배타조건부거래가 실시되면 그 속성상 당연히 경쟁사업자가 배제되는바,[400)][401)]

경쟁제한적일 수 있다."). 한편 Benjamin Klein, "Exclusive Dealing as Competition for Distribution "on the Merits"", 12 Geo. Mason L. Rev. 119, 120, 160－161 (2003)은 배타조건부거래는 소비자에게 이익이 되는 정상적인 경쟁과정의 일부이고, 유통업자의 판촉노력을 제고하는 유통경쟁이므로 "성과경쟁(competition on the merits)"일 수 있다고 하나, 앞서 본 바와 같이 위와 같은 관점에서 배타조건부거래를 '성과경쟁일 수 있다'고 하는 것은 배타조건부거래가 '반드시 경쟁제한적인 것은 아니다'라고 하는 것과 다를 바 없는 것으로서, 특별한 의미가 없다고 생각된다.

399) 설령 위와 같은 평가에 동의하지 않는다 하더라도, 배타조건부거래를 '당연적법'이라고 보지 않는 한 그에 대하여 경쟁제한성 판단이 필요하다는 점은 다를 바 없다.

400) 오히려 배타조건부거래의 본질이 바로 경쟁자를 배제하는 것이라고 할 수 있다. Jonathan M. Jacobson & Scott A. Sher, 앞의 논문(각주 109), p.786("By its nature, exclusive dealing "forecloses" rival suppliers[.]"); Howard P. Marvel, "Exclusive Dealing", The Oxford Handbook of International Antitrust Economics Vol. 2(Roger D. Blair & D. Daniel Sokol ed.), Oxford University Press (2015), p.305("Exclusive dealing, by its very nature, excludes, at least from the portion of a market covered by the exclusive dealing contract.").

401) 이는 배타조건부거래의 '이론'적 개념뿐만 아니라 다음과 같은 '법령'의 태도를 통하여도 간접적으로 확인할 수 있다. 공정거래법은 부당염매와 배타조건부거래에 관하여 미묘하게 달리 규정하고 있는바, 공정거래법은 "부당하게 경쟁사업자를 배제하기 위하여 거래하는 행위(제3조의2 제1항 제5호 전단)"를 규정하면서 그 하부유형으로 부당염매와 배타조건부거래를 규정하고 있는데, 공정거래법 시행령은 부당염매에 관하여는 "부당하게 상품 또는 용역을 통상거래가격에 비하여 낮은 대가로 공급하여 경쟁사업자를 배제시킬 우려가 있는 경우(제5조 제5항 제1호)"라고 규정하면서도, 배타조건부거래에 관하여는 "부당하게 거래상대방이 경쟁사업자와 거래하지 아니할 것을 조건으로 그 거래상대방과 거래하는 경우(제5조 제5항 제2호)"라고만 규정하고 있다. 즉 부당염매의 경우에는 '배

이 점에서 배타조건부거래는 행위 자체로 경쟁을 제한할 가능성을 내포하고 있다고 볼 수 있다.[402] 그러나 앞서 본 바와 같이 경쟁자가 배제된다고 하여 언제나 경쟁이 제한되는 것은 아니므로, 배타조건부거래라는 이유만으로 경쟁제한성이 인정된다고 볼 수는 없다.

그런데 앞서 본 우리 법상 경쟁제한성의 개념에 의하면 시장지배적 사업자가 비성과경쟁을 통하여 경쟁사업자를 배제하는 것은 기본적으로 경쟁제한적일 가능성이 크고, 시장지배적 사업자의 배타조건부거래는 그것이 특정 사업자만을 대상으로 한 표적봉쇄이거나 해당 시장지배적 사업자의 거래량 중 극히 일부에 한정된 것이 아닌 이상 당연히 유력한 경쟁사업자 수의 감소를 초래하게 된다 할 것인바,[403] 이러한 사정은 포스코 전합판결에 의한 제한해석의 필요성을 감안한다 하더라도 마찬가지라 할 것이므로, 결국 시장지배적 사업자의 '배타조건부거래'는 시장지배적 사업자의 '거래거절, (부당)염매' 등 다른 배제남용과 달리 통상 그러한 행위 자체로 경쟁제한성이 있다고 볼 수 있는 경우가 많을 것이다.[404] 즉 시장지배적 사업자의 배타조건부거래는 특별한 사정이 없는 한 경쟁제한적이라고 할 수 있다.

요컨대, '배타조건부거래' 그 자체는 경쟁중립적이지만, '시장지배적 사업자의

제'라는 표현이 등장하지만(즉 부당염매는 '경쟁사업자를 배제시킬 우려가 있는 경우'에만 규제된다), 배타조건부거래의 경우에는 '배제'라는 표현이 등장하지 않는다(즉 배타조건부거래의 규제에 관하여는 별도로 '경쟁사업자를 배제시킬 우려'가 요구되지 않는다). 이는 부당염매의 경우에는 그것이 경쟁사업자를 배제할 것인지 여부가 명확하지 않지만, 배타조건부거래는 일단 그것이 성립하면 당연히 경쟁사업자를 배제한다는 것을 전제로 한 것이라고 생각된다.

402) 배타조건부거래의 경쟁촉진적 효과를 강조하는 입장에서도 배타조건부거래의 경쟁제한적 속성 자체는 이를 부정하지 않고 있다. 주진열, 앞의 논문(각주 267), 45－46쪽('배타조건부거래는 행위 자체로 경쟁제한 가능성이 상당히 크다.').

403) 통상의 경우 배타조건부거래를 하는 사업자는 자신의 거래량 전부 내지 대부분에 대하여 이를 실시할 것인바, 결국 배타조건부거래로 인한 봉쇄율은 대체로 행위자의 시장점유율과 같거나 그에 거의 근접하게 된다.

404) 위와 같은 표현은 농협중앙회 판결의 주관적 요건 추정의 법리, 즉 "통상 그러한 행위 자체에 경쟁을 제한하려는 목적이 포함되어 있다고 볼 수 있는 경우가 많을 것이다."라는 판시에서 차용한 것이다.

배타조건부거래'는 경쟁중립적이지 않다.[405)]

라. 부당성

앞서 본 바와 같이 경쟁제한성이 인정되는 경우 부당성은 사실상 추정될 수 있다. 그런데 위에서 본 바와 같이 시장지배적 사업자의 배타조건부거래는 통상 그러한 행위 자체로 경쟁제한성이 있다고 볼 수 있는 경우가 많다. 그렇다면 시장지배적 사업자의 배타조건부거래는 일응 부당한 것이 된다. 그러나 시장지배적 사업자의 배타조건부거래라고 하여 무조건 부당하다고 보아서는 안 된다. 효율성 증대효과 등에 기반한 정당화 사유가 있을 수 있기 때문이다.

마. 종합 : 원칙적 부당성과 예외적 정당화

이상 살펴본 바에 의하면, 결국 시장지배적 사업자의 배타조건부거래는 그 경쟁제한성과 효율성 증대효과를 비교형량하여 최종적인 부당성을 판단하여야 할 것이다.[406)][407)]

---

405) Howard P. Marvel, 앞의 논문(각주 400), p.326; 이기종, "배타적 거래와 유통경로의 봉쇄 : United States v. Dentsply International, Inc.", 경쟁저널 제120호(2005. 8.), 54쪽 참조.

406) 배타조건부거래는 시장경쟁에 대하여 '지킬박사'와 '하이드' 양면의 가능성을 모두 가지고 있다는 비유로 Mary Lou Steptoe & Donna L. Wilson, "Developments In Exclusive Dealing", 10 Antitrust 25 (1996).

407) 한편 배타조건부거래의 정당화를 위하여 주장되는 '효율성'이란 대체로 사회 전반의 '배분적 효율성'을 의미하는 것이 아니라 행위자의 '생산적 효율성'을 의미한다(Paul G. Scott, 앞의 논문(각주 136), p.302; 고토 아키라 · 스즈무라 고타로 편저, 정병휴 역주, 앞의 책(각주 253), 288쪽; 오승한, 앞의 논문(각주 109), 451쪽 참조). 이에 배타조건부거래의 효율성을 강조하는 입장에서도 다소 극단적인 경우를 제외하면 배타조건부거래가 '일반적으로' 친경쟁적(즉 당연적법 또는 적법추정)이라고 주장하는 것은 아니고, ① 배타조건부거래의 효율성 증대효과는 단순한 이론적 가능성이 아니라 실제로 충분히 있을 수 있다거나(Massimo Motta, Competition Policy: Theory and Practice, Cambridge University Press (2004), p.372), ② 배타조건부거래의 경쟁촉진적 효과를 감안할 때 최종적 경쟁제한성 인정에 있어 보다 신중할 필요가 있다거나(Benjamin Klein & Andres V. Lerner, "The Expanded Economics of Free－Riding: How Exclusive Dealing Prevents Free－Riding and Creates Undivided Loyalty", 74 Antitrust L.J. 473, 480 (2007)), ③ 실제 거래계의 현실에서는 친경쟁적 효과가 반경쟁적 효과를 상회할 가능성이 크다고 주장할

그런데 배타조건부거래의 반경쟁적 효과와 친경쟁적 효과는 사실 양자를 구체적으로 비교형량하는 작업 자체가 대단히 어려울 수 있는바,[408] 즉 배타조건부거래의 반경쟁적 효과와 친경쟁적 효과를 단순히 '병렬적'으로 나열하고 검토하는 것은 실제 사안의 경쟁제한성, 나아가 부당성 판단에 별다른 도움을 주지 못할 수 있다.[409] 여기서 양자의 입장이 가능할 것인데, 배타조건부거래를 '원칙적으로 부당한 것으로 보되, 예외적으로 정당화를 인정하는 입장'과 '원칙적으로 정당한 것으로 보되, 예외적으로 부당성을 인정하는 입장'이 그것이다.[410] 선택은 배타조건부거래를 바라보는 시각과 실제 집행경험의 축적을 통하여 이루어져야 할 것이나, 이상 살펴본 바에 의하면 '시장지배적 사업자의 배타조건부거래'에 관한 한 전자의 입장이 타당하다고 생각된다.

약탈적 가격책정에 관하여 미국의 Breyer 대법관이 연방항소법원 판사 시절에 갈파한 유명한 '손 안의 새' 비유가 있다.[411] 약탈적 가격책정으로 인한 당장의 가격 하락은 '손 안의 새(birds in hand)'이고, 약탈적 가격책정을 금지함으로써 얻을 수 있는 장래의 가격 하락은 '숲 속의 새(birds in the bush)'이므로, 낮은 가격을 추구하는 경쟁법이 약탈적 가격책정을 규제하는 것은 매우 신중하여야 한다는 것이다. 물론 위와 같은 시각을 전적으로 수용할 수는 없지만,[412] 그 기본적인 발상은 시장지배적 사업자의 배타조건부거래에 관하여 유용한 시사점을 줄 수 있

뿐이다(Roger D. Blair & David L. Kaserman, Antitrust Economics(2nd ed.), Oxford (2009), p.443).

408) A. Dougals Melamed, "Exclusive Dealing Agreements and Other Exclusionary Conduct : Are There Unifying Principles", 73 Antitrust L.J. 375, 379-383 (2006) 참조.

409) Keith N. Hylton, Antitrust Law, Cambridge (2003), p.303 참조.

410) 이는 배타조건부거래의 부당성 판단에 관하여 일응의 규범적 관점 내지 법리적 판단구조를 도입하고자 하는 것이다. 이러한 필요성에 관하여 Wanda Jane Rogers, 앞의 논문(각주 136), p.1011(배타조건부거래에 있어 진정한 문제는 '경제적'인 것이 아니라 '법적'인 것이라는 견해); A. Douglas Melamed, 앞의 논문(각주 122), p.376; 김두진, "경쟁법과 경쟁의 관계", 공정경쟁 제79호(2002. 3.), 9쪽; 오승한, 앞의 논문(각주 109), 432쪽 참조.

411) Barry Wright Corp. v. ITT Grinnell Corp., 724 F.2d 227, 234 (1st Cir. 1983).

412) Aaron Edlin, "Predatory Pricing", Research Handbook on the Economics of Antitrust Law(Einer Elhauge ed.), Edward Elgar (2012), p.146.

다. 시장지배적 사업자의 배타조건부거래가 당장 경쟁제한적인 효과를 가진다는 것은 분명하다. 그러나 그것이 장래 경쟁촉진적 효과를 가질 것인지는 불분명하다. 이러한 행위를 어떻게 볼 것인가? 일응 답은 명백하다고 생각된다. 시장지배적 사업자의 배타조건부거래는 일응 경쟁제한적이고, 따라서 특별한 사정이 없는 한 부당하다고 보아야 한다.[413)]

요컨대, 배타조건부거래의 최종적 부당성을 인정함에 있어서는 그 경쟁제한적 효과와 경쟁촉진적 효과를 비교형량하여야 한다. 그러나 중요한 것은 원칙과 예외의 구조에 있다. 시장지배적 사업자의 배타조건부거래는 원칙적으로 부당하다(경쟁제한성). 다만 예외적으로 부당하지 않을 수 있다(효율성 증대효과). 이것이 민사법상 전속거래의 관점이 아닌 경쟁법상 배타조건부거래의 관점이다.

2. 배타조건부거래의 경쟁제한성

앞서 본 바와 같이 우리 공정거래법의 해석상 시장지배적 사업자의 배타조건부거래는 원칙적으로 부당하다. 다만 이에 관하여는 다음 항목에서 보는 바와 같이 경제학적 관점에서 여러 반론이 제시될 수 있는바, 이러한 정당화 주장의 정당한 평가를 위하여 그 전에 시장지배적 사업자에 의한 배타조건부거래의 원칙적 부당성에 관한 규범적 측면의 설명을 보강할 수 있는 경제적 측면의 논의를 살펴본다.[414)]

가. 전통적 고려요소 : 봉쇄효과

배타조건부거래의 경쟁제한성에 관하여 전통적으로 논의되어 온 요소는 바로 '봉쇄효과'이다. 이는 앞서 여러 차례 살펴본 바와 같이 배타조건부거래의 개념으

---

413) 시장지배적 사업자의 평가하기 어려운(difficult to evaluate) 배제적 유통전략으로 인하여 경쟁사업자들의 생존 자체가 문제되는 경우, 그에 대한 '신중한(cautious)' 접근은 결코 중립적인 방도가 될 수 없다는 견해로 Andrew I. Gavil, 앞의 논문(각주 228), p.80.

414) 이하의 논의는 반드시 시장지배적 사업자의 배타조건부거래가 아니라 일반 사업자의 배타조건부거래에 관하여도 기본적으로 동일하게 적용될 수 있다. 다만 시장지배적 사업자에 의한 배타조건부거래의 경우라면 그 부당성 인정이 보다 용이할 것이다.

로부터 곧바로 도출되는 것인데, EU에서는 배제남용 일반에 관하여 가장 중요하고 우선적인 경쟁제한적 요소로 '반경쟁적 봉쇄'를 언급하면서 이를 배타조건부거래에 대하여도 그대로 적용하고 있고,[415] 미국의 경우 비록 모든 독점화 행위에 대하여 일반적으로 적용되는 판단기준은 아니지만 적어도 배타조건부거래의 위법성에 관한 한 봉쇄효과를 중심적으로 고려하고 있다.[416]

나. 봉쇄효과에 관한 새로운 시각 : 원재료봉쇄와 고객봉쇄

그런데 여기서 말하는 봉쇄효과는 수직결합의 경쟁제한성과 관련하여 논의되는 봉쇄효과와 사실상 같은 것이다.[417][418] 이에 극단적인 시카고학파의 입장에서는 수직결합에 관한 논의를 차용하여, 수직결합이 합법인 것처럼 배타조건부거래 역시 효율성을 창출하고 생산량을 감소시키지 않기 때문에 일반적으로 합법이라고 주장하지만,[419] 포스트시카고학파에서는 봉쇄는 시장력으로 연결될 수 있으므로 경쟁제한적일 수 있고, 이는 원재료봉쇄 또는 고객봉쇄를 통하여 달성된다고 보고 있다.[420]

원재료봉쇄(input foreclosure)란 결합회사의 상위부서가 하위부서 경쟁자에 대하여 중요한 원재료에 대한 접근을 봉쇄하고, 그로 인하여 그 원재료에 대한 경쟁

---

415) EU 배제남용 집행지침 19문단.

416) Herbert Hovenkamp, 앞의 책(각주 28), p.564 이하.

417) 강우찬, 앞의 논문(각주 24), 176－178쪽.

418) 배타조건부거래는 '계약에 의한' 수직결합(W. Kip Viscusi, Joseph E. Harrington, Jr. & John M. Vernon, Economics of Regulation and Antitrust(4th ed.), The MIT Press (2005), p.258) 또는 '단기간의' 수직결합(Richard A. Posner & Frank H. Easterbrook, Antitrust(2nd ed.), West (1981), p.885)이라고 할 수 있다.

419) Robert H. Bork 저, 신광식 역, 앞의 책(각주 31), 366쪽.

420) Stven C. Salop, "Economic Analysis of Exclusionary Vertical Conduct: Where Chicago Has Overshot the Mark", How the Chicago School Overshot the Mark(Robert Pitofsky ed), Oxford University Press (2008), p.148－149. 한편 EU는 비수평결합 가이드라인(Guidelines on the Assessment of Non－Horizontal Mergers) 31문단(원재료봉쇄), 58문단(고객봉쇄)에서 위와 같은 논리를 그대로 수용하고 있다. 이에 관한 국내문헌으로 김성훈, 앞의 논문(각주 214), 156쪽 이하; 곽상현·이봉의, 기업결합규제법, 법문사(2012), 164－170쪽; 이민호, "수직결합의 경쟁제한성 판단기준", 시장경제와 사회조화(남천 권오승 교수 정년기념논문집), 법문사(2015), 156－159쪽.

자의 비용을 증가시킬 목적을 가지고 행하는 배제적인 행위를 말한다. 예컨대 결합회사의 상위부문이 하위부문에서 결합회사와 경쟁하는 사업자에 대하여 원재료 공급을 거절하거나 가격을 높이는 경우, 그리고 그 경쟁하는 사업자는 동등한 비용으로 그 원재료를 다른 곳에서 공급받을 방법이 없는 경우에, 그 경쟁사업자는 하류시장에서 가격을 높여야 하는 압박을 받게 된다. 이에 따라 해당 결합회사는 하류시장에서 자신의 가격을 높일 수 있고, 이는 소비자의 손해를 초래한다는 것이다.

고객봉쇄(customer foreclosure)란 결합회사의 하위부서가 그 상위부서와 경쟁하고 있는 원재료 공급자로 하여금 충분한 정도의 고객을 확보할 수 없도록 접근을 봉쇄하기 위한 목적으로 행하는 배제적인 행위를 말한다. 예컨대 결합회사의 하위부문이 상위부문에서 결합회사와 경쟁하는 사업자로부터 원재료 구매를 거절하고 모든 필요한 원재료를 자신의 상위부문으로부터만 공급받으며, 결합회사가 상류시장에서 공급되는 전체 공급량 중 많은 양을 구매하는 구매자라면, 상류시장의 많은 사업자들이 퇴출되고 결과적으로 상류시장의 경쟁이 감소하여 전반적으로 상류시장 사업자들이 책정하는 가격이 높아지게 된다. 이로써 결합회사의 상위부문은 하위부문에서 결합회사와 경쟁하는 사업자들에게 더 높은 가격으로 원재료를 공급할 수 있게 된다는 것이다.

다. 추가적 논의 : 경쟁자의 비용 올리기

한편 포스트시카고학파에서는 위와 같은 설명에 더하여 이른바 '경쟁자의 비용 올리기(raising rival's cost)'라는 관점을 제시하고 있다.[421][422] 예컨대, 어떤 제조

---

421) Steven C. Salop & David T. Scheffman, "Raising Rivals' Costs", 73 Am. Econ. Rev. 267 (1983) (16 J. Reprints Antitrust L. & Econ. 421 (1986)); Thomas G. Krattenmaker & Steven C. Salop, "Anticompetitive Exclusion: Raising Rivals' Costs to Achieve Power over Price", 96 Yale L.J. 209 (1986). 경쟁자의 비용 올리기 이론에 관한 상세한 국내문헌으로 임용, 앞의 논문(각주 369), 381쪽 이하.

422) 배타조건부거래는 결국 경쟁자의 비용 올리기 전략의 일종이라고 볼 수 있다. Patrick Rey & Thibaud Verge, "Economics of Vertical Restraints", Handbook of Antitrust Economics(Paolo Buccirossi ed.), The MIT Press (2008), p.378.

업자가 자신의 상품을 두 개의 유통경로를 통하여 공급할 수 있는 상황에서 그 중 한 유통경로가 확실히 더 효율적이라고 가정할 경우, 위 제조업자가 더 효율적인 유통경로와 사이에 배타조건부거래를 하게 되면 위 제조업자의 경쟁사업자들은 비용이 더 많이 드는 다른 유통경로를 선택할 수밖에 없고, 결국 상품의 가격을 올릴 수밖에 없게 되는바, 이때 위 제조업자는 효율적인 유통경로를 확보한 것에 따른 이점을 활용하여 가격을 낮출 수도 있지만 경쟁사업자들이 높인 가격에 맞추어 자신의 상품 가격도 올릴 수도 있는 힘을 취득하게 되고, 이러한 측면에서 경쟁제한성이 있을 수 있다는 것이다.[423)][424)]

위와 같은 분석에 의하면 봉쇄가 반경쟁적인 효과로 이어지기 위하여는 두 가지가 요구되는데, 하나는 문제된 행위로 인하여 경쟁자의 비용이 올라가야 한다는 것이고, 다른 하나는 그로 인하여 소비자후생이 저해되어야 한다는 것이다.[425)] 즉 봉쇄로 인하여 경쟁자들의 비용이 상승하고, 이러한 경쟁자의 비용 상승은 배제적 행위를 한 회사로 하여금 그의 가격을 올릴 수 있게 하는바, 이 경우 소비자들이 봉쇄로 인한 피해를 입을 수 있게 된다.[426)] 한편 위와 같은 설명에 의하면 특정 경쟁자들에 대한 봉쇄가 반드시 그 자체로 반경쟁적인 효과의 발생을 의미하는 것은 아닌바, 여전히 시장에는 소비자들에 대한 피해가 발생하지 않을 정도로 경쟁력을 갖춘 충분한 수의 경쟁사업자들이 존재하고 있을 수 있기 때문이다.[427)][428)]

---

423) Andrew I. Gavil, William E. Kovacic, Jonathan B. Baker & Joshua D. Wright, 앞의 책(각주 145), p.1043.

424) 이러한 경쟁자의 비용 올리기 이론은 배제적 행위 전반에 대하여 적용될 수 있는 것이지만, 적어도 배타조건부거래는 위 이론이 적용될 수 있는 '전형(paradigm)'이라고 할 수 있다. Paul G. Scott, 앞의 논문(각주 136), p.291.

425) Thomas G. Krattenmaker & Steven C. Salop, 앞의 논문(각주 269), p.72, p.83.

426) Steven C. Salop, 앞의 논문(각주 369), p.376.

427) 강우찬, 앞의 논문(각주 24), 157쪽. 즉 경쟁자의 비용 올리기 이론은 결코 '당연위법'을 주장하는 것이 아니다. Steven C. Salop, 앞의 논문(각주 369), p.378.

428) 경쟁자의 비용이 상승하였다는 이유만으로 소비자후생의 저하를 인정할 수는 없음을 강조하는 견해로 Jonathan M. Jacobson, 앞의 논문(각주 396), p.34-35.

라. 종합 : '반경쟁적' 봉쇄

위와 같은 포스트시카고학파의 봉쇄효과에 관한 새로운 시각과 경쟁자의 비용 올리기 이론은 서로 긴밀히 연결되어 있다. 이에 관하여 '봉쇄는 경쟁자의 비용 상승으로 인한 효과 내지 결과'라고 보는 취지의 견해가 있으나(즉 경쟁자의 비용 올리기 → 봉쇄효과),[429] 경쟁자의 비용을 올리는 방법이 바로 그들을 봉쇄하는 것이므로(즉 봉쇄효과 → 경쟁자의 비용 올리기), 경쟁자의 비용 올리기 이론은 위에서 본 바와 같이 경쟁자의 비용을 올리기 위하여 배제적 행위를 한 사업자가 실제로 경쟁자의 비용이 올라간 이후 어떻게 자신의 가격을 올릴 수 있는지, 즉 봉쇄효과가 어떻게 소비자후생의 저하로 연결될 수 있는지를 보다 정교하게 설명한 것으로 이해하는 것이 적절하다고 생각된다.[430] 그리고 이러한 봉쇄가 바로 EU 배제남용 집행지침에서 말하는 '반경쟁적' 봉쇄인 것이다.

요컨대, 배타조건부거래의 경쟁제한성의 핵심은 어디까지나 봉쇄효과에 있다 할 것인바, 원재료봉쇄와 고객봉쇄의 관점 및 경쟁자의 비용 올리기 이론은 위와 같은 봉쇄효과로 인한 경쟁제한적 폐해를 보다 구체적이고 설득력 있게 설명하고 있다 할 것이다.

3. 배타조건부거래의 효율성 증대효과

다음으로 배타조건부거래에 관하여 전통적으로 주장되는 정당화 사유로서 그 효율성 증대효과에 관하여 본다. 종래 이와 관련한 우리나라의 논의는 다소 추상적으로 전개되었던 측면이 있는바, 이하 각각의 사유들에 대하여 보다 구체적인 분석을 시도하였다. 앞서 살펴본 바와 같이 시장지배적 사업자의 배타조건부거래는 특별한 사정이 없는 한 경쟁제한적이고, 따라서 부당하다고 볼 수 있으나, 아

429) 임용, 앞의 논문(각주 369), 392쪽.
430) Paul G. Scott, 앞의 논문(각주 136), p.294; Alan J. Meese, 앞의 논문(각주 15), p.407; A. Douglas Melamed, Randal C. Picker, Philip J. Weiser & Diane P. Wood, Antitrust Law and Trade Regulation(7th ed.), Foundation Press (2018), p.498－499.

래와 같은 효율성 증대효과가 경쟁제한적 효과를 상회하는 '특별한 사정'이 인정된다면 해당 배타조건부거래는 결국 부당하지 않다고 보아야 할 것이다.[431)][432)]

가. 유통업자의 판촉활동 제고

1) 논리

배타조건부거래의 친경쟁적 효과에 관한 가장 전통적이고 보편적인 설명은 배타조건부거래가 유통업자로 하여금 특정 제조업자의 상품만을 배타적으로 취급하

---

431) 이하 배타조건부거래의 효율성 증대효과에 관한 일반적인 내용은 다음의 문헌들을 참고하였는바, 지면 관계상 여기서 일괄하여 거시한다(외국문헌, 국내문헌 순). Andrew I. Gavil, William E. Kovacic, Jonathan B. Baker & Joshua D. Wright, 앞의 책(각주 145), p.1040-1042; Einer Elhauge, 앞의 책(각주 9), p.374-377; Francine Lafontaine & Margaret Salde, "Exclusive Contracts and Vertical Restraints: Empirical Evidence and Public Policy", Handbook of Antitrust Economics(Paolo Buccirossi ed.), The MIT Press (2008), p.393-395; Herbert Hovenkamp, 앞의 책(각주 28), p.568-571; J. Mark Ramseyer & Eric B. Rasmusen, "Exclusive Dealing: Before, Bork, and Beyond", 57 J. L. & Econ. S145, S149-S151 (2014); Jonathan M. Jacobson, 앞의 논문(각주 45), p.357-360; Kurt A. Strasser, 앞의 논문(각주 222), p.972-984; Lawrence A. Sullivan, Warren S. Grimes & Christopher L. Sagers, 앞의 책(각주 11), p.431-432; Michael D. Whinston, Lectures on Antitrust Economics, MIT Press (2008), p.178-189; Paul G. Scott, 앞의 논문(각주 136), p.298-303; Phillip Areeda, Louis Kaplow, Aaron Edlin & C. Scott Hemphill, 앞의 책(각주 37), p.644-646; Richard M. Steuer, 앞의 논문(각주 34), p.124-133; Robert L. Steiner, "Exclusive Dealing + Resale Price Maintenance: A Powerful Anticompetitive Combination", 33 Sw. U. L. Rev. 447, 449-450 (2004); Stanley I. Ornstein, "Exclusive Dealing and Antitrust", 34 Antitrust Bull. 65, 68-79 (1989); Wanda Jane Rogers, 앞의 논문(각주 136), p.1018-1020; 신광식, 시장거래의 규제와 경쟁정책, 한국개발연구원(1992), 129-137쪽; 이승철, 공정거래경제학, 한국경제연구원(1999), 385-395쪽; Richard A. Posner 저, 정영진·주진열 역, 앞의 책(각주 138), 290-301쪽; Robert H. Bork 저, 신광식 역, 앞의 책(각주 31), 361-374쪽.

432) 한편 참고로, 이하의 논의는 대체로 다음과 같은 소매시장의 특성을 전제로 한다. ① 소매업자는 상품의 판매에 관하여 제조업자의 대리인 역할을 하게 되는바, 전형적인 주인-대리인 문제(principle-agent problem)가 발생한다. ② 소매점은 소비자에게 상품에 관한 정보를 제공하는 데 중요한 역할을 하고, 이는 소비자의 선택에 영향을 미치게 된다. ③ 소매시장은 지역적 한계가 있고, 소매점들 사이에는 상호의존성이 존재하는바, 소매점들의 경쟁은 전략적 경쟁의 특성을 가진다. 보다 상세한 사항은 권명중, 신 산업조직론, 시그마프레스(2010), 58쪽 이하 참조.

게 함으로써 해당 상품의 판매를 위하여 최선의 노력을 다하도록 유도한다고 한다.[433] 만일 유통업자가 특정 제조업자의 제품만을 판매하여 성공해야 한다면 이를 더 열심히 판매하려는 유인을 갖게 될 것이고,[434] 이로써 유통단계에서의 판매증대가 이루어질 수 있으며, 이러한 과정을 통하여 브랜드간 경쟁도 촉진될 수 있다는 것이다.

2) 검토

그러나 위와 같은 견해에 대하여는 다음과 같은 유력한 반론이 제시되고 있다.[435] ① 만일 유통업자의 입장에서 단일 브랜드를 취급하는 것이 복수의 브랜드를 취급하는 것보다 더 효율적이라면, 그 유통업자는 제조업자가 배타조건을 부과하지 않더라도 스스로 배타적 유통업자가 될 것이므로, 이러한 경우에는 제조업자가 굳이 배타조건부거래를 할 이유가 없다. ② 만일 유통업자의 입장에서 복수의 브랜드를 취급하는 것이 단일 브랜드를 취급하는 것보다 더 효율적이라면, 이러한 경우 제조업자가 배타조건부거래를 하기 위하여는 유통업자에게 도매가격을 낮춰주는 등 일정한 보상을 하여야 할 것인바,[436] 이는 제조업자의 이윤극대화에 부합하지 않고 오히려 제조업자에게 손실이 될 수 있다. ③ 한편 제조업자가 유통업자의 판매노력을 촉진하기 위하여는 다른 유통업자에 의한 무임승차를 방지해 주어야 하는데, 배타조건부거래를 통하여 브랜드간 경쟁을 제거하는 것은 이에 별다른 도움이 되지 않는바, 오히려 재판매가격유지 또는 거래지역·거

433) 배타조건부거래는 유통업자를 단순히 해당 상품의 '전달자(conduit)'가 아니라 해당 제조업자에 대한 헌신적 '지지자(advocate)'로 만든다는 설명으로 Richard M. Steuer, "Exclusive Dealing after Jefferson Parish", 54 Antitrust L.J. 1229, 1235 (1985). 한편 이를 '대리인 비용의 최소화'라는 관점에서 설명하는 견해로 Tim R. Sass & Micha Gisser, "Agency Cost, Firm Size, and Exclusive Dealing", 32 J. L. & Econ. 381, 384−389 (1989).

434) Stanley I. Ornstein, 앞의 논문(각주 431), p.77.

435) Howard P. Marvel, "Exclusive Dealing", 25 J. L. & Econ. 1, 3−5, 11 (1982); 신광식, 앞의 책(각주 431), 131−132쪽; 이승철, 앞의 책(각주 431), 391−393쪽.

436) 유통업자가 스스로 판매전략의 일환으로 배타조건부거래를 원하는 경우는 매우 드물다는 견해로 Richard M. Steuer, 앞의 논문(각주 34), p.128. 즉 배타조건부거래에 있어 제조업자는 유통업자로부터 '판촉노력'을 구매하는 것이라는 설명으로 Benjamin Klein, 앞의 논문(각주 398), p.144.

래상대방 제한 등을 통하여 브랜드내 경쟁을 제거해 주는 것이 보다 직접적이고 효과적인 방법이다.[437)]

그런데 위와 같은 반론은 일응 수긍할 부분이 있고, 실제로 많은 지지를 받고 있는 것으로 보이나, 사실 위와 같은 차원의 지적은 여기서 논하고자 하는 배타조건부거래의 정당화 문제와 관련하여서는 특별한 의미를 가지지 않는다고 생각된다. 위 반론은 요컨대 '배타조건부거래는 이를 굳이 할 필요가 없거나, 한다 하더라도 반드시 이익이 된다고 보기 어렵고, 정작 유통업자의 판촉활동을 제고하는데 별다른 도움도 되지 않는다'는 것인바, 이는 향후 배타조건부거래를 하고자 하는 제조업자에게 이를 하지 않도록 권유하는 차원에서는 의미가 있을지 모르지만, 그 제조업자가 이미 자신의 판단에 따라 일정한 이익 내지 도움이 된다고 생각하여 배타조건부거래를 실시한 경우 그러한 배타조건부거래가 정당한 것인지에 관하여는 별다른 설명을 제공하지 못하기 때문이다. 문제는 설령 위와 같이 일응 정당한 목적으로 배타조건부거래를 하였고, 실제로 소기의 성과를 거두었다 하더라도, 그것이 과연 경쟁사업자를 봉쇄한 것을 정당화해 줄 수 있는 사유인지 여부에 있다 할 것인바, 결론적으로 위와 같은 사정만으로는 해당 배타조건부거래를 정당화하기에 부족하다고 생각된다. 그러한 사정은 '해당 제조업자의 이익'에 부합한다고 볼 수는 있을지언정 그것이 '일반 소비자후생'에도 도움이 되었는지에 관하여는 아무런 정보를 담고 있지 않기 때문이다.

요컨대, 별도의 추가적인 주장·증명이 없는 한 유통업자의 판촉활동 제고를 위하여 배타조건부거래를 하였다는 사정만으로는 해당 배타조건부거래를 정당화하기에 부족하다 할 것인바, 그 이유는 그러한 배타조건부거래가 불필요하거나 무익한 것이기 때문이 아니라, 그러한 사정만으로는 해당 배타조건부거래가 과연 어떤 친경쟁적 효과를 가지는지 전혀 알 수 없기 때문이다.[438)]

---

437) Kurt A. Strasser, 앞의 논문(각주 222), p.979.

438) 배타조건부거래에 대하여 매우 우호적인 시카고학파의 시각에 대하여, 시카고학파는 단지 '경쟁제한성이 없다는 점으로부터 효율성 증대효과를 추론'하고 있을 뿐 실제로 어떤 효율성 증대효과가 어떻게 가능한 것인지 제대로 설명하지 않고 있다는 비판으로 Alan J. Meese, 앞의 논문(각주 15), p.395.

나. 무임승차의 방지

1) 논리

제조업자가 유통업자에게 배타조건을 부과하는 것은 제조업자 스스로의 광고 등 판촉활동에 대한 정당한 대가를 보장받기 위한 것이라는 논리이다.[439] 개별 유통업자에 의한 특별서비스 제공 등 유통단계에서의 판매노력이 제품의 수요증대에 효율적 수단이 되는 경우가 있듯이(예컨대 상세한 상품 설명, 자동차 판매점의 시운전서비스 등), 전국적인 광고캠페인 등 제조업자가 가장 잘 수행할 수 있는 판촉활동이 효율적 고객창출방법이 되는 경우도 많은데(예컨대 샘플제공, 판매원에 대한 기술교육·판매교육, 판매점의 입지선정 또는 시설지원, 제품디자인, 애프터서비스 등),[440] 이러한 경우 배타조건부거래는 이에 대한 다른 경쟁 제조업자 또는 유통업자의 무임승차를 방지하는 수단이 된다는 것이다.[441][442][443][444]

---

439) 이는 앞서 본 유통업자의 판촉활동 제고와 함께 배타조건부거래에 관하여 가장 일반적으로 논의되는 경쟁촉진적 효과이다. Benjamin Klein & Andres V. Lerner, 앞의 논문(각주 407), p.475.

440) Richard M. Steuer, 앞의 논문(각주 34), p.127; Paul G. Scott, 앞의 논문(각주 136), p.299.

441) 이러한 설명은 Marvel이 '제조업자의 재산권(manufacturer's property rights)' 보호라는 관점에서 처음으로 제시한 것인데, 구체적인 논리는 다음과 같다(Howard P. Marvel, 앞의 논문(각주 435), p.6–11). 제조업자 甲과 乙이 있는데, 甲은 자기 상품을 위하여 광고를 하고, 乙은 자기 상품에 대하여 광고를 하지 않으며, 광고를 제외한 甲과 乙의 평균비용은 같다고 가정한다. 甲은 상품을 유통업자에게 넘길 때 평균비용에 상품단위당 광고비용을 붙여서 넘기고, 乙은 평균비용에 상품을 넘긴다(즉 甲의 도매가격이 乙의 도매가격보다 높다). 소비자는 甲의 광고를 보고 소매점을 찾는다. 이러한 상황에서 소매업자는 소비자에게 甲 상품보다 乙 상품을 권할 인센티브를 가진다(이른바 '대체판매'). 그 이유는 甲, 乙 상품의 가격이 같다면 乙 상품을 판매하였을 때 소매업자의 마진이 더 크기 때문이다. 이와 같은 대체판매가 이루어지는 경우, '소매업자'는 甲의 수요증가를 위한 노력에 무임승차를 하는 것이고, 또한 '경쟁 제조업자' 乙 역시 소매업자에게 마진을 더 주는 형태로 甲의 광고에 무임승차를 하는 것이다. 이러한 경우 甲이 소매업자에게 자신의 상품만을 취급하도록 배타조건을 부과한다면 위와 같은 소매업자나 경쟁 제조업자 乙의 무임승차를 원천적으로 차단할 수 있다.

442) 이러한 논리는 광고 외에 제조업자의 상품개발투자나 판촉활동지원 등의 경우에도 그대로 적용될 수 있다. 예컨대 Standard Fashion Co. V. Magrane–Houston Co., 258 U.S. 346 (1922)) 참조.

2) 검토

위 논리는 배타조건부거래의 정당화 사유로서 매우 광범위한 지지를 받고 있는 것으로 보이는바, 일응 설득력이 있다. 그러나 위 논리에서 말하는 무임승차는 어느 경우나 유통업자에 의한 '대체판매'가 가능함을 전제로 하는바,[445] 만일 그러한 대체판매가 가능하지 않다면 위 논리를 그대로 적용할 수는 없을 것이므로, 이와 관련하여 다음과 같은 점들을 충분히 살펴볼 필요가 있다. ① 대체판매가 가능하려면 유통업자의 권유가 소비자의 상품선택에 상당한 영향을 미칠 수 있어야 한다. 대체로 기술적이고 복잡한 제품, 전문적인 제품, 새로이 출시된 제품 등 소비자가 많은 정보를 가지고 있지 못한 상품이 그러할 것인바, 널리 알려진 표준화된 일반적 공산품의 경우에는 대체판매가 쉽지 않을 수 있다(유통업자 측면). ② 해당 상품이 브랜드 특화된 제품이라면 甲 브랜드를 찾아 소매점을 방문한 소비자가 乙 브랜드를 구매할 가능성은 그리 크지 않을 것이다(소비자 측면).[446][447]

---

443) EU 수직적 거래제한 가이드라인 107문단 (a)는 이를 주로 '경쟁 제조업자'의 무임승차라는 관점에서 설명한다("Free-riding can also occur between suppliers, for instance where one invests in promotion at the buyer's premises, in general at the retail level, that may also attract customers for its competitors. Non-compete type restraints can help to overcome free-riding."). 반면 경쟁 제조업자가 무임승차하는 것으로 보이는 경우에도 결국은 '유통업자'가 무임승차하는 것이라는 견해로 Benjamin Klein & Andres V. Lerner, 앞의 논문(각주 407), p.481.

444) 한편 이와 같이 배타조건부거래에서 문제되는 무임승차는 주로 '유통업자'가 해당 제조업자의 노력에 무임승차하거나 '경쟁 제조업자'가 해당 제조업자의 노력에 무임승차하는 경우에 관한 것이다. 그런데 공정위의 불공정거래행위 심사지침은 배타조건부거래의 합리성에 관하여 "특정 유통업자가 판매촉진 노력을 투입하여 창출한 수요에 대하여 다른 유통업자가 그에 편승하여 별도의 판매촉진 노력을 기울이지 않고 판로를 확보하는 행위"를 방지할 수 있다고 규정함으로써 특정 유통업자의 노력에 대한 '다른 유통업자의' 무임승차 문제를 언급하고 있는바, 그 적절성에 다소 의문이 있다. 위와 같은 유통업자들 사이의 무임승차 문제는 주로 재판매가격유지행위 또는 거래지역·거래상대방 제한행위와 같이 브랜드내 경쟁을 제한하는 행위의 정당화와 관련한 것이기 때문이다. Richard M. Steuer, 앞의 논문(각주 433), p.1235; Benjamin Klein, 앞의 논문(각주 398), p.145 참조.

445) 다만 반드시 경쟁 제조업자의 상품으로 '대체판매'를 하지 않더라도, 유통업자가 해당 제조업자의 기대와 달리 해당 브랜드 상품의 판매촉진을 위하여 특별한 노력을 기울이지 않는 방법으로 무임승차할 수도 있다는 견해로 Benjamin Klein & Andres V. Lerner, 앞의 논문(각주 407), p.502-513.

③ 제조업자별로 제품차별화가 상당히 이루어진 상품의 경우 각 제품 사이에 실질적 대체가능성이 낮아 대체판매가 용이하지 않을 수 있다(제조업자 측면).[448] ④ 위 논리에서 상정하는 대체판매는 甲 상품을 판매할 때보다 乙 상품을 판매할 때 유통업자의 마진이 더 높다는 것을 전제로 하는데(즉 대체로 甲 상품의 도매가격이 乙 상품의 도매가격보다 높고, 甲 상품의 최종판매가격과 乙 상품의 최종판매가격은 동일한 것을 전제로 하는데),[449] 만일 그렇지 않다면(즉 甲 상품의 도매가격이 乙 상품의 도매가격보다 높지 않거나, 乙 상품의 최종판매가격이 甲 상품의 최종판매가격보다 낮다면) 유통업자에게 대체판매의 유인 자체가 없을 수 있다.[450] ⑤ 한편 제조업자가 유통업자의 판촉활동 자체를 직접 지원한 것이 아닌 이상 해당 투자는 어디까지나 그 제조업자의 비용이라 할 것인바(예컨대, 만일 제조업자가 자기의 상품을 광고하였다면 그 광고비 또한 결국 해당 상품을 생산하는 데 투입된 비용이라고 볼 수 있고, 제품의 연구개발에 투입한 비용 등 역시 마찬가지로 볼 수 있다), 위와 같이 증가된 비용을 유통업자로부터 회수하는 것이 과연 정당한 것인지 의문이 있다.[451] ⑥ 나아가 위 논리에서 상정하는 우려는, 유통업자들의 판매서비스에 의존하여 제품을 판매하는 하위기업보다는 주로 자신의 판매촉진활동으로 직접 고객을 창출하는 기업, 즉 광고 등 무형자산투자가 많은 대기업들이 배타조건부거래를 할 가능성

---

446) EU 수직적 거래제한 가이드라인 107문단 (a)에 의하면, 경쟁 제조업자의 무임승차는 해당 상품이 브랜드화되어 있지 않은 일반 상품인 경우에 한하여 발생한다고 한다.

447) Benjamin Klein, 앞의 논문(각주 398), p.151 참조.

448) 한편 해당 판촉투자가 해당 제조업자의 상품에 특화된 판촉투자인 경우라면 유통업자가 이를 경쟁 제조업자의 상품 판매를 위하여 전용하기는 어려울 것이다. Benjamin Klein & Andres V. Lerner, 앞의 논문(각주 407), p.484.

449) 물론 乙 상품의 최종판매가격이 甲 상품의 최종판매가격보다 낮은 경우에도 甲 상품의 도매가격과 乙 상품의 도매가격의 격차가 커서 甲 상품의 판매보다 乙 상품의 판매가 유통업자에게 더 이익이 된다면 여전히 대체판매가 가능할 수 있다. Roger D. Blair & David L. Kaserman, 앞의 책(각주 407), p.438-439.

450) 특히 甲의 도매가격이 반드시 乙보다 높아질 이유가 없다는 점에 관하여 Benjamin Klein, 앞의 논문(각주 398), p.143 참조.

451) 투자가 반드시 성과로 이어지는 것은 아닌바, 만일 해당 제조업자의 투자와 무관하게 유통업자에 의하여 고객이 창출되었다면, 유통업자는 해당 상품의 판매로 인한 이익 중 일부를 높은 도매가격으로 인하여 제조업자에게 이전하는 것이고, 이러한 경우에는 오히려 유통업자의 판매촉진활동에 제조업자가 무임승차하는 것이 된다.

이 크다는 점을 시사하는바,[452] 결국 위 논리는 상당한 시장력 내지 시장지배력을 보유한 사업자의 배타조건부거래에 관한 것이라는 점 역시 고려할 필요가 있을 것이다.

다. 제조업자의 브랜드 보호

1) 논리

배타조건부거래는 유통업자의 품질저하행위 감시비용을 낮추어 제조업자의 브랜드가치를 보호하는 수단이 될 수 있다는 견해이다. 제조업자는 상품과 별개로 브랜드 그 자체에 투자하여 소비자들에게 품질보증을 할 수 있다. 이때 유통업자들이 해당 제품의 품질을 저하시킬 경우 제조업자는 브랜드자산을 훼손당하게 되는바, 제조업자로서는 이를 통제할 필요가 있다. 즉 유통업자들은 광고된 제품 대신에 다른 제품을 판매하거나 저질 투입물을 사용하는 등의 방법으로 품질을 저하시킬 수 있는데,[453] 이 경우 배타조건부거래는 위와 같은 유통업자의 품질저하행위를 감시·적발하는 데 소모되는 노력과 비용을 줄여줄 수 있다는 것이다.[454]

2) 검토

그러나 위와 같은 논리에는 다음과 같은 한계가 있다고 생각된다. ① 유통업자에 의한 품질저하행위가 발생할 수 있는 상품 내지 용역 자체가 매우 제한적이다. 즉 위와 같은 상황은 유통업자들이 실제로 품질을 저하시키는 교체판매 내지 교체사용을 할 수 있고, 소비자들은 이를 사전에 알 수 없는 경우를 전제로 하는데,

---

452) Tim R. Sass & Micha Gisser, 앞의 논문(각주 433), p.382－383, p.396.

453) 유명 브랜드의 휘발유 대신 저급 휘발유를 판매하거나, 유명 브랜드의 생맥주를 저가 생맥주로 교체하여 판매하거나, 자동차나 가전제품 등 내구재 수리시 해당 제조업체가 제공하는 고급 부품이 아닌 저가의 일반 부품을 사용하는 행위 등이 그 예가 될 것이다. 신광식, 앞의 책(각주 431), 135쪽.

454) 이를 ‘사칭통용(passing off)’ 내지 ‘무임승차’의 관점에서 설명하는 견해로 다음의 문헌들 참조. Lawrence A. Sullivan, Warren S. Grimes & Christopher L. Sagers, 앞의 책(각주 11), p.431－432(사칭통용); Jonathan M. Jacobson & Scott A. Sher, 앞의 논문(각주 109), p.789(사칭통용); Stanley I. Ornstein, 앞의 논문(각주 431), p.75－76(무임승차); Francine Lafontaine & Margaret Salde, 앞의 논문(각주 431), p.394(무임승차).

과연 그러한 상품이나 용역이 얼마나 있는지 다소 의문이다. 예컨대 위 논리에서 제시하는 맥주의 경우를 보더라도, 생맥주라면 그러한 가능성이 있을 수도 있지만 병맥주라면 애당초 그러한 교체판매 자체가 불가능할 것이다. ② 위와 같은 교체판매 등은 분명한 부정행위로서 민사상 불법행위 내지 형사상 범죄가 되거나 적어도 부정경쟁방지법 등 위반이 될 수 있을 것인바, 그렇다면 위와 같은 제도에 의한 제재·처벌이 가능하므로, 이를 방지하기 위하여 반드시 배타조건부거래의 허용이 필요하다고 볼 것은 아니다. ③ 위와 같은 교체판매 등이 있는 경우 향후 소비자들도 결국 이를 알아차리게 될 것인바, 그렇다면 해당 유통업자의 신뢰가 추락하는 것은 별론으로 하고 과연 해당 제조업자의 브랜드가치가 훼손된다고 볼 수 있는지 의문이다. 반면 만일 소비자들이 추후에도 위와 같은 교체판매 등을 전혀 알아채지 못한다면, 애당초 해당 브랜드의 가치가 훼손될 일은 없는 것이고, 이러한 경우라면 오히려 해당 브랜드는 특별히 보호할 만한 가치를 가지지 않는다고 볼 여지도 있다.

라. 불확실성 감소

1) 논리

배타조건부거래는 시장거래의 불확실성에 대한 대비책이 된다는 설명이 있다. 시장에는 항상 불확실성이 존재하는바, 만일 제조업자의 상품에 대한 유통업자의 수요가 불확실하면 위험기피 제조업자는 생산을 줄이게 될 것이고, 마찬가지로 유통업자의 입장에서도 상품의 원활한 공급이 불확실하면 해당 상품에 대한 수요를 줄이게 될 것이다. 전자의 경우에는 제조업자가 배타적 공급거래를 원할 것이고, 후자의 경우에는 유통업자가 배타적 인수거래를 원할 것이다. 이러한 경우 배타조건부거래는 해당 사업자로 하여금 원재료 또는 판로를 안정적으로 확보할 수 있도록 하여 불확실성을 감소시키고, 이로써 장기적인 사업계획의 수립이나 규모의 경제를 달성하기 위한 투자 등이 가능하게 된다는 것이다.[455]

---

455) 이러한 측면은 앞서 본 Standard Oil 판결의 다음과 같은 판시에 잘 나타나 있다. "[Exclusive dealing contracts] may well be of economic advantage to buyers as

2) 검토

그러나 다음과 같은 점에서 불확실성이 감소된다는 사정만으로 해당 배타조건부거래를 정당화할 수는 없다고 생각된다. ① 불확실성의 감소는 배타조건부거래가 가지는 당연한 속성인데, 이를 이유로 배타조건부거래가 정당화된다고 본다면 결과적으로 모든 배타조건부거래가 그 자체로 정당한 것이 된다. 이러한 결론은 부당하다 않다 할 것인바, 이는 배타조건부거래가 본질적으로 경쟁사업자를 배제하는 효과를 가지는 이상 모든 배타조건부거래는 예외 없이 부당하다는 결론이 타당하지 않은 것과 마찬가지이다. 문제는 불확실성 감소로 인한 친경쟁적 효과와 경쟁사업자 봉쇄로 인한 반경쟁적 효과를 비교형량하는 것에 있다. ② 불확실성의 감소 그 자체가 목적이라면 경쟁제한적일 수 있는 배타조건부거래가 아니라 적법성이 확보된 대량거래 또는 장기거래를 통하여도 얼마든지 그러한 목적을 달성할 수 있다. 오히려 불확실성을 감소시키는 요소는 거래의 '배타성'이 아니라 거래의 '대량성' 내지 '장기성'에 있다 할 것이다.[456] ③ 불확실성의 감소를 위하여 배타조건부거래를 한다는 것은, 말하자면 '만들고 나서 팔겠다'는 것이 아니라 '팔고 나서 만들겠다'는 것인바, 이는 전형적인 성과를 '위한' 경쟁으로서 성과에 '의한' 경쟁이 될 수 없다. 이러한 정당화 사유를 인정하기 위하여는 해당 사업자에게 불확실성의 감소가 반드시 필요하고, 이를 위하여 배타조건부거래가 반드시 필요하며, 이를 통하여 반드시 효율성이 창출되고, 또한 그것이 반드시 소비자후생으로 연결된다는 점이 증명되어야 할 것이다. ④ 일응 당연해 보이는 위와 같은 내용을 굳이 길게 언급하는 것은, 이와 관련한 논의가 마치 불확실성 감소가

---

well as to sellers, and thus indirectly of advantage to the consuming public. In the case of the buyer, they may assure supply, afford protection against rises in price, enable long-term planning on the basis of known costs, and obviate the expense and risk of storage in the quantity necessary for a commodity having a fluctuating demand. From the seller's point of view, [they] may make possible the substantial reduction of selling expenses, give protection against price fluctuations, and ... offer the possibility of a predictable market." Standard Oil Co. v. United States, 337 U.S. 293, 306-307 (1949).

456) 이승철, "배타조건부거래의 동기와 경쟁정책", 산업조직연구 제1권(1992), 61쪽 참조.

인정되면 그러한 사정만으로 해당 배타조건부거래가 정당화될 수 있을 것 같은 일종의 '착시'를 불러일으키는 것으로 보이기 때문이다. 불확실성 감소를 이유로 배타조건부거래의 정당화를 주장하는 것은, 그러한 불확실성 감소에 따라 친경쟁적 효과가 발생하였다는 점 및 그러한 친경쟁적 효과가 경쟁사업자를 봉쇄하는 반경쟁적 효과를 상회한다는 점이 추가적으로 명확히 주장·증명되지 않는 한, 그 자체로는 특별한 의미를 가질 수 없다 할 것이다.

마. 거래비용 절감

1) 논리

배타조건부거래는 제조업자와 유통업자 모두에게 불필요한 거래비용을 절감할 수 있도록 해 준다는 이론이다. 제조업자는 소수의 유통업자들을 선별하여 배타조건부거래를 함으로써 판매비용, 관리비용 등을 절감할 수 있고, 유통업자 역시 배타조건부거래를 통하여 다수 공급자들과의 거래에 따른 정보비용, 교섭비용 등을 절감할 수 있는바, 이는 양자 모두에게 효율성을 증대시킨다는 것이다.[457)]

2) 검토

그러나 위와 같은 거래비용 절감을 이유로 배타조건부거래의 정당성을 인정하는 것 역시 다소 신중할 필요가 있다고 생각된다. ① 위 논리는 앞서 본 불확실성 감소 논리와 유사한 측면이 있는바(실제로 불확실성 감소를 주장하는 견해에서는 거래비용 절감을 함께 묶어 언급하는 경우가 많다), 결국 불확실성 감소 논리에 관한 비판이 그대로 적용될 수 있다. 즉 문제는 거래비용이 절감된다는 점 그 자체가 아니라, 그러한 거래비용 절감이 과연 해당 배타조건부거래에 의한 경쟁사업자 봉쇄를 상쇄할 만한 효율성을 창출하고, 또한 그것이 소비자후생으로 연결되는지 여부이다.[458)] ② 배타조건부거래를 하는 경우 일응 거래비용이 절감될 것으로 기

---

457) 신광식, 앞의 책(각주 431), 135－136쪽('배송비용'의 예를 들어 설명); 최정표, 앞의 책(각주 240), 299쪽.

458) 주진열, 앞의 논문(각주 205), 207쪽은 거래비용 절감을 위한 배타조건부거래는 그 자체로 경쟁제한성이 인정될 수 없다는 취지로 주장하는바, 위와 같은 시각은 받아들이기 어렵다고 생각된다.

대할 수 있지만, 조금 더 들어가 보면 반드시 그렇다고 단언할 수도 없다. 물론 다른 사업자와 새로운 계약의 체결을 위하여 필요한 정보비용, 교섭비용 등은 당연히 절감될 것이지만, 그 배타조건부거래의 이행과 조정, 감시를 위한 비용은 오히려 늘어날 수도 있고, 그렇다면 최종적인 거래비용 절감 여부는 사실 그리 명확하지 않을 수 있는 것이다. 이러한 사정에 비추어 보면 거래비용 절감을 위한 배타조건부거래라는 주장은 해당 배타조건부거래의 경쟁제한적 동기와 목적을 '위장'하는 것일 수 있다. ③ 해당 배타조건부거래로 인한 거래비용 절감이 당사자 쌍방에게 발생하는지 일방에게만 발생하는지도 고려할 필요가 있다. 일반적인 경우 배타조건부거래의 행위자에게는 당연히 거래비용 절감이 있을 것이고 또한 이는 분명한 이익이 될 것이나, 거래상대방의 경우에는 반드시 거래비용이 절감된다고 보기 어려울 수 있고 설령 일정한 거래비용 절감이 인정된다 하더라도 그것이 반드시 이익이 되지는 않을 수도 있다. 거래상대방으로서는 '거래비용이 절감되는 배타조건부거래'보다 '거래비용이 절감되지 않는 자유로운 거래'를 원할 수 있기 때문이다.[459)]

바. 관계특화적 투자의 촉진

1) 논리

효율적인 거래관계를 뒷받침하기 위하여 관계특화적(relation－specific) 투자가 요구되는 경우 장기의 배타조건부거래는 이를 확보·보호하는 장치가 될 수 있다. 예컨대 특정 제조업체의 제품에만 들어가는 부품을 납품하기 위하여 그 부품을 제조하는 기계를 설치하는 경우와 같이 특정 거래상대방에게 특화된 투자를 하여야 하는 거래의 경우, 납품업자는 일정 수준의 공급을 보장받지 않으면, 즉 위 특정 거래상대방이 향후 인수를 거부하거나 인수거부를 위협함으로써 납품가격을 낮추려고 하는 등 기회주의적(opportunistic) 행동을 할 가능성[460)]이 차단되지 않

---

459) 만일 이러한 경우라면 설령 경쟁제한성의 관점에서 부당한 배제남용이라고 할 수는 없을지라도 거래상대방에 대하여 부당한 경쟁상 불이익을 가하는 것으로서 불공정거래행위가 인정될 여지가 있을 것이다. 이에 관하여는 아래 제5장 제3절 V. 참조.

460) Gunnar Niels, Helen Jenkins & James Kavanagh, Economics for Competition

으면 그와 같은 투자 내지 거래를 하려고 하지 않을 것이다. 이러한 상황에서 배타조건부거래는 거래상대방의 기회주의적 행동의 여지를 차단함으로써 대규모의 관계특화적 투자가 이루어질 수 있도록 한다.[461]

2) 검토

위와 같은 사정은 문제된 배타조건부거래에 관한 매우 유력한 정당화 사유가 될 수 있는 것으로 보인다. 다만 실제로 이를 이유로 당해 배타조건부거래를 정당화하기 위하여는 다음과 같은 사정을 고려하여야 할 것이다. ① 해당 투자는 반드시 관계특화적 투자여야 하고(즉 해당 상품은 특정 거래상대방과의 거래에만 사용할 수 있을 뿐 다른 거래상대방과의 거래에는 사용할 수 없는 것이어야 하는바, 이는 원칙적으로 '정도'의 차원이 아니라 '여부'의 관점에서 판단하여야 할 것이다), 단기적으로는 회수가 불가능한 장기적인 투자여야 하며, 일방 당사자가 타방 당사자에 비하여 더 많이 투자한 비대칭적 투자여야 한다.[462] ② 위와 같은 관계특화적 투자를 목적으로 한 경우에도 이를 이유로 무제한적인 배타조건부거래를 허용할 수는 없다 할 것인바, 이에 EU에서는 해당 투자의 감가상각(depreciation) 기간에 한하여 정당한 배타조건부거래가 될 수 있다고 보고 있는데,[463] 좋은 참고가 된다. 한편 이 경우 해당 투자를 한 사업자의 보호는 반드시 배타조건부거래가 아니라, 예컨대 위와 같이 해당 투자의 감가상각 기간을 고려한 일정한 물량합의 등 보다 덜 제한적인 방법을 통하여도 달성될 수 있을 것인바, 이러한 점에서도 배타조건부거래를 무제한 허용할 것은 아니다.

한편 관계특화적 투자를 위한 배타조건부거래의 경우에는 이를 이유로 한 '정당화'를 논하기 이전에 오히려 그 규제의 '필요성'과 관련하여 생각해 볼 부분이 있다. 왜냐하면 위와 같은 관계특화적 투자를 위한 배타조건부거래가 이루어진 경우, 이를 규제한다는 것은 해당 투자를 한 공급업자의 경쟁사업자가 봉쇄되는

Lawyers(2nd ed.), Oxford (2016), p.277(이른바 'hold－up problem').

461) 이 문제를 공장의 입지 선정과 관련하여 설명하는 견해로 Einer Elhauge, 앞의 책(각주 9), p.375－376.

462) EU 수직적 거래제한 가이드라인 107문단 (d), 146문단.

463) 위 EU 수직적 거래제한 가이드라인 107문단 (d), 146문단.

것을 방지하기 위함인데, 관계특화적 투자의 개념 자체로 위 경쟁 공급업자는 해당 투자를 하지 않은 이상 애당초 구매자에게 해당 제품을 공급할 수 있는 능력 자체가 없을 것이고, 그렇다면 그와 같은 경쟁 공급업자의 봉쇄를 우려할 것은 아닐 수 있기 때문이다(오히려 어떤 측면에서는 과연 위와 같은 상황을 봉쇄라고 할 수 있는지, 봉쇄라고 하여야 하는지에 관하여도 의문이 있을 수 있다). 이러한 관점에서 보면, 관계특화적 투자를 위한 배타조건부거래임이 분명한 사안에서는 해당 배타조건부거래의 필요성 자체는 인정하되 그 범위와 한계를 검토하는 것이 중요한 문제가 될 것이다. 즉 관계특화적 투자를 위한 배타조건부거래라는 사정은 해당 배타조건부거래를 허용할 수 있는 가장 유력한 사유라고 생각된다.

사. 노하우 이전을 수반하는 거래의 실현

1) 논리

일단 제공되고 나면 회수할 수 없는 노하우의 제공자는 그 노하우가 경쟁사업자를 위하여 또는 경쟁사업자에 의하여 사용되는 것을 원하지 않을 것인바, 그 노하우가 종래 거래상대방에게 이용 가능하지 않은 것으로서 거래의 이행을 위하여 상당하고도 필수적인("substantial and indispensable") 것이라면, 그러한 노하우의 제공은 배타조건부거래를 정당화할 수 있다는 입장이다.[464] 이러한 경우에는 단순한 물량합의 등만으로는 해당 노하우의 전용을 방지할 수 없을 것이므로 사실상 배타조건부거래만이 유일한 해결책이 될 수 있다.[465][466] 이와 유사한 맥락에서 제조업자의 영업비밀을 보호하기 위하여 배타조건부거래가 필요할 수 있다는 견해도 있다.[467]

---

464) EU 수직적 거래제한 가이드라인 107문단 (e).

465) EU 수직적 거래제한 가이드라인 145문단.

466) 이에 관한 대표적인 예로서 가맹사업을 들 수 있는데, 가맹본부는 가맹점사업자에게 가맹점운영권을 부여하면서 마케팅 목적으로 조달서비스, 교육훈련, 부동산자문, 금융계획 등과 같은 상업적·기술적 원조를 제공하게 되는바, 이러한 노하우의 전용을 방지하기 위하여 가맹점사업자로 하여금 당해 가맹본부와만 거래하도록 할 수 있고, 이 경우 그러한 배타조건은 전체 계약기간에 관하여 가능하다. EU 수직적 거래제한 가이드라인 43문단, 148문단.

2) 검토

위와 같은 사정 또한 일응 배타조건부거래를 정당화할 수 있는 중요한 사유가 될 것으로 보인다. 다만 이 부분의 논리를 적용하는 데 있어서도 다음과 같은 사정은 유념하여야 할 것이다. ① 이 부분 정당화 사유가 인정되기 위하여는 해당 노하우가 거래상대방이 미처 보유하지 못한 것으로서(또는 다른 곳에서는 쉽게 얻을 수 없는 것으로서) 목적한 거래의 이행에 상당하고도 필수적인 것이어야 하는바, 실제 구체적 사안에서는 문제된 노하우가 과연 위와 같은 가치를 가지는 것인지 면밀히 살펴볼 필요가 있다. ② 이에 관한 대표적인 예로서 가맹사업이 언급되고 있는데, 사실 가맹사업은 배타조건부거래의 특수한 경우로서 말하자면 경쟁법상 '허가된 배타조건부거래'라는 점을 감안하면, 이러한 가맹사업의 경우를 들어 이 부분 정당화 사유를 무비판적으로 일반화하여서는 안 될 것이다. 즉 가맹사업에서의 배타조건부거래는 일단 그 허용을 전제로 적절한 범위와 한계를 정하는 문제인 반면, 통상의 배타조건부거래는 그 허용 여부 자체가 문제되는 상황이므로, 양자는 논의의 차원이 다르다.

아. 불완전한 자본시장의 보완

1) 논리

은행이나 주식시장과 같은 통상의 자본 제공자는 사업자에 대한 정보가 불충분하여 또는 적당한 담보를 찾지 못하여 해당 사업자에게 최선의 자본을 공급하지 못할 수 있다. 그러나 해당 사업자와 거래하는 업체는 보다 충분한 정보를 가질 수 있고, 독점적인 관계를 통하여 투자에 대한 추가적인 담보를 확보할 수도 있는바, 이러한 이유로 거래업체가 해당 사업자에게 신용을 제공하게 되는 경우, 그와 같은 신용의 제공은 배타조건부거래를 하는 합리적 이유가 될 수 있다는 설명이다.[468]

---

467) Richard M. Steuer, 앞의 논문(각주 34), p.130–131; Jonathan M. Jacobson, 앞의 논문(각주 45), p.360; J. Mark Ramseyer & Eric B. Rasmusen, 앞의 논문(각주 431), S151.

2) 검토

위와 같은 사정 역시 일응 배타조건부거래를 정당화할 수 있는 유력한 사유가 될 수 있는 것으로 보인다. 다만 이 부분 정당화 사유에도 다음과 같은 일정한 한계는 있다 할 것이다. ① 위와 같은 경우에는 반드시 배타조건부거래가 아니라 일정한 물량합의 등 보다 덜 경쟁제한적인 방법으로도 그 목적을 충분히 달성할 수 있는 여지가 있다.[469] ② 이 부분 정당화 사유가 인정되기 위하여는 해당 신용의 제공이 가장 덜 제한적인 방법으로 이루어져야 할 것인바, 중도상환을 금지하거나 중도상환에 제재(penalty)를 가하는 등 제한적 조치가 없어야 한다.[470] ③ 위와 같은 목적으로 배타조건부거래를 하는 경우에도 그 제공된 신용의 수준과 정도에 맞는 범위 내에서 이루어져야 할 것인바, 이러한 비례성을 초과하는 장기간 내지 대규모의 배타조건부거래라면 여전히 그 정당성에 의문이 있을 수 있다.

자. 종합 : 정당화 사유의 이원화

이상 배타조건부거래의 대표적인 효율성 증대효과로서 ① 유통업자의 판촉활동 제고, ② 무임승차의 방지, ③ 제조업자의 브랜드 보호, ④ 불확실성 감소, ⑤ 거래비용 절감, ⑥ 관계특화적 투자의 촉진, ⑦ 노하우 이전을 수반하는 거래의 실현, ⑧ 불완전한 자본시장의 보완에 관하여 살펴보았다.

그런데 그 중 ① 내지 ⑤는 배타조건부거래를 실시할 경우 어느 정도 당연히 발생하거나 기대할 수 있는 효과이므로 그러한 사정만으로 당해 배타조건부거래가 정당화된다고 볼 수는 없고, 그러한 효율성 증대효과가 봉쇄효과로 인한 경쟁제한적 효과를 상회하며, 나아가 그것이 소비자후생 증대로 이어진다는 점이 분명히 인정되는 경우에 한하여 정당화 사유가 될 수 있을 것이다. 반면 ⑥ 내지 ⑧은 만일 배타조건부거래가 허용되지 않을 경우 해당 거래 자체가 이루어지지 않을 수 있으므로, 그 거래가 효율성을 창출하는 것이 분명하다면 당해 배타조건

468) EU 수직적 거래제한 가이드라인 107문단 (h), 147문단.
469) EU 수직적 거래제한 가이드라인 145문단 참조.
470) EU 수직적 거래제한 가이드라인 147문단.

이 비례성을 초과하지 않는 한 가급적 허용해 줄 필요가 있을 것이다.

요컨대, 어디까지나 개별적·구체적 사안에 따라 상대적일 수밖에 없는 것이기는 하나, 일응 ① 내지 ⑤의 사유는 보다 엄격한 심사를 거쳐 정당화를 인정하여야 할 것이고, 이와 달리 ⑥ 내지 ⑧의 사유에 대하여는 보다 관대한 정당화 인정이 가능하다고 생각된다.

4. 판례 법리의 재검토

가. 경쟁제한성의 판단구조와 고려요소

판례는 농협중앙회 판결, 에스오일 판결, 퀄컴 판결을 통하여 배타조건부거래의 부당성 판단에 있어 고려할 요소들을 정리하여 제시하였는바, 이하 판례가 제시한 고려요소 중 본 연구의 맥락에서 중요한 것들을 중심으로 그 의미를 살펴본다.

1) 경쟁사업자의 봉쇄

판례는 배타조건부거래의 부당성에 관하여 농협중앙회 판결에서 봉쇄효과를 명시한 이래 에스오일 판결, 퀄컴 판결을 통하여 '대체적 물품구입처 또는 유통경로가 봉쇄되는 정도를 중심으로 판단'하여야 함을 판시의 첫머리에 명시함으로써 그 부당성의 핵심이 봉쇄효과에 있음을 분명히 선언하였다.[471)]

이는 매우 타당한 판시라고 생각되는데,[472)] 비록 판례의 문언상 명시적으로 드

---

471) 위와 같이 판례는 봉쇄효과 내지 봉쇄율을 강조하고 있다. 그러나 봉쇄율이 사실상 100%에 달하는 농협중앙회 사건과 봉쇄율이 극히 미미한 이베이지마켓 사건은 제외하더라도, 나머지 에스오일 사건, 현대모비스 사건, 퀄컴 사건에서도 판례는 그 실제 봉쇄율을 구체적으로 검토하지 않고 있는바(특히 현대모비스 사건에서는 봉쇄율에 관한 언급이 아예 없다), 이론적 차원의 판단방법과 실제 실무상 판단방법 사이에 다소 괴리가 있는 것은 아닌지 의문이 없지 않다. 기록상 산정이 불가능한 경우가 아닌 한(사실 이러할 가능성은 거의 없다) 정확한 봉쇄율을 계산하여 제시하는 것이 필요하다고 생각되는바, 이는 부당성을 인정하는 결론의 정당성을 담보할 수 있는 가장 핵심적인 최소한의 논거이다.

472) 오히려 이는 단지 배타조건부거래에 한하지 않고 배제남용 일반에 관하여 그러하다고 볼 수 있다. "봉쇄(foreclosure) 효과야말로 경쟁법의 본래의 규제대상이다." 황태희, "시장지배적 지위남용행위로서의 끼워팔기의 법적 쟁점", 서울대학교 경쟁법센터 제4차 정책세미나 발표자료(2009), 75쪽. 한편 봉쇄효과 이론의 가장 큰 장점은 "상당히 보편적으

러나지는 않지만 조금 더 의미를 부여하자면, 위와 같은 판례의 취지는 '일정한 봉쇄효과가 인정되면 일응 부당하고, 나머지 고려요소들은 그러한 봉쇄효과를 상쇄할 수 있는 정당화 사유의 차원에서 고려할 수 있다'는 의미로 이해할 수 있다고 생각된다. 봉쇄효과를 '중심으로' 판단하는 이상 봉쇄효과가 없음에도 부당성이 인정될 수는 없다 할 것이고, 그렇다면 다른 고려요소들은 봉쇄효과에도 불구하고 부당성을 부정할 수 있는 요소라고 봄이 상당하기 때문이다.[473]

2) 경쟁자의 비용 상승

판례는 농협중앙회 판결과 달리 에스오일 판결, 퀄컴 판결에서는 포스트시카고학파의 대표적 이론인 '경쟁사업자의 비용 상승 여부'를 고려요소에서 제외하고 있다.

비록 위와 같은 삭제의 취지가 정확히 무엇인지는 명확하지 않지만,[474] 일응

로 적용될 수 있는 이론"이라는 점에 있다고 하면서 EU의 배제남용 집행지침과 같이 우리나라도 봉쇄효과를 배제남용의 부당성 판단을 위한 보편적인 기준으로 도입하는 것을 고려할 필요가 있다는 견해로 김성훈, 앞의 논문(각주 214), 170－171쪽. 다만 이에 대하여 "농협중앙회 판결에서 재판부가 포스코 법리를 제시했으면서도, 부당성 판단에서 봉쇄효과를 중시한 것은 모순"이라는 견해로 주진열, 앞의 논문(각주 50), 164쪽.

473) 이러한 판단구조는 미국의 이른바 질적 상당성 이론 역시 결국 같은 취지라고 보인다. 미국의 경우 Standard Stations 판결의 '양적 상당성' 이론(봉쇄율만으로 판단)이 Tampa Electric 판결의 '질적 상당성' 이론(봉쇄율 외에도 다른 사정들 고려)으로 변화하였는데, 위 법리 역시 '기본적으로 봉쇄효과의 차원에서 위법성을 인정하되, 그러한 봉쇄효과를 상쇄할 수 있는 다른 사정이 있다면 이를 고려하여 위법성을 부정할 수 있다'는 의미라 할 것이다. 즉 위와 같은 미국 이론의 방향성은 '일방향'의 것으로서 '쌍방향'이 아니라 할 것인바, 양적 측면에서 일정한 봉쇄효과가 인정되더라도 다른 질적 요소들을 통하여 위법성을 부정할 수 있다는 의미이지, 봉쇄효과가 미미하더라도 다른 질적 요소들에 근거하여 위법성을 인정할 수 있다는 의미는 아니라고 생각된다. 결국 이를 통하여 배타조건부거래의 핵심, 특히 그 부당성의 핵심은 어디까지나 봉쇄효과에 있다는 점을 분명히 확인할 수 있다. 다만 미국의 하급심 사례들을 분석하면서 전통적 의미의 봉쇄율이 0(zero)인 경우에도 부당성이 인정될 수 있다는 견해로 Jonathan M. Jacobson, 앞의 논문(각주 45), p.313.

474) 사실 당초 위 고려요소를 제시한 것이 과연 포스트시카고학파의 시각을 수용한 것인지도 그리 명확하지는 않은데, 이에 관하여는 다음과 같은 상반된 평가가 있다. ① 우선 권오승·서정, 앞의 책(각주 2), 123쪽(각주 46 부분), 183쪽(각주 130 부분)은 농협중앙회 판결의 위 설시를 포스트시카고학파의 아이디어를 수용한 것으로 평가하고 있다. ② 반면 주진열, 앞의 논문(각주 205), 205쪽(각주 34 부분)은 위 판례가 언급한 '경쟁자의 비

‘봉쇄효과의 평가 외에 경쟁사업자의 비용 변화 등에 관한 추가적인 경제적 분석이 반드시 필요하지는 않다’는 취지로 이해할 수 있고, 이러한 취지라면 타당하다고 본다. 앞서 본 바와 같이 배타조건부거래의 부당성의 핵심은 어디까지나 봉쇄효과에 있고, 경쟁사업자의 비용 증가 여부는 그러한 봉쇄효과로 인하여 소비자 후생이 침해되는 경로를 설명하는 논리이기 때문이다.

3) 가격 및 산출량의 변화 여부

판례는 농협중앙회 판결에서는 포스코 전합판결과 마찬가지로 “관련시장에서의 가격 및 산출량 변화 여부”를 고려요소로 제시하였으나, 그 이후 에스오일 판결 및 퀄컴 판결에서는 이를 삭제하고 있다.

이는 매우 의미심장한 부분이라고 생각되는바, 판례는 적어도 배타조건부거래에 관한 한 가격 및 산출량의 변화 여부를 반드시 따져볼 필요가 없다는 취지를 밝힌 것이라고 볼 수 있다. 실제로 농협중앙회 판결 이후 지마켓 판결, 에스오일 판결, 현대모비스 판결, 퀄컴 판결에서는 모두 관련시장에서의 가격 및 산출량 변화 여부를 검토하지 않은 채 다른 사정들만으로 부당성을 인정하거나 부정하였는바(특히 퀄컴 판결은 명시적으로 경제분석의 필요성 내지 타당성 등이 다투어진 사건인데, 이 사건에서도 별다른 가격분석은 이루어지지 않았다), 이러한 사정 역시 위와 같은 해석을 뒷받침한다.

물론 이에 관하여는 경쟁제한효과의 핵심이 가격상승, 산출량감소라는 점에 비추어 볼 때 판례가 실제로 가격이 상승하거나 산출량이 감소되었는지 여부를 전혀 살펴보지 않는 것은 문제라는 차원의 비판이 제기될 수 있다. 그러나 중요한 것은 경쟁제한효과의 ‘사후적 실제 발생’이 아니라 ‘행위 당시의 우려’에 있고, 설령 실제로 가격이 상승하거나 산출량이 감소하지는 않았다 하더라도 가격하락 내지 산출량증가의 가능성이 저해되었을 수도 있으므로, 위와 같은 관점의 비판은 타당하지 않다고 생각된다. 즉 가격에 대한 실제 영향이 확인되어야만 경쟁제한

용 증가 여부’는 포스트시카고학파의 이른바 경쟁자의 비용 상승 이론을 의미하는 것으로는 보이지 않는다고 한다.

성 여부를 판단할 수 있는 것은 아니고, 경우에 따라서는 다른 요인들의 개입에 의한 가격 변화로 인하여 오히려 혼란이 야기될 수도 있다. 이러한 논리는 최근 선고된 판결을 통하여도 간접적으로 확인할 수 있는바, 의사들의 집단휴업에 관한 대법원 2021. 9. 9. 선고 2016두36345 판결(대한의사협회 판결)은 "원심판결 이유 중 이 사건 휴업으로 인하여 의료서비스의 가격이 상승될 가능성이 없다는 점을 이 사건 휴업의 경쟁제한성을 부인하는 주된 근거로 들면서 이 사건 휴업으로 인하여 소비자의 불편이 있었다는 사정만으로 경쟁제한성이 있다고 할 수 없다고 판시한 부분은 부적절하다."고 판시한 바 있다. 결국 판례의 이 부분 설시는 배타조건부거래의 본질을 적절히 반영한 것으로서 적극적으로 지지되어야 할 것으로 생각된다.

나. 경쟁제한성의 주관적 요건 추정의 법리

1) 판례의 추이

판례는 농협중앙회 판결에서 시장지배적 지위남용으로서 배타조건부거래에 관하여 그 경쟁제한성의 주관적 요건을 사실상 추정한 바 있다.

그런데 아래에서 보는 바와 같이 학계에서는 위 부분 판시에 비판적인 견해가 다수였는바, 실제로 그 이후 지마켓 I(엠플온라인) 판결은 농협중앙회 판결의 법리 설시를 그대로 인용하면서도 위 부분은 제외하였고, 에스오일 판결 역시 위 부분 판시는 인용하지 않았으며, 현대모비스 판결에서도 위 부분 관련한 판시는 없었다.

이에 학계에서는 일응 판례가 입장을 변경한 것으로 받아들이기도 하였는데,[475] 이후 퀄컴 판결은 농협중앙회 판결을 인용하여 위 부분 설시를 그대로 부활시켰는바, 즉 배타조건부거래의 경우 주관적 요건을 사실상 추정하는 법리를 다시 확인함으로써 이를 명확히 하였다.

요컨대 판례의 취지는 분명하다 할 것인바, 위와 같은 판례의 추이는 아마도

---

475) 서정, 앞의 논문(각주 23), 18-19쪽 참조.

① 지마켓 판결의 경우에는 부당성을 부정한 사안이므로 굳이 주관적 요건 추정의 법리를 설시할 필요가 없었고, ② 에스오일 판결은 불공정거래행위로서 배타조건부거래에 관한 사안으로서 시장지배적 지위남용 사례가 아니며,[476] ③ 현대모비스 판결은 애당초 아무런 법리 설시 없이 단지 원심의 판단을 수긍하는 판시만을 하였던 사정상 굳이 위와 같은 설시를 할 이유가 없었던 사정에 기인하였던 것으로 보인다.[477]

2) 주관적 요건 추정의 타당성

이러한 판례의 타당성에 관하여는 긍정적인 견해도 있으나,[478] 다음과 같이 부정적인 견해가 다수인 것으로 보이는바,[479] 즉 ① 특정 유형의 행위에 대하여 '주관적 요건의 원칙적 개연성' 법리를 들여오는 것은 자칫 포스코 전합판결이 천명한 효과주의에 반하는 형식주의로 흐를 우려가 있음을 지적하는 견해,[480] ② 배타조건부거래는 그 자체로는 경쟁중립적인 것인데 위 판결은 마치 배타조건부거래에는 경쟁제한적 의도가 당연히 포함되어 있는 것처럼 표현하고 있어 문제라는 견해,[481] ③ 위 판결이 이미 배타조건부거래의 목적 및 태양을 거론하였음에도 다시 추정 부분을 보탠 것은 불필요한 사족으로서 법관의 자유심증을 저해하는 판시라고 보는 견해[482] 등이 제시된 바 있다.

---

476) 더욱이 아래에서 보는 바와 같이 시장지배적 사업자가 아닌 일반 사업자의 배타조건부거래에 관하여는 그 경쟁제한성의 주관적 요건을 추정할 수 없다고 보는 것이 타당하다.

477) 한편 농협중앙회 사건은 봉쇄율이 거의 100%인 사안으로서 포스코 전합판결에 의하면 경쟁제한효과가 나타났으므로 경쟁제한적 의도나 목적이 당연히 추정될 수 있는 사례였는바, 그럼에도 판례가 굳이 '주관적 요건 추정론'을 설시한 것은 분명한 의지에 의한 법리 선언이라고 보아야 할 것이다.

478) 황태희, 앞의 논문(각주 79), 83쪽(배타조건부거래는 행위의 특성상 의도나 목적이 이미 포함되어 있기 때문에 주관적 요소가 특별히 문제되지 않는다는 것은 '매우 중요'하다는 견해); 손동환, 앞의 논문(각주 314), 52쪽(배타조건부거래는 자신과 거래하고 경쟁자와는 거래하지 않을 것은 조건으로 하는 행위이므로 그 본질상 주관적 의도가 존재하는 유형이라는 견해).

479) 퀄컴 판결이 주관적 요건 추정의 법리를 재확인한 이후 이 문제를 언급하는 새로운 견해는 아직 제시된 것이 없는 것으로 보이는바, 이하 부득이 퀄컴 판결 이전의 견해를 중심으로 살펴본다.

480) 이황, 앞의 논문(각주 2), 347－348쪽.

481) 서정, 앞의 논문(각주 23), 18－19쪽.

그러나 아래와 같은 점에서 판례의 법리는 타당하다고 생각되는바, 이하 현재의 다수설이 비판론인 점을 감안하여 먼저 비판론의 타당성을 간략히 살펴보고, 이어서 다른 측면의 논거를 제시하기로 한다.

첫째, 이른바 형식주의와 효과주의의 대립은 주로 경쟁제한성의 객관적 요건을 중심으로 한 논의이다. 따라서 포스코 전합판결이 천명한 효과주의를 감안하더라도, 주관적 요건을 추정한다고 하여 그것이 곧바로 형식주의를 의미하는 것은 아니라고 생각된다.

둘째, '배타조건부거래' 자체는 경쟁중립적이지만, '시장지배적 사업자의 배타조건부거래'는 반드시 그러하다고 볼 수 없다. 앞서 본 바와 같이 적어도 우리 법이 규정한 경쟁제한성의 의미상 시장지배적 사업자의 배타조건부거래는 그 자체로 경쟁제한적일 개연성을 상당히 내포하고 있다고 보아야 하기 때문이다. 판례가 '일반 사업자의 배타조건부거래'에 관한 에스오일 판결에서는 그 주관적 요건을 추정하고 있지 않음을 상기할 필요가 있다.

셋째, 판례의 주관적 요건 추정론이 법관의 자유심증을 저해한다는 비판 역시 그 취지는 충분히 이해할 수 있으나 결론적으로 타당하지 않은 것으로 보인다. 위 법리는 주관적 요건이 '간주'된다는 것이 아니라 단지 '사실상 추정'된다는 것일 뿐인바, 이는 간접반증에 의하여 얼마든지 번복이 가능하기 때문이다.

넷째, 무엇보다도 앞서 본 바와 같이 배타조건부거래는 경쟁법상 비성과경쟁으로서 경쟁자의 배제를 필연적 속성으로 하고, 나아가 시장지배적 사업자가 배타조건부거래를 하는 경우 그의 시장지배력이 강화되거나 적어도 유지될 가능성이 매우 높은바, 이러한 사정을 고려하면 시장지배적 사업자의 배타조건부거래에서 그 경쟁제한적 의도와 목적은 특별한 사정이 없는 한 일응 추정된다고 보는 것이 타당하다. 오히려 반대의 측면에서 볼 때 '경쟁사업자와 거래하지 않는 것'을 해당 거래의 조건으로 부과하는 시장지배적 사업자의 의도나 목적이 어떤 경우에 경쟁제한적이지 않을 수 있는지 다소 의문이라 할 것이다.483)

---

482) 박해식, "단독행위 관련 최근 판결에 대한 분석과 전망", 경쟁법연구 제29권(2014. 5.), 159쪽.

다섯째, 이에 대하여 계약자유의 관점에서 보면 거래거절이나 배타조건부거래나 사실상 다르지 않은바, 거래거절과 달리 배타조건부거래는 그 자체로 경쟁제한적인 의도와 목적이 인정된다고 보는 것은 부당하다는 시각이 있을 수 있다. 그러나 거래거절에는 반드시 경쟁제한적인 의도 외에 다른 사유, 예컨대 상품을 공급하고 싶어도 생산량이 부족하다거나 거래상대방의 위약 등을 우려하여 거래를 거절하는 등 다른 주관적 사정이 있을 수 있지만, 앞서 본 바와 같이 배타조건부거래의 경우에는 특별한 사정이 없는 한 '경쟁자를 배제하려는 의도' 외에 다른 주관적 사정이 있을 수 없다 할 것인바, 양자를 차별화하는 데는 정당한 이유가 있다.

여섯째, 배제남용에 관하여 주관적 요건을 요구하는 판례의 법리 자체가 부당하다는 입장에서 위 법리에 비판적인 견해가 제시될 수도 있을 것이다. 그러나 그러한 입장이라면 애당초 필요하지 않은 주관적 요건을 추정하는 것은 오히려 문제를 완화하는 것이다. 사실 판례의 주관적 요건 필요설에 대한 비판이 다수인 상황에서, 배타조건부거래에 관한 주관적 요건 추정론에 대한 비판이 또한 다수인 것은 다소 묘한 점이 있다.

일곱째, 최근 대법원은 이윤압착 판결에서도 "소매가격과 도매가격의 차이가 음수(−)가 되는 경우라면 ... 통상 그 행위 자체에 경쟁을 제한하려는 의도와 목적이 있다고 추정할 수 있다"고 함으로써 주관적 요건 추정론을 판시한 있다.[484]

483) 이와 관련하여 "시장경쟁에서 경쟁자를 배제하고자 하는 것은 모든 사업자가 원래부터 가지고 있는 의도이자 목적"이라는 견해가 있다(김성훈, 앞의 논문(각주 214), 152쪽). 이러한 견해를 연장하면 배타조건부거래를 하는 의도와 목적 역시 다른 경쟁행위의 의도와 목적과 다르지 않다는 주장이 가능할 것이다. 그러나 여기서 중요한 것은 그 경쟁방법이 '성과경쟁'인지 여부라 할 것인바, 진정한 가격경쟁 등 성과경쟁을 통하여 경쟁자를 배제하고자 하는 의도와 목적은 경쟁제한적인 것이 아니지만(앞서 본 바와 같이 이러한 경우는 애당초 경쟁제한성 자체를 논할 수 없다), 비성과경쟁을 통하여 경쟁자를 배제하고자 하는 의도와 목적은 특별한 사정이 없는 한 그 자체로 경쟁제한적일 가능성이 높다 할 것인바(물론 그러한 의도와 목적에도 불구하고 객관적 요건이 충족됨으로써 최종적으로 경쟁제한성이 인정될 것인지는 다른 문제이다), 그 중에서도 배타조건부거래는 '경쟁사업자의 봉쇄'를 목적으로 하거나 필연적으로 야기하므로 일응 그 경쟁제한적 의도나 목적을 추정할 수 있는 것이다.

484) 대법원 2021. 6. 30. 선고 2018두37700 판결(엘지유플러스 판결). 한편 위 판결에서는

즉 해당 행위의 특성상 특별한 사정이 없는 한 경쟁제한적인 의도와 목적으로 행하여진다고 볼 수밖에 없는 행위가 있는바, 이러한 행위유행의 성격을 반영한 해석은 불필요한 분쟁을 방지하고 증명책임 내지 증명의 필요의 분배를 적절히 할 수 있다는 점에서 그 타당성을 인정할 수 있다 할 것이다.

3) 추정의 근거

요컨대, 시장지배적 사업자의 배타조건부거래에 관하여 그 경쟁제한성의 주관적 요건을 추정하는 것은 타당하다. 오히려 이 부분에서 명확히 할 것은 추정의 근거이다. 판례의 표현을 보면 일응 '배타조건부거래'라는 '행위'의 특성에만 근거하여 추정을 인정하는 것처럼 보이기도 하나, 어디까지나 판례는 그 '행위자'가 '시장지배적 사업자'임을 추정의 전제로 하고 있는바,[485] 결국 판례는 '시장지배적 사업자의 배타조건부거래'에 한정하여 그 주관적 요건을 추정하고 있다 할 것이다. 즉 판례는 경쟁제한성의 주관적 요건을 추정하기 위한 근거로 '배타조건부거래'와 '시장지배적 사업자' 두 가지 모두를 들고 있다고 볼 수 있다.

다. 경쟁제한성의 객관적 요건에 관한 판단방법

1) 객관적 요건 추정의 시론

판례는 시장지배적 지위남용으로서 배타조건부거래의 경쟁제한성에 관하여 그 주관적 요건은 추정하면서도 객관적 요건은 추정하지 않고 있다. 그러나 다음과 같은 이유에서 객관적 요건 역시 추정할 수 있다고 생각된다.[486][487]

첫째, 앞서 주관적 요건을 추정하는 이유가 '시장지배적 사업자의 배타조건부거

명시적으로 '추정'이라는 용어를 사용하고 있는 점도 눈에 띈다.

485) 판례는 농협중앙회 사건과 퀄컴 사건에서 '시지사업의 배타조건부 거래행위'에 관하여 추정론을 판시하였는바, 한편 앞서 본 바와 같이 판례는 '일반 사업자의 배타조건부거래'에 관한 에스오일 사건에서는 위와 같은 추정론을 판시하지 않았다.

486) 유사한 취지의 시각으로 손동환, "배타조건부 거래행위 : 대법원 2014. 4. 10. 선고 20112두6308 판결", 경쟁과 법 제4호(2015. 4.), 76-77쪽.

487) 한편 배제남용 일반에 관하여 "법 규정에 시장지배적 사업자가 경쟁을 제한할 우려가 있는 행위를 하는 경우에는 그 지위를 남용한 것으로 추정한다는 취지의 규정을 마련해 두는 것이 바람직"하다는 견해로 권오승, "독점규제법의 현대화", 경쟁법연구 제33권(2016. 5.), 139쪽.

래'이기 때문임을 보았는바, 같은 차원에서 객관적 요건도 추정하지 못할 이유가 없다. 즉 시장지배적 사업자의 배타조건부거래는 시장지배력을 강화하거나 적어도 유지하는 것으로서 최소한의 경쟁제한적 우려가 인정될 수 있기 때문이다.

한편 시장지배적 사업자가 경쟁을 제한할 의도로 행위하면서 정작 그 의도한 효과가 발생할 우려조차 전혀 없는 행위를 한다는 것은 상정하기 어렵다. 결국 해당 시장지배적 사업자에게 경쟁제한의 의도나 목적이 추정된다면, 경쟁제한의 우려 역시 일응 추정된다고 보는 것이 오히려 합리적이라 할 것이다.[488)]

둘째, 이러한 해석에 대하여 효과주의의 관점에서 비판이 있을 수 있다. 그러나 효과주의가 가격상승 등 '경쟁제한효과가 실제로 발생한 이후에만' 경쟁법적 규제가 가능하다는 의미는 아니다. 그와 같이 본다면 '경쟁제한적 우려'라는 개념은 처음부터 들어설 자리가 없어지는바, 포스코 전합판결을 효과주의를 수용한 것이라고 평가할 수도 없을 것이다.

효과주의의 핵심은 단지 일정한 행위유형에 해당한다는 이유만으로 그 실제 효과 내지 그에 대한 개연성의 측면을 전혀 무시한 채 당연위법적으로 부당성을 인정하려는 태도를 경계하는 데 있다.[489)] 따라서 만일 어떤 행위에 본질적인 경쟁제한적 우려가 내포되어 있다고 보일 경우(달리 표현하자면 일반적으로 그 행위가 다른 행위에 비하여 경쟁제한적일 가능성이 크다고 보일 경우), 일정한 제한요건 하에 그 객관적 경쟁제한성을 사실상 추정하는 것은 결코 효과주의에 반하는 입장이 아니라고 생각된다(위 제한요건에 관하여는 아래에서 상세히 살펴본다).[490)] 현대 경쟁법에서 효과주의의 흐름이 우세하고 또한 타당성이 있다는 점을 부인하고자 하는 것이 아니다. 과거의 형식주의로 회귀하자는 것도 아니다. 시장지배적 지위남용으로

---

488) 이봉의, 앞의 논문(각주 226), 21쪽 참조.

489) Daniel J. Gifford & Robert T. Kudrle, The Atlantic Divide in Antitrust, The University of Chicago Press (2015), p.111 참조.

490) 어떤 면에서는 우리 법과 같이 위반행위를 상세히 '열거'하는 규정방식 자체가 일종의 형식주의라고 볼 수 있다는 견해로 손동환, 앞의 논문(각주 314), 34쪽. 한편 공정거래법에서 금지하는 것은 어디까지나 '행위'이고, 행위유형 중심으로 접근하는 것은 법 해석에 있어 가장 기본적인 방식이라는 견해로 홍대식, "사법적 관점에서 본 공정거래법 : 시장지배적지위 남용행위를 중심으로", 상사법연구 제27권 제2호(2008. 8.), 365쪽.

서 배타조건부거래를 당연위법으로 처리하자고 주장하는 취지 역시 전혀 아니다. 다만 시장지배적 지위남용으로서 배타조건부거래는 본질적으로 경쟁제한적일 개연성이 있으므로 이러한 측면을 감안하여 그에 합당한 판단방법을 강구하고자 하는 것이다.[491]

즉 시장지배적 지위남용으로서 배타조건부거래의 경쟁제한성에 관하여 주관적 요건과 함께 객관적 요건을 추정한다고 하여 효과주의에 반하는 것은 아니다.[492] '효과주의의 도그마'에 빠져서는 안 된다.[493] 최근 대법원은 앞서 본 시장지배적 사업자의 이윤압착에 관한 사건에서 포스코 전합판결 및 퀄컴 판결을 그대로 인용하면서도, 바로 이어서 "이때 부당성은 개별 남용행위의 유형과 특징을 고려하여 판단하여야 한다"는 판시를 덧붙이고 있는바,[494] 그 시사하는 바가 크다고 생각된다.

셋째, 한편 이와 같이 객관적 요건을 추정하는 것은 소송실무에도 도움을 줄 수 있고, 소송경제 내지 소송촉진에도 기여할 수 있다. 판례는 시장지배적 지위남용으로서 배타조건부거래의 부당성은 봉쇄효과 중심으로 판단하여야 한다는 법리를 확립하였는데, 기본적으로 봉쇄효과는 봉쇄율로부터 '추론'하는 것이라 할 것인바, 공정위가 해당 사안에서 일정한 봉쇄율을 증명한 경우 현실적으로 더 이상

491) 사실 모든 법적 분석은 어느 정도 '당연원칙'이라고 할 수 있다. 당연원칙과 합리원칙의 차이점은 판단을 내리기 전에 우리가 알 필요가 있는 것이 얼마나 많은지에 달려 있을 뿐이다. Herbert Hovenkamp, 앞의 책(각주 28), p.329.

492) 주로 경성 카르텔에 관한 설명이고, 본 연구와 반드시 같은 취지는 아니지만, 효과주의를 강조하는 입장에서도 "효과주의가 모든 종류의 사건에 대하여 반드시 정치한 경제분석을 실시하여야 한다는 의미는 아니"라고 한다. 김종민·이황, "상식과 직관에 부합하는 경제분석의 필요성 : 경성카르텔에 시장획정을 요구하는 대법원 판례에 대한 코멘트", 고려법학 제81호(2016. 6.), 359쪽.

493) 사실 '형식주의(form-based approach)'라는 표현 자체가 그리 적절하지 않다. 실제로 단지 외관상 일정한 행위가 있으면 원칙적으로 남용에 해당한다는 의미에서 형식주의를 취하고 있는 입법례는 거의 찾을 수 없다. 즉 형식주의란 결국 경쟁제한효과에 관하여 매우 엄밀한 경제적 분석을 요구하는 '효과주의(effect-based approach)'에 비하여 '상대적으로 덜 엄밀'한 것일 뿐이다. 이러한 관점에서 '형식주의'라는 표현 대신 '행태주의'라고 표현하는 견해로 이봉의, 앞의 책(각주 74), 231쪽.

494) 대법원 2021. 6. 30. 선고 2018두37700 판결(엘지유플러스 판결).

무엇을 더 '증명'하도록 요구할 것인가. 앞서 보았듯이 판례가 제시하는 고려요소들 중 봉쇄율 외에 반경쟁적 봉쇄효과의 증명을 위하여 공정위가 추가로 증명하여야 할 고려요소는 사실상 없다. 이러한 사정을 감안하면 공정위로 하여금 해당 사안의 봉쇄율을 엄밀히 산정하도록 하는 외에 다른 사정들은 봉쇄효과의 추론을 위한 간접자료로서 제시하면 충분하다고 보는 것이 불필요한 다툼을 사전에 방지할 수 있는 해결책이라고 생각된다. 이로써 진정 중요한 문제를 중심으로 한 공방이 이루어질 수 있을 것이다.

이러한 입장에 대하여 객관적 요건을 추정하는 것은 부당하게 사업자에게 증명책임을 전가하는 것이라는 비판이 있을 수 있다. 그러나 앞서 본 바와 같이 시장지배적 지위남용으로서 배타조건부거래의 속성상 그 객관적 요건을 추정하는 것에는 충분한 근거가 있고, 또한 주관적 요건의 추정 부분에서 본 바와 같이 이는 간주가 아니라 사실상 추정일 뿐이므로, 사업자에게 부당한 증명의 부담을 지우는 것은 아니라고 생각된다. 더욱이 배타조건부거래를 통한 효율성의 달성은 경쟁제한성을 부정하는 요소가 아니라 정당화 사유의 문제임은 앞서 본 바와 같은바, 애당초 그러한 정당화 사유의 주장·증명책임은 본래 사업자에게 있는 것이다.

2) 추정의 제한

다만 주관적 요건이 추정되는 것에 더하여 객관적 요건까지 아무런 제한 없이 곧바로 추정된다고 본다면 시장지배적 사업자의 배타조건부거래는 사실상 그 해당성이 인정되면 곧바로 부당한 것이 되는 문제점이 있을 수 있다(과잉규제의 오류). 이러한 결과를 방지하기 위하여는 객관적 요건의 추정에 일정한 제한을 둘 필요가 있는바, 아래와 같은 두 가지 측면을 고려해 볼 수 있다.

우선 '시장지배적 지위'의 인정과 관련한 측면이다. 만일 문제된 배타조건부거래를 한 사업자가 증거에 의하여 시장지배적 사업자로 명백히 인정되는 경우에는 객관적 요건을 추정하는 것에 별다른 문제가 없다. 그러나 시장지배적 사업자 추정 규정이 적용된 경우에는 다소 달리 볼 필요가 있는바,[495][496] 해당 사업자가

495) 공정거래법 제6조(시장지배적사업자의 추정) 일정한 거래분야에서 시장점유율이 다음 각

제6조 제1호에 의하여 시장지배적 사업자로 추정된 경우에는 객관적 요건을 추정하되, 제2호에 의하여 시장지배적 사업자로 추정된 경우에는 1위 사업자에 대하여만 객관적 요건을 추정하고, 2위 사업자, 3위 사업자에 대하여는 객관적 요건을 추정하지 않는 것이 적절할 것이다.[497)]

즉 ① 증거에 의하여 시장지배력이 인정되거나, ② 50% 이상의 시장점유율이 인정되어 시장지배력이 추정되거나, ③ 비록 50%의 시장점유율에는 미치지 않더라도 셋 이하의 사업자의 시장점유율 합계가 75% 이상인 시장의 1위 사업자로서 시장지배력이 추정되는 사업자(이하 이러한 사업자를 '명백한 시장지배적 사업자'라 한다)의 경우에 한정하여 객관적 요건을 추정할 필요가 있다.[498)]

다음으로 일정한 '봉쇄율'을 기준으로 제한을 설정하는 방법을 생각해 볼 수 있다. 미미한 봉쇄율만으로는 '가격상승'의 우려는 물론 '유력한 경쟁사업자 수의 감소' 우려조차 인정되기 어려울 수 있기 때문이다. 이는 공정위가 경쟁제한적 행위

호의 어느 하나에 해당하는 사업자(일정한 거래분야에서 연간 매출액 또는 구매액이 40억원 미만인 사업자는 제외한다)는 시장지배적사업자로 추정한다.

1. 하나의 사업자의 시장점유율이 100분의 50 이상
2. 셋 이하의 사업자의 시장점유율의 합계가 100분의 75 이상. 이 경우 시장점유율이 100분의 10 미만인 사업자는 제외한다.

496) 학설은 대체로 위와 같은 추정에 대하여 비판적이다. 임영철 · 조성국, 앞의 책(각주 19), 42-43쪽; 김형배, 앞의 책(각주 12), 172-173쪽. 한편 비교법적으로 시장지배적 사업자에 대하여 법률상 추정조항을 두고 있는 입법례는 독일 외에는 거의 찾아보기 어렵다고 한다. 이봉의, 앞의 책(각주 74), 196쪽.

497) 비록 논의의 전체적 방향성은 다르지만, 같은 문제의식을 공유하고 있는 견해로 주진열, "독점규제법상 시장지배적 사업자 개념과 관련 문제", 경쟁법연구 제33권(2016. 5.), 26쪽 이하.

498) 이에 대하여 현재 공정위는 시장지배적 지위남용을 규제하면서 일단 그 행위자의 시장지배적 지위를 '추정'하는 경우에도 거의 예외 없이 그 밖의 사정을 추가로 검토함으로써 그 시장지배력을 '증명'하고 있는바, 이러한 실무에 비추어 보면 위와 같은 추정의 제한이 과연 실질적 의미를 가지는지 의문이 있을 수 있다. 그러나 경우에 따라서는 과연 시장지배적 사업자인지 명확한 증명이 어려워 사실상 추정 규정에 기대어 시장지배력을 인정하는 경우도 있을 것이고(공정위가 시장지배력의 증명을 위하여 추가적으로 검토하는 사항이 다분히 형식적인 것에 불과한 경우 역시 마찬가지로 볼 수 있다), 위 추정 규정은 단순한 사실상의 추정이 아니라 어디까지나 법률상 추정이라는 점을 감안하면(즉 법상 요건에 해당하는 한 거의 대부분 시장지배적 사업자로 인정될 것이다), 위와 같은 제한 논의의 실익을 부정할 수 없을 것으로 생각된다.

에 관하여 일응의 안전지대를 설정하고 있는 취지를 반영하는 의미도 있다.

실제 구체적인 봉쇄율 기준은 향후 사례의 축적을 통하여 점차 다듬어 가야 할 것인바, 다음과 같은 외국의 사례와 종래 우리나라의 실무를 고려할 때 현재로서는 일응 30% 정도를 기준으로 삼을 수 있다고 생각된다. ① 미국의 경우 Jefferson Parish 판결 별개의견의 영향으로 현재 대체로 30% 정도의 '봉쇄율'을 기준으로 경쟁제한성을 문제삼고 있다.[499] ② EU의 수직적 거래제한 가이드라인 23문단은 배타조건부거래행위와 같은 수직적 거래제한의 경우 그 거래행위의 성격 자체로 경성 거래제한에 해당하지 않는 한 사업자의 '시장점유율'이 30% 미만인 경우에는 TFEU 제101조 제1항의 적용대상에서 일괄면제하고 있다.[500] ③ 우리나라 공정위는 불공정거래행위 심사지침 별첨 경쟁제한성 판단기준에서 불공정거래행위 중 경쟁제한요건 행위에 관하여 30%의 '시장점유율'을 기준으로 일응 강화된 안전지대를 설정하고 있다.[501]

이에 대하여 30% 봉쇄율 기준은 너무 낮다는 반론이 있을 수 있다. 그러나 여기서 추정의 대상자는 어디까지나 시장지배적 사업자임을 유념하여야 한다. 시장지배적 사업자는 해당 상품 전체에 관하여 시장지배력을 가지고 있으므로, 배타조건부거래를 하지 않는 거래 부분에 관하여도 어느 정도는 이미 경쟁사업자를 배제하고 있는 것이다. 물론 그 시장지배력이 정당하게 획득된 것인 이상 위와 같은 배제는 경쟁제한적인 것이 아니지만, 그렇다 하더라도 경쟁제한적인 배타조건부거래와 결합하는 경우 시장경쟁에 악영향을 미칠 가능성이 있다. 예컨대, 60% 시장점유율을 가진 시장지배적 사업자가 50%의 거래에 관하여 배타조건부거래를 하는 경우의 봉쇄율 30%(60% × 50%)와 30% 시장점유율을 가진 일반 사업자가 100%의 거래에 관하여 배타조건부거래를 하는 경우의 봉쇄율 30%(30% × 100%)

499) 김형배, 앞의 책(각주 12), 256쪽(각주 308 부분), 260쪽에 의하면, 미국 DOJ는 30%의 봉쇄율을 안전지대로 설정하고 있다고 한다.

500) 만일 30%의 시장점유율을 가진 사업자가 자신이 판매하는 모든 상품에 관하여 100% 배타조건부거래를 실시한다면 봉쇄율은 30%가 된다.

501) 비록 위 별첨 부분이 단독의 거래거절, 차별취급, 부당염매만을 언급하고, 배타조건부거래에 관하여는 언급하고 있지 않지만, 그 기본적 취지는 공통된다 할 것이다.

는 시장경쟁에 미치는 영향이 다르다 할 것인바, 전자의 경우가 악영향이 더 클 것으로 예상할 수 있다.

이와 같이 볼 경우 '봉쇄율 30%'는 시장지배적 지위남용으로서 배타조건부거래와 불공정거래행위로서 배타조건부거래에서 서로 다른 의미를 가지게 된다. 즉 전자의 경우에는 30% 이상의 봉쇄율이 인정되면 그 객관적 경쟁제한성이 추정될 것이고, 후자의 경우에는 30% 미만의 봉쇄율이라면 안전지대에 들어갈 것이다.

3) 추정의 요건

요컨대, '명백한 시장지배적 사업자'에 의한 배타조건부거래로서 일응 '30% 이상의 봉쇄율'이 인정된다면 그 객관적 경쟁제한성 역시 사실상 추정된다고 보아야 한다. 이는 판례에 의한 경쟁제한성의 주관적 요건 추정론을 연장·발전시킨 것으로서, 농협중앙회 판결, 퀄컴 판결 등 시장지배적 사업자의 배타조건부거래에 관한 기존 판례의 법리에 어긋나는 것이 아니며(위와 같은 객관적 요건 추정론은 현재 상태에서도 얼마든지 추가로 판시가 가능하다), 배제남용 일반에 관하여 효과주의를 천명한 포스코 전합판결의 취지에도 반하는 것이 아니다(시장지배적 사업자의 배타조건부거래는 배제남용의 다른 행위유형과 차별화할 만한 충분한 이유가 있다).[502]

라. 효율성 증대효과의 검토

한편 판례는 시장지배적 지위남용으로서 배타조건부거래의 부당성 판단방법을 설시하면서 주로 '봉쇄효과를 중심으로 한 경쟁제한성' 판단 문제를 중심으로 언

---

502) 위와 같은 추정론에 대하여, 그렇다면 결국 배제남용의 부당성을 추정하는 포스코 전합판결의 제1반대의견과 같은 취지가 아닌지 의문이 있을 수 있다(참고로 학설 중에는 최승재, "시장지배적 사업자의 거래거절 행위의 부당성 판단기준", 경쟁전략과 법(최승재 저), 한국학술정보(2009), 160쪽에서 제1반대의견을 지지하고 있다). 그러나 제1반대의견과 본 연구에서 제안하는 추정론은 다음과 같은 점에서 차이가 있다. ① 우선 적용대상인 행위에 있어 제1반대의견은 배제남용 전반에 적용되지만, 본 연구의 추정론은 그 중 배타조건부거래에 한정된다. ② 또한 논증방법에 있어서도 제1반대의견은 시장지배적 사업자의 특별책임론에 기반하지만, 본 연구의 추정론은 모든 사업자를 대상으로 한 성과경쟁론에 기반한다. ③ 한편 적용대상인 시장지배적 사업자의 범위에 있어서도 제1반대의견은 모든 시장지배적 사업자에 대하여 추정된다는 취지이나, 본 연구의 추정론은 명백한 시장지배적 사업자에 한하여 추정이 적용된다는 입장이다.

급하고 있다.

물론 경쟁제한성이 인정될 경우 부당성은 사실상 추정될 수 있다 할 것이나, 앞서 본 바와 같이 배타조건부거래는 상당한 효율성 증대효과가 있을 수 있고, 또한 효율성 증대효과의 체계적 지위와 관련하여서도 일부 의문이 있으므로, 이 부분에 관하여도 적절한 판시가 필요할 것으로 생각된다. 즉 재판매가격유지행위의 예외적 정당화에 관한 한미약품 판결(대법원 2010. 11. 25. 선고 2009두9543 판결) 등을 참고하여 '시장지배적 사업자의 배타조건부거래라 하더라도 경쟁제한적 효과를 상회하는 효율성 증대효과가 있을 수 있으므로, 사업자가 이를 증명한 경우에는 부당성이 인정되지 않는다'는 취지를 명확히 하는 것이 타당할 것이다.

마. 종합 : 부당성의 사실상 추정

앞서 살펴본 바에 따라 시장지배적 지위남용으로서 배타조건부거래의 부당성에 관한 판례의 법리를 재검토한 결론은 다음과 같다.

우선 판례가 배타조건부거래의 부당성은 '봉쇄효과'를 중심으로 판단하여야 한다는 점을 분명히 하고, 나아가 배타조건부거래에 관한 한 위 판단에 있어 관련시장의 '가격 및 산출량 변화 여부'를 반드시 따져볼 필요는 없다는 취지를 밝힌 것은 매우 타당한 판시라고 생각된다.

또한 판례는 일반 사업자의 배타조건부거래와 달리 '시장지배적 사업자의 배타조건부거래'에 관하여는 경쟁제한성의 주관적 요건을 사실상 추정하고 있는바, 이 점 역시 타당하다.

다만 판례는 시장지배적 사업자의 배타조건부거래에 관하여 경쟁제한성의 객관적 요건은 추정하지 않고 있는데, 우리 법상 경쟁제한성의 의미와 그 주관적 요건을 추정하는 이유, 소송경제의 측면 등을 고려하면 일정한 제한을 전제로 객관적 요건 역시 추정될 수 있다고 봄이 타당한바, '명백한 시장지배적 사업자'에 의한 배타조건부거래로서 일응 '30% 이상의 봉쇄율'이 인정된다면 경쟁제한성의 객관적 요건 또한 사실상 추정된다고 보아야 한다.

한편 판례는 배타조건부거래로 인한 효율성 증대효과에 관하여 별다른 판시를 하고 있지 않은데, 경쟁제한성이 인정될 경우 부당성은 사실상 추정된다 할 것이나, 경쟁제한적 효과보다 효율성 증대효과가 더 크다면 이를 허용할 필요가 있고, 경쟁제한적 효과와 효율성 증대효과의 판단체계 내지 이에 관한 주장·증명책임을 명확히 할 필요도 있으므로, '시장지배적 사업자의 배타조건부거래라 하더라도 경쟁제한적 효과를 상회하는 효율성 증대효과가 있을 수 있으므로, 사업자가 이를 증명한 경우에는 부당성이 인정되지 않는다'는 취지를 명확히 하는 것이 타당할 것이다.

5. 정리 : 새로운 부당성 판단방법

배타조건부거래는 거래적 경쟁방법으로서, 효율성에 기반한 본래적 의미의 성과경쟁이 아니라 할 것인바, 단순히 효율성을 추구한다는 이유만으로 정당화될 수는 없고, 그에 대한 경쟁제한성 판단이 필요하다.

그런데 배타조건부거래는 그 속성상 필연적으로 경쟁사업자를 배제하는 것으로서, 우리 법상 경쟁제한성의 의미와 판단방법에 비추어 볼 때 시장지배적 사업자의 배타조건부거래는 특별한 사정이 없는 한 경쟁제한적일 개연성이 크다 할 것인바, 판례에 의하면 경쟁제한성의 주관적 요건은 사실상 추정되고, 앞서 검토한 바에 의하면 '명백한 시장지배적 사업자'에 의한 배타조건부거래로서 일응 '30% 이상의 봉쇄율'이 인정된다면 경쟁제한성의 객관적 요건 역시 사실상 추정될 수 있다. 즉 시장지배적 사업자에 의한 배타조건부거래는 특별한 사정이 없는 한 그 경쟁제한성을 인정할 수 있고, 따라서 원칙적으로 부당하다고 보아야 한다.

물론 위와 같은 경우에도 당해 시장지배적 사업자는 배타조건부거래를 통한 효율성 증대효과를 주장·증명하고, 그러한 경쟁촉진적 효과가 경쟁제한적 효과를 상회한다는 점을 제시함으로서 면책될 수 있다. 여기서 해당 배타조건부거래가 관계특화적 투자를 촉진하거나, 노하우 이전을 수반하는 거래를 위한 것이거나, 불완전한 자본시장을 보완하는 기능을 할 때에는 보다 적극적으로 정당화를 인정할 수 있다. 그러나 단순히 해당 배타조건부거래를 통하여 유통업자의 판촉활동을 제고하고, 무임승차를 방지하며, 제조업자의 브랜드를 보호할 수 있다거나, 불확실성을 감소시키고, 거래비용이 절감된다는 사정만으로 그 즉시 정당화를 인정하기는 어렵다 할 것인바, 이러한 경우에는 그 행위를 통하여 당해 시장지배적 사업자의 이익뿐만 아니라 소비자 전체의 후생이 증대된다는 점이 분명히 증명되어야 할 것이다.

즉 시장지배적 사업자에 의한 배타조건부거래의 부당성 판단에 있어서는 다음과 같은 논리적 흐름이 성립한다. ① 공정거래법의 해석상 시장지배적 사업자의 배제적 행위는 그 자체로 경쟁제한적일 가능성이 있다. ② 다만 포스코 전합판결의 취지를 감안하면 설령 시장지배적 사업자의 비성과경쟁이라 하더라도 그러한 사정만으로 경쟁제한성을 단정하여서는 안 된다. ③ 그러나 '시장지배적 사업자의 배타조건부거래'는 그것이 명백한 시장지배적 사업자에 의한 것으로서 일응 30% 이상의 봉쇄율이 인정된다면 그 경쟁제한성이 사실상 추정될 수 있고, 따라서 특별한 사정이 없는 한 부당하다고 볼 수 있다.

요컨대, 배타조건부거래 자체는 경쟁중립적이지만, 시장지배적 사업자의 배타조건부거래는 경쟁중립적이지 않다. 새로운 판단방법은 시장지배적 사업자의 배타조건부거래를 '당연위법'으로 취급하고자 하는 취지가 아니고, '당연위법적'으로 판단하고자 하는 취지도 아니다. 행위와 행위자의 본질적 특성을 고려하여 그에 합당한 판단방법을 수립하고자 하는 것이다.

Ⅶ. 추가적 쟁점 : 이른바 '표적봉쇄'의 문제

1. 문제의 소재

배타조건부거래의 경쟁제한성 내지 부당성의 핵심은 봉쇄효과에 있다. 통상의 배타조건부거래에서는 봉쇄되는 부분이 아무리 미미하다 하더라도 적어도 그 봉쇄되는 부분에 관한 한 모든 경쟁자들이 배제되고,[503] 바로 여기서 경쟁법적 규제의 문제가 발생한다. 기본적으로 '봉쇄'란 위와 같이 해당 부분에 관하여 '모든' 경쟁자들이 배제되는 상황을 염두에 둔 개념이라고 볼 수 있다.

그런데 이른바 '표적봉쇄'의 경우에는 위와 같은 차원의 봉쇄가 발생하지 않는다. 당해 행위를 하는 행위자의 목적은 '다른 경쟁자'들은 상관없이 오로지 '특정 경쟁자'만을 배제하는 데 있는 것이다. 결국 표적봉쇄가 있다 하더라도 전체로서의 시장경쟁에 미치는 영향은 미미할 수 있다. 그렇다면 위와 같은 행위를 설령 배타조건부거래로 포섭할 수는 있다고 하더라도, 나아가 이를 부당한 배타조건부거래라고 볼 수 있는가? 표적봉쇄에 대한 경쟁법적 규제의 타당성을 고민하여야 하는 이유가 여기에 있다.

한편 표적봉쇄는 시장지배적 사업자가 아니라 일반 사업자도 행할 수 있는 것이기는 하나, 거래계에서 현실적으로 문제되는 상황은 주로 시장지배적 사업자에 의한 표적봉쇄이고, 실제로 공정위의 규제와 법원이 판단이 있었던 사안 역시 시장지배적 사업자에 의한 경우이다(지마켓 사건). 따라서 이하 시장지배적 사업자의 표적봉쇄 문제가 다루어진 지마켓 사건을 중심으로 살펴보되,[504] 지마켓 사건의 구체적 사실관계 내지 그에 대한 분석과 평가는 제6장 제4절 I. 2. 부분에서 후술하고, 이하에서는 표적봉쇄에 관한 일반적 법리의 수립이라는 관점에서 검토하기로 한다.

2. 판례와 학설 : 지마켓 판결

가. 판례

판례는 지마켓 I(엠플온라인) 판결에서 아래와 같이 판시를 통하여 부당성을 인정한 원심판결을 파기하였는바, 즉 판례는 '행위자(지마켓)의 배타조건부거래로 인

503) 예컨대, 50% 시장점유율을 가진 시장지배적 사업자가 자신의 전체 거래량 중 2%에 해당하는 거래에 관하여만 배타조건부거래를 하고 있다고 가정할 경우, 봉쇄율은 1%(50% x 2%)로서 사실상 무의미한 수준이지만, 그렇다 하더라도 위 1% 부분에 관한 한 '모든' 경쟁자들이 배제된다는 점은 엄연한 사실이다.

504) 시장지배적 사업자에 의한 표적봉쇄의 법리를 정립하면 이를 일반 사업자에 의한 표적봉쇄의 경우에도 응용할 수 있을 것인바, 일반 사업자에 의한 표적봉쇄의 규율에 관하여는 이하 검토의 말미에서 간략히 살펴본다.

하여 경쟁사업자(엠플온라인)가 퇴출되었다고 볼 수 없고(인과관계 부정), 나아가 시장경쟁이 제한되었다고 볼 수도 없다(경쟁제한성 부정)'는 이유로 부당성을 부정하였다.

"원심이 인정한 사실관계에 의하면, ... 과연 엠플온라인이 원고의 이 사건 행위로 인하여 매출 부진을 이기지 못하고 오픈마켓 시장에서 퇴출된 것인지, 나아가 이 사건 행위가 다른 신규 사업자의 시장진입에도 부정적인 영향을 미쳤는지 명백하지 아니하다. 그렇다면 원심으로서는 오픈마켓 운영시장의 진입장벽이나 시장진입 초기 우량 판매자 확보의 중요도, 상품 구성의 영향 등의 제반 특성과 엠플온라인의 재무구조의 건전성이나 영업전략의 현실성 등을 심리하여 이 사건 행위가 엠플온라인의 전체 사업활동이나 매출에 어떠한 영향을 미쳤는지 등을 우선적으로 살핀 다음, 이를 전제로 엠플온라인이 이 사건 행위로 인하여 매출 부진을 이기지 못하고 오픈마켓 시장에서 퇴출된 것인지 여부와 이 사건 행위로 나타난 신규 사업자의 시장진입을 봉쇄한 정도나 기간 등을 종합적으로 고려하여 이 사건 행위를 객관적으로 오픈마켓 시장에 경쟁제한의 효과가 생길 만한 우려가 있는 행위로 평가할 수 있는지 여부 등을 판단하였어야 할 것이다."

나. 학설

이러한 판례의 입장에 대하여는 다음과 같이 이를 지지하는 견해와 비판하는 견해 및 다소 유보적인 견해들이 모두 주장되고 있다.

우선 판례에 찬성하는 견해는, 기본적으로 지마켓의 이 사건 행위로 인하여 엠플온라인이 퇴출된 것이 아니라는 대법원의 관점과 사실인정을 그대로 수긍하면서, 추가적으로 이 사건 행위는 엠플온라인 외 다른 경쟁자(원고의 경쟁자는 엠플온라인 외에도 옥션, GS이스토어 등 12개가 더 있었다)와의 관계에서는 배타조건부거래가 아니므로 봉쇄효과는 있을 수 없고, 이 사건 행위로 인하여 판매수수료 인상이나 오픈마켓 서비스 품질저하 등과 같은 경쟁제한효과가 발생하였거나 그러한 우려가 있다는 점에 관한 아무런 증명도 없다는 점을 지적한다.[505]

반면 판례에 반대하는 견해는, 시장지배적 지위남용의 위법성을 인정하기 위한 객관적 요건은 반드시 경쟁제한의 '효과'가 아니라 '우려'만으로 충분하고, 지마켓의 의도가 경쟁제한적인 것임이 명백한 이상, 설령 이 사건 행위로 엠플온라인이 퇴출된 것이 아니라 하더라도 위법성을 인정할 수 있다고 주장한다.[506]

한편 다소 유보적인 견해로서, 봉쇄효과가 반드시 경쟁자의 실제 퇴출을 요하는 것은 아니므로, 판례가 이 문제를 봉쇄와 퇴출의 인과관계 문제로 다룬 것은 적절하지 않다는 견해가 있고,[507] 일응 인과관계는 필요하다고 보는 전제에서, 다만 대법원이 제시한 사정들은 인과관계를 부정하기에 충분하지 않다는 견해가 있다.[508]

3. 검토 : 부당성의 강력한 추정

가. 표적봉쇄의 규범적 무가치성과 경쟁제한적 우려

지마켓 사건은 비교적 그 사실관계가 명백한 사안임에도 원심과 대법원은 전혀 다른 판단을 하였는바, 이 문제의 관건은 배타조건부거래, 나아가 배제남용을 바라보는 '시각'에 달려 있는 것으로 보인다. 결론적으로 시장지배적 사업자의 표적봉쇄는 규범적 관점에서 이를 허용할 만한 이유를 찾기 어렵고, 최소한의 경쟁제한적 우려가 인정되며, 별다른 경쟁촉진적 효과를 기대하기도 어렵다 할 것인바, 이를 배타조건부거래로 규제하지 않을 경우 규제의 공백이 발생할 우려도 있으므로, 특별한 사정이 없는 한 그 부당성이 강력히 추정된다고 보아야 할 것이다. 이

505) 황태희, 앞의 논문(각주 79), 97쪽(다만 이 논문은 대법원 판결이 선고되기 전 원심판결 단계의 논문이다); 주진열, 앞의 논문(각주 150), 504쪽.

506) 나영숙, "인터넷쇼핑몰 사업자의 배타조건부 거래행위에 대한 경쟁법적 평가 : 대법원 2011. 6. 10. 선고 2008두16322 판결", 경제법판례연구 제8권(2013), 359쪽(이 견해는 이 사건의 경우 경쟁제한의 '우려'를 넘어 경쟁제한효과의 발생이 '완성'되었다고 한다); 손동환, 앞의 논문(각주 314), 115쪽; 권오승·서정, 앞의 책(각주 2), 190쪽(이 견해는 종전 제4판, 182쪽에서 밝힌 견해보다 그 비판적 입장을 더욱 강화하고 있다).

507) 강우찬, 앞의 논문(각주 24), 161–162쪽(이 견해는 전체적인 맥락상 일응 판례에 반대하는 취지에 가까운 것으로 보인다).

508) 이황, 앞의 논문(각주 2), 354–355쪽.

하 그 구체적 이유를 살펴본다.

1) 표적봉쇄의 규범적 측면

우선 무엇보다도, 명백히 특정 경쟁자를 배제하고자 하는 행위를 부당하지 않다고 보아 허용해 줄 이유가 무엇인지 의문이다. 앞서 본 바와 같이 전속거래는 원래 민사법적으로 허용되는 것이지만, 경쟁사업자가 봉쇄될 우려가 있다는 관점에서 경쟁법적으로 문제되는 것이고, 따라서 위와 같은 경쟁사업자 봉쇄를 상쇄할 만한 경쟁촉진적 효과가 인정되지 않는 한 그 부당성이 인정된다 할 것인바,[509] 표적봉쇄는 개념 자체로 그와 같은 거래를 통한 효율성 증대효과 내지 경쟁촉진적 효과를 거의 기대하기 어렵기 때문이다.

이에 대하여 반대의 입장에서는 설령 그 특정 '경쟁자'가 퇴출되더라도 그것이 전체 관련시장의 '경쟁'에 악영향을 미치지 않은 이상 부당한 것이 아니라고 주장할 수 있을 것이다. 그러나 위와 같은 시각은 적어도 시장지배적 사업자의 표적봉쇄에 관한 한 그리 적절하지 않다고 생각된다. 시장지배적 사업자가 존재하는 시장에서는 '경쟁자'의 보호가 곧 '경쟁'의 보호가 될 수도 있음을 상기할 필요가 있다.[510]

공정거래법은 선험적인 경쟁 내지 경쟁질서에 내재된 자연법을 기술한 것이 아니라, 국가의 지속적인 과제로서 헌법이 추구하는 경제질서의 구성요소인 시장경제를 구체적으로 실현하는 범규범이다.[511] 따라서 공정거래법의 목적, 나아가 남용규제의 목적 또한 헌법과의 관련성 속에서 이해할 수 있고, 헌법의 틀 속에서 그 규범적 정당성을 찾아야 한다. 그렇다면 적어도 남용규제의 일차적인 규범적 목적은 '경쟁과정(competitive process)'을 보호하고, 경쟁자들에게 '성과경쟁(competition on the merits)'의 기회를 보장하는 데에서 찾아야 할 것이다.[512] 이러한 관

---

509) A. Douglas Melamed, 앞의 논문(각주 122), p.407 참조.

510) 앞서 논의한 바와 같이 본 연구는 배제남용 일반에 관하여 경쟁자 배제를 곧 경쟁 제한으로 간주하여야 한다는 취지가 아니다. 즉 위와 같은 언급은 어디까지나 '시장지배적 사업자의 표적봉쇄'를 전제로 한 것이다.

511) 헌법재판소 1996. 12. 26. 선고 96헌가18 결정 참조.

512) 이봉의, 앞의 논문(각주 304), 140쪽.

점에서 볼 때 표적봉쇄는 그것을 허용할 만한 아무런 규범적 가치를 가지지 못한다고 생각된다.

요컨대, 적어도 시장지배적 사업자의 표적봉쇄의 문제에 관한 한 '왜 규제하여야 하는가'의 관점보다 '왜 허용하여야 하는가'의 관점이 더 적절하다 할 것이다.

2) 표적봉쇄의 경쟁제한성

물론 위와 같은 다소 추상적인 접근만으로 표적봉쇄의 부당성을 '추론'하는 것은 적절하지 않다고 볼 수도 있다. 그러나 시장지배적 사업자의 표적봉쇄는 적어도 그 경쟁제한적 우려가 '인정'된다 할 것인바, 표적봉쇄를 행하는 사업자의 의도는 특정 경쟁자를 배제하고자 하는 것이 명백하다 할 것이므로(이에 관하여는 굳이 판례에 의한 주관적 요건 '추정'의 법리를 적용할 필요도 없을 것으로 생각된다), 이하 표적봉쇄의 객관적 경쟁제한성 측면을 중심으로 본다.

첫째, 경쟁의 제한을 직접 목적으로 하는 배타조건부거래의 경우, 대부분은 사실상 '유력한 경쟁자' 또는 '위협적인 경쟁자'만을 실질적 타겟으로 하고 있을 가능성이 높다.[513] 이러한 관점에서 보면 표적봉쇄에서 그 표적이 된 경쟁자는 행위자가 실제 위협을 느끼는 경쟁자로서, 그 사업자를 배제하는 것은 그 자체로 '유력한 경쟁사업자 수의 감소'에 해당한다고 볼 수 있다. 이는 이른바 '독행기업(maverick firm)'의 관점에서도 설명될 수 있는데,[514] 행위자의 입장에서는 인위적으로 시장질서에 영향을 가함으로써 관련시장의 경쟁을 제한하기 위하여 그 경쟁자를 제거하는 것이 긴요할 수 있고, 이러한 경우 표적봉쇄는 매우 유용한 전략이 될 수 있는 것이다.[515]

둘째, 표적봉쇄를 통하여 특정 경쟁자를 배제하는 것을 반드시 가격상승, 산출량감소의 측면에서만 관찰하여서는 안 된다. 위에서 행위자가 왜 그 특정 사업자

---

513) 예컨대 퀄컴 사건의 경우, 서울고등법원 판결에 의하면 퀄컴이 조건부 리베이트를 제공한 것은 사실상 위협적인 경쟁사업자 VIA를 견제하기 위한 것이었다.

514) 독행기업의 개념은 기업결합 심사기준에도 이미 반영되어 있다(VI. 2. 나. (3)).

515) 외국문헌에서 표적봉쇄와 관련한 언급은 거의 찾기 어려운바, 간접적이나마 참고할 만한 것으로 A. Douglas Melamed, Randal C. Picker, Philip J. Weiser & Diane P. Wood, 앞의 책(각주 430), p.499－500.

를 표적으로 삼아 제거하려고 하는지를 이해할 필요가 있음을 보았는바, 그 이유 중 아마도 가장 중요한 것으로 그 특정 사업자가 혁신 내지 다양성 등을 무기로 관련시장에서 영향력을 확대해 나가고 있기 때문일 가능성이 있다. 이러한 경우 표적봉쇄를 통하여 그 특정 사업자를 배제하는 것은 관련시장의 혁신을 저해하고 상품의 다양성을 감소시킴으로써 궁극적으로 소비자후생을 저해할 가능성이 크다 할 것이다.[516]

셋째, 표적봉쇄는 이른바 '냉각효과(chilling effect)'의 관점에서도 생각해 볼 수 있다. 행위자는 특정 경쟁자를 표적으로 삼아 배제함으로써 다른 경쟁자들에게도 그와 같은 행위를 하지 않도록 경고를 줄 수 있는 것이다. 즉 표적봉쇄는 특정 경쟁자를 이른바 '시범케이스'로 한 인위적 시장통제의 방법일 수 있다.[517][518] 이러한 관점에서 경쟁제한성을 인정하는 시각은 일부 판례를 통하여도 확인되는데, 비록 냉각효과 등의 용어를 사용하지는 않았으나 판례는 씨제이헬로비전(온미디어) 판결에서 냉각효과의 관점에서 경쟁제한성을 인정한 바 있다.[519] 비록 위 사건이 공동행위 사안이기는 하지만, 만일 문제된 공동행위가 시장지배적 사업자의 단독행위였다고 가정한다면 이는 표적봉쇄 사안에 정확히 부합한다.[520]

넷째, 마지막으로 표적이 된 사업자의 '퇴출' 문제에 관하여 본다. ① 우선 배타조건부거래에서 말하는 봉쇄가 반드시 퇴출에 한정되는 것은 아니므로, 표적봉쇄

---

516) 임영철 · 조성국, 앞의 책(각주 19), 62쪽은 지마켓 사건 관련하여 시장지배적 사업자의 행위는 비록 그 대상이 소수의 사업자에 불과하더라도 그 파급효과가 적지 않을 수도 있다는 점을 간과하여서는 안 된다고 하는바, 유사한 취지로 보인다.

517) 이황, 앞의 논문(각주 2), 356쪽(각주 44 부분)은 지마켓의 행위는 '신규진입 위협에 대하여 공격적으로 대처하겠다는 신호를 보내는 행위(signaling)'에 해당할 수 있다고 한다.

518) 한편 이러한 효과는 반드시 모든 거래상대방을 상대로 하지 않더라도 충분히 달성 가능하다. 정찬모, 앞의 논문(각주 247), 256쪽('본보기').

519) 대법원 2015. 4. 23. 선고 2012두24177 판결(씨제이헬로비전, 온미디어 판결). 이 사건에서 PP사업자들은 MSO사업자(복합유선방송사업자)와 IPTV사업자에게 방송프로그램을 공급할 수 있는 상황에서 MSO사업자들의 제재조치에 따라 IPTV사업자에 대한 방송프로그램 공급을 포기하였다.

520) 같은 취지의 분석으로 김성훈, "경쟁제한성 판단 시 고려요소로서의 냉각효과(chilling effect) : 대법원 2015. 4. 23. 선고 2012두24177 판결", 경쟁과 법 제5호(2015. 10.), 80－81쪽.

의 부당성을 판단함에 있어 반드시 그 특정 사업자의 퇴출 여부를 확인하여야 하는 것은 아니고, 따라서 당해 배타조건부거래와 퇴출 사이의 인과관계를 따져볼 필요 역시 원칙적으로 없다. 만일 표적이 된 특정 사업자가 실제로 퇴출되었다면 이는 당해 배타조건부거래의 부당성 인정을 더욱 용이하게 만들어 주는 사정일 뿐이다. ② 한편 지마켓 사건에서 판례는 '행위자의 배타조건부거래로 인하여 경쟁사업자가 퇴출되었다고 볼 수 없다'는 이유로 부당성을 부정하고 있는데, 이는 거꾸로 보면 '행위자의 배타조건부거래로 인하여 경쟁사업자가 퇴출되었다고 볼 수 있다'면 부당성이 인정된다는 취지라 할 것인바, 결국 판례에 의하더라도 표적봉쇄의 경우에는 봉쇄율이나 봉쇄효과가 미미하더라도 부당성이 인정될 수 있다는 점을 시사한다. 즉 판례에 의하더라도 표적봉쇄 사안에서 일반 배타조건부거래에서와 같은 봉쇄율이나 봉쇄효과 등의 구체적 증명은 필요하지 않다 할 것이다. ③ 결론적으로, 판례의 법리 중 표적이 된 사업자의 퇴출을 요구하거나 그 퇴출과 당해 배타조건부거래 사이의 인과관계를 요구한 점은 부당하고, 표적봉쇄의 부당성 판단에 있어 봉쇄율이나 봉쇄효과의 직접 증명을 요구하지 않은 점은 타당하다고 생각된다.

3) 규제의 공백 우려

판례의 입장에 의하면 사실상 표적봉쇄를 규제할 마땅한 방법이 없어지고, 결과적으로 위와 같은 배타조건부거래는 공정거래법상 허용되는 행위가 되어버릴 우려가 있다.

이와 관련하여 지마켓 사건을 불공정거래행위로서의 배타조건부거래로 의율하였어야 한다는 견해가 있다.[521] 이러한 입장에 관하여는 다음 제5장 불공정거래행위로서 배타조건부거래의 부당성 부분에서 상세히 살펴보는바, 우선 결론만 말하자면 '경쟁사업자'를 봉쇄하는 행위를 '거래상대방'에 대한 불이익을 이유로 규제하는 것은 다소 '편법적'인 규제로서 타당하지 않다고 생각된다. 이는 말하자면 수직적 관계에 있는 피해자를 이용하여 수평적 관계에 있는 다른 피해자를 보호

521) 황태희, 앞의 논문(각주 79), 97쪽; 정재훈, 앞의 책(각주 83), 601쪽.

하는 것이다.

한편 표적봉쇄를 거래상 지위남용으로 규제할 가능성을 언급하는 견해도 있는 바,[522] 이러한 입장 역시 위와 같은 차원에서 타당하다고 보기 어렵다. 설령 거래상 지위남용 규제가 가능하다 하더라도 그러한 규제에서 표적이 된 경쟁사업자는 전혀 소외되는 것이다.

4) 부당성의 강력한 추정

이상 살펴본 바에 의하면, 시장지배적 사업자에 의한 표적봉쇄는 그 구체적인 봉쇄율 내지 봉쇄효과 등을 논하기 이전에 그 자체로 부당하다고 볼 여지가 크다. 설령 가격·산출량을 중심으로 한 전통적 의미의 경쟁제한성을 인정하기는 어려울지 모르지만, 표적봉쇄는 직접적으로 바람직한 경쟁과정을 침해하고 경쟁사업자의 성과경쟁을 저해하는 것으로서, 적어도 경쟁제한적 우려가 내포되어 있는 행위이고, 더욱이 경쟁제한적 의도와 목적 외에 다른 의도나 목적을 사실상 상정하기 어려운 행위인바, 규범적으로 별다른 보호가치를 찾기 어렵기 때문이다.

이러한 사정을 고려하면, 시장지배적 사업자의 표적봉쇄는 '특단의 사정이 없는 한[523] 부당하다'고 추정하여도 무방할 것으로 생각된다. 물론 표적봉쇄의 경우에도 최후의 면책 가능성을 열어둘 필요는 있을 것이나, 그러한 경우에도 표적봉쇄의 정당화는 그 행위자가 자신의 행위에 관하여 합당하고도 설득력 있는 이유를 명백히 제시한 경우에 한정하여야 할 것이다.

나. 일반 사업자의 표적봉쇄

추가적으로, 앞서 본 바와 같이 시장지배적 사업자의 표적봉쇄는 특단의 사정이 없는 한 그 부당성을 추정할 수 있을 것인바, 그렇다면 일반 사업자의 표적봉

---

522) 주진열, 앞의 논문(각주 150), 504쪽.

523) 흔히 판례는 법리 설시에 있어 일정한 한계를 설정할 필요가 있거나 장래 미처 예상치 못한 사안이 발생하는 것에 대비하기 위하여 '특별한 사정이 없는 한'이라는 제한문구를 붙이는 경우가 많다. 위에서 '특단의 사정이 없는 한'이라고 표현한 것은 위와 같은 일반적인 경우보다 그 예외가 인정될 가능성이 더 적다는 취지를 담은 것이다(물론 현재 판례가 위와 같은 의미로 '특단의 사정이 없는 한'이라는 표현을 사용하고 있지는 않다).

쇄는 어떻게 보아야 할 것인지 문제될 수 있다.

그런데 사실 표적봉쇄는 그 특성상 시장지배적 사업자 내지 시장지배력에 필적하는 상당한 정도의 시장력을 보유한 사업자가 아니면 사실상 행하기 어렵고(그와 같은 정도의 시장지위를 보유하지 못한 사업자들이 공동행위로서 특정 사업자를 배제할 수 있는 가능성은 별론으로 한다), 그 필요성의 관점에서 보더라도 위와 같은 시장지위를 보유하지 못한 사업자가 굳이 특정 경쟁사업자만을 배제하려고 시도하는 것은 상당히 이례적일 것으로 보이는바, 즉 전형적인 일반 사업자가 표적봉쇄를 행하는 상황은 사실상 그리 많지 않을 것으로 보인다.

그러나 그렇다 하더라도 시장지배력에 필적하는 상당한 시장력을 가진 사업자가 표적봉쇄를 행하는 경우가 있을 수 있고, 일정한 거래상 지위에 기초한 표적봉쇄의 가능성도 전혀 배제할 수는 없을 것이다. 따라서 이러한 상황을 염두에 두고 일반 사업자의 표적봉쇄에 관하여 보면, 앞서 본 바와 같은 표적봉쇄를 규제하여야 하는 이유에 비추어 볼 때 일반 사업자가 행하는 표적봉쇄 역시 '특별한 사정이 없는 한' 그 부당성을 추정하여야 할 것으로 생각된다. 그것이 별다른 규범적 가치를 가질 수 없다는 점에 관한 한 시장지배적 사업자의 표적봉쇄와 일반 사업자의 표적봉쇄 사이에 본질적인 차이는 없기 때문이다.

이렇게 볼 경우 시장지배적 사업자의 표적봉쇄는 '특단의 사정이 없는 한' 그 부당성이 추정되고, 일반 사업자의 표적봉쇄는 '특별한 사정이 없는 한' 부당성이 추정될 수 있다 할 것인바, 이는 행위자의 시장지위에 따른 폐해의 개연성 차이를 반영한 것이다.

제4절 소결

공정거래법상 배제남용의 부당성 판단은 다음과 같은 체계와 순서에 따라 이루어져야 한다.

우선 문제된 행위가 경쟁행위, 나아가 원칙적으로 거래적 경쟁행위일 것이 요구된다. 만일 거래적 경쟁행위가 아니라면 거래상 지위남용 등 공정거래법상 다른 행위로 의율할 수 있는 가능성은 별론으로 하고, 적어도 배제남용의 규제대상은 아니다.

다음으로 문제된 행위가 비성과경쟁이어야 한다. 여기서 성과경쟁과 비성과경쟁의 구분은 그것이 성과에 '의한' 경쟁인지 성과를 '위한' 경쟁인지에 따라 판단할 수 있다. 만일 해당 행위가 진정한 성과경쟁에 해당한다면, 설령 그 행위로 인하여 가격상승, 산출량감소 등이 초래된다 하더라도 이는 경쟁법이 추구하는 바람직한 경쟁의 결과일 뿐이므로 그에 대하여 경쟁법적 규제를 가할 수는 없다 할 것인바, 즉시 면책된다고 보아야 한다.

위 두 단계를 모두 통과한 경우, 즉 거래적 경쟁행위로서 비성과경쟁에 해당하는 행위에 한하여 비로소 경쟁제한성 검토가 필요하다. 공정거래법의 경쟁제한성 정의규정에 의하면 시장지배적 사업자의 배제적 행위는 기본적으로 경쟁제한적일 가능성이 있으나, 포스코 전합판결이 천명한 효과주의의 취지에 비추어 볼 때 단지 '시장지배적 사업자의 비성과경쟁'이라는 이유만으로 그 즉시 경쟁제한성을 단정할 수는 없다 할 것인바, 먼저 경쟁제한성의 객관적 요건으로서 '유력한 경쟁사업자 수의 감소'를 단순한 우려가 아닌 개연성의 관점으로 판단하고, 다음으로 경쟁제한성의 주관적 요건으로서 '경쟁제한의 의도와 목적' 부분을 적절히 활용함으로써 최종적인 경쟁제한성 인정범위를 제한할 필요가 있다.

마지막으로 경쟁제한성이 인정될 경우 부당성은 사실상 추정될 수 있다. 그러나 그러한 경우에도 경쟁제한적 효과를 상회하는 효율성 증대효과 등이 인정된다면 당해 행위는 정당화되고, 따라서 최종적인 부당성이 부정될 수 있다.

이러한 법리에 따라 시장지배적 지위남용으로서 배타조건부거래의 부당성에 관하여 살펴보면 다음과 같다.

배타조건부거래는 판매방법을 통한 경쟁으로서 거래적 경쟁행위이므로, 배제남용의 규제대상이 된다.

배타조건부거래는 효율성에 '기반'한 행위가 아닌 효율성을 '추구'하는 행위로서 특별한 사정이 없는 한 본래적 의미의 성과경쟁이 아니라 할 것이므로(이는 배타조건부거래에 그 어떤 자연법적 위법성이나 도덕적·반사회적 비난가능성이 내포되어 있다는 의미가 아니다), 배타조건부거래라는 이유만으로 즉시 면책될 수는 없고, 그에 대하여 경쟁제한성을 검토하여야 한다.

그런데 배타조건부거래는 그 속성상 필연적으로 경쟁사업자를 배제하는바, 우리 법상 경쟁제한성의 의미와 판단방법(특히 '유력한 경쟁사업자 수의 감소')에 비추어 볼 때 시장지배적 사업자의 배타조건부거래는 경쟁제한적일 가능성이 크고, 이는 포스코 전합판결에 의한 제한해석의 필요성을 감안한다 하더라도 마찬가지이다. 즉 판례에 의하면 경쟁제한성의 주관적 요건은 사실상 추정되고, 앞서 검토한 바에 의하면 '명백한 시장지배적 사업자'에 의한 배타조건부거래로서 일응 '30% 이상의 봉쇄율'이 인정될 경우 경쟁제한성의 객관적 요건 역시 사실상 추정될 수 있다. 요컨대 '배타조건부거래' 자체는 경쟁중립적이지만, '시장지배적 사업자의 배타조건부거래'는 경쟁중립적이지 않다.

다만 당해 배타조건부거래의 효율성 증대효과가 인정되고, 그것이 경쟁제한적 효과를 상회한다면 그 배타조건부거래는 정당화되고, 따라서 부당하지 않은 것으로 판단될 수 있다. 여기서 해당 배타조건부거래가 관계특화적 투자를 촉진하거나, 노하우 이전을 수반하는 거래를 위한 것이거나, 불완전한 자본시장을 보완하는 기능을 할 때에는 보다 적극적으로 정당화를 인정할 필요성이 있다. 그러나 단순히 유통업자의 판촉활동을 제고하고, 무임승차를 방지하며, 제조업자의 브랜드를 보호할 수 있다거나, 불확실성을 감소시키고, 거래비용이 절감된다는 사정만으로 그 즉시 정당화를 인정하기는 어렵다 할 것인바, 이러한 경우에는 문제된 배타조건부거래를 통하여 당해 시장지배적 사업자의 이익이 제고되는 것을 넘어 소비자 전체의 후생이 증대된다는 점이 분명히 증명되어야 할 것이다.

한편, 위와 같은 관점에서 보면 시장지배적 사업자의 '표적봉쇄', 즉 시장지배적 사업자가 특정 경쟁사업자만을 배제하기 위하여 행하는 배타조건부거래는 직접적으로 성과경쟁을 침해하는 행위로서, 원칙적으로 아무런 규범적 가치를 가질 수 없고, 최소한의 경쟁제한적 우려 역시 당연히 인정된다 할 것이므로 '특단의 사정이 없는 한' 부당하다고 보아야 한다.

제5장

불공정거래행위로서 배타조건부거래의 부당성

제1절 서설

제2절 견해의 대립 : 경쟁제한성설, 강제성설, 이원설

제3절 새로운 부당성 판단기준

제4절 소결

제1절 서설

우리 법은 배타조건부거래를 시장지배적 지위남용으로서 규정하는 외에 불공정거래행위로서도 규정하고 있다. 그런데 양자의 구체적 개념정의는 사실상 완전히 동일한바, 여기서 불공정거래행위로서 배타조건부거래의 부당성을 시장지배적 지위남용으로서 배타조건부거래의 부당성(경쟁제한성)과 같이 보아야 하는지 달리 보아야 하는지의 문제가 대두된다.

이에 불공정거래행위로서 배타조건부거래의 부당성 판단기준에 대하여 경쟁제한성설, 강제성설, 이원설의 견해 대립이 있고, 판례는 에스오일 판결에서 명시적으로 이원설을 채택한 바 있다.

그러나 위와 같은 판례에도 불구하고 논란은 종식되지 않고 있고, 적어도 학설상으로는 여전히 경쟁제한성설이 우세한 것으로 보이는바, 불공정거래행위로서 배타조건부거래의 부당성 판단기준 문제는 여전히 진행 중이라 할 것이며, 이는 우리 법상 시장지배적 지위남용 규제와 불공정거래행위 규제의 의미와 관계에 관한 보다 근본적인 성찰을 요구하고 있다.

이하 불공정거래행위로서 배타조건부거래의 부당성 판단기준에 관하여 살펴보되, ① 우선 현재 견해의 대립 상황을 개관하고, ② 이에 기초하여 경쟁제한성을 부당성 판단기준에서 제외할 수 있는지(배타조건부거래의 본질 등), 강제성을 부당성 판단기준으로 고려할 수 있는지(민사법과 경쟁법의 관계 등)를 검토한 후, ③ 우리 법상 시장지배적 지위남용 규제와 불공정거래행위 규제의 관계에 대한 분석을 통하여 불공정거래행위로서 배타조건부거래의 독자성을 확인하고(포스코 전합판결의 구별론 등), ④ 이에 따라 경쟁수단의 불공정성을 이유로 한 규제의 가능성(경쟁제한성 규제와 경쟁수단의 불공정성 규제의 관계 등), 거래내용의 불공정성을 이유로 한 규제의 가능성(배타조건으로 인한 거래상대방의 경쟁상 불이익 등)을 검토함으로써, ⑤ 불공정거래행위로서 배타조건부거래의 부당성에 관하여 '봉쇄효과 일원론'의 관점에서 경쟁사업자 봉쇄와 거래상대방 봉쇄 양 측면을 모두 포괄하는 새로운 판단기준을 제안하고(수평적 경쟁제한성 규제, 수직적 거래내용의 불공정성 규제), 이를 토대로 시장지배적 지위남용으로서 배타조건부거래와 불공정거래행위로서 배타조건부거래 양자의 진정한 중첩적용을 시도하고자 한다.

제2절 견해의 대립 : 경쟁제한성설, 강제성설, 이원설

Ⅰ. 학설

1. 경쟁제한성설(경쟁제한성 일원설)

불공정거래행위로서 배타조건부거래 역시 시장지배적 지위남용으로서 배타조건부거래와 마찬가지로 경쟁제한성이 그 부당성의 본질이라는 견해이다.[524]

이 견해는 주로 미국이나 EU 등 전통적인 경쟁법의 이론과 실무를 강조하면서, 적어도 배타조건부거래에 관한 한 이를 불공정거래행위로 의율하는 경우에도 경쟁제한성 외에 강제성 등 다른 요소를 고려하여서는 안 된다는 입장인바, 종래 전통적인 견해로서 현재로서도 일응 통설적 지위에 있다고 볼 수 있다.

524) 권오승 · 홍명수, 앞의 책(각주 239), 352쪽; 박상용 · 엄기섭, 경제법원론(개정판), 박영사(2006), 327－329쪽; 송정원, 해설 카르텔 및 불공정거래행위 규제, 박영사(2005), 420－ 421쪽; 신현윤, 앞의 책(각주 8), 310쪽; 양명조, 앞의 책(각주 114), 418쪽; 이기수 · 유진희, 앞의 책(각주 360), 205쪽; 이남기 · 이승우, 앞의 책(각주 278), 265쪽; 임영철, 앞의 책(각주 336), 360쪽; 정호열, 앞의 책(각주 8), 425쪽; 김두진, 앞의 책(각주 239), 254쪽(다만 이상의 문헌들은 불공정거래행위로서 배타조건부거래의 부당성을 경쟁제한성으로 보고 있기는 하나, 시장지배적 지위남용으로서 배타조건부거래와의 관계 내지 에스오일 판결 등에 관한 별다른 언급이 없다는 점에서 그 의미는 다소 제한적이다); 강우찬, 앞의 논문(각주 24), 166쪽 이하; 권오승 · 서정, 앞의 책(각주 2), 447－449쪽; 사법연수원, 공정거래법(2014), 281쪽; 서정, 앞의 논문(각주 23), 29쪽 이하; 신현윤, 앞의 논문(각주 49), 41쪽; 오승한, 앞의 논문(각주 123), 19쪽; 주진열, "현대모비스의 전속대리점 관련 배타조건부거래 사건에 대한 비판적 고찰 : 대법원 2014. 4. 10. 선고 2012두6308 판결", 인하대학교 법학연구 제19집 제4호(2016. 12.), 343쪽; 한철수, 앞의 책(각주 19), 320쪽; 홍대식, 앞의 논문(각주 9), 164쪽 이하.

2. 강제성설(강제성 일원설)

불공정거래행위로서 배타조건부거래의 부당성은 시장지배적 지위남용으로서 배타조건부거래의 부당성과 달리 강제성에 있다는 견해이다.[525]

이 견해는 양자의 부당성은 전혀 다르다고 보는 것이 법 집행기관이나 수범자에 대하여 명확성을 담보할 수 있다고 주장하는바, 공정거래법상 불공정거래행위의 독자성 내지 시장지배적 지위남용 규제와 불공정거래행위 규제의 엄격한 구분을 강조하는 입장이라고 할 수 있다.

3. 이원설(경쟁제한성 및 강제성 이원설)

불공정거래행위로서 배타조건부거래의 부당성을 판단함에 있어서는 경쟁제한성과 강제성을 함께 고려하여야 한다는 견해이다.[526]

이 견해는 일응 판례를 지지하는 입장으로서, 경쟁질서의 유지를 위하여는 경쟁과정에서의 경쟁제한성을 규제하는 외에 경쟁과정에 들어가기 전 단계에서 거래상대방의 자유까지도 보호할 필요가 있다는 점, 포스코 전합판결의 취지를 반영한 해석이 필요하다는 점 등을 논거로 한다.

Ⅱ. 판례 : 이원설

판례는 에스오일 판결에서 아래와 같이 판시함으로써 명시적으로 이원설을 채택하였다. 즉 '불공정거래행위로서 배타조건부거래의 부당성은 시장지배적 지위

---

525) 정주미, 앞의 논문(각주 168), 485쪽; 황태희, 앞의 논문(각주 79), 90－91쪽.

526) 권재열, 경제법(4정판), 법원사(2005), 252－253쪽; 김성훈, 앞의 논문(각주 20), 260쪽; 김형배, 앞의 책(각주 12), 429쪽; 백승엽, 앞의 논문(각주 80), 120쪽; 손동환, 앞의 논문(각주 486), 76－78쪽(에스오일 판결이 타당함을 전제로 법리의 개선을 주장하는바, 일응 판례의 이원설을 지지하는 것으로 보인다); 심재한, "배타조건부거래행위의 위법성 판단기준 : S－OIL 사건을 중심으로", 상사판례연구 제28집 제4권(2015. 12.), 439쪽 이하(에스오일 판결에 대한 특별한 언급 없이 그 기준에 따라 사안을 검토하고 있는바, 일응 판례를 수용하는 입장이라고 보인다).

남용으로서 배타조건부거래의 부당성과 다르'고, 따라서 '불공정거래행위로서 배타조건부거래의 부당성을 판단함에 있어서는 경쟁제한성을 중심으로 평가하되, 강제성도 아울러 고려할 수 있다'는 것이다.

> "공정거래법이 제3조의2 제1항 제5호 전단에서 시장지배적 사업자의 지위남용행위로서의 배타조건부 거래행위를 규제하면서도 제23조 제1항 제5호 전단에서 시장지배적 사업자를 포함한 모든 사업자의 불공정거래행위로서의 배타조건부 거래행위를 규제하고 있는 이유는, 배타조건부 거래행위가 시장지배적 사업자의 지위남용에 해당하는지 여부를 떠나 관련시장에서의 경쟁을 제한하거나 그 거래상대방에 대하여 거래처 선택의 자유 등을 제한함으로써 공정한 거래를 저해할 우려가 있는 행위라고 평가되는 경우에는 이를 규제하여야 할 필요성이 있기 때문이다.
>
> 따라서 ... 시장지배적 사업자의 지위남용행위로 규정하고 있는 배타조건부 거래행위의 '부당성'과는 달리 ... 불공정거래행위로 규정하고 있는 배타조건부 거래행위의 '부당성'은 당해 배타조건부 거래행위가 물품의 구입 또는 유통경로의 차단, 경쟁수단의 제한을 통하여 자기 또는 계열회사의 경쟁사업자나 잠재적 경쟁사업자를 관련시장에서 배제하거나 배제할 우려가 있는지 여부를 비롯한 경쟁제한성을 중심으로 그 유무를 평가하되, 거래상대방인 특정 사업자가 당해 배타조건부 거래행위로 인하여 거래처 선택의 자유 등이 제한됨으로써 자유로운 의사결정이 저해되었거나 저해될 우려가 있는지 여부 등도 아울러 고려할 수 있다고 봄이 타당하다."

제3절 새로운 부당성 판단기준

Ⅰ. 경쟁제한성을 부당성 판단기준에서 제외할 수 있는지 여부

우선 가장 먼저 살펴보아야 할 것은 경쟁제한성을 부당성 판단기준에서 제외할 수 있는지 여부이다. 이는 시장지배적 지위남용으로서 배타조건부거래의 부당성이 경쟁제한성에 있다는 점에 관하여 아무런 다툼이 없는 상황에서, 불공정거래행위로서 배타조건부거래의 부당성은 이와 다른지의 관점에서 문제되는바, 아래와 같은 이유로 불공정거래행위로서 배타조건부거래의 경우에도 경쟁제한성을 부당성 판단기준에서 제외할 수는 없다고 본다.

1. 배타조건부거래의 본질

우선 배타조건부거래 규제의 근본적 취지상 경쟁제한성을 위법성 판단기준에서 배제할 수는 없다.

배타조건부거래의 본질은 경쟁사업자의 봉쇄에 있고, 위와 같은 봉쇄가 바로 배타조건부거래의 경쟁제한성이며, 이러한 경쟁제한성이 경쟁법으로 배타조건부거래를 규제하는 이유이다. 배타조건부거래에 관한 경쟁법적 규제에 있어 이러한 봉쇄효과, 즉 경쟁제한성 측면을 제외하는 것은 애당초 규제의 목적과 취지에 부합하지 않는다.

배타조건부거래는 외국의 경쟁법에서 전통적으로 규제하고 있던 것이지 우리나라의 독자적 규제가 아니다. 그런데 외국에서 배타조건부거래 규제는 경쟁제한성의 문제일 뿐 이를 강제성 등 다른 관점에서 보는 시각은 거의 없는 것으로 보이는바, 특히 미국이나 EU의 경우 배타조건부거래의 위법성 판단은 브랜드간 경쟁제한의 관점에서 봉쇄효과의 상당성을 심사하는 방향으로 수렴하고 있고,[527] 위와 같은 접근방식은 당해 행위자의 독점력 내지 시장지배력 유무에 불구하고 같다.[528]

위와 같은 배타조건부거래에 관한 외국의 규제상황은 우리 법상 배타조건부거래의 해석에 있어서도 중요한 참고가 된다 할 것인바, 이는 우리 공정거래법이 외국과 달리 배타조건부거래를 시장지배적 지위남용과 불공정거래행위로 구분하고 있다 하더라도 달리 보기 어렵다. 즉 '불공정거래행위로서 배타조건부거래'의 부

527) 홍대식, 앞의 논문(각주 9), 164쪽, 179쪽.
528) 강우찬, 앞의 논문(각주 24), 169쪽; 서정, 앞의 논문(각주 23), 40쪽 이하.

당성 판단기준에 관하여 아무리 '불공정거래행위'의 측면을 강조하더라도 그것이 '배타조건부거래'임을 무시하여서는 안 될 것인바, 배타조건부거래의 본질은 시장지배적 지위남용과 불공정거래행위의 구분에 선행하는 것이다.[529]

물론 공정거래법이 시장지배적 지위남용으로서 배타조건부거래와 불공정거래행위로서 배타조건부거래를 분명히 구분하고 있는 취지를 전혀 도외시한 채 양자의 부당성을 완전히 동일한 것으로 볼 수는 없다. 그러나 양자의 차별화는 경쟁제한성의 관점을 배제하는 방법이 아닌 다른 방법으로 도모하여야 할 것이다.[530]

2. 규제의 공백

또한 규제의 공백이 발생한다는 점에서도 경쟁제한성을 부당성 판단기준에서 제외할 수는 없다.[531]

먼저 경쟁제한성을 부당성 판단기준에서 제외하면 시장지배적 사업자가 아닌 일반 사업자의 경쟁제한적 배타조건부거래를 규제할 수 없게 된다. 물론 군소사업자나 신규사업자의 배타조건부거래는 특별한 사정이 없는 한 경쟁제한성이 문제될 가능성이 크지 않을 것이나, 상당한 시장력을 가진 사업자에 의한 배타조건부거래의 경우에는 경쟁제한적 폐해가 발생할 여지가 있다.[532]

다음으로 병행적 배타조건부거래의 규제가 원천적으로 불가능해질 수 있다. 애당초 병행적 배타조건부거래의 개념 자체가 시장지배적 사업자가 아닌 일반 사업자의 배타조건부거래를 규제하기 위한 것이기 때문이다. 이는 병행적 배타조건부거래의 경우 경쟁제한성이 인정될 수 없으므로 규제하여서는 안 된다거나, 책임

---

529) 참고로, 극단적인 경쟁제한성설의 입장에서는 배타조건부거래는 시장지배적 지위남용으로서만 규율하고 불공정거래행위로서의 배타조건부거래 조항은 삭제하여야 한다고 주장하기도 한다. 주진열, 앞의 논문(각주 524), 343쪽.

530) 위 '다른 방법'에 관하여는 III. 이하에서 후술한다.

531) 이하의 논의는 결국 같은 맥락의 논의이지만, 편의상 일응 구분하여 살펴본다.

532) 임영철 · 조성국, 앞의 책(각주 19), 75쪽 역시 거래거절이나 차별취급과 같은 경우는 시장지배력이 없는 사업자가 행하는 것을 금지할 실익이 거의 없지만, 배타조건부거래나 거래지역 · 거래상대방 제한행위와 같은 경우는 시장지배력이 없는 사업자가 행하는 경우에도 규제할 실익이 있다고 한다.

주의 등의 관점에서 일정한 제한요건 하에서만 규제하여야 한다는 등의 논의와는 전혀 다른 차원의 문제이다.[533)]

나아가 우리 법은 '시장지배적 지위남용'을 규제할 뿐 '독점화'를 규제하지 않는바, 경쟁제한성을 부당성 판단기준에서 제외할 경우 배타조건부거래를 통한 시장지배력의 '형성'을 규제할 수 없게 되는 문제가 발생한다. 배타조건부거래는 일정한 시장력을 가진 사업자가 시장지배력을 형성하는 데 가장 직접적이고도 유용한 거래방법이라 할 것인바, 경쟁제한성을 부당성 판단기준에서 제외할 경우 배타조건부거래를 사용한 부당한 시장지배력의 형성을 규제할 수 없게 된다.[534)]

3. 구속조건부거래로서의 배타조건부거래

한편 같은 구속조건부거래로서 거래지역 · 거래상대방 제한행위와의 관계를 고려할 필요가 있다.

공정거래법은 거래지역 · 거래상대방 제한행위와 배타조건부거래를 함께 '구속조건부거래'로 규정하고 있는바,[535)] 양자의 부당성은 일응 공통적인 요소를 가지

533) 이에 대하여 '공동의 시장지배 이론' 등을 통하여 병행적 배타조건부거래를 규제하는 것이 가능하다는 주장이 있을 수 있다. 그러나 비씨카드 판결(대법원 2005. 12. 9. 선고 2003두6283 판결) 등을 감안할 때 그와 같은 방식의 규제는 현실적으로 불가능할 것으로 보인다. 한편 '하나의 사업자 이론'이 적용될 수 있는 상황은 애당초 병행적 배타조건부거래를 논할 상황이 아니다. 문제된 복수의 사업자들이 하나의 사업자로 평가된다면 더 이상 각자 '병행적'으로 배타조건부거래를 하는 것이 아니기 때문이다.

534) 우리 법상 시장지배적 지위남용은 이미 시장지배력을 보유하고 있는 사업자가 그 시장지배력을 '유지 · 강화'하는 행위를 규제대상으로 하는바, 아직 시장지배력을 보유하고 있지 않은 사업자가, 특히 시장지배력에 근접하는 상당한 시장력을 가진 사업자가 비로소 시장지배력을 '형성'하는 행위를 규제하는 것은 불공정거래행위의 몫이라 할 것이다. 대법원 2001. 6. 12. 선고 99두4686 판결(현대정보기술 판결)은 '불공정거래행위로서 부당염매를 규제하는 취지는 시장지배적 지위남용을 사전에 예방하는 데 있다'고 판시하였는바, 같은 맥락으로 이해된다. 같은 취지의 견해로 권오승 · 이봉의 · 홍대식 · 홍명수 · 조성국 · 신영수 · 황태희, 독점규제법(제7판), 법문사(2020), 212쪽[홍대식 집필부분]; 이봉의, 앞의 책(각주 74), 229쪽; 홍명수, 앞의 논문(각주 306), 44-45쪽; 한철수, 앞의 책(각주 19), 321쪽.

535) 더욱이 배타조건부거래는 거래상대방의 '거래상대방'을 제한하되, 그 제한되는 거래상대방이 '행위자의 경쟁사업자'인 경우를 의미하는 것인바, 결국 배타조건부거래는 거래상대방 제한행위의 일종이라고 볼 수 있다.

고 있다고 보아야 할 것이다.

그런데 판례는 거래지역·거래상대방 제한행위의 부당성에 관하여 한국캘러웨이골프 판결(대법원 2011. 3. 10. 선고 2010두9976 판결)에서 "해당 행위의 의도와 목적, 효과와 영향 등 구체적 태양과 거래의 형태, 상품 또는 용역의 특성, 시장 상황, 사업자 및 거래상대방의 시장에서의 지위, 제한의 내용과 정도, 경쟁에 미치는 영향, 공정거래법상 위법한 목적 달성을 위한 다른 행위와 함께 또는 그 수단으로 사용되는지 여부 등을 종합적으로 고려하여 판단"하여야 한다고 판시한 이래 경쟁제한성을 중요한 판단표지의 하나로 제시하고 있는바,[536)537)] 이러한 사정에 비추어 보면 불공정거래행위로서 배타조건부거래의 부당성 판단에서 있어서도 경쟁제

536) 같은 취지의 후속판결로서 대법원 2017. 5. 31. 선고 2014두4689 판결(SKT 판결), 대법원 2017. 6. 19. 선고 2013두17435 판결(필립스전자 판결) 등.

537) 위 한국캘러웨이골프 판결을 들어 대법원이 거래지역·거래상대방 제한행위의 위법성을 '경쟁제한성'으로 보고 있다고 해석하는 입장이 있다(홍대식, 앞의 논문(각주 9), 151쪽; 강우찬, 앞의 논문(각주 24), 163쪽). 물론 위 판결에 '선택의 자유' 내지 '자유로운 의사결정' 등 통상 강제성 문제의 차원에서 언급되는 사항에 관한 설시가 없기는 하다. 그러나 다음과 같은 이유에서 위와 같은 분석은 타당하지 않은 것으로 보이는바, 현재 판례는 거래지역·거래상대방 제한행위의 부당성을 '경쟁제한성 및 강제성'으로 보고 있다고 생각된다(이 문제는 본 연구의 범위를 넘는 것이므로 더 이상의 상론은 피하기로 한다). ① 한국캘러웨이골프 판결에서 대법원은 "경쟁에 미치는 영향"을 여러 고려요소 중 하나로 제시하고 있을 뿐 그 밖에 명시적으로 경쟁제한성과 관련한 언급을 하고 있지 않은바, 위와 같은 판시만으로 판례가 거래지역·거래상대방 제한행위의 부당성을 경쟁제한성으로 한정하고 있다고 단정하기는 어렵다. ② 오히려 한국캘러웨이골프 판결의 설시는, 다른 판결들, 특히 재판매가격유지행위에 관한 한미약품 판결(대법원 2010. 11. 25. 선고 2009두9543 판결), 시장지배적 지위남용으로서 배타조건부거래에 관한 농협중앙회 판결 등 다른 수직적 거래제한에 관한 판결들과 비교하여 볼 때 경쟁제한성을 그다지 강조하고 있는 것 같지도 않다. ③ 더욱이 한국캘러웨이골프 판결에서는 거래지역·거래상대방 제한행위 외에 재판매가격유지행위도 문제되었는데, 판례는 거래지역·거래상대방 제한행위 부분에 관한 판시와는 달리 재판매가격유지행위 부분에 관하여는 그 부당성의 표지가 경쟁제한성에 있음을 반복적으로 명시하고 있는바, 같은 판결에서 위와 같이 다른 형태의 설시를 하고 있는 점에 비추어 보더라도 판례가 거래지역·거래상대방 제한행위의 부당성을 경쟁제한성으로 보고 있다고 해석하는 것은 다소 무리이다. ④ 한편 만일 판례가 거래지역·거래상대방 제한행위의 부당성을 경쟁제한성으로 보았다면, 거래지역·거래상대방 제한행위의 경쟁제한성은 기본적으로 브랜드내 경쟁의 제한이라는 점에서 적어도 이와 대비하여 브랜드간 경쟁촉진 등의 문제를 언급하였을 것인데, 위와 같은 언급이 전혀 없다는 점 역시 위와 같은 분석을 뒷받침한다.

한성의 측면을 도외시할 수 없고 오히려 중요하게 고려하여야 할 것이다.

이러한 시각은 실무를 통하여도 확인될 수 있는데, 실제로 에스오일 사건의 원심판결(서울고등법원 2010. 10. 21. 선고 2009누6959 판결)은 '거래지역 · 거래상대방 제한행위'에 관하여 경쟁제한성을 그 부당성 판단기준으로 제시한 우림석유 판결(대법원 2000. 10. 6. 선고 99다30817, 30824 판결)을 인용하여 '배타조건부거래'의 부당성 역시 경쟁제한성에 있다고 판시한 바 있다.

II. 강제성을 부당성 판단기준으로 고려할 수 있는지 여부

그렇다면 다음 문제는 강제성을 부당성 판단기준으로 고려할 수 있는지 여부이다. 이는 앞서 본 바와 같이 판례가 경쟁제한성과 강제성 모두를 고려하여야 한다는 이원설의 입장을 취하고 있고, 이에 학설상 논의 역시 경쟁제한성과 강제성 양 측면에 집중되어 있기 때문이다.

아래와 같은 이유에서 배타조건부거래를 불공정거래행위로 의율하는 경우에도 강제성은 부당성 판단기준으로 고려되어서는 안 된다고 생각되는바, 이하 부당성 판단기준으로서 강제성이 가지는 의미가 무엇인지 명확히 하고, 이어서 강제성설을 비판적으로 검토한 후, 추가적으로 이원설의 문제점을 살펴본다.

1. 부당성 판단기준으로서 강제성의 의미

이 문제를 검토하기 위하여는 우선 여기서 말하는 '강제성'이 무엇을 의미하는지 명확히 할 필요가 있다.

앞서 강제성이란 구속성과 의사억압성 양 측면이 있다는 점, 그리고 구속성은 배타조건부거래의 해당성 문제라는 점을 보았는바, 결국 여기서의 강제성이 '구속성'을 의미할 수는 없다. 구속성을 부당성의 표지로 볼 경우 배타조건부거래에 '해당'하게 되면 그 자체로 '부당'하다는 결론이 되는데 이는 받아들이기 어려운 결론이다. 따라서 여기서 말하는 강제성은 '의사억압성'을 의미할 수밖에 없다 할 것인바, 즉 거래상대방의 자유로운 의사를 억압하여 강제로 배타조건부거래를 실

시한다는 측면을 부당성의 표지로 볼 것인지가 문제이다.[538)][539)]

결국 이 부분의 문제를 엄밀히 표현하자면 '의사억압성'을 부당성 판단기준으로 고려할 수 있는지 여부가 될 것인데, 종래 이를 단순히 '강제성'이라고만 표현해 왔으므로, 위와 같은 사정을 감안하여 이하 기본적으로 '강제성'이라는 용어를 사용하되, 필요한 경우 '의사억압성'이라는 용어를 적절히 혼용하기로 한다.

2. 강제성설에 대한 비판적 검토[540)]

가. 민사법과 경쟁법의 관계

민사법과 경쟁법은 상호보완적인 관계에 있으나,[541)] 적어도 실무적 관점에서 볼 때 경쟁법의 독자성 내지 존재이유는 민사법적으로 적법한 것을 경쟁법적 관

---

538) 경쟁제한성 일원론의 입장에서 경쟁제한성이 없는 배타조건부거래에 대하여 '배타조건부'라는 거래의 속성상 당연히 초래될 수밖에 없는 거래처 선택의 자유 제한을 독자적인 위법성 판단기준으로 하는 것은 그 자체로 타당하지 않다는 비판이 있다(홍대식, 앞의 논문(각주 9), 186쪽; 주진열, 앞의 논문(각주 524), 339쪽). 그러나 위와 같은 비판은 '구속성'의 문제와 '의사억압성'의 문제를 다소 혼동한 것이 아닌가 생각된다.

539) 참고로 이러한 사정은 거래지역·거래상대방 제한행위에서도 마찬가지인바, 재고가 필요하다고 생각된다. 예컨대 현대모비스 판결은 거래지역·거래상대방 제한행위에 관하여 "(이 사건) 거래지역 및 거래상대방을 제한하는 행위가 단순히 거래상대방의 판매책임지역을 설정한 것이라고 볼 수 없는 구속력이 매우 강한 제한행위"라는 점을 부당성 인정의 근거로 설시한 원심판결을 수긍하면서, 판례 스스로도 위와 같은 설시를 하고 있는바, 위와 같은 '구속력'은 문제된 행위가 공정거래법이 규정한 거래지역·거래상대방 제한행위에 '해당'한다는 점에 관한 근거가 될 수 있을 뿐 그것이 '부당'하다는 점에 관한 근거는 될 수 없는 것이다.

540) 이하의 논의는 그 성격상 반드시 '배타조건부거래'에 한하지 않고 공정거래법상 '수직적 거래제한' 일반을 대상으로 한다. 이는 종래 우리나라에서 수직적 거래제한 일반에 관하여 강제성을 부당성 판단기준으로 볼 수 있는지 논쟁이 되어 왔기 때문이다. 즉 수직적 거래제한이라는 맥락을 떠나 오로지 배타조건부거래에만 한정한 강제성 논의는 특별한 것이 있을 수 없다. 한편 이하의 논의는 배상원, 앞의 논문(각주 4); 배상원, 앞의 논문(각주 121)의 관련 부분에 기반한다.

541) 홍대식, "독점규제법상 불공정거래행위의 사법적 효력", 사법논집 제30집(1999), 131쪽 이하; 서정, "사적 거래행위에 대한 규제와 경제적 효율성", 경제적 효율성과 법의 지배(고학수·허성욱 편), 박영사(2009), 148쪽, 153쪽; 양천수, "현대 사회에서 법적 관할영역의 경쟁과 융합 : 민법과 경제법의 경쟁과 융합을 예로 본 법철학적 고찰", 법철학연구 제12권 제2호(2009), 253쪽.

점에서 위법하다고 판단하는 경우에 있다 할 것이다.[542][543] 그런데 공정거래법에서 의사억압성을 이유로 위법성을 인정한다는 것은 결국 '의사를 억압하는 이상 그 자체로 위법하다'는 것인데,[544] 이는 단순히 민사법과의 관계에서 경쟁법이 가지는 특수성만으로 정당화되기 어렵다고 본다. 민법상 강박에 의한 법률행위에 해당하거나 불공정한 법률행위도 아닌데(한편, 형법상 협박이나 강요에 해당하는 것도 아닌데) 경쟁법이 이를 금지하기 위하여는 적어도 '경쟁과의 관련성'이 있어야 한다.[545]

통상 경쟁법에서 사적자치 내지 계약자유의 원칙은 주로 거래거절과 관련하여 논의되는 경우가 대부분이나,[546] 이는 다소 의문이다. 사적자치의 원칙은 반드시 계약의 체결 여부와만 관련한 것이 아니라 거래상대방의 선택은 물론 계약내용의 결정과도 관련한 것이기 때문이다. 어떤 판매자가 자신의 상품을 판매함에 있어 자신이 원하는 조건을 수용하는 구매자에게만 판매하는 것 역시 분명한 사적자치의 영역이다. 그리고 이는 설령 위 조건이 수직적 거래제한에 해당하는 것이라 하더라도 마찬가지인 것이다. 특별한 사정이 없는 한 민사법의 관점에서 볼 때 위와 같은 조건부 판매가 그 자체로 문제될 것은 없다.[547] 문제는 위 조건이 경쟁을

542) 홍대식, "사법적 관점에서 본 불공정거래행위", 경쟁법연구 제18권(2008), 220쪽 이하; 서정, "불공정거래행위의 사법상 효력", 민사판례연구 제31권(2009. 2.), 804쪽 이하; 신현윤, 앞의 책(각주 8), 18－19쪽 참조.

543) 물론 공정거래법상으로 위법할 뿐만 아니라 일반 민법상으로도 위법한 경우가 있을 수 있다. 판례 역시 대법원 2017. 9. 7. 선고 2017다229048 판결(대성산업 판결)에서 '거래상 지위를 남용한 행위는 공정거래법상 불공정거래행위에 해당하는 것과 별개로 선량한 풍속 기타 사회질서에 위반한 법률행위로서 무효일 수 있다'고 판시한 바 있다. 그러나 위와 같은 경우는 문제된 행위의 반사회성이 매우 큰 예외적인 경우로서, 이러한 이례적인 사례를 들어 공정거래법상 위법성과 일반 민사법상 위법성을 같은 것이라고 볼 수는 없다.

544) 이는 경쟁제한성을 위법성의 본질로 보되, 일정한 경우의 의사억압적 행위를 당연히 경쟁제한성이 있는 것으로 취급하는 것과는 전혀 다른 것이다.

545) 이봉의, 앞의 논문(각주 327), 125쪽; 홍대식, "불공정거래행위와 공서양속", 비교사법 제14권 제1호(2007. 2.), 129쪽; 서정, 앞의 논문(각주 542), 804쪽 이하.

546) 예컨대 최승재, 앞의 논문(각주 502), 146쪽; 황태희, 앞의 논문(각주 232), 65쪽 등. 이는 판례를 보더라도 마찬가지인바, 거래거절에 관한 포스코 전합판결은 '계약자유의 원칙'을 언급하고 있으나, 다른 행위유형에 관한 판결에서는 위와 같은 언급이 거의 발견되지 않는다.

제한하거나 적어도 경쟁과 관련성이 있는 경우이고, 이에 경쟁법이 개입할 수 있는 것이다.[548)][549)]

한편 민사법이 당사자 사이의 관계를 전제로 한다면, 경쟁법은 제3자 내지 사회 전체의 관점을 전제로 한다.[550)] 민사법적으로 적법하다는 것은 당사자 사이에서 별다른 문제가 없다는 것이고, 이에 경쟁법이 개입한다는 것은 제3자의 입장 내지 사회 전체적 관점으로 볼 때에는 문제가 있다는 것이다. 즉 민사법적으로는 거래상대방이 피해자가 되지만, 경쟁법에서는 제3자(예컨대 경쟁사업자) 내지 사회 전체(예컨대 일반 소비자)가 피해자가 된다. 이 점을 고려하더라도 의사억압성을 수직적 거래제한의 위법성 판단기준으로 삼는 것은 부당하다. 의사억압성은 일응 순수한 당사자 사이의 문제이기 때문이다.

이는 특히 배타조건부거래와 같은 브랜드간 경쟁제한의 경우에는 더욱 문제가 될 수 있는데, 브랜드간 경쟁제한에서는 의사억압의 상대는 하위사업자이고 경쟁이 제한되는 자는 상위사업자의 경쟁사업자인바, 결국 의사억압성 측면에서의 피해자와 경쟁제한성 측면에서의 피해자가 서로 다르다. 한편 브랜드내 경쟁제한에서는 의사억압의 상대방과 경쟁이 제한되는 자는 모두 하위사업자로서 동일하지만, 위와 같은 의사억압의 상대방은 재판매업자로서 일반 소비자가 아닌바, 비록 간접적이나마 피해자가 불일치하는 문제는 여전히 존재한다.

경쟁과 아무런 관련이 없는 행위를 경쟁법이 규율한다는 것은 그 자체로 모순적이다. 물론 이에 대하여는 우리 공정거래법은 특히 불공정거래행위 규제를 통하여 전통적 의미의 경쟁법적 요소뿐만 아니라 일반사법으로 규율하기에 부족한

547) 김동훈 · 김은경 · 김봉철, 공정거래법, 한국외국어대학교출판부(2011), 335쪽; 황태희, 앞의 논문(각주 79), 80쪽.

548) 이황, 앞의 논문(각주 372), 251쪽 참조.

549) 참고로 홍명수, 앞의 논문(각주 306), 63쪽은 불공정거래행위 중 거래강제(끼워팔기, 사원판매, 기타의 거래강제)에 관하여, 거래강제로 야기되는 불공정성의 문제는 거래상대방의 합리적 선택의 침해를 본질로 한다고 하면서, 강제성은 기본적으로 행위의 성립 요건이며, 불공정성의 판단은 이와 별개의 판단을 필요로 한다고 설명한다. 즉 심지어 거래 '강제'의 부당성에서도 '강제성' 그 자체가 판단기준이 될 수는 없다는 것이다.

550) 권오승 · 이민호, "경쟁질서와 사법상의 법률관계", 비교사법 제14권 제1호(2007. 2.), 88쪽; 홍대식, 앞의 논문(각주 345), 292쪽; 권오승 · 홍명수, 앞의 책(각주 239), 11쪽.

실질적 불균형 내지 부당한 불이익의 시정이라는 측면까지 포함하고 있다는 점에 기초한 반론이 있을 수 있다. 그러나 경쟁법의 1차적인 목적은 경쟁제한행위를 규제하는 것이지 영업방해행위를 규제하는 것이 아닌 점,[551] 수직적 거래제한은 애당초 순수한 경쟁법적 차원에서 문제된 것인 점, 이에 외국의 경우 불공정한 경쟁방법 등을 규제하더라도 수직적 거래제한의 문제는 경쟁법적 차원에서 검토하는 점, 거래당사자 사이의 실질적 불균형 내지 부당한 불이익의 문제는 후술하는 바와 같이 거래상 지위남용 등으로 충분히 규율할 수 있는 점, 무엇보다도 경제규제입법은 가능한 한 제한적이고 보충적이어야 하는 점[552] 등을 고려할 때, 우리나라의 현실 내지 우리나라 공정거래법의 특수성 등을 감안한다 하더라도 수직적 거래제한의 문제를 경쟁과 전혀 무관한 관점에서 규제하는 것은 바람직하지 않다고 본다.

요컨대, 의사억압성을 기준으로 경쟁법적 위법성을 판단하는 것은 경쟁법의 존재이유와 부합하지 않는다. 위와 같은 의사억압의 측면은 원칙적으로 민사문제로 다루어야 할 것이고, 설령 공정거래법이 예외적으로 개입한다 하더라도 이는 아래에서 보는 바와 같이 거래상 지위남용으로 규제하는 것이 적절할 것이다. 적어도 수직적 거래제한의 문제를 의사억압성의 관점에서 바라볼 것은 아니라고 생각된다.

나. 상거래에 있어 강제성 규제의 난점

공정거래법에서 강제성, 즉 의사억압성의 개념은 널리 통용되고 있지만, 엄밀히 보자면 그 진정한 의미가 무엇인지, 과연 어떤 경우에 의사억압성을 인정할 수 있는지는 매우 어려운 문제이다. 만일 의사억압에 의하여 해당 거래가 이루어지지 않았다면 그나마 의사억압성을 인정할 수 있을 것이나, 일단 해당 거래가 이루

551) 김학현, “공정거래법상 단독행위 규제 제도의 합리적 개편방안”, 한양대학교 대학원 법학박사 학위논문(2011), 17쪽.

552) 김성훈, “독과점에 대한 규제”, 독점규제법 30년(권오승 편), 법문사(2011), 175쪽 이하; 정연주, “경제활동의 자유와 국가개입”, 공법연구 제42집 제1호(2013), 340쪽 이하 참조.

어진 이상, 즉 계약이 체결된 이상 과연 그것을 의사억압에 의한 것이라고 볼 수 있는지 본질적 의문이 제기될 수 있기 때문이다.

사실 특별한 사정이 없는 한 일반 상거래에서 '의사억압에 의한 계약'이란 그 포섭범위를 따지기 이전에 그 존재 여부를 먼저 고민해 볼 필요가 있다. 일응 피해자로 보이는 거래상대방 역시 '계약을 체결하는 것이 체결하지 않는 것보다는 낫다'는 사업상 판단에 따라 해당 계약을 체결하는 것인바, 이러한 관점에서 보면 어떤 계약이 설령 '객관적'으로는 불공정해 보이더라도 적어도 '주관적'으로 불공정하다고 보기는 어려울 수 있다.[553)][554)]

비유하자면, 착취적 가격남용은 이를 규제할 필요가 있으나, 이는 해당 거래가 '의사억압적'이어서가 아니라 해당 가격이 '착취적'이기 때문이다. 배타조건부거래에 관하여도 이러한 관점이 필요하다. 거래상대방이 진정으로 원하지 않은 배타조건부거래를 규제할 필요가 있다 하더라도(진정으로 원하지 않은 구매라 하더라도), 그것을 의사억압적이라는 이유로(사실은 구매하고 싶지 않았다는 이유로) 규제하여서는 안 된다. 그리고 배타조건부거래에 의하여 경쟁사업자와 거래하지 못하게 되었다 하더라도(결국 높은 가격을 지불하게 되었다 하더라도), 그 자체를 위법하다고 보아서도 안 된다. 당해 배타조건부거래로 인하여 단순한 의사억압을 넘는 불이익, 예컨대 경쟁과 관련한 어떤 불이익을 입었다고 판단될 때(높은 가격으로 인하여 착취를 당하였다고 볼 수 있을 때) 비로소 경쟁법적 개입의 정당성이 인정된다 할 것이다.[555)]

---

553) 계약내용의 객관적 정당성과 주관적 정당성 개념에 관하여는 권오승, "계약자유와 공정거래", 경쟁법연구 제40권(2019. 11.), 121쪽.

554) 전용덕, 앞의 책(각주 31), 42-45쪽은 객관적으로 공정한 거래란 있을 수 없는바, 쌍방이 자발적으로 거래한 것인 이상 그 거래는 주관적으로 공정하다고 한다. 한편 일본에서도 당사자들이 동의하여 성립한 거래에 대하여 공정성 여부를 논하는 것이 합리적 근거가 있는지 심각한 의문이 제기되고 있다는 점에 관하여 고토 아키라·스즈무라 고타로 편저, 정병휴 역주, 앞의 책(각주 253), 130쪽 참조. 미국에서 거래상대방은 자신에게 해가 된다면 배타조건부거래에 동의하지 않을 수 있으므로 거래상대방에게 해가 되는 배타조건부거래란 있을 수 없다는 견해로 Joseph Farrell, "Deconstructing Chicago on Exclusive Dealing", 50 Antitrust Bull. 465, 478 (2005) 참조.

555) 배타조건부거래를 위와 같은 측면에서 규율할 수 있는 가능성에 대하여는 아래 V.에서 후술한다.

또한 강제성의 정도에는 다양한 스펙트럼이 있을 수 있는바, 과연 '어느 정도'의 강제성이 있어야 위법하다고 볼 수 있는지도 문제이다.[556] 상거래에서 문제된 계약에 일정한 강제가 개입되었다 하더라도, 여기에는 순수하게 자발적인 계약은 아니라는 의미에서의 강제성에서부터 그 어떤 손해를 감수하더라도 부득이 받아들일 수밖에 없었던 강제성에 이르기까지 다양한 층위가 존재한다. 이때 과연 어느 정도의 강제성이어야 '위법'한 것인지 의문인 것이다. 기준을 너무 낮게 설정할 경우 사실상 모든 상거래가 의사억압적이라고 판단될 것이고, 반대로 기준을 너무 높게 설정한다면 의사억압성을 이유로 한 규제는 사실상 무의미하게 될 것이다. 결국 상거래에서 강제성 기준은 외견상 일응 명백해 보이는 것과 달리 그 실제 판단기준을 설정하는 것은 거의 불가능에 가까운 일일 수 있다.

한편 대체로 의사억압성의 문제는 계약 내지 합의가 성립하기까지의 측면을 중심으로 논의되지만, 사실 상거래에서 의사억압성의 문제는 당해 계약 내지 합의의 성립 이후 그 효력이 지속되는 과정에서도 그대로 발생한다.[557] 예컨대, 당사자 사이에 순수한 자발적 합의에 의하여 일정한 부수적 거래제한을 조건으로 한 거래, 즉 수직적 거래제한이 있었는데, 그 후 일방 당사자가 위 거래제한으로부터 벗어나고 싶은 경우를 상정해 볼 수 있다. 이 경우 위 일방 당사자는 더 이상 계약을 준수하고 싶지 않은 것이고, 이 때 위 계약을 준수하라고 요구하는 것은 위 일방 당사자의 의사를 억압하는 것이다. 그런데 위와 같은 경우에라도 위 계약은 마땅히 준수되어야 한다(Pacta Sunt Servanda). 적어도 그 계약의 체결 과정에서는 아무런 문제가 없었던 것이다.

여기서 의사억압성을 위법성의 판단기준으로 볼 경우 다음과 같은 문제점들이 발생한다. ① 위와 같은 경우 일방 당사자를 계약의 구속력으로부터 해방시켜야 한다고 볼 것인가? 해방시켜야 한다면 그 근거는 무엇인가. 계약은 마땅히 준수되

556) 이황, "불공정거래행위 중 끼워팔기에 관한 소고 : 대법원 2006. 5. 26. 선고 2004두3014 판결을 대상으로", 경쟁법연구 제14권(2006. 11.), 275쪽 참조.

557) 일반 민사거래에서는 일회적으로 거래가 종료되는 것이 대부분이나, 상거래에 있어서는 그렇지 않은 경우가 많다. 이는 특히 거래의 지속성 내지 장기성을 본질로 하는 배타조건부거래의 경우에는 더욱 그러하다 할 것이다.

어야 하는 것 아닌가. 신의칙의 관점에서도 위와 같은 일방 당사자의 단순한 변심을 허용할 필요가 있는가. 금반언의 원칙이 적용되어야 하지 않는가. ② 그럼에도 불구하고 의사억압적인 행위를 불허함이 마땅하다고 본다면,[558] 수직적 거래제한의 경우 그 일방 당사자는 언제든지 당해 거래제한에 관한 조건을 파기할 수 있다는 것인가?[559] 이 경우 타방 당사자가 위와 같은 일방적 계약파기를 문제삼는다면 어떠한가. 이를 받아들여 위 일방 당사자에게 다시 계약을 원래대로 이행하라고 할 것인가. 아니라면 위 타방 당사자의 계약에 대한 신뢰는 어떻게 되는가. 애당초 쌍방이 서로 합의한 내용의 이행을 요구하는 것은 정당한 것 아닌가. ③ 한편 설령 위와 같은 타방 당사자의 신뢰를 경쟁법적으로 보호가치 없는 것으로 본다 하더라도, 그 근거는 경쟁제한성 내지 적어도 경쟁과의 관련성에서 구해야 하는 것 아닌가? 의사억압성이라는 관점이 위와 같은 일방적 변심을 정당화할 수 있는 경쟁법적 근거가 될 수 있는가. 이를 허용하는 것이 타당한가.

위와 같은 문제들은 모두 경쟁법적으로 문제되는 행위를 의사억압성으로 판단하고자 함으로써 발생하는 것이다. 이에 대하여 명확한 해답을 제시할 수 없다면 의사억압성을 기준으로 위법성을 판단하는 것은 부당하다. 의사억압성을 기준으로 수직적 거래제한의 위법성을 판단한다는 것이 실제 거래관계에서, 나아가 그에 관한 법적 분쟁에서 과연 어떤 의미를 가지고 어떻게 기능할 것인지 의문이라 아니할 수 없다.

---

558) 김성훈, 앞의 논문(각주 20), 261쪽. 이 논문에서는, 계약 당시에는 자발적으로 배타조건에 합의하였으나 이후 시장상황이 변하여 그 배타조건에서 벗어나고 싶을 경우 자유의 제한이 있다고 할 수 있는지가 문제된다고 하면서, 이 경우 합리적인 기간 내에서 배타조건 합의가 이루어진 경우에는 계약 자유의 범위 내에 있다 할 것이지만, 그 합리적인 기간을 넘어서는 경우에는 계약 자유의 실질적인 침해가 있다고 보아 이를 금지할 수 있다고 하는바, 과연 그렇게 볼 수 있을지 의문이다.

559) 한편 이러한 문제는 반드시 거래상대방 측면이 아니라 행위자 측면에서도 발생할 수 있다. 이러한 가능성에 관하여는 앞서 본 Tampa Electric 판결; Einer Elhauge, 앞의 책(각주 9), p.400 참조.

다. 거래상 지위남용과의 비교

공정거래법에서, 특히 불공정거래행위 규제에서 의사억압성이 가장 중요하게 고려되는 행위유형은 거래상 지위남용이라고 할 수 있다. 불공정거래행위 심사지침에서 '거래내용의 불공정성'을 위법성 판단기준으로 명시하고 있는 행위유형은 거래상 지위남용뿐인데, 심사지침은 "거래내용의 불공정성이라 함은 거래상대방의 자유로운 의사결정을 저해하거나 불이익을 강요함으로써 공정거래의 기반이 침해되거나 침해될 우려가 있음을 의미한다."고 규정하는바, 여기서 '공정거래의 기반이 침해되거나 침해될 우려'는 그것이 규범적으로 부당함을 의미한다 할 것이므로, 거래내용의 불공정성을 이루는 사실적 요소는 '거래상대방의 자유로운 의사결정을 저해하거나 불이익을 강요'하는 것에 있고, '불이익을 강요'하는 것이 거래상대방의 자유로운 의사결정에 부합하는 경우란 상정하기 어려우므로, 결국 거래내용의 불공정성의 핵심 표지는 거래상대방에 대한 '의사억압성'에 있는 것이다.

실제로 불공정거래행위 심사지침(V. 6. (1))은 거래상 지위남용을 규제하는 이유에 관하여 "사업자가 거래상 우월적 지위가 있음을 이용하여 열등한 지위에 있는 거래상대방에 대해 일방적으로 물품 구입강제 등 각종 불이익을 부과하거나 경영에 간섭하는 것은 경제적 약자를 착취하는 행위로서 거래상대방의 자생적 발전기반을 저해하고 공정한 거래기반을 침해하므로 금지된다."고 하고, 판례 역시 파스퇴르유업 판결(대법원 2000. 6. 9. 선고 97누19427 판결)에서 "(공정거래법이 불공정거래행위의 한 유형으로) 사업자의 우월적 지위의 남용행위를 규정하고 있는 것은 현실의 거래관계에서 경제력에 차이가 있는 거래주체 간에도 상호 대등한 지위에서 구 독점규제및공정거래에관한법률이 보장하고자 하는 공정한 거래를 할 수 있게 하기 위하여 상대적으로 우월적 지위에 있는 사업자에 대하여 그 지위를 남용하여 상대방에게 거래상 불이익을 주는 행위를 금지시키고자 하는 데 그 취지가 있는 것"이라고 판시하였으며, 이에 학설에서도 거래상 지위남용 규제의 본질이자 핵심은 의사억압성에 대한 규제에 있다고 보는 것이 일반적이다.[560]

그런데 공정거래법은 불공정거래행위로서 배타조건부거래를 거래상 지위남용과 구분하여 별도로 규정하고 있는바, 이러한 사정을 고려하면 불공정거래행위로서 배타조건부거래의 부당성을 의사억압성에 있다고 보아서는 안 된다. 불공정거래행위로서 배타조건부거래의 부당성을 의사억압성으로 파악하면 그것은 거래상 지위남용에서의 부당성과 사실상 전혀 다르지 않은 것이 되는데, 이와 같이 양자의 부당성 표지를 의사억압성으로 동일하게 본다면 불공정거래행위로서 배타조건부거래는 거래상 지위남용의 하나가 되고, 그렇다면 불공정거래행위로서 배타조건부거래의 독자성이 상실되기 때문이다. 위와 같이 본다면 불공정거래행위로서 배타조건부거래를 굳이 거래상 지위남용과 별도로 규정할 이유도 없을 것이다.[561] 불공정거래행위로서 배타조건부거래의 부당성을 의사억압성으로 보는 것은 입법자의 의사에 명백히 반할 뿐만 아니라, 설령 경쟁법 해석의 특수성을 감안한다 하더라도[562] 우리 공정거래법 전체의 구조와 체계에 부합하지 않는다.

라. 강제성설의 실익

일견 의사억압성을 강조하는 입장이 경쟁제한성을 강조하는 입장보다 그 규제범위가 더 넓은 것으로 보이고, 이는 규제의 필요성 내지 실효성을 강조하는 입장에서 보면 상당한 실익으로 간주될 수 있을 것이다. 실제로 강제성설은 바로 이러한 전제 하에 있는 것으로 보이기도 한다.

그런데 이는 사실상 그렇지도 않은바, 수직적 거래제한에 관하여 의사억압성과 경쟁제한성이 교차되는 상황을 나누어보면 아래 표와 같다.[563]

---

560) 황태희, “거래상 지위남용으로서의 불이익 제공행위의 부당성”, 공정거래법의 쟁점과 과제(서울대학교 경쟁법센터), 법문사(2010), 286쪽; 신영수, “판례를 통해 본 거래상 지위남용 규제”, 경쟁저널 제170호(2013. 9.), 16－17쪽; 한도율, “거래상 지위와 남용행위의 판단기준”, 경쟁법연구 제36권(2017. 11.), 104쪽 참조.

561) 이는 배타조건부거래뿐만 아니라 수직적 거래제한 일반에서 마찬가지인바, 수직적 거래제한의 부당성을 오로지 강제성의 측면에서 파악하는 것은 공정거래법이 수직적 거래제한을 거래상 지위남용과 별도로 규정하면서, 그것도 재판매가격유지행위, 거래지역·거래상대방 제한행위, 배타조건부거래, 끼워팔기 등 각각 별개로 규정하는 이유를 설명할 수 없다.

562) 외국, 특히 미국에서는 경쟁법을 이른바 ‘judge－made law’라고 하여 법규정 그 자체보다 그에 대한 해석을 보다 중요시하는 경향이 있다.

	경쟁제한성 ○	경쟁제한성 ×
의사억압성 ○	Ⓐ	Ⓑ
의사억압성 ×	Ⓒ	Ⓓ

여기서 Ⓐ의 경우 위법성이 인정되고, Ⓓ의 경우 위법성이 부정된다는 점에 관하여는 아무런 이견이 없을 것이다. 문제는 Ⓑ, Ⓒ의 경우이다.

의사억압성을 강조하는 입장에 의하면, Ⓑ의 경우는 위법성이 인정될 것이고, Ⓒ의 경우는 위법성이 인정되지 않을 것인바, 위 Ⓒ의 경우(즉, 의사억압성은 없고 경쟁제한성만 있는 수직적 거래제한)에 적용할 공정거래법상 다른 규제조항이 마땅치 않고 수직적 거래제한을 수직적 공동행위로 의율하기도 어려우므로[564] 결국 규제의 공백이 발생한다.

그러나 경쟁제한성을 강조하는 입장에 의하면, Ⓒ의 경우는 위법성이 인정될 것이고, Ⓑ의 경우는 위법성이 인정되지 않을 것이나, 위 Ⓑ의 경우(즉, 의사억압성만 있고 경쟁제한성은 없는 수직적 거래제한)는 거래상 지위남용으로 규제할 수 있으므로[565] 사실상 규제의 공백은 발생하지 않는다.

요컨대, 일견 의사억압성을 강조하는 입장이 경쟁제한성을 강조하는 입장보다 그 규제범위가 더 넓을 것 같지만, 실제로는 그 반대이다. 굳이 의사억압성을 중심으로 위법성을 구성할 실익도 없다 할 것이다.

마. 행태규제와 효과규제

경쟁법은 기본적으로 규제대상의 행위 내지 행태 자체에 주목하는 것이 아니라 그로 인한 결과 내지 효과에 주목하는 것이다.

---

563) 통상 수직적 거래제한의 상황을 '일정한 강제(의사억압)적 행위가 있고, 그 결과 당연히 경쟁이 제한되거나 제한될 수 있는 경우'를 전제로 논의하는 경우가 많지만, 의사억압성과 경쟁제한성이 반드시 함께 나타나는 것은 아니다.

564) 배상원, 앞의 논문(각주 121), 101쪽 이하 참조.

565) 오승한, 앞의 논문(각주 123), 19쪽; 서정, 앞의 논문(각주 23), 36쪽.

물론 우리 법상 불공정거래행위 규제는 그 효과가 아닌 행태를 규제하는 측면이 있고, 이에 불공정성의 관점이 강조된다.[566] 그러나 불공정거래행위, 즉 법 제45조가 규정하는 행위라고 하여 반드시 모두 불공정성(거래내용의 불공정성), 특히 그 중에서도 강제성(의사억압성)의 관점에서 파악하여야 하는 것은 아니다. 우리 법상 불공정거래행위를 모두 강제성의 관점에서 파악하고자 하는 시각은 불공정거래행위를 모두 경쟁제한성의 관점에서 파악하고자 하는 시각이 부당한 것과 마찬가지로 그 타당성을 인정하기 어렵다고 생각된다.[567]

바. 과잉집행의 오류와 과소집행의 오류

바람직한 경쟁법 집행방향은 경쟁제한적 행위는 규제하고 경쟁촉진적 행위 내지 경쟁중립적 행위에 대하여는 사업자의 자유를 최대한 보장하는 방향일 것이다. 그런데 의사억압성을 기준으로 경쟁법적 규제를 하는 것은 과잉집행을 유발할 가능성이 크다.

물론 경쟁법 집행에서 발생하는 오류, 즉 과잉집행과 과소집행은 모두 사회적으로 바람직하지 않을 것이다.[568] 그러나 최근 미국이나 EU를 위시한 각국의 경쟁당국과 법원이 그 중 과잉집행을 방지하는 데 보다 주의를 기울이는 추세에 있는 것은 참고할 만하다.[569][570] 의사억압성을 위법성 판단기준으로 한다는 것은 사실상 당연위법적 판단을 하게 됨을 의미하고, 이러할 경우 정당화 사유와의 형

566) 이승택, 앞의 논문(각주 256), 116쪽.

567) 홍대식, 앞의 논문(각주 541), 174쪽 참조.

568) 다른 법영역에 비하여 특히 공정거래법에서는 위와 같은 오류의 발생 가능성에 주의하여야 한다는 견해로 김지홍·이병주, “과대집행과 과소집행의 딜레마”, 경제법판례연구 제8권(2013), 261쪽 이하.

569) 서정, 앞의 논문(각주 244), 103쪽.

570) 다만 현재로서는 위와 같은 추세에 대하여 다소 비판적인 입장 역시 대두되고 있는데, 이른바 ‘뉴 브랜다이즈 운동(New Brandeis Movement)’이 그것이다(정영진, “리나 칸: ‘반독점역사의 종말론’과 뉴 브랜다이즈 운동”, 경쟁저널 제208호(2021. 8.), 64－77쪽; 이황, “공정거래법상 경제력집중 억제시책과 일반집중의 문제”, 연세대학교 법학연구 제31권 제1호(2021. 3.), 263－265쪽 참조). 그러나 위와 같은 입장 역시 적어도 ‘강제성’ 문제를 부당성 판단기준으로 제시하고 있는 것은 아니다.

량이 어려워지며, 실제로는 경쟁을 촉진하는 행위를 금지하게 되는 상황이 발생하여 오히려 경쟁법의 목적에 반하는 결과가 될 우려가 있다.[571]

이는 배타조건부거래의 경우에는 더욱 그러한바, 앞서 본 바와 같이 배타조건부거래는 전통적으로 경쟁제한성의 관점에서 문제된 것으로서, 오히려 일반 민사법상 적법한 전속계약을 경쟁제한성의 관점에서 위법하다고 보아 비로소 경쟁법으로 규제하게 된 것이므로, 의사억압성의 관점으로 배타조건부거래를 규제함으로써 그 실제 경쟁제한성에 관한 판단을 원천적으로 차단하는 우를 범하여서는 안 될 것이다.

사. 경쟁제한성을 이유로 한 불공정거래행위 규제

불공정거래행위로서 배타조건부거래의 부당성을 강제성으로 보고자 하는 입장은 그것이 '불공정거래행위'임을 강조하는 취지인바, 이는 불공정거래행위를 경쟁제한성의 관점에서 규제하는 것은 부당하다는 시각 내지 포스코 전합판결의 시장지배적 지위남용과 불공정거래행위 구별론에 근거한 것으로 보인다.[572]

그러나 판례가 불공정거래행위의 모든 행위유형에 관하여 경쟁제한성 측면을 부당성 판단요소에서 제외하고 있는 것은 아니고, 오히려 특정 행위유형에 관하여는 사실상 경쟁제한성만으로 부당성을 판단하고 있는 경우도 있다. 예컨대 외환신용카드 판결(대법원 2006. 12. 7. 선고 2004두4703 판결)은 불공정거래행위로서 가격차별의 위법성은 경쟁제한성에 있다고 하였고, 현대정보기술 판결(대법원 2001. 6. 12. 선고 99두4686 판결) 역시 불공정거래행위로서 부당염매의 위법성을 경쟁제한성으로 보고 있는 것이다.[573] 포스코 전합판결은 위 판결들을 폐기하지 않았는바, 그렇다면 포스코 전합판결을 전제로 하더라도 불공정거래행위라고 하여 반드시 강제성을 기준으로 그 부당성을 판단하여야 하는 것은 아니라 할 것이다.

---

571) 강우찬, 앞의 논문(각주 24), 174쪽.

572) 포스코 전합판결의 시장지배적 지위남용과 불공정거래행위 구별론에 관하여는 아래 III. 참조.

573) 같은 취지의 해석으로 강우찬, 앞의 논문(각주 24), 167쪽; 이민호·주현영, 앞의 논문(각주 389), 127쪽.

아. 외국의 강제성 규제

수직적 거래제한에서 강제성 문제는 반드시 우리나라뿐만 아니라 EU는 물론[574] 미국에서도 제기되는 경우가 있고, 강제성설은 이러한 외국의 규제상황을 근거로 제시하기도 한다.

그러나 이는 과거 미국에서 주로 브랜드내 경쟁제한행위, 즉 재판매가격유지행위, 거래지역 · 거래상대방 제한행위에 관하여 당연위법의 원칙을 적용하였던 사정상 그 합의의 성립 여부에 쟁점이 집중됨으로써 나타난 현상이다.[575] 한편 미국이나 EU의 경우 배타조건부거래는 브랜드간 경쟁제한행위로서 통상 끼워팔기와 함께 논의되는데,[576] 끼워팔기에서는 강제성(coercion)을 검토하고 있지만 적어도 배타조건부거래에 관한 한 강제성을 요구하고 있지 않다.[577] 즉 경쟁법의 전통적 이론과 실무에 있어 배타조건부거래에 관하여 의사억압성이 논의된 바는 없었다.[578] 이러한 측면을 고려하더라도 불공정거래행위로서 배타조건부거래의 부당성을 강제성에서 찾는 것은 적절하지 않다 할 것이다.[579]

---

574) EU 수직적 거래제한 가이드라인 121문단은 TFEU 제101조 제1항에 위반되는지를 판단할 때 고려할 요소 중 기타요소로서 '강제성(부과)'을 명시하고 있다("whether the agreement is 'imposed' or 'agreed'").

575) 김남우, "최저 재판매가격유지행위 : 2010년 대법원 판례 변경 후 추가적으로 생각해 볼 쟁점들", 경제법연구 제14권 제1호(2015), 216-218쪽; 홍명수, "수직적 비가격제한의 경쟁제한성 판단", 경제법판례연구 제2권(2005), 132쪽.

576) 우리나라의 경우 위와 같은 관점 내지 논의형태가 그리 일반적이지는 않지만, 그렇다고 전혀 없는 것은 아니다. 예컨대 이민호, 앞의 논문(각주 198) 등.

577) 즉 배타조건부거래는 끼워팔기에 비하여 더욱 경쟁제한성의 관점에서 검토할 필요가 있다. 끼워팔기보다 배타조건부 거래행위가 더 경쟁제한적일 수 있다는 점에 관하여 Lawrence A. Sullivan, Warren S. Grimes & Christopher L. Sagers, 앞의 책(각주 11), p.428; Herbert Hovenkamp, 앞의 책(각주 230), p.199 참조.

578) 홍대식, 앞의 논문(각주 9), 164쪽 이하; 강우찬, 앞의 논문(각주 24), 172쪽.

579) 다만 미국의 경우 경쟁제한성의 신중한 판단을 강조하는 '판례'의 영향으로 연방 차원에서 배타조건부거래를 규제하기 어렵게 되자, 많은 주에서 '법률'을 제정하여 강제(coercion)에 의한 배타조건부거래를 금지하고 있다. 그러나 위 법률들에서 말하는 강제가 과연 무엇을 의미하는지 명확하지 않고, 이에 실제로 많이 활용되지는 않고 있는 상황이다. Christopher E. Ware & Alison A. Hill, "Are We Exclusive – Does It Matter: An Antirust-Inspired Framework for Understanding Anti-Exclusive

3. 이원설의 문제점

이상 살펴본 바와 같이 불공정거래행위로서 배타조건부거래의 부당성 판단에 있어 강제성을 고려하는 것은 부당하다 할 것인바, 이원설은 강제성을 고려요소로 포함하고 있으므로 그 자체로 받아들이기 어렵지만, 이 부분에서는 경쟁제한성과 강제성 양 측면을 모두 부당성 판단기준으로 보는 이원설 특유의 문제점을 살펴본다.

그런데 이원설에서 말하는 '경쟁제한성과 강제성을 모두 고려한다'는 것이 정확히 어떤 의미인지 다소 불분명한바,[580][581] 이하 일응 가능한 입장을 상정하여 그 구체적인 의미와 기능 및 문제점을 검토하기로 한다.

우선 '경쟁제한성과 강제성이 모두 인정되어야 부당성을 인정할 수 있다'는 입장이 가능하다. 그러나 현재 주장되고 있는 이원설이 위와 같은 취지는 아닌 것으로 보인다. 위와 같이 본다면 부당성을 인정할 수 있는 범위가 가장 좁아지는데, 이원설의 의도가 위와 같이 규제범위를 축소하고자 하는 것은 아니라고 보이기 때문이다. 한편 앞서 강제성설의 실익 부분에서 살펴본 바와 같이 경쟁제한성과 강제성이 모두 인정되는 경우라면 사실상 별다른 논의의 필요성도 없다 할 것이다.

다음으로 '경쟁제한성과 강제성 중 어느 하나만 인정되더라도 부당성이 인정된다'는 입장이 있을 수 있다. 경쟁제한성설과 대비되는 관점으로 보자면, 경쟁제한성이 없더라도 강제성만 인정되면 부당성을 인정할 수 있다는 입장이 될 것이다.

Dealing Statues and the Meaning of Coercion", 34 J. Legis. 38, 39－42 (2008).

580) 이는 판례는 물론 이원설을 취하는 학설을 보더라도 대체로 마찬가지이다. 우선 에스오일 사건에서 원심은 경쟁제한성과 함께 강제성을 '부수적으로' 고려할 수 있다고 하였고, 대법원은 경쟁제한성과 함께 강제성을 '아울러' 고려할 수 있다고 하였으나, 위 판결들에서 '부수적으로' 내지 '아울러'가 어떤 의미를 가지는지는 명확히 설명되지 않았다. 한편 백승엽, 앞의 논문(각주 80), 120쪽은 포스코 전합판결의 취지를 반영하여 강제성 역시 고려되어야 한다는 견해이나, 위와 같이 강제성을 함께 고려한다는 것의 의미가 어떤 것인지에 관한 구체적 설명은 없다.

581) 이러한 사정 자체를 이원설의 문제점이라고 볼 수도 있을 것이다. 같은 취지의 지적으로 정재훈, 앞의 논문(각주 354), 343쪽; 주진열, 앞의 논문(각주 524), 339쪽; 한철수, 앞의 책(각주 19), 320쪽 참조.

현실적으로 주장되는 견해 내지 에스오일 판결은 대체로 위와 같은 측면의 이원설에 해당하는 것으로 보인다.[582] 그런데 위와 같은 입장에 대하여는 앞서 본 강제성설에 대한 비판이 그대로 적용될 수 있을 것인바, 즉 강제성만으로 부당성을 인정하는 것은 경쟁법의 본질, 나아가 배타조건부거래 규제의 본질에 반한다 할 것이다.[583] 한편 그 증명의 상대적 용이성을 감안하면, 위와 같은 입장을 취하는 순간 불공정거래행위로서 배타조건부거래의 규제는 사실상 모두 강제성에 기초하게 될 가능성이 큰바, 결국 강제성설을 취하는 것과 실질적으로 다른 점이 없을 것이다.

마지막으로 '경쟁제한성과 강제성 각각의 측면에서는 부당성을 인정하기에 충분하지 않더라도 양자를 종합하여 부당성을 인정할 수 있다'는 입장도 가능할 수 있다.[584] 그러나 위와 같은 입장이라면 여전히 그 의미가 명확히 무엇인지 알기 어렵다. 경쟁제한성과 강제성을 종합하여 위법성을 판단한다는 것이 과연 어떻게 가능한 것인지부터 의문이다.[585] 더욱이 위와 같은 입장을 취하게 되면 사실상 모든 배타조건부 거래를 위법하다고 판단할 수 있게 될 것인바,[586] 이원설 중 가장 문제점이 큰 입장이라고 생각된다.

---

582) 예컨대 김성훈, 앞의 논문(각주 20), 260쪽은 '경쟁제한성과 강제성 중 어느 한 측면이 충분히 강할 경우에는 그 한 측면만으로도 위법성이 인정될 수 있다'고 주장하는바, 위와 같은 취지를 명백히 하고 있다.

583) 유사한 취지에서 이원설을 비판하는 견해로 강우찬, 앞의 논문(각주 24), 174쪽 참조.

584) 이기종, "불공정거래행위의 위법성 판단기준으로서의 경쟁제한성과 불공정성", 경제법연구 제14권 제1호(2015), 61쪽 참조.

585) 권오승 외 6인, 앞의 책(각주 534), 223쪽[홍대식 집필부분]은 "(에스오일 판결은) 경쟁제한성과 그 전제가 되는 거래질서와의 관련성의 가치들 사이에 구체적 형량을 하기 위한 기준을 적극적으로 제시한 사례라고 할 수 있다."고 하는바, 위 설명에서 말하는 '형량'이 무엇을 의미하는 것인지 다소 의문이다.

586) 사실상 모든 배타조건부거래는 어느 정도의 강제성과 일정 정도의 경쟁제한성을 가질 수밖에 없기 때문이다. 강제성과 경쟁제한성을 '종합하여' 위법성을 판단한다는 것은 문제되는 행위의 파편적 측면들을 모아 위법성을 '만들어 낼 수 있는' 위험성이 있다.

Ⅲ. 불공정거래행위로서 배타조건부거래의 독자성

이상 살펴본 바에 의하면 불공정거래행위로서 배타조건부거래의 부당성 판단에 있어 경쟁제한성은 고려하여야 하고, 강제성은 고려하여서는 안 된다. 그렇다면 불공정거래행위로서 배타조건부거래의 부당성은 시장지배적 지위남용으로서 배타조건부거래의 부당성과 같은 것인가?

그렇게 볼 수는 없다. '불공정거래행위'라 쓰고 '경쟁제한행위'라고 읽을 수는 없다.[587] 위와 같이 보면 시장지배적 지위남용과 불공정거래행위의 구별은 사실상 그 행위자가 시장지배적 사업자인지, 일반 사업자인지의 문제가 될 뿐인바, 이는 양자를 분명히 구분한 입법자의 의도에 반하고(이러한 태도는 제정법에서는 물론 최근 전면개정된 현행법에 있어서도 그대로 마찬가지이다), 시장지배적 지위남용의 부당성과 불공정거래행위의 부당성을 차별화한 포스코 전합판결의 취지에도 배치된다. 즉 비록 강제성을 부당성 판단기준의 하나로 도입하였다는 점에서는 타당하다고 보기 어렵지만, 불공정거래행위로서 배타조건부거래의 부당성을 시장지배적 지위남용으로서 배타조건부거래의 부당성과 차별화하고자 한 에스오일 판결의 기본적 입장은 타당하다 할 것이다.

이하 시장지배적 지위남용으로서 배타조건부거래와 구별되는 불공정거래행위로서 배타조건부거래의 독자성에 관하여 보되, 논의의 기초로서 포스코 전합판결의 시장지배적 지위남용과 불공정거래행위 구별론을 살펴보고, 위 구별론을 연장한 에스오엘 판결의 타당성을 검토한 후, 이를 토대로 불공정거래행위 규제의 취지와 의미를 음미해 보기로 한다.

---

587) 이봉의, "공정경제(fair economy)를 위한 공정거래법의 운용방향", 법연 제60호(Fall 2018), 22쪽.

1. 판례의 시장지배적 지위남용과 불공정거래행위 구별론

가. 포스코 전합판결의 시장지배적 지위남용과 불공정거래행위 구별론

포스코 전합판결은 시장지배적 지위남용으로서 거래거절의 부당성은 경쟁제한성에 있다고 판결하면서(결론), 공정거래법상 시장지배적 지위남용과 불공정거래행위는 그 규제목적 및 범위를 달리한다고 판시하였다(이유).[588][589]

즉 포스코 전합판결에 의하면, ① 시장지배적 지위남용으로서 거래거절과 불공정거래행위로서 거래거절은 "그 규제목적 및 범위를 달리하고 있으므로" 양자의 부당성은 "독자적으로 평가·해석"하여야 하는바, ② 불공정거래행위로서 거래거절을 규제하는 이유는 거래거절이 "그 거래상대방과의 관계에서 공정한 거래를 저해할 우려"가 있는 행위라고 평가되는 경우에는 이를 규제하여야 할 필요성이 있기 때문이고, ③ 시장지배적 지위남용으로서 거래거절을 규제하는 이유는 "시장지배적 사업자가 존재하는 독과점적 시장에 경쟁을 제한"하는 행위를 규제하여

---

588) 포스코 전합판결의 구체적인 설시는 다음과 같다. ① 우선 포스코 전합판결은 시장지배적 지위남용 규제와 불공정거래행위 규제의 관계에 관하여 "시장지배적 사업자의 거래거절행위와 ... 불공정거래행위로서의 거래거절행위는 그 규제목적 및 범위를 달리하고 있으므로 ... 시장지배적 사업자의 거래거절행위의 부당성의 의미는 ... 불공정거래행위로서의 거래거절행위의 부당성과는 별도로 독자적으로 평가·해석하여야 한다."고 보았다. ② 그리고 불공정거래행위로서 거래거절에 관하여 "공정거래법이 ... 시장지배적 사업자의 지위남용행위로서의 거래거절행위를 규제하면서도 ... 시장지배적 사업자를 포함한 모든 사업자의 불공정거래행위로서의 거래거절행위를 규제하고 있는 이유는, 거래거절이 시장지배적 사업자의 지위남용에 해당하는지 여부를 떠나 단지 그 거래상대방과의 관계에서 공정한 거래를 저해할 우려가 있는 행위라고 평가되는 경우에는 이를 규제하여야 할 필요성이 있기 때문이다."라고 하였다. ③ 나아가 위와 같은 인식을 토대로 시장지배적 지위남용으로서 거래거절에 관하여 "공정거래법이 ... 시장지배적 사업자를 수범자로 하여 그 지위남용행위를 규제하면서 그 지위남용행위의 하나로 거래거절행위를 규정하고 있는 이유는, 불공정거래행위로서의 거래거절행위와는 달리 시장지배적 사업자가 존재하는 독과점적 시장에서 시장지배적 사업자의 경쟁을 제한하는 거래거절행위를 규제하여야 할 필요성이 있기 때문이다."라고 판시하였다.

589) 이호영, 앞의 논문(각주 84), 13쪽은 위 판시에 대하여 시장지배적 지위남용의 규제 근거는 '경쟁제한성'으로, 불공정거래행위의 규제 근거는 '특정 거래상대방에 대한 불이익'으로 확연히 대비시키는 태도라고 설명한다(다만 위 견해가 위와 같은 대비를 반드시 긍정적으로 보는 것은 아니다).

야 할 필요성이 있기 때문이다.

나. 배타조건부거래에 관한 에스오일 판결의 구별론

에스오일 판결은 포스코 전합판결의 시장지배적 지위남용과 불공정거래행위 구별론을 연장하여 “시장지배적 사업자의 배타조건부 거래행위와 ... 불공정거래행위로서의 배타조건부 거래행위는 그 규제목적 및 범위를 달리하고 있으므로 ... 시장지배적 사업자의 배타조건부 거래행위의 부당성의 의미는 ... 불공정거래행위로서의 배타조건부 거래행위의 부당성과는 별도로 독자적으로 평가·해석하여야 한다.”고 전제한 후,[590] “공정거래법이 ... 시장지배적 사업자의 지위남용행위로서의 배타조건부 거래행위를 규제하면서도 ... 시장지배적 사업자를 포함한 모든 사업자의 불공정거래행위로서의 배타조건부 거래행위를 규제하고 있는 이유는, 배타조건부 거래행위가 시장지배적 사업자의 지위남용에 해당하는지 여부를 떠나 관련시장에서의 경쟁을 제한하거나 그 거래상대방에 대하여 거래처 선택의 자유 등을 제한함으로써 공정한 거래를 저해할 우려가 있는 행위라고 평가되는 경우에는 이를 규제하여야 할 필요성이 있기 때문이다.”라고 판시함으로써, 불공정거래행위로서 배타조건부거래의 부당성을 시장지배적 지위남용으로서 배타조건부거래의 부당성과 차별화하고 있다.

2. 에스오일 판결의 구별론에 대한 정당한 평가

이러한 에스오일 판결의 입장에 대하여는 다양한 견해가 제시되고 있는데, 학계에서 명시적으로 이 부분을 언급하는 견해들은 대부분 판례에 비판적인 것으로 보인다.[591] 그러나 에스오일 판결은 포스코 전합판결이 천명한 입장에 그대로 부

590) 사소한 것이지만, 위 부분의 표현은 ‘시장지배적 지위남용으로서 배타조건부거래의 부당성의 의미는 불공정거래행위로서 배타조건부거래의 부당성과는 별도로 독자적으로 평가·해석하여야 한다’고 하기보다는, 거꾸로 ‘불공정거래행위로서 배타조건부거래의 부당성의 의미는 시장지배적 지위남용으로서 배타조건부거래의 부당성과는 별도로 독자적으로 평가·해석하여야 한다’고 하는 것이 좋았을 것이다.

591) 물론 긍정적인 견해가 전혀 없는 것은 아닌바, 다음과 같은 견해들은 비록 간접적이나마

합하는 것으로서 타당하다고 생각되는바, 이하 판례를 지지하는 입장에서 위 견해들을 비판적으로 살펴본다.

가. 포스코 전합판결의 구별론이 방론에 불과한지 여부

우선 포스코 전합판결의 구별론은 '방론'에 불과하므로 큰 의미를 부여할 것이 아니라는 견해가 있다.[592] 즉 에스오일 판결이 위와 같은 방론에 근거하여 시장지배적 지위남용으로서 배타조건부거래와 불공정거래행위로서 배타조건부거래를 구별한 것은 그 자체로 잘못이라는 취지이다.

그러나 아래와 같은 이유에서 위와 같은 평가에는 다소 동의하기 어렵다. 포스코 전합판결의 구별론은 단순한 방론이 아니고, 설령 방론으로 보더라도 엄연히 선례로서 기능하고 있으며, 무엇보다도 공정거래법의 누적적·발전적 전개를 위하여는 이를 받아들이는 것이 필요하다 할 것이다.

첫째, 과연 포스코 전합판결의 구별론을 단순히 방론에 불과하다고 볼 수 있는가?[593] 포스코 전합판결의 쟁점은 외견상으로는 그저 '시장지배적 지위남용으로서 거래거절의 부당성 판단기준'일 뿐이지만, 이를 조금 더 자세히 살펴보면

판례의 시장지배적 지위남용과 불공정거래행위의 구별론을 받아들여야 한다는 입장을 피력하고 있다. 이봉의, 앞의 논문(각주 263), 162쪽; 홍명수, 앞의 논문(각주 306), 46–47쪽; 홍대식, "시장지배적 지위 남용행위의 판단기준 개선방안", 경쟁법연구 제21권(2010. 5.), 147쪽.

592) 변동열, "불공정거래행위로서의 끼워팔기 : 경쟁제한은 요건이 아닌가?", 경제법판례연구 제7권(2011), 181쪽; 서정, 앞의 논문(각주 23), 36–37쪽; 주진열, 앞의 논문(각주 50), 146쪽.

593) 이른바 '판례(주론)'와 '방론'의 구별은 판례의 법원성을 인정하는 영미법계 국가의 관념, 즉 판결의 이유 중 구체적 사건의 결정에 있어서 법적 기초가 된 규범과 그렇지 않은 규범을 분석하여 전자를 '판결 이유(ratio decidendi)', 후자를 '부수적 의견(obiter dictum, 복수로는 'obiter dicta')'이라고 하여 전자만을 판례법 규범이라고 보는 것에서 비롯되었다. 즉 주론이란 판결의 이유 중 구속력을 가지는 부분을 의미하고, 그러한 구속력을 가지지 않은 부분을 방론이라고 할 수 있다. 주론이란 해당 사건의 법리상 쟁점에 대한 직접적 판단으로서 선례가 되는 부분을 말하고, 방론이란 주론에 이르는 과정에서 제시된 부수적 판단으로서 선례가 되지 않는 부분을 말하는 것이다. 보다 상세한 사항은 이광범, "판례의 의미와 구속력에 관한 소고", 판례실무연구 제4권(2003); 홍일표, "판례의 형성과 구속력의 범위", 건국대학교 일감법학 제12권 하반기(2007. 8.) 참조.

진정한 쟁점은 '시장지배적 지위남용으로서 거래거절의 부당성은 불공정거래행위로서 거래거절의 부당성과 같은 것인지 다른 것인지'의 문제였다. 당시 불공정거래행위로서 거래거절의 부당성에 관하여는 이미 판례가 확립되어 있는 상황이었는바,[594] 시장지배적 지위남용으로서 거래거절의 부당성을 그와 같은 것으로 볼 것인지 다른 것으로 볼 것인지가 문제의 핵심이었던 것이다. 이에 다수의견, 제1반대의견은 '시장지배적 지위남용으로서 거래거절의 부당성은 불공정거래행위로서 거래거절의 부당성과 다르다'는 입장을 취하였고, 제2반대의견은 '시장지배적 지위남용으로서 거래거절의 부당성은 불공정거래행위로서 거래거절의 부당성과 같다'는 입장을 취하였는바, 포스코 전합판결의 시장지배적 지위남용 규제와 불공정거래행위 규제 구별론은 문제된 법리적 쟁점 그 자체에 대한 직접적인 답변이었다.

즉 포스코 전합판결에 의하면 시장지배적 지위남용으로서 거래거절의 부당성과 불공정거래행위로서 거래거절의 부당성을 "독자적으로 평가·해석"하여야 하는 이유는 그 "규제목적 및 범위를 달리"하고 있기 때문이다. 결국 포스코 전합판결의 이 부분 판시는 오히려 거꾸로 '① 불공정거래행위로서 거래거절을 규제하는 이유는 거래거절이 그 거래상대방과의 관계에서 공정한 거래를 저해할 우려가 있는 행위라고 평가되는 경우에는 이를 규제하여야 할 필요성이 있기 때문이다. ② 그런데 시장지배적 지위남용으로서 거래거절을 규제하는 이유는 시장지배적 사업자가 존재하는 독과점적 시장에 경쟁을 제한하는 행위를 규제하여야 할 필요성이 있기 때문이다. ③ 이와 같이 불공정거래행위로서 거래거절과 시장지배적 지위남용으로서 거래거절은 그 규제목적 및 범위를 달리하고 있으므로 양자의 부당성은 독자적으로 평가·해석하여야 한다.'는 의미로 이해하는 것이 타당하다. 실제 판시가 위와 같은 순서로 이루어지지 않은 것은 판결의 '사건성' 측면에서 비롯된 것으로서, 해결하여야 할 문제가 시장지배적 지위남용으로서 거래거절의 부당성 판단기준을 제시하여야 하는 것에 있었기 때문일 뿐이다.

---

594) 대법원 2001. 1. 5. 선고 98두17869 판결(한국코카콜라 판결).

요컨대, 포스코 전합판결의 결론은 비록 '시장지배적 지위남용으로서 거래거절의 부당성은 경쟁제한성에 있다'는 것이지만, 그 판시의 핵심은 '시장지배적 지위남용으로서 거래거절과 불공정거래행위로서 거래거절은 규제목적 및 범위가 다르다'는 점에 있다.[595] 대법원 전합판결에서 다수의견과 반대의견으로 결론이 갈라진 쟁점에 대한 판단을 그저 방론이라고 하는 것이 과연 타당한지 오히려 의문이라 할 것이다.

둘째, 우리나라의 대법원 판결에 과연 주론과 방론의 엄밀한 구별이 존재하는지 의문이 없지 않고,[596] 더욱이 어떤 판결이 '선례가 된다'는 것과 '선례로서 기능한다'는 것은 구별할 필요가 있다. 결국 무엇이 주론으로서 '판례'인지는 현실적으로 대법원이 스스로 선례로서 인식하고 있는지, 후속 판결에서 선례로 삼고 있는지 여부가 중요하다.[597]

그런데 비록 민사판결이기는 하지만 대법원은 금융결제원 판결에서 포스코 전합판결의 법리에 기초하여 "공정거래법 제3조의2 제1항에서 규정한 시장지배적 사업자의 남용행위와 동법 제23조 제1항에서 규정한 불공정거래행위는 요건이 상이하므로 전자의 주장에 후자의 주장이 당연히 포함되어 있다고 볼 수 없다."고 판시한 바 있고,[598] 에스오일 판결은 포스코 전합판결의 구별론을 그대로 연장하면서, 특히 불공정거래행위로서 배타조건부거래와 시장지배적 지위남용으로서 배타조건부거래는 그 "규제목적 및 범위를 달리하고 있으므로" 양자의 부당성은 "별도로 독자적으로 평가·해석하여야 한다"고 하여 그 핵심적 논리를 완전히 동일하게 반복하고 있는바, 포스코 전합판결의 구별론은 엄연히 선례로서 기능하고 있다 할 것이다.

---

595) 윤성운·신상훈, 앞의 논문(각주 226), 12쪽 참조.

596) 우리나라에서는 영미와 같이 주론(판례)과 방론을 엄밀히 구별할 필요가 없다는 입장으로 홍일표, "판례위반을 이유로 한 권리상고와 영미법에 있어서 선례구속의 원칙", 민사판례연구 제6권, 박영사(1984), 241−242쪽.

597) 홍일표, 앞의 논문(각주 593), 27쪽("무엇이 '판례'인가에 관하여 학자나 실무가의 견해에 있어서 차이가 있을 수 있다. 그러나 현실 문제로서는 대법원이 스스로 '판례'라고 생각하는 것이 '판례'로서 기능하는 것이다.").

598) 대법원 2009. 9. 24. 선고 2009다28998 판결(금융결제원 판결).

이러한 사정을 감안하면, 설령 포스코 전합판결의 구분론을 방론에 해당하는 것으로 보더라도, 그러한 사정만으로 해당 판시의 실질적 의미를 과소평가할 것은 아니다.[599]

셋째, 무엇보다도 포스코 전합판결이 전합판결로서 가지는 의미, 더욱이 우리 공정거래법의 해석 전반에 미치는 영향력을 고려할 필요가 있다. 포스코 전합판결은 현재까지 공정거래법 분야에서 두 건밖에 없는 전합판결 중 하나이고,[600] 실제로 공정거래법 전반에 지대한 영향을 미치고 있는 판결인바,[601] 이러한 포스코 전합판결의 위상에 비추어 보더라도 그 중 핵심적 판단에 해당하는 시장지배적 지위남용과 불공정거래행위 구별론의 의미를 평가절하하여서는 안 된다.

실제로 포스코 전합판결 그 어디에도 '배제남용과 방해남용의 구별'에 관한 직접적인 판시는 전혀 없지만, 이를 통하여 우리 공정거래법상 시장지배적 지위남용은 방해남용이 아닌 배제남용으로 정리되었다고 보는 것에 상당 부분 견해가 수렴되어 있다.[602] 즉 판례의 진정한 의미는 반드시 해당 사건의 직접적 결론 부분에만 한정되는 것이 아니다. 포스코 전합판결의 시장지배적 지위남용과 불공정거래행위 구별론 역시 위와 같은 차원으로 이해하여야 한다. 이와 관련하여, 만일

---

599) 홍대식, 앞의 논문(각주 256), 201-203쪽 역시 포스코 전합판결의 구분론을 '방론'이라고 하면서도, 그 의미를 과소평가하지 않고 "불공정거래행위의 부당성은 경쟁제한성을 포괄하면서 그보다 더 넓어질 수 있다는 점을 시사한다"고 보아 상당한 의미를 부여하고 있다.

600) 나머지 하나는 의사들의 집단휴업에 관한 대법원 2003. 2. 20. 선고 2001두5347 전원합의체 판결(대한의사협회 판결)이다.

601) 이황, 앞의 논문(각주 372), 256쪽("공정거래법에 새로운 생명의 숨결을 불어넣은 획기적 판결(landmark decision)로서 지금까지의 공정거래법 관련 판결 중 가장 중요한 것으로 평가"); 백승엽, 앞의 논문(각주 370), 376쪽("대법원 전원합의체에서 오랜 기간 논의 끝에 형성된 것으로, 그리 길지 않은 우리나라의 공정거래법 역사에서 시장지배적 사업자의 남용행위 규제와 관련하여 한 획을 그은 것으로 평가할 수 있고, 동 시대 법관들의 고뇌와 철학이 고스란히 묻어나 있는 기념비적인 판결"): 신영수, "한국 경쟁정책의 발전과정상 사법의 역할에 대한 평가", 저스티스 제146-3호(2015. 2.), 499쪽(포스코 전합판결에 대하여 "현재는 판례법으로서 일종의 법원성을 확보한 단계에 이르렀다"고 평가).

602) 권오승·서정, 앞의 책(각주 2), 163-164쪽; 이민호·주현영, 앞의 논문(각주 389), 121쪽 참조.

향후 다른 행위유형에 관하여 시장지배적 지위남용과 불공정거래행위의 구별이 문제될 경우 포스코 전합판결의 구별론에도 불구하고 '양자의 부당성은 완전히 같다'고 판시할 수 있을까? 아마도 그렇게 하기는 어려울 것으로 생각된다. 그러한 결론을 내리기 위하여는 적어도 왜 포스코 전합판결과 다른 결론을 내리는지 명확한 설명이 필요할 것이다.[603] 이러한 측면에서도 포스코 전합판결의 선례적 가치를 간과할 수는 없다.

즉 포스코 전합판결의 구별론은 대법원의 공정거래법에 대한 기본적 시각, 특히 그 중에서도 시장지배적 지위남용 규제와 불공정거래행위 규제의 근본적 차별성을 선언한 것이라고 보아야 한다.[604] 이에 별다른 의미를 부여하지 않는 것은 우리 공정거래법의 누적적·발전적 전개를 위하여 결코 바람직하지 않다고 생각된다.[605]

나. 포스코 전합판결의 구별론이 거래거절에 한정되는지 여부

1) 법령규정의 차이

다음으로 포스코 전합판결은 거래거절에 관한 것인바, 법령상 '거래거절'의 경우에는 시장지배적 지위남용으로서 거래거절 규정과 배타조건부거래로서 거래거절 규정이 서로 다르지만, '배타조건부거래'의 경우에는 시장지배적 지위남용으로서 배타조건부거래 규정과 불공정거래행위로서 배타조건부거래 규정이 완전히 같으므로, 거래거절에 관한 포스코 전합판결의 구별론을 배타조건부거래에 대하여

603) 참고로, 판례의 구별론을 강조하는 입장에서 경쟁제한성이 그 위법성 판단기준이라고 일반적으로 받아들여지는 가격차별, 부당염매의 경우에도 이를 불공정거래행위로 의율하는 한 반드시 경쟁제한성을 부당성 판단기준으로 볼 것은 아니라는 취지의 견해가 있다. 이승택, 앞의 논문(각주 256), 120쪽, 123쪽(이 견해는 가격차별에 관한 대법원 2006. 12. 7. 선고 2004두4703 판결(외환신용카드 판결), 부당염매에 관한 대법원 2001. 6. 12. 선고 99두4686 판결(현대정보기술 판결)이 반드시 '경쟁제한성'을 위법성 판단기준으로 제시한 것은 아니라고 본다).

604) 정재훈, 앞의 책(각주 83), 556쪽은 포스코 전합판결을 분기점으로 하여 '시장지배적 지위남용 규제와 불공정거래행위 규제가 분화되는 이원화된 규제가 확립되었다'고 한다.

605) 유사한 시각으로 이호영, 앞의 논문(각주 84), 15쪽; 손동환, 앞의 논문(각주 163), 172쪽 참조.

까지 그대로 적용할 수는 없다는 분석이 있다.[606)]

그러나 위와 같은 분석에는 그 전제에 다소 문제가 있다고 생각된다. 법상 시장지배적 지위남용으로서 배타조건부거래는 '경쟁사업자 배제(부당하게 경쟁사업자를 배제하기 위하여 거래하는 행위)'의 하나로 규정되어 있으나, 불공정거래행위로서 배타조건부거래는 '구속조건부거래(거래의 상대방의 사업활동을 부당하게 구속하는 조건으로 거래하는 행위)'의 하나로 규정되어 있기 때문이다. 비록 시행령상 구체적인 행위의 개념정의는 사실상 동일하지만(앞서 제2장 제5절 I. 참조), 그 행위가 속하는 상위유형이 전혀 다른 것이다. 즉 시장지배적 지위남용으로서 배타조건부거래의 행위유형적 본질은 '경쟁사업자 배제'라는 점에 있고, 불공정거래행위로서 배타조건부거래의 행위유형적 본질은 '구속조건부거래'라는 점에 있다.

판례 역시 문제된 행위의 개념을 정의하면서 그 행위가 속하는 상위유형을 반드시 언급하고 있는바,[607)] 결국 시장지배적 지위남용행위로서 배타조건부거래는 '부당하게 거래상대방이 경쟁사업자와 거래하지 아니할 것을 조건으로 그 거래상대방과 거래함으로써 그 경쟁사업자를 배제하는 행위'이고, 불공정거래행위로서 배타조건부거래는 '부당하게 거래상대방이 자기 또는 계열회사의 경쟁사업자와 거래하지 아니하는 조건으로 그 거래상대방과 거래함으로써 그 거래상대방의 사업활동을 구속하는 행위'로서, 양자는 그 개념이 서로 다르다 할 것이다. 이러한 사정에 별다른 의미를 부여하지 않은 분석은 타당하지 않다고 생각된다.

---

606) 이호영, 앞의 논문(각주 84), 8쪽. 한편 거래거절과 배타조건부거래에 관한 공정거래법의 각 법문상 차이에 관하여는 강상욱, "배타조건부 거래행위 : 대법원 2009. 7. 9. 선고 2007두22078 판결", 대법원판례해설 제81호(2009년 하반기), 839쪽 참조.

607) 예컨대 포스코 전합판결은 "관련 법령 등의 규정에 의하면 시장지배적 지위남용행위로서의 거래거절행위는 '시장지배적 사업자가 부당하게 특정 사업자에 대한 거래를 거절함으로써 그 사업자의 사업활동을 어렵게 하는 행위'"라고 하였고, 또 다른 예로 티브로드 강서방송 I 판결(대법원 2008. 12. 11. 선고 2007두25183 판결) 역시 "관련 법령 등의 규정에 의하면, 시장지배적 사업자의 지위남용행위로서의 불이익 강제행위는 '시장지배적 사업자가 부당하게 거래상대방에게 불이익이 되는 거래 또는 행위를 강제함으로써 그 사업자의 사업활동을 어렵게 하는 행위'"라고 하였다.

2) 판례의 방향성 차이

한편 배타조건부거래의 경우에는 문제된 상황이 포스코 전합판결의 상황과는 정반대인바, 에스오일 판결에서 포스코 전합판결의 구별론을 반복할 필요는 없었다는 지적이 있다. 즉 거래거절의 경우에는 불공정거래행위로서 거래거절의 부당성을 불공정성의 관점에서 파악한 판례가 이미 존재하고 있었으므로(한국코카콜라 판결),[608] 시장지배적 지위남용으로서 거래거절의 부당성을 경쟁제한성에 있다고 하려면 양자는 차이가 있다고 할 수밖에 없지만, 배타조건부거래의 경우에는 시장지배적 지위남용으로서 배타조건부거래의 부당성이 경쟁제한성에 있다는 판례가 존재하는 상황이었으므로(농협중앙회 판결), 불공정거래행위로서 배타조건부거래의 부당성 역시 경쟁제한성에 있다고 하면 될 뿐 굳이 양자 사이에 차이가 있다고 할 것이 아니었는데, 에스오일 판결이 포스코 전합판결의 구별론을 신중한 고려 없이 수용함으로써 잘못된 결론에 도달하였다는 것이다.[609]

그러나 앞서 보았듯이 포스코 전합판결이 시장지배적 지위남용의 부당성과 불공정거래행위의 부당성을 차별화한 것은 비단 거래거절에 국한된 문제가 아니라 우리 공정거래법 전반의 체계에 관한 근본적 결단이라고 봄이 상당하다. 즉 포스코 전합판결은 '시장지배적 지위남용으로서 거래거절의 부당성이 경쟁제한성이 있다고 하기 위하여' 어쩔 수 없이 시장지배적 지위남용과 불공정거래행위를 구별한 것이 아니다. 오히려 '시장지배적 지위남용과 불공정거래행위는 구별되어야 하므로' 시장지배적 지위남용으로서 거래거절의 부당성은 경쟁제한성이 있다는 결론을 자연스럽게 도출한 것이라고 이해하여야 한다.

즉 포스코 전합판결에 의하면 어떤 특정 행위유형이 시장지배적 지위남용과 불공정거래행위 모두에 해당할 수 있는 경우 양자의 부당성은 특별한 사정이 없는 한 차별화되는 것이 원칙이라 할 것인바, 에스오일 판결은 이러한 근본적 법리를

---

608) 참고로, 위 판결은 원심이 거래거절의 위법성을 '경쟁제한성'의 관점으로 본 것을 대법원이 '거래상대방의 불이익' 관점으로 보아 파기한 것이다. 정재훈, 앞의 책(각주 83), 361쪽은 위 판결에 관하여 "선택의 자유 제한을 경쟁제한성으로 인식"하는 문제점이 있다고 하는바, 위와 같은 평가에는 다소 의문이 있다.

609) 강우찬, 앞의 논문(각주 24), 166쪽, 168쪽.

배타조건부거래에 관하여 적용한 것일 뿐이다.

다. 적용법조의 중복에 관한 포스코 전합판결의 태도가 부당한지 여부

마지막으로, 시장지배적 지위남용의 부당성과 불공정거래행위의 부당성을 엄밀히 구분하고자 하는 시도는 '적용법조가 다른 이상 그 판단기준도 달라야 한다'는 단순한 인식에 기초한 것으로서, 포스코 전합판결 역시 위와 같은 입장으로 보이는바, 이는 타당하지 않다는 비판이 있다.[610] 즉 규범의 중복 문제는 우리나라뿐만 아니라 미국이나 EU에서도 마찬가지로 발생하는데, 미국과 EU의 경우 적어도 배타조건부거래에 관한 한 그 적용법조의 차이에 따른 위법성 판단기준의 차이는 거의 없는바,[611] 우리 법에 있어서도 시장지배적 지위남용으로서 배타조건부거래의 부당성과 불공정거래행위로서 배타조건부거래의 부당성을 반드시 서로 다르다고 보아야 할 필연적인 이유는 없다는 것이다.

그러나 미국이나 EU에서 발생하는 적용법조의 중복 문제와 우리나라에서 발생하는 적용법조의 중복 문제는 그 차원이 다르다 할 것이다. 미국이나 EU에서의 상황은 비록 법령의 구체적 규정은 다르지만 어디까지나 모두 '경쟁제한성'을 규제하는 조문들의 중복에 관한 것인데 반하여, 우리나라에서 발생하는 시장지배적 지위남용과 불공정거래행위의 중복 문제는 '경쟁제한성'과 '공정거래저해성'이라는 부당성 판단기준 자체의 문제이기 때문이다. 즉 전자는 양적인 문제에 불과하지만, 후자는 질적인 문제라고 볼 수 있다. 이러한 사정을 감안하면, 미국과 EU의 예를 참고하여 우리나라의 시장지배적 지위남용과 불공정거래행위 구분 문제를 그와 같은 선상에서 비교하는 것은 다소 무리한 해석이라고 생각된다.

한편 비록 위 견해가 의문을 제기하고 있기는 하지만, 외견상 유사한 행위라 하더라도 근거조문이 다르다면 그 해석 역시 달리하는 것이 법해석의 일반원칙이

---

610) 서정, 앞의 논문(각주 23), 4쪽, 37쪽.

611) 제2장 제4절 참조. 미국이나 EU의 경우 배타조건부거래의 부당성이 그에 대하여 어떤 조문이 적용되는지에 따라 크게 달라지지 않는 것은 사실인바, 이에 관한 보다 상세한 사항은 배상원, 앞의 논문(각주 4), 212쪽 이하; 강우찬, 앞의 논문(각주 24), 160쪽 이하; 서정, 앞의 논문(각주 23), 41쪽 이하.

라 할 것이다. 물론 그러한 차별화가 필요하지 않거나 필요하다 하더라도 가능하지 않다면 달리 볼 여지가 있으나, 차별화가 필요하고 또한 실제로 가능하다면 양자를 명확히 구분하는 것이 오히려 당연하고 또한 정당할 것이다.

3. 불공정거래행위 규제의 독자성

이상의 논의를 토대로, 보다 근본적으로 우리나라 공정거래법이 미국, EU 등과 달리 불공정거래행위 규제를 별도로 두고 있는 진정한 이유와 취지가 어디에 있는지 생각해 볼 필요가 있다. 이에 관하여는 애당초 공정거래법이 미국법을 계수한 일본법을 다시 계수하면서 불공정거래행위 규제가 도입된 과정의 문제점이 지적되기도 하나,[612] 설령 그와 같은 입법과정에 다소 문제가 있었다 하더라도 그 이후의 잦은 법개정은 물론 최근의 전면개정에도 불구하고 불공정거래행위 규제가 삭제되지 않고 엄연히 존치되고 있는 점에 비추어 보면,[613] 공정거래법상 불공정거래행위 규정을 단순히 입법상 과오라고 하거나 궁극적으로 폐지하여야 할 대상이라고 볼 수는 없다. 오히려 이는 경쟁(competition)은 물론 공정(fairness) 역시 우리 사회와 시장에서 매우 중요한 문제라는 입법적인 결단에서 비롯된 것으로 이해하여야 할 것이다.

즉 공정거래법은 가격, 수량, 품질 등으로 평가되는 경쟁성과를 증진하여 효율성을 높이고 소비자후생을 도모하는 '경쟁'의 가치와 함께 거래수단, 거래내용 등이 정상적인 절차와 내용으로 정당하게 이루어지는지를 심사하는 '공정'의 가치를 함께 추구하고 있다. 공정거래법 제45조에 기반을 둔 하도급법, 표시광고법, 가맹사업법, 대규모유통업법, 대리점법 등의 여러 특별법들 또한 이러한 맥락에서만

612) 이와 관련한 공정거래법의 입법과정 및 그로 인한 해석상 난점에 관하여는 임영철, 앞의 책(각주 336), 36쪽 이하; 이호영, 앞의 논문(각주 263), 88-89쪽; 서정, 앞의 논문(각주 542), 774쪽 이하; 이재구, 앞의 책(각주 286), 161-165쪽; 심재한, "공정거래법상 불공정거래행위에 대한 연구", 안암법학 제27호(2008. 9.), 558-560쪽 참조.

613) 최근 공정거래법 전면개정 과정에서 논의되었던 시장지배적 지위남용과 불공정거래행위의 관계 설정 문제에 관하여 정재훈, "공정거래법상 불공정거래행위 개편 방안에 관한 고찰", 이화여자대학교 법학논집 제23권 제3호(2019. 3.), 5-6쪽 참조.

그 존재이유와 의미를 이해할 수 있을 것이다. 이 점에서 미국 반독점법이나 EU 경쟁법은 곧 '경쟁법(competition law)'이지만, 우리의 공정거래법은 위와 같은 전통적 의미의 경쟁법에 비하여 '보다 넓은 범위를 포괄하는 법'이라고 할 수 있다.

물론 우리 공정거래법이 '경쟁'과 함께 '공정'의 가치를 함께 추구하고 있다는 점에 관하여는 다양한 시각과 평가가 존재한다. 한쪽에서는 공정거래법이 경쟁의 가치에만 매몰되어서는 안 되고 공정의 가치를 더욱 강조하여야 한다고 하는 반면, 다른 한쪽에서는 공정거래법에서는 경쟁의 가치에 집중하고 공정의 가치는 다른 방법으로 추구하여야 한다고 한다.[614] 불공정거래행위 규제의 문제로 한정하자면, 전자는 규제의 범위를 보다 넓히고 그 부당성 판단기준으로서도 불공정성의 관점을 대폭 수용하여야 한다고 보게 되고, 후자는 규제의 범위를 좁히고 그 부당성 판단기준 역시 가급적 경쟁제한성으로 한정해 나아가 한다는 입장으로 연결될 수 있을 것이다.[615][616]

---

614) 비록 반드시 엄밀한 학술적 차원의 논의라고 보기는 어렵지만, 다음과 같은 언급을 통하여 학계의 상반된 입장을 알 수 있다. 사실 이 문제는 구체적 논증의 영역이 아니라 기본적 철학의 문제에 더 가깝다고 생각되는바, 다음과 같은 언급은 시사하는 바가 크다. ① "지난 2년간 ... 의미 있는 변화를 한 가지만 꼽으라면 우리나라 시장경제의 패러다임이 과거 효율성 일변도에서 '공정'과 '정의'와의 균형 내지 조화로 나아가기 시작했다는 점을 들고 싶습니다.", "길게 보면 시장경제란 효율성과 공정, 다시 말하자면 자유경쟁과 공정경쟁의 양대 축 사이에서 끊임없이 균형을 찾아가는 과정이고, 그 당시의 관점에서는 언제나 어느 한쪽에 치우칠 수밖에 없는 운명을 갖고 있어 보입니다. 이러한 맥락에서 향후 공정거래분야에서 그간 우리의 관심에서 멀어졌던 불공정 이슈에 대해서 더 많은 연구와 토론이 이루어지기를 기대해봅니다." (이봉의, 경제법판례연구 제10권(2017) 발간사). ② "오늘날 우리 사회의 저변에는 반시장적, 반기업적 정서가 적지 않게 증폭하고 있다. 목하 공정거래법의 화두도 자유가 아니라 공정이다. 고도성장 시기 치열한 경쟁에 지친 한국인이 적지 않고, '우리까지 사이좋게 골고루'를 내세우는 전체주의의 미망(迷妄)도 혼재할 것이다." (정호열, 앞의 책(각주 8)에 첨부된 전정 제6판 머리말).

615) 불공정거래행위에서 말하는 부당성의 일반적 의미에 관한 보다 학술적인 논의로는 다음과 같은 견해들이 대표적이다. ① 이봉의, "불공정거래행위의 위법성 : 계약질서의 관점에서", 공정거래와 법치(권오승 편), 법문사(2004), 658쪽 이하, ② 홍대식, 불공정거래행위 위법성 판단기준에 대한 재검토 : 보다 시장친화적인 기준 정립을 위하여, 2009년 상반기 법·경제그룹(LEG) 연구보고서, 한국공정거래조정원(2009), 136–138쪽, ③ 서정, 앞의 논문(각주 541), 173–174쪽.

616) 단순히 일반화하기는 어렵지만, 우리 법상 불공정거래행위 규제의 정당성에 관하여는 일응 다음과 같은 다소 부정적인 입장과 긍정적인 입장이 있다. ① 부정적인 취지의 논의

그런데 헌법재판소 2002. 7. 18. 선고 2001헌마605 전원재판부 결정은 '신문업에 있어서의 불공정거래행위 및 시장지배적지위남용행위의 유형 및 기준 제3조 제1항 등 위헌확인' 사건에서 "국가의 경쟁정책은 시장지배적 지위의 남용방지, 기업결합의 제한, 부당한 공동행위의 제한, 불공정거래행위의 금지 등을 통하여 시장경제가 제대로 기능하기 위한 전제조건으로서의 가격과 경쟁의 기능을 유지하고 촉진하려고 하는 것이며, 특히 불공정거래행위의 분야에서는, 외관상 일반적 거래행위로 보이는 것이라고 하더라도 실제로는 우월적 경제력의 남용 등으로 가격과 경쟁을 왜곡하여 시장경제가 제대로 기능하기 어렵게 만드는 행위는 이를 제한하여 공정한 경쟁상태를 회복시키려고 하는 것이다."라고 판시하고 있는바, 불공정거래행위 규제의 독자성과 그 의미를 간과하여서는 안 된다.

이러한 사정을 고려하면 불공정거래행위의 규제 취지는 기본적으로 경쟁제한성이 아닌 공정성에 있다고 보아야 하고,[617] 이로써 비로소 불공정거래행위 규제는 단순히 경쟁제한성 규제에 대한 '보충적' 규정이 아니라, 이와 별개로서 공정성이라는 다른 가치를 실현하기 위한 '독립적' 규제로 이해될 수 있는바, 배타조건부거래의 경우에도 그것이 시장지배적 지위남용인 경우와 불공정거래행위인 경우는 그 부당성의 표지를 달리 볼 필요가 있다 할 것이다.[618]

로서 정호열, "불공정거래행위에 대한 규제", 공정거래법강의(권오승 편), 법문사(1996), 299쪽 이하; 김학현, 공정거래법상 단독행위 규제 제도의 합리적 개편 방안, 한양대학교 대학원 법학박사 학위논문(2011), 180-181쪽, ② 긍정적인 취지의 논의로서 이기수·유진희, 앞의 책(각주 360), 202쪽; 이봉의, 앞의 논문(각주 247), 123-124쪽.

617) 시장지배적 지위남용 규제는 독과점시장에서의 경쟁을 보호하여야 하는 반면(경쟁제한성 측면), 불공정거래행위 규제는 거래상대방의 정당한 이익을 보호하는 것으로 보아야 한다(불공정성 측면)는 취지의 견해로 이봉의, 앞의 책(각주 74), 230쪽, 827쪽.

618) '불공정거래행위로서 배타조건부거래는 경쟁제한적인 유형과 거래상대방 불이익 제공유형이 각각 포함되어 있는 수직적 제한의 유형에 포함되므로 이분적인 해결을 모색할 필요가 있다'는 견해로 정재훈, 앞의 논문(각주 613), 23쪽. 다만 위 견해는 거래상대방 불이익 제공유형의 배타조건부거래를 거래상 지위남용의 세부 유형으로 포섭하자는 입장인바, 이 점에서 본 연구의 입장과 다르다.

Ⅳ. 경쟁수단의 불공정성을 이유로 한 규제의 가능성

이상 불공정거래행위로서 배타조건부거래의 부당성은 시장지배적 지위남용으로서 배타조건부거래의 부당성과 구별하여야 함을 보았다. 그런데 앞서 본 바와 같이 배타조건부거래를 불공정거래행위로 의율하는 경우에도 '경쟁제한성'을 부당성 판단기준에서 제외할 수는 없다 할 것인바, 그렇다면 양자의 차별화는 불공정성의 관점에서 가능할 것이다.

공정위의 심사지침에 의하면 불공정성이란 '경쟁수단의 불공정성'과 '거래내용의 불공정성'을 의미하므로, 이하 그 중 먼저 경쟁수단의 불공정성을 이유로 불공정거래행위로서 배타조건부거래를 규제할 수 있는지 여부에 관하여 본다.

1. 심사지침상 '경쟁수단의 불공정성'의 의미

불공정거래행위 심사지침은 경쟁수단의 불공정성에 관하여 "상품 또는 용역의 가격과 질 이외에 바람직하지 않은 경쟁수단을 사용"함으로써 "정당한 경쟁을 저해하거나 저해할 우려가 있음"을 의미한다고 규정한다.

그리고 대표적인 위반행위인 부당한 고객유인에 관하여 "소비자가 만족도를 극대화할 수 있기 위해서는 정확한 정보를 바탕으로 저렴하고 품질 좋은 상품 또는 용역을 구입할 수 있어야 할 것이다. 이를 위해 사업자는 자기가 제공하는 상품 또는 용역의 가격과 품질을 경쟁수단으로 삼아야 할 것이다. 사업자가 부당한 이익제공이나 위계, 거래방해 등의 방법으로 경쟁사업자의 고객을 유인하는 것은 그 경쟁수단이 불공정한 것으로서 시장에서의 바람직한 경쟁질서를 저해하고 소비자가 품질 좋고 저렴한 상품 또는 용역을 선택하는 것을 방해하므로 금지된다"고 규정하고 있다.

한편 심사지침은 부당한 고객유인 중 위계에 의한 고객유인에 관하여 "그 속성상 합리성 등에 의한 예외를 인정하지 않음을 원칙으로 한다"고 규정하는바, 경쟁제한성을 상쇄하는 효율성 증대효과 등이 있는 경우 그 면책을 인정하지 않을 이유가 없다는 점에 비추어 볼 때, 경쟁수단의 불공정성에서 말하는 '정당한 경쟁을 저해하거나 저해할 우려'라는 것은 '경쟁을 제한하거나 제한할 우려'와는 다른 차원의 것임을 알 수 있다.

결국 심사지침에서 말하는 '불공정한 경쟁수단'이란 결국 가격과 품질에 의하지 않은 경쟁, 즉 앞서 본 '비성과경쟁'을 의미하고, 심사지침에서 규정한 '경쟁수단의 불공정성'이란 그러한 비성과경쟁을 통하여 '성과경쟁을 저해하거나 저해할 우려가 있음'을 의미한다.

그런데 앞서 배타조건부거래는 성과에 의한 경쟁이 아니라 성과를 위한 경쟁으로서 설령 가격의 할인 등을 수반한다 하더라도 그것은 효율성에 기초한 진정한 가격경쟁이 아니라 단지 가격을 수단으로 한 거래방법일 뿐이고, 나아가 행위의 속성상 필연적으로 경쟁사업자의 성과경쟁을 어느 정도 저해할 수밖에 없음을 보았다.

즉 배타조건부거래는 비성과경쟁으로서 결국 '불공정한 경쟁수단'에 해당한다 할 것이고, 이로써 어느 정도 '경쟁사업자의 성과경쟁은 저해'될 수밖에 없는바, 그렇다면 배타조건부거래를 불공정거래행위로서 의율할 경우 일응 '경쟁수단의 불공정성'을 이유로 규제할 수 있는 가능성이 있다.

2. 경쟁제한성 규제와 경쟁수단의 불공정성 규제

그러나 위와 같은 형식적 해석에는 문제가 있다. 결론부터 말하자면 경쟁수단의 불공정성을 이유로 한 규제와 경쟁제한성을 이유로 한 규제는 서로 양립할 수 없다 할 것이다.

우선 '경쟁제한성'을 이유로 규제하면서 '불공정한 경쟁수단'이라는 이유로도 규제하는 것은 논리적으로 성립할 수 없다. 양자는 연장선상에 있는 것인바, 경쟁제한성을 이유로 규제하는 것보다 불공정한 경쟁수단임을 이유로 규제하는 것이 훨씬 더 강력한 규제이기 때문이다. 불공정한 경쟁수단 규제는 경쟁수단 그 자체로 부당성이 징표되는 것으로서 그 외에 가격이나 산출량 등에 대한 영향을 전혀 고려하지 않고 규제하는 것인바, 달리 표현하면 후자는 경쟁법적 관점을 적용하기 이전에 이미 위법 내지 부당한 것이다. '위계에 의한 고객유인' 등이 바로 그러한데, 이는 그러한 행위를 통하여 "소비자가 품질 좋고 저렴한 상품 또는 용역을 선택하는 것을 방해"한다는 측면에서도 부당하지만, 그 이전에 "시장에서의 바람직한 경쟁질서를 저해"하는 것만으로 이미 부당한 것이다(앞서 본 '부당한 고객유인'에 대한 규제 이유 참조). 그러나 이와 달리 경쟁제한성 규제는 경쟁법적 관점을 적용할 경우에 비로소 부당하게 된다. 앞서 본 바와 같이 경쟁제한성을 이유로 한 규제는 문제된 비성과경쟁이 관련시장의 경쟁을 제한하는 데까지 이른 경우를 규제하는 것이기 때문이다.

이러한 양자의 관계를 고려하면, 경쟁제한성을 이유로 규제하면서 그와 함께 경쟁수단의 불공정성을 이유로도 규제하는 것은 논리적으로 양립할 수 없다 할 것이다. 경쟁수단의 불공정성을 이유로 규제하는 한 경쟁제한성은 특별히 문제되지 않는 것이고, 경쟁제한성을 이유로 규제하는 한 경쟁수단의 불공정성은 당연한 전제가 될 뿐이다.

한편 '경쟁제한성'을 이유로 규제하면서 '경쟁수단의 불공정성'을 이유로도 규제하는 것은 시장지배적 지위남용 규제와 불공정거래행위 규제의 관계라는 정책적 관점에서도 타당성을 인정하기 어렵다. 경쟁제한성 내지 경쟁수단의 불공정성은 모두 수평적 경쟁자를 전제로 하여 문제되는 것인데, 우리 법상 배제남용의 부당성은 경쟁제한성에 있고 경쟁수단의 불공정성에 있지 않은바, 경쟁자 배제행위를 불공정거래행위로 의율하면서 경쟁제한성이 아닌 경쟁수단의 불공정성 기준을 적용하게 되면, 결과적으로 시장지배적 사업자의 경쟁자 배제행위보다 일반 사업자의 경쟁자 배제행위를 더 강력하게 규제하는 것이 되어 버리기 때문이다.

이는 배타조건부거래의 경우에는 더욱 그러하다. 앞서 본 바와 같이 시장지배적 지위남용으로서 배타조건부거래의 부당성이 판례와 학설을 통하여 경쟁제한성으로 확립되어 있는 상황에서 불공정거래행위로서 배타조건부거래의 부당성을 경쟁수단의 불공정성에 있다고 보게 되면, 시장지배적 사업자의 배타조건부거래보다 일반 사업자의 배타조건부거래를 더욱 강력하게 규제하는 결과가 된다.

3. 배타조건부거래의 도덕적 가치중립성

또한 반드시 위와 같은 거시적 관점을 적용하지 않고 배타조건부거래 자체에 집중하더라도, 배타조건부거래를 '경쟁수단의 불공정성' 차원에서 규제하는 것은 공정거래법의 취지에 부합하지 않을 뿐만 아니라 바람직하지도 않다.

불공정거래행위 심사지침은 ① 부당한 고객유인(부당한 이익에 의한 고객유인, 위계에 의한 고객유인, 기타의 부당한 고객유인), ② 거래강제 중 사원판매, 기타의 거래강제, ③ 사업활동방해(기술의 부당이용, 인력의 부당유인·채용, 거래처 이전방해, 기타의 사업활동방해)에 관하여 '경쟁수단의 불공정성'을 위법성 판단기준으로 삼고 있다.[619]

그런데 위와 같은 행위들은 그 행위 자체로 어느 정도 부당성을 내포하고 있는 것들이다. 이는 예컨대 시행령이 '위계에 의한 고객유인'의 개념을 "「표시·광고의 공정화에 관한 법률」 제3조에 따른 부당한 표시·광고 외의 방법으로 자기가 공급하는 상품 또는 용역의 내용이나 거래조건 및 그 밖의 거래에 관한 사항을 실제보다 또는 경쟁사업자의 것보다 현저히 우량 또는 유리한 것으로 고객이 잘못 알게 하거나 경쟁사업자의 것이 실제보다 또는 자기의 것보다 현저히 불량 또는 불리한 것으로 고객을 잘못 알게 하여 경쟁사업자의 고객을 자기와 거래하도록 유인하는 행위"라고 정의함으로써, 다른 불공정거래행위들과 달리 '부당하게' 또는 '정당한 이유 없이'라는 표현을 전혀 사용하지 않고 있는 점을 통하여 알 수 있다.[620] 한편 이러한 사정은 심사지침이 앞서 본 바와 같이 위계에 의한 고객유

619) 공정위는 과거 심사지침에서는 거래강제 중 끼워팔기에 관하여도 "끼워팔기가 바람직한 경쟁질서를 저해하는 불공정한 경쟁수단에 해당되는지 또는 경쟁을 제한하는지 여부를 위주로 판단한다."고 규정하였으나, 2015. 12. 31. 공정위 예규 제241호로 심사지침을 개정하면서 "끼워팔기가 경쟁을 제한하는지 여부를 위주로 판단한다."로 개정하였는바(2015. 12. 31. 시행), 적어도 현재로서 끼워팔기는 공정위에 의하여 경쟁수단의 불공정성을 이유로는 규제되지 않는다.

620) 시행령 [별표 2]에서 불공정거래행위의 유형을 규정하면서 '부당하게' 또는 '정당한 이유 없이'라는 표현을 사용하지 않은 행위유형은 위계에 의한 고객유인이 유일하다.

인에 대하여는 물론 '사원판매'와 '기타의 거래강제'에 관하여도 그것이 불공정한 경쟁수단에 해당하는 한 '그 속성상 합리성 등에 의한 정당화는 제한적으로 해석함을 원칙으로 한다'고 규정함으로써 면책을 제한하고 있는 점에서도 간접적으로 드러난다.

비록 심사지침이 그 밖에 경쟁수단의 불공정성을 위법성 판단기준으로 하는 다른 행위유형들에 관하여는 위와 같이 정의규정에서 '부당성'을 요구하지 않거나 '면책의 제한'을 규정하고 있지는 않지만, 이는 정도의 문제일 뿐 그 본질적 성격은 마찬가지라 할 것이다. 즉 공정거래법상 경쟁수단의 불공정성 규제는 어느 정도 그 행위 자체의 부당함 내지 비난가능성 등에 주목한 것으로서, 그 '해당성'이 인정되면 특별한 사정이 없는 한 곧바로 '부당성'이 인정될 수 있는 것들이다.

그런데 앞서 본 바와 같이 배타조건부거래는 비록 비성과경쟁이기는 하지만 어디까지나 이는 경쟁법적 관점에서 가격과 품질에 의한 경쟁이 아니라는 점을 의미하는 것일 뿐, 그 행위 자체로 어떤 자연법적 위법성이나 도덕적·반사회적 비난가능성이 있는 행위라는 의미가 아니다.

이러한 관점에서 보면, 배타조건부거래는 그것이 비성과경쟁으로서 '경쟁제한성' 판단이 필요한 행위이기는 하지만, '경쟁수단의 불공정성'을 이유로 곧바로 규제하여야 할 행위라고 보기는 어렵다 할 것이다.

V. 거래내용의 불공정성을 이유로 한 규제의 가능성

그렇다면 이제 남은 것은 '거래내용의 불공정성', 즉 "거래상대방의 자유로운 의사결정을 저해하거나 불이익을 강요함으로써 공정거래의 기반이 침해되거나 침해될 우려가 있음"을 이유로 배타조건부거래를 규제할 수 있는지 여부이다. 이하 배타조건부거래가 우리 공정거래법상 불공정거래행위 규제의 전체적 체계와 맥락 속에서 가지는 의미와 경쟁법상 배타조건부거래의 본질적 특성을 염두에 두고 거래내용의 불공정성 관점에서 배타조건부거래의 부당성 문제를 고찰한다.

1. 착안점

가. 포스코 전합판결 : 거래상대방의 불이익

포스코 전합판결에 의하면 불공정거래행위로서 배타조건부거래의 부당성은 기본적으로 '거래상대방의 불이익'에서 찾아야 한다. 이는 불공정거래행위 규제의 기본적 취지는 물론 공정위의 거래내용의 불공정성 규정에도 그대로 부합한다 할 것인바, 아래와 같은 두 가지 측면에서 의미를 가진다.

우선 여기서 주목하는 것은 '거래상대방'과의 관계이다. 앞서 경쟁제한성 문제는 기본적으로 수평적 관계에서 경쟁사업자와의 문제임을 보았는바, 거래내용의 불공정성 문제는 수직적 관계에서 거래상대방과의 문제가 핵심이다. 즉 불공정거래행위로서 배타조건부거래의 부당성은 행위자가 수평적 경쟁자를 배제하는 측면이 아니라 수직적 거래상대방에게 불이익을 가하는 측면에서 구하여야 한다.[621]

또한 여기서 말하는 '불이익'이란 그 어떤 불이익이라도 무방한 것이 아니다. 포스코 전합판결이 수용하고 있는 불공정거래행위로서의 거래거절에 관한 리딩케이스인 한국코카콜라 판결(대법원 2001. 1. 5. 선고 98두17869 판결)은 위 불이익의 내용을 '거래거절의 관점에서' 보다 구체화하고 있는바, 불공정거래행위로서 거래거절의 부당성은 "특정 사업자의 거래기회를 배제하여 그 사업활동을 곤란하게 할 우려가 있거나 오로지 특정사업자의 사업활동을 곤란하게 할 의도를 가진 유력 사업자에 의하여 그 지위 남용행위로서 행하여지거나 혹은 법이 금지하고 있는 거래강제 등의 목적 달성을 위하여 그 실효성을 확보하기 위한 수단으로 부당하게 행하여진 경우"에 인정된다. 즉 거래거절이 있는 경우, 거래상대방이 해당 거래를 원하였던 이상 거래가 거절되었다는 점만으로도 그 거래상대방에게 일정한 '불이익'이 발생한 것은 분명하지만, 그러한 사정만으로 즉시 부당성이 인정되는 것은 아니다. 그

621) 불공정거래행위에 의한 '불공정성' 규제에서 '거래상대방' 내지 '거래상대방 보호'를 강조하는 견해로서 홍명수, "시장지배적 지위남용행위와 불공정거래행위의 관계와 단독행위 규제체계의 개선", 경쟁법연구 제33권(2016. 5.), 56쪽; 권오승 외 6인, 앞의 책(각주 534), 231－232쪽[홍대식 집필부분] 참조.

거래거절로 인하여 거래상대방의 사업활동이 곤란하게 될 우려가 있거나, 거래거절이 그 자체가 목적이 아니라 다른 부당한 목적의 달성을 위한 수단이어야 하는 것이다.[622] 이러한 측면을 고려하면, 불공정거래행위로서 배타조건부거래의 부당성 역시 '배타조건부거래의 관점에서' 보다 구체화될 필요가 있을 것이다.

나. 거래상 지위남용과의 차별성 : 경쟁과의 관련성

거래내용의 불공정성을 이유로 한 대표적인 규제는 거래상 지위남용 규제인바, 공정거래법이 배타조건부거래를 거래상 지위남용과 구분하여 별도로 규정하고 있는 점을 감안하면 배타조건부거래의 불공정성은 거래상 지위남용의 불공정성, 그 중 특히 '불이익제공'의 불공정성과 구별되어야 할 것이다.

그런데 불공정거래행위 심사지침은 거래내용의 불공정에 관하여 '거래상대방의 자유로운 의사결정 저해'를 핵심 표지로 들고 있고,[623] 판례 역시 한국공항공사 판결(대법원 2005. 12. 8. 선고 2003두5327 판결)에서 "불이익제공을 불공정거래행위로 규정하고 있는 것은 거래과정에서 거래상의 지위를 이용하여 일방당사자가 그보다 열등한 지위에 있는 타방당사자의 자유의사를 구속하여 일방적으로 상대방에게만 불이익이 되도록 거래조건을 설정하거나 변경하는 등 상대방에게 일방적으로 불이익을 주게 되는 경우에는 공정한 경쟁의 기반을 침해할 우려가 있기 때문에 이를 규제하고자 함에 그 취지가 있다."고 판시함으로써 '타방당사자의 자유의사를 구속'한다는 점을 핵심적인 부당성 표지로 보고 있는바, 거래상 지위남용

622) 포스코 전합판결은 한국코카콜라 판결의 판시 중 '오로지 특정사업자의 사업활동을 곤란하게 할 의도를 가진 유력 사업자에 의하여 그 지위 남용행위로서 행하여진 경우'를 제외하고 있다. 비록 그 취지가 무엇인지 분명하지는 않지만, 아마도 위 부분은 앞 부분 '사업활동을 곤란하게 할 우려'에 포함될 수 있다고 본 것으로 생각된다. 유력 사업자가 오로지 거래상대방의 사업활동을 곤란하게 할 의도를 가지고 거래거절을 하였음에도 그 거래상대방의 사업활동이 곤란하게 될 우려조차 발생하지 않는 경우는 상정하기 어려울 것이다.

623) 다만 애당초 거래상대방의 자유로운 의사결정 저해를 거래내용의 불공정성에 포함시킨 것 자체가 의문이라고 하면서, "거래내용의 불공정성은 객관적인 요소가 중심이 되는데 비해서 거래상대방의 의사결정권 침해는 주관적인 요소가 중심이 되므로" 양자는 서로 구분될 필요가 있다는 견해로 이봉의, 앞의 책(각주 74), 837쪽.

규제의 기본적 취지 내지 전제는 '의사억압성'에 있다.[624)]

한편 비록 판례가 '불이익제공'에 관하여 일반적 차원에서 '경쟁'을 언급하고 있기는 하나,[625)] 실제 사례의 부당성 판단을 보면 경쟁과의 관련성은 거의 검토되지 않고 있는바,[626)] 현재 거래상 지위남용 규제는 사실상 의사억압성 그 자체를 중심으로 이루어지고 있다고 볼 수 있다.[627)628)] 그러나 배타조건부거래의 본질(배타조건부거래는 전통적인 경쟁법적 규제로서, 우리나라 특유의 의사억압성 규제로 볼 것은 아니다)과 이를 거래상 지위남용과 별도로 규정한 입법자의 의사(배타조건부거래의 부당성을 의사억압성의 관점에서 보게 되면 이를 거래상 지위남용과 별도로 규정한 이유를 설명하기 어렵다)를 감안하면, 적어도 불공정거래행위로서 배타조건부거래의 부당성에 관하여는 실질적인 '경쟁' 관련성이 필요하다 할 것이다.[629)630)]

이러한 사정을 종합하면, 불공정거래행위로서 배타조건부거래의 부당성은 거래

---

624) 제3절 II. 다. 참조.

625) 예컨대 대법원 2002. 5. 31. 선고 2000두6213 판결(서울시 도시철도공사 판결)은 불이익제공의 부당성에 관하여 "당해 행위가 당사자 사이의 거래과정에 미치는 경쟁제약의 정도"를 언급하고 있다.

626) 예컨대 대법원 2003. 12. 26. 선고 2001두9646 판결(한국까르푸 판결) 등을 보면 불이익제공의 부당성에 관하여 '경쟁'은 전혀 언급조차 되지 않고 있다.

627) 즉 적어도 현재로서 거래상 지위남용의 부당성을 경쟁과 연관시키는 것은 무리이다. 같은 취지로 정재훈, 앞의 책(각주 83), 400쪽. 한편 이러한 사정은 일본의 경우에도 유사하다. 이에 관하여는 나가사와 데쓰야 저, 최재원 역, 거래상 지위남용 규제와 하도급법, 박영사(2018), 9-11쪽.

628) 한편 판례가 불이익제공에 관하여 '불이익의 분명한 확정' 등을 요구하는 것(대법원 2002. 5. 31. 선고 2000두6213 판결(서울시 도시철도공사 판결) 등)은 경쟁과의 관련성 관점이 아닌 다른 관점에서의 제한이다.

629) 불공정거래행위 전반에 관하여 '경쟁'과의 관련성을 강조하는 견해로 권오승, 앞의 논문(각주 487), 130-131쪽; 이봉의, 앞의 논문(각주 327), 125쪽; 홍명수, 앞의 논문(각주 621), 56쪽; 홍대식, 앞의 논문(각주 256), 204쪽 이하(이 견해는 '경쟁'과 '경쟁질서'를 구분하여 불공정거래행위의 불공정성은 '경쟁'과의 관련성을 넘어 '경쟁질서'와의 관련성이 필요하다고 한다).

630) 참고로 '경쟁질서'와 '거래질서'는 구분함이 상당하다. 대법원 2015. 9. 10. 선고 2012두18325 판결(금보개발 판결) 역시 거래상 지위남용 규제 일반에 관하여 "공정한 거래질서 또는 경쟁질서"의 확립을 언급하면서도, 문제된 사안에 관하여는 "거래질서와의 관련성"이 인정되어야 한다고 표현함으로써 일응 양자를 구분하고 있다. 이와 관련하여 심지어 '거래질서'에는 저촉되더라도 '경쟁촉진'적인 행위가 있을 수도 있다는 견해로 정재훈, 앞의 논문(각주 613), 21쪽.

상대방의 의사를 억압하여 불이익을 가하는 점에 있되, 그 불이익은 경쟁과의 관련성 하에서 파악하여야 할 것인바, 요컨대 거래상대방에게 '경쟁상 불이익'을 가하는 것에 부당성의 핵심이 있다고 보아야 한다.[631]

[보론] 수직적 경쟁(vertical competition)

이상 살펴본 바와 같이 적어도 현재로서 거래상 지위남용 규제는 사실상 경쟁과 전혀 무관하다. 그러나 이러한 상황은 전통적인 '수평적 경쟁(horizontal competition)' 개념만을 전제로 한 것인바, 새로운 시각에서 '수직적 경쟁(vertical competition)'의 관념을 받아들일 경우 달리 볼 여지가 있다.

수평적 관계에 있는 사업자들이 기본적으로 경쟁관계이되, 예외적으로 협력관계일 수 있듯이(예컨대 조인트벤처), 수직적 관계에 있는 사업자들 역시 기본적으로는 협력관계에 있지만, 예외적으로 경쟁관계에 있을 수 있다. 경쟁을 '한정된 것을 둘러싸고 이를 차지하기 위한 경합'으로 이해하는 한 수직적 거래상대방 사이에도 해당 상품의 제조와 유통을 통하여 산출되는 한정된 이익을 제조업자와 유통업자 중 누가 얼마나 더 가져갈 것인지 각축이 있을 수 있기 때문이다.

이러한 수직적 경쟁의 개념을 활용할 경우 거래상 지위남용의 문제 역시 수직적 경쟁을 침해하는 행위로 구성할 수 있는 가능성이 있는바(예컨대 '불이익제공'의 경우, 해당 상품의 제조와 유통에 있어 자신의 기여에 따른 정당한 몫을 차지하는 것을 넘어 거래상대방에게 돌아가야 할 몫까지 부당하게 빼앗아가는 행위로 관념할 수 있을 것이다), 이로써 이른바 '순수한 경쟁법'을 추구하는 입장에서 다소 거부감을 가지고 있는 수직적 착취의 문제 역시 결코 경쟁법이 도외시할 문제가 아니라는 인식이 가능할 것이고, 다른 한편 수직적 경쟁과 전혀 무관한 거래상대방의 불이익은 경쟁법으로 다룰 문제가 아니라고 볼 수 있게 될 것이다.

비록 현재 경쟁법에서 널리 받아들여지고 있는 관점은 아니고, 본 연구의 목정상 여기사도 더 상세한 검토를 하기는 어렵지만, 위와 같은 수직적 경쟁의 개념을 통하여 경쟁법은 '경제적 경쟁'을 보호하는 법으로서, '수평적 경쟁'은 물론 '수직적 경쟁' 역시 보호하되, 수직적 경쟁과 무관한 거래상대방의 불이익 문제는 경쟁법의 영역이 아니라고 보는 새로운 체계를 수립할 수 있을 것으로 생각된다. 이러한 시각은 특히 전통적인 경쟁법적 규제에 더하여 불공정거래행위 역시 규제대상으로 포함하고 있는 우리 공정거래법에서 더욱 큰 의미를 가질 수 있을 것이다.

631) 이러한 '경쟁상 불이익'의 개념에 관하여는 TFEU 제101조 제1항 (d)의 "competitive disadvantage" 부분을 참고할 수 있다.

다. 구속조건부거래 : 부당한 구속

공정거래법은 불공정거래행위로서 배타조건부거래를 시장지배적 지위남용으로서 배타조건부거래와 달리 '경쟁사업자 배제'가 아닌 '구속조건부 거래'로 규정하고 있는바, 결국 불공정거래행위로서 배타조건부거래의 부당성 표지는 '거래상대방에 대한 부당한 구속'에 있다.[632]

이는 '부당염매'의 경우에는 시장지배적 지위남용으로서의 부당염매와 불공정거래행위로서의 부당염매가 모두 '경쟁사업자 배제'로 규정되어 있다는 점과 명확히 대비된다. 즉 적어도 법령의 규정태도에 비추어 볼 때, 시장지배적 지위남용으로서의 부당염매와 불공정거래행위로서의 부당염매 사이에는 그 위법성의 본질에 별다른 차별성이 없거나 차별성이 있더라도 그리 크지 않다고 볼 수 있는 반면, 시장지배적 지위남용으로서의 배타조건부거래와 불공정거래행위로서의 배타조건부거래는 처음부터 그 위법성의 본질에 일정한 차별성이 있음을 알 수 있다.

그런데 거래는 그 자체로 구속적인바,[633] 즉 해당 구속이 '부당'한 것인지가 문제의 핵심이다. 그리고 여기서 '구속'이란 거래상대방으로 하여금 경쟁사업자와 거래하지 못하도록 하는 것을 의미하는바, 결국 불공정거래행위로서 배타조건부거래의 부당성은 거래상대방에 대한 '구속조건'으로서 '배타조건' 그 자체에서 찾아야 할 것이다.

라. 종합 : 배타조건으로 인한 거래상대방의 경쟁상 불이익

이상 살펴본 바를 종합하면, 불공정거래행위로서 배타조건부거래의 부당성은

632) 정호열, 앞의 책(각주 8), 425쪽은 불공정거래행위로서 배타조건부거래의 부당성(공정거래저해성)은 "당해 배타조건으로 말미암아 상대방이 '부당하게' 구속되는 것"에 있다고 하면서도, 이어서 "엄격한 배타조건의 설정으로 인하여 신규로 시장에 진입하는 사업자가 원재료시장이나 유통망에 대한 접근이 불가능하거나 심하게 제한되고 이로 인해 자유롭고 공정한 경쟁이 저해될 염려가 있을 때" 등에 위법성이 인정된다고 하는바, 다소 의문이다. 전자에서는 '거래상대방'을 언급하고, 후자에서는 '신규진입자(즉 잠재적 '경쟁사업자')'를 언급하고 있기 때문이다.

633) 심재한, 앞의 논문(각주 147), 418쪽.

거래상대방에 대한 불이익이 부당성의 표지이되, 그것은 거래상 지위남용(특히 '불이익제공')에서 말하는 불이익과는 다른 것으로서 단순한 의사억압성을 넘어 경쟁과의 관련성이 있어야 하고, 거래상대방을 구속하는 배타조건 그 자체에서 부당성의 실체를 구성하여야 한다.

즉 불공정거래행위로서 배타조건부거래의 부당성을 시장지배적 지위남용으로서 배타조건부거래의 부당성과 차별화하기 위하여는, 수직적 관점에서 거래상대방의 불이익에 초점을 맞추어 파악하되, 공정거래법의 전체적 체계와 배타조건부거래의 본질을 감안할 때 그것은 거래상 지위남용의 부당성과 구별되어야 하며, 구속조건부거래로서 배타조건 그 자체가 부당하여야 하는바, 결국 문제된 배타조건으로 인한 거래상대방의 불이익에 관하여 최소한의 경쟁관련성을 확보하는 것이 관건이다.[634]

2. 배타조건부거래로 인한 거래상대방의 봉쇄

가. 배타조건부거래의 본질적 메커니즘

이를 위하여 배타조건부거래의 본질은 '봉쇄'에 있음을 상기할 필요가 있다. 배타조건부거래는 '경쟁사업자'를 봉쇄하는 것이지만, 바로 그만큼 '거래상대방' 역시 봉쇄된다. 이는 단순히 부수적인 결과에 불과한 것이 아니다. 오히려 배타조건부거래를 하는 사업자의 의도는 분명히 경쟁사업자를 봉쇄하는 것에 있으나, 그러한 효과는 어디까지나 거래상대방을 봉쇄하는 것에 의하여 비로소 달성되는 것이다. 즉 배타조건부거래에서 거래상대방의 봉쇄는 경쟁사업자의 봉쇄를 위한 필연적인 메커니즘이다.

634) 이는 거래상 지위남용의 부당성에 관하여 흔히 언급되는 '자유경쟁의 기반 침해'라는 개념과는 구분되는 개념이다. 물론 자유경쟁의 기반 침해라는 관념 역시 거래상대방의 경쟁력 약화를 우려한다. 그러나 여기서 말하는 '경쟁력'이란 착취에 따른 자금력의 감소 등 일체의 경쟁력을 포함하고, 따라서 그러한 경쟁력의 '약화'란 결국 일체의 불이익을 의미하게 된다. 그러나 본 연구에서 말하는 '경쟁상 불이익'이란 거래상대방의 자유로운 사업활동을 저해하는 측면, 즉 거래방법 내지 경쟁방법의 자유로운 선택을 저해함으로써 야기되는 불이익에 한정된다.

실제로 퀄컴 판결은 배타조건부거래의 부당성 판단에 관하여 "배타조건부 거래행위로 인하여 대체적 물품구입처 또는 유통경로가 봉쇄 · 제한되거나 경쟁사업자 상품으로의 구매전환이 봉쇄 · 제한되는 정도를 중심으로" 판단하여야 한다고 설시하였는바, 그 중 '경쟁사업자 상품으로의 구매전환 봉쇄 · 제한'이 바로 이 부분에 해당한다. 비록 판례가 위 설시 부분에 대하여 어떤 의미를 부여하고자 한 것인지는 명확하지 않지만,[635] 어떻든 판례 역시 배타조건부거래로 인한 '거래상대방 봉쇄'의 문제를 인식하고 있음은 분명하다.

요컨대, 배타조건부거래를 하는 사업자는 '거래상대방을 봉쇄'함으로써 비로소 '경쟁사업자를 봉쇄'하는바, 후자가 전통적으로 경쟁법적 관심의 대상이었던 경쟁제한성의 문제라면(수평적 측면), 전자가 여기서 주목하고자 하는 공정거래법상 거래내용의 불공정성 문제이다(수직적 측면). 바로 여기에 불공정거래행위로서 배타조건부거래가 가지는 부당성의 핵심이 있다 할 것인바, 즉 '배타조건에 따른 봉쇄로 인한 거래상대방의 경쟁상 불이익'이 그것이다.[636]

나. 거래상대방의 경쟁상 불이익에 관한 경제적 분석

그런데 경쟁사업자를 봉쇄하는 것은 그 자체로 그 경쟁사업자에게 불이익이 되는 것이지만, (비록 '봉쇄'라는 일응 부정적인 표현을 동일하게 사용한다 하더라도) 거래상대방을 봉쇄한다고 하여 그것이 반드시 그 거래상대방에게 불이익이 되는 것은 아니다. 경우에 따라서는 그 거래상대방에게도 배타적 · 전속적 거래가 도움이 될 수 있고, 이에 오히려 거래상대방이 그와 같은 배타적 · 전속적 거래를 적극적으로 원할 수도 있기 때문이다.[637] 따라서 배타조건부거래로 인한 봉쇄를 거래상대방

635) 퀄컴 판결의 사안은 시장지배적 지위남용으로서 배타조건부거래의 문제로서, 수평적 경쟁사업자의 부당한 배제 여부가 쟁점이었을 뿐, 특별히 수직적 거래상대방에 대한 불이익 여부는 쟁점이 아니었다.

636) 미국에도 배타조건부거래는 끼워팔기처럼 경쟁사업자를 봉쇄하고, 소비자후생을 저해할 뿐만 아니라 '직접적인 거래상대방에게도 피해를 준다'는 시각이 있다. Lawrence A. Sullivan, Warren S. Grimes & Christopher L. Sagers, 앞의 책(각주 11), p.436－437. 유사한 취지의 견해로 John H. Shenefield & Irwin M. Stelzer, The Antitrust Laws a Primer(4th ed.), The AEI Press (2001), p.81 참조.

의 불이익으로 인정하기 위하여는 일정한 추가적인 요소가 필요하다.

그렇다면 과연 어떤 경우에 배타조건부거래로 인한 봉쇄를 거래상대방의 불이익으로 판단할 수 있는가? 이에 관하여 논하는 견해는 거의 없는 것으로 보이는바, 일응 앞서 본 배타조건부거래의 경쟁제한성 내지 경쟁촉진성에 관한 경제적 분석을 응용할 수 있을 것이다.

우선 가장 기본적으로 단일 브랜드 취급이 그 거래상대방에게 미치는 영향을 생각해 볼 수 있다. 즉 배타적 공급거래의 경우, 거래상대방으로 하여금 다양한 브랜드의 상품 구색을 갖추지 못하게 하는 것이 그 거래상대방의 사업활동에 불이익이 되는지를 살피는 것이다.[638] 해당 상품의 특성에 따라 비록 소량이나마 복수의 브랜드를 다양하게 취급하는 것이 거래상대방의 이익에 부합할 수도 있고, 오히려 단일 브랜드의 모든 상품을 빠짐없이 취급하는 것이 그 거래상대방의 사업활동에 도움이 될 수도 있다. 일반적으로 전자의 경우라면 배타조건부거래는 그 거래상대방에게 불이익이 된다고 볼 수 있고, 후자의 경우라면 그렇지 않다고 하여야 할 것이다. 한편 배타적 인수거래라면, 거래상대방으로 하여금 다양한 유통채널을 사용하지 못하게 하는 것이 그 거래상대방의 사업활동에 어떤 영향을 미치는지를 살펴볼 수 있을 것이다. 해당 상품의 특성 내지 소비자의 선호에 따라 복수의 유통사업자를 통한 광범위한 판매망이 거래상대방의 사업활동에 도움이 될 수도 있고, 반면 강력한 유통사업자를 통한 집중적인 판매가 거래상대방의 이익에 부합할 수도 있다. 일반적으로 전자의 경우라면 배타조건부거래는 그 거래상대방에게 불이익이 될 것이며, 후자의 경우라면 그렇지 않을 것이다.[639][640]

---

637) Patrick Rey & Thibaud Verge, 앞의 논문(각주 422), p.378 참조.

638) Lester G. Telser, “Abusive Trade Practices”, 30 Law and Contemporary Problems 488, 492 (1965); Benjamin Klein, 앞의 논문(각주 398), p.156 참조.

639) 즉 만일 해당 상품의 특성상 다양한 상품 구색이나 다양한 판로가 그다지 큰 의미를 가지지 않는 경우라면 불공정거래행위로서 배타조건부거래는 성립하기 어려울 것인바, 이러한 경우에는 구체적인 사정에 따라 거래상 지위남용 등이 성립될 수 있을 것이다.

640) 이와 관련하여 배타조건부거래의 대상이 되는 상품이 최종소비재인지 중간재인지를 살펴 볼 필요가 있을 수도 있다. 배타조건부거래의 경쟁제한성에 관하여 대상 상품이 최종소비재가 아닌 중간재인 경우 경쟁제한적 우려가 크지 않다는 분석이 있는바(EU 수직적 거래제한 가이드라인 138문단), 거래상대방의 불이익 관점에서도 대상 상품이 중간재인

그리고 해당 상품의 판매에 관하여 제조업자와 유통업자 중 누구의 브랜드가 더 강한지도 생각해 볼 필요가 있다. 상품의 특성 등에 따라 소비자의 입장에서 볼 때 제조업자의 브랜드가 중요하고 이를 판매하는 유통업자의 브랜드는 그다지 중요하지 않을 수 있는바, 전통적인 경쟁법은 주로 이러한 상황을 가정 내지 전제로 하고 있다.[641] 그러나 경우에 따라서는 소비자가 제조업자의 브랜드보다 유통업자의 브랜드를 더 선호할 수 있는데, 특히 최근 강력한 유통업자가 가지는 영향력이 증대되고 있는 점을 고려하면 소비자는 어차피 같은 종류의 상품 또는 유사한 가격대의 상품을 구입할 계획인 경우 기왕이면 자신이 선호하는 유통업자 내지 지리적으로 접근성이 좋은 유통업자 등 특정 유통업자가 선택·취급하는 상품을 구매하고자 할 수 있다.[642] 이는 주차장 등 각종 부대시설 내지 편의시설이나 부가서비스제공, 보너스증정, 포인트지급 등 다양한 판촉활동에 따라 소비자가 특정 유통업자에게 '고착(lock-in)'된 상황도 있을 수 있는 점을 고려하면 더욱 그러하다. 결국 제조업자의 브랜드가 중요한 상품에서는 배타적 공급거래를 하더라도 거래상대방에게 불이익이 발생할 가능성은 상대적으로 적을 것이고, 유통업자의 브랜드가 중요한 상품에 관하여 배타적 공급거래를 하는 것은 상대적으로 거래상대방에게 불이익이 될 소지가 클 것이다.[643][644] 이러한 관점은 해당 상품의

경우에는 그 부당성이 인정될 가능성이 상대적으로 낮을 것이다. 중간재의 특성상 복수의 브랜드를 분산 공급받는 것보다 단일 브랜드를 지속적이고 안정적으로 공급받는 것이 더 중요할 수 있기 때문이다.

641) 이에 전통적인 경쟁법에서는 제조업자와 달리 유통업자에 대하여는 딱히 '브랜드'라는 개념이나 용어를 사용하지 않는다.

642) Benjamin Klein, 앞의 논문(각주 398), p.157-158 참조.

643) 이는 대체로 하나의 유통업자에게서만 상품을 구매하는 성향이 있는 소비자의 경우, 만일 그가 중요하게 생각하는 특정 품목에 관하여 해당 유통업자가 원하지 않는 특정 제조업자의 브랜드만을 취급한다면, 이를 이유로 그의 구매 전부를 다른 유통업자에게로 전환할 가능성이 있기 때문이다. Benjamin Klein & Kevin M. Murphy, "Exclusive Dealing Intensifies Competition for Distribution", 75 Antitrust L.J. 433, 444, 457 (2008) 참조.

644) 이에 관하여는 배타조건부거래의 경쟁제한성에 관한 다음과 같은 설명도 참고가 된다. 즉 상품은 크게 'shopping product'와 'convenience product'로 구분될 수 있는바, 전자의 경우 소비자는 해당 상품을 구매하기 전에 여러 브랜드(제조업자)의 상품을 비교하여 선택하므로 이러한 상품에 관한 배타조건부거래는 일응 경쟁제한성이 낮은 반면, 후

판매 증대에 있어 제조업자에 의한 상품차별화, 광고 등이 중요한지, 유통업자에 의한 시설투자, 판촉활동 등이 중요한지 등과 관련하여서도 의미를 가질 수 있다.

또한 해당 배타조건부거래에 의한 불확실성 감소 내지 거래비용 절감 등 효율성 증대 문제도 고려될 수 있다. 이는 주로 그러한 효과가 해당 배타조건부거래로 인한 거래상대방의 불이익을 상쇄할 수 있는지의 차원에서 의미를 가질 것이다. 예컨대 배타적 공급거래의 경우, 설령 해당 거래로 인하여 거래상대방에게 다양한 브랜드를 취급할 수 없게 되는 측면의 불이익이 발생한다 하더라도, 그러한 거래를 통하여 거래상대방의 상품조달이나 배송 등이 안정화되거나 재고비용, 교섭비용, 관리비용 등이 절감되고 이러한 측면의 이익이 위와 같은 불이익을 상쇄할 수 있는 경우, 결과적으로 해당 배타적 공급거래는 거래상대방에게 불이익이 되지 않는다고 판단할 수 있다. 즉 배타조건부거래로 인한 불확실성 감소 또는 거래비용 절감 등 효율성 증대 문제는 반드시 경쟁제한성 판단에만 관련되는 것이 아니라 할 것이다. 다만 이 부분의 문제를 판단함에 있어서는 단순히 '결과적' 측면에만 집중하여서는 안 된다. 만일 거래상대방이 문제된 배타조건으로 인하여 부당한 불이익을 받고 있다고 주장한다면, 그러한 주장이 신의칙이나 금반언의 원칙에 위반된다고 볼 여지가 있는 등 특별한 사정이 없는 한 그 불이익 여부는 해당 거래상대방의 관점에서 파악할 필요가 있다. 궁극적으로 자신에게 불이익이 되는지 여부는 해당 사업자가 가장 잘 알 수 있는 문제이고, 불이익을 호소하는 사업자에게 '오히려 그것이 당신에게 이익이 된다'는 논리로 그 불이익의 존재를 부정하는 것은 그 자체로 부적절할 뿐만 아니라 거래내용의 불공정성 관점에서 불공정거래행위를 규제하는 취지에도 반하기 때문이다.

그 밖에 관계특화적 투자의 촉진 내지 노하우 이전을 수반하는 거래의 실현, 불완전한 자본시장의 보완 문제 등도 중요한 고려요소가 될 것이다. 만일 문제된

자의 경우 소비자는 위와 같은 비교 없이 단순히 접근이 쉬운 상품을 구매하게 되므로 이러한 상품에 관한 배타조건부거래는 상대적으로 경쟁제한성이 높다는 것이다. Richard M. Steuer, 앞의 논문(각주 34), p.121-123; Paul G. Scott, 앞의 논문(각주 136), p.304.

배타조건부거래가 거래당사자 사이의 관계특화적 투자 또는 노하우 이전을 수반하는 거래를 위하여 꼭 필요한 것이고, 그것이 합리적인 범위 내에 있다면 그러한 배타조건부거래가 거래상대방에게 불이익이 된다고 보기는 어려울 것이다. 또한 거래당사자들 사이에 보다 풍부하고 정확한 정보에 기하여 일반 자본시장이나 금융기관 등을 통한 자본거래보다 더 효율적이고 적절한 자본거래가 가능한 경우, 그러한 상황에서 일정한 신용의 공급이나 자본재의 원조와 함께 그 회수를 담보하기 위한 배타조건부거래가 실시되는 것이라면 봉쇄의 범위나 기간 등이 일정 수준을 넘지 않는 한 그러한 배타조건부거래를 거래상대방의 불이익이라는 관점에서 규제하기는 어려울 수 있다.[645]

한편 무엇보다도 만일 해당 배타조건부거래를 위하여 가격할인 등 상당한 보상이 주어지고 있다면, 즉 봉쇄의 불이익을 직접적으로 상쇄하는 이익이 제공되고 있다면, 그러한 배타조건부거래를 거래상대방에게 불이익이 된다고 하기는 어려울 것이다.[646] 이는 위와 같은 배타조건부거래 역시 경쟁사업자를 봉쇄하는 효과를 가질 수 있다는 점과는 차원을 달리 하는 문제이다. 즉 위와 같은 배타조건부거래는 수평적 경쟁제한성의 관점에서 규제할 수 있을 뿐, 이를 수직적 거래내용의 불공정성이라는 관점에서 규제하기는 어렵다고 생각된다.[647]

이상 배타조건부거래가 거래상대방에게 경쟁상 불이익이 될 수 있는 경우에 관하여 간략히 살펴보았다. 종래 배타조건부거래에 관한 경제적 분석은 대부분 '경

---

645) 앞서 관계특화적 투자의 촉진, 노하우 이전을 수반하는 거래의 실현, 불완전한 자본시장의 보완 등은 배타조건부거래의 경쟁제한성을 상쇄하는 유력한 정당화 사유가 될 수 있음을 보았는바, 이러한 맥락에서 배타조건부거래의 경쟁제한성 측면과 거래내용의 불공정성 측면은 일정한 연계성을 가진다고 볼 수도 있다. 즉 경쟁제한적인 배타조건부거래라고 하여 반드시 거래내용의 불공정성도 인정되는 것은 아니지만(예컨대 당사자 쌍방의 순수한 자발적 합의에 의한 배타조건부거래의 경우가 그러할 것이다), 부당한 경쟁제한성이 인정되지 않는 배타조건부거래의 경우에는 거래내용의 불공정성 역시 인정되지 않을 가능성이 클 것으로 생각된다(부당하게 경쟁사업자를 배제하지는 않으면서 오로지 거래상대방에게 불이익을 가하기 위한 배타조건부거래는 사실상 상정하기 어려울 것이다).

646) Christopher E. Ware & Alison A. Hill, 앞의 논문(각주 579), p.47－50.

647) 물론 이는 그러한 반대급부를 통한 이익에 관하여 해당 거래상대방의 자율적인 선택이 있는 것을 전제로 한다. 한편 위와 같은 배타조건부거래 역시 일정한 경우 부당한 이익에 의한 고객유인 등 다른 불공정거래행위로 포섭될 수 있는 가능성은 별론이다.

쟁사업자 봉쇄' 측면에만 집중되어 왔는바, 불공정거래행위로서 배타조건부거래의 부당성 판단을 위하여 '거래상대방 봉쇄'의 측면에도 관심을 기울일 필요가 있다 할 것이다.[648]

3. 새로운 접근방법의 의미와 기능

가. 기존 강제성설 내지 이원설과의 차이

1) '불이익'의 구체화

위와 같은 새로운 접근방법에 대하여, 설령 그 취지와 논리를 받아들인다 하더라도 그것이 종래 논의되어 왔던 강제성설 내지 이원설의 입장과 과연 무엇이 다른지 의문이 제기될 수 있다. 즉 불공정거래행위로서 배타조건부거래의 부당성에 관하여 강제성 요소를 고려하는 입장은 '거래상대방의 선택의 자유를 제한'하는 것을 부당하다고 보는 것이고, 판례(에스오일 판결) 역시 이를 "거래상대방인 특정 사업자가 당해 배타조건부 거래행위로 인하여 거래처 선택의 자유 등이 제한됨으로써 자유로운 의사결정이 저해되었거나 저해될 우려가 있는지 여부"라고 판시하고 있는바, '거래상대방 봉쇄'라는 것도 결국 특별한 것이 아니라 위와 같은 '거래상대방의 거래처 선택의 자유 제한'을 달리 표현한 것에 불과하다는 지적이 있을 수 있는 것이다.

그러나 양자는 다음과 같은 점에서 분명히 구별된다. ① 앞서 본 바와 같이 강제성설에서 말하는 '거래처 선택의 자유 제한'이란 '의사억압성', 즉 '자유로운 의사결정의 침해' 그 자체를 의미하는바, 결국 그러한 제한(침해)만으로 즉시 부당하다는 것을 의미한다. ② 반면 새로운 접근방법은 위와 같은 의사억압성만으로 즉시 부당성을 인정하는 것이 아니라, 거래상대방을 봉쇄함으로써, 즉 거래상대방의

---

648) 김성훈, 앞의 논문(각주 20), 262쪽은 "배타조건부 거래는 경쟁자의 계약의 자유 측면인 경쟁제한성의 관점에서만 바라볼 것이 아니라, 거래상대방의 계약의 자유 측면에서도 좀 더 조명해야 할 필요가 있다."고 한다. 불공정거래행위로서 배타조건부거래 특유의 부당성 요건으로 '강제성(의사억압성)'을 들고 있다는 점에서 본 연구의 입장과 차이가 있으나, 기본적인 관점 자체는 유사한 것으로 보인다.

거래처 선택의 자유를 제한함으로써 그 거래상대방에게 경쟁상 불이익을 가하였을 때 비로소 부당성을 인정할 수 있게 된다. 결국 강제성설과 달리 새로운 접근방법에서는 문제된 배타조건으로 인하여 거래상대방에게 어떠한 '경쟁상 불이익'이 발생하였는지가 주장·증명되어야 한다. ③ 요컨대, 새로운 접근방법에 의하면 설령 의사억압성이 인정되더라도 봉쇄로 인한 경쟁상 불이익이 인정되지 않는 한 부당성이 인정되지 않는다.

이러한 새로운 접근방법은 배타조건부거래로 인한 거래상대방의 불이익을 경쟁법의 관점에서 보다 구체화한 것이다. 기존의 강제성설은 이를 거래상대방의 자유로운 의사결정을 억압함으로써 '공정거래의 기반이 침해되거나 침해될 우려'가 있다는 관점으로 보았으나, 이러한 시각은 다소 문제가 있다고 생각된다. 위와 같은 '공정거래의 기반 침해'라는 설명은 일본의 '자유경쟁의 기반 침해' 관념으로부터 비롯된 것으로 보이는데,[649] 사실 이러한 설명은 그 실제 포섭범위를 가늠하기 어려운 대단히 의제적인 것으로서 '귀에 걸면 귀걸이, 코에 걸면 코걸이' 식으로 남용될 가능성이 다분하다. 거래상 우월적 지위를 가진 사업자가 거래상대방의 이익을 조금이라도 침해하였다면, 예컨대 단순히 거래대금을 제때 지급하지 않는 등 일반 민사법을 통하여 해결할 수 있고 해결하여야 하는 행위를 한 경우에도, 이를 그 거래상대방의 자금사정을 악화시킴으로써 경쟁력을 저해한 행위로서 자유경쟁 내지 공정거래의 기반을 침해하였다고 보아 불공정거래행위로 의율할 수 있을 것이기 때문이다. 즉 위와 같은 관점에 의하면 완벽한 '윈-윈 계약'

649) 일본에서 1982년 8인의 교수가 공동 연구·집필한 독점금지법연구회보고, 즉 '불공정한 거래방법에 관한 기본적 고찰방법(不公正な取引方法に関する基本的な考え方)'은 불공정거래방법의 위법성은 '경쟁저해성'이고, 이는 다시 ① 자유경쟁 침해(거래거절, 부당염매 등에 의한 경쟁감살), ② 능률경쟁 침해(부당고객유인, 부당표시, 중상·모략과 같은 부정경쟁), ③ 자유경쟁의 기반 침해(우월적 지위남용) 등으로 구분된다는 이른바 '3분설' 내지 '3조건설'을 제시하였는바, 현재 일본에서는 위 견해가 널리 받아들여지고 있다고 한다. 서정, 앞의 논문(각주 542), 787-788쪽; 변동열, "거래상 지위의 남용행위와 경쟁", 저스티스 제34권 제4호(2001. 8.), 171-174쪽; 이호영, 앞의 논문(각주 290), 366쪽 참조. 한편 '자유경쟁의 기반 침해(우월적 지위남용)'에 관한 일본의 논의에 관하여는 나가사와 데쓰야 저, 최재원 역, 앞의 책(각주 627), 6-9쪽 참조.

이 아닌 이상 그 어떤 행위도 결국 부당성이 인정될 수 있거나 적어도 부당성이 문제될 소지가 있다. 이는 불공정거래행위 규제의 취지를 감안하더라도 결코 바람직하지 않다고 생각된다. 공정거래법이 불공정한 거래를 규제하는 이유는 이를 통하여 공정하고 자유로운 거래를 촉진하기 위한 것인데, 위와 같은 '남용적 규제'의 가능성은 오히려 거래 자체를 위축시킬 수 있기 때문이다.[650] 요컨대 '자유경쟁 내지 공정거래의 기반 침해'라는 관념은 경쟁법적 차원에서는 물론 공정거래법의 차원에서도 경계할 필요가 있다. 이는 설령 그 취지를 감안하더라도 다분히 설명 그 자체를 위한 설명으로서 '의제'에 가깝고, 그렇지 않다 하더라도 '너무 멀리 간 것'이라고 생각된다. 새로운 접근방법은 거래내용의 불공정성을 경쟁법적 관점에서 구체화함으로써 공정거래법상 불공정거래행위 규제의 정당성을 확보하고자 하는 시도이다. 이러한 새로운 접근방법이 보다 직관적이고 또한 현실적이라고 본다.

2) '강제성'의 새로운 의미

한편 새로운 접근방법에 의하면 '강제성(의사억압성)'은 새로운 의미를 가지게 된다. 비록 강제성 그 자체가 부당성을 인정하는 요소가 될 수는 없지만, 위와 같이 거래상대방에 대한 불이익을 부당성의 판단표지로 보는 이상, 강제성이 전혀 없는 경우, 즉 진정한 자발적 합의에 의한 배타조건부거래에 해당하는 경우 불공정거래행위로서 부당성이 인정될 수 없을 것이기 때문이다. 즉 강제성은 불공정거래행위로서 배타조건부거래의 부당성을 인정하기 위한 사실상의 전제가 된다.

이러한 시각을 보다 발전시키면 현행 판례가 제시한 법리와의 조화도 가능할 수 있다. 즉 에스오일 판결과 퀄컴 판결의 판시를 종합하여 '불공정거래행위로서 배타조건부거래의 부당성은 당해 배타조건부거래가 대체적 물품구입처 또는 유통경로를 봉쇄·제한함으로써 경쟁사업자를 배제하는 경쟁제한성을 중심으로 판단하되, 거래상대방의 거래처 선택의 자유를 제한함으로써 경쟁사업자의 상품 또는

650) 이러한 시각에 대하여 지나친 우려라는 차원의 반론이 있을 수 있다. 그러나 규제권력의 남용 가능성을 경계하고자 하는 것을, 그것도 매우 추상적인 관점에 기초한 과잉규제의 가능성을 지적하고자 하는 것을 단순한 기우로 치부하여서는 안 될 것이다.

유통경로로의 전환을 봉쇄·제한하여 그 거래상대방에게 경쟁상 불이익을 가하는 거래내용의 불공정성도 함께 고려할 수 있다'는 취지의 법리를 구성할 수 있는 것이다.[651] 위와 같은 정도의 변형은 굳이 에스오일 판결을 폐기하지 않더라도 충분히 가능할 것으로 보이는바, 이러한 가능성은 판례 또는 법리의 누적적 발전이라는 차원에서도 의미가 있을 것으로 생각된다.

나. 경쟁제한성 관점과 거래상대방의 불이익 관점

1) 경쟁제한성의 관점으로 일원화할 가능성

새로운 접근방법은 가격차별, 특히 제2선 가격차별과 유사한 측면이 있다.[652] 행위자 내지 경쟁사업자가 속한 시장이 아니라 거래상대방이 속한 시장에서의 경쟁이 문제되는 것이기 때문이다.

이에 착안하면 배타조건부거래로 인한 거래상대방의 경쟁상 불이익을 경쟁제한성의 관점으로 포섭하여, 불공정거래행위로서 배타조건부거래의 경쟁제한성은 '경쟁사업자'를 봉쇄하는 측면과 '거래상대방'을 봉쇄하는 측면으로 각각 발현된다고 볼 수도 있을 것이다. 즉 불공정거래행위로서 배타조건부거래의 부당성 역시 '경쟁제한성'의 관점으로 일원화하되, 다만 시장지배적 지위남용으로서 배타조건부거래와 달리 그 경쟁제한성을 포착하는 국면 내지 범위를 확대하는 방향으로 체계화할 수 있는 가능성이 있다.

2) 경쟁상 불이익 관점의 필요성

그러나 다음과 같은 점에서 거래상대방의 경쟁상 불이익을 경쟁제한성의 관점으로 구성하는 것은 그리 적절한 접근방법이 아니라고 생각된다.

---

651) 이 부분에서는 편의상 에스오일 판결의 구조에 따라 '경쟁제한성을 중심으로 판단하되, 거래내용의 불공정성도 함께 고려할 수 있다'는 법리를 제시하였으나, 이러한 판단구조에 관하여는 재고의 여지가 있다. 이 부분의 문제점과 대안은 아래 제6장 배타조건부거래의 새로운 체계와 법리 부분에서 후술한다.

652) 가격차별에 관하여 시장지배적 지위남용으로서 가격차별에 관한 판례는 없고, 불공정거래행위로서 가격차별에 관하여는 대법원 2006. 12. 7. 선고 2004두4703 판결(외환신용카드 판결)이 있다. 여기서 말하는 '거래지역'은 일응 제1선 가격차별, '거래상대방'은 일응 제2선 가격차별의 문제로 볼 수 있을 것이다.

우선 가격차별의 경쟁제한성은 경제학적으로 많은 의문이 제기되고 있고, 이에 미국의 경우 로빈슨패트만법에 의한 가격차별 규제가 사실상 사문화되는 등 상당 부분 그 실질적 의미와 규범력을 상실해 가고 있으며,653) 이는 우리나라의 경우에도 그리 다르지 않다.654) 이러한 상황에서 굳이 거래상대방의 경쟁상 불이익을 경쟁제한성의 관점으로 접근할 필요는 없다 할 것이다.655)

더욱이 이 문제를 '거래상대방이 속한 시장에서의 경쟁제한성 문제'로 볼 경우 그 시장에서의 실제 가격상승 내지 적어도 그에 대한 우려를 증명하여야 한다는 논리가 대두될 수 있다. 이러한 사정을 감안하면 배타조건부거래로 인한 거래상대방의 불이익을 경쟁제한성의 관점으로 포섭하는 것보다는 거래내용의 불공정성으로 포섭하는 것이 보다 실효적일 것으로 보인다.

한편 거래상대방의 불이익을 경쟁제한성의 관점으로 보게 되면 만일 행위자가 모든 거래상대방을 상대로 배타조건부거래를 할 경우 그 경쟁제한성, 즉 부당성을 인정하기 쉽지 않은 문제가 발생할 수 있다. 모든 거래상대방을 제약하는 이상 그 거래상대방들 사이의 경쟁이 제한된다고 보기는 다소 어려운 측면이 있기 때문이다. 그러나 경쟁상 불이익의 관점에서는 원칙적으로 위와 같은 문제가 발생하지 않는다. 어디까지나 해당 거래상대방의 '불이익'에 초점이 있고, 다만 '경쟁과의 관련성'을 요구하는 것이기 때문이다. 즉 경쟁제한성의 관점은 현실적 또는 잠재적 '거래상대방들' 사이의 경쟁을 상정하고 반드시 그것이 제한될 것을 요구하지만, 경쟁상 불이익의 관점은 해당 '거래상대방'의 불이익을 상정하고 다만 추

---

653) Herbert Hovenkamp, 앞의 책(각주 28), p.735 참조. 이에 실제로 AMC, 앞의 자료(각주 318), p.311 이하는 로빈슨패트만법의 폐지를 제안하고 있다.

654) 2015년부터 2020년까지 공정위에서 처리된 차별적 취급(가격차별, 거래조건차별, 계열회사를 위한 차별, 집단적 차별) 사건은 2015년 10건, 2016년 4건, 2017년 5건, 2018년 2건, 2019년 4건, 2020년 1건 총 26건에 불과한바, 위반행위 유형별 비중이 0.5%에 불과하다. 공정위, 공정거래백서(2021), 199－200쪽.

655) 이와 관련하여, 거래상대방의 불이익을 경쟁제한성의 관점으로 파악하는 것은 사실 그 자체로 그리 적절한 관점이 아닐 수도 있다. 만일 위와 같은 논리를 일관한다면 착취적 가격 역시 그 거래상대방의 경쟁력을 약화시키는 것은 마찬가지인바, 결국 경쟁제한적이라고 볼 여지가 있기 때문이다. 미국에서 사실상 가격차별 규제가 사문화되어 가고 있는 것은 이러한 관점에서도 이해할 가능성이 있다고 생각된다.

가적으로 일정한 경쟁 관련성을 요구할 뿐이라는 점에서 차이가 있고, 이 점이 바로 경쟁상 불이익을 경쟁제한성과 분리하여 관찰하고자 하는 이유이다.

무엇보다도 앞서 거래내용의 불공정성 문제는 기본적으로 수평적 경쟁의 문제가 아니라 수직적 착취의 문제임을 보았는바, 거래상대방의 경쟁상 불이익도 그것이 불이익인 이상 수직적 착취의 관점에서 파악하는 것이 타당하다. 여기서 '피해자'는 해당 거래상대방이지 그 거래상대방이 속한 시장이 아닌 것이다. 즉 불공정거래행위로서 배타조건부거래 특유의 부당성은 어디까지나 거래상대방의 불이익에 있되 그것이 경쟁과의 관련성을 필요로 하는 것일 뿐, 그러한 거래상대방의 경쟁상 불이익을 인정함에 있어 반드시 그 거래상대방이 속한 관련시장에서의 경쟁제한성을 요구할 것은 아니다.

다. 시장지배적 지위남용으로서 배타조건부거래와의 관계

새로운 접근방법에 의한 불공정거래행위로서 배타조건부거래의 부당성은 시장지배적 지위남용으로서 배타조건부거래의 부당성과 무엇이 다른가? 물론 경쟁제한성 외에 거래내용의 불공정성을 고려한다는 점에서 기본적으로 다르지만, 이에 더하여 다음과 같은 측면에서도 의미를 찾을 수 있다.

1) 불공정거래행위로의 도피 현상 방지

새로운 접근방법에 의하면 시장지배적 지위남용 규제보다 불공정거래행위 규제가 오히려 더 쉬운 난점이 해소될 수 있다.

기존의 판례 법리에 의하면 시장지배적 사업자에 의한 배타조건부거래의 경우에도 이를 시장지배적 지위남용으로 의율하는 것보다 불공정거래행위로서 의율하는 것이 보다 용이한 문제가 있었다. 기본적으로 '경쟁제한성' 증명보다 '강제성(의사억압성)' 증명이 훨씬 쉬운 방법이기 때문이다. 이에 이른바 '불공정거래행위로의 도피' 현상이 발생하였다.[656]

---

656) 신동권, 앞의 논문(각주 249), 34쪽; 신영수, 앞의 논문(각주 601), 509쪽. 물론 위와 같은 문제는 '경쟁제한성'의 측면에서 시장지배적 지위남용의 경쟁제한성보다 불공정거래행위의 경쟁제한성을 오히려 더 쉽게 인정해온 일부 실무의 경향과도 관련되나(이재구,

그런데 새로운 접근방법에 의하면 위와 같은 모순적 상황이 해소될 수 있다. 배타조건부거래를 불공정거래행위로서 의율하는 경우에도 단순히 의사억압성을 증명하는 외에 그 거래상대방의 경쟁상 불이익을 추가적으로 증명하여야 하기 때문이다. 이로써 시장지배적 사업자의 배타조건부거래를 시장지배적 지위남용이 아닌 불공정거래행위로 의율하려는 다분히 편의적인 규제의 유혹이 제거될 것이다.[657]

2) 진정한 중첩적용의 가능성

한편 새로운 접근방법에 의하면 시장지배적 지위남용 규제와 불공정거래행위 규제의 중첩적용이 실질적 의미를 가지게 된다.

공정거래법상 시장지배적 지위남용 규제와 불공정거래행위 규제의 관계에 관하여는 종래 많은 논란이 있었으나, 이는 포스코 전합판결의 시장지배적 지위남용과 불공정거래행위 구별론에 의하여 사실상 정리되었다 할 것인바, 즉 시장지배적 지위남용 규제와 불공정거래행위 규제는 그 중첩적용이 가능하다.[658] 그런데 시장지배적 사업자의 배타조건부거래에 관한 현대모비스 사건에서 공정위는 양자를 중첩적용하면서도[659] 그 부당성의 표지를 '경쟁제한성'으로 동일하게 파악하였

앞의 책(각주 286), 164쪽 참조), 이 부분을 언급하는 취지상 여기서는 '강제성'의 측면에 한정하여 본다.

657) 이에 대하여 새로운 접근방법에 의하면 결국 시장지배적 사업자의 배타조건부거래를 시장지배적 지위남용으로서는 물론 불공정거래행위로서도 의율하기 어렵게 함으로써 결과적으로 그 규제 자체를 어렵게 만드는 문제가 있다는 지적이 있을 수 있다. 그러나 그러한 상황은 오히려 새로운 접근방법이 추구하는 바이다. 즉 설령 그러한 상황이 발생하더라도 이를 부당한 결과라고 할 것은 아닌바, 이 문제는 한편으로는 앞서 본 바와 같은 시장지배적 사업자에 의한 배타조건부거래의 부당성을 추정하는 새로운 해석론을 통하여, 다른 한편으로는 경쟁법의 본질과 괴리된 의사억압성에 기초한 규제를 통하여 공정거래법을 '경쟁법의 발전형'이 아닌 '민사법의 보완형'으로 취급하는 시각의 교정을 통하여 해결하여야 할 것이다.

658) 공정거래법상 시장지배적 지위남용 규제와 불공정거래행위 규제의 중복 문제에 관한 보다 상세한 검토는 배상원, 앞의 논문(각주 4), 247–251쪽 참조.

659) 한편 공정위는 불공정거래행위 심사지침 II. 3. 후문에서 "이 지침에서 규정된 불공정거래행위가 법 제5조(시장지배적지위의 남용금지) 위반에도 해당될 경우에는 법 제5조를 우선적으로 적용함을 원칙으로 한다."고 규정하고 있으면서도(위 규정은 공정거래법 전면개정 이전부터 존재하였던 규정으로서 현재로서도 그대로 유지되고 있다), 실제 규제

고, 판례 역시 별다른 설명 없이 위와 같은 공정위의 규제방식을 그대로 수긍하였는바, 사실 이러한 차원의 중첩적용은 별다른 의미가 없는 것이다.[660] 더욱이 공정위는 시장지배적 지위남용과 불공정거래행위를 중첩적용하면서도 그 과징금에 관하여는 그 부과한도가 더 높은 시장지배적 지위남용에 따른 과징금만을 부과하고 불공정거래행위에 따른 과징금은 부과하지 않고 있는데,[661][662] 이는 마치 절도와 특가절도를 함께 의율하여 모두 유죄라고 판단하면서 처벌은 특가절도로만 하는 것과 마찬가지로서, 별다른 의미도 없고 오히려 법체계상 혼란만 야기할 뿐이다.[663] 한편 공정거래법 위반 사건에서 가장 중요한 제재는 결국 위반행위의 중지 내지 금지에 관한 시정명령이라 할 것인데, 위반행위에 대하여 시장지배적 지위남용과 불공정거래행위를 중첩적용하더라도 그에 대한 시정명령은 결국 동일한바,[664] 굳이 중첩적용을 할 특별한 실익이 있는지도 의문이다.[665]

에 있어서는 양자를 중첩적용해 오고 있는바, 이른바 일반법·특별법설, 선택적용설, 중첩적용설 중 어느 견해가 타당한지의 문제와는 별개로, 적어도 위와 같은 공정위의 입장은 그 자체로 다소 문제가 있다고 생각된다.

660) 같은 취지의 지적으로 이봉의, 앞의 책(각주 74), 924쪽.

661) 양명조, 앞의 책(각주 114), 378쪽; 김형배, 앞의 책(각주 12), 334-335쪽.

662) 공정위가 시장지배적 지위남용과 불공정거래행위를 중첩적용한 대표적인 사례로서 마이크로소프트 사건(공정위 2006. 2. 24. 의결 제2006-042호), 퀄컴 I 사건(공정위 2009. 12. 30. 의결 제2009-281호)이 있다(일부 문헌에서는 공정위가 위 퀄컴 사건에서 과징금도 중첩부과하였다고 소개하고 있는데, 이는 착오로 보인다). 이러한 사정은 배타조건부거래의 경우에도 마찬가지인바, 공정위는 현대모비스 사건에서 별다른 설명 없이 불공정거래행위에 따른 과징금은 부과하지 않은 채 시장지배적 지위남용에 따른 과징금만을 부과하였다.

663) 즉 형법의 죄수론 관점으로 말하자면, 시장지배적 지위남용과 불공정거래행위의 중첩적용은 양자가 '상상적 경합' 관계에 있을 때 적절한 것이지, '법조경합' 관계에 있을 때는 적절한 것이 아니다.

664) 예컨대, 현대모비스 사건의 배타조건부거래 관련 시정명령은 "피심인은 피심인의 대리점과 거래함에 있어 대리점이 경쟁부품을 판매하지 않는 조건으로 거래함으로써 부당하게 경쟁사업자를 배제하는 행위를 다시 하여서는 아니 된다."가 전부이다.

665) 한편 종래 공정위가 시장지배적 지위남용과 불공정거래행위를 중첩적용한 것은 시장지배적 지위가 인정되지 않을 경우에 대비한 '예비적' 측면이 있는바, 이를 실익으로 보는 견해도 있다(이호영, 앞의 책(각주 74), 49쪽; 김형배, 앞의 책(각주 12), 335-336쪽 등). 그러나 위와 같은 측면의 실익은 이를 전혀 부정할 것은 아니지만 적어도 그리 타당하다거나 적절하다고 보이지는 않는다.

그러나 새로운 접근방법에 의하면 위와 같은 난점이 모두 해소될 수 있다. 만일 시장지배적 사업자에 의한 배타조건부거래가 경쟁사업자를 배제하면서 또한 거래상대방에게 경쟁상 불이익을 가하는 경우, 전자는 시장지배적 지위남용으로 후자는 불공정거래행위로 의율할 수 있기 때문이다.[666] 물론 이러한 차별적 의율은 기존의 강제성설에 의하더라도 전혀 불가능한 것은 아니지만, 강제성설 자체를 받아들이기 어려운 이상 여기서 강제성설에 의한 중첩적용의 실질적 의미를 논할 것은 아니다. 요컨대, 시장지배적 지위남용으로서 배타조건부거래 규제와 불공정거래행위로서 배타조건부거래 규제의 진정한 중첩적용은 새로운 접근방법에 의할 때에만 비로소 가능하다 할 것이다.

Ⅵ. 불공정거래행위로서 배타조건부거래의 새로운 부당성 판단기준

1. 새로운 이원설 : '경쟁제한성'과 '거래상대방의 경쟁상 불이익'

가. '봉쇄효과' 일원론

이상의 논의를 종합하면, 불공정거래행위로서 배타조건부거래의 부당성은 '수평적 측면의 경쟁제한성'과 '수직적 측면의 거래내용의 불공정성'으로 구성하여야 할 것이다.

물론 종래의 이원설 역시 이를 수평적인 '경쟁제한성'과 수직적인 '강제성(의사억압)'으로 구분하였지만, 본 연구의 결론은 그 중 수직적 측면을 '거래상대방의 경쟁상 불이익(거래상대방 봉쇄)'으로 구체화하였다는 점에서 차별성을 가지는바, 일응 '새로운 이원설'이라고 할 수 있다.

즉 새로운 이원설은 배타조건부거래의 부당성을 '봉쇄효과'를 중심으로 통합하되(이러한 점에서 새로운 이원설은 '봉쇄효과 일원론'이라고 할 수 있다),[667] ① 다만 그

666) 이봉의, 앞의 책(각주 74), 168쪽 참조.

667) 여기서 수평적 경쟁사업자를 봉쇄하는 것 외에 수직적 거래상대방을 봉쇄하는 것을 '봉쇄효과'라고 할 수 있는지 의문이 있을 수 있다. 그러나 앞서 본 바와 같이 이미 대법원은 퀄컴 판결에서 배타조건부거래의 부당성에 관하여 '(경쟁사업자가) 대체적 물품구입

수평적인 경쟁제한성(경쟁사업자 봉쇄) 측면은 주로 시장지배적 지위남용 규제가 담당하고, ② 수직적인 거래내용의 불공정성(거래상대방 봉쇄) 측면은 불공정거래행위 규제가 담당하는 것으로 구별을 시도한 것이다.

요컨대, 불공정거래행위로서 배타조건부거래의 부당성은 경쟁제한성(경쟁사업자 봉쇄)과 거래내용의 불공정성(거래상대방 봉쇄, 즉 '배타조건에 따른 봉쇄로 인한 거래상대방의 경쟁상 불이익') 양 측면에 있다고 보아야 한다. 이와 같이 해석함으로써 우리 법상 불공정거래행위 규제의 취지와 장점을 살릴 수 있고,[668] 시장지배적 지위남용으로서 배타조건부거래의 부당성과 불공정거래행위로서 배타조건부거래의 부당성을 실질적으로 차별화할 수 있으며, 이로써 양자의 진정한 중첩적용도 가능하게 될 것이다.

나. 경쟁제한성 측면과 거래내용의 불공정성 측면의 관계

위와 같이 불공정거래행위로서 배타조건부거래의 부당성을 경쟁제한성과 거래상대방의 경쟁상 불이익 두 가지 측면으로 구성할 경우, 양 측면은 서로 어떠한 관계에 있는가?

에스오일 판결은 불공정거래행위로서 배타조건부거래의 부당성은 경쟁제한성과 강제성 양 측면에 있다고 하면서 '경쟁제한성을 중심으로 하되 강제성을 아울러 고려할 수 있다'고 한 바 있다. 즉 어디까지나 경쟁제한성이 중심이고, 강제성은 부가적 요소라는 것이다. 한편 여기서 '아울러 고려한다'는 것의 의미가 무엇인지 알기 어려움은 앞서 본 바와 같다.

그러나 본 연구에서 제시한 경쟁제한성과 거래상대방의 경쟁상 불이익은 위와 같은 차원에서 '경쟁제한성을 중심으로 하되 거래상대방의 경쟁상 불이익을 아울

처 또는 유통경로가 봉쇄·제한되거나 (거래상대방이) 경쟁사업자 상품으로의 구매전환이 봉쇄·제한되는 정도를 중심으로' 판단하여야 한다고 판시하였는바, 수평적 경쟁사업자를 봉쇄하는 것은 물론 수직적 거래상대방을 봉쇄하는 것 역시 '봉쇄효과'라고 함에 별다른 무리는 없다고 생각된다.

668) 미국이나 EU의 경우 불공정거래행위 규정이 없으므로 배타조건부거래의 거래상대방 봉쇄 측면은 제대로 인식되지 못하거나, 설령 인식되더라도 적절히 규제할 수 없다.

러 고려할 수 있다'는 취지가 아니다. 양자는 전혀 국면을 달리하는 것인바, 말하자면 경쟁제한성 측면은 수평적 관점에서 경쟁사업자를 피해자로 보는 것이고, 거래내용의 불공정성 측면은 수직적 관점에서 거래상대방을 피해자로 보는 것이다. 사실 에스오일 판결 역시 위와 같은 구조임에도 이를 '경쟁제한성 중심, 강제성 부가'의 방식으로 체계화함으로써 불필요한 혼란이 야기된 측면이 있다.

즉 새로운 이원설에서 제시한 경쟁제한성과 거래상대방의 경쟁상 불이익은 서로 전혀 별개의 것으로서 독립적인 의미를 가진다. 어느 것이 우선이고, 어느 것은 부차적인 것이 아니며, 양자의 인정 여부가 서로 영향을 주고 받거나 양자의 판단 사이에 중첩이나 모순이 발생할 여지도 없다. 요컨대, 양자는 전혀 다른 측면을 규율하는 것이다.[669]

2. 불공정거래행위로서 배타조건부거래의 경쟁제한성

가. 시장지배적 지위남용의 경쟁제한성과 불공정거래행위의 경쟁제한성

앞서 본 바와 같이 불공정거래행위로서 배타조건부거래 역시 그 경쟁제한성을 이유로 규제가 가능하다면, 불공정거래행위로서 배타조건부거래에서 말하는 경쟁제한성과 시장지배적 지위남용으로서 배타조건부거래의 부당성 표지인 경쟁제한성이 같은 것인지 다른 것인지 의문이 제기될 수 있다.

이에 대하여 일응 양자는 같은 것이라는 입장과 양자는 다른 것이라는 입장을 상정할 수 있다. 그리고 규범적 관점에서 해당 규제의 취지와 목적에 따라 경쟁제한성의 의미도 달리 보아야 한다는 해석이 가능하고, 이러한 견해 역시 일응 설득력이 있다. 그러나 다음과 같은 이유에서 시장지배적 지위남용의 경쟁제한성과 불공정거래행위의 경쟁제한성, 나아가 불공정거래행위로서 배타조건부거래의 경쟁제한성과 시장지배적 지위남용으로서 배타조건부거래의 경쟁제한성 사이에 '본질적 차이'는 없다고 보아야 할 것이다.[670]

---

669) 앞서 V. 2. 나에서 배타조건부거래의 경쟁제한성 측면과 거래내용의 불공정성 측면 사이에 일정한 연계성이 포착될 수 있는 가능성을 보았다. 그러나 위와 같은 관찰은 양 측면의 규제가 가지는 상호 독립적 의미를 반감시키는 것이 아니다.

우선 공정거래법은 제2조(정의)에서 '경쟁의 실질적 제한', 즉 경쟁제한성을 규정하고 있는바, 이는 제3조 이하의 모든 규제에 대하여 일반적으로 적용되는 것이라고 보아야 할 것이고, 따라서 시장지배적 지위남용에서 말하는 경쟁제한성과 불공정거래행위에서 말하는 경쟁제한성 사이에 질적인 차이는 없다고 봄이 상당하다.[671)]

한편 행위유형에 따라 경쟁제한성의 의미를 달리 보려고 시도하더라도 위와 같은 공정거래법상 정의규정의 범위 내에서 질적으로 다른 해석을 하기는 어려워 보이고, 실제로 구분설의 입장에서도 현실적인 대안이 제시되고 있지는 않은바, 이러한 측면에서도 행위유형별로 경쟁제한성의 의미를 달리 보기는 어렵다.[672)]

무엇보다도, 경쟁법은 경쟁제한적 행위를 규제하기 위한 규범으로서, 행위유형

---

670) 같은 취지로 강우찬, 앞의 논문(각주 24), 176-177쪽; 홍대식, 앞의 논문(각주 256), 201쪽; 홍명수, 앞의 논문(각주 621), 56쪽.

671) 김형배, 앞의 책(각주 12), 337쪽 참조.

672) 참고로, 시장지배적 지위남용의 경쟁제한성과 불공정거래행위의 경쟁제한성을 차별화하고자 하는 입장에서 전자는 '경쟁제한성'으로, 후자는 '경쟁저해성'으로 구분해 볼 여지가 있다. 이는 불공정거래행위 심사지침의 규정에서도 일부 근거를 찾을 수 있는데, 심사지침은 경쟁제한성을 정의하면서는 '경쟁의 제한'이라는 표현을 사용하고, 경쟁수단의 불공정성을 정의하면서는 '경쟁의 저해'라는 표현을 사용하고 있다. 나아가 심사지침은 배타조건부거래에 관하여 그 위법성 판단기준을 규정하면서는 '경쟁의 제한'이라는 표현을 사용하고 있지만, 구속조건부거래로서 배타조건부거래에 관한 총론 부분 및 배타조건부거래의 법위반 예시 부분에서는 '경쟁의 저해'라는 표현을 혼용하고 있다. 이러한 사정을 감안하면 불공정거래행위로서 배타조건부거래에서 말하는 경쟁제한성은 시장지배적 지위남용으로서 배타조건부거래에서 말하는 '경쟁제한성'과는 다른 것으로서 '경쟁저해성'을 의미한다는 입론이 가능할 수 있을 것이다. 그러나 우리 공정거래법상 '경쟁저해성'이 과연 '경쟁제한성'과 구분되는 것인지에 관하여는 아직 정설이 없고(사실 '경쟁저해성'은 법령상 용어도 아니다), 이를 논하는 견해에서는 양자는 같은 것이라고 하거나(정재훈, 앞의 논문(각주 354), 332쪽 등), 경쟁저해성은 경쟁제한성보다 완화된 요건이라고 보고 있는바(김형배, 앞의 책(각주 12), 339쪽 등), 어느 견해를 취하더라도 마땅한 해결책이 될 수 없다. 전자의 견해를 취할 경우 양자는 구분되지 않는 것이고, 후자의 견해를 취할 경우 불공정거래행위의 경쟁제한성(경쟁저해성)이 시장지배적 지위남용의 경쟁제한성보다 오히려 더 쉽게 인정되는 문제가 발생하기 때문이다. 결국 경쟁제한성과 경쟁저해성을 구분하는 관점에서 시장지배적 지위남용으로서 배타조건부거래의 경쟁제한성과 불공정거래행위로서 배타조건부거래의 경쟁제한성을 차별화하는 것은 적어도 현재로서는 다소 무리라고 생각된다.

의 구분은 그 경쟁제한의 메커니즘에 따른 구분일 뿐인바, 이러한 행위유형의 구분에 근거하여 오히려 각 행위유형별로 경쟁제한성의 의미 자체가 질적으로 달라진다고 볼 수는 없다고 생각된다. 후자와 같은 시각은 자칫 본말을 전도하는 것이 될 수 있다.

이러한 사정은 배타조건부거래의 경우에는 더욱 그러하다. 앞서 본 바와 같이 배타조건부거래의 수평적 경쟁제한성은 경쟁사업자를 봉쇄한다는 측면을 포착한 것인바, 이러한 폐해는 그 행위자가 시장지배적 사업자이든 일반 사업자이든 전적으로 동일한 것이다. 물론 양자 사이에는 그 경쟁제한적 폐해의 가능성에 일정한 차이가 있고, 따라서 그 판단방법을 차별화할 필요가 있으나, 이는 '양적'인 차이일 뿐이다.

나. 불공정거래행위로서 배타조건부거래의 경쟁제한성 판단방법

그러나 위와 같은 사정에도 불구하고 양자 사이에 아무런 차이가 없는 것은 아닌바, 오히려 상당한 차이가 있다. 앞서 상세히 살펴본 시장지배적 지위남용으로서 배타조건부거래의 경쟁제한성 판단방법과 대비하여 그 결론을 중심으로 불공정거래행위로서 배타조건부거래의 경쟁제한성 판단방법을 정리하면 다음과 같다.

우선 시장지배적 사업자에 의한 배타조건부거래의 경우에는 그 경쟁제한성의 주관적 요건이 사실상 추정될 수 있지만, 일반 사업자에 의한 배타조건부거래의 경우에는 그렇게 볼 수 없다. 앞서 본 바와 같이 시장지배적 사업자의 배타조건부거래에서 그 주관적 경쟁제한성을 추정하는 것은 단순히 해당 행위가 '배타조건부거래'이기 때문만이 아니라 그 행위가 '시장지배적 사업자'에 의하여 실시되었다는 점 또한 중요한 요소이기 때문이다. 에스오일 판결 역시 같은 취지이다.

한편 시장지배적 사업자의 배타조건부거래에서는 해당 사업자가 명백한 시장지배적 사업자에 해당하고, 일응 30% 이상의 봉쇄율이 인정되는 한 그 객관적 경쟁제한성 역시 사실상 추정할 수 있지만, 일반 사업자의 배타조건부거래에 관하여는 위와 같이 볼 수 없다. 즉 일반 사업자에 의한 배타조건부거래의 객관적 경쟁제한성은 공정위가 직접 이를 명백히 증명하여야 한다.[673] 이는 단순히 '시장지배적 사업자의 배타조건부거래는 일반 사업자의 배타조건부거래에 비하여 경쟁제한성이 인정될 가능성이 높다'는 일반적 인식, 예컨대 미국에서 '배타조건부거래에 대하여 셔먼법 제1조를 적용하는 경우보다 제2조를 적용하는 경우 더 낮은 봉쇄율만으로도 위법성이 인정될 수 있다'는 실무적 경향과는 다소 차원을 달리 하는 것으로서, 경쟁제한성의 추정 여부에 따른 차별성은 보다 중요한 의미를 가진다. 이는 우리 판례가 공정거래법령상 '부당하게'와 '정당한 이유 없이'를 구별하고 있는 것과 같은 차원으로 이해할 수 있다.[674]

요컨대, 시장지배적 지위남용으로서 배타조건부거래의 경쟁제한성과 불공정거래행위로서 배타조건부거래의 경쟁제한성 사이에 '질적 차이'가 있다고 볼 수는 없지만, 위와 같은 경쟁제한성의 추정 여부에 따른 차이를 단순히 '양적 차이'에 불과하다고 보아 그 의미를 평가절하할 것은 아니다. 양자의 차이는 '실질적 차이'인 것이다.[675]

Ⅶ. 추가적 쟁점 : 병행적 배타조건부거래의 문제

1. 문제의 소재

병행적 배타조건부거래란 복수의 사업자에 의한 각각의 배타조건부거래가 병행적으로 실시되고 있는 상황을 말하고, 이러한 병행적 배타조건부거래에 따른 각각의 봉쇄효과를 합산한 것을 누적적 봉쇄효과라고 한다.[676]

673) 배타조건부거래는 '상당한 시장력(significant market power)'이 있는 사업자가 실시할 경우에만 경쟁제한적일 수 있다는 설명으로 Massimo Motta, 앞의 책(각주 407), p.372, p.377.

674) 판례는 '부당하게'가 요건인 경우 공정위에게 증명책임이 있고, '정당한 이유 없이'가 요건인 경우 사업자에게 증명책임이 있다고 보고 있다. 대법원 2001. 6. 12. 선고 99두4686 판결(현대정보기술 판결) 참조.

675) 한편 앞서 본 바와 같이 표적봉쇄의 경우 시장지배적 사업자의 표적봉쇄는 '특단의 사정이 없는 한' 부당성이 추정되나, 일반 사업자의 표적봉쇄는 '특별한 사정이 없는 한' 부당성이 추정될 수 있는바, 이 점에서도 양자 사이에는 분명한 차이가 있다.

676) 예컨대 甲, 乙, 丙, 丁 4인이 각각 배타조건부거래를 실시하고, 그 봉쇄효과가 30%, 20%,

이와 같이 복수의 사업자가 배타조건부거래를 하게 되면 단일한 사업자가 배타조건부거래를 하는 경우보다 관련시장을 봉쇄하는 효과가 더 크고, 따라서 더 경쟁제한적이라 할 것이므로, 병행적 배타조건부거래는 단독의 배타조건부거래에 비하여 그 규제의 필요성이 더욱 크다고 할 수 있다. 그러나 반면 배타조건부거래가 병행적으로 실시되고 있는 경우 각각의 개별적 배타조건부거래 그 자체의 봉쇄효과는 낮을 수 있고, 따라서 독자적인 경쟁제한적 효과는 그리 크지 않을 수 있는바, 병행적 배타조건부거래를 구성하는 각각의 배타조건부거래를 모두 규제할 필요성은 낮다고 볼 수도 있다.

전자는 관련시장 전반에 미치는 경쟁제한성에 주목하는 것이고, 후자는 개별 배타조건부거래 내지 각각의 행위자에 주목하는 것인바, 여기서 과연 '병행적 배타조건부거래'라는 이유만으로 또는 '누적적 봉쇄효과'를 근거로 하여 '개별적 배타조건부거래'를 규제할 수 있는지 문제된다.

이에 관한 미국과 EU의 규제상황은 앞서 본 바와 같은바,[677] 요컨대 미국의 경우 연방대법원은 '설령 그 행위자들 사이에 담합이 인정되지 않더라도, 누적적 봉쇄효과가 인정되는 이상 개별적 배타조건부거래 모두를 규제할 수 있다'는 입장이지만, 이후 하급심에서는 반드시 위와 같은 입장을 따르고 있지는 않고 있고, EU의 경우에는 집행위원회가 '반경쟁적인 누적적 봉쇄효과가 인정될 경우 병행적 배타조건부거래의 규제도 가능하다'고 하면서도, '다만 5% 미만의 봉쇄를 야기한 개별적 배타조건부거래는 누적적 봉쇄효과에 대한 기여가 미미하다고 보아 원칙적으로 규제하지 않는다'는 입장을 천명하고 있다.

우리나라의 경우, 공정위의 불공정거래행위 심사지침 별첨 '경쟁제한성 판단기준'은 "시장점유율이 10% 이상인 경우에는 다수의 시장참여자들이 동일한 행위를 하고 그 효과가 누적적으로 발생하거나 발생할 우려가 있는 경우(누적적 봉쇄효과)에 한하여 시장력(market power)이 인정될 수 있다."고 규정하고 있는바(2.

10%, 5%인 경우, 甲, 乙, 丙, 丁이 각자 배타조건부거래를 하고 있는 상황을 병행적 배타조건부거래라 하고, 여기서 누적적 봉쇄효과는 65%가 된다.

677) 제2장 제4절 참조.

가.), 비록 위 규정이 배타조건부거래에 관한 것은 아니고, 또한 경쟁제한성 그 자체가 아니라 경쟁제한성의 판단을 위하여 고려하는 행위주체의 시장력 보유 여부에 관한 것이기는 하나, 그 취지를 감안하면 결국 '누적적 봉쇄효과에 기하여 병행적 배타조건부거래 전체를 규제할 수 있다'는 입장이라고 볼 것이다. 실제로 공정위는 에스오일 사건에서 전체 휘발유시장의 2.71%를 봉쇄한 에스오일의 배타조건부거래 역시 부당하고 보아 규제한 바 있으며,[678] 이에 대하여 서울고등법원과 대법원은 모두 별다른 단서 없이 위와 같은 공정위 규제의 정당성을 인정한 바 있다.

즉 현재 우리나라에서 병행적 배타조건부거래는 '원칙적으로 규제'되고 있는 상황이라고 보이는바, 이러한 실무에 대하여는 다소 의문이 있으므로, 이하 병행적 배타조건부거래의 정당한 규율에 관하여 살펴보되, 에스오일 사건의 구체적 분석은 제6장 제4절 I. 3. 항목으로 미루고, 여기서는 병행적 배타조건부거래의 일반적 법리 문제를 중심으로 검토하기로 한다.

2. 판례와 학설 : 에스오일 판결

가. 판례

판례는 에스오일 판결에서 병행적 배타조건부거래에 의하여 경쟁제한적인 누적적 봉쇄효과가 발생한 경우 사실상 아무런 제한 없이 각각의 개별적 배타조건부거래 전부를 규제할 수 있다는 취지를 피력하였는바, 그 구체적인 판시는 다음과 같다(다만 ①, ②, ③, ④ 표시는 이해의 편의를 위하여 임의로 붙인 것이다).[679]

---

678) 다만 참고로, 위 심사지침 별첨 '경쟁제한성 판단기준'은 2015. 12. 31. 공정위 예규 제241호에서 추가된 것인바, 이는 공정위가 에스오일 사건을 규제한 이후이다.

679) 앞서 이 부분에서는 병행적 배타조건부거래의 일반적 법리를 중심으로 검토한다고 하였으나, 이하 논의를 위하여는 간략하게나마 사건의 개요를 파악할 필요가 있는바, 이러한 차원에서 주요한 사실관계를 정리하면 다음과 같다. 에스오일 사건에서 4개 정유사의 병행적 배타조건부거래로 인한 전체적인 휘발유시장 봉쇄율은 48.9%이고, 그 중 원고인 에스오일의 배타조건부거래로 인한 봉쇄율은 2.71%였다. 한편 에스오일의 2004~2007년 휘발유시장의 점유율은 약 12~13% 정도로서 4개 정유사 중 최하위였다. 요컨대, 위 사건은 원고 에스오일이 업계 최하위의 사업자로서 약 12~13% 정도의 시장점유율을 보

"원심판결 이유에 의하면, 원심은 ① 공정거래법이나 공정거래위원회의 고시, 지침 등에 여러 사업자의 배타조건부 거래행위에 따른 누적적 봉쇄효과의 개념이나 그에 대한 판단 기준이 명시적으로 규정된 바 없으므로, EU 가이드라인상의 누적적 봉쇄효과나 그에 대한 기여도 평가 등의 판단 기준과 상관없이 원고의 전량공급조건 거래가 이루어진 국내 경질유시장의 구조와 특성, 각 정유사들의 시장점유율 및 영업행태, 잠재적 경쟁사업자들의 유통경로 확보의 가능성, 전량공급조건 거래가 이루어진 의도와 목적 등을 종합적으로 고려하여 그 경쟁제한성을 평가해야 한다는 전제 아래, ② 국내 경질유시장은 사실상 원고를 포함한 4개 정유사가 주된 공급자로서 수년에 걸쳐 시장점유율이 고착되어 있는 상황이어서 다른 잠재적 정유사나 수입정유사가 그 시장에 진입하기가 거의 불가능하다는 특징이 있으므로, 비록 원고의 시장점유율이나 봉쇄비율이 다른 정유사들에 비하여 낮다고 하더라도 그 전량공급조건 거래행위가 국내 경질유시장에 미치는 파급효과나 영향이 적다고 단정할 수 없고, ③ 그 시장점유율이나 봉쇄비율이 낮다는 이유로 다른 정유사들과 달리 원고의 경우에는 아무런 제한 없이 전량공급조건 거래를 허용한다면 오히려 다른 정유사들과의 정상적인 경쟁을 왜곡시키는 결과를 가져온다고 할 것이므로, ④ 원고에 대하여도 배타조건부 거래에 따른 봉쇄효과의 책임을 인정하는 것은 위와 같은 국내 경질유시장의 구조와 특성으로 인한 것일 뿐, 원고가 주장하는 바와 같이 국내 경질유시장에서의 시장점유율이 낮고 다른 정유사들에 비하여 미미한 봉쇄효과만을 가져오는 원고의 처지를 고려하지 않았다거나 상대적으로 과도한 책임을 지우는 것은 아니라고 판단하였다. 관계 법령과 앞서 든 불공정거래행위로서의 배타조건부 거래행위에 있어서 부당성의 판단 기준에 관한 법리 및 기록에 비추어 살펴보면, 원심의 이와 같은 판단은 정당하고, 거기에 이 부분 상고이유의 주장과 같은 헌법상 자기책임의 원칙에 관한 법리오해의 위법이 없다."

유한 상태에서 독자적인 배타조건부거래를 실시하여 전체 휘발유시장의 2.71%를 봉쇄한 것의 부당성이 문제된 사안이다.

나. 학설

이러한 판례에 입장에 대하여 학설은 대체로 비판적인데,[680] 주요한 것들을 그 발표시기 순서에 따라 살펴보면 다음과 같다.

우선 이 문제에 관한 선구적 연구로서, 미국와 EU의 이론과 실무를 소개하고, 만일 병행적 배타조건부거래를 의사결정의 공동성을 전제로 규제한다면 경쟁당국이 이를 증명하여야 할 것이고, 만일 의사결정의 공동성이 없는 경우에도 병행적 배타조건부거래를 규제한다면 개별 사업자에 의한 봉쇄효과가 전체 사업자에 의한 누적적 봉쇄효과에 기여한 정도를 살펴보아야 할 것이라는 견해가 있다.[681]

다음으로 에스오일 사건에 대한 원심판결을 대상으로 하여, 서울고법의 판단은 일정한 시장구조 하에서는 사업자의 특정 유형의 행위에 대하여 절대적 책임을 지울 수 있다는 논리와 다를 바 없어 헌법상 자기책임의 원칙에 반할 우려가 있음을 지적하는 견해가 있다.[682]

나아가 기본적으로 헌법상 자기책임의 원칙을 강조하는 견해에 찬동하는 입장에서, 과점적 협조가 일어날 것으로 보기 어려운 시장상황에서는 병행적 배타조건부거래가 있더라도 이들 거래의 누적적 봉쇄율만을 이유로 경쟁제한적이라고 판단할 수는 없고, 따라서 시장지배력이 없고 시장점유율도 적은 사업자의 배타조건부거래는, 더욱이 그것이 전체 봉쇄율에 기여하는 정도가 미미하다면 규제하여서는 안 된다는 견해가 있다.[683]

한편 에스오일 사건에 대한 서울고법의 판단은 배타조건부거래가 어떤 사업자에 의하여 사용되는가에 따라 경쟁제한적일 수도 있고 경쟁촉진적일 수도 있다는

680) 물론 판례를 지지하는 견해가 없는 것은 아니다. 예컨대 백승엽, 앞의 논문(각주 80)은 판례에 찬동하는 것으로 보인다(다만 위 논문은 주로 판례의 불공정거래행위로서 배타조건부거래의 부당성 판단기준, 즉 이원설의 타당성에 관한 것으로서, 병행적 배타조건부거래 문제에 관한 직접적인 검토는 없다).

681) 신현윤, 앞의 논문(각주 49), 52쪽.

682) 홍대식, 앞의 논문(각주 9), 153쪽.

683) 강우찬, 앞의 논문(각주 24), 178－183쪽(이 견해는 결론적으로 EU와 같은 일정한 제한조건, 즉 5% 기준을 마련할 것을 제시하고 있다).

점을 이해하지 못한 것으로서, 봉쇄율이 미미한 일반 사업자 내지 군소사업자의 배타조건부거래를 규제하는 것은 오히려 관련시장의 독과점적 상황을 고착시키는 것이라고 비판하는 견해가 있다.[684]

마지막으로, 관련시장에서 점유율이 하위인 사업자의 배타조건부거래에 관하여, 그러한 사업자에게 잠재적 경쟁사업자들을 위하여 자신의 거래를 개방하라고 기대할 수는 없고, 오히려 그러한 사업자가 현존하는 경쟁사업자들과의 경쟁에서 배제되지 않기 위하여 자신의 거래처를 지키고자 배타조건부거래를 하는 것을 부당하다고 할 수는 없다는 견해가 있다.[685][686]

3. 검토 : 최후의 수단

가. 판례의 비판적 검토

에스오일 판결의 판시는(보다 엄밀히는 대법원을 통하여 인정된 원심의 판시는) 다음과 같은 4가지로 요약된다. ① 우리나라에는 EU 가이드라인과 같은 규정이 없으므로 EU 가이드라인의 내용을 따를 필요가 없다. ② 국내 경질유시장의 구조와 특성에 비추어 보면 에스오일의 시장점유율이나 봉쇄율이 낮다고 하더라도 경쟁제한성이 없다고 할 수 없다. ③ 다른 정유사들과 달리 에스오일에 대하여만 배타조건부거래를 허용하는 경우 오히려 정상적인 경쟁을 왜곡시키는 결과가 된다. ④ 원고의 배타조건부거래를 규제하는 것은 국내 경질유 시장의 구조와 특성으로 인한 것이므로 헌법상 자기책임의 원칙에 반하지 않는다.

그런데 위와 같은 판시에 대하여는 다음과 같은 점들을 생각해 볼 필요가 있다. ① 이 부분의 진정한 문제는 EU 가이드라인을 그대로 따를 것인지의 문제가 아니라, 그와 같은 문제의식을 공유할 것인지의 문제이다. 만일 대법원이 'EU 가이드라인과 같은 일정한 제한이 필요하지 않다'고 판단하였다면 그 이유를 설명

684) 서정, 앞의 논문(각주 23), 30－33쪽.
685) 심재한, 앞의 논문(각주 526), 442－443쪽.
686) 그 밖에도 정재훈, 앞의 논문(각주 354), 343쪽 역시 에스오일 사건의 경우 '경쟁제한성은 인정되지 않는다'고 하는바, 판례에 부정적인 입장으로 보인다.

하였어야 할 것이다. ② 이 부분 논리는 결국 '시장'의 상황 때문에 '행위자'의 책임을 인정한다는 것이다. 그런데 시장지배적 사업자에게도 시장상황에 따른 특별책임을 인정하지 않는 우리 공정거래법에서 일반 사업자에게(특히 에스오일 사건의 경우에는 업계 최하위 사업자에게) 시장상황에 따른 사실상 무조건적 책임을 인정하는 해석이 과연 가능한지 의문이다. ③ 이 부분의 판시가 타당하려면 에스오일의 배타조건부거래를 허용할 경우 '왜곡되는 정상적인 경쟁'이 무엇인지를 설명하였어야 할 것이다. 만일 대법원이 배타조건부거래 그 자체를 부당하다고 보아 '배타조건부거래가 있으면 무조건 관련시장의 정상적인 경쟁이 왜곡된다'고 보는 취지라면 이해할 수도 있을 것이나, 대법원이 위와 같은 입장에 있다고 보이지는 않는다. ④ 이 부분과 관련하여서는 과연 '자기책임의 원칙'이 무엇인지 조금 더 생각해 볼 필요가 있다. 적어도 자기 자신의 행위 때문이 아니라 그와 무관한 시장상황, 그것도 '다른 이들의 행위로 인한 시장상황' 때문에 책임을 부담하는 것이 과연 자기책임에 부합하는 것인지 의문이라 아니할 수 없다.

요컨대 판례의 입장에는 다소 의문이 있다 할 것인바, 이하 병행적 배타조건부거래에 대한 경쟁법적 규제의 난점을 살펴보고, 이를 토대로 병행적 배타조건부거래의 정당한 규율 문제를 검토하기로 한다.

나. 병행적 배타조건부거래 규제의 경쟁법상 난점

1) 의식적 병행행위의 규제 문제

병행적 배타조건부거래의 규제 문제는 실질적으로 해당 사업자들 사이에 그에 관한 의사의 합치가 없는 경우, 즉 '의식적 병행행위'의 규제 문제이다.[687] 만일 사업자들 사이에 의사의 합치가 인정된다면 이는 일종의 시장분할로 볼 수 있을 것이므로(각각의 배타적 거래상대방에 관한 시장분할), 부당한 공동행위로서 규제할 수 있을 것이다.[688]

---

687) Lawrence A. Sullivan, Warren S. Grimes & Christopher L. Sagers, 앞의 책(각주 11), p.432 참조.

688) 김두진, 앞의 책(각주 239), 255쪽. 유사한 취지의 설명으로 Mark R. Joelson, An International Antitrust Primer(4th ed.), Wolters Kluwer (2017), p.148 참조.

즉 병행적 배타조건부거래 사안에서 누적적 봉쇄효과에 근거하여 개별적 배타조건부거래를 규제하는 것은 결국 의식적 병행행위를 규제하는 결과가 되는데, 여기서 다음과 같은 문제점들이 발생한다.

우선 우리 공정거래법의 해석론으로서 판례는 물론 학설에서도 의식적 병행행위 그 자체를 규제하고자 하는 견해는 없는 것으로 보이는바, 유독 그 의식적으로 병행하여 이루어지는 행위가 '배타조건부거래'라고 하여 반드시 규제하여야 한다는 것은 그 근거가 부족하다고 보인다. 이는 우리 법상 이른바 동조적 행위의 개념조차 아직 받아들여지지 않고 있음을 고려하면 더욱 그러하다.

한편 만일 병행적 배타조건부거래라는 이유만으로 규제할 수 있게 되면 부당한 공동행위 규제와 역전현상이 발생할 우려가 있다. 복수의 사업자들이 시장을 분할하기 위하여 병행적으로 배타조건부거래를 하는 경우, 이를 부당한 공동행위로 규제하기 위하여는 그들 사이의 의사합치를 증명하여야 할 것이지만, 만일 병행적 배타조건부거래로 규제할 수 있다면 그러한 의사합치에 관한 증거 없이도 그 즉시 규제가 가능할 것이기 때문이다.

2) 경쟁제한성 규제의 목적과 한계

병행적 배타조건부거래의 개념은 '누적적' 봉쇄효과에 근거하여 '개별적' 배타조건부거래를 규제할 수 있는지의 문제이다. 즉 '독립적으로는' 경쟁제한성이 인정되지 않는 행위를 '전체적인' 시장상황에 근거하여 경쟁제한성이 인정된다고 보아 규제할 수 있는지가 문제되는 것이다. 따라서 독립적으로도 경쟁제한성이 인정되는 배타조건부거래의 규제와 관련하여서는 굳이 병행적 배타조건부거래의 개념을 사용할 필요가 없다.

또한 경쟁제한성 규제는 경쟁제한적인 행위를 금지함으로써 관련시장의 정상적인 경쟁을 보호·촉진하기 위한 것이다. 설령 바람직하지 않은 경쟁행위라 하더라도 그것이 전체로서의 시장경쟁을 제한하지 않는 한 경쟁법이 그러한 행위를 규제할 것은 아니다. 즉 경쟁법적 규제는 그러한 규제를 통하여 관련시장의 경쟁이 보호·촉진되는 것을 전제로 할 때에만 정당성이 인정되는 것이며, 문제된 행위를 금지하지 않더라도 그것이 관련시장의 경쟁을 보호·촉진하는 데 별다른 장애가 되지 않는다면 그러한 행위는 규제할 수 없다고 보아야 한다.

즉 복수의 사업자들이 각자 배타조건부거래를 하고 있는 경우, 이를 개별적으로 검토한 결과 독자적인 경쟁제한성이 있다고 판단되는 배타조건부거래는 굳이 병행적 배타조건부거래의 개념을 사용하지 않더라도 그 자체로 얼마든지 규제가 가능하고(예컨대 '명백한 시장지배적 사업자'의 배타조건부거래),[689] 이로써 관련시장의 경쟁제한성은 일응 제거될 수 있다. 진정한 병행적 배타조건부거래의 문제는 그 이후에 비로소 발생하게 되는데, 이에 해당하는 부분까지 모두 규제하는 것에 관하여는 다음과 같은 점들을 생각해 볼 필요가 있다.

우선 위에서 경쟁법적 규제는 경쟁제한성을 제거하는 것이 목적이고, 그것이 규제의 한계임을 보았다. 그런데 봉쇄율이 큰 배타조건부거래를 규제함으로써 이미 경쟁제한성이 제거된 시장에서 경쟁을 제한하지 않는 배타조건부거래를 추가적으로 규제하여야 할 이유가 무엇인가? 단지 후자의 배타조건부거래가 전자의 배타조건부거래와 '동시에' 이루어졌기 때문에 규제되어야 하는 것인가? 이는 근거가 부족하다고 본다.[690]

만일 위와 같은 상황에서 점유율 하위사업자 내지 군소사업자의 배타조건부거

689) 이와 관련하여, 만일 특정 사업자만이 단독으로 배타조건부거래를 하는 상황에서 이를 규제하기 위하여 40%의 봉쇄율이 필요하다면, 복수의 사업자들이 각각 병행적으로 배타조건부거래를 하는 상황에서는 그보다 적은 30%의 봉쇄율만으로도 경쟁제한성이 인정될 가능성이 있다. 경쟁제한성의 판단이 반드시 봉쇄율에만 근거하는 것은 아닌바, 시장의 전체적 상황을 고려한 판단이 가능하기 때문이다. 이러한 상황은 자기책임의 원칙에 반하는 것이 아니다. 오승한, 앞의 논문(각주 123), 29쪽 참조.

690) 만일 경쟁제한성이 제거된 '이후' 점유율 하위사업자 내지 군소사업자가 배타조건부거래를 비로소 시작하는 경우에는 경쟁제한성이 인정될 수 없어 규제되지 않을 것이다. 이러한 사정을 감안하면 위와 같은 점유율 하위사업자 내지 군소사업자가 단지 큰 봉쇄율을 야기하는, 즉 그 자체로 경쟁제한적인 배타조건부거래를 한 사업자와 '동시에' 배타조건부거래를 하였다는 사정만으로 이를 규제할 수 있다고 보는 것은 근거가 희박한 것이다. 이는 만일 누적적 봉쇄효과에 근거하여 독자적으로 경쟁제한성이 없는 점유율 하위사업자 내지 군소사업자의 배타조건부거래까지 금지하였는데, 그 직후 해당 사업자가 또다시 동일한 배타조건부거래를 개시한 경우, 종전과 같은 누적적 봉쇄효과가 인정되지 않는 이상 위와 같이 새롭게 개시된 배타조건부거래를 규제하기는 어려울 것임을 고려하면 더욱 그러하다.

래까지 함께 규제하게 되면 관련시장의 시장지배적 사업자 내지 점유율 상위사업자의 지위를 보호함으로써 오히려 관련시장의 경쟁상태를 악화시키는 결과를 초래할 소지가 있다. 위와 같은 사업자들의 배타조건부거래는 그것이 다른 사업자들의 배타조건부거래와 함께 병행적으로 실시된다고 하더라도 특별한 사정이 없는 한 이를 허용하는 것이 타당할 것이다. 이는 신규사업자의 배타조건부거래를 굳이 규제하지 않는 것과 같은 맥락이다. 여기서 이러한 논리를 조금 더 발전시키면, 봉쇄율 1위 사업자부터 시작하여 2위, 3위 사업자 순으로 일응 관련시장의 경쟁제한성이 해소되는 단계까지(일응 시장 전체의 봉쇄율이 30% 미만으로 떨어지는 단계까지) 순차적으로 배타조건부거래를 금지하는 방법을 생각해 볼 수 있을 것이다.[691]

이와 관련하여, 사실 병행적 배타조건부거래의 규제 문제는 '복수의 사업자들이 모두 배타조건부거래를 하고 있는데, 점유율 상위 사업자들에게만 이를 금지하고, 점유율 하위 사업자들에게는 이를 금지하지 않는 것이 타당한지'의 관점에서 비로소 문제되는 측면이 있다. 위와 같이 개별적으로 규제 여부를 달리할 경우, 모두 동일한 위법행위를 하고 있는데 그 중 일부에 대하여만 제재를 가하는 것처럼 보이고, 이러한 결론은 직관적으로 다소 부당해 보이기 때문이다. 실제로 에스오일 원심이 '다른 정유사들과 달리 에스오일에 대하여만 배타조건부거래를 허용하는 경우 오히려 정상적인 경쟁을 왜곡시키는 결과가 된다'고 설시하고 있는 부분이 아마도 바로 위와 같은 인식에 기초한 것으로 추측된다. 그러나 위와 같은 시각은 그리 적절하지 않다고 보이는바, 대부분의 병행적 배타조건부거래 사안은 '모든' 사업자들이 함께 위법행위를 하고 있는 상황이 아니라, 오히려 '일부' 봉쇄율 상위 사업자들의 위법행위 때문에 '나머지' 봉쇄율 하위 사업자들까지 위법행위를 하고 있다고 평가되는 상황이기 때문이다. 즉 이 문제를 바라보는 시각을 전환할 필요가 있다고 생각된다.

한편 그렇다면 이 부분에서 EU 가이드라인과 같이 5% 기준 등을 마련하여 규

---

691) 이에 관하여 보다 상세한 사항은 아래 5) 부분에서 후술한다.

제의 범위를 제한하는 방법을 생각해 볼 수 있을 것이다. 그러나 EU에서 위와 같은 기준을 설정한 취지는 충분히 이해할 수 있지만, 이러한 접근방법은 타당하지 않다고 생각된다. 이는 경쟁법에서 일반적인 '안전지대'의 개념으로 이해할 수 있는데, 앞서 본 바와 같이 병행적 배타조건부거래의 규제가 실제로 문제되는 상황은 독립적으로 경쟁제한적인 배타조건부거래를 규제한 이후 비로소 발생한다는 점을 고려하면 여기서 별도의 안전지대를 추가로 설정할 이유는 없다. 기존에 일반 배타조건부거래에 관하여 마련해 둔 안전지대를 그대로 적용하면 그것으로 충분하기 때문이다. 즉 위와 같은 5% 기준은 그 이하의 봉쇄율을 야기하는 배타조건부거래를 규제범위에서 제외한다는 측면에서는 긍정적이지만, 그 이상의 봉쇄율을 야기하되 원래 안전지대에 해당하는 배타조건부거래를 규제범위에 포함시킨다는 측면에서는 오히려 부정적이다. 요컨대, 5%라는 수치의 다소 의제적인 측면은 안전지대라는 것이 본래 그러한 것이므로 논외로 하더라도, 위와 같은 기준은 '왜 배타조건부거래가 병행적으로 실시된다는 이유만으로 독립적으로는 경쟁제한성이 없는 배타조건부거래까지 모두 규제되어야 하는 것인지'에 관한 근본적인 의문을 해결해 줄 수 없다.

3) 시간적 선후에 따른 병행적 배타조건부거래의 문제

병행적 배타조건부거래를 사실상 무조건적으로 규제하는 것은 경우에 따라 해당 사업자들에게 적절한 행위지침을 제공하지 못한 채 오히려 부적절한 규제가 되어 버리는 결과가 될 수 있다. 이는 누적적 봉쇄효과 판단에 '시간적 선후'라는 변수가 개입하기 때문이다.

예컨대 甲, 乙, 丙, 丁이 있는 시장에서, 甲, 乙이 각자 순차적으로 배타조건부거래를 개시하였고 이때까지는 아직 경쟁제한적인 누적적 봉쇄효과가 발생하지 않았는데, 그 다음으로 丙이 배타조건부거래를 개시함으로써 경쟁제한적인 우려가 있을 수 있게 되었고, 마지막으로 丁이 배타조건부거래를 개시함으로써 비로소 경쟁제한성이 확실히 인정될 수 있게 된 상황을 가정해 보자.[692] 이 경우 丙,

692) Einer Elhauge, 앞의 책(각주 9), p.394 참조.

丁은 자신의 배타조건부거래를 개시하기 전에 기존 甲, 乙의 배타조건부거래로 인한 시장 전체의 봉쇄율 등을 염두에 두어야 할 것이고, 심지어 甲, 乙의 경우에는 당초 배타조건부거래를 개시함에 있어 추후 丙, 丁이 배타조건부거래를 개시할 수 있는 상황을 염두에 두어야 할 것인바, 이는 사업전략을 수립하는 당사자들에게 과도한 부담이 되고 자기책임의 원칙에 반하는 규제로 이어질 소지가 있다고 생각된다.[693)]

이러한 사정은 위 예에서 각 사업자들에 의한 개별적 봉쇄율의 정도에 따라 더욱 복잡해질 수 있고,[694)] 경우에 따라서는 선행 사업자들에 의하여 경쟁제한적이지 않은 효율적인 배타조건부거래가 이루어지고 그것이 성공적인 결과로 이어지고 있는 상황에서 경쟁에서 도태되고 있는 후행 사업자들이 위와 같은 배타조건부거래를 저지하고자 비로소 배타조건부거래를 개시하는 등 부적절한 경쟁양태를 유발할 가능성도 있다.[695)]

위와 같은 난점에 대하여, 오히려 그렇기 때문에 병행적 배타조건부거래를 모두 일률적으로 금지하는 것이 타당하다는 주장이 가능할 수도 있을 것이다. 그러나 위에서 제시한 바와 같은 부당한 상황(또는 부당할 수 있는 상황)을 해소할 수 있는 방법으로 반드시 병행적 배타조건부거래를 모두 무조건 금지하는 방법만이 가능한 것은 아니다. 각각의 배타조건부거래를 개별적으로 검토함으로써 당시의 시장상황에 비추어 경쟁제한적이라고 인정되는 배타조건부거래만을 선별적으로 규제하는 원칙적인 방법을 통하여도 위와 같은 상황은 충분히 교정될 수 있다. 이러한 접근방법이 시장지배적 사업자가 아닌 일반 사업자의 배타조건부거래를 경쟁제한성의 관점에서 규제하는 취지, 즉 일반 사업자의 경쟁제한적 배타조건부거

693) 유사한 취지로 강우찬, 앞의 논문(각주 24), 180쪽.

694) 예컨대 甲, 乙, 丙의 개별적 배타조건부거래는 봉쇄율이 낮은데, 그 후 봉쇄율이 큰 정의 배타조건부거래가 이루어짐으로써 甲, 乙, 丙의 배타조건부거래까지 금지되는 상황의 평가 등.

695) 예컨대 甲, 乙이 각자 낮은 봉쇄율로 관계특화적 계약을 통하여 경쟁촉진적인 배타조거부거래를 실시하고 있는데, 이에 따른 경쟁적 압력에서 벗어나고자 丙, 丁이 거래상대방의 의사를 억압하여 배타조건부거래를 실시함으로써 관련시장 전체의 누적적 봉쇄효과를 증대시키고, 이로써 甲, 乙이 배타조건부거래를 중지하여야 하게 되는 경우 등.

래를 불공정거래행위로 의율하여 보충적으로 규제하고자 하는 취지와도 정확히 부합한다고 생각된다.

4) 정당화 사유의 인정 문제

병행적 배타조건부거래라는 이유로 모든 개별적 배타조건부거래를 규제할 경우에는 정당화 사유의 인정과 관련하여서도 문제가 발생한다.

만일 봉쇄율 내지 봉쇄효과를 누적적으로 판단할 경우 정당화 사유 역시 누적적으로 판단할 것인가? 그렇게 하기는 어려울 것인바, 결국 누적적 봉쇄효과를 이유로 배타조건부거래를 규제하는 경우에도 각 사업자들의 정당화 사유는 개별적으로 판단하여야 할 것이다.

그런데 통상의 배타조건부거래의 경우 이를 정당화하는 효율성 항변 등이 가능하고, 병행적 배타조건부거래의 경우에는 위와 같은 효율성 항변은 물론 구체적인 시장상황 등에 따라서는 경쟁대응 항변 등 다른 정당화 사유의 인정 필요성이 더욱 크다 할 것인데, 누적적 봉쇄효과를 규제의 근거로 삼을 경우 위와 같은 정당화 사유의 인정이 오히려 더 힘들어지는 모순이 발생한다.[696]

즉 병행적 배타조건부거래를 일률적으로 금지하는 것은 누적적 봉쇄효과를 이유로 개별적 정당화 사유를 모두 차단하는 부당한 결과를 야기할 우려가 있다 할 것이다.

5) 병행적 배타조건부거래의 개념이 필요한 상황

다만 위와 같은 사정들에도 불구하고 병행적 배타조건부거래의 개념을 사용할 수밖에 없는 경우가 있다. 예컨대 5인의 사업자들이 각자 20%씩 시장을 봉쇄하는 배타조건부거래를 하는 경우 등이 그러하다. 각각의 배타조건부거래 그 자체만으로는 그 어느 것도 독자적인 경쟁제한성을 가지지 않기 때문이다. 이러한 경우에는 경쟁제한성을 규제하기 위하여 부득이 병행적 배타조건부거래를 규제할 수밖에 없다.

---

696) 오승한, 앞의 논문(각주 123), 29쪽은 병행적 배타조건부거래 사안에서도 효율성 항변이 가능하다고 하나, 물론 '이론적'으로 전혀 불가능하지는 않겠지만 적어도 '현실적'으로는 매우 어려울 것으로 생각된다.

그런데 다소 극단적이기는 하지만, 예컨대 각 5%의 시장점유율을 가지는 20개의 사업자들이 모두 병행적으로 배타조건부거래를 하고 있을 경우 이를 누적적 봉쇄효과가 100%라는 점을 들어 규제하여야 할 것인가? 이러한 상황은 관련시장이 봉쇄되었다기보다는 오히려 '치열한 경쟁'이 이루어지고 있다고 보는 것이 적절할 것이므로 누적적 봉쇄효과를 논하기 이전에 위 상황 자체가 경쟁제한적이지 않다고 보아 규제하지 않는 것이 타당할 것이다.[697] 이에 대하여 잠재적 경쟁 내지 신규진입의 저해 등을 들어 여전히 규제가 필요하다는 입장이 있을 수 있으나, 위와 같은 상황이라면 굳이 잠재적 경쟁이나 신규진입의 가능성 관점에서 관련시장의 경쟁제한성을 판단할 필요는 없다고 생각된다.

즉 시장의 상황에 따라서는 부득이 병행적 배타조건부거래의 개념을 사용하여 규제할 수밖에 없는 경우가 있다. 그러나 그러한 경우에도 단순히 '누적적 봉쇄효과가 있다'는 이유만으로 곧바로 병행적 배타조건부거래로서 전부 규제할 수 있다고 보아서는 안 된다. 관련시장의 사업자의 수(구조)와 실제 경쟁상황(행태) 등을 살펴 병행적 배타조건부거래로 인하여 경쟁이 실질적으로 제한되고 있다고 볼 수 있는지(성과), 모든 배타조건부거래를 일률적으로 금지하는 것이 과연 관련시장의 경쟁을 활성화시키는 방법인지를 신중하게 검토할 필요가 있다 할 것이다.

다. 병행적 배타조건부거래의 정당한 규율

1) 적절한 규제방법의 모색

그렇다면 위와 같은 검토를 모두 거쳤음에도 부득이 병행적 배타조건부거래로서 규제할 수밖에 없다고 판단될 경우, 그 구체적 규제방법은 어떻게 할 것인가?

이에 관하여 관련시장 전체의 경쟁제한성이 제거되는 수준까지만 규제하는 방법(예컨대 각 사업자들에게 배타조건부거래의 비중을 30% 이하로 줄이도록 하는 방법 등), 상대적으로 점유율이 높은 상위사업자들만 규제하는 방법(여기서 말하는 '상대적으로 점유율이 높은 상위사업자'란 시장지배적 사업자 등을 의미하는 것이 아니라, 단지

697) Einer Elhauge, 앞의 책(각주 9), p.392 참조.

다른 사업자들에 비하여 상대적으로 점유율이 높은 사업자를 의미한다) 등을 생각해 볼 수도 있을 것이다.

그러나 위와 같은 해결책은 그 어느 것도 그리 만족스럽지 못하다. 우선 전자의 경우 해당 관련시장에서 과연 어느 정도의 봉쇄율은 허용되고 그 이상은 허용되지 않는지 경쟁당국이 선제적으로 이를 산출·확정한 후 그에 정확히 맞추도록 한다는 것은 그 자체로 그리 적절한 방법이 아니다. 그리고 후자의 경우 문제는 점유율이 아니라 봉쇄율이라 할 것인바, 위와 같은 접근방법은 점유율의 정도가 봉쇄율의 정도로 그대로 연결되지 않는 사안에서는 적절한 해결책이 될 수 없다.

결국 앞서 언급한 바와 같이 봉쇄율을 기준으로 1위 사업자부터 시작하여 2위, 3위 사업자 순으로 배타조건부거래를 금지함으로써 일응 관련시장의 경쟁제한성이 해소되는 단계까지(예컨대 시장 전체의 봉쇄율이 30% 미만으로 떨어지는 단계까지) 순차적으로 금지하는 것이 적절하지 않을까 생각된다.

이에 대하여 봉쇄율 1위 사업자의 배타조건부거래부터 순차적으로 금지하여야 할 이유가 무엇인지, 위와 같은 순차적 금지 역시 그것이 누적적 봉쇄효과에 근거하는 것인 한 여전히 자기책임의 원칙에 반하는 것 아닌지 지적이 있을 수 있다.

그러나 우선 봉쇄율 1위 사업자부터 순차로 금지하는 것은 그러한 배타조건부거래가 '누적적 봉쇄효과에 결정적으로 기여'하고 있기 때문이다. 이는 EU에서 '누적적 봉쇄효과에 대한 기여가 미미한' 배타조건부거래를 규제대상에서 제외하고 있는 것과 반면을 이룬다.

또한 봉쇄율 1위 사업자의 배타조건부거래부터 금지하는 것은 사업자들로 하여금 최소한 '봉쇄율 1위'에서는 벗어나고자 하는 유인을 제공할 수 있다. 이로써 모든 사업자들이 '경쟁적으로' 배타조건부거래의 비율을 낮추도록 유도함으로써 자연스럽게 전체적인 경쟁제한성이 해소되는 효과를 기대할 수도 있을 것이다.[698]

한편 여기서도 자기책임의 원칙이 문제될 수 있는 것은 사실이다. 봉쇄율 1위 사업자의 배타조건부거래 역시 독자적으로는 경쟁제한성이 인정되지 않는 상황을

---

698) 이는 자진신고자 감면제도(리니언시, leniency)를 통하여 경쟁적으로 공동행위를 신고하도록 유도함으로써 공동행위가 해소되도록 유인하는 것과 유사하다.

전제로 하고 있기 때문이다(봉쇄율 1위 사업자의 배타조건부거래에 대하여 독자적인 경쟁제한성을 인정할 수 있는 경우, 예컨대 봉쇄율 1위 사업자가 명백한 시장지배적 사업자인 경우 등은 애당초 병행적 배타조건부거래의 규제 문제를 논할 상황이 아니다). 그러나 바로 이 지점에서 최후의 수단으로서 병행적 배타조건부거래의 개념이 사용될 수 있다. 다른 방법으로는 관련시장의 전반적 경쟁제한성을 도저히 제거할 수 없는 상황이라는 점에서, 이러한 경우에는 누적적 봉쇄효과에 근거하여 개별적 배타조건부거래를 규제하더라도 최소한의 규범적 정당성이 확보될 수 있다고 생각된다.

2) 원칙적 허용과 예외적 규제

이상 살펴본 바에 의하면, 병행적 배타조건부거래의 개념을 사용하여 독립적인 경쟁제한성이 없는 배타조건부거래를 규제하는 것은 특별한 사정이 없는 한 부당하다 할 것이다. 원칙으로 돌아가 우선 각각의 개별적 배타조건부거래의 독립적 경쟁제한성을 검토하고, 그 중 경쟁제한적인 배타조건부거래만을 선별적으로 규제함이 타당하다.

즉 복수의 사업자들이 병행적으로 배타조건부거래를 하고 있는 경우, 각각의 배타조건부거래들을 개별적으로 검토한 결과 그 어느 것도 독립적인 경쟁제한성을 인정할 수 없고, 나아가 그 각각의 배타조건부거래들로 인하여 관련시장의 경쟁이 실질적으로 제한되고 있으며, 이를 모두 금지하는 것만이 관련시장의 제한된 경쟁을 회복시키는 유일한 방법이라고 판단될 경우에 비로소 '최후의 수단(last resort)'으로서 병행적 배타조건부거래의 개념을 동원할 수 있다 할 것이다. 그런데 현실적으로 위와 같은 상황은 그리 많지 않을 것으로 보이는바, 결국 병행적 배타조건부거래는 '원칙적으로 규제할 수 없다'고 보되, 다만 '예외적으로 규제할 수 있다'고 보아야 할 것으로 생각된다.

이상의 검토내용을 실무적 관점으로 정리하면 다음과 같다. ① 우선 독립적으로 경쟁제한성이 인정되는 배타조건부거래만을 선별적으로 금지하여야 할 것인바, 여기서는 병행적 배타조건부거래의 개념이 필요하지 않다. 한편 이러한 경우에는 통상의 경우보다 낮은 봉쇄율만으로도 경쟁제한성이 인정될 수 있다. 경쟁제한성의 판단이 반드시 봉쇄율에만 근거하여야 하는 것은 아닌바, 시장의 전체적 상황을 고려한 판단이 가능하기 때문이다. ② 위와 같은 조치만으로는 관련시장의 경쟁제한성이 해소되지 않는 경우, 비로소 병행적 배타조건부거래의 개념이 동원될 수 있다. 그러나 이러한 경우에도 봉쇄율 1위 사업자의 배타조건부거래부터 2위, 3위 사업자 순으로 순차적으로 금지함으로써 전체적인 경쟁제한성이 해소될 때까지만 금지하고, 남아있는 배타조건부거래들만으로는 더 이상 경쟁제한성이 인정되지 않는 상황이 되면 규제를 멈추어야 할 것이다. 이로써 경쟁제한성을 규제하고자 하는 경쟁법의 목적을 달성하면서 그 한계를 준수할 수 있고, 최소한의 규범적 정당성을 확보할 수 있을 것이다.

제4절 소결

불공정거래행위로서 배타조건부거래의 부당성을 판단함에 있어 경쟁제한성을 고려하지 않을 수는 없다. '배타조건부거래'로서의 본질은 그것이 '불공정거래행위'인 경우에도 유지되어야 한다. 이는 배타조건부거래를 통하여 비로소 시장지배력을 형성하는 행위를 규제하기 위하여도 반드시 필요하다 할 것이다.

그러나 강제성, 즉 의사억압성을 기준으로 부당성을 판단하여서는 안 된다. 강제성 기준은 민사법과 구별되는 경쟁법의 독자적 존재이유를 고려하더라도 원칙적으로 그 타당성을 인정하기 어렵고, 거래상 지위남용 규제의 존재를 감안할 때 우리 공정거래법 전반의 체계와 부합하지 않으며, 사실상 별다른 실익도 없다.

요컨대, 불공정거래행위로서 배타조건부거래의 부당성을 판단할 때 '경쟁제한성'은 고려되어야 하고, '강제성(의사억압성)'은 고려하여서는 안 된다.

그러나 불공정거래행위로서 배타조건부거래의 부당성을 시장지배적 지위남용으로서 배타조건부거래의 부당성과 완전히 같이 볼 수는 없다 할 것인바, 이는 양자를 준별한 공정거래법의 규정에 어긋날 뿐만 아니라 위와 같은 법의 태도를 반영한 포스코 전합판결의 취지에도 반한다.

그렇다면 불공정거래행위로서 배타조건부거래 특유의 부당성 판단표지는 경쟁제한성이 아닌 '불공정성'의 측면에서 찾아야 할 것인바, 경쟁제한성 규제와 경쟁수단의 불공정성 규제의 관계를 감안할 때 '경쟁수단의 불공정성'이 경쟁제한성과 함께 부당성 판단표지가 될 수는 없다 할 것이므로, 결국 '거래내용의 불공정성' 측면에서 독자적인 부당성 요소를 구해야 할 것이다.

여기서 새로운 부당성 표지는 '거래상대방에 대한 불이익'을 중심으로 하되(포스코 전합판결의 관점), 그것은 거래상 지위남용에서 말하는 불이익과는 다른 것으로서 '경쟁과의 관련성'이 있어야 하고(거래상 지위남용과의 구별), 거래상대방에 대한 '부당한 구속'이 핵심이 되어야 할 것인바(구속조건부거래의 측면), 결국 당해 배타조건 그 자체에서 부당성을 찾아야 한다.

이러한 관점에서 볼 때, 배타조건부거래의 본질은 '봉쇄효과'에 있고, 배타조건부거래는 경쟁사업자를 봉쇄할 뿐만 아니라 그만큼 거래상대방도 봉쇄하므로(오히려 거래상대방을 봉쇄함으로써 비로소 경쟁사업자를 봉쇄하는 것이 바로 배타조건부거래의 메커니즘이다), 이러한 '거래상대방 봉쇄효과'에서 부당성의 실체를 구성할 수 있다.

즉 '배타조건에 따른 봉쇄로 인한 거래상대방의 경쟁상 불이익'이 새로운 부당성 판단표지라 할 것인바, 이러한 '봉쇄효과 일원론'에 따른 새로운 이원설(경쟁사업자 봉쇄 : 수평적 경쟁제한성, 거래상대방 봉쇄 : 수직적 거래내용의 불공정성)을 제안한다. 이를 통하여 시장지배적 지위남용으로서 배타조건부거래와 불공정거래행위로서 배타조건부거래의 진정한 중첩적용도 가능하게 될 것이다(예컨대 시장지배적 사업자가 거래상대방에게 배타조건부거래를 강요하는 경우, '경쟁제한적인 시장지배적 지위남용'과 '거래내용이 불공정한 불공정거래행위' 양자가 모두 성립할 수 있다).

한편, 복수의 사업자들이 서로 아무런 합의 없이 각자 배타조건부거래를 하고 있는 경우, 이는 기본적으로 의식적 병행행위에 불과하다 할 것이므로, 누적적 봉쇄효과에 근거하여 모든 배타조건부거래를 일괄적으로 금지하는 것은 허용될 수 없고, '병행적 배타조건부거래'의 개념을 사용한 규제는 예외적으로 '최후의 수단(last resort)'으로서만 인정될 수 있다. 나아가 그 경우에도 봉쇄율 1위 사업자의 배타조건부거래부터 2위, 3위 사업자 순으로 순차적으로 금지하고, 남아 있는 배타조건부거래들만으로는 더 이상 경쟁제한성이 인정되지 않는 상황이 되면 그 즉시 규제를 멈추어야 할 것이다.

제6장

배타조건부거래의 새로운 규율체계

제1절 서설

종래의 이론과 실무는 배타조건부거래에 관하여 그 행위자가 시장지배적 사업자인지 일반 사업자인지에 따라 먼저 시장지배적 지위남용과 불공정거래행위로 구분하였다. 그리고 배타조건부거래의 경쟁법적 폐해는 어디까지나 경쟁사업자 봉쇄, 즉 경쟁제한성에 있다고 보되, 다만 불공정거래행위로서 배타조건부거래를 시장지배적 지위남용으로서 배타조건부거래와 차별화하기 위하여 그 특유의 부당성 판단표지로서 강제성(의사억압성) 문제를 논의하였다. 한편 이와 같이 양자의 부당성을 구분하면서도 정작 양자의 중첩적용에 있어서는 시장지배적 사업자의 경쟁제한적 배타조건부거래에 대하여 '경쟁제한적 배제남용'과 함께 '경쟁제한적 불공정거래행위'의 성립을 모두 인정하는 다분히 형식적인 수준에 그치고 있다.

그러나 배타조건부거래의 경쟁법상 폐해는 반드시 경쟁사업자 봉쇄에 한정되는 것이 아니라 할 것인바, 거래상대방 봉쇄의 측면 역시 분명히 인식할 필요가 있고, 위와 같은 양 측면의 폐해는 당해 배타조건부거래의 성립과정과 상당한 연계성을 가지므로, 배타조건부거래가 성립하는 과정을 보다 면밀히 관찰할 필요가 있으며, 이를 통하여 시장지배적 지위남용으로서 배타조건부거래와 불공정거래행위로서 배타조건부거래의 관계를 새로이 정립할 필요가 있다.

이를 위하여는 종래 배타조건부거래에 대하여 '행위자' 중심으로 접근하였던 태도를 지양하고 '상대방' 중심으로 접근하는 새로운 관점이 필요하다 할 것인바, 이러한 시각의 전환을 통하여 배타조건부거래의 해당성과 부당성을 연계시키고, 시장지배적 지위남용으로서 배타조건부거래와 불공정거래행위로서 배타조건부거래 전반을 모두 아우르는 보다 통일적이고 정교한 법리를 구성할 수 있게 된다.

이하 위와 같은 문제의식 하에 ① 배타조건부거래에 대한 새로운 접근방법을 제안하고(경쟁사업자를 봉쇄하는가, 피해자가 누구인가, 거래상대방이 원하는 것인가), ② 이에 따라 합의(자발적 합의)에 의한 배타조건부거래, 강요(강요된 합의, 일방적 강제)에 의한 배타조건부거래, 유인(경제적 유인)에 의한 배타조건부거래 3유형의 새로운 규율체계를 수립한 후, ③ 이에 기초하여 기존의 배타조건부거래 사안들을 재검토하고, 종래 배타조건부거래로 인식되지 않았던 사례에 대하여 배타조건부거래의 관점을 적용해 보고자 한다.

제2절 새로운 접근방법

Ⅰ. 배타조건부거래의 해당성 : 경쟁사업자를 봉쇄하는가?

공정거래법의 개념규정상 배타조건부거래는 '행위자가 경쟁사업자와 거래하지 않는 조건으로 거래상대방과 거래하는 행위'를 말한다.

그런데 우리 법은 배타조건부거래를 단독행위로 규정하고 있고, 배타성과 달리 조건성, 거래성은 이를 완화하는 해석이 가능하므로, 당해 거래가 아닌 추가적 거래에 관하여 경쟁사업자를 배제하는 한, 그리고 그러한 배타성에 구속력이 인정되는 한 배타조건부거래로 포섭될 가능성이 있다. 즉 누가 누구를 상대로 행하든, 합의에 의한 것이든 강요 내지 유인에 의한 것이든, 계약에 의한 것이든 사실상의 것이든, 행위자와 거래상대방이 어떤 관계에 있든 그것이 '경쟁사업자를 봉쇄'하는 이상 모두 배타조건부거래가 될 수 있는 것이다.

종래 배타조건부거래의 포섭은 법문의 규정을 다소 형식적으로 적용하는 차원에서 이루어진 것으로 보인다. 그러나 배타조건부거래의 개념은 그 자체로 위와 같이 매우 넓은 범위를 포괄할 수 있고, 한편 배타조건부거래는 다른 행위유형과 중첩되거나(예컨대 사업활동방해), 행위의 반면을 형성하거나(예컨대 거래거절), 다른 행위와 병행적으로 실시되기도 하는바(예컨대 거래지역 또는 거래상대방의 제한), 경쟁법 위반이 문제되는 행위가 있는 경우 그 행위에서 전속성 내지 배타성이 포착된다면 우선 배타조건부거래로 의율할 수 있는지 여부를 검토해 볼 수 있다. 거래상 지위남용 등 일응 우리나라 특유의 규제대상을 제외하면 경쟁법의 전통적·핵심적 규제대상 중에서 우리 공정거래법상 배타조건부거래만큼 다양한 사례가 축적되고 활발하게 논의된 행위유형도 드물다. 이러한 경험을 충분히 활용할 필요가 있다.

II. 배타조건부거래의 부당성 : 피해자가 누구인가?

배타조건부거래의 핵심은 봉쇄효과에 있다. 이는 단순히 배타조건부거래가 봉쇄효과를 가진다는 차원을 넘어, 바로 그러한 봉쇄효과 때문에 비로소 경쟁법이 배타조건부거래에 주의를 기울이고 있다 할 것이다.

그런데 여기서 봉쇄란 기본적으로 '경쟁사업자'를 봉쇄하는 것을 의미하지만, 배타조건부거래는 경쟁사업자를 봉쇄하는 것은 물론 그만큼 '거래상대방' 역시 봉쇄한다. 배타조건부거래가 있으면 거래상대방 역시 행위자의 경쟁사업자와 거래하지 못하게 되는 것이고, 오히려 이것이 배타조건부거래가 경쟁사업자를 배제하는 본질적 메커니즘이다. 따라서 배타조건부거래의 부당성을 포착할 때에는 경쟁사업자 측면과 거래상대방 측면을 구분하여 '누가 피해자인지'를 살펴볼 필요가 있다.

'경쟁사업자'가 피해자인 경우 수평적 경쟁제한성이 문제되고, '거래상대방'이 피해자인 경우 수직적 거래내용의 불공정성이 문제된다. 여기서 경쟁제한성은 전통적인 논의에 기반하여 검토할 수 있으나, 거래내용의 불공정성 문제는 새로운 시각을 통하여 강제성이 아닌 '봉쇄로 인한 경쟁상 불이익'의 관점에서 검토하여야 한다.

한편 경쟁사업자와 거래상대방 모두가 피해자인 경우가 있을 수 있는바, 이러한 경우 해당 행위자가 '시장지배적 사업자'라면 경쟁제한적 배제남용과 거래내용의 불공정성에 의한 불공정거래행위 양 측면을 검토하여야 할 것이고,[699] 해당 행위자가 '일반 사업자'라면 경쟁제한적 불공정거래행위와 거래내용이 불공정성한 불공정거래행위 양 측면을 검토하여야 할 것이다.

종래의 이론과 실무는 배타조건부거래에 관하여 그 행위자가 시장지배적 사업

699) 이 경우 거래내용의 불공정성 측면은 '불공정거래행위로서 배타조건부거래'가 아니라 '시장지배적 지위남용으로서 사업활동방해' 등으로 의율할 가능성도 있을 것이다(앞서 본 바와 같이 '시장지배적 지위남용으로서 배타조건부거래'는 거래내용의 불공정성 측면을 규율할 수 없다). 그러나 본 연구의 목적상 위와 같이 배타조건부거래가 아닌 다른 행위유형으로 의율할 가능성에 관하여는 별도의 검토를 생략한다.

자인지 일반 사업자인지에 따라 먼저 시장지배적 지위남용과 불공정거래행위로 구분하고, 불공정거래행위로서 배타조건부거래의 부당성을 시장지배적 지위남용으로서 배타조건부거래의 부당성과 구별할 것인지의 관점에서 접근해 왔다. 그러나 경쟁법상 배타조건부거래의 본질은 봉쇄효과에 있다 할 것인바, 위와 같은 '봉쇄효과 일원론'의 관점에서 피해자가 누구인지를 살펴봄으로써 배타조건부거래의 부당성에 대한 접근방식 자체를 새로이 할 필요가 있다고 생각된다.

Ⅲ. 배타조건부거래의 유형 : 거래상대방이 원하는 것인가?

종래의 시각에 의하면 배타조건부거래의 해당성과 부당성 사이에는 별다른 관련성이 없는 것처럼 보인다. 그러나 배타조건부거래를 '거래상대방이 원한 것인지'의 관점으로 보면 그 해당성과 부당성 사이에 상당한 연계성이 포착된다. 앞서 본 바와 같이 배타조건부거래의 부당성은 그 피해자가 누구인지를 중심으로 살펴보아야 하는바, 거래상대방이 진정으로 원한 배타조건부거래의 경우 그 거래상대방은 피해자가 될 수 없기 때문이다.

이러한 관점에서 배타조건부거래의 구체적 성립경위를 살펴보면, 우선 배타조건부거래에는 그 구속력의 근거에 따라 계약상 배타조건부거래(광의의 합의에 의한 배타조건부거래)와 사실상의 배타조건부거래가 있다. 그리고 계약상 배타조건부거래는 그 합의의 경위 내지 실체에 따라 자발적 합의에 의한 경우(협의의 합의에 의한 배타조건부거래)와 강요된 합의에 의한 경우로 구분될 수 있고, 사실상의 배타조건부거래는 행위자가 배타적 거래를 일방적으로 강제하는 경우와 경제적으로 이를 유인하는 경우로 나누어 볼 수 있다. 이를 도해하면 아래와 같다.

계약상 배타조건부거래 (광의의 합의에 의한 배타조건부거래)		사실상 배타조건부거래	
Ⓐ 자발적 합의 (협의의 합의에 의한 배타조건부거래)	Ⓑ 강요된 합의	Ⓒ 일방적 강제	Ⓓ 경제적 유인

이러한 상황을 앞서 제시한 관점으로 정리하면, Ⓐ의 경우는 '합의'에 의한 배타조건부거래이고, Ⓑ와 Ⓒ의 경우는 '강요'에 의한 배타조건부거래이며,[700] Ⓓ의 경우는 '유인'에 의한 배타조건부거래라고 할 수 있다. 즉 문제된 배타조건부거래를 '거래상대방이 원한 것인지'의 관점으로 바라볼 경우 모든 배타조건부거래는 합의, 강요, 유인의 3가지 유형 중 하나로 분류될 수 있다 할 것인바, ① '합의'에 의한 배타조건부거래란 순수한 자발적 합의에 의한 계약상 배타조건부거래를 말하고, ② '강요'에 의한 배타조건부거래란 강요된 합의에 의한 계약상 배타조건부거래 및 일방적 강제에 의한 사실상 배타조건부거래를 의미하며, ③ '유인'에 의한 배타조건부거래란 경제적 유인을 통한 사실상 배타조건부거래를 가리킨다.

종래의 접근방법, 즉 '행위자의 시장지위'에 따라 배타조건부거래를 시장지배적 지위남용과 불공정거래행위로 구분하는 방식이 아니라, 위와 같이 '거래상대방이 원하는 것인가'의 관점에서 합의, 강요, 유인 3유형으로 구분하는 접근방식을 통하여 배타조건부거래의 해당성을 판단하고, 나아가 이와 연계하여 부당성을 검토할 필요가 있다고 생각된다.[701]

---

700) 여기서 '강요'라는 용어가 아니라 '강제'라는 용어를 사용하는 것을 생각해 볼 수 있다. 그러나 전통적으로 공정거래법상 '강제'라는 용어는 대부분 그에 관한 계약이 존재하지 않는 일방적인 강제의 의미로 사용되었고(예컨대 거래강제, 구입강제, 판매목표강제 등), 부당한 공동행위(합의)의 경우에도 '강요에 의한 공동행위'의 개념이 사용되고 있으며(공정위의 '부당한 공동행위 자진신고자 등에 대한 시정조치 등 감면제도 운영고시' 제6조의2(강요 여부의 판단)는 "다른 사업자에게 그 의사에 반하여 해당 부당한 공동행위에 참여하도록 강요"한 경우를 규정하면서, '폭행 또는 협박 등을 가하였는지 여부', '당해 시장에서 정상적인 사업활동이 곤란할 정도의 압력 또는 제재 등을 가하였는지 여부'를 고려하도록 규정하고 있다), '강제된 합의'라는 표현은 법률용어로 사용하기에는 다소 형용모순적이라고 보이므로, 불필요한 혼란을 방지하고 보다 적합한 법률용어를 사용한다는 차원에서 '강제'라는 표현보다는 '강요'라는 표현이 더 적절하다고 생각된다.

701) 이봉의, 앞의 책(각주 74), 302쪽 참조.

제3절 합의, 강요, 유인에 의한 배타조건부거래

위에서 제시한 새로운 접근방법에 따라 공정거래법상 배타조건부거래를 합의에 의한 경우, 강요에 의한 경우, 유인에 의한 경우로 나누어 그 각각의 성립과 위법성 문제를 살펴보면 아래와 같다. 다만 각각의 경우에 발생할 수 있는 구체적인 쟁점과 이에 대한 검토는 앞서 이미 충분히 수행하였으므로, 이하에서는 그 결론과 의미를 중심으로 살펴보고, 표적봉쇄나 병행적 배타조건부거래와 같은 추가적인 논의가 필요한 부분에 관하여는 언급을 생략하기로 한다. 이 부분의 논의를 통하여 배타조건부거래의 성립과 위법성 사이의 구체적 연계성을 확인할 수 있을 것이다.

Ⅰ. 합의에 의한 배타조건부거래

1. 합의에 의한 배타조건부거래의 성립

합의에 의한 배타조건부거래란 행위자와 거래상대방이 배타적 거래에 자발적으로 합의한 경우를 말한다. 주의할 것은 여기서 말하는 합의란 순수한 '자발적 합의'를 의미하는 것으로서 미국이나 EU에서 말하는 합의와는 다소 다른 개념이라는 점이다. 즉 미국의 셔먼법 제1조 내지 EU의 TFEU 제101조에서 요구하는 합의는 그것이 반드시 자발적 합의가 아니라 하더라도 결과적으로 양 당사자 사이에 의사의 합치가 있다고 볼 수 있는 한 인정되는 것이지만, 여기서 말하는 '합의'에 의한 배타조건부거래는 그보다 높은 수준의 합의가 요구된다.

이에 해당하는지는 주로 거래상대방의 관점에서 관찰하여야 할 것인바, 간단히 말하자면 '진정으로 거래상대방이 원하여' 체결된 배타조건부거래라면 특별한 사정이 없는 한 여기서 말하는 합의에 의한 배타조건부거래에 해당한다고 볼 수 있을 것이다. 한편 상호배타조건부거래의 경우에는 특별한 사정이 없는 한 쌍방의 자발적 합의에 의한 것으로 간주할 수 있을 것인바, 상호 배타조건이 어느 일방의 이익에만 부합하고 다른 일방에게는 실질적으로 불이익이 되는 경우란 거의 존재하기 어려울 것이다.

이 경우 그 증명이나 평가에 관한 문제는 특별한 것이 없을 것으로 보인다. 대체로 그에 관한 계약서가 존재할 것이고, 설령 배타조건부거래 규제를 잠탈하기 위하여 계약서에 이를 명시하지는 않은 경우라 하더라도 실제로 배타적 거래의 외형이 관찰되고, 행위자와 거래상대방이 이를 지속하고 있다면, 행위자와 그 거래상대방 사이의 거래대금 기타 거래조건과 행위자와 다른 거래상대방 사이의 거래대금 기타 거래조건을 비교함으로써 그에 관한 묵시적 합의를 포착할 수 있을 것이다.

2. 합의에 의한 배타조건부거래의 위법성

진정한 자발적 합의에 의한 배타조건부거래의 경우 그 부당성은 오로지 경쟁사업자 봉쇄의 측면에서 검토하면 충분하고, 거래상대방 봉쇄의 측면을 살펴볼 필요는 없을 것이다.

다만 구체적인 위법성 판단에 있어서는 당해 행위자가 시장지배적 사업자인지 일반 사업자인지에 따라 구체적인 판단방법에 차이가 있다. ① 만일 행위자가 시장지배적 사업자라면 판례에 따라 그 경쟁제한적 의도와 목적은 추정될 것이고, 앞서 본 바와 같이 해당 사업자가 '명백한 시장지배적 사업자'이고 일응 30% 이상의 봉쇄율이 인정된다면 객관적 경쟁제한성 역시 추정될 수 있으며, 따라서 특별한 정당화 사유가 인정되지 않는 한 해당 배타조건부거래는 시장지배적 지위남용으로서 위법하다고 판단할 수 있다. ② 그러나 행위자가 일반 사업자라면 공정위가 그 경쟁제한성의 주관적 요건과 객관적 요건을 모두 직접 증명하여야 할 것인바, 이 경우에는 일응 30%의 봉쇄율이 사실상 안전지대로서 기능할 것이다.

한편 이와 같이 아무런 강요의 요소가 없는 순수한 자발적 합의에 의한 배타조건부거래, 그 중에서도 특히 거래상대방이 먼저 원하여 실시된 소극적 배타조건부거래의 경우에는 행위자에게 시장지배적 지위가 인정되지 않는 경우가 많을 것이고, 행위자의 인위적인 경쟁제한적 의도나 목적을 상정하기 어려우며, 상당한 효율성 증대효과를 기대할 수 있으므로, 결과적으로 그 경쟁제한성 내지 부당성이 인정되기는 쉽지 않을 것이다.

II. 강요에 의한 배타조건부거래

1. 강요에 의한 배타조건부거래의 성립

강요에 의한 배타조건부거래란 행위자가 거래상대방의 의사에 반하여 배타적 거래를 실시하는 경우를 말한다. 이는 합의에 의한 계약의 형식으로 이루어질 수도 있고(강요된 합의), 배타적 거래에 관한 사실상의 구속력을 통하여 이루어질 수도 있다(일방적 강제). 즉 여기서 말하는 '강요'란 배타조건부거래에 관한 합의의 존부를 말하는 것이 아니라, 해당 배타조건부거래가 실질적으로 거래상대방의 의사에 반하는지를 의미하는 것이다.

이러한 강요에 의한 배타조건부거래의 경우에 있어서는 앞서 본 합의에 의한 배타조건부거래와 달리 그 증명 내지 평가에 일정한 어려움이 있을 수 있다. 현실적으로 이 문제는 거래상대방이 배타적 거래를 강요당하였다고 주장하고, 이에 대하여 행위자는 강요가 아닌 합의에 의한 배타조건부거래라고 주장하는 형태로 다투어질 것인바, 만일 배타적 거래에 관하여 계약서가 존재하는 등 일응의 합의가 있는 경우라면 그 합의가 과연 강요된 합의인지 문제될 것이고, 계약서 등 객관적 자료가 존재하지 않는다면 행위자가 경쟁사업자와 거래하는 거래상대방에게 사실상 불이익을 가하였는지가 문제될 것이다. 그런데 전자의 경우 상거래상 사업자 간의 거래조건에 관한 합의를 강요된 합의라고 하는 것이 그리 쉽지 않고, 후자의 경우 심지어 그 사실상의 불이익이 거래의 중단이라 하더라도 이를 강요에 의한 배타조건부거래라고 하기 위하여는 결국 행위자에게 일종의 '거래의무'가 있다고 보아야 하는데 이러한 거래의무를 인정하는 데에는 상당한 어려움이 있다. 결국 이 문제는 거래상 지위남용 등 주로 강제성(의사억압성)의 측면이 문제되어 온 행위에 관한 규제법리를 적절히 참고하되,[702] 특히 행위자의 시장지배력 내지 시장력 또는 거래상 지위의 존부 및 해당 배타조건부거래에 관하여 거래상대방에게 주어진 반대급부의 존재와 그 정도를 고려하는 것이 중요할 것이다.[703]

2. 강요에 의한 배타조건부거래의 위법성

강요에 의한 배타조건부거래의 부당성은 경쟁사업자 봉쇄와 거래상대방 봉쇄의 양 측면에서 검토할 필요가 있다.

우선 경쟁사업자 봉쇄의 측면과 관련하여서는 기본적으로 앞서 합의에 의한 배타조건부거래의 부당성 부분에서 살펴본 바와 같다. 다만 여기서 한 가지 더 생각해 볼 것은, 대체로 경쟁제한성 문제에 관한 한 합의에 의한 행위가 강요에 의한 행위보다 더 경쟁제한적일 가능성이 크다고 보는 것이 통상적이나, 적어도 배타조건부거래에 관한 한 반드시 그렇게 보기는 어렵고 오히려 그 반대가 아닌가 하는 점이다. 합의에 의한 배타조건부거래의 경우 거래상대방은 설령 배타조건에

702) 예컨대 대법원 2003. 12. 26. 선고 2001두9646 판결(한국까르푸 판결)을 참고할 수 있다. 위 판결은 '대형할인점업자와 납품업자 사이에 있어서 대형할인점업자의 요청에 의한 대금감액, 인건비부담, 광고비부담 등에 대한 납품업자의 동의가 자발적으로 이루어진 것인지, 그렇지 않고 납품업자가 거래관계의 지속을 위하여 어쩔 수 없는 강요에 의하여 이루어진 것인지가 다투어지는 경우'에 관하여 "납품업자에 대한 대형할인점업자의 거래상 우월적 지위의 정도, 납품업자의 대형할인점업자에 대한 거래의존도, 거래관계의 지속성, 거래 상품의 특성과 시장상황, 거래 상대방의 변경가능성, 당초의 거래조건과 변경된 거래조건의 내용, 거래조건의 변경경위, 거래조건의 변경에 의하여 납품업자가 입은 불이익의 내용과 정도 등을 정상적인 거래관행이나 상관습 및 경험칙에 비추어 합리적으로 추단"하여야 한다고 판시하였다.

703) 일반론으로서 말하자면, ① 강요에 의한 배타조건부거래의 성립은 사실상 행위자의 시장지배력이나 시장력 또는 거래상 지위를 전제로 하는 경우가 많겠지만, 그러한 지위를 가진 행위자의 배타조건부거래라고 하여 그것을 강요에 의한 배타조건부거래라고 속단하여서는 안 될 것이며, ② 만일 당해 배타조건에 상응하는 아무런 반대급부가 없다면 그러한 배타조건부거래는 특별한 사정이 없는 한 강요에 의한 것으로 간주할 수 있을 것이고, 일정한 반대급부가 있는 경우에는 그 반대급부와 당해 배타조건으로 인한 거래상대방의 불이익을 형량하여 판단하되, 그 판단이 어려울 경우에는 거래상대방이 신의칙이나 금반언의 원칙에 반하여 부당하게 거래의 구속으로부터 벗어나려고 하는 것이거나 거래상대방에게 행위자를 모함하려는 의도가 엿보이는 등의 경우가 아닌 한 일응 강요에 의한 배타조건부거래로 인정할 여지가 있을 것으로 생각된다.

관한 합의가 없더라도 스스로 해당 행위자와 거래를 계속할 가능성이 있는 반면, 강요에 의한 배타조건부거래의 경우 거래상대방은 만일 그와 같은 강요가 없다면 해당 행위자가 아닌 그 경쟁사업자와도 거래할 가능성이 있기 때문이다. 이러한 관점에서 보면 적어도 배타조건부거래에 관한 한 강요에 의한 경우가 합의에 의한 경우보다 그 경쟁사업자에 대한 봉쇄효과가 더 클 것으로 보이는바, 강요에 의한 배타조건부거래의 경쟁제한성을 보다 적극적으로 인정할 여지가 있다.[704)]

다음으로 거래상대방 봉쇄의 측면을 보면, 이 부분의 위법성은 단순히 거래상대방의 의사를 억압한다는 측면이 아니라 그러한 의사억압에 따른 봉쇄로 인하여 거래상대방에게 경쟁상 불이익이 발생하는지 여부를 검토하여 판단하여야 할 것이다. 이를 위하여는 해당 상품 내지 판매의 특성과 관련한 단일 브랜드 취급의 의미, 제조업자 브랜드와 유통업자 브랜드 사이의 우열, 배타조건부거래로 인한 비용절감 등 효과와 다양한 구색 내지 판로를 갖추지 못하게 된 불이익 사이의 형량 등이 필요하다. 한편 이 부분 판단에 있어서는 결국 같은 강요에 의한 배타조건부거래라 하더라도, 그 배타조건에 관하여 합의가 존재하는 경우와 아무런 합의가 없는 경우는 일응 구분할 필요가 있을 것이다. 그 구체적 경위에 불구하고 어떻든 일단 배타조건에 합의한 거래상대방은 적어도 합의 당시에는 배타조건을 수용하더라도 해당 행위자와 거래를 하는 것이 사업상 더 유리하다고 판단하여 해당 배타조건을 수용하였을 것인바, 이후 해당 합의를 부당하다고 주장하는 것을 넓게 허용한다면 자칫 신의칙이나 금반언의 원칙에 반하는 결과가 될 수 있기 때문이다.

한편 강요에 의한 배타조건부거래의 부당성 판단에 있어 경쟁사업자 봉쇄의 측면과 거래상대방 봉쇄의 측면 사이에 별다른 논리적 연관관계는 존재하지 않는다. 양 측면은 그 논의의 국면을 전혀 달리하는 것이기 때문이다. 만일 행위자가 시장지배적 사업자라면 '경쟁제한적 배제남용(수평적 경쟁사업자 봉쇄)'과 '거래내용

704) '강제성(coercion)'이 있는 배타조건부거래의 경우 강제성이 없는 경우에 비하여 보다 경쟁제한적일 가능성이 높다는 설명으로 ABA Section of Antitrust Law, 앞의 책(각주 6), p.254.

이 불공정한 불공정거래행위(수직적 거래상대방 봉쇄)' 양자가 모두 성립할 수 있고, 이 경우 시장지배적 지위남용과 불공정거래행위의 진정한 중첩적용이 가능할 것이며, 만일 행위자가 일반 사업자라면 '경쟁제한적 불공정거래행위(수평적 경쟁사업자 봉쇄)'와 '거래내용이 불공정한 불공정거래행위(수직적 거래상대방 봉쇄)' 양 측면의 불공정거래행위가 성립할 수 있을 것이다.

Ⅲ. 유인에 의한 배타조건부거래

1. 유인에 의한 배타조건부거래의 성립

유인에 의한 배타조건부거래는 거래상대방에게 일정한 이익을 제공함으로써 배타적으로 거래하도록 유도하는 것을 말한다. 이 개념의 핵심은 거래상대방에게 배타적 거래에 관한 일응의 '선택권' 내지 '선택의 자유'가 있다는 점이다. 그러나 행위자가 배타적 거래에 관하여 제공하는 이익이 매우 크다면 경제적 이익을 추구하는 사업자인 거래상대방으로서는 결국 경쟁사업자와 거래하는 것을 선택하지 못하게 될 것인바, 이러한 경우 위와 같은 선택권은 사실상 형해화되고, 따라서 배타적인 구속력(구속적인 배타성)이 있다고 볼 수 있다. 앞서 합의에 의한 배타조건부거래의 성립에 관하여는 주로 합의의 존부에 관한 증명이 문제되고, 강요에 의한 배타조건부거래의 성립에 관하여는 주로 해당 불이익에 관한 규범적 평가가 문제됨을 보았는바, 유인에 의한 배타조건부거래의 성립에 있어서는 해당 이익에 관한 경제적 평가가 중요하다.

배타적 거래를 위한 유인에는 여러 가지 방법이 있을 수 있으나, 가장 대표적인 경우가 조건부 리베이트이므로 이에 관하여 조금 더 살펴보면, 통상 조건부 리베이트는 그것이 소급적일수록, 누진적일수록, 차별적일수록, 지급 여부가 불분명할수록 더 경쟁제한적이라고 하나,[705] 해당 리베이트의 위와 같은 특성은 경쟁제한성 문제이기 이전에 그것이 과연 배타조건부거래에 해당할 수 있는지에 관한

705) 반면 리베이트가 증분형이고, 비례적이며, 비차별적이고, 지급 여부가 명확한 경우에는 덜 경쟁제한적이라고 한다.

문제이다. 약정한 리베이트 지급조건을 충족할 경우 주어지는 이익이 클수록 거래상대방으로서는 그 지급조건을 충족시키기 위하여 노력할 것이기 때문이다. 따라서 문제된 리베이트의 수준과 정도를 살펴 거래상대방의 입장에서 이를 포기하고 경쟁사업자와 거래하는 것을 선택할 수 있는지를 검토함으로써 그 사실상 배타성 여부를 판단하여야 하고, 결과적으로 해당 리베이트가 구속적이라고 인정된다면 이는 결국 외형상 존재하는 거래상대방의 선택권이 실질적으로 형해화된 상황이므로, 배타조건부거래에 해당한다고 볼 수 있다. 우리 법은 배타조건부거래에 관하여 조건성을 요구하고 있으나, 위와 같은 의미에서 사실상의 배타성이 인정되는 한 조건성은 자동적으로 충족될 수 있다.

한편 조건부 리베이트는 대체로 시장지배적 사업자에 의하여 실시되는 경우가 많을 것이나, 반드시 그에 한정된다고 할 수는 없을 것인바, 문제된 조건부 리베이트에 관하여 해당 사업자에게 시장지배적 지위가 인정되지 않는다고 하여 처음부터 의율을 포기할 필요는 없다 할 것이다.

2. 유인에 의한 배타조건부거래의 위법성

유인에 의한 배타조건부거래의 위법성은 주로 경쟁사업자 봉쇄의 측면이 문제될 것이다. 다만 앞서 본 바와 같이 해당 유인에 사실상 배타성이 인정됨으로써 배타조건부거래로 평가되는 한 경우에 따라 거래상대방 봉쇄의 측면 역시 검토할 여지가 없지 않다.

우선 경쟁사업자 봉쇄의 측면을 보면, 이 부분은 앞서 합의에 의한 배타조건부거래에서 살펴 본 바와 기본적으로 같다. 다만 앞서 본 바와 같이 유인에 의한 배타조건부거래는 크게 조건부 리베이트와 그 밖의 경우로 구분할 수 있는바, 그 밖의 경우에는 앞서 검토한 일반적인 배타조건부거래의 경쟁제한성 판단방법에 따라 판단함으로써 충분하다 할 것이나, 조건부 리베이트의 경우에는 퀄컴 판결이 제시한 특유의 판단방법까지 함께 고려하여 판단하여야 할 것이다.[706]

---

706) 앞서 밝힌 바와 같이 본 연구의 목적상 조건부 리베이트 특유의 경쟁제한성 판단방법은 연구의 범위에 포함되지 않는다. 다만 아래 새로운 규율체계의 적용 부분에서 퀄컴 판결

문제는 거래상대방 봉쇄의 측면에 있는바, 유인에 의한 배타조건부거래의 경우에도 거래상대방 봉쇄의 측면에서 부당성이 인정될 수 있을 것인가? 이에 대하여는 거래상대방의 선택권 관점에서 어떻든 경쟁사업자와 거래하지 않은 것은 거래상대방이 스스로 선택한 결과이므로 그러한 거래상대방에게 그 어떤 불이익이 있다고 보기는 어렵다는 견해가 있을 수 있다. 그러나 앞서 유인에 의한 배타조건부거래의 성립에 관하여 살펴본 바와 같이, 배타적 거래에 관하여 제공된 유인이 매우 커서 거래상대방으로서는 사실상 경쟁사업자와의 거래를 포기할 수밖에 없는 경우라면 결국 거래상대방의 선택권은 형해화된다 할 것인바, 이러한 상황은 거래상대방을 봉쇄한 것으로 평가할 여지가 있다. 즉 유인에 의한 배타조건부거래 사안이라고 하여 그러한 사정만으로 거래상대방 봉쇄의 측면을 검토대상에서 제외할 필요는 없다고 생각된다.

제4절 새로운 규율체계의 적용

이하 위와 같은 새로운 접근방법과 체계화에 기초하여 기존의 배타조건부거래 사안을 재검토하고, 종래 배타조건부거래로 인식되지 않았던 사례들을 배타조건부거래의 관점으로 접근·분석해 보고자 한다. 다만 기존 배타조건부거래 사안의 경우 관련시장의 획정 등 다른 논점은 제외하고 본 연구에서 고찰한 배타조건부거래의 '해당성'과 '부당성' 문제에 한하여 검토하며, 종래 배타조건부거래로 인식되지 않았던 사례의 경우에는 일반적으로 배타조건부거래와 중첩될 수 있는 행위유형, 즉 사업활동방해, 거래지역·거래상대방 제한행위, 부당한 고객유인 등에 관한 사례는 제외하고 본 연구에서 강조한 '시각의 전환'이라는 관점에서만 살펴보기로 한다.

이 제시한 조건부 리베이트의 부당성 판단방법에 관하여 간략히 살펴보기로 한다.

Ⅰ. 기존 배타조건부거래 사안의 재검토

1. 농협중앙회 사건

가. 개요

이 사건에서 농협중앙회는 13개 비료 제조회사들과 전속계약을 체결하였는바, 대법원은 위와 같은 전속거래는 배타조건부거래에 해당하고, 또한 부당하다고 판단하였다.

판례의 해당성 인정에 관하여는 별다른 의문이 없고, 시장지배적 지위남용으로서 배타조건부거래의 부당성을 인정한 것 역시 긍정적으로 볼 수 있으나, 이 사건은 자발적 합의에 의한 배타조건부거래라기 보다 강요된 합의에 의한 배타조건부거래, 즉 강요에 의한 배타조건부거래에 해당한다고 보이는바, 그렇다면 비료 제조회사들이 봉쇄된 측면에서 불공정거래행위로서 배타조건부거래도 인정될 가능성이 있었다고 생각된다.

나. 유형 : 강요에 의한 배타조건부거래

이 사건에서 농협중앙회의 배타조건부거래는 사실상 강요에 의한 배타조건부거래에 해당하는 것으로 보인다. 대법원 판결만으로는 명확하지 않고, 공정위 의결이나 서울고등법원 판결에서도 상세한 설시는 없지만, 공정위 의결에 의하면 농협중앙회의 배타조건부거래는 '거래상대방의 거래처선택의 자유를 제한(침해)'하고 있다는 것이고, 서울고등법원 판결 역시 이 부분을 수긍하고 있는 것으로 보이기 때문이다.[707] 이 사건이 에스오일 판결 이전의 것이고, 농협중앙회가 시장지배적 사업자인 사정상 이 부분이 제대로 주목받지 못한 것으로 보이나, 시장지배적 사업자에 의한 배타조건부거래 역시 그것이 거래상대방을 봉쇄하여 경쟁상 불이익을 가하는 것이라면 불공정거래행위로서 배타조건부거래가 성립할 수 있으므

707) 비록 이 사건과 동일한 사실관계를 전제로 한 것은 아니지만, 비료회사들이 농협중앙회의 시장지배력에 대항하기 위하여 담합을 하기도 하였던 점 역시 참고가 된다. 대법원 2014. 11. 27. 선고 2013두24471 판결(남해화학 판결) 참조.

로, 공정위가 이 사건을 시장지배적 지위남용의 관점에서만 의율한 것은 적절하지 않았다고 생각된다.

다. 해당성

이 사건은 배타적 인수거래 사안인바, 배타적 공급거래뿐만 아니라 배타적 인수거래 역시 배타조건부거래에 해당한다는 점이 분명히 확인되었다. 이에 대하여 판례가 이 사건을 '수요지배력'이 아닌 '공급지배력' 관점에서 판단하였다고 비판하는 견해가 있으나,[708] 다소 의문이다. 판례는 '농협중앙회는 식량작물용 화학비료 유통시장에서 가격·수량 등 거래조건을 결정·유지 또는 변경할 수 있는 시장지배적 사업자'로서, '농협중앙회의 행위는 경쟁사업자인 비료 제조회사의 영업소나 판매대리점 등을 통한 식량작물용 화학비료의 시중 판매를 원천적으로 봉쇄함으로써 식량작물용 화학비료 유통시장에서 이들을 배제하는 결과를 초래할 우려가 있다'는 이유로, "식량작물용 화학비료 유통시장에서의 경쟁을 부당하게 제한"하였다고 판시하였는바, 식량작물용 화학비료의 '공급시장'이 아닌 '유통시장'의 경쟁제한이 문제임을 명백히 판시하고 있기 때문이다.[709]

라. 부당성

이 사건은 사실상 그 봉쇄율이 100%인 사안으로서, 봉쇄효과의 관점에서 객관적 경쟁제한성을 인정하는 데 아무런 무리가 없고, 공정위와 서울고등법원은 물론 대법원 역시 위와 같이 보고 있다. 다만 여기서 주목할 것은, 판례가 이 사건의 부당성을 인정하면서 위와 같은 봉쇄율 내지 봉쇄효과 외에 실제 가격상승 여부 등에 관하여 아무런 언급을 하지 않고 있다는 점이다.[710] 이는 봉쇄율이 상당한 수준이라면 그로 인한 실제 가격상승이나 산출량감소 등 경쟁제한성 판단을

---

708) 주진열, 앞의 논문(각주 205), 191쪽.
709) 강상욱, 앞의 논문(각주 606), 824쪽, 844쪽; 황태희, "소매 유통업에서의 수요지배력 남용행위 규제에 관한 경제법적 연구", 이화여대 법학논집 제19권 제3호(2015), 197쪽 참조.
710) 이 부분을 언급하는 견해로 설민수, 앞의 논문(각주 180), 192쪽; 손동환, 앞의 논문(각주 314), 114쪽 참조.

위한 원칙적인 고려요소를 굳이 추가로 검토할 필요가 없다는 취지로 이해할 수 있고, 이러한 판례의 입장은 타당하다고 생각된다.[711] 이에 대하여, 농협중앙회의 존재이유 등을 고려할 때 설령 농협중앙회가 독점을 하더라도 비료의 가격을 올리는 등의 행위를 할 것인지는 의문이라고 하면서 이 사건의 경쟁제한성을 부정하는 취지의 견해가 있다.[712] 그러나 경쟁제한성이 반드시 가격상승 등의 효과가 현실적으로 발생하여야만 인정되는 것은 아니고(즉 농협중앙회의 성격을 감안하더라도 가격상승의 '우려'조차 부정할 것은 아니고, 한편 이 사건 배타조건부거래가 없었다면 비료 가격이 더 떨어졌을 '가능성'이 있다 할 것이다), 배타조건부거래의 경우에는 상당한 봉쇄효과가 인정되는 한(더욱이 이 사안에서는 최종 판매시장에서 농협중앙회의 경쟁사업자인 비료 제조회사들의 영업소나 판매대리점 등에 의한 판매가 사실상 '완전히' 봉쇄되었다) 더욱 그러하다는 점에서 위와 같은 비판은 타당하지 않다고 생각된다.

한편 앞서 본 바와 같이 이 사건은 강요에 의한 배타조건부거래 사안이라 할 것인바, 비료 제조회사들을 상대로 한 불공정거래행위의 성립 여부를 검토할 수 있다. 공정위 의결이 이 부분을 제대로 언급하지 않아 단언하기는 어렵지만, 앞서 본 바와 같이 이 사건 배타조건부거래가 '비료 제조회사들의 거래처선택의 자유를 제한(침해)'하는 것인 이상, 그에 따른 경쟁상 불이익이 인정될 여지가 있고, 따라서 불공정거래행위 역시 인정될 수 있다고 생각된다. 다만 이 사건 사안은 배타적 공급거래가 아닌 배타적 인수거래이고, 상정할 수 있는 농협중앙회의 유통시장 경쟁사업자 역시 사실상 비료 제조회사들 내지 그 영업소나 판매대리점이므로,[713] 불공정거래행위를 추가로 의율하더라도 그 피해자는 결국 시장지배적 지위남용의 피해자와 같아지는 측면이 있는바, 이러한 경우라면 굳이 불공정거래행위를 별도로 의율할 필요가 없다고 볼 수도 있을 것이다. 그러나 사정이 위와 같

---

711) 반드시 같은 취지인 것은 아니지만, 적어도 이 사건의 경우 '경쟁제한효과가 직관적으로 분명한 이상' 상세한 경제분석이 반드시 필요하지는 않다는 견해로 이황, 앞의 논문(각주 2), 244쪽.

712) 주진열, 앞의 논문(각주 205), 205–210쪽.

713) 서울고등법원 판결은 농협중앙회가 이 사건 배타조건부거래를 통하여 "사실상의 경쟁사업자인 비료제조회사영업소나 판매대리점 등"을 통한 식량작물용 화학비료 일반시중판매를 원천적으로 제한하였다고 설시하였다.

다 하더라도 경쟁사업자 봉쇄의 측면에서 잠재적 경쟁사업자의 진입을 고려할 수 있고,[714] 거래상대방 봉쇄의 측면 역시 위와 같은 잠재적 경쟁사업자와의 거래 가능성을 고려할 수 있으므로, 불공정거래행위를 추가로 의율하는 것에 아무런 실익이 없다고 단정할 수는 없을 것이다.

2. 지마켓 사건[715]

가. 개요

지마켓 I(엠플온라인) 사건에서 지마켓은 누리원 등 7개 사업자를 상대로 엠플온라인과 거래하지 않는 조건으로 거래하였는바, 대법원은 이를 배타조건부거래에 해당한다고 보면서도, 지마켓의 행위와 엠플온라인의 퇴출 사이에 인과관계가 인정되지 않는다고 보아 그 부당성을 인정하지는 않았다.

우선 판례가 지마켓의 행위를 배타조건부거래에 해당한다고 본 결론은 긍정적이지만, 이와 관련하여 표적봉쇄의 측면을 전혀 언급하지 않은 것은 다소 아쉬운 부분이다. 한편 판례는 부당성을 부정하였지만, 시장지배적 사업자의 표적봉쇄는 그 자체로 부당성이 강력히 추정된다고 할 것인바, 이 부분 판례의 결론은 타당하지 않다고 생각된다. 나아가 이 사건은 강요에 의한 배타조건부거래로서 누리원 등 7개 사업자를 봉쇄하였다는 측면에서 불공정거래행위로서 배타조건부거래 역시 인정될 수 있었다고 보인다.

나. 유형 : 강요에 의한 배타조건부거래

서울고등법원 판결에 의하면 "(누리원 등) 7개 사업자들은 원고(지마켓)의 위와

714) 공정위 의결 스스로도, 농협중앙회는 거래상대방인 비료 제조회사가 "경쟁사업자(잠재적 경쟁사업자를 포함)"와 거래하지 아니할 것을 조건으로 거래하였고, 이로써 "경쟁사업자의 시장진입"과 확대가 봉쇄되었다고 하고 있다.

715) 앞서 본 바와 같이 지마켓의 배타조건부거래 사건은 지마켓 I(엠플온라인) 사건과 지마켓 II(11번가) 사건 두 개가 있다(전자는 2006. 10.경의 행위이고, 후자는 2009. 10.경부터 2009. 12.경까지의 행위이다). 사실상 지마켓의 의도와 행위는 거의 동일하고, 대법원 판결의 결론 역시 사실상 동일하므로, 이하 지마켓 I(엠플온라인) 사건을 중심으로 검토하고, 필요한 부분에서 지마켓 II(11번가) 사건을 언급하기로 한다.

같은 요구에 강한 불만을 가지면서도 불이익을 우려하여 원고보다 더 유리한 조건으로 거래하고 있던 엠플온라인과의 거래를 중단"하였는바, 지마켓의 이 사건 배타조건부거래는 강요에 의한 배타조건부거래임이 명백하고, 그 중 '강요된 합의'가 아닌 '일방적 강제'에 의한 경우로 보인다.

다. 해당성

우선 이 사건을 통하여 표적봉쇄 역시 배타조건부거래에 해당한다는 점을 확인할 수 있다. 그러나 그 이유에 관하여는 공정위 의결, 서울고등법원 판결, 대법원 판결 어디에도 아무런 언급이 없는데, 아마도 지마켓이 이를 명시적으로 다투지 않았기 때문이라고 생각되나, 그렇다 하더라도 표적봉쇄의 배타조건부거래 해당성은 개념적으로 매우 중요한 문제라 할 것인바, 판례가 이 부분에 관하여 아무런 설시를 하지 않은 것은 다소 아쉽다 할 것이다.

한편 이 사건에서 문제된 행위는 지마켓이 자신이 운영하는 오픈마켓인 'G마켓'에 입점하여 상품을 판매하는 사업자들 중 엠플온라인이 운영하는 쇼핑몰에도 입점하여 있던 누리원 등 7개 사업자들에게 ① G마켓에서의 판매가격을 인하하거나 엠플온라인에서의 판매가격을 인상할 것, ② 주로 G마켓과 거래하면서 매출을 올려줄 것, ③ 엠플온라인과의 거래를 중단할 것 등을 요구하고, ④ 엠플온라인에 올려놓은 상품을 내리지 아니하면 G마켓의 메인 화면에 노출된 상품을 모두 빼버리겠다고 위협한 행위이다. 그런데 ①은 누리원 등 7개 사업자들이 엠플온라인과 계속 거래하는 것을 전제로 하므로 배타조건부거래라고 보기 어렵고, ②만으로는 엠플온라인과의 거래를 배제하는 취지인지 불명확하여 아직 배타조건부거래라고 하기는 어려운바, 배타조건부거래와 직접 관련된 부분은 ③의 '엠플온라인과의 거래를 중단'할 것을 요구한 부분이라 할 것이고, ④는 만일 엠플온라인과의 거래를 중단하지 않을 경우 누리원 등 7개 사업자들에게 발생할 '사실상 불이익'에 관한 것이다. 그렇다면 지마켓의 행위가 배타조건부거래에 해당하게 되는 것은, '지마켓이 누리원 등 7개 사업자들에게 엠플온라인과의 거래중단을 요구하면서, 이에 응하지 않으면 지마켓의 메인 화면에 노출된 상품을 모두 빼버리겠다고 위협하였고, 이에 누리원 등 7개 사업자들로서는 자사 상품의 지마켓 메인 화면 노출을 포기할 수 없어 어쩔 수 없이 엠플온라인과의 거래를 중단하게 되었다'는 점에 있다 할 것이다.[716] 물론 큰 틀에서 보면 위 ①, ②, ③, ④가 모두 동시에 이루어졌고 상호 관련되어 있는 것도 사실이므로, 판례가 위 각각의 행위를 서로 분리하여 개별적으로 고찰하거나 그 연계성을 검토하지 않은 것을 납득하지 못할 바는 아니나, 그렇다 하더라도 판례가 배타조건부거래의 해당성 관련하여 명확한 판단기준 내지 판단방법을 제시할 수 있는 사안에서 단순히 원심의 판단을 요약하여 수긍하는 방법으로 결론을 내린 것은 그리 적절하지 않았다고 생각된다.[717][718]

라. 부당성

이 사건에서 판례는 '지마켓의 배타조건부거래와 엠플온라인의 퇴출 사이에 인과관계가 인정되지 않는다'는 이유로 부당성을 부정하고 있는데, 이는 타당하지 않다고 생각된다.

우선 시장지배적 사업자의 표적봉쇄는 특단의 사정이 없는 한 그로 인한 봉쇄율 내지 봉쇄효과 등을 따지기 이전에 그 자체로 부당하다고 볼 수 있다. 배타조

716) 반드시 같은 취지인 것은 아니지만 유사한 문제의식으로 주진열, 앞의 논문(각주 150), 500－501쪽.

717) 사실 서울고등법원 판결의 이 부분 판시는 그리 정치하거나 상세하지 않은바, 특히 결론적으로 '지마켓이 7개 사업자들에게 엠플온라인과의 거래중단을 요구하면서, 이에 응하지 않으면 원고의 메인 화면에 노출된 상품을 모두 빼버리겠다고 위협한 사실'에 근거하여 배타조건부거래에 해당한다고 판단하면서도, '메인 화면에 노출된 상품을 모두 빼버리는 것'이 과연 7개 사업자들에게 어떤 의미를 가지는지에 관하여 전혀 언급하지 않은 것은 '사실상의 배타성'을 인정하는 판시로는 다소 부족하다고 생각된다.

718) 참고로, 지마켓 II 사건의 공정위 의결서를 보면, 위와 같은 '메인노출 프로모션'이 입점업체들에게 얼마나 중요한 의미를 가지는지에 관하여 매우 상세하게 설시하고, 결론적으로 "오픈마켓에 입점한 판매자들에게 있어 인지도·신뢰도가 높은 오픈마켓을 통해 소비자들에게 자신의 상품을 효과적으로 노출시키는 것은 판매량 증대와 직결되는 사항이므로 오픈마켓이 시행하는 프로모션(특히, 메인노출 프로모션)에 참여 여부는 판매자들에게 아주 중대한 사항"이라고 하고 있는바, 적절한 태도라고 생각된다.

건부거래 자체가 성과경쟁이 아니지만 표적봉쇄는 더욱 아무런 규범적 가치도 가지지 않는 경쟁방법이고, 적어도 최소한의 경쟁제한적 우려를 인정할 수 있으며(이는 이른바 '독행기업(maverick firm)', '냉각효과(chilliong effect)' 등의 관점에서 보면 더욱 그러하다), 반면 이를 상쇄할 만한 그 어떤 효율성 증대효과 등 정당화 사유도 상정하기 어렵기 때문이다. 오히려 오로지 특정 경쟁사업자를 배제하고자 하는 의도임이 명백한 불공정한 경쟁방법을 허용해 주어야 하는 이유가 과연 무엇인지 의문이라 할 것이다.[719][720]

한편 이 사건 사안은 반드시 위와 같은 시각이 아니라 종래 판례의 법리 내지 이 사건 판례 자체의 관점으로 접근하더라도 그 부당성이 인정될 수 있다고 생각된다. ① 먼저 지마켓의 의도는 명백하다. 엠플온라인을 배제하고자 한 것이다.[721] 이로써 지마켓의 경쟁제한적 의도와 목적은 판례의 주관적 요건 '추정'의 법리를 적용할 필요도 없이 충분히 충족된다. 그리고 판례에 의하더라도 경쟁제한성은, 특히 시장지배적 지위남용에 있어서 요구되는 경쟁제한성은 경쟁제한효과의 실제 발생이 아니라 우려만으로도 충분한 것인바, 표적봉쇄의 경우 최소한의 경쟁제한 우려조차 전혀 없다고 볼 수는 없다. 한편 오히려 경쟁의 제한을 직접 목적으로 하는 배타조건부거래의 대부분은 사실 '유력한 경쟁자' 또는 '위협적인 경쟁자'만을 진정한 타겟으로 하고 있을 가능성이 높다. 엠플온라인은 낮은 판매수수료, 할인쿠폰 등 일응 유통혁신을 통하여 점유율을 늘려가는 중이었는바,

---

719) 주진열, 앞의 논문(각주 150), 503쪽은 '지마켓의 행위는 분명히 비난받을 만하나, 그것이 시장지배적 지위남용에 해당하는지는 또 다른 문제'라고 하면서, '가격상승이나 산출량감소 등이 증명되지 않은 이상 시장지배적 지위남용이 인정될 수 없다'고 한다. 그러나 이 사건 시장지배적 지위남용의 부당성을 반드시 가격상승 내지 산출량감소의 관점으로 평가할 것은 아니라 할 것이다.

720) 이봉의, 앞의 논문(각주 297), 432쪽 참조("포스코 전합판결에서 드러난 바와 같이 경쟁제한효과가 발생할 우려를 입증하기가 곤란할 경우에 그러한 집행방식은 시장지배적 사업자에게 일단 경쟁사업자 배제전략으로 나아가는 것이 현명하다는 신호를 주게 된다.").

721) 물론 지마켓 I 사건에서도 위와 같지만, 공정위 의결서에 의하면 지마켓 II 사건에서는 지마켓의 의도와 목적이 보다 분명하게 설시되어 있다("11번가의 성장이 못마땅해서", "11번가의 서비스 정책에 대하여 보복성으로", "11번가가 성장하는 것을 막기 위해서", "11번가를 죽이려고 작정했기 때문" 등).

이 사건에서 타겟이 엠플온라인이었다는 것은 지마켓이 진정으로 위협을 느낀 경쟁자는 엠플온라인뿐이었기 때문이라고 볼 수 있다. 즉 지마켓은 명백한 시장지배적 사업자로서[722] 엠플온라인을 봉쇄함으로써 관련시장의 경쟁을 제한하고자 한 것이고, 이러한 행위 자체로 이미 경쟁제한의 우려는 발생하였다 할 것이다. 나아가 엠플온라인의 성장이 계속될 경우 다른 경쟁사업자들 역시 그와 같은 혁신으로 유인될 수 있었는바, 결국 지마켓의 행위로 인한 일종의 '경고' 내지 '위축' 효과에 따라 관련시장의 혁신이 중단된 것이고, 소비자들의 선택권도 제한된 것이다. ② 한편 근본적으로 반경쟁적 봉쇄라는 것이 반드시 '퇴출'만을 의미하는 것도 아니지만, 설령 퇴출을 중심으로 보더라도 이 사건 행위와 엠플온라인의 퇴출이 반드시 무관하다고 볼 것은 아니다. 이 사건 행위의 거래상대방은 G마켓의 입점업체 수 23만 개 중 7개(0.003%)에 불과하지만,[723] 위 7개 사업자들은 G마켓을 통한 상품판매 거래금액이 G마켓의 전체 상품판매 거래금액의 0.24%를 차지하는 우량사업자들이다. 여기에 엠플온라인이 G마켓보다 상대적으로 매우 작은 규모의 사업자인 점을 감안하면, 위 7개 사업자들이 엠플온라인의 매출액에서 차지하는 비중은 0.24%보다 훨씬 높았을 것이다.[724] 따라서 7개 사업자들의 거래중단은 엠플온라인의 영업부진에 상당한 영향이 있었을 것으로 추측할 수 있다. 더욱이 시장진입 초기의 시장 확보는 양면시장에서 살아남기 위한 결정적인 요소임을 고려할 필요가 있다('critical mass'). 즉 오로지 이 사건 행위만으로 엠플온라인이 퇴출되었다고 볼 수는 없을지라도, 이 사건 행위가 중요한 원인이 되어 엠플온라인이 퇴출되었다는 분석이 가능하다.

722) 공정위 의결과 서울고법 판결에 의하면, 지마켓은 2006년도 시장점유율 기준 업계 2위 사업자일 뿐만 아니라, 거래금액 기준으로는 1위 사업자이다(이러한 사정은 굳이 계열사인 인터파크를 포함하지 않더라도 마찬가지이다). 한편 참고로, 지마켓은 2008년에는 시장점유율 및 거래금액 모두에 관하여 1위 사업자가 되었다(지마켓 II 사건 공정위 의결, 서울고등법원 판결).

723) 권오승 · 이민호, 앞의 책(각주 235), 9쪽은 이 사건에서 대법원은 거래상대방인 7개 사업자가 오픈마켓 전체 시장에서 차지하는 비중이 미미'하였기 때문에 경쟁제한의 우려가 있는지에 대하여 의문을 품었던 것으로 보인다고 한다.

724) 같은 취지의 지적으로 심재한, "인터넷 플랫폼에 대한 공정거래법 적용에 관한 연구", 상사판례연구 제29집 제4권(2016. 12.), 319－320쪽(각주 27 부분).

다만 판례는 만일 인과관계가 인정된다면 경쟁제한성이 인정될 수 있음을 전제로 하고 있다 할 것인바, 배타조건부거래의 부당성 판단에 있어 실제 가격상승, 산출량감소 등의 경쟁제한 효과가 반드시 필요한 것은 아님을 엿볼 수 있고, 이는 앞서 본 농협중앙회 판결과 같은 맥락으로서 타당하다 할 것이다. 이와 관련하여, 지마켓 II 사건에서 서울고등법원은 "① 이 사건 행위가 이루어졌다는 2009. 10. 경부터 2009. 12.경까지 사이에 실제 11번가의 매출액이 감소하거나 영업활동을 위한 비용이 증가하였다는 등의 시장봉쇄효과가 있었음을 인정할 만한 아무런 자료가 없고, ② 나아가 그로 인하여 시장에서의 가격 및 산출량 변화나 혁신 저해 및 다양성 감소 등과 같은 경제제한 효과가 발생하였다 볼 증거도 없다."는 것을 부당성 부정의 논거로 들고 있다. 그런데 ① 부분은 지마켓 I 사건의 대법원 판례를 이어받은 것으로 보이는바, 이러한 입장이 타당하지 않음은 앞서 본 바와 같고, ② 부분은 서울고등법원의 독자적 판시인바, 이는 앞서 본 농협중앙회 판결의 취지, 즉 '봉쇄효과를 중심으로 판단하면 충분하고, 구체적인 가격상승 등을 증명할 필요는 없다'는 입장과 어긋나는 것으로서 부당하다고 생각된다.[725] 이 사건이 심리불속행으로 종결되어 위 ② 부분에 관한 대법원의 입장을 알 수 없는 점은 아쉬운 부분이다.

마지막으로 이 사건은 강요에 의한 배타조건부거래 사안으로서, 엠플온라인을 봉쇄하는 경쟁제한성 측면뿐만 아니라 누리원 등 7개 사업자를 봉쇄함으로써 경쟁상 불이익을 가하였다는 측면에서도 부당하다고 생각된다. 주의할 것은 이는 '엠플온라인을 배제하였다는 시장지배적 지위남용은 인정되기 어렵고, 그 대신 누리원 등 7개 사업자의 의사를 억압하여 배타조건부거래를 강제하였다는 점에서 불공정거래행위가 된다'는 취지의 주장과는 전혀 다른 차원의 것이라는 점이다.

725) 오히려 이 부분이 포스코 판결의 법리를 정확히 반영한 것이라고 하면서 전적으로 찬동하는 견해로는 주진열, 앞의 논문(각주 50), 145쪽.

3. 에스오일 사건

가. 개요

이 사건에서 에스오일은 경질유제품 시장에서 점유율 약 13~15%, 휘발유 시장에서 점유율 약 12~13%를 보유한 최하위 사업자로서 자영주유소들 일부와 배타조건부거래를 실시하여 휘발유 시장의 2.71%를 봉쇄하였는바,[726] 대법원은 배타조건부거래의 해당성은 물론 그 부당성까지 인정하였다.

이 사건이 배타조건부거래에 해당함은 명백하므로 판례의 해당성 인정 자체에 관하여는 아무런 이의가 없다. 그러나 판례가 이 사건을 강요에 의한 배타조건부거래로 판단하고, 이에 기초하여 부당성을 인정한 것은 타당하지 않다고 생각되는바, 우선 판례가 제시한 경쟁제한성과 강제성(의사억압성) 이원설에 찬성하기 어렵고, 나아가 판례가 사실상 아무런 제한조건 없이 병행적 배타조건부거래의 위법성을 인정하였다는 점 역시 동의하기 어렵다.

나. 유형 : 합의에 의한 배타조건부거래의 가능성

먼저 이 사건 배타조건부거래가 합의(자발적 합의)에 의한 배타조건부거래인지 강요(강요된 합의)에 의한 배타조건부거래인지를 살펴볼 필요가 있다. 공정위는 이를 강요에 의한 배타조건부거래로 파악하였고, 서울고등법원과 대법원 역시 이러한 공정위의 판단을 수용하였다. 그러나 위와 같은 결론에는 다소 의문이 없지 않고, 이에 관한 의결과 판결의 구체적 설시에도 적절하지 않은 부분이 있어 보인다.

우선 대법원 판결에 의하면 "국내 석유제품공급시장은 공급초과상태로서 주유

726) 대법원 판결은 물론 공정위 의결과 서울고등법원 판결에도 이 사건에서 경질유제품 시장의 봉쇄율은 명확히 나타나지 않는바(예컨대 '전체 자영주유소 중 전량공급계약을 체결하고 있는 주유소의 비율은 약 86%이다' 등만으로는 경질유제품 시장의 봉쇄율을 알 수 없다), 이하 이 사건 의결과 판결을 통하여 명확히 확인되는 사정 내지 수치만을 기초로 분석한다.

소들은 정유사별 가격비교를 통해 보다 저렴한 상품을 구매할 수 있음에도 원고(에스오일)의 전량공급조건 거래에 동의한 것은 국내 모든 정유사가 그러한 거래를 하고 있기 때문에 주유소들로서는 그러한 거래방식을 수용할 수밖에 없었던 것으로 보이는 점, 2008. 9. 1.부터 주유소의 복수상표표시가 허용되었으므로 원고와 거래하는 자영주유소들은 독립된 사업자로서 거래처를 하나 또는 그 이상으로 자유롭게 선택하여 서로 다른 상표를 동시에 표시할 수 있는 길이 열렸는데도 이 사건 전량공급조건 계약에 의하여 복수상표의 제품을 취급하지 못하고 있는 점 등에 비추어 보면, 원고의 전량공급조건 거래가 거래상대방인 주유소의 의사에 반하지 않았다고 단정하기 어렵다"고 한다.[727] 그러나 전자 부분은 일응 수용할 여지가 있으나, 적어도 후자 부분은 배타조건부거래의 '구속성'상 당연한 것으로서 이를 바로 '의사억압성'으로 연결시킬 수는 없다 할 것이고, 더욱이 행정규제에 관한 증명책임의 소재에 비추어 볼 때 '의사억압성이 인정된다'는 것도 아니고 '의사억압성이 없다고 단정하기 어렵다'는 설시는 그 자체로 문제라고 생각된다.

그리고 공정위와 서울고등법원의 사실인정에 의하면, 에스오일과 석유제품공급계약을 체결하고 있는 전체 자영주유소는 1,525개인데, 그 중 1,047개는 전량공급조건 거래가 아니고, 오직 478개만이 전량공급조건 거래를 하고 있으며, 나아가 위 478개 중 180개는 에스오일로부터 시설자금 또는 시설의 지원을 받고 있다는 것인바, 결국 약 31%(478/1,525)의 거래상대방만이 배타조건부거래를 하고 있고(이와 같이 일부의 거래상대방과 사이에만 배타조건부거래를 하고 있을 경우, 그것을 '강요'에 의한 배타조건부거래에 해당한다고 하려면 왜 행위자가 그와 같이 일부의 거래상대방에 대하여서만 배타조건부거래를 강요하고 있는지 설명이 필요하다), 나아가 그 중 약 37%(180/478)는 명확한 반대급부가 있는 경우인바(왜 일부에 대하여만 반대급부가 제공되고 있는지에 관하여도 합리적 설명이 필요할 것이다), 이러한 사정을 감안하면 과연 에스오일이 자영주유소들에게 배타조건부거래를 '강요'하였다고 볼 수 있

727) 엄밀히는 위와 같은 원심의 판단을 수긍한 것이다.

는지 의문이다. 더욱이 이 사건 배타조건부거래는 그에 관한 명확한 계약서가 존재하는 경우로서 일응 '자발적 합의'를 추론할 수 있는 경우라는 점도 감안하여야 할 것이다.

요컨대 이 사건 사안은 강요(강요된 합의)에 의한 배타조건부거래라기보다는 오히려 합의(자발적 합의)에 의한 배타조건부거래에 해당하는 것으로 보인다.

다. 해당성

이 사건을 통하여 수요전량구매계약 내지 전량공급거래 역시 배타조건부거래에 해당한다는 점이 분명히 확인되었다. 주유소와 관련한 배타조건부거래 사안은 미국이나 EU에서도 유사한 사안들이 많이 있는바,[728] 이를 통하여 통상 배타조건부거래가 많이 발생하는 업종 내지 상품이 있다는 점을 엿볼 수 있다 할 것이다.

라. 부당성

이 부분 판례의 요지는, ① 불공정거래행위로서 배타조건부거래의 부당성에 관하여는 경쟁제한성과 함께 강제성(의사억압성)을 아울러 고려할 수 있고, ② 누적적 봉쇄효과에 근거하여 병행적 배타조건부거래를 규제할 수 있다는 것이다.

그러나 거래상 지위남용 등 특별한 경우가 아닌 한 경쟁법 내지 공정거래법에서 의사억압성을 부당성의 판단표지로 하는 것은 그 자체로 적절하지 않고, 나아가 판례가 제시한 '강제성을 아울러 고려할 수 있다'는 것의 정확한 의미와 기능이 무엇인지도 알기 어려운바, 결국 판례가 시장지배적 지위남용으로서 배타조건부거래의 부당성과 불공정거래행위로서 배타조건부거래의 부당성을 구분한 것은 타당하지만, 불공정거래행위로서 배타조건부거래의 부당성 판단기준으로 제시한 '경쟁제한성 및 강제성 이원설'은 타당하다고 보기 어렵다.[729] 앞서 본 바와 같이

---

728) 예컨대, 미국의 경우 앞서 본 Standard Oil 판결, EU의 경우 앞서 본 Neste 판결 등.

729) 한편 이재환, "불공정거래행위로서의 배타조건부거래의 부당성 판단", 변호사 제45집(2014), 437－438쪽은 원심이 경쟁제한성의 인정 근거로 제시한 내용들을 대법원은 불공정성의 인정 근거로 제시하였다고 하면서, 원심의 판단과 대법원의 판단 사이에 실질적인 차이점이 존재하는지 의문이라고 한다.

불공정거래행위로서 배타조건부거래의 독자적 부당성 표지는 거래상대방 봉쇄, 즉 거래상대방에 대한 경쟁상 불이익에 있다고 보아야 하므로, 새로운 이원설, 즉 '경쟁제한성 및 경쟁상 불이익 이원설'의 관점에서 불공정거래행위로서 배타조건부거래의 부당성을 판단하여야 할 것이다. 이러한 관점에서 보면 판례가 이 사건의 위법성을 인정하면서 강제성을 언급한 것은 부적절하다고 생각된다.

다음으로 판례가 사실상 아무런 제한조건 없이 누적적 봉쇄효과에 근거한 병행적 배타조건부거래 규제를 인정한 것 역시 타당하다고 보기 어렵다. 병행적 배타조건부거래의 개념을 사용한 규제는 다른 방법으로는 도저히 관련시장의 경쟁제한성을 제거할 수 없는 경우에 한하여 이른바 '최후의 수단(last resort)'으로서 인정되어야 한다. 이 사건에서 휘발유 시장을 전제로 할 경우, 공정위 의결에 의하면 전체 휘발유 시장의 봉쇄율은 48.9%이고, 4개 사업자들 각각의 봉쇄율은 순서대로 에스케이에너지(에스케이네크웍스 포함, 이하 같다) 20.85%, 지에스칼텍스 16.4%, 현대오일뱅크 9%, 에스오일 2.71%이다. 여기서 4개 사업자의 개별적인 배타조건부거래들이 모두 그 독자적 경쟁제한성은 인정되기 어렵다고 보아 부득이 누적적 봉쇄효과에 근거하여 병행적 배타조건부거래로서 규제하여야 한다고 보더라도, 봉쇄율이 가장 높은 에스케이에너지의 배타조건부거래를 금지하는 것만으로도 전체 휘발유 시장의 봉쇄율은 27.15%(48.9%~20.85%)로 감소하여 일응 경쟁제한성은 제거된다 할 것이고, 그렇지 않다 하더라도 추가로 그 다음으로 봉쇄율이 높은 지에스칼텍스의 배타조건부거래를 금지하면 전체 휘발유 시장의 봉쇄율은 10.75%(27.15.%~16.4%)에 불과하게 되어 어떤 시각으로 보더라도 경쟁제한성을 인정하기는 어려운 상황이 된다. 이러한 상황에서 단지 2.71%의 봉쇄율을 가지는 업계 최하위 사업자 에스오일의 배타조건부거래까지 이를 병행적 배타조건부거래라는 이유로 금지하는 것은, 에스오일이 주장한 바와 같이 헌법상 자기책임의 원칙에 부합하지 않음은 물론, 순수한 경쟁법적 시각에서 보더라도 경쟁제한성을 규제하고자 하는 경쟁법의 취지와 목적을 넘어서는 규제가 될 뿐만 아니라, 오히려 관련시장의 시장점유율을 더욱 고착시키는 결과를 초래하는 '반경쟁적 규제'가 될 수도 있다. 즉 판례가 이 사건 에스오일의 배타조건부거래를 위법하다고 판단한 것은 경쟁제한성의 관점에서 보더라도 부당하다 할 것이다.[730)]

나아가 이 사건에서는 배타조건부거래의 경쟁제한성 관련하여 추가적으로 살펴볼 문제가 있다. 서울고등법원은 "원고(에스오일)의 이 사건 전량공급조건 거래가 거래상대방인 주유소의 의사에 반하지 않았다고 단정하기 어렵고, 이처럼 주유소의 거래처 선택의 자유를 침해하는 것은 정유사들간의 경쟁을 제한하는 결과를 가져온다고 할 것이다."라고 판시하여 경쟁제한성을 인정하였다. 그러나 배타조건부거래의 경쟁제한성은 그 '구속성'으로부터 야기되는 것이지 '의사억압성'으로부터 야기되는 것이 아니므로(배타조건부거래의 경쟁제한성은 거래상대방을 봉쇄함으로써 경쟁사업자가 봉쇄되는 측면을 말하는바, 위와 같은 거래상대방 봉쇄는 합의에 의한 것이든 강요에 의한 것이든 아무런 차이가 없는 것이다), 의사억압성 문제와 '경쟁제한성' 문제를 연계시키는 것은 타당한 관점이 아니라고 생각된다.

한편 그렇다면, 이 사건을 경쟁제한성이 아닌 거래상대방에 대한 불이익 관점에서 부당하다고 볼 수 있는가? 우선 앞서 본 바와 같이 에스오일의 배타조건부거래를 강요에 의한 배타조건부거래라고 단정하기 어려운 이상, 그로 인한 자영주유소들의 불이익 자체를 상정하기가 쉽지 않으므로, 거래상대방에 대한 불이익 관점에서 그 부당성 판단의 기초 내지 전제가 갖추어졌는지 의문이다. 나아가 설령 이 사건 배타조건부거래를 강요에 의한 배타조건부거래에 해당한다고 보더라

---

730) 다만 서울고등법원 판결에 의하면, 이 사건 관련업계에는 이른바 '원적지관리' 관행이 있다는 것인바(원적지관리 관행이란 "어떤 주유소가 A정유사와 처음 거래를 시작하면 A정유사가 그 주유소의 원적이 되고, 그 주유소가 A정유사로부터 B정유사로 거래를 전환하려고 할 경우 B정유사로서는 그 주유소의 원적지가 A정유사라는 이유로 거래개시를 거절하거나 자신이 거래하는 B정유사를 원적으로 하는 다른 주유소를 A정유사에게 넘겨주어야 그 주유소와의 거래가 가능하게 되는 것"을 말한다), 위와 같은 관행의 존재가 사실이라면, 이 사건 4개 정유사의 배타조건부거래는 이를 단순한 '병행적' 배타조건부거래가 아니라 사실상 '담합'에 의한 배타조건부거래라고 볼 여지가 있고, 그렇다면 이를 부당한 공동행위로 의율할 수 있는 가능성이 있다. 그런데 이 부분은 대법원 판결에 이에 관한 아무런 언급이 없고, 공정위 의결과 서울고등법원 판결을 모두 살펴보더라도 이 사건 4개 정유사들의 담합 여부를 검토·판단할 수 있을 정도의 사실관계를 확인할 수 없는바, 이에 관하여는 그 검토 가능성만을 지적하고 더 이상 상론하지 않기로 한다.

도, 여기서 불이익은 단순한 '의사억압성'이 아니라 그로 인한 '경쟁상 불이익', 즉 자영주유소들에 대한 봉쇄의 관점에서 판단하여야 할 것인바, 공정위 의결 및 서울고등법원 판결에 의하면, 결국 이 사건에서 자영주유소들은 거의 대부분이 계약상 또는 사실상 배타조건부거래를 하고 있다는 것이므로, 위와 같은 상황에서 에스오일의 거래상대방인 자영주유소들이 해당 배타조건부거래로 인하여 특별한 경쟁상 불이익을 받고 있다고 단정하기는 어려운 측면이 있고, 이에 그 중 상당수의 자영주유소들이 당해 배타조건부거래에 관한 반대급부로서 그로 인한 일응의 불이익을 상쇄할 만한 상당한 지원을 받고 있다는 점을 함께 고려하면, 특별한 사정이 없는 한 이러한 관점에서도 부당성은 인정하기 어렵다 할 것이다.

요컨대, 이 사건은 강요에 의한 배타조건부거래 사안으로 보기 어려운 측면이 있고, 설령 강요에 의한 배타조건부거래 사안으로 보더라도 그 경쟁제한성은 물론 거래내용의 불공정성도 인정되지 않는다 할 것인바, 결국 판례가 이 사건의 위법성을 인정한 것은 부당하다고 생각된다.

4. 현대모비스 사건

가. 개요

이 사건에서 현대모비스는 대리점들로 하여금 비순정품을 취급하지 않도록 하는 의무를 부과하고 이를 감시·통제하였다. 이에 대하여 대법원은 대리점들이 비순정품을 취급할 경우 불이익을 가한 경우는 배타조건부거래에 해당한다고 인정하고, 그러한 불이익이 가해지지 않은 경우는 배타조건부거래에 해당하지 않는다고 하였다. 또한 대법원은 배타조건부거래에 해당하는 부분에 관하여 원심의 판단을 그대로 수긍하여 경쟁제한성을 인정하고, 시장지배적 지위남용과 불공정거래행위 모두가 성립한다고 하였다.

우선 판례가 구속력의 관점에서 해당성을 달리 판단한 것은 타당하다고 생각된다. 그리고 현대모비스의 배타조건부거래에 대하여 경쟁제한성을 인정한 결론 역시 타당하다고 생각되나, 그 논증 과정에는 다소 아쉬움이 있고, 위와 같이 경쟁제한성이 인정된다는 이유만으로 시장지배적 지위남용과 불공정거래행위 양자의 성립을 모두 인정한 것 역시 그리 적절하지는 않다고 생각된다. 한편 이 사건 역시 자발적 합의에 의한 배타조건부거래가 아니라 강요된 합의에 의한 배타조건부거래로서, 강요에 의한 배타조건부거래 유형에 해당하는바, 대리점들을 봉쇄한 측면에서 불공정거래행위로서 배타조건부거래를 인정할 수 있었다고 생각되고, 그렇다면 진정한 의미의 중첩적용이 가능하였을 것이다.

나. 유형 : 강요에 의한 배타조건부거래

이 사건에서 배타조건부거래로 인정된 부분(아래 해당성 중 ② 부분)은 대리점들의 진정한 의사에 반한 것으로서 강요에 의한 배타조건부거래라 할 것이고, 그 중 '일방적 강제'에 의한 사실상의 배타조건부거래가 아니라 '강요된 합의'에 의한 계약상 배타조건부거래라 할 것이다.

다. 해당성

이 사건에서 가장 주목되는 부분은 '구속성'의 유무에 따라 배타조건부거래의 성립 여부가 달라진다는 점이 명확해졌다는 점이다.

판례는 "원심은, ① 원고가 2004년경 경영매뉴얼을 배포하고 2007년까지 시장조사와 시장정화 활동 등을 통하여 원고의 대리점에 순정품을 취급하도록 하였으나, 이러한 대리점 의무의 위반에 관한 불이익을 정하는 조항을 두지 아니하여 원고가 대리점 의무를 위반한 대리점에 어떤 불이익을 강제할 수 있었다고 보기 어려운 이상, 원고가 대리점으로 하여금 경쟁사업자와 거래하지 아니할 것을 조건으로 거래하였다고 보기 어려운 점, ② 원고는 2008년 구속력 있는 대리점 등급관리제도·대리점 관리규정 및 새로운 대리점 계약서를 도입하여 대리점이 순정품만 판매하도록 의무를 부과하면서 이를 위반한 대리점에는 부품공급 가격을 할증하고 기존 할인혜택을 폐지하는 등 거래조건에서 불이익을 주고 대리점 계약갱신을 거절하거나 계약을 해지할 수 있도록 하였는바 이는 거래상대방이 경쟁사업자와 거래하지 아니할 것을 조건으로 거래한 경우에 해당하는 점 등을 근거로, 원고의 2007년까지 행위는 배타조건부 거래행위에 해당하지 아니하고 2008년 이후 행위만 배타조건부 거래행위에 해당한다고 판단하였다. 관련 법령 및 기록에 비추어 보면 이와 같은 원심 판단은 정당하[다.]"고 하였는바, 비록 판례가 아무런 전제법리의 설시 없이 단순히 원심수긍형으로 판단한 것은 다소 아쉽지만, 적어도 이 부분 판시를 통하여 배타조건부거래의 성립에 관하여 '구속력(실효성)'을 요구하는 대법원의 입장을 명확히 확인할 수 있다는 의미가 있다.[731)]

라. 부당성

대법원은 이 부분에서도 원심판결을 수긍하면서 "원심은, ① 원고(현대모비스)가 자신의 대리점을 상대로 순정품 취급을 강제하고 비순정품 거래를 통제한 것은 정비용 부품시장에서 원고의 시장지배적 지위를 계속 유지하기 위해 경쟁부품의 판매 유통망을 제한함으로써 인위적으로 시장질서에 영향을 가하려는 의도나 목적으로 이루어졌음이 명백한 점, ② 원고의 경쟁부품업체들은 전국의 원고 대리점을 통해 경쟁부품을 공급할 수 있을 때 유효한 경쟁을 할 수 있는데, 원고의 이 사건 배타조건부 거래행위로 인하여 경쟁부품업체가 시장에서 배제되거나 신규진입에 실패할 가능성이 커지고, 그만큼 경쟁부품이 원활하게 공급되지 않아 시장에서는 다양성과 가격경쟁이 감소하여 순정품 가격이 더 비싸지고 소비자는 정비용 부품을 더 싸게 살 기회를 갖지 못하게 되어 소비자 후생이 감소할 수밖에 없는 점 등을 근거로, 원고의 배타조건부 거래행위에 대한 부당성을 인정하였다. 관련 법리와 기록에 비추어 살펴보면, 원심의 이와 같은 판단에 논리와 경험의 법칙에 반하여 자유심증주의의 한계를 벗어나거나 시장지배적 지위남용행위와 불공정거래행위에서의 부당성에 관한 법리를 오해한 잘못이 없다."고 하였다. 그

---

731) 정주미, 앞의 논문(각주 168), 469쪽은 2004년부터 2007년의 행위도 배타조건부거래 행위에 해당된다고 보는 것이 적절하다고 한다. 그러나 배타조건부거래의 강제성 중 구속성의 의미와 기능 및 구속성과 의사억압성의 구분 필요성에 비추어 볼 때 위와 같은 입장에는 다소 의문이 있다.

런데 이 부분 판시에는 아래와 같이 긍정적인 부분과 부정적인 부분이 모두 있다고 생각된다.

우선 긍정적인 부분은 다음과 같다. ① 상당한 봉쇄효과가 인정되면 가격상승, 산출량감소 등을 별도로 따질 필요가 없음이 다시 한번 확인되었다.[732] 이에 대하여 '현대모비스는 전속대리점 계약의 목적을 달성하기 위하여 대리점에서 현대모비스가 공급하는 이른바 순정품만 취급하도록 요구한 것인데, 공정위가 현대모비스의 행위로 인한 구체적인 경쟁제한효과를 객관적으로 증명하였다고 볼 수 없으므로 위법한 시장지배적 지위남용이라고 보기 어렵고, 전속대리점이 현대모비스 외에 다른 사업자의 부품도 취급하기를 원한다면 현대모비스로서는 부품 공급단가의 할인을 제공하거나 전속대리점 계약을 유지할 이유가 없는바, 전속대리점으로 하여금 다른 경쟁사업자의 부품을 취급하지 못하도록 한 행위를 위법한 불공정거래행위라고 볼 수도 없다'는 비판이 있다.[733] 그러나 경쟁제한성의 인정을 위하여 반드시 실제 가격상승 등을 증명하여야 하는 것은 아니고, 이 사건 사안은 대리점들이 이미 전속대리점이 된 상황에서 해당 전속의무를 위반하고자 시도한 상황에 관한 것이 아니라 현대모비스가 배타조건부거래를 통하여 대리점들을 부당하게 전속화하고자 한 것으로 봄이 상당하므로, 위와 같은 비판은 타당하지 않다고 생각된다.[734] ② 다음으로 판례는 객관적 경쟁제한성을 인정하면서 "원고의 이 사건 배타조건부 거래행위로 인하여 경쟁부품업체가 시장에서 배제되거나 신규진입에 실패할 가능성이 커"진다는 점 외에 "그만큼 경쟁부품이 원활하게 공급되지 않아 시장에서는 다양성과 가격경쟁이 감소하여 순정품 가격이 더 비싸지고 소비자는 정비용 부품을 더 싸게 살 기회를 갖지 못하게 되어 소비자 후생이 감소할 수밖에 없는 점"을 근거로 들었는바, 현대모비스의 경쟁사업자가 봉쇄된다는 점 외에 최종 소비자의 후생이 감소한다는 점을 명시하고 있다. 이는 배타조건

732) 손동환, 앞의 논문(각주 486), 75－76쪽.
733) 주진열, 앞의 논문(각주 524), 329쪽 이하.
734) 한편 조금 더 부연하자면, 설령 '전속대리점'에 대한 행위라 하더라도 그러한 사정만으로 반드시 배타조건부거래 규제로부터 당연히 면책되는 것은 아니라 할 것이다. 전속대리점 계약 자체가 배타조건부거래에 해당하는 것이기 때문이다.

부거래의 경쟁제한성 역시 결국은 소비자후생을 기준으로 하는 것이라는 점에서 이해할 수 있고, 또한 판례가 “그만큼”이라는 표현을 사용한 것도 주목되는바, 이는 위와 같은 소비자후생 저하는 다른 사정이 아니라 바로 봉쇄효과로부터 비롯되는 것이라는 인식을 드러내 준다고 생각된다.

다만 위 판시에는 부정적인 부분도 있다. ① 판례가 봉쇄효과를 중심으로 부당성을 판단한 것은 타당하지만, 이러한 판단을 위하여는 적어도 봉쇄율은 제시되었어야 할 것이다. 봉쇄율을 제시하지 않은 것에 오히려 긍정적인 의미를 부여하는 견해도 있으나,[735] 봉쇄율조차 제시되지 않는 경쟁제한성 인정은 사실상 당연위법적 판단이라는 불필요한 오해를 살 수 있다. 더욱이 이 사건의 경우에는 본 연구에서 제시한 새로운 법리, 즉 객관적 요건 추정론에 의할 경우는 물론, 종래의 전통적인 관점에 따라 보더라도 그 자체로 경쟁제한성을 인정하기에 충분한 봉쇄율이 인정된다. 즉 공정위 의결에 의하면, 이 사건에서 대리점 수는 약 1,700개이고 비대리점 수는 약 500여 개이므로, 관련시장을 현대 · 기아차 정비용 부품시장으로 전제할 경우 봉쇄율은 약 77%[1,700개/2,200개(1,700개+500개)]이고, 전체 자동차 정비용 부품시장을 전제로 하더라도 현대 · 기아차의 점유율을 70%로 상정할 경우 봉쇄율은 약 54%(77% × 70%)에 이르는 것이다. 앞서 농협중앙회 사건의 경우에는 그 봉쇄율이 사실상 100%이므로 굳이 봉쇄율을 명시적으로 제시할 필요가 없었다고 볼 여지가 있으나, 그와 같은 상황이 아니라면 봉쇄율을 명확히 산정하여 제시하는 것이 부당성 인정의 설득력을 제고할 수 있다고 생각된다. ② 한편 사소한 것이지만, 판례는 이 사건에서 먼저 배타조건부거래의 부당성에 관하여 판시하고, 그 다음으로 배타조건부거래의 해당성에 관하여 판시하였다. 전체적으로 판결이 상고이유 번호에 따라 정리된 것으로 보이기도 하나, 설령 사정이 그러하다 하더라도 위와 같은 판단구조는 다소 부적절하였다고 생각된다. 논리적으로 해당성은 부당성에 선행하는 것일 뿐만 아니라, 또한 배타조건부거래의 유형에 따라 그 부당성에서 검토할 사항들이 달라지기 때문이다.

---

735) 손동환, 앞의 논문(각주 486), 79쪽.

마지막으로 이 사건에서 공정위와 서울고등법원은 현대모비스의 배타조건부거래에 대하여 시장지배적 지위남용으로서 배타조건부거래와 불공정거래행위로서 배타조건부거래를 모두 인정하였고, 대법원 역시 이를 그대로 수용하였다. 그러나 '경쟁제한성이 인정된다'는 동일한 이유에서 시장지배적 지위남용과 불공정거래행위 모두의 성립을 인정하는 중첩적용은 별다른 의미가 없으므로 지양하여야 할 것이다. 오히려 이 사건의 경우 현대모비스는 대리점들에게 배타조건부거래를 강요함으로써 비대리점들과의 경쟁에 관하여 불이익을 가하였다고 할 수 있으므로 (순정품만을 취급할 수 있고 비순정품을 취급하지 못함으로써 최종 소비자들에게 더 낮은 가격을 제시할 수 없는 상황은 명백한 경쟁상 불이익에 해당한다), 이러한 차원에서 불공정거래행위가 성립할 수 있다. 결국 이 사건 배타조건부거래에 관하여는 경쟁사업자를 봉쇄하는 '경쟁제한적 배제남용'과 거래상대방을 봉쇄하는 '거래내용이 불공정한 불공정거래행위' 양자의 성립을 인정할 수 있고, 이를 토대로 진정한 중첩적용을 할 수 있었다고 생각된다.

5. 퀄컴 사건

가. 개요

이 사건에서 퀄컴은 삼성전자, 엘지전자 등에 대하여 자신의 모뎀칩, RF칩을 일정수량 내지 일정비율 이상 구입하면 리베이트를 지급하기로 하는 조건으로 거래하였는바, 이에 대하여 대법원은 위와 같은 조건부 리베이트 역시 배타조건부거래에 해당할 수 있다고 인정하고, 나아가 일부 원심의 봉쇄율 산정이 잘못된 부분을 제외한 대부분에 대하여 부당성도 인정하였다.

위와 같은 판례의 결론에는 대체로 동의할 수 있으나, 다음과 같은 점들에 관하여는 다소 의문이 있다. ① 우선 판례는 배타조건부거래의 해당성과 부당성을 다소 혼동하고 있는 것으로 보인다. ② 또한 판례의 해당성 인정 판시는 우리 법상 조건성 요건을 제대로 고려하지 않은 것으로서 그 논증이 다소 부족하였다고 생각된다. ③ 한편 판례의 부당성 판단 관련하여, 가격·비용 분석이 필요하지 않다고 보는 한 결국 핵심은 봉쇄효과일 것인데, 정작 봉쇄율조차 제대로 제시하지 않은 것은 문제라 할 것이다. ④ 마지막으로, 유인에 의한 배타조건부거래의 경우에도 거래상대방을 봉쇄하는 측면에서 부당성 검토가 가능하다 할 것인바, 이 부분 역시 추가로 고려해 볼 점이다.

나. 유형 : 유인에 의한 배타조건부거래

이 사건은 조건부 리베이트에 관한 사안으로서, 유인에 의한 배타조건부거래가 인정될 수 있는지가 문제이다. 앞서 본 바와 같이 유인에 의한 배타조건부거래는 합의에 의한 배타조건부거래, 강요에 의한 배타조건부거래와 달리 사실인정 외에 인정된 사실에 대한 규범적 평가가 중요하다 할 것인바, 이하 이 사건 조건부 리베이트의 배타조건부거래 해당성과 부당성 문제를 살펴본다.

다. 해당성

판례가 이 사건 퀄컴의 조건부 리베이트를 배타조건부거래에 해당한다고 인정한 결론은 타당하다. 그러나 판례는 이를 오로지 '사실상 배타성' 내지 '사실상의 구속력' 관점으로만 설명하고 있는바, 이는 미국이나 EU와 달리 '조건성'을 요구하고 있는 우리 법의 특수성을 다소 간과한 것으로서 적절하지 않다고 생각된다.

즉 위와 같은 결론에 관하여 판례가 제시한 논거는 실질적으로 '배타조건의 준수에 법적·계약적 구속력이 인정되는 경우는 물론 사실상의 구속력이 인정되는 경우 역시 배타조건부거래에 해당한다'는 것이 사실상 전부인데, 조건부 리베이트는 원칙적으로 '조건부 거래'가 아닌 '조건부 할인'일 뿐이므로, 이러한 조건부 할인을 조건부 거래라고 하기 위하여는 일정한 연결고리가 필요하다. 판례의 논증은 답하여야 할 '문제'를 오히려 논의의 '전제'로 삼은 것이 아닌가 한다. 물론 조건부 리베이트에서 그 리베이트의 수준 내지 정도가 매우 커서 거래상대방이 이를 포기한 채 경쟁사업자와의 거래를 선택하기는 사실상 어려운 사정이 인정된다면, 즉 '사실상의 배타성'이 인정된다면, 거래상대방의 선택의 자유는 형해화된 것이므로 결국 '조건성' 역시 충족된다고 볼 수 있고, 이러한 점에서 조건성은 배타성이 인정되는 한 실질적으로 그 독자적인 의미가 없다고 할 수 있다. 그러나 적어도 위와 같은 사실상 배타성의 인정은 해당 리베이트의 수준 내지 정도 등을 필수적으로 고려하여 판단되어야 할 것인바(예컨대, 해당 리베이트가 너무 커서 거래상대방이 리베이트를 포기한 채 경쟁사업자와 거래하는 것은 사실상 불가능하다는 점 등이 인정되어야 한다), 판례는 퀄컴이 제공한 조건부 리베이트의 수준 내지 정도 등을 전혀 언급하지 않은 채 사실상 배타성이 당연히 인정되는 것으로 전제하고, 또한 그러한 사정만으로 조건성은 전혀 언급도 하지 않은 채 배타조건부거래의 성립을 인정하고 있으므로 부당한 것이다.

요컨대, 판례가 이 사건 조건부 리베이트를 배타조건부거래로 의율한 결론은 타당하지만, 그 이유 설명에는 동의하기 어렵다. 다만 이로써 우리 법이 미국이나 EU와 달리 배타조건부거래의 성립에 관하여 '조건성'을 요구하고 있지만, 이는 '배타성'이 인정되는 한 사실상 자동적으로 충족되는 것으로서 결국 독자적 의미를 가지는 요건이 아니라는 점이 간접적으로 확인되었다는 의미를 부여할 수 있을 것이다.

라. 부당성

판례는 이 사건에서 일반 배타조건부거래의 부당성 판단방법과 조건부 리베이트를 배타조건부거래로 의율하여 그 부당성을 판단하는 방법을 모두 상세히 설시하였다. 이 부분을 논의하는 목적상 이에 관하여 모두 상세히 살펴보기는 어렵지만, 본 연구의 주요 연구대상에 해당하거나 본 연구에서 특히 강조하였던 사항을 중심으로 간략히 검토하면 다음과 같다.

먼저 판례의 배타조건부거래 일반에 관한 부당성 판단방법 설시[736]에 관하여 본다. ① 우선 판례가 배타조건부거래의 부당성은 '봉쇄효과'를 중심으로 판단하여야 하고, 반드시 '가격상승, 산출량감소' 여부를 고려할 필요는 없다는 취지를

736) 실제 구체적 판시는 제4장 제2절 II. 6. 참조.

판시한 것은 기존 판례의 연장선상에 있는 것으로서 타당하다고 생각된다.[737] ② 그러나 판례는 배타조건부거래의 해당성과 부당성을 다소 혼동한 것으로 보이는바, 거래상대방이 '경쟁사업자 상품으로의 구매전환이 봉쇄 · 제한'되는 것은 원칙적으로 해당성과 관련한 문제로서 부당성과 직결되는 문제가 아니고,[738] 거래상대방이 '배타조건을 준수하지 않고 구매를 전환할 경우에 구매자가 입게 될 불이익이나 그가 잃게 될 기회비용' 역시 문제된 리베이트가 사실상의 배타적 구속력을 가지는지 여부에 관한 것으로서 기본적으로 해당성과 관련한 문제이지 부당성과 관련한 문제는 아니라 할 것이다.

다음으로 판례는 조건부 리베이트를 배타조건부거래로 의율하여 부당성을 판단하는 방법을 별도로 설시하였는바,[739] 이 부분에 대하여는 다음과 같은 의문이 있다. ① 판례가 이 부분에서 나열하고 있는 요소들 역시 마지막의 '배타조건부 거래행위로 인하여 발생할 수도 있는 비용 절감 효과 등이 최종소비자들에게 미치는 영향'을 제외하면 거의 모두가 부당성보다는 해당성과 관련한 사정들이다. 물론 위와 같은 고려요소들이 부당성과 전혀 무관하다고 할 수는 없지만, 적어도

737) 위와 같은 두 가지 긍정적 측면은 사실 에스오일 판결에서 이미 제시된 것이다. 다만 에스오일 사건은 불공정거래행위로서 배타조건부거래 사안이라는 점에서, 그리고 경쟁제한성 판단과 관련하여서도 병행적 배타조건부거래라는 특수한 상황이 문제였다는 점에서 다소 한계가 있었는바, 퀄컴 판결은 일반적인 배타조건부거래의 경쟁제한성 판단방법을 명확히 한 의미가 있다고 볼 수 있다.

738) 물론 앞서 본 바와 같이 '거래상대방'을 봉쇄함으로써 '경쟁사업자'를 봉쇄하는 것이 배타조건부거래의 메커니즘이고, 위와 같은 '거래상대방 봉쇄'의 측면은 불공정거래행위로서 배타조건부거래의 독자적 부당성 판단표지가 되지만, 이 사건에서 판례가 위와 같은 의미로 거래상대방 봉쇄를 언급하였다고는 보이지 않는다.

739) 구체적인 판시는 다음과 같다. "리베이트의 양면적 성격과 배타조건부 거래행위의 부당성 판단 기준을 염두에 두고, 리베이트의 지급구조, 배타조건의 준수에 따라 거래상대방이 얻게 되는 리베이트의 내용과 정도, 구매전환 시에 거래상대방이 감수해야 할 불이익의 내용과 정도, 거래상대방이 구매전환이 가능한지를 고려하였는지 및 그 내용, 리베이트 제공 무렵 경쟁사업자들의 동향, 경쟁사업자의 시장진입 시도 여부, 리베이트 제공조건 제시에 대한 거래상대방의 반응, 거래상대방이 리베이트가 제공된 상품 내지 용역에 관하여 시장지배적 사업자에 대한 잠재적 경쟁자가 될 수 있는지, 배타조건부 거래행위로 인하여 발생할 수도 있는 비용 절감 효과 등이 최종소비자들에게 미치는 영향 등을 아울러 고려하여야 한다."

그 이전에 당해 조건부 리베이트가 사실상 배타적인 것인지 여부와 관련하여 해당성 판단에 있어 먼저 고려하여야 할 사항들임은 부정하기 어려운 것으로 보인다. ② 판례가 이 부분에서 나열하고 있는 요소들이 앞서 일반 배타조건부거래의 부당성 판단방법과 관련하여 제시한 고려요소들과 과연 무엇이 다른지 의문이다. 사실상 일반 배타조건부거래에 관하여 제시한 요소들을 리베이트의 관점으로 연결하여 또는 리베이트와 관련하여 보다 구체화한 정도로 보이는바, 오히려 판례가 여기서 추가적으로 나열한 요소들을 일반 배타조건부거래의 부당성 판단에 있어서도 고려하여야 할 것으로 생각된다.

나아가 판례는 추가적으로 '조건부 리베이트의 부당성 판단에 있어 이른바 가격·비용분석이 반드시 필요하지는 않다'고 명시적으로 선언하였는바,[740] 기본적으로 타당하다고 생각되나, 다음과 같은 점에 관하여는 조금 더 생각해 볼 부분이 있다고 생각된다. ① 이 부분 판시는 결국 조건부 리베이트의 부당성 역시 특별한 사정이 없는 한 일반 배타조건부거래와 같은 차원에서 봉쇄효과를 검토하면 충분하다는 의미라 할 것이다. 그렇다면 앞서 본 바와 같이 결국 조건부 리베이트라고 하여 그 부당성 판단에 있어 일반 배타조건부거래와 차별화할 것은 사실상 거의 없게 된다. 일응 타당하다고 보이지만, 조건부 리베이트의 특수성을 충분히

---

740) 구체적인 판시는 다음과 같다. "조건부 리베이트 제공행위로 인한 부정적 효과와 그러한 행위가 반드시 소비자 후생증대에 기여하지는 않는 점, 장기간의 배타조건부 거래계약을 체결함으로써 부당한 배타조건부 거래행위에 해당하게 되는 경우에도 계약체결을 위하여 반대급부로 제공된 이익이 비용 이하에 해당하는지 여부를 반드시 고려해야 한다고 볼 수는 없는 점과의 균형 등을 고려하면, 이른바 '약탈 가격 설정(predation)'과 비교하여 그 폐해가 발생하는 구조와 맥락이 전혀 다른 조건부 리베이트 제공행위를 그와 마찬가지로 보아 약탈 가격 설정에 적용되는 부당성 판단 기준을 그대로 적용할 수는 없다. 따라서 이러한 부당성 인정의 전제조건으로, 리베이트 제공이 실질적으로 비용 이하의 가격으로 판매한 경우에 해당하여야 한다는 점이나 시장지배적 사업자와 동등한 효율성을 가진 가상의 경쟁사업자 또는 실제 경쟁사업자들이 리베이트 제공에 대하여 가격 및 비용 측면에서 대처하는 데 지장이 없었다는 점 등에 관하여 회계적·경제적 분석(이하 '경제분석'이라 한다) 등을 통한 공정거래위원회의 증명이 필수적으로 요구되는 것은 아니다." 한편 판례가 위 부분에 덧붙인 판시, 즉 "한편 사업자는 조건부 리베이트 제공행위의 사실상 구속력이나 부당성 증명을 위하여 위와 같은 경제분석을 사용하여 그 결정의 신뢰성을 높이는 것은 권장될 수 있다."는 부분 중 '사업자'는 '공정위'의 오기로 보인다.

반영하지 못한 것은 아닌지 다소 의문이다. 예컨대 농협중앙회 판결에서 배타조건부거래의 특수성을 감안하여 다른 배제남용과 달리 그 주관적 요건이 추정된다고 판시한 것과 유사한 차원에서, 조건부 리베이트의 특성에 비추어 '조건부 리베이트를 배타조건부거래로 의율하여 그 봉쇄효과 측면에서 부당성을 판단할 때에는 조건부 리베이트가 기본적으로 조건부 할인일 뿐 조건부 거래가 아니라는 점을 고려하여 그 부당성 인정에 신중하여야 한다'는 등의 판시를 덧붙일 수도 있었을 것이다.[741] ② 판례는 위와 같이 사실상 조건부 리베이트의 부당성 판단 역시 봉쇄효과를 중심으로 하여야 한다는 취지를 선언하고 이에 기초하여 해당 사안의 부당성을 대부분 인정하였으나, 농협중앙회 사건, 현대모비스 사건 등에서와 마찬가지로 그 봉쇄율을 전혀 제시하지 않고 있다.[742] 이는 앞서 본 바와 같이 자칫 당연위법적 판단이라는 오해 내지 우려를 야기할 수 있으므로 적절하지 않다 할 것이다. 더욱이 조건부 리베이트는 일반 배타조건부거래와 달리 그 리베이트의 지급구조 내지 실제 지급결과 등에 따라 봉쇄율 내지 봉쇄효과가 '사후적으로' 결정되는 측면이 있으므로, 조건부 리베이트의 부당성을 인정함에 있어서는 일반 배타조건부거래에 비하여 그 실제 봉쇄율을 보다 명확히 산정하여 제시할 필요가 있을 것이다.

한편 조건부 리베이트와 같은 유인에 의한 배타조건부거래의 경우에도 그것이 거래상대방에게 경쟁상 불이익을 가하는 것으로 인정된다면 불공정거래행위가 될 수 있다. 조건부 리베이트의 경우에도 사실상 배타성이 인정되어 배타조건부거래로 의율할 수 있는 경우라면, 이때의 리베이트 지급은 더 이상 배타적 거래의 '유인'이 아니라 배타적 거래를 하지 않는 것에 대한 '제재'가 된다 할 것인바, 이러

---

741) 참고로 조건부 리베이트 사안에서 가격·비용분석의 필요성에 관하여는 다음과 같은 전혀 상반된 입장이 있다. ① 전면적인 가격·비용분석이 필요하다는 견해로 주진열, 앞의 논문(각주 50), 152－154쪽. ② 반대로 가격·비용분석은 매우 제한적으로 사용되어야 한다는 견해로 김준범·고인혜, "로열티 리베이트에 대한 비용－가격 테스트의 한계", 경쟁저널 제145호(2009. 7.), 34－35쪽.

742) 오히려 판례는 엘지전자에 대하여만 RF칩 리베이트를 지급한 부분의 부당성을 '부정'하면서, 그 이유로 서울고등법원 판결에서 '40%' 봉쇄율을 인정한 것은 오기로 보이고 이를 인정한 근거가 없다는 점을 언급하고 있을 뿐이다.

한 관점에서 보면 유인에 의한 배타조건부거래와 강요에 의한 배타조건부거래는 그것들이 배타조건부거래로 성립하는 한 양자 사이에 본질적 차이가 있다고 할 것은 아니기 때문이다. 또한 조건부 리베이트의 경우에도 그 행위자와 거래하지 않는 거래상대방이 다수 있어 리베이트의 적용대상 자체가 제한적이거나, 리베이트의 적용대상인 거래상대방들만을 전제로 하더라도 그 지급조건이 차별적이어서 특정 거래상대방에 대한 리베이트 지급조건이 다른 거래상대방에 비하여 유독 그 배타성이 강한 경우 등에서는 해당 거래상대방에게 경쟁상 불이익을 가한 것으로 평가할 여지가 있다 할 것인바, 그 실제 의율의 '필요성'은 별론으로 하더라도 적어도 구체적 사정에 따라 불공정거래행위가 성립할 '가능성'을 처음부터 배제할 필요는 없다 할 것이다. 이 사건의 경우에도, 비록 위와 같은 관점에서 충분한 조사·분석이 이루어지지 않아 단언하기는 어렵지만, 퀄컴의 리베이트 지급은 일응 각 거래상대방에 따라 별도의 기준을 적용하여 차별적으로 이루어졌는바, 이러한 차별적 리베이트는 그 거래상대방들에게 경쟁상 불이익으로 작용하였을 가능성이 있고, 따라서 거래상대방에 대한 경쟁상 불이익이라는 관점에서 불공정거래행위 의율을 시도해 볼 가능성도 있었다고 생각된다.

[보론] 경쟁법상 가격 · 비용분석

가격과 관련한 배제남용 사안에서 가격과 비용(원가)의 관계를 파악하는 '가격 · 비용 분석(price-cost analysis)'에 사용되는 비용은 대체로 아래와 같다(평균총비용과 평균가변비용은 순수한 경제학적 개념의 비용이고, 최근 현대 경쟁법에서는 대체로 장기평균증분비용과 평균회피가능비용을 사용한다. 각 비용 사이의 대소관계는 일반적으로 다음과 같다. ① ≥ ② ≥ ③ ≥ ④).

① 평균총비용(average total cost, ATC) : 총비용을 산출량으로 나눈 것. 평균총비용은 평균고정비용(고정비용을 산출량으로 나눈 것)과 평균가변비용(가변비용을 산출량으로 나눈 것)의 합과 같다(총비용은 고정비용(산출량에 따라 변하지 않는 비용)과 가변비용(산출량에 따라 달라지는 비용)의 합과 같기 때문이다).

② 장기평균증분비용(long run average incremental cost, LRAIC) : 특정 산출물의

생산으로 인하여 사업자가 부담하는 모든 고정비용과 가변비용의 평균. 사업자가 단일한 제품을 생산하는 경우에는 장기평균증분비용이 평균총비용과 같지만, 사업자가 복수의 제품을 생산하는 경우에는 장기평균증분비용이 평균총비용보다 작을 수 있다(평균총비용은 각 상품에 공통된 비용(common costs)을 안분하여 산정하지만, 장기평균증분비용은 이러한 공통비용을 제외하고 당해 상품에 특유한 비용만을 반영하여 산정하기 때문이다). 한편 대체로 장기평균증분비용은 평균회피가능비용보다는 높다(평균회피가능비용은 문제된 행위가 있었던 기간 동안 발생한 고정비용만을 포함하지만, 장기평균증분비용은 문제가 된 행위가 있었던 기간 이전에 발생한 고정비용으로서 당해 상품에 특유한 비용까지 포함하기 때문이다).

③ 평균회피가능비용(average avoidable cost, AAC) : 문제되는(남용으로 의심되는) 산출물을 생산하지 않았다면 회피할 수 있었던 비용. 대부분의 경우 평균회피가능비용은 평균가변비용과 같다(회피 가능한 비용은 대체로 가변비용이기 때문이다). 한편 경우에 따라 평균회피가능비용은 한계비용보다 높을 수 있다(평균회피가능비용은 문제의 산출물을 생산하기 위한 생산설비의 증설과 같은 고정비용을 포함하는 개념이기 때문이다. 다만 한계비용은 산출량이 증가할수록 채증한다는 점을 유의할 필요가 있다).

④ 평균가변비용(average variable cost, AVC) : 가변비용을 산출량으로 나눈 것. 산출물을 1단위 더 생산하는 데 드는 추가비용을 의미하는 한계비용(marginal cost, MC)의 대체지표로 사용된다(한계비용을 정확히 측정하는 것은 매우 어렵기 때문이다).

한편 위 비용들의 약탈적 가격책정, 조건부 리베이트 등 사안에 대한 실제 적용례는 아래와 같다.

① 약탈적 가격책정의 경우, 이론적으로는 한계비용보다 낮은 가격을 배제적이라고 보아야 하지만, 실제 한계비용을 측정하는 것이 매우 어렵기 때문에 실무적으로는 평균가변비용보다 낮은 가격이라면 일응 배제적이라고 본다. 이를 이른바 'Areeda-Turner test'라고 하는데, 이 테스트는 1975년 하버드대학교 로스쿨의 Areeda 교수와 Turner 교수의 논문에서 처음 제안되었고(Phillip Areeda & Donald F. Turner, "Predatory Pricing and Related Practices under Section 2 of the Sherman Act", 88 Harv. L. Rev. 697 (1975)), 이후 약탈가격 산정의 기본적 시각으로서 널리 받아들여지고 있다.

② 조건부 리베이트의 경우, EU 배제남용 집행지침 26문단에 의하면 (i) 장기평균증분비용보다 높은 가격의 판매는 특별한 사정이 없는 한 배제적이지 않고(적법), (ii) 장기평균증분비용보다 낮고 평균회피가능비용보다 높은 가격의 판매는 봉쇄효과를 따져보아야 하며(위법 가능), (iii) 평균회피가능비용보다 낮은 가격의 판매는 특별한 사정이 없는 한 배제적이라고 한다(위법). 즉 평균회피가능비용조차 충당하지 못하는 판매는 당해 사업자가 단기적으로 이윤을 희생하고 있다는 징표가 되고, 이는 결국 동등한 효율의 경쟁자라 하더라도 손해를 보

지 않고서는 경쟁하기 어렵다는 것이며, 한편 장기평균증분비용을 충당하지 못하는 판매는 당해 사업자가 관련된 모든 고정비용을 회수하지 못하고 있다는 징표가 되는데, 이는 결국 동등한 효율의 경쟁자가 시장에서 봉쇄될 가능성이 있다는 것이다.

Ⅱ. 종래 배타조건부거래로 인식하지 않았던 사례의 검토

1. 포스코 사건[743)]

이 사건은 포스코가 현대하이스코에게 자동차 냉연강판용 열연코일의 공급을 거절한 사건이다. 포스코는 1973년경 열연코일 생산설비를 완성하고, 1977년부터 냉연강판 생산설비를 완성하여 열연코일을 원료로 하여 생산한 냉연강판을 현대·기아자동차에 판매해 왔는데, 현대하이스코가 1997년경 냉연강판 생산설비를 완성하여 1999년부터 일본에서 수입한 열연코일로 냉연강판을 생산함으로써 냉연강판시장에서 포스코와 경쟁관계에 서게 되었다. 현대하이스코는 1997년경부터 포스코에게 냉연강판의 원료인 열연코일의 공급을 요청하였으나, 포스코는 자기보다 먼저 냉연강판을 생산해 온 연합철강이나 동부제강에게는 냉연강판용 열연코일을 공급하고 있었음에도 현대하이스코에게는 이를 전혀 공급하지 않았다. 이에 공정위는 2001. 4. 12. 포스코가 열연코일시장의 시장지배적 사업자로서 냉연강판시장에서 자기와 경쟁관계에 있는 사업자에 대하여 냉연강판 생산에 필수원료인 열연코일을 부당하게 공급 거절함으로써 경쟁사업자인 현대하이스코의 사업활동을 방해하였다는 이유로('시장지배적 사업자가 부당하게 특정 사업자에 대한 거래를 거절함으로써 그 사업자의 사업활동을 어렵게 하는 행위'), 포스코에게 시정명령 등을 내렸다.

이 사건의 경우 포스코의 의도는 명백하다 할 것인바, 냉연강판 시장의 경쟁사업자[744)]인 현대하이스코를 배제하고자 한 것이다. 즉 포스코는 이례적으로 처음

743) 대법원 2007. 11. 22. 선고 2002두8626 전원합의체 판결.

744) "현대하이스코는 포스코의 현실적 경쟁자(actual competitor)이자 잠재적 거래상대방(potential trade partner)이었다." 이봉의, 앞의 논문(각주 170), 73쪽.

부터 신규 진입자인 현대하이스코를 냉연강판시장에서 배제할 의도를 명백히 밝혀왔는데,[745] 그렇다면 이 사건 사안은 거래거절이 그 자체로 '목적'인 경우로서(거래거절이 재판매가격유지행위나 배타조건부거래 등 다른 위법한 목적을 달성하기 위한 '수단'으로 사용된 것이 아니라는 의미이다), '경쟁사업자 배제'라는 행위의 본질에 입각하여 분석할 필요가 있다.[746][747][748]

이러한 관점에서 보면, 이 사건은 열연코일 시장(상류시장)에서 포스코가 냉연강판 시장(하류시장)에 속한 현대하이스코에게 거래를 거절한 것으로 볼 수도 있지만, 오히려 냉연강판 시장에서 포스코가 현대하이스코를 배제하는 배타조건부거래를 한 것으로 볼 가능성이 있다. 이는 만일 포스코(X)가 열연코일 시장에서 활동하고, 포스코의 자회사(X')가 냉연강판 시장에서 활동하고 있다고 가정해 보면 충분히 이해할 수 있다. 포스코의 자회사(X')가 포스코(X)로부터 열연코일을 배타적으로 인수하고 있다고 볼 수 있기 때문이다. 여기서 문제는 위와 같이 모회사와 자회사 사이에서는 '거래'를 인정할 수 있지만, 단일한 회사 내부 사업부문 사이의 상품 이동을 과연 '거래(독립적 경제주체 사이의 거래)'라고 할 수 있는지 여부라 할 것인데, 앞서 배타조건부거래의 '거래성'에 관하여 살펴본 바와 같이 경쟁법적 규제 목적 달성에 필요한 경우 거래성 요건은 충분히 완화하여 해석할 수

---

745) 이 사건에 관한 서울고등법원 판결에 의하면, 포스코는 '강관용 열연코일을 자동차용으로 전환하여 공급하는 것을 포함하여 현대하이스코에게 자동차냉연강판용 열연코일을 공급하는 것은 고부가가치 최종제품인 자동차용 냉연강판의 판매를 포기하고 경쟁자인 현대하이스코의 자동차강판제조용 원료 공급업체로 전락하는 것'이라는 취지의 입장을 표방하여 왔다.

746) 포스코 전합판결의 제1반대의견은 "이 사건의 경우와 같이 거래상대방이면서 동시에 공급한 물품을 이용하여 생산된 상품의 시장에서 경쟁관계에 있는 사업자에 대하여 거래를 거절하는 것은 단순한 거래상대방의 선택이라는 계약체결 자유의 범위를 벗어나 시장지배적 지위를 남용하여 이를 하나의 경쟁수단으로 삼고자 한 것"이라고 판시하였는바, 위와 같은 측면을 분명히 인식하고 있는 것으로 보인다.

747) 유사한 시각으로 김남우, 앞의 논문(각주 259), 156－157쪽 참조.

748) 이는 Richard Whish & David Bailey, 앞의 책(각주 7), p.215－216에서 수직통합 사업자의 배제적 행위를 상류시장에서 원재료를 공급하는 경쟁사업자를 배제하는 수평적 봉쇄(배타적 거래, 리베이트, 약탈적 가격)와 하류시장에서 경쟁사업자를 배제하는 수직적 봉쇄(거래거절, 이윤압착)로 나누어 설명하는 것과 유사한 관점이다.

있으므로, 위와 같은 사안 역시 배타조건부거래로 의율할 수 있다고 생각된다.

한편 이 사건에서 포스코는 연합철강이나 동부제강에게는 열연코일을 공급하고 있었으므로, 위와 같은 배타조건부거래는 이른바 '표적봉쇄'에 해당한다 할 것인바, 앞서 검토한 바에 의하면 이러한 표적봉쇄는 이를 행하는 행위자가 시장지배적 사업자라면 사실상 그 부당성이 간주되고, 행위자가 일반 사업자라 하더라도 그 부당성을 추정할 수 있다 할 것이므로, 특별한 사정이 없는 한 포스코가 현대하이스코에게 열연코일의 공급을 거절한 것은 부당한 배타조건부거래라고 판단할 수 있다.

요컨대, 이 사건은 그 외형에 집착하여 열연코일 시장에서 포스코가 냉연강판 시장의 현대하이스코에게 거래를 거절한 것으로 볼 것이 아니라, 그 실질을 포착하여 배타조건부거래의 '거래성' 요건을 완화함으로써 냉연강판 시장의 포스코가 같은 냉연강판 시장의 현대하이스코를 표적봉쇄한 것으로 보아 부당한 배타조건부거래로 규제할 가능성이 있었다고 생각된다. 이러한 의율이 이 사건 사안의 경쟁법적 문제점을 가장 정확히 포착한 규제라 할 것이다.

2. 글로비스 사건[749)]

이 사건은 현대자동차그룹(현대자동차, 기아자동차, 현대모비스, 현대제철)이 계열회사인 글로비스에게 물류업무를 몰아주는 방법으로 글로비스를 지원한 행위이다.[750)] 현대자동차그룹은 글로비스가 설립된 후 얼마 지나지 아니한 2001. 3.부터 통합물류체계를 완성한 2004. 6.까지 글로비스에게 자사 제품의 생산·판매에 부수하는 완성차 배달탁송, 철강운송 등 각종 물류업무를 비경쟁적인 사업양수도 또는 수의계약의 방식을 통하여 대부분 몰아주었는바, 공정위는 이를 '현저한 규

---

749) 서울고등법원 2009. 8. 19. 선고 2007누30903 판결. 이 판결에 대하여는 원래 현대자동차그룹 측과 공정위가 모두 상고하였으나, 그 후 현대자동차그룹 측이 상고를 취하함으로써 대법원 2012. 10. 25. 선고 2009두15494 판결에는 글로비스 사건에 대한 판시가 없다.

750) 실제 사건에서는 ① 샤시모듈부품 가격인상행위, ② 모듈부품 인상금액 대납행위, ③ 구매대금 결제방식 변경행위, ④ 자동차용 강판 고가매입행위, ⑤ 프레스 등 고가도급행위, ⑥ 물류업무 몰아주기행위 등 다수의 부당지원행위가 문제되었으나, 편의상 위 ⑥ 물류업무 몰아주기행위만을 검토하기로 한다.

모에 의한 부당지원행위'[751]에 해당한다고 보아 시정명령 등을 하였다.[752]

이러한 이른바 '일감몰아주기'는 종래 공정거래법상 '부당지원행위'로만 취급되었다.[753] 그런데 부당지원행위의 부당성에 관하여는 과연 그 본질이 무엇인지 많은 논란이 있고, 부당지원행위 규제는 애당초 공정거래법이 다룰 문제가 아니라고 보는 견해도 존재하며,[754] 이에 판례 역시 상당히 엄격한 태도를 보이고 있어 실제 규제가 쉽지 않은 상황이다.[755][756]

그러나 甲(지원주체)이 A(지원객체)에게 일감을 몰아주는 경우 이는 甲이 A를 부당하게 지원하는 것으로 볼 수도 있지만, A가 甲을 상대로 배타조건부거래를 하는 것으로 볼 가능성이 있다.[757] 즉 甲이 A에게 일감을 몰아준 경우, 甲을 행위자로 보아 부당지원행위로 의율할 수도 있지만, A를 행위자로 보아 배타조건부거래로 의율할 수도 있다 할 것이다. 이러한 접근방법은 종래 부당지원행위로만 취

751) 현행 법령이 '상당성'을 요구하는 것과 달리 당시 법령은 '현저성'을 요구하고 있었다.

752) 글로비스 사건에 관한 상세한 소개는 백승엽, 공정거래법상 일감몰아주기에 관한 연구, 경인문화사(2017), 251－257쪽 참조.

753) 여기서 '부당지원행위'란 공정거래법 제45조 제1항 제9호 소정의 행위를 말하는 것으로서, 공정거래법 제47조에 의한 '특수관계인에 대한 부당한 이익제공 등 금지'는 이와 차원이 다른 문제이나, 새로운 접근방법을 수용할 경우 이를 후자에 대하여도 적용할 가능성이 전혀 없는 것은 아닐 것이다. 참고로 양자의 관련성에 관하여 ① 사익편취 규제는 미시적(개별적 공정거래) 측면의 것이고, 부당내부거래 규제는 거시적(종합적 공정거래) 측면의 것이라는 설명으로 신위뢰·고동수, "부당내부거래와 사익편취 규제의 경제학적 분석", 산업연구원(2017), 18쪽, ② 이른바 '터널링(tunneling)' 문제 역시 경제력집중의 관점이 아니라 경쟁제한성의 관점에서 파악할 수 있다는 견해로 임용, "부당이익제공금지 조항의 규제 대상과 범위에 관한 소고", 대법원 특별소송실무연구회 발표자료(2018. 12. 13.), 9쪽 이하 참조.

754) 이른바 '내부거래'를 공정거래법으로 규제하는 것에 대한 찬반론에 관하여는 송옥렬, "기업집단 내부거래 및 일감몰아주기 규제 근거의 검토", 상사법연구 제33권 제3호(2014. 11.), 327쪽 이하; 정종채, 내부거래 해설과 쟁점, 삼일인포마인(2021), 86쪽 이하 참조.

755) 예컨대 대법원 2004. 3. 12. 선고 2001두7220 판결(SK C&C 판결), 대법원 2004. 9. 24. 선고 2001두6364 판결(삼성 SDS 판결) 등.

756) 근래 부당지원행위의 부당성에 관한 증명수준이 지속적으로 높아지고 있어 공정위 처분이 행정소송에서 취소되는 사례가 증가하고 있다는 분석으로 이황, 앞의 논문(각주 570), 258쪽.

757) 본 연구와 반드시 같은 취지는 아니지만, 봉쇄효과의 관점에서 대규모기업집단의 계열회사간 내부거래를 규율할 수 있다는 견해로 김성훈, 앞의 논문(각주 214), 171쪽 이하.

급하였던 계열사간 내부거래 등을 배타조건부거래의 관점으로 분석할 수 있다는 점에서 의미가 있을 수 있다. '지원주체가 부당하게 지원객체를 지원한다'는 시각을 '지원객체가 부당하게 자신의 경쟁사업자를 배제한다'는 시각으로 전환할 수 있는 것이다. 이를 통하여 부당지원행위의 엄격한 성립요건, 즉 상당한 대가성, 상당한 규모성, 정상가격[758] 등의 요건을 다소 우회할 수 있는 가능성이 열리고, 이로써 '분명히 문제가 있어 보이는데 현실적으로 규제하기는 어려운' 행위들을 규제할 수 있는 길이 열릴 수 있을 것이다. 한편 앞서 본 바와 같이 공정거래법상 부당지원행위 규제에 관하여는 근본적인 차원의 입법적 비판이 상당한바,[759] 이를 배타조건부거래로 파악할 경우 계열회사를 위한 차별 규정과 함께 부당한 내부거래의 상당 부분을 원칙적인 공정거래법 규정을 통하여 해결할 수 있게 된다는 장점도 있다.[760]

이와 같이 일감몰아주기를 그 지원객체를 행위자로 하여 배타조건부거래로 의율하고자 할 때 그 해당성과 부당성의 판단기준은 일반적인 배타조건부거래의 경우와 기본적으로 같다 할 것인바, 다음과 같은 점들을 추가적으로 더 생각해 볼 필요가 있을 것이다. ① 통상 일감을 받는 A는 시장지배적 사업자가 아닐 것이나, 공정거래법 시행령의 "법 제2조 제3호에 따라 시장지배적사업자를 판단하는

758) 글로비스 사건을 언급하면서 현행법 및 공정위의 실무상 정상가격이 가지는 의미와 기능에 비추어 볼 때 '정상가격과 괴리되지 않은 일감몰아주기'는 설령 이를 통하여 막대한 이익의 이전이 가능하더라도 부당한 지원행위로 판단하기 곤란하다는 지적으로 이호영, "경제력집중억제를 위한 경쟁법적 규제의 유용성과 한계", 한양대학교 법학논총 제24권 제1호(2007), 10쪽.

759) 예컨대 이문지, 한국 공정거래법 비판, 자유기업센터(1997), 131쪽 이하는 공정거래법에서 부당지원행위 금지규정은 모두 삭제되어야 한다고 주장한다.

760) 사실 이러한 접근은 그리 새로운 것도 아니다. 공정위의 부당한 지원행위의 심사지침에서 그 부당성 판단기준에 관하여 이미 "지원객체가 속하는 일정한 거래분야에 있어서 당해 지원행위로 인하여 경쟁사업자가 배제될 우려가 있는 경우", "지원객체가 속하는 일정한 거래분야에 있어서 당해 지원행위로 인하여 지원객체의 퇴출이나 타사업자의 신규진입이 저해되는 경우"를 규정하고 있기 때문이다(IV. 2.의 나.항 및 다.항). 즉 새로운 접근방식은 종래 부당지원행위로 의율하였던 사안을 봉쇄효과의 관점에서 배타조건부거래로 의율할 수 있는 가능성을 제시하고, 그렇지 않다 하더라도 적어도 판례가 말하는 부당지원행위의 '경쟁저해성'을 봉쇄효과의 관점에서 분석할 수 있다는 점을 환기하는 의미가 있다.

경우에는 해당 사업자와 그 계열회사를 하나의 사업자로 본다.", "법 제6조에 따라 시장지배적사업자를 추정하는 경우에는 해당 사업자와 그 계열회사를 하나의 사업자로 본다."는 규정(제2조 제2항, 제11조 제3항)의 활용 가능성을 검토할 필요가 있다.[761] ② 통상 A가 일감을 주는 甲에게 불이익을 준다고 보기는 어려울 수도 있으나, 甲이 출혈을 감수하면서 A를 지원하는 경우라면 반드시 甲에게 '봉쇄로 인한 경쟁상 불이익'이 없다고 단정할 수는 없을 것인바, 지원주체에 대한 불공정거래행위의 성립 역시 가능할 수 있을 것이다.[762]

요컨대, 이 사건의 경우 현대자동차그룹이 글로비스를 현저한 규모로 지원하였다고 볼 수도 있지만, 글로비스가 현대자동차그룹을 상대로 배타조건부거래를 함으로써 자신의 경쟁사업자를 배제하고 있다고 볼 가능성이 있다. 앞서 포스코 사건의 경우에는 배타조건부거래의 '거래성' 요건을 완화하는 해석이 필요하였으나, 이 사건에서는 그러한 추가적인 검토도 필요하지 않다. 다만 계열회사간 내부적 전속거래에서 그 '행위자'를 보는 관점만 달리하면 가능한 것이다. 나아가 이 경우 만일 공정거래법 시행령의 규정에 따라 글로비스를 시장지배적 사업자로 볼 수 있다면 그 부당성 인정이 한층 용이해질 것이고, 경우에 따라 현대자동차그룹에 대한 불공정거래행위의 성립 역시 검토할 여지가 있을 것이다.

제5절 소결

공정거래법상 배타조건부거래의 정당한 규율을 위하여는 새로운 접근방법과 이

---

761) 다만 위 시행령 규정들은 일응 해당 사업자와 그 계열회사가 동일한 관련시장에 있을 것을 전제로 한다고 보이는바(김형배, 앞의 책(각주 12), 169쪽, 172쪽 참조), 실제 활용가능성은 다소 제한적일 수 있다.

762) 이러한 가능성은 전혀 기이하거나 어색한 상황이 아니다. 대기업집단의 총수가 편법승계 등을 목적으로 그 자녀 소유의 계열회사를 설립한 후 일감을 몰아주는 경우, 지원주체가 되는 회사는 '울며 겨자 먹기'로 해당 계열회사를 지원할 수 있는 것이다. 한편 이를 '거래상 지위남용'으로 의율할 수 있다는 견해로 이상훈, "「사익편취」의 규제 근거(부당성)에 대한 새로운 해석", 경쟁법연구 제39권(2019. 5.) 참조.

에 따른 규율체계가 필요하다.

우선 배타조건부거래의 해당성은 '경쟁사업자를 봉쇄하는가'의 관점에서 당해 거래가 아닌 추가적 거래에 관하여 경쟁사업자를 배제하는 행태는 모두 배타조건부거래가 될 수 있음을 인식하고, 그 포섭범위를 확장할 필요가 있다.

그리고 배타조건부거래의 부당성은 '피해자가 누구인가'의 관점에서 경쟁사업자의 측면과 거래상대방의 측면을 구분하여 검토하여야 할 것인바, 전자는 수평적 경쟁제한성의 측면이고, 후자는 수직적 거래내용의 불공정성 측면이다.

한편 위와 같은 해당성과 부당성을 연계시키기 위하여는 배타조건부거래의 행위자가 아니라 상대방의 측면에서 접근한 필요가 있는바, 즉 배타조건부거래 규제의 출발점은 그것이 '거래상대방이 원하는 것인가'에 있다 할 것이다.

이러한 접근방법에 의하면 공정거래법상 배타조건부거래는 합의(자발적 합의)에 의한 배타조건부거래, 강요(강요된 합의, 일방적 강제)에 의한 배타조건부거래, 유인(경제적 유인)에 의한 배타조건부거래 3가지 유형으로 구분할 수 있다.

먼저 '합의'에 의한 배타조건부거래는 과연 당해 배타조건을 거래상대방이 진정으로 원한 것인가의 관점에서 그 성립 여부를 판단하고, 합의에 의한 배타조건부거래로 인정된다면 그 위법성은 거래상대방 봉쇄의 관점이 아닌 경쟁사업자 봉쇄의 관점에서 경쟁제한성만을 검토하면 충분하다. 즉 이 경우 거래내용의 불공정성 측면의 부당성은 인정될 수 없다.

다음으로 '강요'에 의한 배타조건부거래의 경우에는 행위자의 시장지배력 내지 시장력 또는 거래상 지위에 주목하여 거래상대방이 당해 배타조건을 수용하지 않을 수 있었는지의 관점에서 그 성립 여부를 판단하고, 강요에 의한 배타조건부거래로 인정될 경우에는 경쟁사업자 봉쇄의 측면은 물론 거래상대방 봉쇄의 측면을 함께 살펴 양 측면에서 부당성을 판단하여야 한다. 즉 이 경우에는 경쟁제한성 측면의 부당성과 거래내용의 불공정성 측면의 부당성이 모두 인정될 수 있다. 만일 시장지배적 사업자의 배타조건부거래에서 양자의 폐해가 모두 인정될 경우 경쟁제한적 배제남용과 거래내용이 불공정한 불공정거래행위의 진정한 중첩적용이 이루어질 수 있을 것이다.

마지막으로 '유인'에 의한 배타조건부거래의 경우, 대표적으로 조건부 리베이트의 경우를 보면, 그 리베이트의 수준과 정도를 살펴 그것이 사실상의 배타적 구속력을 가지는지 여부에 따라 배타조건부거래 해당성을 판단하여야 할 것이고, 그 부당성에 관하여는 경쟁사업자 봉쇄의 측면을 중심으로 판단하되, 당해 리베이트의 적용대상과 차별성 등을 살펴 필요한 경우에는 거래상대방 봉쇄의 측면에서도 부당성을 검토하여야 할 것이다. 즉 이 경우의 부당성은 원칙적으로 경쟁제한성의 측면에 있으나, 예외적으로 거래내용의 불공정성 측면에서도 부당성이 인정될 수 있다.

제7장

결 론

1. 공정거래법상 배타조건부거래란 '부당하게 거래상대방이 경쟁사업자와 거래하지 않는 조건으로 거래하는 행위'로서, 시장지배적 지위남용으로서의 배타조건부거래와 불공정거래행위로서의 배타조건부거래가 있다. 그런데 일반 민사법상 널리 행하여지고 또한 적법한 것으로 인식되는 전속거래는 모두 공정거래법상 배타조건부거래에 해당할 수 있는바, 과연 배타조건부거래란 무엇이고('해당성'), 왜 위법한지('부당성') 근본적인 의문이 제기된다.

종래의 이론과 실무는 이를 주로 미국과 EU 등 전통적인 경쟁법의 시각과 논리에 따라 해석하고자 하였다. 즉 조건부 리베이트 등 일부 특수한 경우를 제외하면 배타조건부거래의 해당성에 관하여는 특별한 관심을 기울이지 않았고, 기본적으로 합의에 의한 배타조건부거래를 중심으로 그것이 경쟁사업자를 봉쇄하는지 여부에만 주목하여 부당성을 판단하고자 하였으며, 또한 배타조건부거래를 하는 사업자가 시장지배적 사업자인지 일반 사업자인지에 따라 다소 기계적으로 시장지배적 지위남용과 불공정거래행위로 구분·의율함으로써 불공정거래행위로서 배타조건부거래의 독자성이 충분히 반영되지 못하였다.

그러나 모든 거래는 그 자체로 배제적인 속성을 가지는바, 과연 무엇은 단순한 '거래'이고 무엇은 '배타조건부거래'인지 보다 엄밀한 고민과 분석이 요구된다. 또한 우리 법은 미국이나 EU 등과 달리 배타조건부거래를 합의가 아닌 단독행위로 인식하고 있으므로, 그에 따른 행위자와 상대방의 구분 및 배타조건부거래의 성립과 관련한 강제성의 문제를 살펴볼 필요가 있다. 그리고 배타조건부거래는 성과에 '의한' 경쟁이 아니라 성과를 '위한' 경쟁으로서 본래적 의미의 성과경쟁이 아니라 할 것인바, 이러한 인식 하에서 경쟁제한성과 부당성을 판단하여야 한다. 나아가 배타조건부거래의 폐해는 '경쟁사업자'를 봉쇄하는 측면 외에 '거래상대방'을 봉쇄하는 측면에서도 포착될 수 있으므로, 이러한 사정 역시 그 부당성 판단에 있어 고려되어야 할 것이다. 한편 시장지배적 지위남용으로서의 배타조건부거래와 불공정거래행위로서의 배타조건부거래는 이를 단순히 그 행위자의 시장지위에 따라 선제적·형식적으로 구분할 것이 아니라, 위와 같은 부당성의 발현형태에 따라 사후적·실질적으로 구분함으로써 우리 법이 시장지배적 지위남용과 불공정거래행위를 준별하는 취지를 반영하여야 한다.

이러한 문제의식 하에 수행한 본 연구의 핵심적 검토사항과 그 결론을 정리하면 다음과 같다.

2. 우선 공정거래법은 배타조건부거래를 '단독행위'로 규정하고 있고, 배타조건부거래의 개념요소 중 '배타성'과 달리 '조건성', '거래성'은 이를 완화하는 해석이 가능하다. 즉 당해 거래가 아닌 '추가적 거래'에 관하여 경쟁사업자를 배제하는 한(배타성), 그리고 그러한 배타성에 '구속력'이 인정되는 한(조건성), 누가 누구를 상대로 행하든, 합의에 의한 것이든 강요 또는 유인에 의한 것이든, 직접적이든 간접적이든, 적극적이든 소극적이든, 계약상의 것이든 사실상의 것이든, 전면적이든 부분적이든 모두 배타조건부거래가 될 수 있고, 이는 설령 단일 기업의 내부적 상품이동의 경우에도 마찬가지이다(거래성).

따라서 경쟁사업자를 배제하는 모든 거래행태에 관하여는 일단 배타조건부거래로 의율할 수 있는 가능성을 검토할 필요가 있다.

3. 그리고 시장지배적 지위남용으로서 배타조건부거래의 부당성은 '경쟁제한성'에 있는바, 배타조건부거래는 배제남용의 전형이라 할 것이므로, 배제남용 일반의 위법성 판단체계, 즉 '거래적 경쟁행위, 비성과경쟁, 경쟁제한성, 부당성'의 논리적 체계와 순서에 따라 그 부당성 여부를 검토하여야 한다.

먼저 배타조건부거래는 판매방법을 통한 경쟁으로서 거래적 경쟁행위이므로, 배제남용의 규제대상이 된다.

또한 배타조건부거래는 성과에 '의한' 경쟁 또는 효율성에 '기반'한 경쟁이 아닌 성과를 '위한' 경쟁 내지 효율성을 '추구'하는 경쟁으로서 경쟁법이 추구하는 바람직한 성과경쟁이 아니므로(이는 배타조건부거래에 그 어떤 자연법적 위법성이나 도덕적·반사회적 비난가능성이 내포되어 있다는 의미가 아니다), 배타조건부거래라는 이유만으로 즉시 면책될 수는 없고, 그에 대한 경쟁제한성 판단이 필요하다.

그런데 배타조건부거래는 그 속성상 필연적으로 경쟁사업자를 배제하는바, 우리 법상 경쟁제한성의 의미와 판단방법에 비추어 볼 때(특히 '유력한 경쟁사업자 수의 감소') 시장지배적 사업자의 배타조건부거래는 경쟁제한적일 가능성이 크고, 이는 포스코 전합판결에 의한 제한해석의 필요성을 감안한다 하더라도 마찬가지이다. 즉 시장지배적 사업자에 의한 배타조건부거래의 경우, 경쟁제한성의 주관적 요건은 사실상 추정되고, '명백한 시장지배적 사업자'에 의한 배타조건부거래로서 일응 '30% 이상의 봉쇄율'이 인정된다면 경쟁제한성의 객관적 요건 역시 사실상 추정될 수 있다. 요컨대 '배타조건부거래' 자체는 경쟁중립적이지만, '시장지배적 사업자의 배타조건부거래'는 경쟁중립적이지 않다.

다만 당해 배타조건부거래의 효율성 증대효과가 인정되고, 그것이 경쟁제한효과를 상회한다면, 그러한 배타조건부거래는 정당화될 수 있고, 따라서 최종적으로 부당하지 않은 것으로 판단할 수 있다. 이를 위하여 '만일 배타조건부거래가 허용되지 않을 경우 해당 거래 자체가 이루어지기 어려운지' 여부를 살펴보아야 할 것인바, 유통업자의 판촉활동 제고, 무임승차의 방지, 제조업자의 브랜드 보호, 불확실성 감소, 거래비용 절감 등의 측면은 배타조건부거래를 실시할 경우 어느 정도 당연히 발생하는 효과이므로, 그로 인한 효율성 증대효과가 봉쇄효과로 인한 경쟁제한적 효과를 상회하고 나아가 그것이 소비자후생 증대로 이어진다는 점이 분명한 경우에 한하여 정당화 사유가 될 수 있을 것이고, 반면 관계특화적 투자의 촉진, 노하우 이전을 수반하는 거래의 실현, 불완전한 자본시장의 보완 등의 측면은 만일 배타조건부거래가 허용되지 않을 경우 해당 거래 자체가 이루어지지 않을 수 있으므로, 그 거래가 효율성을 창출하는 것이 분명하다면 당해 배타조건이 비례성을 초과하지 않는 한 가급적 허용해 줄 필요가 있을 것이다.

마지막으로, 위와 같은 관점에서 보면 시장지배적 사업자의 '표적봉쇄', 즉 시장지배적 사업자가 특정 경쟁사업자만을 배제하기 위하여 행하는 배타조건부거래는 직접적으로 성과경쟁을 침해하는 행위로서, 원칙적으로 아무런 규범적 가치를 가질 수 없고, 최소한의 경쟁제한적 우려 역시 당연히 인정된다 할 것이므로 '특단의 사정이 없는 한' 부당하다고 보아야 한다.

4. 한편 불공정거래행위로서 배타조건부거래의 부당성은 시장지배적 지위남용으로서 배타조건부거래의 부당성과 달리 보아야 할 것인바, 배타조건부거래의 본질상 '경쟁제한성'의 측면을 고려하지 않을 수는 없으나, '불공정성'의 측면 역시 간과되어서는 안 된다.

그런데 위와 같은 불공정성에는 경쟁수단의 불공정성과 거래내용의 불공정성 양 측면이 있는바, 경쟁제한성 규제와 경쟁수단의 불공정성 규제의 관계를 감안할 때 '경쟁수단의 불공정성'이 경쟁제한성과 함께 부당성 판단표지가 될 수는 없다 할 것이므로, 결국 '거래내용의 불공정성' 측면에서 독자적인 부당성 요소를 구할 필요가 있다.

그리고 여기서 새로운 부당성 표지는 '거래상대방에 대한 불이익'을 중심으로 하되(포스코 전합판결의 관점), 그것은 거래상 지위남용에서 말하는 불이익과는 다른 것으로서 '경쟁과의 관련성'이 있어야 하고(거래상 지위남용과의 구별), 거래상대방에 대한 '부당한 구속'이 핵심이 되어야 할 것인바(구속조건부거래의 측면), 결국 당해 배타조건 그 자체에서 부당성을 찾아야 한다.

이러한 관점에서 볼 때, 배타조건부거래의 본질은 '봉쇄효과'에 있고, 배타조건부거래는 경쟁사업자를 봉쇄할 뿐만 아니라 그만큼 거래상대방도 봉쇄하므로(오히려 거래상대방을 봉쇄함으로써 경쟁사업자를 봉쇄하는 것이 배타조건부거래의 본질적 메커니즘이다), 위와 같은 '거래상대방 봉쇄효과'에서 부당성의 실체를 구성할 수 있다.

즉 '배타조건에 따른 봉쇄로 인한 거래상대방의 경쟁상 불이익'이 새로운 부당성 판단표지라 할 것인바, 이러한 '봉쇄효과 일원론'에 기초한 새로운 이원설(경쟁사업자 봉쇄의 측면 : 수평적 경쟁제한성, 거래상대방 봉쇄의 측면 : 수직적 거래내용의 불공정성)을 제안한다. 이를 통하여 시장지배적 지위남용으로서 배타조건부거래와 불공정거래행위로서 배타조건부거래의 진정한 중첩적용도 가능하게 될 것이다(예컨대 시장지배적 사업자가 거래상대방에게 배타조건부거래를 강요하는 경우, '경쟁제한적인 시장지배적 지위남용'과 '거래내용이 불공정한 불공정거래행위' 양자가 모두 성립할 수 있다).

마지막으로, 복수의 사업자들이 서로 아무런 합의 없이 각자 배타조건부거래를 하고 있는 경우, 이는 기본적으로 의식적 병행행위에 불과하다 할 것이므로, 누적적 봉쇄효과에 근거하여 모든 배타조건부거래를 일괄적으로 금지하는 것은 허용될 수 없고, '병행적 배타조건부거래'의 개념을 사용한 규제는 예외적으로 '최후의 수단(last resort)'으로서만 인정될 수 있다. 나아가 그 경우에도 봉쇄율 1위 사업자의 배타조건부거래부터 2위, 3위 사업자 순으로 순차적으로 금지하고, 남아 있는 배타조건부거래들만으로는 더 이상 경쟁제한성이 인정되지 않는 상황이 되면 그 즉시 규제를 멈추어야 할 것이다.

5. 결론적으로 배타조건부거래의 해당성은 '경쟁사업자를 봉쇄하는가'의 관점에서, 배타조건부거래의 부당성은 '피해자가 누구인가'의 관점에서 바라볼 필요가 있다 할 것인바, 이를 위하여는 종래 배타조건부거래의 행위자에 주목하였던 시각을 전환하여 거래상대방 측면에서 접근함으로써 우선 문제된 배타조건부거래가 '거래상대방이 원하는 것인가'를 살펴보아야 한다.

위와 같은 새로운 접근방법에 의하면 공정거래법상 배타조건부거래는 합의(자발적 합의)에 의한 배타조건부거래, 강요(강요된 합의, 일방적 강제)에 의한 배타조건부거래, 유인(경제적 유인)에 의한 배타조건부거래 3가지 유형으로 구분할 수 있는바, '합의'에 의한 배타조건부거래는 경쟁제한성의 측면에서 부당성을 판단하면 충분하고(이 경우 거래내용의 불공정성 측면의 부당성은 인정될 수 없다), '강요'에 의한 배타조건부거래에 대하여는 경쟁제한성 측면의 부당성은 물론 거래내용의 불공정성 측면의 부당성 역시 함께 살펴보아야 할 것이며(이 경우에는 경쟁제한성 측면의 부당성과 거래내용의 불공정성 측면의 부당성이 모두 인정될 수 있다), '유인'에 의한 배타조건부거래의 경우에는 우선 그 해당성을 면밀히 검토하여야 하고, 나아가 그 부당성에 관하여는 기본적으로 경쟁제한성 측면을 중심으로 판단하되 필요하다면 거래내용의 불공정성 측면 또한 보충적으로 살펴보아야 한다(이 경우의 부당성은 원칙적으로 경쟁제한성의 측면에 있으나, 예외적으로 거래내용의 불공정성 측면에서도 부당성이 인정될 수 있다).

이러한 새로운 규율체계를 통하여 배타조건부거래의 해당성과 부당성을 연계시키고, 배타조건부거래 전반을 아우르는 보다 통일적이고 정교한 법리를 수립할 수 있으며, 시장지배적 지위남용으로서의 배타조건부거래와 불공정거래행위로서의 배타조건부거래를 실질적으로 준별할 수 있게 될 것이다.

6. 배타조건부거래는 민사법과 경쟁법, 경쟁법과 경제학, 공동행위와 단독행위, 수평적 관계와 수직적 관계, 경쟁자의 배제와 경쟁의 제한, 경쟁제한성과 불공정성, 시장지배적 지위남용과 불공정거래행위 등 경쟁법 내지 공정거래법상 거의 모든 쟁점을 관통하는 문제이다. 배타조건부거래에 대한 입장은 공정거래법을 바라보는 시각을 결정하고, 또한 공정거래법을 바라보는 시각이 그대로 배타조건부거래에 대한 입장으로 반영된다. 한편 배타조건부거래는 배제적 행위의 전형으로서 경쟁법상 다른 행위유형과 상당 부분 중첩되거나 교차될 수 있고, 따라서 배타조건부거래에 대한 규제논리와 규율체계를 공정거래법상 다른 행위유형들에 대하여도 확장 내지 응용할 수 있는 가능성이 있다.

요컨대 배타조건부거래는 공정거래법적 규제의 시작이자 끝이라 할 것인바, 이러한 배타조건부거래에 대한 보다 면밀한 분석과 깊은 이해를 통하여 공정거래법 전반의 정당한 해석은 물론 향후의 발전적 전개를 도모할 수 있을 것이다.

참고문헌

1. 국내문헌

가. 단행본

강재형, 독점규제법과 경제학, L company(2018)
곽상현 · 이봉의, 기업결합규제법, 법문사(2012)
권명중, 신 산업조직론, 시그마프레스(2010)
권오승, 시장경제와 법, 서울대학교출판부(2006)
권오승 · 홍명수, 경제법(제14판), 법문사(2021)
권오승 · 서정, 독점규제법(제5판), 법문사(2022)
권오승 · 이민호, 독점규제법 기본판례, 법문사(2020)
권오승 · 이봉의 · 홍대식 · 홍명수 · 조성국 · 신영수 · 황태희, 독점규제법(제7판), 법문사(2020)
권재열, 경제법(4정판), 법원사(2005)
김동훈 · 김은경 · 김봉철, 공정거래법, 한국외국어대학교출판부(2011)
김두진, 경제법, 동방문화사(2020)
김상택, 쉽게 배우는 산업조직론, 율곡출판사(2017)
김준하 · 김형석, 공정거래 · 하도급법 집행, 박영사(2022)
김형배, 공정거래법의 이론과 실제(전면개정판), 삼일(2022)
박상용 · 엄기섭, 경제법원론(개정판), 박영사(2006)
박세일, 법경제학(개정판), 박영사(2000)
박세일 · 고학수 · 송옥렬 · 신도철 · 이동진 · 최준규 · 허성욱, 법경제학(재개정판), 박영사(2019)
박종국, 산업조직론(제3판), 법문사(2020)
백승엽, 공정거래법상 일감몰아주기에 관한 연구, 경인문화사(2017)
사법연수원, 공정거래법(2015)
송정원, 해설 카르텔 및 불공정거래행위 규제, 박영사(2005)

신광식, 시장거래의 규제와 경쟁정책, 한국개발연구원(1992)
신광식, 경쟁정책의 국제비교 : 미국, 일본, 독일, 한국개발연구원(1995)
신광식, 공정거래정책 혁신론, 나남출판(2006)
신동권, 독점규제법(제3판), 박영사(2020)
신현윤, 경제법(제8판), 법문사(2020)
양명조, 경제법강의(제10판), 신조사(2012)
양명조, 경제법(제3판), 신조사(2016)
이기수 · 유진희, 경제법(제9판), 세창출판사(2012)
이기종, 경제법(제3판), 삼영사(2019)
이남기 · 이승우, 경제법(제3개정판), 박영사(2001)
이동규, 독점규제 및 공정거래에 관한 법률 개론, 행정경영자료사(1995)
이문지, 한국 공정거래법 비판, 자유기업센터(1997)
이봉의, 공정거래법, 박영사(2022)
이승철, 공정거래경제학, 한국경제연구원(1999)
이재구, 공정거래법(제6판), 지식과감성(2022)
이종인, 경쟁정책과 소비자후생, 법영사(2015)
이호영, 독점규제법(제7판), 홍문사(2022)
임영철, 공정거래법(제2판), 법문사(2008)
임영철 · 조성국, 공정거래법(개정판), 박영사(2021)
전성훈, 공정거래 사건과 경제분석, 박영사(2020)
전용덕, 공정거래법의 모순, 자유기업센터(1997)
정갑영 · 김동훈 · 최윤정, 산업조직론(제6판), 박영사(2021)
정상조 외, 부정경쟁방지법 주해, 박영사(2020)
정재훈, 공정거래법 소송실무(제3판), 육법사(2020)
정재훈, 의료 · 의약품 산업과 경쟁법, 경인문화사(2020)
정종채, 내부거래 해설과 쟁점, 삼일인포마인(2021)
정호열, 경제법(전정 제7판), 박영사(2022)
지철호, 독점규제의 역사, 홀리데이북스(2020)
최승재, 경쟁전략과 법, 한국학술정보(2009)
최정표, 공정거래정책 허와실, 해남(2011)

최정표, 산업조직경제학(제5판), 형설출판사(2016)
한종희, 산업조직론, 교보문고(2019)
한철수, 공정거래법(증보판), 한국공정경쟁연합회(2017)
고토 아키라 · 스즈무라 고타로 편저, 정병휴 역주, 일본의 경쟁정책, FKI미디어(2000)
나가사와 데쓰야 저, 최재원 역, 거래상 지위남용 규제와 하도급법, 박영사(2018)
Craig W. Conrath 저, 한정길 역, 독점금지법의 정신과 실무, 한국경제신문사(1996)
David J. Gerber 저, 이동률 역, 국제경쟁법, 박영사(2014)
Fritz Rittner 저, 권오승 역, 독일경쟁법, 법문사(1997)
Lynne Pepall, Dan Richards & George Norman 저, 박원규 · 이상규 역, 산업조직론, 아카데미프레스(2011)
Richard A. Posner 저, 정영진 · 주진열 역, 미국 독점규제법, 다산출판사(2003)
Robert H. Bork 저, 신광식 역, 반트러스트의 모순, 교보문고(1991)

나. 논문

강상덕, "미국의 셔먼법 제2조와 EU 조약 제102조의 구성요건에 관한 비교 연구", 저스티스 제133호(2012. 12.)
강상덕, "미국 셔먼법상 배제적 행위의 위법성 판단 기준 : 우리나라 및 일본과의 비교연구", 법조 제687호(2013. 12.)
강상욱, "배타조건부 거래행위 : 대법원 2009. 7. 9. 선고 2007두22078 판결", 대법원 판례해설 제81호(2009년 하반기)
강상욱, "시장지배적 지위남용행위로서의 불이익 강제행위에 관한 소고", 경쟁법연구 제33권(2016. 5.)
강상욱, "공정거래법상 리베이트 제공행위", 법관연수 어스밴스 과정 연구논문집 : 전문 분야 소송의 주요쟁점(조세/상사소송), 사법연수원(2018)
강우찬, "불공정거래행위로서의 배타조건부 거래행위의 위법성 판단 기준", 사법 제22호(2012. 12.)
강우찬, "공정거래법 제3조의2(시장지배적 지위남용금지)와 제23조(불공정거래행위 금지)의 관계에 관한 연구 : 규범의 중복현상을 중심으로", 사법논집 제44집(2007)
강우찬, "EC조약 102조(시장지배적 지위남용)에 관한 집행지침(Guidance Paper)에 대한 분석적 연구", 사법논집 제52집(2011)

강우찬, “배제남용이 문제 되는 행정소송에서 경쟁사업자의 공정거래위원회를 위한 보조참가가 허용되는지 여부(2015. 10. 5.자 2015무513 결정 : 미간행)”, 대법원판례해설 제105호(2015년 하반기)

고학수, “경쟁법의 적용과 경제적 효율성 : 거래비용의 문제”, 저스티스 제112호(2009. 7.)

곽상현, “수직결합의 경쟁제한성 판단”, 저스티스 제102호(2008)

권오승, “우리는 왜 경쟁을 해야 하는가?”, 경쟁법연구 제9권(2003)

권오승, “독점규제법은 경제질서의 기본법이다”, 경쟁법연구 제23권(2011. 5.)

권오승, “독점규제법의 현대화”, 경쟁법연구 제33권(2016. 5.)

권오승, “계약자유와 공정거래”, 경쟁법연구 제40권(2019. 11.)

권오승 · 이민호, “경쟁질서와 사법상의 법률관계”, 비교사법 제14권 제1호(2007. 2.)

권오승 · 홍명수, “경제법학”, 대한민국학술원(2018)

김남우, “시장지배력 남용행위의 분석적 접근방법 : ‘관련시장’에서의 ‘경쟁관계’의 필요성”, 경제법연구 제9권 제2호(2010. 12.)

김남우, “시장지배적 사업자의 끼워팔기의 위법성 판단기준 : 최근 미국 제9연방항소법원의 해석을 중심으로”, 경쟁법연구 제25권(2012. 5.)

김남우, “최저 재판매가격유지행위 : 2010년 대법원 판례 변경 후 추가적으로 생각해 볼 쟁점들”, 경제법연구 제14권 제1호(2015. 4.)

김두진, “경쟁법과 경쟁의 관계”, 공정경쟁 제79호(2002. 3.)

김두진, “시장지배적 지위의 남용”, 비교사법 제14권 제1호(2007. 2.)

김두진, “충성할인(Loyalty Rabate)에 대한 경쟁법상 규제 연구”, 경제법연구 제15권 제3호(2016. 12.)

김성훈, “배타조건부거래의 위법성 요건”, 경북대학교 법학논고 제32집(2010. 2.)

김성훈, “유럽연합 경쟁법상 봉쇄효과에 관한 연구”, 경쟁법연구 제22권(2010. 11.)

김성훈, “독과점에 대한 규제”, 독점규제법 30년(권오승 편), 법문사(2011)

김성훈, “경쟁제한성 판단 시 고려요소로서의 냉각효과(chilling effect) : 대법원 2015. 4. 23. 선고 2012두24177 판결”, 경쟁과 법 제5호(2015. 10.)

김수련, “조건부 리베이트에 대한 미국 및 유럽판결의 비교 : British Airways 사건을 중심으로”, 경제법판례연구 제6권(2010)

김은미, “불공정‘거래’행위의 의미”, 공정거래법 판례선집, 사법발전재단(2011)

김정중, “오픈마켓(Open Market) 서비스의 관련 시장 획정과 시장지배적 지위의 남용행위로서 배타조건부 거래행위의 부당성 : 2011. 6. 10. 선고 2008두16322 판결”, 대법원판례해설 제87호(2011년 상반기)

김종민, “시장지배적 사업자의 가격할인행위에 대한 합리적 규제요건”, 경쟁저널 제171호(2013. 11.)

김종민 · 이황, “상식과 직관에 부합하는 경제분석의 필요성 : 경성카르텔에 시장획정을 요구하는 대법원 판례에 대한 코멘트”, 고려법학 제81호(2016. 6.)

김준범 · 고인혜, “로열티 리베이트에 대한 비용–가격 테스트의 한계”, 경쟁저널 제145호(2009. 7.)

김지홍 · 이병주, “과대집행과 과소집행의 딜레마”, 경제법판례연구 제8권(2013)

김학현, “공정거래법상 단독행위 규제 제도의 합리적 개편방안”, 한양대학교 대학원 법학박사 학위논문(2011)

나영숙, “인터넷쇼핑몰 사업자의 배타조건부 거래행위에 대한 경쟁법적 평가 : 대법원 2011. 6. 10. 선고 2008두16322 판결”, 경제법판례연구 제8권(2013)

나종갑, “불공정경쟁법의 기원과 법원리의 형성”, 정보법학 제23권 제1호(2019. 5.)

박상인, “시장지배적 지위 남용행위에 관한 경제분석의 쟁점들 : 최근 유럽과 미국의 논의를 중심으로”, 경쟁저널 제140호(2008. 9.)

박세환, “EU 차원의 불공정거래행위 규제방안에 대한 연구”, 경쟁법연구 제38권(2018. 11.)

박세환, “상거래의 공정을 추구함에 있어서 사적자치와 경제적 공공질서간의 조화 : 프랑스 상법상 행정청의 소제기 특권을 중심으로”, 상사판례연구 제32집 제3권(2019. 9.)

박윤석 · 안효질, “독일 부정경쟁방지법 최근 개정 동향”, 저스티스 제157호(2016. 12.)

박해식, “단독행위 관련 최근 판결에 대한 분석과 전망”, 경쟁법연구 제29권(2014. 5.)

박혜림, “시장지배적지위남용행위에서 경쟁제한성에 대한 판례비교 : Dentsply 사건과 포스코 판결의 비교분석”, 국민대학교 법학논총 제24권 제3호(2012. 2.)

배상원, “공정거래법상 수직적 거래제한의 통합적 해석”, 연세대학교 법무대학원 법학석사 학위논문(2015)

배상원, “공정거래법상 수직적 공동행위의 성립 여부”, 사법논집 제65집(2017)
백승엽, “배타조건부거래에 있어서의 위법성 판단기준(대상판결 : 대법원 2013. 4. 25. 선고 2010두25909 판결)”, 경쟁과 법 창간호(2013. 10.)
백승엽, “포스코판결 법리의 발전적 전개방향에 관한 고찰”, 법관연수 어드밴스 과정 연구논문집 : 전문 분야 소송의 주요쟁점(조세/상사소송), 사법연수원(2018)
변동열, “거래상 지위의 남용행위와 경쟁”, 저스티스 제34권 제4호(2001. 8.)
변동열, “불공정거래행위로서의 끼워팔기 : 경쟁제한은 요건이 아닌가?”, 경제법판례연구 제7권(2011)
서 정, “불공정거래행위의 사법상 효력”, 민사판례연구 제31권(2009. 2.)
서 정, “사적 거래행위에 대한 규제와 경제적 효율성”, 경제적 효율성과 법의 지배(고학수·허성욱 편), 박영사(2009)
서 정, “배제남용행위의 위법성 판단기준”, 공정거래법의 쟁점과 과제(서울대학교 경쟁법센터), 법문사(2010)
서 정, “배타조건부거래의 위법성 판단에 관한 검토 : 최근의 판례를 중심으로”, 경쟁법연구 제30권(2014. 11.)
서 정, “복수의 법인격 주체에 대한 경제적 단일체 이론의 적용”, 시장경제와 사회조화(남천 권오승 교수 정년기념 논문집), 법문사(2015)
서혜숙·정경환, “수직적 합의 내지 수직적 제한 행위 규제의 비교법적 고찰”, 경쟁저널 제138호(2008. 5.)
설민수, “시장지배적 사업자의 할인행위에 대한 공정거래법 적용과 그 시사점”, 사법 제11호(2010)
손동환, “시장지배적 지위남용 금지에 관한 연구 : EU법과 우리 독점규제법을 중심으로”, 서울대학교 대학원 법학석사 학위논문(2012)
손동환, “배타조건부 거래행위(대법원 2014. 4. 10. 선고 20112두6308 판결)”, 경쟁과 법 제4호(2015. 4.)
손동환, “조건부 리베이트 : 대법원 2019. 1. 31. 선고 2013두14726 판결”, 비교사법 제28권 제4호(2021. 11.)
손혁상, “공정거래법 목적으로서의 ‘경쟁’에 대한 소고”, 경제법연구 제16권 제1호(2017. 4.)
손혁상, “디지털 플랫폼 내 거래관계에 대한 경쟁제한성 검토 : 봉쇄효과에 대한 검토

를 중심으로", 경제법연구 제19권 제1호(2020)

송옥렬, "기업집단 내부거래 및 일감몰아주기 규제 근거의 검토", 상사법연구 제33권 제3호(2014. 11.)

신동권, "시장지배적지위남용행위의 쟁점 : 공정거래위원회 심결 및 법원 판결을 중심으로", 공정거래법의 쟁점과 과제(서울대학교 경쟁법센터), 법문사(2010)

신영수, "신용카드사들에 대한 배타적 네트워크 운영의 위법성", 경쟁저널 제104호(2004. 4.)

신영수, "시장지배적 사업자에 의한 사업활동방해행위의 성립요건 : 유료방송시장을 중심으로", 경제법판례연구 제6권(2010)

신영수, "판례를 통해 본 거래상 지위 남용 규제", 경쟁저널 제170호(2013. 9.)

신영수, "한국 경쟁정책의 발전과정상 사법의 역할에 대한 평가", 저스티스 제146-3호(2015. 2.)

신위뢰·고동수, "부당내부거래와 사익편취 규제의 경제학적 분석", 산업연구원(2017)

신현윤, "병행적 배타조건부거래의 위법성 판단", 경쟁법연구 제21권(2010. 9.)

심재한, "구속조건부거래 : 독일법상의 해석을 중심으로", 경영법률 제13집 제2호(2003. 2.)

심재한, "공정거래법상 불공정거래행위에 대한 연구", 안암법학 제27호(2008. 9.)

심재한, "경제법과 공정거래법 및 私法의 관계", 경제법연구 제8권 제1호(2009)

심재한, "배타조건부거래행위의 위법성판단기준 : S-OIL 사건을 중심으로", 상사판례연구 제28집 제4권(2015. 12.)

심재한, "인터넷 플랫폼에 대한 공정거래법 적용에 관한 연구", 상사판례연구 제29집 제4권(2016. 12.)

양명조, "시장지배적사업자의 사업활동방해행위 : 현대자동차(주) 사건판결의 두 가지 논점", 경쟁법연구 제24권(2011. 11.)

양명조, "독점규제법의 전면 개편을 위한 제안", 경쟁법연구 제32권(2015. 11.)

양천수, "현대 사회에서 법적 관할영역의 경쟁과 융합 : 민법과 경제법의 경쟁과 융합을 예로 본 법철학적 고찰", 법철학연구 제12권 제2호(2009)

오규성, "FTC법 제5조 적용범위의 변천과 전망", 법률신문(2022. 2. 7.)

오승한, "SK 이동통신의 휴대폰 폐쇄 DRM 장착행위의 경쟁제한성 판단 - 판례평석

: 서울고등법원 2007. 12. 27. 선고 2007누8623 판결(대법원 2011. 10. 13. 선고 2008두1832 판결 확정)", 경쟁법연구 제28권(2013. 11.)

오승한, "배타조건부 거래를 포함하는 시장선점·봉쇄전략에 대한 단계별 위법성 판단절차", 비교사법 제17권 제4호(2010. 12.)

오승한, "배타조건부 거래 유형으로서 SEP 다단계 기술실시 약정의 FRAND 확약 위반 및 경쟁제한 효과", 경쟁법연구 제37권(2018. 5.)

원용수, "미국 경쟁법상 수직적 거래제한에 관한 판례의 고찰", 공정경쟁 제78호(2002. 2.)

유시조, "독점규제정책의 구조와 실제", 경쟁법연구 제2권(1990)

유영국, "수직적으로 통합된 시장에서의 방해남용규제에 관한 소고 : 방해남용으로서 이윤압착의 유형적 독자성(Eigenständigkeit)을 중심으로", 경쟁법연구 제39권(2019. 5.)

윤성운·신상훈, "포스코 시지남용 건 관련 대법원 판결을 통해 본 경쟁제한성 입증의 문제", 경쟁저널 제137호(2008. 3.)

윤인성, "포스코열연코일 공급거절 판결의 주요 쟁점 및 향후 과제에 관한 소고", BFL 제30호(2008. 7.)

이광범, "판례의 의미와 구속력에 관한 소고", 판례실무연구 제4권, 박영사(2003)

이기종, "공정거래법상 단독의 거래거절의 위법성 판단기준 : 미국 셔먼법 제2조의 해석론의 도입가능성을 중심으로", 상사판례연구 제14집(2003)

이기종, "배타적 거래와 유통경로의 봉쇄 : United States v. Dentsply International, Inc.", 경쟁저널 제120호(2005. 8.)

이기종, "시장지배적지위 남용행위로서의 배제적 행위", 상사판례연구 제20집 제3권(하)(2007. 9.)

이기종, "불공정거래행위의 위법성 판단기준으로서의 경쟁제한성과 불공정성", 경제법연구 제14권 제1호(2015)

이문지, "공정하고 자유로운 경쟁은 목적인가 아니면 수단인가? : 공정거래법의 목적에 관한 통설적 견해의 문제점", 상사법연구 제16권 제2호(1997)

이문지, "불공정거래행위의 규제와 경제적 효율성", 규제연구 제8권 제1호(1999)

이문지, "시장지배적 지위의 남용 금지에 관한 유럽연합의 최근 동향 : 유럽위원회의 지침서(Guidance Paper)를 중심으로", 상사판례연구 제23집 제4권(2010. 12.)

이민호, “시장지배적지위 남용행위로서의 조건부 리베이트”, 공정거래법의 쟁점과 과제(서울대학교 경쟁법센터), 법문사(2010)
이민호, “끼워팔기 및 배타조건부거래에 관한 소고”, 경쟁저널 제169호(2013. 7.)
이민호, “수직결합의 경쟁제한성 판단기준”, 시장경제와 사회조화(남천 권오승 교수 정년기념논문집), 법문사(2015)
이민호 · 주현영, “시장지배적 지위 남용행위의 ‘부당성’에 관한 연구 : 판례를 중심으로”, 사법 제22호(2012. 12.)
이봉의, “공정거래법상 방해남용의 위법성 판단기준 : 거래거절을 중심으로”, 법조 제565호(2003. 10.)
이봉의, “불공정거래행위의 위법성 : 계약질서의 관점에서”, 공정거래와 법치(권오승 편), 법문사(2004)
이봉의, “공정거래법상 수직적 비가격제한행위의 금지”, 경쟁저널 제104호(2004. 4.)
이봉의, “독점적 사업자의 끼워팔기 : 마이크로소프트사의 지위남용을 중심으로”, 법과 사회 제27권(2004. 12.)
이봉의, “포스코판결과 방해남용의 향방”, 경쟁저널 제140호(2008. 9.)
이봉의, “질서정책적 과제로서의 경쟁 : 과거와 미래”, 경쟁법연구 제23권(2011. 5.)
이봉의, “시장지배적 사업자의 방해남용과 판례상 나타난 경제적 접근방법의 한계”, 특별법연구 제10권(전수안 대법관 퇴임 기념), 특별소송실무연구회(2012)
이봉의, “공정거래법상 방해남용의 해석과 경제적 접근방법”, 시장경제와 사회조화(남천 권오승 교수 정년기념논문집), 법문사(2015)
이봉의, “시장지배적 사업자의 지위남용에 관한 심사기준의 개선방안”, 영남법학 제40호(2015. 6.)
이봉의, “한국형 시장경제의 심화와 경제법의 역할”, 서울대학교 법학 제58권 제1호(2017. 3.)
이봉의, “공정거래법상 부당한 사업활동방해의 경쟁제한성 판단 : 현대기아차 판결을 중심으로”, 중앙대학교 법학논문집 제41집 제2호(2017. 8.)
이봉의, “공정경제(fair economy)를 위한 공정거래법의 운용방향”, 법연 제60호(Fall 2018)
이봉의, “디지털플랫폼의 자사 서비스 우선에 대한 경쟁법의 쟁점 : Monopoly Leverage와 Equal Treatment를 중심으로”, 연세대학교 법학연구 제30권 제3호

(2020. 9.)

이상승, "시장지배적 지위 남용행위의 위법성 판단기준에 관한 경제학적 시각", 경쟁저널 제172호(2014. 1.)

이상정, "부정경쟁금지법리의 발전", 경쟁법연구 제1권(1989)

이상훈, "「사익편취」의 규제 근거(부당성)에 대한 새로운 해석", 경쟁법연구 제39권(2019. 5.)

이선희, "2019년 경쟁법 중요판례평석", 인권과정의 제489호(2020. 5.)

이승택, "우리 공정거래법상의 부당성의 의미 및 그 법률상 지위 : 대법원 판례를 중심으로", 사법논집 제49집(2009)

이승택, "시장지배적 사업자의 지위남용행위로서의 거래거절행위에 있어 '부당성'의 의미 : 대법원 2007. 11. 22. 선고 2002두8626 전원합의체 판결", 정의로운 사법(이용훈 대법원장 재임 기념), 사법발전재단(2011)

이승택, "계열회사를 위한 차별행위의 성립 여부", 공정거래법 판례선집, 사법발전재단(2011)

이승철, "배타조건부거래의 경제적 분석", 공정거래 제3호(1991)

이승철, "배타조건부거래의 동기와 경쟁정책", 산업조직연구 제1권(1992)

이승훈, "독과점의 경제학", 한국의 경쟁정책(윤창호 · 장지상 · 김종민 편), 형설출판사(2011)

이영대, "두 법정 이야기 : 독점력 법정과 경제력 법정의 재조명", 공정거래법의 쟁점과 과제(서울대학교 경쟁법센터), 법문사(2010)

이완희, "시장지배적 지위남용행위로서 다른 사업자의 사업활동을 부당하게 방해하는 행위에 해당하는지 여부", 대법원판례해설 제89호(2011년 하반기)

이재환, "불공정거래행위로서의 배타조건부거래의 부당성 판단", 변호사 제45집(2014)

이창훈, "로열티 리베이트의 행위유형 포섭에 관한 소고 : 배타조건부 거래의 행위요건을 중심으로", 경쟁저널 제176호(2014. 9.)

이현종, "셔먼법 제1조 위반사건에서 합의(agreement)에 관하여", 경쟁법연구 제9권(2003)

이현종, "불공정거래행위의 금지", 독점규제법 30년(권오승 편), 법문사(2011)

이 황, "불공정거래행위 중 끼워팔기에 관한 소고 : 대법원 2006. 5. 26. 선고 2004

두3014 판결을 대상으로", 경쟁법연구 제14권(2006. 11.)

이 황, "공정거래법상 단독의 위반행위 규제의 체계 : 시장지배적 지위 남용행위로서의 거래거절행위의 위법성, 그 본질과 판단기준", 사법 제5호(2008. 9.)

이 황, "공정거래법상 단독의 위반행위 규제의 체계(II) : 불공정거래행위로서의 거래거절행위의 위법성, 그 본질과 판단기준(판례를 중심으로)", 경제법연구 제9권 제2호(2010. 12.)

이 황, "포스코 판결 이후 시장지배적 지위 남용행위 판례에서 '부당성' 판단의 경향과 전망", 행정판례연구 제17권 제2호(2012. 12.)

이 황, "완전자회사 부당지원행위와 경제적 동일체 : 대법원 SPP조선 판결을 참고하여", 서울대학교 법학 제62권 제3호(2021. 9.)

이 황, "공정거래법상 경제력집중 억제시책과 일반집중의 문제", 연세대학교 법학연구 제31권 제1호(2021. 3.)

이호영, "수직적 거래제한의 규제", 공정거래와 법치(권오승 편), 법문사(2004)

이호영, "경제력집중억제를 위한 경쟁법적 규제의 유용성과 한계", 한양대학교 법학논총 제24권 제1호(2007)

이호영, "공정거래법상 시장지배적사업자 규제의 쟁점과 과제", 저스티스 제104호(2008. 6.)

이호영, "시장지배적 사업자의 배타적 DRM 탑재행위의 경쟁법적 평가(대상판결 : 서울고법 2007. 12. 27. 선고 2007누8623 판결 및 대법원 2011. 10. 13. 선고 2008두1832 판결)", 행정판례연구 제17권 제2호(2012. 6.)

이호영, "공정거래법상 단독행위 규제체계의 현황 및 개선방향", 경쟁저널 제169호(2013. 7.)

이호영, "공정거래법상 경쟁자 간 정보교환행위의 평가에 관한 연구", 상사법연구 제33권 제1호(2014. 5.)

이호영, "공정거래법상 사업활동방해의 공정거래저해성 : 공정거래위원회 의결 제2013-142호(2013. 7. 11.)의 사실관계를 중심으로", 경쟁법연구 제32권(2015. 11.)

이호영, "경쟁법과 불공정경쟁행위의 관계에 관한 비교법적 연구", 한양대학교 법학논총 제33집 제1호(2016. 3.)

이호영, "퀄컴 사건의 의미와 시사점", 경쟁법연구 제36권(2017. 11.)

임 용, "부당이익제공금지 조항의 규제 대상과 범위에 관한 소고", 대법원 특별소송실무연구회 발표자료(2018. 12. 13.)
임 용, "경쟁자의 비용 증대를 통한 배제 전략의 경쟁법적 고찰 : 담배진열 공간 사례를 중심으로", 서울시립대학교 서울법학 제26권 제4호(2019. 2.)
장득수, "독점금지법상 로열티 리베이트의 남용 규제에 관한 연구", 중앙대학교 법학논문집 제34집 제1호(2010)
장득수, "인텔의 시장지배적 지위남용행위에 대한 심결의 국제비교", 경제법판례연구 제7권(2011)
장 품, "조건부 리베이트의 경쟁제한성 판단기준 : EU사법재판소 인텔판결을 중심으로", 저스티스 제165호(2018. 4.)
전삼현, "독일 경쟁법상 조건부거래규제 폐지에 관한 고찰", 상사판례연구 제23집 제4권(2010. 12.)
전성훈, "인텔 리베이트의 '동등효율 경쟁자' 유효가격－비용 검증", 법경제학연구 제16권 제2호(2019. 8.)
정세훈·한득희, "배타조건부거래의 경쟁제한성 판단 : In the Matter of McWane, Inc.", 경쟁저널 제174호(2014. 5.)
정연주, "경제활동의 자유와 국가개입", 공법연구 제42집 제1호(2013)
정연택, "불공정거래행위 규제에 대한 제한원리", 청연논총 제13집, 사법연수원(2016)
정영진, "리나 칸: '반독점역사의 종말론'과 뉴 브랜다이즈 운동", 경쟁저널 제208호(2021. 8.)
정재훈, "의료공급자에 대한 사업자단체 규제와 경쟁제한성 판단 : 서울고판 2016. 3. 17, 2014누58824", 저스티스 제156호(2016. 10.)
정재훈, "공정거래법상 불공정거래행위 개편 방안에 관한 고찰", 이화여자대학교 법학논집 제23권 제3호(2019. 3.)
정주미, "시장지배적 사업자의 부당한 배타조건부 거래에 관한 연구", 서울대학교 대학원 법학석사 학위논문(2012)
정주미, "공정거래법상 불공정거래행위의 위법성에 관한 연구", 서울대학교 대학원 법학박사 학위논문(2018)
정주미, "공정거래법상 배타조건부거래 행위의 위법성 판단기준", 인하대학교 법학연구 제23집 제1호(2020. 3.)

정찬모, “오픈마켓의 불공정행위 분쟁사례를 통해 본 공정거래법과 전자상거래소비자보호법 적용상의 쟁점”, 외법논집 제41권 제3호(2017. 8.)

정호열, “불공정거래행위에 대한 규제”, 공정거래법강의(권오승 편), 법문사(1996)

정호열, “불공정거래행위에 관한 몇가지 논의와 법집행의 실제”, 공정거래법과 규제산업(권오승 · 이원우 공편), 법문사(2007)

조성국, “시장지배적지위 남용행위에 대한 위법성 판단기준에 관한 연구 : 최근 대법원 판결을 중심으로”, 경쟁법연구 제19권(2009. 5.)

조성국, “시장지배적 사업자의 리베이트와 남용규제”, 중앙대학교 법학논문집 제34집 제1호(2010)

조성국, “시장지배적 사업자의 Loyalty Rebate(충성리베이트)의 법리에 관한 연구”, 중앙대학교 법학논문집 제35집 제1호(2011)

조성국, “유통산업에서의 경쟁법적인 쟁점과 규제방안에 관한 연구”, 경쟁법연구 제32권(2015. 11.)

조혜신, “독점규제법 30년 회고 : 시장지배적지위 남용행위 규제에 관한 공정거래위원회 심결례의 분석”, 경쟁법연구 제23권(2011. 5.)

조혜신, “독점규제법상 방해남용의 부당성 판단기준”, 경쟁법연구 제24권(2011. 11.)

조혜신, “EU 경쟁법에 대한 현대화(Modernization)의 절차적 및 실체적 측면에 대한 고찰”, 경쟁법연구 제26권(2012. 11.)

조혜신, “시장지배적 사업자의 리베이트 제공행위에 관한 미국의 판례에 대한 분석”, 경쟁법연구 제25권(2012. 5.)

조혜신, “시장지배적 사업자의 리베이트 제공행위에 관한 EU의 판례에 대한 분석”, 경쟁법연구 제27권(2013. 5.)

조혜신, “독점규제법상 시장지배적 지위 남용행위 규제의 목적”, 시장경제와 사회조화(남천 권오승 교수 정년기념논문집), 법문사(2015)

주진열, “공정거래법상 경쟁제한성 요건의 증명방법에 관한 연구”, 사법 제22호(2012. 12.)

주진열, “독점규제법상 시장지배적 사업자 개념과 관련 문제”, 경쟁법연구 제33권(2016. 5.)

주진열, “시장지배적 지위 남용 관련 SKT 멜론 온라인 음악 서비스 사건에 대한 비판적 고찰”, 경쟁법연구 제32권(2015. 11.)

주진열, “수요자의 배타조건부거래(구매)와 시장지배력 남용 문제 : 대법원 2009. 7. 9. 선고 2007두22078 판결”, 경쟁법연구 제34권(2016. 11.)
주진열, “이베이지마켓(온라인 거래중개서비스 사업자)의 배타조건부거래 사건에 대한 비판적 고찰 : 대법원 2011. 6. 10. 선고 2008두16322 판결”, 법경제학연구 제13권 제3호(2016. 12.)
주진열, “현대모비스의 전속대리점 관련 배타조건부거래 사건에 대한 비판적 고찰 : 대법원 2014. 4. 10. 선고 2012두6308 판결”, 인하대학교 법학연구 제19집 제4호(2016. 12.)
주진열, “시장지배적 지위 남용으로서 사업활동방해의 ‘부당성’ 요건에 대한 대법원 판례분석”, 경희법학 제51권 제4호(2016. 12.)
주진열, “조건부(충성)할인과 시장지배력 남용 문제에 대한 고찰 : 대법원 2019. 1. 31. 선고 2013두14726 판결을 중심으로”, 경쟁법연구 제43권(2021. 3.)
천준범, “기업결합 승인에 대한 경쟁사업자의 사법상 쟁송 가능성에 관하여 : 행정소송법 개정 및 공정거래법상 금지청구권 도입에 즈음하여”, 경쟁법연구 제29권(2014. 5.)
최난설헌, “배제적 리베이트 사건에서 경제적 분석방법 적용 문제 : EU 법원 Intel 판결을 중심으로”, 경쟁법연구 제32권(2015. 11.)
최승재, “시장지배적 사업자의 거래거절 행위의 부당성 판단기준”, 경쟁전략과 법(최승재 저), 한국학술정보(2009)
최재원, “일본 JASRAC 판결의 소개와 시사점 : 제3자의 원고적격을 중심으로”, 경쟁법연구 제37권(2018. 5.)
하헌주, “독일 경쟁법(Wettbewerbsrecht)의 위상과 체계”, 비교법학 제16집(2005. 2.)
한도율, “거래상 지위남용 규제의 의의”, 기업법연구 제29권 제1호(2015. 3.)
한도율, “거래상 지위와 남용행위의 판단기준”, 경쟁법연구 제36권(2017. 11.)
한도율, “경쟁과 경쟁의 실질적 제한의 의의”, 경쟁법연구 제38권(2018. 11.)
한선옥, “수직적 제한행위의 경제적 동기와 효과”, 규제연구 제14호(1995)
한현옥, “의결서를 통해 본 로열티 리베이트에 관한 소논제들 : Intel 사례를 중심으로”, 경쟁법연구 제24권(2011. 11.)
홍대식, “독점규제법상 불공정거래행위의 사법적 효력”, 사법논집 제30집(1999)
홍대식, “불공정거래행위와 공서양속”, 비교사법 제14권 제1호(2007. 3.)

홍대식, "사법적 관점에서 본 공정거래법 : 시장지배적지위 남용행위를 중심으로", 상사법연구 제27권 제2호(2008. 8.)

홍대식, "사법적 관점에서 본 불공정거래행위", 경쟁법연구 제18권(2008. 11.)

홍대식, "불공정거래행위 위법성 판단기준에 대한 재검토 : 보다 시장친화적인 기준 정립을 위하여", 2009년 상반기 법·경제그룹(LEG) 연구보고서, 한국공정거래조정원(2009)

홍대식, "경쟁시장의 창출과 경쟁법 : 유비쿼터스도시서비스 시장의 경우", 경쟁법연구 제19권(2009. 5.)

홍대식, "시장지배적 지위 남용행위의 판단기준 개선방안", 경쟁법연구 제21권(2010. 5.)

홍대식, "유럽연합(EU)의 「불공정한 상관행지침」", 공정거래법의 쟁점과 과제(서울대학교 경쟁법센터), 법문사(2010)

홍대식, "민·상법과 독점규제법", 독점규제법 30년(권오승 편), 법문사(2011)

홍대식, "공정거래법 집행자로서의 공정거래위원회의 역할과 과제 : 행정입법에 대한 검토를 소재로", 서울대학교 법학 제52권 제2호(2011. 6.)

홍대식, "배타조건부거래행위, 경쟁제한성 기준인가 강제성 기준인가?", 법조 제661호(2011. 10.)

홍대식, "간격 좁히기: 국제 경쟁법으로의 수렴 또는 그로부터의 분산 －한국 경쟁법상 단독 행위 규제를 중심으로－", 경쟁법연구 제31권(2015. 5.)

홍대식, "공정거래법상 불공정거래행위의 위법성 판단기준에 대한 재검토 : 경쟁질서와의 관련성을 중심으로", 경쟁법연구 제37권(2018. 5.)

홍명수, "수직적 비가격제한의 경쟁제한성 판단", 경제법판례연구 제2권(2005)

홍명수. "Michelin 판결에 나타난 시장지배적지위의 남용으로서 리베이트", 경쟁저널 제126호(2006. 4.)

홍명수, "독점규제법상 리베이트 규제의 검토", 법과 사회 제34호(2008 상반기)

홍명수, "시장지배적 지위 남용으로서 거래거절의 의의와 위법성 판단", 부산대학교 법학연구 제51권 제1호(2010. 2.)

홍명수, "불공정거래행위에 관한 대법원 판결 분석(2010) : 거래상 지위남용 사건을 중심으로", 경쟁법연구 제23권(2011. 5.)

홍명수, "불공정거래행위 규제의 의의와 개선 논의의 기초", 안암법학 제45권(2014.

9.)
홍명수, “불공정거래행위의 유형에 따른 위법성 판단 : 불공정성을 중심으로”, 경희법학 제50권 제3호(2015. 9.)
홍명수, “독일 부정경쟁방지법에 의한 불공정거래행위 규제의 의의와 시사점”, 명지법학 제15권 제1호(2016)
홍명수, “시장지배적 지위남용행위와 불공정거래행위의 관계와 단독행위 규제체계의 개선”, 경쟁법연구 제33권(2016. 5.)
홍명수, “수직적 구조에서 지배력 남용 판단”, 경쟁법연구 제35권(2017. 5.)
홍일표, “판례위반을 이유로 한 권리상고와 영미법에 있어서 선례구속의 원칙”, 민사판례연구 제6권, 박영사(1984)
홍일표, “판례의 형성과 구속력의 범위”, 건국대학교 일감법학 제12권 하반기(2007. 8.)
황창식, “공정거래법상 시장지배력 남용 규제의 해석 및 집행상의 문제점 : 불공정거래행위 규제와의 법적용 관계를 중심으로”, 경제법판례연구 제5권(2009)
황창식 · 신광식, “시장지배적 사업자의 거래거절에 대한 공정거래법리 : 대법원의 포스코 판결”, 경쟁법연구 제18권(2008. 11.)
황태희, “시장지배적 지위남용행위로서의 끼워팔기의 법적 쟁점”, 서울대학교 경쟁법센터 제4차 정책세미나 발표자료(2009)
황태희, “거래상 지위남용으로서의 불이익 제공행위의 부당성”, 공정거래법의 쟁점과 과제(서울대학교 경쟁법센터), 법문사(2010)
황태희, “시장지배적 사업자의 배타조건부 거래행위 : 대법원 2009. 7. 9. 선고 2007두22078 판결”, 공정거래법 판례선집, 사법발전재단(2011)
황태희, “배타조건부 거래의 위법성 판단”, 경제법판례연구 제7권(2011)
황태희, “배타조건부 거래의 위법성 판단기준 : 오픈마켓을 중심으로”, IT와 법연구 제5집(2011. 2.)
황태희, “소매 유통업에서의 수요지배력 남용행위 규제에 관한 경제법적 연구”, 이화여자대학교 법학논집 제19권 제3호(2015. 3.)
Andrew I. Gavil 저, 차성민 역, “시장지배적사업자의 배타적 거래전략(I) : 보다 균형적인 시각에서의 접근”, 경쟁저널 제121호(2005. 9 · 10.)
Andrew I. Gavil 저, 차성민 역, “시장지배적사업자의 배타적 거래전략(II) : 보다 균형적인 시각에서의 접근", 경쟁저널 제122호(2005. 11.)
Fritz Rittner 저, 차성민 역, "경쟁의 세 가지 기본문제", 공정거래법의 쟁점과 과제(서울대학교 경쟁법센터), 법문사(2010)

다. 기타 자료

공정거래위원회, 공정거래위원회 30년사(2010)
공정거래위원회, 알기 쉬운 공정거래 경제분석(2012)
공정거래위원회, 공정거래법제 개선 특별위원회 최종보고서(2018. 7.)
공정거래위원회, 공정거래백서(2021)
아시아법연구소(책임연구원 권오승, 공동연구원 홍명수, 이호영, 연구보조원 오성은, 유영국, 강선희), 시장지배적 지위 남용행위와 불공정거래행위 규정 합리화 방안 연구, 공정위 용역보고서(2015. 12.)
한국경쟁법학회(책임연구원 이봉의, 공동연구원 심재한, 신영수), 제반 불공정행위 심사지침 개선방안 연구, 공정위 용역보고서(2014. 12.)

2. 외국문헌

가. 단행본

A. Douglas Melamed, Randal C. Picker, Philip J. Weiser & Diane P. Wood, Antitrust Law and Trade Regulation(7th ed.), Foundation Press (2018)
ABA Section of Antitrust Law, Antitrust Law Developments(8th ed.), American Bar Association (2017)
Alison Jones, Brenda Sufrin & Niamh Dunne, EU Competition Law(7th ed.), Oxford (2019)
Andrew I. Gavil, William E. Kovacic, Jonathan B. Baker & Joshua D. Wright, Antitrust Law In Perspective(3rd ed.), West (2017)
Ariel Ezrachi, EU Competition Law(7th ed.), Hart Publishing (2021)
Barry J. Roger & Angus MacCulloch, Competition Law and Policy in the EU and UK(6th ed.), Routledge (2022)
C. Paul Rogers III, Stephen Calkins, Mark R. Patterson & William R. Anderson,

Antitrust Law: Policy and Practice(4th ed.), LexisNexis (2008)

Charles J. Goetz, Fred S. McChesney & Thomas A. Lambert, Antitrust Law(5th ed.), Foundation Press (2013)

Christopher L. Sagers, Antitrust(3rd ed.), Wolters Kluwer (2021)

Daniel A. Crane, Antitrust, Wolters Kluwer Law & Business (2014)

Daniel J. Gifford & Robert T. Kudrle, The Atlantic Divide in Antitrust, The University of Chicago Press (2015)

David J. Gerber, Global Competition: Law, Markets, and Globalization, Oxford (2010)

Douglas Broder, US Antitrust law and Enforcement, Oxford (2016)

E. Thomas Sullivan, Herbert Hovenkamp, Howard A. Shelanski & Christopher R. Leslie, Antitrust Law, Policy and Procedure: Cases, Materials, Problems(7th ed.), Lexisnexis (2014)

E. Thomas Sullivan & Jeffrey L. Harrison, Understanding Antitrust and Its Economic Implications(7th ed.), Carolina Academic Press (2019)

Einer Elhauge, United States Antitrust Law and Economics(3rd ed.), Foundation Press (2018)

Einer Elhauge & Damien Geradin, Global Antitrust Law and Economics(2nd ed.), Foundation Press (2011)

Eleanor M. Fox, U.S. Antitrust In Global Context(3rd ed.), West (2012)

Eleanor M. Fox & Damien Gerard, EU Competition Law, Edward Elgar (2017)

Eleanor M. Fox & Daniel Crane, Global Issues in Antitrust and Competition Law, West (2010)

Frank Wijckmans & Filip Tuytschaever, Vertical Agreements in EU Competition Law(2nd ed.), Oxford (2011)

Gunnar Niels, Helen Jenkins & James Kavanagh, Economics for Competition Lawyers(2nd ed.), Oxford (2016)

Herbert Hovenkamp, The Antitrust Enterprise: Principle and Execution, Harvard University Press (2008)

Herbert Hovenkamp, Federal Antitrust Policy: The Law of Competition and Its

Practice(6th ed.), West (2020)

Herbert Hovenkamp, Principles of Antitrust(2nd ed.), West Academic Publishing (2021)

Johan W. van de Gronden & Catalin S. Rusu, Competition Law in the EU, Edward Elgar (2021)

John H. Shenefield & Irwin M. Stelzer, The Antitrust Laws a Primer(4th ed.), The AEI Press (2001)

John J. Flynn, Harry First & Darren Bush, Free Enterprise and Economic Organization(7th ed.), Foundation Press (2014)

Keith N. Hylton, Antitrust Law, Cambridge (2003)

Lawrence A. Sullivan, Warren S. Grimes & Christopher L. Sagers, The Law of Antitrust(3rd ed.), West Academic Publishing (2016)

Mark R. Joelson, An International Antitrust Primer(4th ed.), Wolters Kluwer (2017)

Massimo Motta, Competition Policy: Theory and Practice, Cambridge University Press (2004)

Michael D. Whinston, Lectures on Antitrust Economics, MIT Press (2008)

Phillip Areeda, Louis Kaplow, Aaron Edlin & C. Scott Hemphill, Antitrust Analysis: Problems, Text, and Cases(6th ed.), Wolters Kluwer (2022)

Richard A. Posner, Antitrust Law(2nd ed.), The University Of Chicago Press (2001)

Richard A. Posner & Frank H. Easterbrook, Antitrust(2nd ed.), West (1981)

Richard Whish & David Bailey, Competition Law(10th ed.), Oxford (2021)

Robert H. Bork, The Antitrust Paradox(2nd ed.), Free Press (1993)

Robert Pitofsky, Harvey J. Goldschmid & Diane P. Wood, Trade Regulation(6th ed.), Foundation Press (2010)

Roger D. Blair & David L. Kaserman, Antitrust Economics(2nd ed.), Oxford (2009)

Thomas D. Morgan, Modern Antitrust Law and Its Origins(5th ed.), West (2014)

W. Kip Viscusi, Joseph E. Harrington, Jr. & John M. Vernon, Economics of

Regulation and Antitrust(4th ed.), The MIT Press (2005)
Weijer VerLoren van Themaat & Berend Reuder, European Competition Law, Edward Elgar (2014)

나. 논문

A. Douglas Melamed, "Exclusive Dealing Agreements and Other Exclusionary Conduct - Are There Unifying Principles", 73 Antitrust L.J. 375 (2006)
Aaron Edlin, "Predatory Pricing", Research Handbook on the Economics of Antitrust Law(Einer Elhauge ed.), Edward Elgar (2012)
Alan J. Meese, "Exclusive Dealing, the Theory of the Firm, and Raising Rivals' Costs: Toward a New Synthesis", 50 Antitrust Bull. 371 (2005)
Andrew I. Gavil, "Exclusionary Distribution Strategies by Dominant Firms: Striking A Better Balance", 72 Antitrust L.J. 3 (2004)
Benjamin Klein, "Exclusive Dealing as Competition for Distribution "on the Merits"", 12 Geo. Mason L. Rev. 119 (2003)
Benjamin Klein & Andres V. Lerner, "The Expanded Economics of Free－Riding: How Exclusive Dealing Prevents Free－Riding and Creates Undivided Loyalty", 74 Antitrust L.J. 473 (2007)
Benjamin Klein & Kevin M. Murphy, "Exclusive Dealing Intensifies Competition for Distribution", 75 Antitrust L.J. 433 (2008)
Christopher E. Ware & Alison A. Hill, "Are We Exclusive － Does It Matter: An Antirust－Inspired Framework for Understanding Anti－Exclusive Dealing Statues and the Meaning of Coercion", 34 J. Legis. 38 (2008)
Derek W. Moore & Joshua D. Wright, "Conditional Discounts and the Law of Exclusive Dealing", 22 Geo. Mason L. Rev. 1205 (2015)
Einer Elhauge, "Defining Better Monopolization Standards", 56 Stanford Law Review 253 (2003)
F. A. Hayek, "The meaning of competition", Individualism and Economic Order, The University of Chicago Press (published 1948, paperback edition 1980)
Francine Lafontaine & Margaret Salde, "Exclusive Contracts and Vertical

Restraints: Empirical Evidence and Public Policy", Handbook of Antitrust Economics(Paolo Buccirossi ed.), The MIT Press (2008)

Harry S. Gerla, "Competition on the Merits – A Sound Industrial Policy for Antitrust Law", 36 U. Fla. L. Rev. 553 (1984)

Howard P. Marvel, "Exclusive Dealing", 25 J. L. & Econ. 1 (1982)

Howard P. Marvel, "Exclusive Dealing", The Oxford Handbook of International Antitrust Economics Vol. 2(Roger D. Blair & D. Daniel Sokol ed.), Oxford University Press (2015)

J. Mark Ramseyer & Eric B. Rasmusen, "Exclusive Dealing: Before, Bork, and Beyond", 57 J. L. & Econ. S145 (2014)

J. Thomas Rosch, "Evolution of Exclusive Dealing Law", 7 Sedona Conf. J. 51 (2006)

Jonathan M. Jacobson, "Exclusive Dealing, Foreclosure, and Consumer Harm", 70 Antitrust L.J. 311 (2002)

Jonathan M. Jacobson, "Market Power, Consumer Harm & Exclusive Dealing with Distributors", 3 Sedona Conf. J. 23 (2002)

Jonathan M. Jacobson & Scott A. Sher, ""No Economic Sense" Makes No Sense for Exclusive Dealing", 73 Antitrust L.J. 779 (2006)

Jonathan M. Lave, "The Law and Economics of De Facto Exclusive Dealing", 50 Antitrust Bull. 143 (2005)

Joseph Farrell, "Deconstructing Chicago on Exclusive Dealing", 50 Antitrust Bull. 465 (2005)

Kurt A. Strasser, Antitrust Policy in Agreements for Distributor Exclusivity, 16 Conn. L. Rew. 969 (1984)

Lester G. Telser, "Abusive Trade Practices", 30 Law and Contemporary Problems 488 (1965)

Mary Lou Steptoe & Donna L. Wilson, "Developments In Exclusive Dealing", 10 Antitrust 25 (1996)

Michael L. Katz, "Exclusive Dealing and Antitrust Exclusion : U.S. v. Dentsply (2005)", The Antitrust Revolution: Economics, Competition, and Policy(6th ed.,

John E. Kwoka, Jr. & Lawrence J. White ed.), Oxford University Press (2014)

Patrick Rey & Thibaud Verge, "Economics of Vertical Restraints", Handbook of Antitrust Economics(Paolo Buccirossi ed.), The MIT Press(2008)

Paul Clifford Armitage, "Refusals to Deal as Exclusive Dealing", 11 Mercer L. Rev 368 (1960)

Paul G. Scott, "Raising Rivals' Costs and Exclusive Dealing", 6 Canterbury L. Rev. 291 (1996)

Richard M. Steuer, "Exclusive Dealing in Distribution", 69 Cornell L. Rev. 101 (1983－84)

Richard M. Steuer, "Exclusive Dealing after Jefferson Parish", 54 Antitrust L.J. 1229 (1985)

Richard M. Steuer, "Discounts and Exclusive Dealing", 7 Antitrust 28 (1993)

Richard M. Steuer, "Customer－Instigated Exclusive Dealing", 68 Antitrust L.J. 239 (2001)

Richard W. McLaren, "Exclusive Dealing Arrangements", Conference on the Antitrust Laws and the Attorney General's Committee Report: A Symposium (1955)

Robert L. Steiner, "Exclusive Dealing + Resale Price Maintenance: A Powerful Anticompetitive Combination", 33 Sw. U. L. Rev. 447 (2004)

Ryoko Oki & Noriyuki Yanagawa, "Exclusive Dealing and the Market Power of Buyers", 2 Asian J. L. & Econ. [i] (2011)

Stanley I. Ornstein, "Exclusive Dealing and Antitrust", 34 Antitrust Bull. 65 (1989)

Stephen Calkins, "Wrong Turns in Exclusive Dealing Law", How the Chicago School Overshot the Mark(Robert Pitofsky ed.), Oxford University Press (2008)

Steven C. Salop & David T. Scheffman, "Raising Rivals' Costs", 73 Am. Econ. Rev. 267 (1983) (16 J. Reprints Antitrust L. & Econ. 421 (1986)

Steven C. Salop, "The Raising Rivals' Cost Foreclosure Paradigm, Conditional Pricing Practices, and the Flawed Incremental Price－Cost Test", 81 Antitrust L.J. 371 (2017)

Tim R. Sass & Micha Gisser, "Agency Cost, Firm Size, and Exclusive Dealing", 32

J. L. & Econ. 381 (1989)

Thomas G. Krattenmaker & Steven C. Salop, "Anticompetitive Exclusion: Raising Rivals' Costs to Achieve Power over Price", 96 Yale L.J. 209 (1986)

Thomas G. Krattenmaker & Steven C. Salop, "Appendix A – Analyzing Anticompetitive Exclusion", 56 Antitrust L.J. 71 (1987)

Tyler A. Baker, "Thoughts on Exclusive Dealing & Related Practices", 7 Sedona Conf. J. 43 (2006)

Wanda Jane Rogers, "Beyond Economic Theory: A Model for Analyzing the Antitrust Implications of Exclusive Dealing Arrangements", 45 Duke L.J. 1009 (1996)

다. 기타 자료

Antitrust Modernization Commission, Report and Recommendations (2007)

Department of Justice, Antitrust Division Manual(5th ed.) (2012)

Department of Justice, Competition and Monopoly: Single–Firm Conduct Under Section 2 of the Sherman Act (2008)

International Competition Network, Unilateral Conduct Workbook Chapter 5: Exclusive Dealing (2013)

Organization for Economic Cooperation and Development, Competition on the Merits (2005)

사항색인

[ㄴ]

[ㅅ]

[ㅇ]

[ㅈ]

[저자 약력]

배상원

서울대학교 철학과 졸업

연세대학교 법무대학원 졸업(법학석사)

서울대학교 법과대학원 졸업(법학박사)

제44회 사법시험 합격

사법연수원 제34기 수료

서울중앙지방법원 등 판사

대법원 재판연구관(판사, 부장판사)

현 서울고등법원 고법판사

서울대 경쟁법센터 경제법총서 01
배타조건부거래

초판발행 2023년 5월 19일

지은이 배상원
펴낸이 안종만 · 안상준

편 집 윤혜경
기획/마케팅 손준호
표지디자인 이수빈
제 작 고철민 · 조영환

펴낸곳 (주) 박영사
서울특별시 금천구 가산디지털2로 53, 210호(가산동, 한라시그마밸리)
등록 1959. 3. 11. 제300-1959-1호(倫)
전 화 02)733-6771
f a x 02)736-4818
e-mail pys@pybook.co.kr
homepage www.pybook.co.kr
ISBN 979-11-303-4454-6 94360
979-11-303-4453-9 (세트)

정 가 37,000원